Du film noir au néo-noir

Sang Maudit
Collection dirigée par Jérôme Martin

Déjà parus

Michel CHLASTACZ, *Trains du mystère. 150 ans de trains et de polars*, 2009.
Fabienne VIALA, *Leonardo Padura. Le roman noir au paradis perdu*, 2007.
Laurent BOURDELAS, *Le Paris de Nestor Burma. L'Occupation et les « Trente glorieuses » de Léo Malet*, 2007.
Fabienne VIALA, *Le Roman noir à l'encre de l'histoire. M. Vásquez Montalbán et Didier Daeninckx ou Le polar en su tinta*, 2007.
Natacha LALLEMAND, *James Ellroy : la corruption du Roman noir*, 2006.

Delphine Letort

DU FILM NOIR

AU NÉO-NOIR

Mythes et stéréotypes de l'Amérique

(1941-2008)

L'HARMATTAN

© L'Harmattan, 2010
5-7, rue de l'École-Polytechnique ; 75005 Paris

http://www.librairieharmattan.com
diffusion.harmattan@wanadoo.fr
harmattan1@wanadoo.fr

ISBN : 978-2-296-11055-7
EAN : 9782296110557

INTRODUCTION

Impossible à définir comme un genre dont les conventions seraient fixes, immuables, correspondant à un mouvement qui se répète de film en film, le film noir soulève un problème de définition qui semble presque impossible à résoudre. Les critiques n'ont cessé de chercher à en délimiter les codes précis, retenant chacun à leur tour des spécificités qui suggèrent d'abord leur propre point de vue sur des films qui se dérobent à toute entreprise de généralisation. *Thriller*[1] (*Assurance sur la mort*, Double Indemnity, Billy Wilder, 1944), mélodrame psychologique (*La Femme au portrait*, The Woman in the Window, Fritz Lang, 1944), film policier (*La Cité sans voiles*, Naked City, Jules Dassin, 1948), film de tueurs (*Les Tueurs*, The Killers, Robert Siodmak, 1946), film de gangsters/cambrioleurs (*Quand la ville dort*, The Asphalt Jungle, John Huston, 1950) sont les appellations originales utilisées par les cinéastes d'outre-Atlantique avant que ne se vulgarise l'emploi du terme « film noir » à la fin des années soixante.

Forgé par les critiques français qui, à l'instar de Nino Frank, ne tardent pas à distinguer le film noir du film policier parce qu'il entre dans l'étude de la « psychologie criminelle »[2], ce terme générique capte d'abord la « noirceur morale, existentielle »[3] qui s'affiche dans les éclairages contrastés et dans les récits enchevêtrés de la série noire. Jean-Pierre Chartier utilise l'expression « film noir » dans *La Revue du cinéma* (novembre 1946) pour souligner le lien entre le réalisme poétique des films français qui datent d'avant-guerre comme *Quai des brumes* (Marcel Carné, 1938) ou *Le Jour se lève* (Marcel Carné, 1939) et ces productions américaines adaptées des romans de la Série Noire, collection littéraire créée dans les années trente par Marcel Duhamel qui regroupa sous ce titre tous les livres de fiction criminelle pour le compte des Editions Gallimard.[4]

Les définitions du film noir abondent, comme le souligne David Bordwell, en mettant l'accent sur la diversité des œuvres considérées et des réactions qu'elles suscitent parmi les critiques : est-ce un genre, un courant esthétique, un style ? Personne « n'a cherché à faire ou à voir des films noirs comme on a délibérément choisi de faire des westerns, des comédies ou des comédies musicales ».[5] Raymond Borde et Etienne Chaumeton parviennent néanmoins à constituer le corpus cohérent d'une « série noire »[6]

---

[1]. Le *thriller* désigne un récit (roman, film) qui met en avant le *suspense* que suscite l'attente de ce qui va arriver aux personnages principaux. Tzvetan Todorov, *Poétique de la prose*, Paris, Seuil, 1971, p. 57-65.
[2]. Nino Frank, *L'Ecran français* n° 61, 28 août 1946, p. 8-9.
[3]. Jean-Loup Bourget, *Hollywood, un rêve européen*, Paris, Armand Collin, 2006, p. 104.
[4]. Jean-Pierre Chartier, « Les Américains aussi font des films 'noirs' » dans *La Revue du cinéma n° 2*, novembre 1946, p. 67-70.
[5]. David Bordwell, Janet Staiger et Kristin Thompson, *The Classical Hollywood Cinema*, New York, Columbia University Press, 1985, p. 75.
[6]. « Une série pourrait se définir comme un ensemble de films nationaux ayant entre eux quelques traits communs (style, atmosphère, sujet…) assez forts pour les marquer sans équivoques et leur donner, avec le temps, un caractère inimitable. Les séries ont une durée variable : tantôt deux ans et tantôt dix. » *Le Faucon maltais* serait le premier film de la série noire dans la mesure où l'adaptation

dès 1955 dans leur *Panorama du film noir américain 1941-1953*. Leur travail représente une tentative de classification des films qui partagent suffisamment de points communs pour entrer dans la série noire. Le panorama proposé suggère la difficulté de la tâche puisque chaque film semble se démarquer d'une définition trop générale de ce soi-disant genre pour mieux le diviser en sous-genres. De fait, ils adoptent une approche chronologique qui leur permet de distinguer différents courants, de faire ressortir les particularités de certains films, de révéler une évolution cinématographique. Ils envisagent le film noir comme un produit culturel, faisant non seulement écho au roman noir, tendance littéraire amorcée par Dashiell Hammett dans les années vingt, mais encore à un contexte sociohistorique et à une histoire cinématographique.

Les nombreux films noirs produits au cours des années quarante et cinquante ne peuvent être interprétés comme des adaptations strictes des romans dont les auteurs (Raymond Chandler, James M. Cain) travaillent pourtant à l'écriture des scénarios. La vision noire stigmatise un sentiment d'angoisse qui n'est peut-être pas étranger à l'expérience des réalisateurs et chefs opérateurs en exil – Otto Preminger, Billy Wilder, Robert Siodmak, Fritz Lang, Max Ophuls, William Dieterle – ayant fui le nazisme et trouvé refuge à Hollywood. Tous maîtrisent ces techniques expressionnistes qui permettent de recréer l'atmosphère inquiétante et insolite du roman noir à l'écran. Le film noir symboliserait l'effort d'appropriation ou d'intégration des réalisateurs qui, s'appuyant sur un savoir-faire développé grâce aux recherches esthétiques propres à l'expressionnisme allemand, exaltent ce regard dont la noirceur témoigne de la terreur, inspirée par l'inconnu et explorée par la plume d'écrivains américains. L'expérience de l'exil alimente peut-être ce sentiment d'étrangeté[7], relayé à l'écran par des personnages marginaux qui attirent la suspicion, évoqué par l'absence d'une structure familiale rassurante et protectrice, exprimé par la confusion des repères visuels dans une ville anonyme noyée dans la pénombre.[8]

Le film noir semble bien être le fruit d'une rencontre entre deux arts et deux approches esthétiques : le roman noir s'adapte au cinéma tandis que l'écriture d'écrivains populaires croise un style photographique qui lui ressemble. Les jeux d'une lumière expressionniste traduisent sans la trahir la complexité du genre littéraire : la photographie est non seulement en parfaite adéquation avec la psychologie parfois trouble et complexe des personnages, mais elle intensifie encore les tensions d'un récit qui s'intéresse aux ressorts de la criminalité. Dans un ouvrage intitulé *Film Noir : An Encyclopedic Reference to American Style*, lequel témoigne d'un regain d'intérêt de la part des chercheurs américains pour le genre au cours des années soixante-dix[9], Alain Silver et Elisabeth Ward soulignent le rôle essentiel joué par les contrastes dans la composition visuelle du film noir,

---

de John Huston sort le genre de la série B. Les films noirs des années trente sont des productions sporadiques (*Le Faucon maltais*, Roy Del Ruth, 1931 ; *La Clé de verre*, Frank Tuttle, 1935…) qui ne forment pas encore une « série ». Raymond Borde, Etienne Chaumeton, *Panorama du film noir américain 1941-1953,* Paris, Les Editions de Minuit, 1955, p. 12.

[7]. L'étrangeté de l'environnement renforce l'impression de lui être étranger. Jean-Loup Bourget parle d'*inquiétante familiarité* pour évoquer la contamination de signes familiers de l'Amérique par l'atmosphère du film noir. Jean-Loup Bourget, *Hollywood, un rêve européen, op. cit*, p. 114-115.

[8]. Barbara Straumann, *Figurations of Exile in Hitchcock and Nabokov*, Edinburgh, Edinburgh University Press, 2008, p. 9-11.

[9]. Alain Silver et Elisabeth Ward, *Film Noir, An Encyclopedic Reference to the American Style*, 3rd Edition, New York, The Overlook Press, 1992 (Première édition : 1979).

esthétique du mystère qui exerce un réel pouvoir de fascination sur le spectateur, entraîné comme malgré lui dans un univers d'angoisse.

Le film noir évoque la persistance d'un style commun dans des œuvres qui explorent le crime sans jamais tomber dans une vision manichéenne. Il se caractérise par l'ambiguïté que magnifie l'attitude équivoque des personnages du privé et de la femme fatale : le premier occupe une position intermédiaire, en marge des institutions policières et sociales, tandis que le second inspire des sentiments contraires, qui oscillent entre méfiance et attirance. Les portraits des criminels sont eux-mêmes teintés de nuances : les gangsters sont incarnés par des êtres parfois sensibles qu'il est difficile de condamner sans ressentir une pointe de compassion. Le film noir interdit une lecture moralisatrice de la part du public comme il ébranle les habitudes spectatorielles[10] : son récit énigmatique malmène les protagonistes dont les enquêtes dévoilent maladroitement les ressorts d'un monde gangrené par la corruption. Privé de repères sécurisants à l'écran, le spectateur se trouve brusquement plongé dans un univers où moralité et justice ne sont guère plus des valeurs sûres.[11]

Le film noir a été l'objet de nombreuses études, la source de multiples interprétations depuis le début des années soixante-dix : les Américains adoptent d'ailleurs à cette époque l'expression « film noir » sans même chercher à la traduire. Il s'agit sans aucun doute de reconnaître et de s'approprier l'analyse du genre déjà proposée par les Français qui associent le film noir à l'état d'esprit d'une époque dominée tantôt par les incertitudes que réveillait la fin de la Seconde Guerre mondiale, tantôt par le climat d'angoisse et de méfiance que le maccarthysme avait nourri dans les milieux politiques et socioculturels. Le film noir serait donc né de la crise et demeurerait le mode d'expression privilégié du malaise que Gilles Deleuze définit par :

> La guerre et ses suites, le vacillement du « rêve américain » sous tous ses aspects, la nouvelle conscience des minorités, la montée et l'inflation des images à la fois dans le monde extérieur et dans la tête des gens, l'influence sur le cinéma de nouveaux modes de récits que la littérature avait expérimentés, la crise d'Hollywood et des anciens genres.[12]

Dans quelle mesure le film noir, œuvre de fiction, a-t-il pu être le « reflet » d'une société à une période donnée ? L'écriture du film noir procède d'une vision particulière à un moment précis de l'histoire de la société américaine et nous espérons retrouver quelles influences ont précédé la création des stéréotypes, quel mouvement de la pensée s'inscrit dans le type de récit comme dans la construction des images retenues par la fiction. Comme le précise Marc Ferro dans *Cinéma et Histoire*, l'image est texte ; elle peut et doit être

---

[10]. Dans le film hollywoodien classique, les événements s'enchaînent selon une logique de consécution et/ou de causalité si bien que le spectateur se laisse guider par l'interprétation des personnages centraux. Le récit policier classique repose sur une enquête dont la progression est rationnelle (recherche d'indices, hypothèse, vérification).

[11]. Selon Boris Tomachevski, « le rapport émotionnel envers le héros (sympathie-antipathie) est développé à partir d'une base morale. Les types positifs et négatifs sont nécessaires à la fable [...] Le personnage qui reçoit la teinte émotionnelle la plus vive et la plus marquée s'appelle le héros ». Boris Tomachevski dans Tzvetan Todorov, *Théorie de la littérature,* Paris, Seuil, 1966, p. 295. Plongé dans un monde corrompu, le détective privé du film noir est donc une figure « positive » qui invite le spectateur à se laisser guider par son récit.

[12]. Gilles Deleuze, *Cinéma 1, L'image-mouvement*, Paris, Les Editions de Minuit, 1983, p. 278.

analysée en tant que « document historique et agent de l'Histoire dans une société qui la reçoit, mais aussi, ne l'oublions pas, la produit ».[13] Inscrite dans un contexte politique et social particulier, l'écriture cinématographique porte la marque de son temps et nous renseigne sur l'état d'esprit d'une époque. Sans aborder de manière directe les motifs de la crise, le film noir en évoque les symptômes à travers des conventions stylistiques et narratives qui semblent traduire une ambiguïté morale à l'égard de la violence criminelle : des éclairages en clair-obscur sèment le trouble à l'écran, intensifient le mystère et le danger d'un univers urbain où des hommes en complets sombres, armés de revolvers, traînent derrière eux une ombre menaçante et coupable, qui suffit à matérialiser la corruption des esprits des policiers ou des hommes de la rue, prêts à transgresser l'interdit.

En tant que projet esthétique inscrit dans l'histoire de l'art et dans l'histoire des idées, le film noir acquiert valeur de document : la rapidité des mutations économiques et sociales déclenchées par la Seconde Guerre mondiale engendre un nouveau type de rapport au monde que le film noir tente de capter par le truchement de nouvelles images. Le déclin de la foi dans le progrès et dans l'avenir d'un monde toujours meilleur a poussé une génération de cinéastes à repenser les critères du cinéma hollywoodien : le film noir fait entrer le cinéma dans la modernité. Il renouvelle formes narratives et esthétiques, exalte la subjectivité, la singularité, la personnalité profonde d'artistes audacieux.[14] Les effets expressionnistes remplacent la représentation mimétique du monde extérieur pour mieux interroger la *doxa* du film hollywoodien classique. Alors que le mode de représentation de la fiction cinématographique trahit le poids de l'idéologie[15], le système de signes mis en œuvre par le film noir informe sur les aspirations et les peurs d'un groupe à un moment donné.[16] La construction des images et leur mise en récit donnent naissance à des figures imaginaires qui distinguent le film noir de la production cinématographique des années quarante et cinquante, dans la mesure où elles ne sont pas toujours emblématiques des valeurs dominantes de la société américaine, et par conséquent nous obligent à poser un regard critique sur les comportements ou les idées qu'elles visent à promouvoir ou, au contraire, à contenir. Nous souhaitons proposer une nouvelle lecture de ces images dans une dialectique qui associe les figures du film noir, en tant que représentations imaginaires, et une vision du monde, d'une société donnée.

Le film noir intègre le mythe du complot dans des récits où la conspiration est d'ordre moral, incarnée par des personnages perfides, corrompus, pervers, menaçants et

---

[13]. Marc Ferro, *Cinéma et Histoire,* Paris, Editions Gallimard, 1993, p. 17.
[14]. « L'unité de l'art moderne repose sur un dénominateur commun à tous les arts : un langage particulier, qui associe *l'expression* et la *construction*, mais qui n'a rien à voir avec le langage courant. Ce langage emprunte des éléments à la réalité et les recompose pour mieux montrer combien l'art moderne adopte une distance critique vis-à-vis de cette réalité. » Marc Jimenez, *Qu'est ce que l'esthétique,* Paris, Gallimard, 1997, p. 111. Parce qu'il permet aux sensibilités individuelles de s'exprimer (Orson Welles, Alfred Hitchcock, Fritz Lang développent un style personnel), le film noir manifeste les qualités multiples de l'art moderne et notamment cette distance critique qui apparaît dans le jeu esthétique entre réalisme et expressionnisme.
[15]. Louis Althusser définit l'idéologie comme « un système (possédant sa logique et sa rigueur propres) de représentations (images, mythes, idées ou concepts selon les cas) doué d'une existence et d'un rôle historiques au sein d'une société donnée ». Louis Althusser, *Pour Marx,* Paris, Editions La Découverte, 1986, p. 238. Première Edition : Paris, librairie François Maspero, 1965.
[16]. Anne-Marie Bidaud, *Hollywood et le Rêve américain, Cinéma et idéologie aux Etats-Unis,* Paris, Masson, 1994, p. 7.

violents. Participe-t-il ainsi à la propagande anticommuniste ? Manifeste-t-il d'abord l'inquiétude d'une nation soudain fragilisée par l'émergence d'un contre modèle, à savoir l'Union des Républiques Socialistes Soviétiques ? Existe-t-il une interaction entre la criminalité de la fiction et les maux de la société ? Le surgissement des archétypes qui confèrent son atmosphère ténébreuse au film noir vient-il répondre à une crise de la conscience collective ? Qualifié de « noir », l'espace imaginé par la fiction prend pour décor une Amérique urbaine, souvent comparée à une « jungle », comme pour signaler la faillite de son idéal démocratique. La Seconde Guerre mondiale a-t-elle contribué à mouler ce regard sombre posé sur le citoyen comme sur les institutions du pays ? L'angoisse qui naît et prend forme dans les zones d'ombres du film noir est-elle la conséquence d'une crise des valeurs américaines ? L'idéologie états-unienne relève de trois valeurs fondamentales : l'attachement à la liberté individuelle, la foi dans le progrès, le souci de la sécurité.[17] Les crises intérieures et extérieures à la nation américaine ont plongé le pays dans un climat d'angoisse que la croyance en ses mythes fondateurs ne suffit pas à contenir. A l'instar de nombre d'Américains, le film noir est hanté par une interrogation lancinante : le « rêve américain » est-il encore de saison ? La grande expérience du Nouveau Monde a-t-elle échoué ?

Le film noir doit se doubler d'une étude de sa structure mythologique dans la mesure où les sociétés modernes ne sont pas affranchies du mythe que Mircea Eliade définit à la fois comme « comportement humain » et « élément de civilisation »[18]. L'auteur nous invite à retrouver les mythes que la société moderne a laïcisés, désacralisés, mais qui continuent d'informer notre expérience du temps car ils survivent même camouflés et dégradés. Il insiste également sur le rôle des héros, imaginaires ou non, que la littérature ou le spectacle proposent aux adolescents comme modèles à imiter : ces modèles prolongent une mythologie et leur actualité dénonce un comportement mythologique. L'étude du mythe et des images mythiques sera pour nous un outil de lecture de la fiction cinématographique dans la mesure où nous reprenons le mythe tel que Mircea Eliade l'envisage :

> Au niveau de l'*expérience individuelle*, le mythe n'a jamais complètement disparu : il se fait sentir dans les rêves, les fantaisies et les nostalgies de l'homme moderne, et l'énorme littérature psychologique nous a habitués à retrouver la grande et la petite mythologie dans l'activité inconsciente et semi-consciente de tout individu. […] Il semble qu'un mythe, tout comme les symboles qu'il met en œuvre, ne disparaît jamais de l'activité psychique : il change seulement d'aspect et camoufle ses fonctions. Mais il serait instructif de prolonger l'enquête et de démasquer le camouflage des mythes au *niveau social.*[19]

Le film noir invite à poursuivre cette enquête, car les stéréotypes qu'il éclaire de manière contrastée soutiennent le mythe, lui confèrent une fonction sociale, voire idéologique. L'analyse figurative laisse entrevoir les enjeux qui motivent la représentation, qui informent l'image du corps, les relations entre les sexes. Roland Barthes a poursuivi

---

[17]. Elise Marientras, *Les Mythes fondateurs de la nation américaine,* Paris, Editions Complexe, 1992.
[18]. Mircea Eliade, *Mythes, rêves et mystères*, Paris, Editions Gallimard, 1957, p. 26.
[19]. *Idem.* En italique dans le texte.

l'étude du mythe, lui conférant une dimension sociale, que nous ne manquerons pas de confronter aux images du film noir.[20]

Le succès du film noir se restreint-il à une période donnée, de 1941 à 1953, comme l'a suggéré Paul Schrader dans ses « notes sur le film noir »[21] ? Le « genre » répond-il à un certain type de « résonance émotive aussi singulier dans le temps que dans l'espace »[22] ? La première partie de cette étude sera consacrée à l'historicité du film noir, au rapport historique entre les œuvres, dans le complexe de relations réciproques qu'entretiennent la production et la réception. Pour comprendre le pouvoir de séduction que le film noir a pu exercer sur le public américain des années quarante, les films seront envisagés comme autant d'œuvres d'art, source de plaisir ou de déplaisir selon la manière dont sont appréhendées leurs qualités esthétiques (cadrage, photographie, montage, structure narrative, bande sonore...). Une approche sémiologique, historique et socioéconomique permettra de relier les œuvres à leur public, de comprendre l'histoire du film noir depuis sa naissance jusqu'à sa progressive dissolution dans les années cinquante et soixante.

Si l'on considère que le film noir procède de l'histoire des idées, il est sans doute susceptible d'évoluer, tant du point de vue esthétique que thématique, soumis aux changements qu'induisent l'histoire et les mutations socioculturelles. Le film noir s'est trouvé comme « mis en veilleuse » au cours des années cinquante et soixante ; seule une approche contextuelle nous permet de comprendre sa dissolution progressive. Pourtant les années soixante-dix et quatre-vingt-dix ont vu la résurgence d'un style comparable à celui utilisé par les réalisateurs de films noirs, désormais qualifié de classique : des innovations techniques et esthétiques ont participé à la résurrection du genre tandis que les mutations socioculturelles infléchissaient le stéréotype. Le retour de quelques éléments stylistiques permet d'établir le lien non seulement entre le film noir et le film criminel – que nous appellerons aussi « polar » [23] afin de souligner ces variations esthétiques ou thématiques qui introduisent autant de ruptures avec les conventions du genre, mais aussi entre le film noir

---

[20]. Roland Barthes, *Mythologies,* Paris, Editions du Seuil, 1957, p.181-183.

[21]. Paul Schrader considère que le film noir connaît une première phase entre 1941 et 1946 sous l'impulsion de réalisateurs (Wilder, Garnett) reconnus qui travaillent en collaboration avec des écrivains renommés (Chandler, Faulkner) et des acteurs établis (Bogart, Bacall) ; la deuxième phase se développe entre 1945 et 1949 avec des films qui se concentrent sur le crime urbain, la corruption politique, la routine policière, dont les héros sont incarnés par des acteurs moins romantiques (Lancaster, McGraw), sous la direction de réalisateurs plus prolétariens (Hathaway, Dassin, Kazan) ; la troisième phase de 1949 à 1953 est plus sombre, intègre des personnages déséquilibrés mais dont le rôle est actif (non objet d'observation ou marginal) dans la diégèse. Paul Schrader, "Notes on Film Noir" dans John Belton (ed.) *Movies and Mass Culture,* New Jersey, Rutgers University press, 1996, p. 161-163.

[22]. Raymond Borde, Etienne Chaumeton, *Panorama du film noir américain 1941-1953, op. cit.,* p. 15.

[23]. Nous utiliserons l'expression « polar », introduite en France après 1968 pour décrire une nouvelle évolution du genre policier, afin de désigner ces avatars du film noir produits au cours des décennies soixante et soixante-dix. Nous reprenons donc la définition proposée par Marc Lits : « L'émotion va laisser ici la place à la dénonciation d'une société jugée pourrie, mais l'énigme est peu présente car la peinture des mœurs, la description des classes bourgeoises sous leur jour le plus défavorable, des milieux marginaux et violents, prennent le dessus ». Marc Lits, *Le Roman policier,* Liège, Editions du Céfal, 1993, p. 63. De la même manière dans le polar cinématographique, l'enquête passe au second plan par rapport à la description de la violence des personnages, qu'ils soient criminels, policiers ou détectives. Les études britanniques ou américaines sur le genre optent pour les expressions « crime fiction » ou « modern noir », le plus souvent traduites par « film criminel » en français.

et le film néo-noir [24] tel qu'il est qualifié dans les années quatre-vingt et quatre-vingt-dix. En favorisant une lecture historiciste, nous allons tenter de retrouver quels éléments témoignent de la transformation ou de la continuité du film noir, pour nous permettre de les considérer comme autant d'avatars du genre.

L'approche chronologique adoptée vise à mettre en relief le glissement des valeurs et des idées tel qu'il s'imprime dans les images du film noir et de ses avatars. Si le film noir est bien l'expression d'une crise comme le suggère son succès « transitoire », s'il revient en cycles, à des périodes bien précises de l'histoire contemporaine, celles-ci demandent à être explorées afin d'en apprécier l'impact sur l'évolution globale du film noir et sur la société américaine. Les avatars du film noir témoignent d'une transformation du genre, nécessaire à son succès, car elle reflète des changements parallèles dans la société qui les produit. C'est au prix d'une révision complète des mythes et des stéréotypes retenus que le genre a connu une nouvelle vigueur dans les années soixante-dix et quatre-vingt-dix. C'est pourquoi nous explorerons le genre selon le contexte sociohistorique dans lequel il est né, puis s'est évanoui avant de se renouveler.

La comparaison entre le film noir et le polar fera l'objet d'une deuxième partie, car elle schématise la transformation sociale, culturelle, psychologique, politique qui a affecté le genre. Après avoir envisagé les formes de contrôle qui se sont exercées sur l'industrie hollywoodienne, aux plans économique, moral et politique, nous étudierons la thématique des films, l'articulation entre les mythes récurrents, l'idéologie qui a motivé leur représentation au cinéma. A la manière dont le polar et le film néo-noir investissent les mythes et les stéréotypes, nous découvrons donc des intentions neuves. Notre réflexion ne portera pas seulement sur le contenu de l'image mais sur sa forme, ses moyens, ses fonctions, ses falsifications et sa créativité, sur les rapports entre l'optique et le sonore. Les stéréotypes ne sont pas immuables, c'est en ce sens qu'ils attirent toute notre attention.

Les années quatre-vingt-dix sont ainsi riches en films dits néo-noirs parce qu'ils se réfèrent aux figures de style spécifiques au genre, mais s'en éloignent par un traitement parfois parodique. L'ambiguïté n'est plus nécessaire pour dire d'un film qu'il appartient au cycle noir. Aussi parvient-on à une définition très large du film néo-noir qui ne doit sa filiation au genre que par des caractéristiques esthétiques ou thématiques. Néanmoins, de jeunes réalisateurs issus de la production indépendante se lancent dans la « réécriture » du genre pour renouer avec lui et porter un regard critique envers la société dans laquelle ils évoluent. Notre troisième chapitre sera consacré à la seule étude du film néo-noir, étude qui s'enrichit de notre travail préliminaire sur le film noir, dans la mesure où le jeu intertextuel est intégré à la stratégie narrative du néo-noir. Au-delà du mode parodique sur lequel s'énonce le discours du film néo-noir, le genre s'est adjoint une force nouvelle qui n'est pas

---

[24]. Tous les critiques n'utilisent pas l'appellation « néo-noir » : Franck Garbarz emploie indistinctement celle de « film noir contemporain » ou de « néo-polar » dans Franck Garbarz, « Figures du 'loser' dans le film noir contemporain » dans *Positif n° 422*, avril 1996, p. 95-96. Le magazine *Positif n° 422* consacre d'ailleurs tout un dossier au « néo-polar américain ». Le critique américain Robert Barton Palmer se réfère au "neo-noir narrative" pour désigner la résurgence du film noir dans les années quatre-vingt. Robert Barton Palmer, *Hollywood's Dark Cinema, The American Film Noir, op. cit.,* p. 69. B. Ruby Rich engage la réflexion sur le "Neo Noir" dans la revue britannique *Sight and Sound*. B. Ruby Rich, "Dumb Lugs and Femmes Fatales: Film Noir with a Twist" dans *Sight and Sound*, Londres, BFI, November 1995, p. 6-9. Nous avons donc préféré une traduction littérale afin de souligner les liens esthétiques ou thématiques qui désignent le « néo-noir » comme un avatar du film noir des années quarante et le distinguent du polar.

celle d'une conscience simplement intellectuelle, soucieuse des références qu'elle allègue pour justifier son entreprise de réécriture, mais celle d'une profonde intuition vitale. Le film néo-noir s'inscrit en contrepoint de la politique qui prévaut dans la civilisation de l'image, marquée par l'utilisation abusive de clichés, qui dissimulent les idées au lieu de les révéler, pour mieux pouvoir manipuler leur destinataire. Les emprunts au film noir trahissent une volonté de résistance, car ils sont toujours l'occasion de marquer la distance qui nous éloigne d'une époque inspirant pourtant la nostalgie, et de surprendre le spectateur en lui faisant découvrir les polysémies insoupçonnées de mots communs ou d'images familières. Le film néo-noir s'est ouvert à de nouvelles perspectives, dotant la caméra de fonctions originales : la caméra subordonne la description de l'espace à des fonctions de pensée, telle une caméra de la conscience qui ne se définirait plus par les mouvements qu'elle se montre capable de suivre, mais par le jeu des relations mentales dans lesquelles elle est capable d'entrer. A travers l'œil de la caméra, quelques cinéastes nous font part de leur vision d'un monde en proie à une nouvelle crise, d'une société engagée sur la voie de la postmodernité, concept que nous tenterons de cerner à travers ce type de cinéma.

    Le film néo-noir implique un certain regard sur le film, une activité nouvelle de la part du spectateur, qui se doit de participer pleinement au spectacle. Il se définit par la violence des émotions qu'il réveille, grâce à des innovations technologiques autant qu'esthétiques, utilisées comme pour mieux atteindre l'âme et la conscience endormie du spectateur. Il est spectacle de la cruauté mise en scène, pour susciter réflexion individuelle et sociale. Nous espérons proposer quelques pistes de lecture pour que chaque spectateur apprécie sciemment le travail élaboré à travers le film noir et ses avatars.

PREMIERE PARTIE
―――

HISTOIRES DE FILMS NOIRS

(1941-1958)

Les années trente et quarante représentent l'« âge d'or » des studios hollywoodiens : l'industrie cinématographique ne cesse de se développer pour mieux séduire un public américain qui retient le cinéma de préférence à tout autre divertissement. Les grands studios, communément appelés les *Big Five* ou les *majors* [25] (Paramount, Metro-Goldwyn-Mayer, Twentieth Century Fox, Warner Bros. et Radio-Keith-Orpheum), dominent l'exploitation et la distribution de l'industrie cinématographique en contrôlant 70% des salles. Non seulement ils imposent la répartition des fonds selon les types de production (films A ou B)[26], mais ils donnent également des instructions précises sur les films à réaliser, les genres à privilégier, les acteurs à engager.[27] La structure générale de la production est ainsi dictée par les directeurs des grandes firmes hollywoodiennes, dont l'hégémonie se traduit par des activités cinématographiques diversifiées, recouvrant à la fois la production, la promotion, la distribution et la programmation des films dans des salles qu'elles exploitent. Les *majors* investissent de gros budgets dans la réalisation de films A, des produits « standardisés » susceptibles de plaire au gros du public, et délèguent aux *minors* ou aux studios de *Poverty Row* [28] la réalisation de films B, diffusés dans le cadre du double programme ou dans des salles de province.

Si les *Big Five* produisent eux-mêmes les films qui constituent les programmes de leurs propres salles[29], le double programme et la procédure antitrust de 1938 stimulent la production des *minors* et des studios de *Poverty Row* qui osent hardiesses de forme et de contenu, opposent la résistance d'un style à la suprématie économique des *majors*.[30] L'esthétique des films noirs de série B découlerait-t-elle d'une simple volonté de se démarquer ? Les contraintes matérielles ont, semble-t-il, encouragé le style photographique qui caractérise le genre et favorisé son émergence. Non seulement les réalisateurs de série B apprennent à travailler avec des moyens restreints quand ils utilisent la pénombre pour

---

[25]. Dès 1930, les « minors » (Universal, United Artists et Colombia Pictures qui se contentaient de produire et de distribuer) tentaient de faire concurrence aux « majors » en développant leur propre style : film historique (United Artists), film fantastique (Universal)… Kim Newman, "Exploitation and The mainstream" dans *The Oxford History of World Cinema*, Oxford, Oxford University Press, 1996, p. 509-515.

[26]. L'expression série B remonte aux années trente : au lendemain du krach de Wall Street, la fréquentation des salles américaines chute brutalement – quasiment de moitié de 1930 à 1933. Pour attirer les spectateurs, producteurs et exploitants proposent désormais un double-programme : chaque séance s'ouvre par un film B, film à petit budget d'une durée d'environ une heure et qui précède la projection d'un film A, beaucoup plus prestigieux et spectaculaire. Quelques réalisateurs feront leurs premières armes dans la série B, notamment Jacques Tourneur, Edgar G. Ulmer, Roger Corman… Les décors des films A sont réutilisés dans les films B afin de diminuer les coûts de production, des chutes de films A peuvent également être insérées dans le montage d'un film B… Voir Charles Tesson, *Photogénie de la série B*, Paris, Cahiers du Cinéma, 1997.

[27]. Joel W. Finler, *The Hollywood Story,* London, Pyramid Books, 1989.

[28]. L'appellation *Poverty Row* désigne des compagnies de production indépendantes des grands studios (Tiffany, Monogram, Producers Releasing Company, Eagle Lion…) qui disposent de budgets limités, mais dont les films entrent en compétition avec les réalisations de série B des grands studios.

[29]. Douglas Gomery, *Hollywood : L'Age d'or des studios*, Paris, Cahiers du cinéma, 1987, p. 19.

[30]. Francis Bordat, « De la crise à la guerre : le spectacle à l'âge d'or des studios » dans Dir. Francis Bordat et Michel Etcheverry, *Cent ans d'aller au cinéma*, Rennes, Presses Universitaires de Rennes, 1995, p. 83. L'auteur reprend la thèse de Paul Kerr, "Out of What Past ? Notes on the B *Film Noir*", dans Paul Kerr, (ed.), *The Hollywood Film Industry,* Londres, Routledge, 1986, p. 220.

masquer des pans de décors, mais ils testent également de nouveaux effets de mise en scène pour créer une atmosphère mystérieuse qui sied au récit elliptique du film noir.[31]

Les premiers films noirs sont donc issus de la série B du début des années trente, mais les *majors* ne vont pas tarder à s'intéresser au genre afin de diversifier une production cinématographique mobilisée par l'effort de guerre. Lorsque les Etats-Unis entrent en guerre en décembre 1941, des agences officielles comme l'*Office of War Information* font pression sur l'industrie hollywoodienne pour qu'elle soutienne l'élan patriotique.[32] Si les films consacrés au divertissement absorbent encore une grande partie du budget, films de guerre et de propagande représentent 29% de la production en 1943. La plupart des scénaristes, réalisateurs et stars d'Hollywood ayant été réquisitionnés par l'Armée, les grands studios font appel à Raymond Chandler, Steve Fisher, Frank Gruber et Clarence Mumford, encore disponibles, pour s'assurer des scripts susceptibles de renouveler le cinéma de divertissement à un moindre coût.[33] Le coût de production relativement modique du film noir intéresse les *majors* qui, par conséquent, absorbent cette sous-culture jusqu'alors exploitée par les producteurs indépendants dans les unités de production B.[34] Les metteurs en scène et techniciens étrangers exilés aux Etats-Unis importent un savoir-faire qu'ils ne cessent d'améliorer, contribuant à enrichir l'écriture cinématographique qui fonde l'originalité du film noir. Tournée vers le profit, l'industrie hollywoodienne dirige ses productions vers un public de masse, impose aux genres un « conditionnement » non seulement commercial, mais également artistique et thématique. Se développe donc un cinéma dit « classique », c'est-à-dire strictement balisé par des normes génériques, thématiques, esthétiques et morales, auxquelles les réalisateurs de films noirs ne se soumettent que partiellement, jouant de la mise en scène pour introduire l'ambiguïté dans l'espace de la représentation et passer outre les interdits de la censure.

Les genres se construisent sur des conventions qui dirigent le spectateur vers un type de spectacle et visent à répondre à des attentes suscitées par ces « formules » que représentent le western, le film historique, le film d'aventure et d'horreur, la comédie musicale. Censé satisfaire les exigences de la morale dominante et le besoin d'évasion des spectateurs, le cinéma est conçu comme un divertissement dont l'intérêt économique est défendu par une industrie qui s'efforce de satisfaire le client, consommateur d'images destinées à lui faire oublier les tristes réalités du monde, le projetant dans un univers de rêve, de bonheur et d'aventures imaginaires. Dans ce contexte, la liberté de ton qui caractérisait le film noir de série B disparaît au profit d'un style académique que Francis Bordat oppose volontiers au style vulgaire des productions B [35] : la différence tient sans aucun doute d'une relation et d'une connivence promues par les studios entre codes

---

[31]. Charles Tesson, *Photogénie de la série B, op. cit.*, p. 11 et p. 24-25.
[32]. William H. Chafe, *The American Woman*, Oxford, Oxford University Press, 1972, p. 148
[33]. Frank Krutnik, *In A Lonely Street, Film Noir, Genre, Masculinity,* New York, Routledge, 1991, Introduction, p. 37.
[34]. Francis Bordat, « De la crise à la guerre : le spectacle à l'âge d'or des studios » dans Dir. Francis Bordat et Michel Etcheverry, *Cent ans d'aller au cinéma*, Rennes, Presses Universitaires de Rennes, 1995, p. 83.
[35]. *Idem.* Francis Bordat évoque les hardiesses de style qui caractérisent *L'Inconnu du troisième étage*, (*Stranger on the Third Floor,* Boris Ingster, 1940), parfois cité comme le premier film noir.

esthétiques et contraintes idéologiques. Les studios ne pratiquent-ils pas la politique de l'autocensure à travers la mise en place du Code Hays[36] ?

Si l'on peut regretter la liberté de ton du film noir B, il faut reconnaître que seule une pratique académique nous permet de définir une grille de critères nécessaire à la lecture d'un genre. Qu'est-ce qu'un film noir ? Il s'agit ici d'élaborer une théorie du film noir qui analyse les structures formelles du genre, s'ouvre également aux perspectives historiques, et indique les liens qui existent entre un changement historique des moyens d'expression et des causes qui le provoquent. Une lecture sémiologique nous permet d'interroger le film dans sa référence aux idéologies de l'époque, de confronter les différentes représentations cinématographiques aux réalités qu'elles retranscrivent. Si les références historiques n'apparaissent pas directement dans le mode de représentation, elles agissent pourtant sur les motivations profondes mises en œuvre par les personnages.

Le film noir a une histoire cinématographique, mais participe aussi à des moments de l'Histoire américaine. La perspective historique nous aidera à évaluer les forces qui ont précédé la création des stéréotypes du film noir, contribué à la transformation de la représentation des mythes, encouragé la naissance et la vigueur d'une forme nouvelle – celle du film noir.

---

[36]. Joel Augros explique que la mise en place du code de production, préfiguré en 1927, et établi complètement en 1934, avait un seul objectif : « éviter que ne s'instaurent dans chaque ville, dans chaque comté, dans chaque Etat, des censures locales rendant impossible la distribution d'un même film sur l'ensemble des Etats ». Joel Augros, *L'Argent d'Hollywood,* Paris, L'Harmattan, 1996, p. 230.

Aux sources du film noir

Du roman noir au film noir

Plusieurs films américains des années quarante, dont *Le Faucon maltais* (*The Maltese Falcon*, John Huston, 1941), *Assurance sur la mort* (*Double Indemnity*, Billy Wilder, 1944), *Laura* (Otto Preminger, 1944), *Adieu ma belle* (*Murder my Sweet*, Edward Dmytryk, 1944), *Les Mains qui tuent* (*Phantom Lady*, Robert Siodmak, 1943) sont adaptés de romans à intrigue policière dont le succès populaire va croissant tout au long de la décennie. Les studios renouvellent la production des films de divertissement en ayant de plus en plus recours au récit *hard-boiled* que Dashiell Hammett avait inauguré dans les années vingt, mais qui se développe grâce à la contribution de Carroll John Daly (*The Hidden Hand*, 1929), de Raoul Whitfield (*Green Ice*, 1930), de Paul Cain (*Fast One*, 1932), d'Erle Stanley Gardner (*The Case of The Velvet Claw*, 1933) dans les années trente.[37] A ses débuts, le récit *hard-boiled* est assez marginal, ses auteurs sont relégués par les critiques au niveau d'« ouvriers de la littérature », de besogneux. Si ce statut semble dénigrer un style d'écriture, il permet cependant de conserver une liberté de ton ainsi que d'affirmer une vision non-conformiste, voire critique, envers la société.

L'œuvre de Dashiell Hammett, par exemple, s'inscrit parfaitement dans le contexte des années vingt, celui des années folles (*the roaring twenties*), rythmées par le triomphe du jazz que l'essor de la radio contribue à vulgariser, emportées par la vitesse des automobiles dont la vente ne cesse de s'accroître, célébrées par les femmes qui se libèrent progressivement de quelques interdits après avoir gagné le droit de vote, inscrit au dix-neuvième amendement (1920). Propulsée dans la modernité et la mobilité, l'Amérique affiche pourtant sa réticence face aux changements des mœurs en adoptant le dix-huitième amendement constitutionnel, exigeant que soient prohibées la production, la vente et la consommation d'alcool. Le Congrès vote en faveur du projet le 18 décembre 1917, qui est ensuite soumis aux Etats pour ratification. L'amendement acquiert valeur constitutionnelle le 14 janvier 1919 ; s'ensuit le vote de la loi Volstead en octobre 1919 qui vise à faire appliquer la prohibition au niveau national. Loin de favoriser les bonnes mœurs, la loi Volstead contribue au développement du banditisme, car les gangsters s'enrichissent des ventes illégales d'alcool, sur un marché clandestin qu'ils contrôlent par la violence, et grâce à la corruption des représentants politiques ou des policiers, dont ils s'assurent le soutien officieux, les protégeant des tourments de la justice[38]. Le développement de la puissance économique s'accompagne alors d'une industrialisation et d'une urbanisation rapides qui ont pour effet d'aggraver les injustices sociales, d'augmenter la misère dans les classes les plus défavorisées, opposant avec plus de brutalité encore riches et pauvres.

Sans aborder de manière directe cette fracture sociale, c'est bien sur cette toile de fond que se déroulent les intrigues du roman noir, jetant l'opprobre sur l'origine douteuse d'un argent sale, accumulé grâce à des activités aussi louches qu'illégales. L'air de respectabilité affiché par les riches est souvent une façade que l'enquête d'un détective privé fait voler en éclat, levant le voile sur un monde noir, dominé par la violence que déclenchent le désir de toujours s'enrichir et la jalousie provoquée par la répartition inégale

---

[37]. Woody Haut, *Pulp Culture,* New York, Serpent's Tail, 1995, p. 195-200.
[38]. Annick Foucrier, *Les Gangsters et la société américaine,* Paris, Editions Ellipses, 2000, p. 23.

des richesses. Le crime n'est plus un phénomène isolé, produit d'un esprit égaré ; il devient un mode de pensée, un moyen qui se justifie par le but avoué et reconnu par toute une société qui valorise l'argent, d'origine légale ou illégale, comme signe de réussite. Le thème de l'enquête présente un double intérêt dans le roman noir, puisqu'il ouvre la voie à un réalisme social et psychologique : si les descriptions du monde extérieur reflètent une vision pessimiste de la ville et de la modernité, le cheminement du privé nous amène à découvrir les vices que la société moderne nourrit chez l'être humain[39]. Constamment menacé au cours de son investigation, le détective privé est confronté aux dangers d'une ville moderne, lieu d'insécurité et d'anonymat où se côtoient indistinctement coupables et innocents. Le climat d'angoisse qui prévaut dans le roman noir est caractéristique d'une littérature moderne et urbaine qui s'interroge sur les effets possibles de la modernité. Les maux de la modernité créent les obsessions récurrentes de la fiction du vingtième siècle : solitude et aliénation, effondrement de la communauté et des traditions, matérialisme de la vie moderne, conflit entre artiste et société[40].

Il n'est pas surprenant que la tradition littéraire du roman noir, née dans les années vingt à Los Angeles, s'épanouisse dans les années trente sous la plume de Raymond Chandler. L'écrivain se tourne vers le roman noir comme mode d'expression, puisqu'il lui permet d'explorer quelques facettes de la société américaine. *Le Grand sommeil* (1939), *Adieu ma jolie* (1940), *La Dame du lac* (1943), *Le Dahlia bleu* (1946), *Sur un air de Navaja* (1954) donnent à voir un monde en pleine décomposition morale, peuplé de millionnaires, d'hommes de loi corrompus. La froideur apparente du privé, Philip Marlowe, est ainsi le reflet de l'indifférence qui s'est instaurée dans une société mue par le seul dynamisme de l'économie, où les êtres sont happés par la production de richesses toujours plus grandes. Dans *Le Grand sommeil* (1939), Chandler porte un regard particulièrement critique sur l'ordre économique national et la classe moyenne de Los Angeles : le travail des uns (celui du détective Philip Marlowe par exemple) est directement contrasté par l'oisiveté des autres (celle des filles du Général Sternwood). Le crime (ou le meurtre) devient le choix préférentiel des exclus de la classe moyenne, incapables de s'enrichir plus longtemps par la spéculation, mais qui ont dilapidé leurs héritages (c'est ainsi qu'Arthur Geiger devient maître chanteur). Le roman noir des années trente oppose métaphoriquement l'économie spéculative de la Californie du Sud (promotions immobilières et profits hollywoodiens) aux bastions productifs de la côte Est. Los Angeles a surtout attiré les classes moyennes qui ont investi leurs économies dans la spéculation immobilière ou pétrolière ; la crise de 1929 les frappe donc de plein fouet. Ces hommes et ces femmes, en proie à des difficultés financières qui leur avaient été épargnées jusqu'alors, sont précisément les protagonistes du roman noir – non seulement les criminels des romans de Raymond Chandler, mais aussi les antihéros d'une série que James M. Cain inaugure en 1934 avec *Assurance sur la mort* et *Le Facteur sonne toujours deux fois*.

Il semble que la formule du roman policier ait changé grâce à la contribution de Dashiell Hammett qui fut le premier écrivain à donner un souffle nouveau aux stéréotypes du « roman à énigme »[41], genre qui obéissait déjà à des conventions bien établies. Dans ses

---

[39]. Geoffrey O'Brien, *Hardboiled America,* New York, Van Nostrand Reinhold, 1981, p. 63.
[40]. Blanche Housmans Gelfant, *The American City Novel,* Oklahoma, Oklahoma University Press, 1954, p. 21.
[41]. Tzvetan Todorov définit le « roman à énigme » comme un récit qui « ne contient pas une mais deux histoires : l'histoire du crime et l'histoire de l'enquête. [...] Les personnages de cette seconde

quatre premiers romans, *La Moisson rouge* (1929), *Sang maudit* (1929), *Le Faucon maltais* (1930), et *La Clé de verre* (1931), d'abord publiés en feuilletons dans *Black Mask* [42] de février 1927 à juin 1930, Dashiell Hammett nous offre le portrait d'un détective original, dit *hard-boiled* ou *tough* en anglais, en raison de ses méthodes de travail peu conventionnelles : il n'hésite pas à employer la violence pour arriver à ses fins. Contrairement au *whodunnit* classique ou au « roman à énigme », genre représenté par les romans d'Edgar Allan Poe, d'Arthur Conan Doyle, d'Agatha Christie, le récit *hard-boiled* met en avant l'aventure que représente l'enquête d'un détective privé plutôt que la raison ou la logique déductive d'un Hercule Poirot (dans l'œuvre d'Agatha Christie)[43]. Le personnage du détective privé est profondément affecté par le regard de Hammett, qui consacre Sam Spade à la fois justicier et aventurier. A la différence de l'enquêteur qui doit garder ses distances par rapport au milieu criminel qu'il explore, le détective privé doit se mêler, s'immiscer même, au milieu du crime, dont il subit toutes les pressions afin de pouvoir conclure son enquête. Les méthodes de déduction du détective classique n'ont plus droit de cité : la lecture des indices ne permet plus de donner un sens aux choses ; le privé doit entrer dans le monde du crime et de la corruption pour espérer rétablir une justice. Un climat de méfiance imprègne le récit car les sources du danger sont diffuses.

La personnalité du privé, le regard qu'il porte sur le monde, son comportement, ses attitudes sont complètement transformés par ces enquêtes qui le conduisent au cœur des aventures clandestines qui secouent ces années vingt : alors que le crime se banalise pour faire partie intégrante d'une société où la violence et la corruption sont devenues des instruments de pouvoir, Sam Spade incarne un détective nouveau genre.[44] L'écrivain explore une esthétique novatrice, adopte un style dépouillé qui semble le rapprocher de son héros aux manières rudes. Il importe d'apprécier l'originalité du détective, personnage parfois brutal qui cache derrière une image de « dur à cuire » l'intégrité de ses valeurs morales. Le thème de l'enquête met à l'épreuve une endurance physique autant que morale,

---

histoire, l'histoire de l'enquête, n'agissent pas, ils apprennent. Rien ne peut leur arriver : une règle du genre postule l'immunité du détective ». Le « roman à énigme » met donc en avant la découverte d'indices qui permettent au détective d'identifier l'auteur du crime (comme dans les récits d'Agatha Christie). En revanche, c'est la seconde histoire (l'enquête) qui prend la place centrale dans le roman noir (comme dans les récits de Raymond Chandler) : « Le lecteur est intéressé non seulement par ce qui est arrivé avant mais aussi par ce qui va arriver plus tard, il s'interroge aussi bien sur l'avenir que sur le passé. Les deux types d'intérêt se trouvent donc réunis ici : il y a la curiosité, de savoir comment s'expliquent les événements déjà passés ; et il y a aussi le suspense : que va-t-il arriver aux personnages principaux ? ». Tzvetan Todorov, *Poétique de la prose, op. cit.*, p. 57 et p. 63-64.
[42]. Les premières fictions criminelles sont apparues dans les *pulps*, magazines publiés sur du papier de mauvaise qualité et très populaires dans les années vingt. *Black Mask* est l'une des premières revues à s'intéresser à la fiction criminelle en publiant d'abord des histoires policières dans la tradition anglaise – comme *Sherlock Holmes* de Sir Arthur Conan Doyle. Voir Francis Lacassin, *Mythologie du roman policier,* Paris, Christian Bourgeois, 1993.
[43]. Arthur Conan Doyle et Agatha Christie demandent au lecteur de déployer leurs qualités d'observation et de déduction : tous les indices qui permettent au détective de découvrir l'assassin se trouvent dans le récit. Le détective *hard-boiled* ne peut découvrir la vérité à partir de la seule observation des indices qui l'entourent : il doit prendre des risques, infiltrer les milieux criminels, parfois utiliser la violence pour faire parler les témoins. Au raffinement du détective britannique, il oppose des manières brusques et un langage vulgaire. Le récit est dit *hard-boiled* car sa construction et le style littéraire adopté reflètent le caractère brusque et populaire du personnage.
[44]. Nathalie Beunat, *Dashiell Hammett*, Amiens, Encrage Edition, 1997, p. 9.

puisque l'aventure du crime confronte l'homme à la violence, à la corruption, à la tentation. L'adaptation de *Le Faucon maltais* par John Huston (1941) traduit visuellement ces mots qui trahissent les conflits humains dans le roman : des rainures noires et blanches sont projetées en toile de fond pendant la scène qui se termine sur le premier baiser échangé entre Sam Spade et Brigid O'Shaughnessy, suggérant de la sorte que le détective est alors conscient du double jeu, des contradictions du personnage féminin, de l'univers carcéral dans lequel elle tente de l'emprisonner.

L'art de Dashiell Hammett consiste à mettre le protagoniste et le lecteur en présence d'une foule d'indices et de déclarations contradictoires, de sorte que la narration progresse dans la confusion. La composition de l'œuvre est désordonnée, peut-être le reflet d'une situation sociale chaotique, si bien que la résolution de l'énigme paraît secondaire par rapport au cheminement suivi par le détective au cours de son enquête. Des personnages fascinants, mais qui représentent toujours un danger pour la sécurité du privé, hantent le roman noir, lui confèrent une atmosphère de danger qui enveloppe progressivement le lecteur. L'univers diégétique prend le pas sur le thème de l'enquête car chaque scène entraîne le privé un peu plus en avant dans le monde du crime, où fourmillent autant de tueurs que de maîtres chanteurs. Dashiell Hammett dépeint les mœurs citadines en s'intéressant d'abord à une galerie de personnages dont les faits et gestes sont l'occasion de critiquer les excès du matérialisme et du capitalisme[45]. Dans *La Clé de verre,* le danger naît de l'investigation d'un meurtre qui va permettre au détective de percer à jour les manœuvres illégales d'hommes politiques : les élus d'une petite municipalité se jouent de la loi en s'assurant les services de la police, voire des juges, dans un intérêt tout personnel. Dans ce contexte, le rôle du détective privé est primordial, car il incarne une indépendance d'esprit qui, si elle l'isole par rapport au monde alentour, lui permet de se préserver du danger de la corruption. Personnellement menacé au cours de son enquête, le privé apprend à se protéger, à se méfier d'abord de lui-même, de ses éventuelles faiblesses, en refusant de s'ouvrir à l'autre, et en particulier à la femme[46].

De manière significative, le personnage du détective privé est encore anonyme dans les premières fictions de Dashiell Hammett, *The Op Stories*, où il est surnommé « Continental Op ». L'homme se protège en restant toujours sur ses gardes, refusant de céder à la Femme, même s'il lui arrive de voler à son secours. Dans *Le Crime est un art simple*, Raymond Chandler définit la complexité du stéréotype, souligne les qualités à la fois ordinaires et exceptionnelles d'un détective qui sera toujours apprécié par les lecteurs :

> Le long de ces rues sordides, un homme seul doit se risquer, un homme sans compromission, désintéressé, courageux. Dans ces sortes d'histoires, voilà ce que doit être le détective. Il est le héros, il est le pivot du roman. Il faut qu'il soit un homme complet, *un homme comme les autres*, et pourtant différent. Il doit être, pour employer une formule bien usée, un homme d'honneur par instinct, inévitablement, sans qu'il y pense, et surtout sans qu'il le dise. [47]

---

[45]. Woody Haut, *Pulp Culture, op. cit.*, p. 195-200.
[46]. Dennis Dooley, *Dashiell Hammett,* New York, Frederick Ungar Publishing Co., 1984, p. 79.
[47]. « Down these mean streets a man must go who is not himself mean, who is neither tarnished nor afraid. He is the hero; he is everything. The detective in this kind of story must be such a man. He must be a complete man and a common man and yet an unusual man. He must be, to use a rather weathered phrase, a man of honor – by instinct, by inevitability, without thought of it, and certainly without saying it. » Raymond Chandler, *The Simple Art of Murder,* New York, Houghton Mifflin Co.,

Raymond Chandler oppose volontiers l'humanité de son héros, Philip Marlowe, à l'indifférence, à l'égoïsme, à l'ambition destructrice de ceux qu'il croise. Les dialogues sont alors guidés par une intuition défensive, qui oppose son intégrité à la duplicité, au vice, à la corruption de l'environnement urbain. Parce qu'il porte un regard cynique sur les motivations humaines, le privé ne deviendra pas la victime du monde noir, de la Ville corruptrice. Ce portrait nous invite à reconnaître les vertus chevaleresques de Philip Marlowe qui relève des défis de courage, d'endurance et de droiture au cours de sa quête. Il ne s'agit pas d'exalter sa force, mais au contraire de mettre en vedette les règles mêmes qui régissent la conduite de Marlowe – sens moral, code de l'honneur, sentiment du devoir[48]. Marlowe incarne le justicier intemporel, est le seul élément qui soit demeuré honnête dans une société devenue immorale, rongée par la corruption. A l'instar du chevalier du Moyen Age, Marlowe doit subir une série d'épreuves qui sont autant de pièges et de dangers à surmonter : tentation sexuelle, agressions physiques, menaces de mort balisent son parcours. Dans une société laïque et mercantile, le détective privé a choisi la solitude par conviction, par fidélité à un code éthique qui l'isole de la corruption, lui évite la souffrance de l'échec qu'il observe partout autour de lui. Qu'il s'appelle Sam Spade, Philip Marlowe, Lew Archer ou Mike Hammer, le détective privé affirme d'abord son sens des valeurs et son intégrité en refusant de s'agréger aux policiers ou aux malfrats :

> C'est un solitaire, un individualiste qui obéit avant tout à son propre code moral, un code qui n'est pas forcément en accord avec la loi. Le privé est quelqu'un qu'on engage, pas quelqu'un qu'on achète. [49]

Mais ce héros, qu'il soit policier ou détective, reste un homme seul, sans attaches, qui poursuit inlassablement sa quête en dépit de toutes les embûches rencontrées, en dépit des risques personnels encourus. Au cours de ses enquêtes, le privé croise de multiples dangers, que symbolise la femme à la chevelure blonde dans *Le Grand sommeil*.

La femme à la chevelure blonde ne sollicite pas l'imagination de la même manière au Moyen Age ou au XXe siècle : autrefois symbole de pureté et d'innocence, la blondeur suggère désormais les plaisirs, charnels ou matériels, que la couleur de l'or fait convoiter. Dans *Le Grand sommeil*, la tentation est incarnée par Carmen, dont la blondeur signale qu'un mythe a succédé à un autre. Bohémienne à la chevelure de jais dans la nouvelle de Mérimée, symbole de la noirceur du péché, Carmen est blonde dans le roman noir comme si la ruée vers l'or avait entraîné une fracture dans les figures de l'imaginaire. Carmen apparaît telle une offrande déposée sur le lit de Marlowe, un bijou dans son écrin, destiné à attirer l'œil et la main du détective :

> Le lit était baissé. Quelque chose y gloussait. Une tête blonde sur mon oreiller. Deux bras nus relevés et les mains croisées sur la tête en question. Carmen Sternwood, étendue sur le dos, dans mon lit, m'observait en gloussant. La vague floue de ses cheveux était disposée soigneusement et pas naturellement sur l'oreiller. Ses yeux

---

1950, p. 59. En français, ce texte sert de preface au roman *La Rousse rafle tout,* traduit par Janine Quest, Paris, La Nouvelle Edition, 1949.
[48]. Stephen Knight, *Form and Ideology in Crime Fiction,* Towbridge, Redwood Burn Limited, 1980, p.150-151, 180, 186.
[49]. Claude Benoît, « Le Privé dans le roman américain des années 1970 », dans *Polar n° 27,* Paris, Rivages, 1995, p. 17.

> ardoise me regardaient ; ils me faisaient comme d'habitude l'effet de m'épier derrière un canon de fusil. Elle sourit. Ses petites dents acérées luisaient.[50]

La scène de séduction qu'avait orchestrée Carmen Sternwood est évidemment un échec si l'on prête attention aux mots employés par Chandler pour dire l'agacement de Marlowe. Le détective ressent la présence de Carmen comme une intrusion qu'il désapprouve : il la voit d'abord comme un objet (*quelque chose*), la décrit par fragments (*tête, bras, mains, cheveux, yeux, dents*) comme pour suggérer qu'elle a envahi (*vague floue de ses cheveux*) un espace qui lui appartient, son sanctuaire (*dans mon lit*). Le danger du féminin se lit dans la perception d'un regard séducteur, dont Marlowe se méfie car il l'associe à la violence de la mort (*un canon de fusil*). Même le sourire de Carmen est source d'angoisse, car il révèle le pouvoir vampirique d'une femme assoiffée de sang (*petites dents acérées*).

Si Carmen ne ressemble en rien à la demoiselle en péril qu'il faut d'abord sauver puis courtiser, Marlowe n'est guère davantage qu'un équivalent galvaudé de chevalier. Ce héros cache en effet de nombreuses faiblesses derrière une image virile qu'il se plaît à cultiver à l'extérieur, mais qui se brise aussitôt le cercle de son intimité réintégré. S'il a choisi la solitude, la vie de Marlowe est surtout morne, triste, et vide entre deux scènes d'action :

> Un vent orageux soufflait aux fenêtres et rabattait la suie du brûleur à mazout de l'hôtel voisin, qui balayait mon bureau comme de la folle avoine un terrain vague. J'envisageai d'aller déjeuner, en pensant que la vie était bien banale et qu'elle serait sans doute tout aussi banale si je buvais un coup, et que boire un coup tout seul à cette heure de la journée, de toute façon, ça ne serait pas marrant.[51]

Cet extrait révèle le sentiment d'isolement qui s'empare parfois de Marlowe, comme s'il était un étranger dans la ville. Les bourrasques balayent la ville anonyme (*hôtel, terrain vague*) comme les clients passent dans la vie de Marlowe sans jamais s'arrêter. Le détective est finalement un homme très seul qui trompe son ennui (*la vie était bien banale*) par le biais de quelques habitudes d'un quotidien mondain (*déjeuner, boire un coup*). Ses moments de découragement donnent au personnage une dimension humaine, même s'ils signalent aussi l'anachronisme des valeurs qu'il défend, en conflit avec son environnement propre – une contradiction qui est à l'origine de son isolement.

Les romans de James M. Cain accordent une place prépondérante à la femme fatale qui conduit à la mort tous ceux qui l'approchent[52], en particulier l'homme qu'elle a séduit pour mieux pouvoir l'amener au meurtre. La femme fatale s'inscrit donc parmi les

---

[50]. Raymond Chandler, *Le Grand sommeil*, traduit de l'anglais par Boris Vian, Paris, Editions Gallimard, Collection « folio policier », 1948, p. 173. (Edition originale : *The Big Sleep*, New York, Hamish Hamilton, 1939).
[51]. Raymond Chandler, *Le Grand sommeil, op. cit.*, p. 145.
[52]. Dans la tragédie grecque, d'essence religieuse et sacrée, la femme est liée au *fatum*, c'est-à-dire au destin et aux ombres surnaturelles qui pèsent de toute leur puissance inexorable sur les hommes. La tragédie présente l'homme accablé par un destin malheureux, écrasé par la toute-puissance des Dieux qui jouent de sa faiblesse et de son ignorance. Le destin de l'homme tragique est tout entier contenu dans son impossibilité à concilier des intérêts contraires (passion et éthique par exemple) ; le destin tragique de l'homme moderne est la conséquence de ses mauvais choix. Dans le roman noir, la femme fatale est le symbole d'un destin funeste qui guette l'homme moderne, victime de ses propres décisions. Alain Moreau, « Postface » dans *Femmes fatales*, Cahiers du GITA n° 8, *op. cit.*, p. 230.

stéréotypes du roman noir, tant par son allure physique que par sa psychologie. C'est un être dont on sent qu'il faut se méfier, car elle use de ses charmes et de sa sexualité, pour parvenir à ses fins. Les légendes médiévales relatent l'histoire d'un chevalier qui se laisse détourner de sa quête par la Belle Dame Sans Merci. La belle dame l'attire mais lui sera fatale, moralement autant que physiquement.[53] Sur cette figure évoquant une imagerie religieuse et moyen-âgeuse, les romanciers du XXe siècle ont projeté leurs fantasmes. La femme fatale n'est pas seulement la femme qui tue ; elle incarne une surenchère de féminité, mystère insondable, chacun le sait, pour l'être au féminin autant que pour l'être au masculin. Les romans de Dashiell Hammett sont peuplés de belles criminelles aussi séduisantes que redoutables – dont Brigid O'Shaughnessy est le prototype le plus achevé dans *Le Faucon maltais*. S'il faut aussi se méfier des femmes imaginées par Raymond Chandler, Carmen commet elle-même le premier meurtre dans *Le Grand sommeil*, James M. Cain explore encore davantage le pouvoir de la femme fatale, qu'il oppose à la faiblesse masculine.

Le personnage féminin y est alors féminisé à outrance, il est tentation du fait de son hyper sensualité : vêtements, démarche, physique sont décrits par l'auteur avec une minutie propre à enflammer l'imagination du lecteur. Dans *Le Facteur sonne toujours deux fois* (1934), l'entrée en scène de Cora précipite les événements. L'écrivain s'attarde à décrire la violence de l'effet qu'elle produit sur Frank pour mieux nous inviter à considérer l'aspect, à long terme funeste, de la rencontre :

> C'est alors que je l'ai vue. Jusque-là, elle était restée derrière, dans la cuisine, et elle n'est venue dans la salle que pour prendre mes assiettes salles. Son corps mis à part, elle n'était pas d'une beauté folle, mais elle avait un certain air boudeur et des lèvres qui avançaient de telle façon que j'ai immédiatement eu envie de les mordre. [54]

La femme fatale inspire un sentiment violent, auquel il est impossible de résister nous dit la première phrase de cet extrait. Le thème érotique ne perpétue pas seulement l'image de la perversité féminine, il est indissociable d'un mode de violence prisé par le protagoniste. La description des lèvres pulpeuses de la jeune femme suggère une féminité provocante et agressive, qui éveille comme un instinct bestial chez l'homme (*j'ai immédiatement eu envie de les mordre*). L'obsession sexuelle du personnage, ou par contraste le refus qui est le sien d'accepter une vie sexuelle normale, est le point crucial de sa faiblesse. En conséquence, l'homme incarne l'antihéros d'un monde noir, dominé par l'angoisse psychologique, le sens de la culpabilité, la peur d'être soudain mis à nu. Dans le roman de James M. Cain, la violence de l'homme est l'expression d'une faiblesse qui a remplacé la force combative du détective privé. L'antihéros figure à la fois l'errance à laquelle ont été contraintes les victimes dépouillées de la crise de 1929, l'aventure représentée par un mode de vie marginal, la violence à laquelle sont condamnés les exclus du « rêve américain ».

Les personnages du roman noir éloignent le courant littéraire de ses origines, ancrent le mouvement dans une Amérique contemporaine. Bien que le « roman à énigme » et le récit d'épouvante renvoient à l'Angleterre victorienne et au *gothic novel*, bien qu'ils

---

[53]. James F. Maxfield, *The Fatal Woman*, New Jersey, Associated University Press, 1996, p.15.
[54]. James M. Cain, *Le Facteur sonne toujours deux fois,* traduit de l'américain par Sabine Berritz, Paris, Gallimard, Collection « folio policier », 1936, p. 11. (Edition originale : *The Postman Always Rings Twice*, New York, Alfred A. Knopf, 1934).

aient inspiré les premières adaptations d'Alfred Hitchcock dans la Grande Bretagne des années vingt, le genre s'est américanisé sous la plume des écrivains précédemment rappelés. Détective privé, criminel et femme fatale illustrent l'américanisation de la fiction criminelle : tous incarnent des modes de pensée et des valeurs modelés par un environnement social proche. Le film noir se distingue des films criminels produits en Europe, car il évolue dans un contexte typiquement américain, comme en témoigne le type de personnages et de décors qu'il privilégie.

Le roman noir offre des scénarios originaux aux réalisateurs des années quarante qui adoptent tout naturellement le mode de narration prôné par le genre : caméra subjective exprimant le point de vue du privé, voix off traduisant une focalisation interne, juxtaposition de scènes brèves, de dialogues succincts qui entraînent le lecteur, comme le spectateur, dans un récit énigmatique, aux intrigues multiples, imbriquées les unes dans les autres, dans l'espoir de découvrir un indice qui permettra de saisir la clé du mystère. La complexité du récit suggère la difficulté de l'enquête menée dans un monde noir, où les mobiles du crime demeurent longtemps obscurs, jusqu'à ce que la succession de scènes distinctes commence à faire sens car des révélations ponctuelles nous renseignent sur l'identité du meurtrier[55], dont la logique est impossible à dénouer par le seul mécanisme de la rationalité. Le film noir ne retient pas seulement la structure narrative du roman noir, il donne corps aux personnages imaginés par la fiction, les projette dans un espace imaginé pour l'espace filmique, jouant de la métaphore et des ellipses narratives pour imposer un climat d'insécurité et de mystère. Frank Krutnik souligne l'interaction du roman sur le film et vice versa :

> On ne devrait pas considérer que l'influence du roman « hard-boiled » sur le film noir se limite uniquement à ce que les films ont tiré des romans. Il semble plutôt que la fiction « hard-boiled » a elle-même été une réaction particulière à l'influence du cinéma en tant que mode de récit le plus novateur des temps modernes.[56]

Au roman du discours tel que l'a pratiqué Agatha Christie, Dashiell Hammett oppose le roman du regard, décrivant avec minutie la violence des gestes, les lieux dangereux où le privé nous entraîne, les discussions houleuses qui l'opposent à d'éventuels suspects. Une syntaxe simple, un vocabulaire élémentaire le rapprochent du cliché instantané, du film d'action, puisqu'il bannit la réflexion, l'analyse, le commentaire, réduit la parole à des dialogues brefs et incisifs pour retenir d'abord le mouvement, intense ou anodin, qui aide à définir les personnages. Dans *Le Faucon maltais*, le détective Sam Spade fait valoir son professionnalisme en utilisant les poings. Les détails abondent dans la scène suivante, comme pour mieux nous aider à imaginer une douleur, dont une focalisation externe ne nous dit rien. Les mots décrivent pourtant l'action de près :

> Brusquement, le coude s'abaissa. Cairo sauta en arrière, mais insuffisamment. Le talon droit de Spade, lourdement posé sur l'une des bottines vernies, le cloua sur place, tandis que son coude le frappait sous la pommette. Il bascula, mais le pied de Spade, posé sur

---

[55]. Frank Krutnik, *In A Lonely Street, Film Noir, Genre, Masculinity*, op. cit., p. 40.
[56]. « The question of hard-boiled' influence upon film noir should not, then, be conceived solely in terms of what the films drew from the books. Rather, it seems that 'hard-boiled' fiction was in itself a particular response to the influence of the cinema as the most innovative mode of storytelling in the modern age. » *Ibidem*, p. 41.

le sien, le maintint en place. Le bras droit du détective s'allongea et Cairo, stupide, lâcha son arme dès que les doigts de Spade le touchèrent. L'automatique était comme un jouet dans sa grosse patte. [57]

Cet extrait nous invite à visualiser la scène, à reconnaître que le roman noir procède d'une vision cinématique qu'il est aisé de transformer en vision cinématographique. Les personnages ne se définissent guère plus par la description psychologique, mais par ce qui accroche le regard : particularités physiques, attitudes, mouvements, objets. La contradiction entre la violence et le froid détachement de l'écriture qui l'enregistre oppose l'intégrité morale du privé à toute tentative de corruption. Confronté à une modernité destructrice, souvent incarnée de manière allégorique par une jeune femme ambitieuse ou encore par un homme d'affaire corrompu, Spade utilise des méthodes parfois violentes. Cynisme et méfiance caractérisent le héros du *hard-boiled*, sceptique quant à l'efficacité des institutions policières et judiciaires de son pays, suspicieux des envies et des jalousies attisées par un contexte de concurrence économique acerbe.[58]

Moins laconique et plus souple que Dashiell Hammett, Raymond Chandler sacrifie volontiers le ton objectif adopté par Hammett, pour imprimer toute la subjectivité de son regard sur le décor urbain. L'écrivain tente de se créer un univers propre à travers le personnage du privé auquel il donne des qualités surprenantes. Avec Philip Marlowe, Raymond Chandler introduit une sensibilité nouvelle, une émotion à contre-courant des usages du roman noir. On décèle en Marlowe un homme différent de celui dont il feint l'apparence : ses airs de faux dur dissimulent mal un être charitable tandis que sa désinvolture masque sa timidité. La vision prismatique de Philip Marlowe domine le récit, détermine la perception du lecteur, puis celle du spectateur, car les réalisateurs n'hésitent pas à violer les codes de la narration classique pour traduire visuellement l'idiosyncrasie de Marlowe. Dans *Adieu ma belle* (*Murder my Sweet*, 1944), Edward Dmytryk développe un récit en flash-back, utilise de manière récurrente la voix off et la caméra subjective pour retranscrire toute la subjectivité du point de vue exprimé à la première personne dans le roman de Chandler. Jusqu'au début des années quarante, le récit à la première personne avait rarement été utilisé dans les films hollywoodiens. Seuls William Wyler (*Les Hauts de Hurlevent, Wuthering Heights,* 1939) et John Ford (*Qu'elle était verte ma vallée, How Green Was My Valley*, 1941) eurent recours à la voix d'un narrateur pour résumer un passage ou commenter une action par le biais du monologue intérieur. Parce que la personnalité de Marlowe colore le récit de toute sa subjectivité, l'adaptation cinématographique met volontiers l'accent sur cette fonction que les linguistes appellent focalisatrice, indissociable de l'image puisque le procédé cinématographique (jeu de lumière, cadrages…) met alors en relief une partie de l'image au détriment des autres.[59]

Le film noir retient donc une perspective personnelle qui caractérise déjà le roman noir, comme dans l'extrait suivant de *Fais pas ta rosière*. Le texte, à la première personne, rapporte les impressions, les pensées de Marlowe, qui observe l'environnement du

---

[57]. Dashiell Hammett, *Le Faucon de Malte,* traduit par Henri Robillot, Paris, Edition Gallimard, 1950, p. 55-56 (Edition originale : *The Maltese Falcon,* New York, Alfred A. Knopf, 1930).
[58]. Diane Johnson, *The Life of Dashiell Hammett,* London, Chatto & Windus, 1984, p. 77.
[59]. Christian Metz, « Quelques vues sur le visible » dans Dir. Claude Murcia et Jean Lelaidier, *Littérature et cinéma,* Poitiers, La Licorne, 1993, p. 15. La caméra étant toujours placée quelque part, toute image est nécessairement orientée, et le film est obligé d'adopter un point de vue spécifique – même sans recours volontaire à aucune séquence subjective.

restaurant où il s'est arrêté pour prendre un repas. Des phrases courtes nous disent son agacement, reflètent la vitesse à laquelle le client est expédié, insistent sur la dérision de l'épisode :

> Je m'arrêtai pour dîner à un endroit appelé Thousand Vaks. Repas infect mais service express. Tu manges et tu dégages. Beaucoup de passage. Pas le temps de servir une deuxième tasse de café. La place assise vaut de l'argent. Tu vois ces gens là-bas, derrière la corde ? Ils veulent tous manger. C'est du moins ce qu'ils pensent. Ou plus exactement ils pensent qu'ils en ont besoin. Dieu seul sait ce qu'ils viennent manger ici. Ils feraient mieux de rentrer chez eux et d'ouvrir une boîte de conserve. Ils ne tiennent pas en place. Comme toi. Ils ont besoin de grimper dans leur voiture pour aller quelque part. Les pigeons parfaits pour tous les escrocs qui ont repris les restos. Nous y revoilà, Marlowe. Tu n'as rien d'humain ce soir.[60]

Dans un lieu public où les individus se bousculent, se pressent, Marlowe reste en retrait comme pour s'isoler ou se protéger de l'excitation générale. Le discours indirect libre traduit le regard ironique du personnage qui se distancie des exigences du commerce par le biais d'un ton moqueur exprimé ici au moyen d'une alternance de pronoms qui marque autant de points de vue. Marlowe joue encore d'une autodérision qui semble difficile à représenter à l'écran sans courir le risque de dévaloriser le personnage.

Si *Fais pas ta rosière* n'a pas fait l'objet d'une adaptation pour le cinéma, le sens de l'ironie, manifeste dans les écrits de Raymond Chandler, enrichit le portrait de Philip Marlowe à l'écran. Le film retient un regard à la dérobée ou l'esquisse d'un sourire qui suffisent à dire la curiosité, l'agacement que le privé exprime en monologue intérieur dans les romans. La subjectivité du récit à la première personne se lit encore dans la composition de l'espace : dans *Le Grand sommeil* (*The Big Sleep,* Howard Hawks, 1946), Marlowe reste volontairement à l'écart du groupe qui entoure Vivian en pleine démonstration de chant, comme s'il se méfiait de la belle sirène, comme s'il refusait d'intégrer l'espace social du casino où se déroule la scène.

Le roman noir a donc imposé une série d'archétypes que le cinéma a visuellement matérialisés. Le stéréotype appartient désormais au domaine de la représentation, acquiert *ipso facto* une signification sociologique et psychologique tant du fait de la personnalité du metteur en scène que de la censure qui régule alors la production cinématographique. A la différence d'un traducteur qui veille à rester le plus fidèle possible au texte premier, le cinéaste interprète la diégèse, la façonne à l'image. Les variantes entre le scénario et le film peuvent donc être liées à la fois aux difficultés techniques imposées par l'adaptation au genre cinématographique, c'est-à-dire par le passage de l'écrit à l'image, mais encore aux pressions extérieures auxquelles le réalisateur est contraint de se soumettre ; car si l'écrivain jouit d'une liberté d'expression presque totale, le réalisateur doit veiller à respecter les interdits mis en place par la commission de censure. Dans *Le Grand sommeil*,

---

[60]. « I ate dinner at a place near Thousand Oaks. Bad but quick. Feed 'em and throw 'em out. Lots of business. We can't bother with you sitting over your second cup of coffee, mister. You're using money space. See those people over there behind the rope? They want to eat. Anyway they think they have to. God knows what they want to eat here. They could do better home out of a can. They're just restless. Like you. They have to get the car out and go somewhere. Suckerbait for the racketeers that have taken over the restaurants. Here we go again. You're not human tonight, Marlowe. » Raymond Chandler, *The Little Sister,* London, Penguin Books, 1955, p. 79. (Première édition : New York, Hamish Hamilton, 1949).

Philip Marlowe utilise la métaphore des courses de chevaux, jouant sur des mots à double sens, pour aborder avec Vivian le thème de la sexualité. Lorsque les censeurs s'opposèrent à la violence de la scène finale de Le Grand sommeil, où Carmen est abattue par un tueur, Howard Hawks fut contraint de modifier le scénario. La suppression de cette scène explique en partie que l'intrigue du film demeure, irrésolue, pour le moins elliptique.[61] La rigueur morale du Code Hays limitait la liberté d'expression des réalisateurs à un point tel que, en raison de leur trop violente charge de sexualité, les scénarios inspirés de l'œuvre de James M. Cain furent régulièrement refusés par les studios qui en avaient acquis les droits jusqu'au début de la Seconde Guerre mondiale.[62] L'homosexualité latente des personnages de Dashiell Hammett a presque toujours été gommée lorsque leurs aventures ont été portées à l'écran. D'un côté, le roman peut faire preuve d'audace, aborder des thèmes comme la sexualité, de l'autre le film doit refuser cette même liberté thématique.

Si le cinéma confère ses lettres de noblesse à un style particulier d'écriture et lui offre une reconnaissance publique, des pressions commerciales pèsent très vite sur la création artistique de l'écrivain. Raymond Chandler a souffert de la différence entre l'écriture de ses œuvres originales et leurs adaptations cinématographiques : la liberté dont il jouit en tant qu'écrivain est vite limitée par la collaboration que lui impose sa fonction de scénariste pour le compte d'un studio. Chandler doit accepter que ses textes soient modifiés avant d'être adaptés au cinéma. William Luhr suggère que la vision noire proposée par Raymond Chandler est peut-être aussi l'expression du regard désenchanté, profondément amer, qu'il porte sur les structures de production :

> Presque toutes les phases de l'écriture hollywoodienne le bouleversaient. Non seulement il détestait les intrusions dans sa vie privée, liées au travail en collaboration et à un emploi du temps de bureau, mais il était horrifié à l'idée que si un écrivain parvenait à produire quelque chose en ces circonstances difficiles, un réalisateur ou un producteur ait le pouvoir de le changer ou de le couper au moment du tournage.[63]

A l'image de Philip Marlowe, pris au piège d'une lutte d'influence entre gangsters, policiers corrompus et riches opportunistes (qui sont également ses employeurs), l'écrivain doit savoir concilier un travail de créateur avec les contingences commerciales que lui imposent les studios.[64] Le thème rencontre un écho singulier dans La Dame du lac (Lady in the Lake), scénario original écrit par Raymond Chandler en 1943 et porté à l'écran par Robert Montgomery en 1947, dans lequel Philip Marlowe se présente à une maison d'édition dans l'espoir de faire publier le récit d'aventures autobiographiques et d'arrondir

---

[61]. Patrick Brion, Les Films noirs, Paris, Editions de La Martinière, 1992, p. 147.
[62]. Bien que la Metro-Goldwyn-Mayer eût acquis les droits du roman de James M. Cain intitulé Le Facteur sonne toujours deux fois, dès sa publication en 1934, le tournage du film ne put commencer avant mai 1945.
[63]. « Nearly all phases of the Hollywood writing process upset him. He not only resented the intrusions upon privacy that collaboration and an office schedule entailed, but was horrified at the fact that when a writer produced something under these difficult circumstances, a director or a producer might change or even cut it while the film was being shot. » William Luhr, Raymond Chandler and Film, Florida, Florida State University Press, 1991, p. 6.
[64]. Raymond Chandler, James M. Cain, Leigh Brackett, William Faulkner acceptent d'écrire pour l'industrie cinématographique pour raison financière. Ils ironisent sur leur propre ressentiment envers le système des studios à travers les aventures de leurs personnages. Voir Jean-Paul Schweighaeuser, Raymond Chandler, Amiens, Encrage Edition, 1997, p. 9-21.

ses fins de mois. Son interlocutrice, Adrienne Fromsett, ne tarde pas à lui exposer la difficulté de son travail qui consiste à sélectionner des œuvres susceptibles d'attirer les lecteurs et d'accroître les ventes de magazines dans lesquels elles sont publiées. Les écrivains amateurs et professionnels se bousculent à la porte de la maison d'édition qui profite de leur talent à un prix dérisoire, comme l'explique le patron de l'entreprise, Mr Kingsby : « Les gars sont payés un cent le mot ».[65] De la même manière, sous contrat avec les studios hollywoodiens, William Faulkner, James M. Cain, Horace Mc Coy ou Raymond Chandler subissent les contraintes d'une économie de marché qui les met en concurrence et qui commercialise l'objet de leur créativité, fixant un prix et une valeur à l'écriture. Si ces écrivains dépeignent Los Angeles à la manière d'un enfer urbain, s'ils démythifient l'image paradisiaque alors généralement acceptée de la métropole californienne, c'est peut-être parce qu'ils vivent dans l'ombre des studios qui exploitent leur talent sans reconnaître les qualités artistiques de leur travail.[66] Le pessimisme des écrivains se retrouve à l'envi dans la description cinématographique de la ville, baignée dans la nuit, lieu de ces innombrables dédoublements causés par des reflets de lumière qui isolent le privé face au danger physique et moral qui le guette.

    Ces remarques visent à souligner la distance entre film noir et roman noir, distance qui a permis au cinéma de s'ouvrir à d'autres influences que la littérature. Si le roman noir a fourni au genre cinématographique une série de personnages, de situations archétypales, abondamment exploitées par le septième art, il n'est cependant pas possible de considérer la littérature comme source exclusive du film noir. La force du genre réside d'abord dans son refus de ne pas être une simple adaptation fidèle du roman noir, dans sa capacité d'accepter, d'intégrer l'influence d'autres modes de pensée. L'espace créé entre le scénario et sa mise en images n'est pas uniquement d'ordre commercial, il est encore culturel et esthétique dans la mesure où les réalisateurs portent sur l'objet à naître un regard nourri d'expériences cinématographiques antérieures. Au-delà de la source littéraire, le film noir partage un lien évident avec le film de gangsters qui l'a précédé et dont il conserve jalousement le cadre urbain et le thème du crime.

---

[65]. « The boys are writing these days for a penny a word! ». La citation est extraite du film qui joue de la ressemblance entre la situation dans laquelle se retrouve ici Philip Marlowe et celle à laquelle les scénaristes sont confrontés dans les studios.
[66]. David Fine, "Introduction" dans *Los Angeles in Fiction,* Albuquerque, University of New Mexico, 1995, p. 7.

Du film de gangsters au film noir

Le film de gangsters est souvent désigné comme précurseur du film noir dans la mesure où il le précède chronologiquement et contient déjà des éléments que le film noir reprendra aux niveaux de l'esthétique et de la thématique. Film de gangsters et film noir ancrent la fiction dans un cadre urbain, espace de conquête et de frustration pour les personnages qu'ils mettent en scène. Si le film noir exploite la ville sous un angle qui met davantage en lumière le lien entre formes urbaines et psychologie individuelle, c'est-à-dire la manière dont la ville américaine sollicite l'imaginaire, le film de gangsters retrace les aventures individuelles et sociales des gangsters en référence à l'Histoire urbaine américaine. *Le Petit César* (*Little Caesar,* Mervyn Le Roy, 1930), de *L'Ennemi public* (*The Public Enemy,* William Wellman, 1931) et *Scarface* (Howard Hawks, 1932) sont construits sur le même schéma : ils relatent l'ascension sociale de gangsters qui ont réussi à pénétrer l'univers du crime organisé dans les années trente, pendant la Prohibition, avant d'être eux-mêmes victimes des conflits entre bandes rivales ou des représailles de la police. Les films de gangsters sont des biographies qui attestent la fascination suscitée par ces hors-la-loi prêts à défier les interdits de la Prohibition pour s'enrichir. Toujours sanctionné par une mort violente, le parcours du gangster est condamné par la nécessité de moraliser le traitement du crime à l'écran. Au regard plutôt moralisant sur les excès en tout genre qui caractérisent le film de gangsters et la période qu'il évoque, le film noir lui préfère en général une ambiguïté qui ne permet pas au spectateur de cerner les mobiles d'un meurtre ou de juger de la culpabilité d'un individu.

D'un point de vue esthétique, le film de gangsters s'appuie sur une récurrence de plans sombres qui enserre les personnages dans une situation de plus en plus inextricable. Les plans extérieurs laissent progressivement la place à des plans intérieurs qui suggèrent le resserrement de l'action autour du gangster, dont les possibilités d'action s'amenuisent. Le film noir explorera une multitude d'effets à partir des mêmes jeux d'ombre et de lumière qui opposent les décors intérieurs aux extérieurs, donnant naissance à une approche esthétique qui lui sera propre, davantage inspirée de l'expressionnisme allemand. Il appert que les éléments communs au film de gangsters et au film noir ne produisent pas des effets analogues : si, dans l'un et l'autre, les décors sont bien souvent ceux de rues désertes, filmées la nuit, dans le film noir le danger est suggéré par des ombres ou des silences alors que de soudaines rafales de mitraillette viennent strier le mystère de la nuit du film de gangsters. Voitures et armes à feu introduisent une violence visuelle (les phares sont éblouissants) et sonore (les détonations qui accompagnent chaque coup de feu sont assourdissantes) dans le film de gangsters : il s'agit d'agresser l'œil et l'oreille, de traduire la violence de la rue par un montage rapide qui accélère encore le rythme et l'action. La violence du film noir est peut-être plus insidieuse, les contrastes traduisent d'abord les modulations d'un sentiment d'insécurité qui poursuit le personnage central : la violence visuelle fait alors écho à l'angoisse intérieure et diffuse une atmosphère de danger à l'ensemble du film. En même temps qu'elles décrivent ses déplacements, les ombres du film noir aident à brosser le portrait psychologique du criminel, révélant les pensées assassines ou les projets morbides qu'il fomente à l'insu de tous.

L'attention portée au costume confère à la mise en scène du film de gangsters un apparat délibérément théâtral, suggérant que le vêtement et les armes à feu sont des artifices indissociables du jeu du gangster qui se cache derrière un masque de « dur » dans les scènes de tueries, autant de rituels qui prouvent son courage et lui assurent la reconnaissance de ses pairs. L'individualité et l'identité des gangsters reposent donc sur une représentation stéréotypée, sur une apparence rigoureusement contrôlée par des rites. La représentation n'est pas sans rappeler les ressorts du masque dans une stratégie sociale intégrée par le gangster : ses tenues ostentatoires, qui témoignent d'une réussite personnelle, obtenue par le truchement d'activités clandestines, lui permettent de se présenter comme un héros dans la communauté d'où il est issu. A l'évidence, l'importance accordée au costume rapproche encore le film de gangsters du film noir. Signes d'une réussite socioéconomique indéniable, les tenues se doivent d'être voyantes : le gangster prête autant d'attention à son apparence que la femme fatale du film noir à la sienne et l'iconographie se plaît à suggérer une homosexualité latente. Dans le film noir, il semble que le personnage de la femme fatale ait hérité de l'ambition impétueuse et de l'individualisme forcené qui animent les gangsters des années trente. A l'instar du gangster, elle est prête à tout pour accéder à une reconnaissance qu'elle voudrait personnelle, au statut social qui va de pair avec l'argent, même si elle doit emprunter les chemins du crime. Si les moyens d'agir diffèrent, les ambitions se ressemblent : froide et calculatrice dans *Assurance sur la mort* (*Double Indemnity,* Billy Wilder, 1944), attendrissante parce que victime d'un destin contraire dans *Le Facteur sonne toujours deux fois* (*The Postman Always Rings Twice,* Tay Garnett, 1946), la femme fatale reproduit le clivage entre l'être et l'apparence qui caractérise le gangster des années trente. La prétention du gangster, dont le mode de conduite repose sur des codes de virilité très affirmés, éloigne le personnage du spectateur dans la mesure où une série de barrières rigides, celles des conventions du genre, de la Mafia, de la masculinité, se dresse entre le gangster et l'affect du spectateur.

Le gangster apparaît sous des angles différents selon les types de films : touchant dans *Scarface* ou dans *Les Anges aux figures sales* (*Angels with Dirty Faces,* Michael Curtiz, 1938), il nous révulse dans *Le Carrefour de la mort* (*Kiss of Death*, Henry Hathaway, 1947). Malgré la violence meurtrière qu'il utilise sans regret, sans aucun état d'âme, le gangster des années trente inspire la compassion en même temps que la condamnation. Le titre de *Scarface* devint *Scarface, Shame of The Nation* à la sortie du film, marquant le point de vue moraliste qui devait être retenu face à tout film de gangsters. La morale s'exprime par la mort promise au gangster, sanctionnant sa réussite clandestine. Yves Carlet retient à la fois le point de vue subversif et moraliste du film de gangsters, dont le héros issu des bas quartiers est mû par des rêves de réussite somme toute légitimes dans une société de type libéral. Le rêve projette le gangster dans l'univers du crime organisé qui lui offre la possibilité de concrétiser des désirs inassouvis, mais le film finit toujours par condamner sa déviance. Si la voie du crime organisé lui ouvre l'accès à la reconnaissance, à l'ascension dans l'échelle sociale, le gangster doit consacrer sa vie à la contrebande et aux règlements de compte. Des aspirations légitimes conduisent l'homme sur la voie du crime tandis que ses rêves d'enfant se transforment en meurtres perpétrés au nom de la Mafia. Il représente donc un contre-exemple, invite le spectateur à repenser ses rêves au sein de la société :

> La logique du *gangster movie* veut que la réussite du héros provoque chez le spectateur une identification coupable : en assimilant le succès à l'agression, il le condamne à épouser une cause perdue, et donc à se punir de rêver à la réussite. [67]

---

[67]. Yves Carlet, « De la crise au code : Hollywood, 1930-1936 », dans Dir. Daniel Royot (GRENA), *Hollywood, réflexions sur l'écran,* Aix-en-Provence, Université de Provence, 1984, p. 159-160.

Confronté à la mort, le gangster évalue la portée morale de ses actes passés, dévoile une dimension humaine jamais soupçonnée car l'homme a toujours refoulé ses sentiments de peur de ne pas maîtriser ses émotions. Pendant les dernières minutes de *Scarface*, Tony Camonte s'humanise soudain en comprenant qu'un amour interdit le lie à sa sœur. Une certaine tendresse rédemptrice fait apparaît le gangster comme une sorte de héros tragique, acculé à la mort par cet amour impossible. Alors il tire à vue pour distribuer la mort et se détruire en même temps, rongé par une violence intérieure qui suffit à faire voler en éclats l'image du tueur impassible qu'il avait voulu se créer, comme pour mieux combattre les sentiments qui l'habitaient.

Les premiers films de gangsters (1927-1932) retracent avec violence des histoires de gangsters alors que les films de la fin des années trente s'intéressent à la « culture de la délinquance » qui produit le gangster.[68] Dans *Les Anges aux figures sales* (*Angels with Dirty Faces*, Michael Curtiz, 1938), la fiction se double d'un discours social, comme s'il fallait cerner les origines de la criminalité pour mieux exorciser la tentation du mal. Issu d'un quartier pauvre de New York où les perspectives d'avenir ne sont guère encourageantes, Rocky Sullivan se fait gangster pour forcer le respect et l'admiration que des origines irlandaises ne lui garantissent pas d'emblée dans une société éclatée et divisée par les intérêts divergents des groupes ethniques qui la composent. Aguerri par son expérience professionnelle au sein d'une organisation criminelle, fort d'un pouvoir financier douteux, Rocky Sullivan arbore des costumes chics qui symbolisent sa réussite matérielle. Ils sont une autre récompense pour le courage irréfragable que Rocky a manifesté en empruntant la voie marginale du crime. Elevé au statut de héros par une jeunesse représentée comme livrée à elle-même, en quête de modèles de réussite et d'identification, le dévoyé inspire la déférence de ces jeunes adolescents, qui admirent le talent du gangster ayant réussi à sortir du ghetto. Le gangster a su donner un essor nouveau à un avenir qui, dans les quartiers pauvres, se hérisse de difficultés, car la société n'offre guère à tous les immigrés les mêmes chances de réussite. De retour dans le quartier où il a grandi, Rocky affiche fidélité et loyauté envers ses amis d'enfance, notamment envers Jerry qui s'est tourné vers la religion pour accomplir sa mission. Face aux jeunes de son quartier, Rocky éprouve une affection sincère qu'il traduire en distribuant des billets de banque ou des coups, marqueurs du respect qu'il attend et qu'il semble ainsi obtenir, expression d'une soif de tendresse mal dissimulée derrière une façade de « dur ». Même si le film de Michael Curtiz se termine sur une note consensuelle, puisque Rocky crie sa lâcheté avant de prendre place sur la chaise électrique, les seules issues envisagées à la pauvreté demeurent soit la résignation, soit la criminalité qui mène sur le chemin de la Pègre. Le Père Jerry et Rocky représentent respectivement ces valeurs en opposition, au sein d'une bande de jeunes qui, en fin de compte, accepte le consensus symbolisé par le costume du prêtre.

Le film social des années trente tend à porter sur l'Histoire une vision romantique alors que le film noir des années quarante durcit le regard. De fait, la violence du gangster

---

[68]. Cette évolution reflète peut-être le résultat des études sociologiques menées dans les années vingt par John Landesco, qui postulent l'existence d'une culture de la délinquance. Les délinquants issus des quartiers pauvres modèlent leur comportement sur celui des gangsters plus âgés, seuls exemples de réussite dans leur environnement proche. Ils adoptent leurs valeurs et s'installent dans la criminalité. Cette thématique est au cœur de *Rue sans issue (Dead End*, William Wyler, 1937). John Landesco, *Organized Crime in Chicago*, Chicago, The University of Chicago Press, 1968. Première édition : 1929.

du film noir est inscrite dans la pensée du meurtrier, dans son passé nourri d'épisodes traumatisants et à l'origine d'un comportement pathologique que le film cherche à expliquer. La distance qui nous éloigne du gangster des années trente, symbolisée par des costumes et des cravates d'un goût douteux qui campent le personnage dans un rôle nécessairement rigide, est encore renforcée dans le film noir. La majorité des gangsters du film noir manifeste une violence brutale, incontrôlable, qu'aucun indice ne permet de rationaliser. Dans *Le Carrefour de la mort* (*Kiss of Death*, Henry Hathaway, 1947), Udo prend plaisir à faire souffrir les êtres qui lui résistent, ce que manifeste ce sourire nerveux qu'il affiche au moment de tuer, au moment privilégié où il pousse vers la mort, du haut des escaliers, une femme paralytique, prisonnière de son fauteuil roulant. Aucun plaidoyer ne peut atteindre la conscience de l'homme désormais sous l'emprise d'une totale folie.

Le film de gangsters s'enrichit des relations transgénériques qui infléchissent l'image des gangsters dans *Key Largo* (John Huston, 1948). Le film dénonce la violence arbitraire qui sous-tend tout rapport de force, opposant des personnages antithétiques dans un conflit qui a valeur allégorique : le gangster Johnny Rocco incarne une force physique qu'il impose avec un plaisir sadique au vieux paralytique, image d'une sagesse acquise avec l'âge, aux femmes dont il accuse la faiblesse, aux Indiens qu'il repousse en raison de leurs différences culturelles. La violence de *Key Largo* donne lieu à la confrontation métaphysique des éléments ; la tempête qui sévit au dehors et menace d'anéantir l'hôtel Largo où sont pris au piège le gangster Johnny Rocco et ses acolytes dramatise les tensions intérieures qui minent les personnages de ce huis clos. La cruauté des mots mis au service de l'humiliation de l'autre permet au gangster Johnny Rocco, dont le pouvoir est menacé par la guerre qui se livre entre les gangs, d'affirmer son existence et de croire en l'illusion de sa toute puissance. Devenue alcoolique pour mieux dominer la peur que lui inspire Johnny, son amant aussi imprévisible que brutal, Gaye est déchirée entre l'amour et la haine. Sa beauté défraîchie témoigne du conflit autodestructeur qu'elle mène auprès du gangster, dont l'image se craquelle pendant l'orage. L'arme et la verbosité acerbe du personnage deviennent les signifiants d'une imposture, d'une fragilité intérieure, opposée de manière emblématique au courage du paralytique. Tous les gestes, tous les regards semblent contenir cette violence, prête à exploser d'un moment à l'autre, avant même la fin de la tempête. Ancien soldat qui refuse le combat après avoir été témoin des horreurs de la guerre, Frank préfigure le personnage du détective privé. Alors qu'il s'oppose au gangster vieillissant Johnny Rocco, Frank fait valoir le sens des valeurs et le courage qui caractérisent le privé dans le film noir. L'hybridation générique repose sur la confrontation de personnages issus, semble-t-il, d'univers filmiques différents et destinés à ne jamais se rencontrer en dehors des films qui brisent les conventions des genres.

L'Enfer est à lui (*White Heat*, Raoul Walsh, 1949) s'éloigne également du film de gangsters alors que le meurtre se fait l'expression d'une autodestruction inéluctable car la pathologie ronge l'individu de l'intérieur. Personnage brutal qui use de la violence comme mode d'expression de son existence, comme moyen de communication avec autrui, le gangster paraît d'autant plus violent qu'il dissimule ses sentiments. *L'Enfer est à lui* associe les migraines soudaines du gangster Arthur Cody Jarrett à la relation infantilisante, teintée d'un amour incestueux, que l'homme entretient avec sa mère. Le lien mère fils est alors perçu comme destructeur car Jarrett, par le truchement du crime, satisfait les ambitions d'une mère qui l'imagine régner sur le monde : s'il veut se hisser au sommet du monde

(« Maman! Je suis le maître du monde ! »[69], hurle-t-il dans la scène finale), c'est pour mieux plaire à la femme aimée qui lui a aussi donné la vie.

Cachée derrière le masque de la froideur, la cruauté n'est déjà plus que la manifestation d'une pathologie qu'il suffirait de soigner dans *La Fin d'un tueur* (*The Dark Past,* Rudolph Mate, 1948). Le film tente de nous faire croire qu'il est possible de purger les gangsters de leur désir de tuer ou de voler en leur prodiguant les soins psychiatriques adéquats. Le récit illustre la manière dont le docteur Collins parvient à arrêter la folie meurtrière d'un homme en l'amenant à réfléchir sur la raison (un parricide) qui le pousse à tuer. Encore enfant, Al Walker avait révélé à la police l'endroit où se cachait son père, le condamnant ainsi à mort. Il suffit au docteur Collins de fouiller la mémoire du malade pour le soigner de son envie de tuer.

A la rencontre du roman noir et du film noir, la psychanalyse confère une dimension nouvelle au récit comme aux mouvements de caméra. Cependant, elle est par là même accusée de participer à la dépolitisation du film noir qui perd alors la dimension sociale du film de gangsters : elle insinue que les causes des comportements déviants sont à rechercher dans le passé individuel, non dans les imperfections de la société. Ce glissement vers une analyse psychologique des motivations criminelles a-t-il entraîné la disparition du personnage du gangster ?

Force est de constater que le gangster s'est peu à peu effacé au profit de nouvelles typologies qui représentent d'autres formes de criminalité. Dans *Le Grand sommeil*, Philip Marlowe nous introduit dans le cercle d'une famille aisée, dont la moralité en danger est clairement représentée par le comportement dévergondé et parfois même libertin des filles de la maison, Carmen et Vivian Sternwood. Personnage secondaire dans le film de gangsters, la femme cache des intentions suspectes derrière les apparats d'une beauté dont l'éclat irradie le film noir, lui permettant d'accéder à une place de choix au sein de la fiction. Poussé au meurtre par cette femme qui le manipule à son insu, entraîné sur la voie du crime par l'espoir de redresser une situation économique qui le laisse insatisfait, l'homme ordinaire porte désormais la déviance autrefois canalisée par les syndicats du crime jusque dans les rangs de la classe moyenne.

D'une activité organisée dans l'ombre de la police ou des hommes d'affaire dans le film de gangsters, le crime et le meurtre deviennent des stratégies individuelles, éventuellement organisées en groupe comme dans *Quand la ville dort* (*The Asphalt Jungle,* John Huston, 1950) ou plus rarement sous l'égide d'un chef de la Mafia. A la différence du film de gangsters, le film noir n'associe pas nécessairement la criminalité et le désir de reconnaissance sociale. Dans *Le Carrefour de la mort* (*Kiss of Death*, Henry Hathaway, 1947), le chef de famille est poussé vers le crime par des problèmes financiers qui sont la conséquence inéluctable de sa précarité professionnelle. Le film noir pose un regard neuf sur les motivations d'une criminalité qui semble se banaliser, s'ouvre à d'autres influences qui agissent sur la manière dont est perçu le crime, et par conséquent s'éloigne de cette pratique cinématographique codifiée et datée que représente le film de gangsters des années trente.

---

[69] « Made it, ma! Top of the world! »

Le film noir ou le temps d'une rencontre

Le spectacle du film noir sait entretenir le plaisir du public par des surprises narratives et visuelles, envoûter les spectateurs en créant « une atmosphère insolite et cruelle, teintée d'un érotisme particulier ».[70] Les réalisateurs ont multiplié les recherches esthétiques afin de reproduire cette atmosphère à la fois insolite et mystérieuse qui isole le héros dans un univers « noir », consacrant la rencontre entre le roman noir et d'autres modes d'expression. Le film noir devient en effet objet d'expérimentations dans le domaine de la lumière, associée à la richesse d'une bande son dont les ressorts dramatiques confortent la mise en scène à laquelle ils s'intègrent parfaitement. A la confluence de plusieurs arts, le film noir s'inspire d'expériences artistiques diverses qui participent à l'originalité du genre.

Une photographie à dominante sombre, contrastée, accentue et organise l'atmosphère d'angoisse qui prévaut dans le cinéma expressionniste allemand, dont Robert Wiene fut l'initiateur avec *Le Cabinet du docteur Caligari* (1919). Robert Wiene explore le jeu des contrastes pour exposer la folie des hommes, décrire les sentiments de terreur que leur inspire la mort. Une lumière frontale souligne la peur qui s'imprime sur les visages, déforme les traits et agrandit les yeux maquillés des personnages, pétrifiés par l'horreur. Un décor aux lignes architecturales écrase les acteurs dont la silhouette se détache au premier plan, en opposition à la profondeur de champ, artificiellement créée par des décors en trompe l'œil, qui suggèrent toujours la présence d'un danger dans un espace inaccessible à l'œil nu, en arrière-plan.[71] L'expressionnisme allemand est un véritable courant artistique dans la mesure où il accompagne un mode de pensée, que Siegfried Kracauer associe au sentiment de terreur qui hante l'Allemagne des années vingt, aux prises avec l'agitation sociopolitique dont la fragile République de Weimar subit les pressions.[72]

L'influence de l'expressionnisme allemand dépasse les frontières de l'Allemagne comme en témoigne la photographie en clair-obscur du film noir, qui retient l'originalité des éclairages contrastés pour appréhender le décor et construire l'espace.[73] Les motifs expressionnistes du film noir manifestent les traces d'une formation cinématographique germanique.[74] Les œuvres américaines de Robert Siodmak, dont la carrière débuta en Allemagne et se poursuivit en France, symbolisent la richesse du transfert culturel qui

---

[70]. Raymond Borde, Etienne Chaumeton, *Panorama du film noir américain 1941-1953, op. cit.*, p. 11.
[71]. Jean-Loup Passek, *Dictionnaire du cinéma*, Paris, Larousse, 1986, p. 154.
[72]. Siegfried Kracauer, *De Caligari à Hitler, une histoire psychologique du cinéma allemand*, traduit de l'allemand par Claude B. Levenson, Paris, Editions L'âge d'homme, 1973.
[73]. Film noir et film « gothique féminin » ont recours à des effets visuels comparables, hérités de l'expressionnisme allemand, pour instaurer un climat d'angoisse. *Rebecca* (Alfred Hitchcock, 1940), *Angoisse* (*Experiment Perilous,* Jacques Tourneur, 1944), *Hantise* (*Gaslight*, Georges Cukor, 1944), *Deux mains la nuit* (*The Spiral Staircase*, Robert Siodmak, 1945), *La Maison rouge* (*The Red House*, Delmer Daves, 1946), *Le Secret derrière la porte* (*Secret Beyond the Door,* Fritz Lang, 1948) mettent en scène des personnages féminins, victimes des machinations diaboliques d'hommes qui les ont séduites, mais dont elles découvrent les intentions criminelles présentes ou passées. Pour Mary Ann Doan, cette thématique définit le « film de femme paranoïaque ». Mary Ann Doane, *The Desire to Desire: the Woman's Film of the 1940's*, Bloomington, Indiana University Press, 1987, p. 123.
[74]. Foster Hirsch, *The Dark Side of the Screen: Film Noir,* New York, Da Capo, 1982, p. 54-57.

accompagne l'exil du réalisateur en 1939.[75] *Les Mains qui tuent* (*Phantom Lady,* Robert Siodmak, 1943) s'appuie sur le jeu des éclairages et sur le travail des ombres pour forger une atmosphère d'angoisse. Des ombres pourchassent Scott Henderson, isolent et diffusent un climat de confusion autour de ce personnage accusé d'un meurtre dont il se dit innocent. La lumière a valeur symbolique lorsque Scott reçoit la visite de Carol à la prison où il a été enfermé : un halo de lumière tombe de la fenêtre et, telle une lumière divine, éclaire le visage de la jeune femme qui incarne alors le dernier espoir de Scott. Le faisceau de lumière isole les êtres du monde des ombres qui les entoure, comme pour symboliser le combat qui les attend, le degré de corruption d'une justice partiale, l'impuissance de l'homme qui ne peut agir, réduit à l'immobilisme par les murs de la prison.

George Lipsitz met l'accent sur la manière dont le film noir refuse des pans entiers du décor pour enfermer les personnages du film noir dans des espaces clos :

> Des flash-backs ramènent le spectateur en arrière, soulignant le poids inéluctable du passé et l'impuissance associée au présent. Des éclairages en clair-obscur rendent difficiles la distinction entre ami et ennemi. Des portes, des miroirs, des pièces exiguës enserrent les personnages de telle sorte qu'ils apparaissent comme prisonniers du monde matériel.[76]

Le film noir explore la lisibilité de la lumière pour renforcer la tonalité d'une scène, associant éclairages faibles (contre-jour) et cadrages obliques (plongée, contre-plongée), afin de représenter la violence du rapport de force ou le déchaînement des passions. Les jeux d'ombre et de lumière effacent tout repère spatial comme ils estompent les frontières entre le bien et le mal, privilégiant l'ambiguïté, plutôt que le réalisme, comme mode d'expression. L'esthétique du film noir participe à la complexité du récit : elle accroît la tension d'un récit sinueux, traduit les doutes et les angoisses des personnages, diffuse un climat de danger à chaque nouvelle séquence.

L'écriture du film noir s'enrichit encore de l'emploi de la profondeur de champ et de la contre-plongée, dont les possibilités expressives et dramatiques ont été explorées par Orson Welles et son chef opérateur, Gregg Toland, dans *Citizen Kane* (1940). Jean-Pierre Berthomé et François Thomas n'hésitent pas à comparer *Citizen Kane* et *Le Faucon maltais* (*The Maltese Falcon,* John Huston, 1941), pour souligner l'ascendance du premier film sur les qualités esthétiques du second. Dans *Le Faucon maltais*, John Huston associe les prises de vues en contre-plongée à des courtes focales afin d'accentuer l'obésité du chef de gang, Gutman, dont le visage semble jaillir de l'écran. Il s'agit néanmoins d'une utilisation ponctuelle du procédé, limitée à la production d'un effet singulier, et non intégrée à une stratégie textuelle d'ensemble.

A l'instar des films hollywoodiens et des films noirs en particulier qui généralisent l'emploi de la profondeur de champ, John Huston s'éloigne des intentions qui déterminent son utilisation par Orson Welles et Gregg Toland :

---

[75]. Hervé Dumont explique : « Ses films hollywoodiens paraissent plus germaniques que ses films UFA. Le contact avec les Etats-Unis semble libérer ses démons les plus profonds, comme si la névrose d'une civilisation matérialiste jusqu'au paroxysme, pétrie de puritanisme et d'inassouvissements contradictoires, réveillait en lui toutes les rancoeurs de son enfance. » Hervé Dumont, *Robert Siodmak, le maître du film noir*, Paris, Editions Ramsay Poche Cinéma, 1981, p. 155.
[76]. George Lipsitz, « Film noir et guerre froide » dans Dir. Noël Burch, *Revoir Hollywood, la nouvelle critique anglo-américaine*, Paris, Nathan, 1993, p. 170.

Digérant immédiatement la leçon de Welles, le cinéma hollywoodien classique s'en approprie le trait le moins dérangeant, la dramatisation du cadre par la contre-plongée, mais renonce à ses implications quasi métaphysiques qui mettent en cause l'ordre du monde ; dans le même temps, il récuse une écriture cinématographique fondée sur l'emploi de la profondeur de champ pour ne conserver des courtes focales que leur capacité à distendre grotesquement l'espace du premier plan.[77]

Au-delà des éléments visuels déjà mentionnés, le lien entre *Citizen Kane* et le film noir se renforce au plan narratif comme au plan de la bande son. *Citizen Kane* débute par la mort du magnat de la presse, Charles Foster Kane, événement qui déclenche une enquête journalistique menée par Jerry Thompson, chargé de recueillir le témoignage des hommes qui ont connu le défunt et de découvrir le sens conféré au dernier mot prononcé par Kane : « rosebud ». La biographie de Kane donne lieu à une collection d'entretiens qui ouvre sur une multitude de flash-backs enchâssés dans un récit au présent d'une enquête. *Citizen Kane* est marqué par l'ambiguïté qui s'étend autour et au-delà des personnages, grâce à l'utilisation de la profondeur de champ et à la construction en flash-backs, qui relaie une multiplicité de points de vues parfois contradictoires. Les témoins livrent des récits morcelés, fracturés et répétitifs, qui sont autant de pistes pour le spectateur chargé de reconstruire un enchaînement de vérités, en faisant usage de son autonomie de jugement et de son intelligence critique.[78] La structure narrative complexe de *Citizen Kane* a peut-être encouragé les audaces d'autres réalisateurs, qui n'hésitent plus à brouiller les repères temporels, utilisant le flash-back de manière ponctuelle (*La Griffe du passé, Out of the Past,* Jacques Tourneur, 1947) ou comme élément dominant de la narration (*Assurance sur la mort, Double Indemnity*, Billy Wilder, 1944 ; *Les Tueurs, The Killers,* Robert Siodmak, 1946).

Orson Welles est encore le premier à utiliser l'impact de la musique comme élément dramatique qu'il superpose au rythme du récit, substituant aux silences ou aux paroles une mélodie, qui suffit à décrire la tonalité d'une nouvelle scène. Le réalisateur étend le pouvoir d'expression de l'image à la bande son, faisant bientôt entrer la musique dans le film noir. Préférant créer une ambiance plutôt qu'une ligne mélodique, le compositeur Bernard Herrman profite de l'entière liberté dont il jouit dans *Citizen Kane,* pour prendre ses distances avec l'image et faire naître l'angoisse par une utilisation très contrastée des masses orchestrales ; il privilégie nettement les registres graves des trombones, clarinettes ou basses.[79] Dans le cinéma classique, la musique sert à gérer les moments d'angoisse, à annoncer un tournant dans l'intrigue, à souligner l'ironie d'une situation, ou encore à signaler l'humeur d'un personnage. Les rythmes musicaux ont donc

---

[77]. Jean-Pierre Berthomé et François Thomas, *Citizen Kane*, Paris, Flammarion, 1992, p. 105-106.

[78]. L'analyse de Dominique Sipière nous permet de comprendre la nature du lien entre *Citizen Kane* et le film noir ; dans les deux cas, l'enquête révèle l'existence d'une réalité secrète derrière les apparences : « Citizen Kane met le narrateur et l'objet de sa quête en crise : ses détours et ses retours incessants visent à cribler une réalité passée, la personnalité de Charles Kane, mais ils aboutissent à l'affirmation que l'autre reste un mystère, que la réalité profonde de Kane est inaccessible. » Dominique Sipière, « Les Plans de réalité » dans Dir. Gilles Menegaldo, *Crises de la représentation dans le cinéma américain*, Poitiers, La Licorne, 1996, p. 128.

[79]. Voir l'analyse musicale de *Citizen Kane* proposée par Gilles Mouëllic dans *Jazz et cinéma : convergences esthétiques*, Nouvelle Thèse présentée à l'Université Rennes 2 Haute Bretagne le 16 janvier 1999, p. 150-153.

un pouvoir narratif que le spectateur décode instinctivement par le biais de l'émotion qu'une mélodie est seule capable d'éveiller.

Les pensées intimes des personnages s'expriment dans des chansons intégrées à l'univers diégétique du film par le biais de leurs interprètes qui se donnent en spectacle. Lorsque le pianiste de *Casablanca* (Michael Curtiz, 1942) joue l'air d'une chanson intitulée *As Time Goes By*, il réveille les souvenirs douloureux des amours passées des protagonistes. Dans *Le Facteur sonne toujours deux fois* (*The Postman Always Rings Twice,* Tay Garnett, 1946), les airs de musique s'envolent d'une guitare que Nick s'amuse à gratter pour faire danser Frank et Cora, réunis par la seule magie de la mélodie. La musique est associée à des mœurs licencieuses que la femme se plaît à fredonner dans *Gilda* (Charles Vidor, 1946), coupable d'aimer un autre homme que son époux. « Put The Blame on Mame, Boys » lance-t-elle à une assemblée d'hommes qu'elle cherche à envoûter en captivant leur regard fasciné au moyen d'une chorégraphique lascive. De la même manière, Vivian se met en scène quand elle interprète une chanson pour un auditoire amusé dans *Le Grand sommeil* (*The Big Sleep,* Howard Hawks, 1946), espérant surtout retenir l'attention de Philip Marlowe, qui se contente pourtant de rester à distance, fasciné mais aussi méfiant. Le chant des Sirènes annonce un danger inévitable s'il est écouté du début à la fin, danger incarné par Kitty et auquel succombe Pete dans *Les Tueurs* (*The Killers,* Robert Siodmak, 1946). « The more I know of love » chante la jeune femme qui séduit Pete par ces paroles.

Jean-Louis Comolli nous fait remarquer que la rencontre du jazz et du film noir est celle de deux symboles mythiques qu'une même dimension tragique réunit enfin. Le film noir et la musique des Noirs transcendent la révolte du désespoir, la fatalité d'un destin condamné, encadrées par une structure double : si la révolte s'oppose à une norme, le soliste s'oppose à un ensemble instrumental.[80] De la même manière, l'individu solitaire s'affirme en opposition à la machine sociale ou policière, retrouvant du même coup les accents du soliste dans l'orchestre. Son chant, ultime geste de désespoir jeté à la face du monde, est le symbole de sa révolte de marginal, d'exclu. Une complicité formelle relie de la sorte l'expression d'une musique populaire et donc vulgaire (le jazz), et celle d'un mode narratif vulgaire (le récit policier).[81]

Le film noir se présente donc comme un point de convergence : à un moment donné se croisent des individus de nationalités différentes, qui traduisent à l'écran une expérience commune. Ils utilisent des armes nouvelles (esthétiques, narratives, musicales), comme s'il leur fallait innover pour témoigner d'un rapport au monde que l'expérience de la Seconde Guerre mondiale a fondamentalement transformé. Les cinéastes apprennent à jouer du pouvoir de suggestion des images en les associant à la musique, en étudiant le pouvoir d'expression de la lumière, en utilisant toute la subtilité du montage (fondu enchaîné, fermeture à l'iris, fondu au noir) pour suggérer la nature du lien (simultanéité, antériorité, causalité, onirisme) entre deux séquences. Ils détournent la censure en procédant par allusion, ajoutant la psychanalyse aux sources déjà nombreuses du film noir.

Le film noir offre une interprétation simpliste des concepts psychanalytiques, mais en adéquation avec la curiosité populaire que ces théories suscitent dans les années

---

[80]. Jean-Louis Comolli, « Musiques noires pour films noirs » dans Dir. Thierry Jousse et Nicolas Saada, *Cahiers du cinéma – N° Hors Série : musiques au cinéma*, 1995, p. 93-94.
[81]. *Detour* (Edgar G. Ulmer, 1945) utilise la musique à contre-courant : jouer dans un groupe de jazz alimente le sentiment de frustration qui s'imprime sur le visage d'Al Roberts, pianiste classique dont les ambitions sont contrariées.

quarante. Interprétation des rêves, des actes manqués et théorie de la névrose informent la structure des films qui enquêtent sur l'origine de la pulsion criminelle. Au-delà d'un intérêt thématique évident, la psychanalyse fournit aux réalisateurs autant d'outils qui leur permettent de détourner avantageusement les interdits de la censure. Conceptualisée dans les écrits de Jacques Lacan, la psychanalyse a contribué à la reconnaissance des signifiants qui structurent l'inconscient du sujet, tel un langage dont les images hantent aussi l'univers du film noir.[82] Psychanalyse et film noir attirent l'attention sur les stratégies de refoulement mises en œuvre par l'individu, trahi par l'emploi « d'un mot pour un autre »[83], ainsi que sur la valeur symbolique des images oniriques, dont les connotations révèlent une « surimposition des signifiants »[84] qu'il faudra décoder pour trouver la clé de l'énigme (*La Double énigme The Dark Mirror,* Robert Siodmak, 1946). La lecture psychanalytique confère au discours visuel et verbal du film noir une hardiesse inattendue. Ainsi le raffinement excessif de Waldo Lydecker suffit-il à signifier son homosexualité dans *Laura* (Otto Preminger, 1944), la canne-épée de Ballin Mundson a des connotations phalliques dans *Gilda* (Charles Vidor, 1946), et le pouce que suce Carmen révèle son caractère nymphomane dans *Le Grand sommeil* (*The Big Sleep,* Howard Hawks, 1946). La danse, les dialogues, les regards, la présence d'une canne, le raffinement au masculin, les toilettes féminines prennent valeur de symbole, comme la théorie freudienne sur le rêve l'a amplement démontré.[85]

La psychanalyse est non seulement source d'inspiration, mais elle sert aussi l'interprétation des films en reconnaissant l'importance du détail, de la technique du flash-back ou du montage. Pour Murielle Gagnebin, la comparaison entre psychanalyse et cinéma se trouve ainsi presque naturellement justifiée par l'analogie entre le travail du monteur et celui de l'analyste, dans la mesure où les interprétations de l'analyste procèdent d'une sorte de montage opéré sur les propos de son patient. Or le terme « montage » au cinéma comprend le découpage au sens d'une « stratégie » et l'agencement des images au sens d'une « tactique ».[86] Parce qu'il est instrument de l'organisation temporelle, le montage est

---

[82]. Pour Shoshana Felman, la psychanalyse a contribué à la revalorisation du genre policier en littérature : « La structure du roman policier peut être comprise comme l'emblème de l'énigme de l'inconscient. [...] La psychanalyse n'est peut-être, après tout, rien d'autre que ce policier freudien, ce génial récit auto-subversif des secrets criminels de notre sommeil en tant qu'ils hantent, subvertissent, pervertissent l'activité policière du réveil ». Shoshana Felman, « De Sophocle à Japrisot (via Freud), ou pourquoi le policier ? », *Littérature* n° 49, février 1983, p. 40. De manière identique, le film noir dramatise la recherche des secrets (désirs refoulés, actes meurtriers, passé trouble) des individus par le biais d'une énigme à résoudre, énigme qui confère au héros (détective, amnésique, meurtrier) le rôle d'un analyste dans la mesure où il doit déchiffrer des indices pour découvrir ces secrets. A la différence du film policier, les indices qui apparaissent dans le film noir nous renseignent davantage sur la personnalité des individus que sur l'identité des tueurs ; il s'agit de découvrir d'abord les motivations d'un meurtre.
[83]. Jacques Lacan, *Ecrits 1,* Paris, Seuil, 1999, p. 265. Première édition : 1966. Jacques Lacan s'appuie sur les travaux de Freud, dans lesquels métaphore et métonymie sont respectivement évoqués sous les appellations de « condensation » et « déplacement ». Christian Chelebourg, *L'Imaginaire littéraire, des archétypes à la poétique du sujet,* Paris, Nathan, 2000, p. 100-101.
[84]. *Ibidem*, p. 269.
[85]. Sigmund Freud, *Introduction à la psychanalyse,* traduit de l'allemand par S. Jankélévitch, Paris, Bibliothèque Scientifique de Payot, 1922. (Titre original : *Vorlesungen Zur Einführung in die Psychanalyse,* 1916-1917).
[86]. Murielle Gagnebin, *Du divan à l'écran,* Paris, Presses Universitaires de France, 1999, p. 138-169.

expressif : il peut faire surgir de nouvelles significations, réévaluer des symboles bien ancrés, construire un univers fictionnel en prenant appui sur l'enregistrement du réel.

La série noire rassemble un groupe hétérogène de films qui se distinguent les uns des autres par la manière dont ils abordent le thème de la motivation criminelle, mais qui ont en commun des qualités esthétiques, narratives tout à fait singulières. Le film noir convoque tour à tour les autres arts pour introduire l'ambiguïté dans le film, au cœur de la fiction, tel un filtre qui se pose sur les personnages et déforme la perception que va en avoir le public. La musique confère un sens second aux images du film noir alors que le montage ordonne leur agencement dans un récit dont la lecture se prête à de nombreuses interprétations. La multiplicité des sources explique sans doute la diversité des films inclus dans la série noire, ainsi que la polysémie des images, partant l'ambiguïté favorisant les interprétations parfois contradictoires proposées par des critiques qui envisagent le film noir comme un objet d'étude. Elle est peut-être aussi à l'origine de la naissance d'une mythologie autour des héros et des antihéros qui traversent la série.

Le film noir et sa mythologie : héros ou antihéros ?

Scénarios tirés de la littérature, décors fixés dans un espace urbain, personnages inspirés de stéréotypes culturels, tous ces éléments sont reliés entre eux par l'action qui donne au film noir son unité. L'action est cette force directrice qui confère au récit du film noir son intensité dramatique et sa dimension mythique ; elle repose sur un mouvement dynamique qui est celui de la quête. Quête d'argent ou investigation d'un crime se rejoignent dans le film noir qui suppose toujours un manque matériel ou informationnel à combler par le héros, contraint de se lancer dans une aventure qui le mettra à l'épreuve, mais le conduira au succès. Qu'il se rapproche ou qu'il s'éloigne de l'objectif fixé, le protagoniste sera respectivement consacré héros ou antihéros. Le film noir met en scène des hommes engagés dans une enquête qui se charge d'une valeur ontologique dans la mesure où elle leur permettra de découvrir le vrai visage d'une femme, de révéler leurs propres qualités, de mettre au jour les travers des individus qu'ils croisent.

Une quête de vérité sous-tend l'action du privé, action dont le but concret acquiert souvent une dimension métaphorique. Le labyrinthe des faubourgs, des ruelles et des venelles, dissimule des hommes cupides, cruels, que des éclairages en clair-obscur rendent monstrueux, donc dangereux. Au lieu d'aller à la rencontre d'une entité métaphysique abstraite (le Mal), le détective poursuit une réalité personnalisée par le criminel. Au lieu de se mettre à l'épreuve au contact de la nature à l'occasion de grands périples autour du monde, le privé se mesure aux dangers de la ville et de la faune qu'elle abrite. De fait, la quête du détective privé n'atteint pas la dimension universelle du mythe, elle n'a d'écho que dans la société urbaine, ne propose qu'un modèle individuel de lutte contre le crime. Aux yeux de Francis Lacassin, le récit policier désigne une forme singulièrement urbaine et appauvrie de l'épopée. « L'épopée n'a fait que changer de masques et de décors », précise-t-il en considérant que combats, vaisseaux, châteaux, monstres, oracles ont fait place aux armes blanches, aux ruelles sombres, aux personnages louches dans la ville moderne...[87]

Le film noir prolonge une mythologie qu'il vise à territorialiser, à américaniser : si les épreuves que doit surmonter le détective trouvent leur modèle dans les aventures du héros mythique, force est de reconnaître que le héros contemporain n'est qu'un être humain dont le pouvoir d'action est limité. Si le détective privé occupe la place de l'élu à qui l'on a confié une mission à accomplir selon une éthique puritaine, le personnage obéit toujours à un code de conduite qui lui est propre ; le choix qu'il a fait de combattre la criminalité n'est pas d'inspiration religieuse, mais laïque. Le privé mène ses enquêtes comme sa carrière, il poursuit une activité économique qui lui assure la reconnaissance sociale associée à une fonction professionnelle. Les hautes exigences morales qui fondent la conduite des héros antiques ont ainsi laissé place aux aspirations matérielles et sociales des individus.

L'épopée moderne se prolonge dans les codes vulgaires du film noir, dont le héros réconcilie en l'homme des désirs antagonistes de meurtre et de justice, arbitre en lui-même les conflits de l'inconscient et du conscient.[88] Plongé dans un univers du réel, c'est-à-dire la ville, ses habitants, ses tentations et ses contraintes, le privé est un homme ordinaire, engagé dans une action qui l'affecte tout autant moralement que physiquement. La ville se fait d'autant plus ténébreuse que l'homme projette sur son environnement la peur de devoir renoncer à son indépendance, à sa suprématie, à son identité, au cours d'une enquête qui l'entraîne sur des chemins dangereux où femmes fatales et meurtriers attendent qu'il baisse sa garde pour l'attaquer. Si le détective privé sait relever le défi, s'il parvient à surmonter les multiples embûches, cet homme bien ordinaire mais personnellement engagé dans la lutte contre le crime se voit alors promu au rang de héros.

Les valeurs du détective privé sont associées à un certain idéal de la masculinité que le film noir se propose donc de vulgariser : loyauté, intégrité, virilité sortent comme renforcées d'un conflit qui oppose le privé à la corruption de son environnement. Samuel Spade, Philip Marlowe, Mike Hammer font preuve d'un courage qui souligne d'abord une force morale, puisqu'il ne suffit pas de la seule force d'Hercule pour avoir raison d'êtres en proie à leurs passions morbides. Il faut aussi un mental fort pour savoir résister au pouvoir d'hommes ou de femmes sans vergogne, prêts à vendre leur corps ou leur âme pour atteindre le but qu'ils se sont fixé. Le film noir crée sa propre mythologie et déclare le détective privé héros du monde moderne, car il se lance dans des aventures qui se dotent d'une dimension mythique. Les difficultés se hérissent sur le chemin qu'il doit emprunter pour mener à bien la mission qui lui a été confiée, accumulant les parallèles avec l'expédition des Argonautes opposant Jason aux Sirènes, créatures fabuleuses, mi-femmes, mi-oiseaux, qui tentent de détourner de leur trajectoire les marins de l'Argo pour qu'ils se dirigent vers leur perte, vers les écueils qui affleurent la surface de l'eau. Si Orphée retint l'attention des Argonautes par ses chants qui empêchèrent les marins de céder à la séduction assassine des Sirènes, Ulysse se fit attacher au grand mât de son navire après avoir bouché les oreilles de ses compagnons avec de la cire.

Les femmes fatales succèdent aux Sirènes, déploient toute l'inventivité de ces créatures pour séduire et dévoyer le héros. Soumis à la tentation des femmes qui habitent le monde noir, le privé leur succombe parfois physiquement, mais se protège toujours de leur pouvoir d'envoûtement en leur renvoyant un regard cynique qui suffit à les désarmer. Dans

---

[87]. Francis Lacassin, *Mythologie du roman policier, op. cit*, p. 14.
[88]. Voir le chapitre 1 intitulé « Le Fantastique des villes » dans *Ibidem*, p. 13-20.

La Dame du lac (*Lady in the Lake*, Robert Montgomery, 1947), Philip Marlowe demeure impassible face aux coquetteries et aux mignardises d'Adrienne Fromsett, dont l'œillade polissonne est comme mise en lumière par la caméra subjective. Le privé interrompt la jeune femme qui souhaite le charger d'une nouvelle affaire, comme s'il craignait d'être fourvoyé par les mots qu'elle manie avec tout le talent d'un prédicateur. Il se lance dans une diatribe qui s'appuie d'abord sur l'humiliation de son interlocutrice dont il suspecte déjà les intentions peu avouables ; il déclare : « Je suis allergique aux intrigantes qui cherchent à se débarrasser des épouses de leur patron afin de les épouser elles-mêmes »[89]. La rencontre avec le féminin fait partie d'un rite initiatique auquel le privé se soumet pour gagner le plein statut de héros, glorieux ou malheureux. La représentation de la masculinité à l'écran reflète bien une politique sexuelle dans la mesure où elle identifie la masculinité véritable à un engagement moral, à une force physique, à un ordre social.

L'iconographie du personnage du privé fournit un certain nombre d'indices quant à la position qu'il tient dans le monde, quant à sa manière de percevoir la société urbaine. Ainsi Philip Marlowe est-il d'abord vu seul, assis dans la pénombre d'un bureau faiblement éclairé par le seul reflet des néons clignotants d'une enseigne extérieure. Apparemment anodine, cette scène du début d'*Adieu ma belle* (*Murder my Sweet*, Edward Dmytryk, 1944) établit pourtant le portrait archétypal du héros masculin du film noir. La silhouette de l'homme se découpe sur l'arrière plan d'une fenêtre qui s'ouvre sur la ville, alors plongée dans le noir ; cela suffit pour ancrer le protagoniste dans une position charnière entre l'extérieur et l'intérieur, à la fois en relation avec le monde urbain qui suscite sa curiosité, mais individuellement solitaire pour mieux se protéger.[90] Son isolement paraît d'autant plus profond, plus motivé, que l'éclairage faible et indirect fait alterner son propre reflet et celui d'un client qui vient d'être introduit dans le bureau. La pénombre ajoute ainsi au mystère qui enveloppe déjà le personnage du détective privé, figé dans une attitude de retrait et de détachement volontaires. La voix off crée une distance entre l'homme, qui refuse d'intégrer la ville dont les immeubles se dressent en arrière-plan, et le spectacle urbain qui satisfait pourtant son intérêt de guetteur. L'homme est pétri de contradictions : retranché dans la solitude, il est comme déchiré, partagé entre la répulsion et la fascination que lui inspirent la ville et ses secrets.

Si le privé vise à rétablir entre l'homme et le monde un équilibre que le mal a rompu, il est pourtant contraint de ne révéler qu'une vérité bien partielle, car la corruption environnante dépasse son pouvoir d'action et ses efforts s'avèrent le plus souvent vains. Son courage et son honneur sont au service d'un ordre social qu'il faut rétablir, mais son succès est souvent relativisé par une fin qui refuse le *happy end* – l'explosion qui clôt le récit de *En quatrième vitesse* (*Kiss Me Deadly*, Robert Aldrich, 1955) suggère l'impuissance du détective privé à maîtriser le mal. *Adieu ma belle* utilise à plusieurs reprises une fermeture à l'iris à valeur allégorique pour signifier une faiblesse ou une erreur qu'aurait commise Philip Marlowe au cours de son enquête. L'image est engloutie par le noir quand il perd conscience. Si l'inspecteur Burgess accepte à titre personnel de s'investir dans une enquête déjà classée au niveau officiel dans *Les Mains qui tuent* (*Phantom Lady*, Robert Siodmak, 1943), il avoue ainsi l'insuffisance des méthodes policières. Policier ou

---

[89]. « I have an allergy against getting mixed up with tricky females who want to knock off their boss's wife and marry him for themselves. »
[90]. Deborah Thomas, "How Hollywood Deals With The Deviant Male" dans Ian Cameron (ed.), *The Book of Film Noir, op. cit.*, p. 67-68.

détective privé, le héros du film noir n'invite guère les éloges, suscite à peine l'admiration quand sa victoire demeure incomplète. S'il incarne une politique individuelle de résistance face à la corruption morale des institutions (policières, juridiques, politiques), le privé ne représente plus qu'un espoir de survie dans l'univers sombre du film noir.

La notion même de héros est galvaudée par le portrait en demi-teinte que dresse le film noir des détectives privés ou des inspecteurs de police : les hommes se laissent facilement absorber par des plaisirs qui les éloignent du code de conduite auquel ils ont prêté allégeance – une libraire réussit à conquérir Philip Marlowe dans *Le Grand sommeil* (*The Big Sleep,* Howard Hawks, 1946) tandis que l'inspecteur Mc Pherson aime déjà la jeune femme qu'il imagine conforme à son portrait dans *Laura* (Otto Preminger, 1944). Dans *Le Faucon maltais* (*The Maltese Falcon,* John Huston, 1941), Sam Spade se laisse volontiers séduire par Brigid O'Shaughnessy, dont il devine qu'elle feint la passion pour mieux le manipuler dès leur première rencontre. Apparemment épris de la jeune femme, Spade poursuit son enquête, mais il livre à la police la femme avec laquelle il a entretenu des rapports amoureux, dès qu'il a rétabli les faits et prouvé qu'elle a tué son associé, Miles Archer. La dernière scène présente Sam Spade embrassant Brigid avant qu'elle ne soit arrêtée, puis emmenée par les policiers dans la cage d'un ascenseur, devenue symbole d'un amour coupable et condamné, d'une emprise dont Spade doit s'affranchir… Le privé ne se contente que du plaisir fugace promis par des aventures passagères, sachant profiter des faveurs que lui accordent de bon gré des femmes esseulées aux mœurs relâchées. A la définition du héros porté par ses seules aspirations idéalistes, le privé oppose des faiblesses qui rapprochent le personnage du spectateur, c'est-à-dire de l'Américain moyen.

Le film noir désacralise la notion même de « héros » alors qu'il retrace les aventures d'hommes prêts à enfreindre les règles morales, les normes sociales, considérées comme autant de barrières au bon déroulement de leur investigation dans un monde de licence, ou comme autant d'obstacles à leur ascension socioéconomique dans une société corrompue. Deux possibilités s'offrent aux réalisateurs qui veulent repenser les valeurs de l'héroïsme dans le cadre d'une aventure urbaine menée au cœur de la société moderne : « banaliser » le héros en privilégiant l'expérience vécue par des personnages marginaux aux prises avec des situations exceptionnelles (*Le Facteur sonne toujours deux fois*) ; opposer le détective privé à des typologies « négatives », nécessaires à la fois à la mise à l'épreuve et à la glorification de ce protagoniste (*Le Grand sommeil*). Ces deux perspectives traduisent un regard différent porté sur les déviances individuelles qui intéressent le film noir ; elles sont fondatrices de l'hétérogénéité formelle qui caractérise le genre. Le récit de la quête (du bonheur, de la réussite matérielle, d'une vérité) est narré du point de vue des gagnants ; il met en valeur les qualités du héros par opposition aux faiblesses des autres personnages ; lorsqu'il est narré du point de vue des perdants, ce même récit révèle les imperfections d'un système économique, qui broie la volonté d'un être humain, entraîné par ses propres faiblesses sur le chemin du crime, condamné à ne plus en sortir, broyé par la machine judiciaire qui traque chacune de ses imperfections.

Si *Le Grand sommeil* nous plonge dans la confusion d'un monde où le mal ne peut être discerné du bien, Philip Marlowe parvient pourtant à nous guider sans nous égarer au cœur de ce labyrinthe visuel narratif grâce au détachement jaloux du privé ; il conserve ainsi une indépendance à l'égard des autorités, elle garantit sa liberté d'esprit et d'action. Le générique suggère déjà la difficulté de jugement qui sera celle du spectateur, noyé dans des nuages de fumée qui obscurcissent l'écran et lui laissent à peine distinguer la silhouette d'un homme en train d'allumer la cigarette d'une femme. Les noms des acteurs et des techniciens défilent, puis s'envolent dans les volutes de la fumée... Engagé par le général Sternwood pour retrouver des photos compromettantes de sa fille Carmen et mettre ainsi fin au chantage organisé par Arthur Geiger, Marlowe plonge dans une investigation qui va d'assassinat en assassinat à la rencontre de criminels et de femmes ténébreuses. Bien que l'intrigue repose d'abord sur l'investigation menée par le détective privé, Philip Marlowe, le film privilégie la description psychologique des personnages plutôt que la résolution des meurtres. L'enquête permet de structurer ce récit d'une quête au cours de laquelle le détective privé se mesure au monde extérieur. La caméra s'attache à suivre les pas de Philip Marlowe, dont elle épouse le point de vue, délaissant les progrès de l'enquête pour s'attarder sur ces rencontres imprévues qui révèlent la personnalité de l'homme. Des scènes se succèdent qui n'ont aucun lien entre elles ; ainsi la séquence où Marlowe entre dans une librairie pour interroger la jeune femme qui y travaille est prétexte à une scène de séduction totalement inutile à l'action, mais qui ancre la fiction criminelle dans une société libertine dénuée de valeurs morales.

Le Grand sommeil s'enferme dans un récit labyrinthique de meurtres qui demeurent inexpliqués jusqu'à la fin de l'aventure tandis que les cadavres s'amoncellent sans que l'on puisse vraiment s'attarder sur les motivations des meurtres. Le film s'intéresse davantage à forger des personnages et à proposer une forme visuelle qu'à narrer des événements, ce qui donne d'emblée à une intrigue terriblement embrouillée un sens second. Le film se concentre sur l'expérience du détective privé, à la fois sujet d'une action visant à l'acquisition d'une information et objet de cette information ; le personnage se définit donc par sa relation particulière à un savoir qu'il découvre et qui le met à l'épreuve. Ses rencontres avec des êtres aussi amoraux que Carmen, Canino, Eddie Mars – c'est-à-dire avec à peu près tous les personnages du film – sont autant d'épreuves qui visent à briser le code moral de Marlowe. Chaque rencontre représente une véritable menace envers l'intégrité même marginale, le code éthique du privé. Le détective révèle ainsi les travers de ceux qu'il croise : il devine que Carmen est nymphomane lorsqu'elle s'invite chez lui et tente de le séduire, il reconnaît la passion du jeu sur le visage de Vivian dans les salles de baccara qu'elle fréquente assidûment. Son regard cynique et misogyne permet au privé de résister aux tentations de la corruption ou de femmes dites fatales.

La forme labyrinthique du récit reproduit les désirs ambivalents, voire conflictuels du personnage : détective sur la route du succès, le héros assume un code de conduite sans cesse remis en question par la tentation de se laisser corrompre par les divers milieux qu'il fréquente. En apparence courageux et intègre, le privé agit sur fond strié d'ombres et de rais de lumière qui reflètent les vicissitudes de sa mission. La lumière se charge d'effets expressionnistes qui viennent ternir le portrait édulcoré livré par Raymond Chandler dans *Le Crime est un art simple* [91] : l'homme est souvent surpris en porte-à-faux avec le code qu'il voudrait promouvoir, et l'éclairage concourt à traduire ses incertitudes. Chacune des ombres qu'il croise dans la rue est une menace en puissance ; la femme fatale matérialise le désir qui pourrait mettre en péril son autorité masculine, parce que sa sexualité outrancière et provocante menace les conventions sociales reconnues (institution du mariage).

Si le code de l'honneur prime sur l'amour ou sur l'amitié, ni le privé, ni le policier ne sont pour autant les représentants idéalisés d'une force combative. Les scènes de confrontation tendent à les isoler entre l'ombre et la lumière, à les faire balancer entre le vice et la vertu. La frontière entre gangsters et policiers est particulièrement floue dans *La*

---

[91]. Raymond Chandler, *The Simple Art of Murder,* New York, Houghton Mifflin Co., 1950.

Soif du mal (*Touch of Evil*, Orson Welles, 1958) puisque le commissaire de police, Hank Quinlan, s'arroge le droit de manipuler les pièces à conviction afin de faire accuser des coupables que les règles de la vraisemblance tendent à présenter comme innocents. Le policier est contraint d'agir dans l'illégalité s'il veut arrêter ces hommes trop bien organisés pour laisser traîner des preuves de leur culpabilité. De la même manière, le détective privé va parfois à l'encontre des lois pour rétablir une vérité qui ne se laisse pas volontiers saisir, mais il agit seul, sans couverture, coincé entre policiers et gangsters. Parce que, le cas échéant, toute erreur commise par le héros est irrémédiablement sanctionnée, Noël Burch peut lire dans ce mode de représentation une mise en cause du mythe de la masculinité qui développe « un comportement autodestructif » auquel sont sacrifiés les personnages masculins.[92]

Les *losers* du film noir n'accèdent jamais au statut de héros car ils ne suivent aucune ligne de conduite. Tourmentés par le féminin, ils incarnent à merveille l'ambivalence du sentiment masculin, quand ils hésitent à s'engager dans une relation affective avec une femme dominatrice qui, inévitablement, compromettrait leurs amitiés masculines.[93] Cette ambivalence est symbolisée par le vertige qui paralyse Scottie dans *Sueurs froides* (*Vertigo,* Alfred Hitchcock, 1958), incapable de réagir et de sauver Madeleine lorsque la jeune femme se jette du sommet d'un clocher. Parce qu'il était chargé de surveiller cette jeune femme au comportement suicidaire, l'épreuve émascule l'homme de sa virilité en limitant son pouvoir d'action. A la fin de *Sueurs froides*, Scottie a non seulement découvert la vraie identité de la jeune femme qui avait usurpé l'identité de Madeleine, mais il a de surcroît vaincu sa peur du vide. Il a recouvré son autorité, car il a triomphé de ses faiblesses pour se conformer à un idéal de la masculinité.

Proie facile du vice, à travers le thème de l'adultère ou de la corruption des autorités de justice, le loser incarne un état de vulnérabilité qui l'oppose au pouvoir d'action du détective privé, archétype du héros dans le film noir. La solitude et l'isolement sont donc les seuls points communs qui rapprochent le *loser* du détective privé, l'antihéros du héros du film noir. Il est impossible d'assigner un état de stabilité au personnage du *loser* qui va à un échec irrémédiable, car il préfère opter pour une solution rapide à ses problèmes financiers, préférant le vagabondage à la monotonie d'une situation stable mais sans évolution possible. Les cinéastes utilisent abondamment la profondeur de champ qui interroge les limites de l'image cinématographique et qui, selon Nicole Brenez, représente le moyen privilégié par lequel une image parvient à suggérer l'instabilité de l'être.[94] La découverte d'un espace en profondeur prolonge l'incertitude et la confusion qui enserrent le *loser*, l'isolent dans un monde qu'il ne domine pas. Pour Gilles Deleuze, l'espace en profondeur de l'image recèle des motivations secrètes, enfouies dans le passé ou dans l'inconscient des personnages.[95]

---

[92]. Noël Burch, « De *L'ennemi public* au *Sel de la Terre* : les communistes de Hollywood et la représentation des rapports sociaux de sexe » dans Dir. Thom Andersen et Noël Burch, *Les communistes de Hollywood, op. cit.,* p. 106-107.
[93]. Deborah Thomas, "How Hollywood Deals With The Deviant Male" dans Ian Cameron (ed.), *The Book of Film Noir, op. cit.*, p. 64.
[94]. Nicole Brenez, *De la figure en général et du corps en particulier, l'invention figurative au cinéma*, Bruxelles, De Boeck & Larcier, 1998, p. 208-220.
[95]. « Le héros agit, marche et bouge ; mais c'est dans le passé qu'il s'enfonce lui-même et se meut : le temps n'est plus subordonné au mouvement, mais le mouvement, au temps ». Gilles Deleuze, *Cinéma 2, l'espace-temps, op. cit.*, p. 139-140.

Le film noir retrace les parcours chaotiques de ces *losers*, de ces marginaux qui n'ont jamais connu la réussite individuelle et qui, par conséquent, demeurent d'abord les exclus de la société américaine. L'infériorité économique du *loser* peut être identifiée à une fragilité, synonyme d'une certaine féminité, ce que retrace la mésaventure du héros dans *Le Faux coupable* (*The Wrong Man,* Alfred Hitchcock, 1956). Si l'homme est injustement accusé d'être l'auteur de plusieurs agressions à main armée, son véritable crime est d'avoir failli à ses responsabilités de chef de famille. Toutes les apparences jouent contre lui, suggèrent qu'il aurait pu commettre ces actes criminels dont on l'accuse : musicien dans un club de jazz, Manny Balestrero perçoit un salaire modeste, ce qui l'a contraint à s'endetter pour subvenir aux besoins de sa famille. Les faux témoignages qui l'accablent vont provoquer un autre drame dont l'arrière-plan est social : parce qu'elle dépend pour vivre du salaire de son mari, Rose Balestrero se sent coupable de la tourmente que traverse la famille. Le malaise social en question passe au second plan car Rose, qui perd la raison, est bientôt conduite dans une clinique psychiatrique. Cette « folie » sert de prétexte pour masquer les tensions d'ordre social au sein du couple, pour éluder les origines économiques du malaise psychologique. Noël Burch considère ce glissement vers une analyse psychologique du malaise social comme un signe politique : l'idéologie investit les formes du film noir afin de dépolitiser la fiction, afin de réconforter le modèle capitaliste :

> Nous avons ici affaire à une tendance permanente de l'idéologie hégémonique aux USA, l'occultation du social par le privé, l'attribution des maux collectifs aux causes individuelles, soit psychologiques – le libéralisme thérapeutique des années quarante/cinquante – soit génético-biologiques.[96]

Il semble néanmoins que le social et le privé se mêlent dans la criminalité que décrit le film noir, brossant les portraits de femmes dont les crises de violence sont peut-être des accès de folie, mais aussi l'expression d'une résistance à la coercition imposée par l'ordre social.

La diversité des œuvres incluses dans la série noire suggère qu'il n'existe pas une seule définition du film noir, mais plusieurs manières d'appartenir au genre. Le film noir peut être envisagé comme une catégorie regroupant des œuvres très diverses dans la manière dont elles explorent le thème du crime, privilégiant tantôt une approche psychanalytique, tantôt une approche sociologique ; la récurrence des stéréotypes et la représentation des mythes nous permettent de redéfinir quels sont les traits dominants de la série noire. Le film noir se divise en sous-genres : l'absence du détective privé est parfois compensée par la présence d'un personnage qui mène la narration comme une enquête. De manière paradoxale, ce procédé souligne l'impuissance même du protagoniste qui tente de maîtriser le cours de la narration dans un récit rétrospectif.[97] La parole accompagne une mise en récit qui permet au personnage de recouvrer le contrôle de gestes qu'il fut sans

---

[96]. Noël Burch, « De *L'ennemi public* au *Sel de la Terre* : les communistes de Hollywood et la représentation des rapports sociaux de sexe », dans Dir. Thom Andersen et Noël Burch, *Les communistes de Hollywood, op. cit.,* p. 105. Noël Burch critiquait ici les causes de la criminalité telles qu'elles étaient présentées dans *L'Ennemi public*. Par ce discours génético-biologique, l'auteur entend ce discours raciste et biologique qui récuse toute explication sociale du crime pour privilégier les causes biologiques et héréditaires.
[97]. Voir l'article d'Odile Bächer qui étudie la fonction du flash-back dans le film noir. Odile Bächer « Origines et fonctions du flash-back dans le film policier américain » dans Dir. Dominique Sipière et Gilles Ménégaldo, *Les Récits policiers au cinéma,* Poitiers, La Licorne, 1999, p. 25-36.

aucun doute impuissant à maîtriser dans le passé. La narration rétrospective lui offre l'occasion de mieux saisir l'enchaînement d'événements qui l'ont réduit à l'état de victime, à une impuissance soulignée par des décors oppressants, par des prises de vue qui abusent de la plongée, comme pour écraser davantage le personnage central. *Assurance sur la mort* (*Double Indemnity*, Billy Wilder, 1944) commence par le récit d'une confession que le film s'empresse de mettre en image : Walter Neff tente de comprendre comment il est devenu un meurtrier. L'alternance d'une voix off, qui évoque un regard rétrospectif sur l'intrigue, et de plans qui illustrent l'action telle qu'elle s'est déroulée, renforce le sentiment d'impuissance que Walter exprime vis-à-vis d'une histoire dont il a été victime, d'une femme qui l'a manipulé : « Le mécanisme était enclenché et plus rien ne pouvait l'arrêter »[98], déclare-t-il quand il comprend enfin le rôle infime qu'il occupait dans le projet de Phyllis. Les analyses de son collègue, Barton Keyes, lui permettent de comprendre peu à peu qu'il n'a été qu'un instrument de la volonté de Phyllis, sans jamais être l'objet d'un amour sincère : « Ce que j'ignorais, c'est qu'elle avait son propre plan »[99], avoue-t-il. Bâti sur une série de flash-backs, ponctué par une voix off qui confie avec cynisme la naïveté des actions passées, le film ressemble d'abord à un aveu, à une confession à la première personne, plutôt qu'à une mise en accusation. Walter découvre avec une amertume désabusée l'indifférence et la froideur de la femme dont il croyait être aimé.

Assurance sur la mort, *Les Tueurs* (*The Killers*, Robert Siodmak, 1946), *La Dame de Shanghai* (*The Lady from Shanghai*, Orson Welles, 1948), *Pour toi, j'ai tué* (*Criss Cross*, Robert Siodmak, 1949) illustrent tous le pouvoir destructeur de la femme fatale qui se donne à un homme à seule fin de le manipuler. Dans *Le Facteur sonne toujours deux fois* (*The Postman Always Rings Twice*, Tay Garnett, 1946), Frank Chambers retrace en flash-back l'aventure qui l'a conduit à la chaise électrique. Frank, sans domicile ni travail, errait le long des routes californiennes en quête d'une hypothétique bonne fortune. Lorsqu'il pénètre dans le petit café/station service de Twin Oaks, il est naturellement attiré par Cora Smith, la belle et jeune épouse du patron du café. La scène de la rencontre suggère que Frank est soudain tombé sous le charme de la jeune femme : champs et contrechamps opposent Frank à Cora tandis qu'un travelling avant nous conduit aux pieds de la jeune femme. L'écriture de la caméra subjective, le recours à des plans fixes indiquent que Frank perd soudain le contrôle de ses gestes, qu'il lui est impossible de détourner un regard ébloui. En quelques minutes, le drame est noué : Nick Smith, beaucoup plus âgé que son épouse Cora, engage Frank comme mécanicien. Les deux jeunes gens vont très vite connaître la passion d'un amour fou et clandestin. Prisonnière d'un mariage qui ne lui apporte pas le bonheur escompté, c'est-à-dire la richesse, Cora entraîne Frank dans son cauchemar. Attaché par les liens irrationnels de la passion, Frank se laisse dévoyer et entraîner jusqu'au complot d'un meurtre. Victime de son désir pour cette femme, hanté par son souvenir lorsqu'il s'éloigne d'elle, le personnage n'agit plus selon son libre arbitre, il est manipulé par la force d'un destin qui le rapproche inéluctablement de Cora et en fait son jouet. Gilles Deleuze décrit le personnage comme une sorte de spectateur :

> Il a beau bouger, courir, s'agiter, la situation dans laquelle il est débordé de toutes parts ses capacités motrices. Il enregistre plus qu'il ne réagit. Il est livré à une vision, poursuivi par elle ou la poursuivant, plutôt qu'engagé dans une action.[100]

---
[98]. « The machinery had started to move and nothing could stop it ».
[99]. « What I didn't know is that she had plans of her own ».
[100]. Gilles Deleuze, *Cinéma 2, L'image-temps*, op. cit., p. 9.

Le propos de Deleuze qui s'adresse plus particulièrement à *Ossessione*, adaptation italienne du même roman réalisée par Luchino Visconti en 1942, nous permet de réfléchir sur la spécificité de l'adaptation américaine.

Dans *Le Facteur sonne toujours deux fois,* les criminels ne sont pas cantonnés aux zones sombres de l'écran, mais exposés à l'éclat d'une lumière directe qui illumine les visages. Frank apparaît ainsi comme un meurtrier comblé de bonheur, une victime épanouie, tant que Cora reste à ses côtés. La lumière éclaire toujours ce regard amoureux et crédule qui anime le personnage et le conduit jusqu'à la mort. A l'inverse, au moment où Cora est sur le point de commettre la première tentative de meurtre, l'écran est soudain obscurci. Parce que la tentative de meurtre reste hors champ, le spectateur ne parvient pas à se persuader de la perversité de la femme meurtrière qui se cache derrière les apparences angéliques de Cora.[101] La distribution des rôles et des identifications est complexe, voire confuse ; elle interroge le spectateur, contraint de reconsidérer sa position vis-à-vis de la situation représentée. Frank se laisse manipuler par la femme qu'il aime, au point de tuer pour mieux lui plaire. Il se fait complice du meurtre, mais il n'en est pas l'initiateur – c'est pourquoi il incarne une figure ambiguë dont on a du mal à déterminer le degré de culpabilité et de corruption. L'expérience du *loser* du film noir est troublante, elle suscite des émotions contradictoires chez le spectateur qui se laisse manipuler par l'ambiguïté d'un récit où culpabilité et innocence s'entremêlent.

Le film de Tay Garnett s'éloigne du mélodrame[102], parce qu'il fait partager au spectateur cette sensation d'incertitude et de malaise qui assaille l'individu à l'écran. Le temps de la narration est comme freiné par les interrogations, les angoisses des personnages qui sont sur le point de commettre un acte irréparable. Les plans fixes, les ambiances nocturnes prolongent l'illusion de fatalité créée par des fondus enchaînés qui relient les scènes entre elles, suggèrent une relation de cause à effet entre meurtres et passion, entre rêves et crimes. *Le Facteur sonne toujours deux fois* dépeint la déchéance morale d'un individu isolé, proscrit, malchanceux, qui se laisse tenter par le meurtre pour accéder à la vie d'amour dont il rêvait. La fatalité qui pèse sur toutes ses actions accable Frank, finalement condamné à mort pour un meurtre qu'il n'a pas commis (celui de Cora), condamnation qui vient châtier des égarements antérieurs (le meurtre de Nick, l'amour porté à une femme mariée).

---

[101]. Delphine Letort, « Femme fatale/femme assassine dans le film noir : dévier le stéréotype » in Dir. Karine Hildenbrandt, *Figures de femmes assassines – Représentations et idéologies,* Revue CYCNOS, Volume 23, n° 2, Nice, Presses Universitaires de Nice, Novembre 2006, p. 147-159.

[102]. Jean-Loup Bourget précise que le mélodrame se définit par des critères « objectifs » (type de scénario, présence de clichés-situations) et « subjectifs », c'est-à-dire le « sentiment d'un style mélodramatique ». Inspiré d'une littérature populaire (dont le roman noir), le mélodrame exploite des situations émouvantes (catastrophe, coup du destin, adversité), de préférence pathétiques, qui mettent toujours en scène un personnage victime, susceptible d'attendrir le spectateur. Le mélodrame sentimental (basé sur le thème des amours contrariées) peut conduire au mélodrame familial (le divorce) ou moral (impliquant la trahison des amants ou d'un proche). Le film noir offre toujours quelques scènes qui touchent au mélodrame, telle la scène où les futurs amants se voient pour la première fois ou se séparent dans *Le Facteur sonne toujours deux fois*. Pour une étude sur les ressorts du mélodrame, voir Jean-Loup Bourget, *Le Mélodrame hollywoodien,* Paris, Stock, 1985. Voir également Jean-Loup Bourget, « Hollywood au miroir du mélodrame, *The Bad and the Beautiful* » dans *Hollywood au miroir,* Nancy, Revue Française d'études américaines n°19, Février 1984, p. 99-105.

Dans *Les Amants de la nuit* (*They Live by Night,* Nicholas Ray, 1949) comme dans *Le Carrefour de la mort* (*Kiss of Death*, Henry Hathaway, 1947), le meurtre apparaît comme la seule issue envisageable pour des personnages acculés au désespoir, prisonniers de circonstances qui les enchaînent, objets d'un destin qui accuse la faiblesse de l'humain. Les victimes deviennent coupables parce qu'un enchaînement d'événements les a conduites vers le meurtre : des innocents semblent avoir perdu le contrôle de leurs émotions en même temps qu'ils perdaient le pouvoir d'agir sur leur vie ou leur environnement. *Detour* (Edgar G. Ulmer, 1945)[103] relate l'histoire d'un type d'antihéros qui semble trahi par chacun des actes qu'il commet, par chacune des décisions qu'il croit avoir mûrement réfléchi : s'il se retrouve injustement accusé d'un meurtre par des autorités perçues comme hostiles et incompétentes, il devient coupable alors même qu'il cherche à se disculper. La menace provient de l'extérieur, elle est matérialisée par des êtres violents, par une présence féminine qui symbolise une trahison de l'intérieur, toujours possible. Ces antihéros sont des *losers*, des perdants, des individus qui n'ont aucune prise sur le monde qui les entoure. Le meurtre n'est même pas l'expression du désir de tuer, mais plutôt la conséquence d'une maladresse, l'expression d'une soumission servile aux passions des autres.

Ce climat d'insécurité nous éloigne de la tonalité manichéenne propre au film policier ou au film de gangsters. Parce que le film noir s'intéresse à des criminels perfides, qui usent de toute leur ingéniosité afin de ne laisser traîner aucun indice derrière eux, qui ne reculent pas devant la manipulation d'êtres un peu trop naïfs, les méthodes officielles de la police s'avèrent inefficaces. Elles entravent le cheminement du chevalier blanc, le détective privé, à la fois plus libre qu'un policier dans ses mouvements, du fait qu'il ne porte pas l'uniforme, et plus vulnérable dans les situations dangereuses car il est seul. De manière significative, la première scène d'*Adieu ma belle* (*Murder my Sweet,* Edward Dmytryk, 1944) oppose Philip Marlowe aux policiers qui le questionnent sans relâche, mais dont il ne perçoit pas le visage car un bandeau lui recouvre les yeux. La scène souligne la fragilité du personnage face aux représentants de l'Institution, qui jouissent d'un pouvoir dont il est frustré – comme il le reconnaît lui-même plus tard, non sans humour : « J'ai passé la nuit dernière avec des policiers. C'était leur idée ! »[104].

---

[103]. *Detour* peut être considéré comme le prototype du film noir de série B puisqu'il est issu de la Poverty Row et confirme la liberté de ton qui caractérise ce type de production. Robert Barton Palmer ajoute : "Dans ce film, l'optimisme social caractéristique du film hollywoodien est complètement renversé en faveur d'une vision désespérée de la vie américaine, directement inspirée des magazines *pulp*." Robert Barton Palmer, *Hollywood's Dark Cinema, The American Film Noir, op. cit.*, p. 108. Disposant d'un budget limité, Edgar G. Ulmer utilise beaucoup la voix off pour synthétiser (en 68 minutes environ) tous les éléments qui ont conduit à la déroute d'Al Roberts, accélérant le rythme de la narration, intensifiant le désarroi que ressent Al face à une succession de situations qui l'accablent.
[104]. « I spent last night with the police. It was their idea! »

Le film noir : une écriture de l'Histoire nationale

Politique de la représentation et écriture de l'Histoire

La fin de la Seconde Guerre mondiale consacre la victoire des Alliés qui, grâce à une intervention militaire d'envergure internationale, a permis aux Etats-Unis de renforcer leur hégémonie politique et socioculturelle. Sur le front intérieur, de vigoureux conflits internes divisent déjà la nation cependant que l'élan patriotique s'essouffle.[105] Toutes les ressources de l'Amérique ont été mobilisées par l'effort de guerre, entraînant de soudaines mutations sociales qui ont ébranlé la stabilité de la famille, exigé de nombreux sacrifices, dont les conséquences perdurent à l'issue du conflit : des hommes ont dû renoncer à leur rôle de pilier au sein de la famille pour accomplir le devoir patriotique tandis que des mères de famille se sont aventurées en dehors du foyer pour exercer un travail. En entrant sur le marché de l'emploi, les femmes ont étendu leur sphère d'activité, mais elles sont refoulées à leur activité antérieure aussitôt la guerre terminée, en faveur des soldats démobilisés dont il faut assurer la réinsertion socioéconomique. La période de l'après-guerre est marquée par de multiples difficultés économiques, autant d'obstacles qui se hérissent sur le chemin de la réinsertion des soldats : la recherche d'emploi est compromise par la fermeture des usines de guerre et rendue plus difficile par la multiplication des grèves qui secouent les industries du caoutchouc, du textile, du pétrole et de l'électronique. Le pays est au bord de l'asphyxie lorsque Harry S. Truman est élu à la présidence, en avril 1945. En outre, l'inflation s'accélère jusqu'en 1946, aggravant un mécontentement déjà publiquement exprimé par le monde ouvrier à l'occasion des grèves sauvages de septembre 1945 chez General Motors. Dans le cadre de la négociation des conventions collectives, les ouvriers vont chercher à conquérir des avantages qui, affirment-ils, leur reviennent de droit : participation aux bénéfices de l'entreprise, indexation des salaires sur le coût de la vie.[106]

Le nombre de films noirs produits par les studios augmente avec la fin de la guerre. Le genre s'épanouit à l'issue des hostilités, au moment même où les Etats-Unis connaissent des tensions intérieures graves, qui remettent en question les principes fondateurs de la nation[107] : la liberté d'expression est directement menacée par l'animosité croissante à l'égard du communisme ; au temps des privations succède une avidité de consommation qui fait ressortir les inégalités sociales, économiques et raciales ; les gangs tirent profit des activités illégales dont ils gardent le contrôle, parfois même avec la complicité du monde politique ; intimidations et corruption mettent en péril l'impartialité de la justice comme l'autorité de la police locale. Outil de la puissance américaine et symbole d'une sécurité infaillible, la maîtrise de l'arme atomique alimente un sentiment de vulnérabilité dans une population soudain consciente du pouvoir de destruction absolue que représente ce progrès technologique. Le film noir et son esthétique cristallisent le malaise ressenti par la société américaine en cette période de guerre, puis d'après-guerre.

---

[105]. John O'Connor et Martin Jackson, *American History, American Film,* New York, Frederick Ungar Publishing Co., 1979, p. 157.
[106]. *Ibidem*, p. 161.
[107]. George Lipsitz, « Film noir et guerre froide » dans Dir. Noël Burch, *Revoir Hollywood, la nouvelle critique anglo-américaine, op. cit.,* p. 168-179. Raymond Borde, Etienne Chaumeton, *Panorama du film noir américain 1941-1953, op. cit.*, p. 26.

Sous couvert d'histoires criminelles agrémentées de personnages psychologiquement instables, le film noir relaie l'angoisse nationale. Peut-on dire que le désarroi de son personnage central correspond à un état d'impuissance nationale ? Les Américains reconnaissent-ils un peu d'eux-mêmes dans ces portraits imaginaires d'hommes et de femmes tentés par l'adultère, persécutés par un destin contraire ? Leurs craintes les plus intimes trouvent-elles un écho particulier dans la fiction noire : famille brisée lorsque le chef de famille doit aller se battre sur le front, nombre croissant des crimes et des délits ? Tous ces éléments entretiennent un mal vivre dans la population, ce dont joue à plaisir l'univers de la fiction. Le film noir se confondrait alors avec le désarroi du citoyen américain ; les flash-backs induisent la confusion dans la progression rationnelle de la trame narrative, les cadrages obliques contribuent à désorienter le spectateur, comme pour mieux suggérer la difficulté qu'il y a à maîtriser ce monde de noirceurs.

La vision noire nous parle de ces errements que la guerre a engendrés ; elle exprime le sentiment de malaise qui frappe toutes les couches sociales alors confrontées à de soudaines mutations socioéconomiques. Si le film noir ne peut s'affirmer en opposition totale au système qui le produit, il traduit néanmoins un regard critique sur des faits de société qui, eux, sont les conséquences directes d'un état d'esprit communément accepté dans l'espace socioéconomique considéré. La récurrence de certains stéréotypes signale l'intrusion d'éléments subversifs dans un genre qui interroge ouvertement l'ordre établi. Le film noir redécouvre les motivations qui sous-tendent les conflits sociaux. Comme les ouvriers qui s'engagent dans de mesquines actions illégales (vol de matériaux sur les lieux de travail, utilisation abusive des outils de l'entreprise) afin de satisfaire un but individuel, le héros du film noir viole la loi et se soustrait à l'autorité de l'état à des fins toutes personnelles.[108] Transposés dans le film noir, les grands thèmes de l'actualité éveillent à coup sûr la sensibilité d'un public conscient des maux qui minent l'ordre social : corruption des polices locales, trafic de drogues diverses à grande échelle, prostitution, présence avérée ou soupçonnée d'espions communistes, autant de sujets retenus par la fiction et déjà sélectionnés par les quotidiens.[109]

Malgré les pressions de l'industrie hollywoodienne en faveur de la production d'un cinéma classique ou standardisé, a-t-on pu dire, pour satisfaire un large public, le film noir apparaît comme une pratique cinématographique tout à fait singulière dans la mesure où elle traduit un choix politique par un engagement esthétique. Les réalisateurs portent un regard critique sur le monde qui les entoure et interrogent la société américaine par le truchement de l'enquête policière, à la manière d'un enquêteur professionnel. Nous allons tenter de mettre en lumière par l'étude de la formation du stéréotype dans le film noir le travail de réalisateurs, qui ont su défier les interdits de la censure, refuser l'autocensure et promouvoir un mode de réaction. Leur maîtrise de l'outil cinématographique procède d'une démarche artistique que l'on pourrait qualifier de « subversive », car elle ne satisfait pas complètement aux canons d'un cinéma classique.

Dans *L'Analyse du film* (1979), Raymond Bellour postule que les films produits par l'industrie hollywoodienne dans les années quarante et cinquante appartiennent majoritairement à un cinéma classique, construit sur une structure narrative faisant alterner

---

[108]. George Lipsitz, « Film noir et guerre froide » dans Dir. Noël Burch, *Revoir Hollywood, la nouvelle critique anglo-américaine, op. cit.*, p. 172.
[109]. Raymond Borde, Etienne Chaumeton, *Panorama du film noir américain 1941-1953, op. cit.*, p. 31.

équilibre et déséquilibre [110] : le récit du film représente la recherche d'un équilibre brisé au départ par un événement qui perturbe l'ordre naturel de la représentation. Si la comédie puise son humour dans des situations grotesques qui sont la conséquence du déséquilibre provoqué, le film noir s'enfonce dans un univers mystérieux qui, d'emblée, place les personnages en situation de danger. L'issue du film classique hollywoodien doit coïncider avec un temps privilégié d'équilibre retrouvé par les personnages dans l'espace social représenté, un temps heureux qui détermine le *happy end*. Par opposition, le temps d'équilibre, tant recherché dans le récit de fiction, demeure toujours précaire, parfois même inaccessible, dans le film noir.

Aux yeux de David Bordwell, Janet Staiger et Kristin Thompson, transgression et subversion seraient les seuls éléments à retenir quand il s'agit de définir le film noir :

> L'expression « film noir » a servi non à définir un genre cohérent ou un style, mais à signifier, dans certains films américains, une attaque contre les valeurs dominantes. Dire que le film noir désigne simplement des particularités n'est pas banal. Cela explique pourquoi des films de type très différent peuvent être considérés comme des « films noirs ». [111]

Tout en reconnaissant les originalités stylistiques, narratives ou thématiques du film noir, les auteurs de *The Classical Hollywood Cinema* refusent de considérer le film noir comme un genre. C'est oublier qu'en défiant les valeurs dominantes, le film noir affirme des choix esthétiques, retient des codes visuels et narratifs qui peuvent le définir.

Jean-Loup Bourget revient sur cette réticence rencontrée de manière diffuse chez de nombreux critiques et explique que plusieurs catégories génériques « se chevauchent ou tendent à fusionner » dans le film noir.[112] Le film noir brouille les frontières entre les genres dont il emprunte divers éléments, comme pour ébranler les conventions du spectacle cinématographique et dépasser les normes qui fondent la représentation de l'ordre social. De manière significative, les personnages du film noir dépassent toujours le rôle stéréotypé qu'ils incarnent, même s'il s'agit d'un écart manifeste révélé par un acte manqué dans une scène isolée. La souffrance qui trouve son expression dans la violence est souvent le corollaire d'un amour profond et d'une passion enflammée, rejetés par l'objet de tous les désirs ou refoulés parmi d'autres souvenirs. Le danger semble s'estomper lorsque des escapades sentimentales entraînent les personnages dans des paysages neufs, exotiques, qui les éloignent de la ville corruptrice. Les chanteuses de cabaret se trémoussent sur des musiques suaves et parviennent presque à nous faire oublier l'univers morbide du film noir. Si le répit n'est que momentané, parfois limité à une séquence en flash-back, il consacre le « mélange des genres » qui déstabilise le spectateur en lui permettant de voir les protagonistes sous un jour nouveau. Des séquences aux tonalités diverses se succèdent, laissant un instant de bonheur amoureux s'immiscer dans une histoire de meurtre, comme pour capter la confusion, le flux d'émotions contradictoires (amour et jalousie, tendresse et colère) qui traversent le moi criminel.

La contamination des genres ne serait-elle pas nécessairement déjà à l'œuvre dans le film noir ? Le film noir ne serait-il pas le résultat d'une fusion entre le film criminel, le

---

[110]. Raymond Bellour, *L'Analyse du film*, Paris, Calmann-Levy, 1995, p. 292. Première édition : 1979.
[111]. David Bordwell, Janet Staiger et Kristin Thompson, *The Classical Hollywood Cinema*, *op. cit.*, p. 75.
[112]. Jean-Loup Bourget, *Hollywood, la norme et la marge*, Paris, Editions Nathan, 1998, p. 15.

film policier, peut-être même le mélodrame et la comédie musicale ? Le pouvoir subversif du film noir ne découlerait-il pas de ces filiations déjà revendiquées à partir d'autres genres comme le film de gangsters ou le film « gothique féminin » ? Quand la frontière entre les genres est dépassée, la norme est ébranlée :

> Le film noir tout à la fois intériorise et extériorise. Il intériorise car il implique que la normalité (de quelque ordre qu'elle soit, sociale, psychique, sexuelle, architecturale...) n'est souvent qu'une apparence trompeuse et que les circonstances, le hasard, le destin, suffisent à bouleverser la vie du citoyen le plus ordinaire. [113]

Les tensions qui imprègnent le film noir sont donc perceptibles à plusieurs niveaux, elles constituent les traits distinctifs du genre. En d'autres termes, le film noir « intériorise » une crise extérieure liée aux incertitudes politiques et économiques qui accompagnent la fin de la Seconde Guerre mondiale et il « extériorise » une crise intérieure, vécue au sein de la famille américaine et attribuée à une remise en cause de la fonction sociale traditionnellement dévolue aux sexes. Cette dualité est représentée par une ambiguïté de l'être et du paraître, de la vraisemblance et de la vérité, de l'ordinaire et de l'extraordinaire. Cette dichotomie entre surface et profondeur est exprimée à l'écran par l'utilisation de la profondeur de champ qui accroît le sentiment de mystère et d'incertitude qu'un récit elliptique a déjà su créer.

A dessein, le film noir va à contre courant de la narration classique prônée par Hollywood. Le montage classique, proclame Bazin,

> tend à exclure en particulier l'ambiguïté immanente à la réalité. [Il] subjectivise l'événement à l'extrême puisque chaque parcelle est due au parti pris du metteur en scène. [Il] n'implique pas seulement un choix dramatique, affectif ou moral, mais encore et plus profondément une prise de position sur la réalité en tant que telle. [114]

Le montage classique permettrait ainsi de conforter des idéologies puisqu'il tente de faire passer pour « naturelles » des représentations qui visent à influencer des modes de pensée ou de conduite. Le film noir se fait subversif par le truchement d'une ambiguïté qui informe autant sa structure visuelle que sa structure narrative, et qui reflète l'ambiguïté intrinsèque de la définition de la « réalité ». Il s'oppose donc au montage hollywoodien qui anticipe le flux de notre perception pour subordonner intégralement l'image filmée au « sens » de l'action, la liberté de pensée à des automatismes. André Bazin précise encore que :

> Le découpage classique supprime totalement cette espèce de liberté réciproque de nous-mêmes et de l'objet. Il substitue, à un découpage libre, un découpage forcé où la logique des plans par rapport à l'action anesthésie complètement notre liberté. Celle-ci ne peut plus être sentie puisqu'elle ne peut plus s'exercer. [115]

La structure narrative du film classique tend à dissimuler les signes d'un métalangage cinématographique de sorte que les scènes s'enchaînent suivant une structure causale, les

---

[113]. Jean-Loup Bourget, *Hollywood, la norme et la marge*, Paris, Editions Nathan, 1998, p. 68-69.
[114]. André Bazin, « William Wyler ou le janséniste de la mise en scène » dans *Qu'est-ce que le cinéma ? Vol. 1,* Paris, Les Editions du Cerf, 1958, p. 158. Première édition : Paris, Les Editions du cerf, 1958.
[115]. André Bazin et Jean Cocteau, *Orson Welles,* Paris, Editions Chavane, 1950, p 58.

décors paraissent « naturels », la psychologie et les actes des personnages sont en accord avec la morale ambiante. Westerns, drames, comédies décrivent une situation de crise que les personnages doivent apprendre à surmonter pour retrouver l'équilibre que vient consacrer la formule du *happy end*. Les films hollywoodiens encouragent le processus d'identification qui donne au spectateur l'impression de participer à l'histoire et le pouvoir d'évaluer les actions des personnages. Le *happy end* résonne telle une promesse de bonheur pour le spectateur qui, reconnaissant son propre système de valeurs à l'écran, est convaincu de la « justesse » des valeurs socioéconomiques proposées. Les « méchants » seront punis tandis que les « bons » devront être récompensés avant la fin du film, car le respect des codes moraux qui garantissent l'ordre social conduit nécessairement au bonheur.

A l'inverse, le film noir multiplie l'utilisation de signes qui bousculent une perception réaliste si l'on considère, comme Roland Barthes, que le « réalisme » est une impression conditionnée par l'idéologie dominante (la *doxa*) – système qui impose une relation d'interdépendance entre les éléments du langage, entre signifiant et signifié. Parce qu'il peut déstabiliser, troubler un public qui ne reconnaît pas son système de valeurs à l'écran, le film noir devient subversif. La beauté de la femme fatale ne reflète ni la pureté de son âme, ni des intentions chastes ; contraint de subir les situations dans lesquelles il s'aventure, le *loser* se trouve dépourvu de l'autorité masculine qui lui permettrait de rester maître du jeu. Des ombres voilent à dessein le visage des meurtriers pour nous empêcher de les identifier, et par conséquent de les désigner comme coupables. La pénombre envahit l'espace urbain et transforme tout individu en ombre suspecte dans un décor oppressant. Le halo de lumière accuse les silhouettes, les détache de l'arrière-plan, mais laisse les visages dans l'ombre. Le contre-jour produit un effet nocturne qui accentue la frustration des personnages et des spectateurs, incapables d'identifier les sources d'un danger qu'ils savent omniprésent.

Le spectacle d'un film noir postule une activité mentale particulièrement dynamique de la part du spectateur, sans cesse sollicité par l'effort de reconstruction qu'il doit mener à partir de ce qu'il voit et entend. Si cet effort sous-tend l'attitude générale du spectateur, quel que soit le type de film considéré, le récit elliptique du film noir, les images parfois brouillées par une obscurité trop profonde intensifient un travail de reconstruction qui doit lui permettre de comprendre la totalité de l'histoire. Paradoxalement, le plaisir du film noir est peut-être d'abord lié à l'expérience d'un déplaisir, d'un agacement éprouvé par le spectateur à qui incombe la charge de recomposer mentalement la trame narrative ; mais il ne peut pas le faire avant la fin du spectacle, car la progression morcelée du récit, délibérément fracturé, ne cesse de l'égarer en lui proposant diverses pistes. *Le Grand sommeil* (*The Big Sleep,* Howard Hawks, 1946) stigmatise l'incohérence délibérée d'un récit qui laisse le spectateur perplexe, incapable de saisir, même rétrospectivement, les forces motrices de la narration.

Le film noir choisit de plonger le spectateur dans une confusion salutaire qui doit permettre la remise en question de modes de pensée communément acceptés. Il intègre des personnages marginaux, qui tendent vers le grotesque et rappellent l'insuffisance des normes et des mythes qui informent la vie collective. Le décalage entre les normes qui servent encore de référence aux individus et un changement de situation qui appelle des réactions nouvelles donne lieu à l'instabilité, à un sentiment de vulnérabilité révélé par la noirceur du film noir. Violence du désespoir et tentation du crime sont autant de réactions possibles à ces incertitudes qui ont succédé à l'effort de guerre. Le *loser* incarne le paradigme de ce mode d'expression, poussé sur la voie du crime par un système économique qui en fait un exclu, et par des rêves de réussite qu'il chérit en secret au « paradis » de la libre entreprise. Exclu de la société, évincé du cercle familial, le *loser* se laisse dévoyer car il a été marginalisé par un système économique qui n'offre guère les mêmes chances de réussite à tous les individus. La réussite économique demeure pour lui un rêve difficilement accessible ; il satisfait donc à ses besoins matériels par des actes criminels. « Après tout, le crime n'est qu'une forme dévoyée de l'ambition »[116], déclare un personnage dans *Quand la ville dort* (*The Asphalt Jungle,* John Huston, 1950) pour justifier la préparation d'un cambriolage auquel il doit participer.

Quand la ville dort décrit le milieu criminel avec une complaisance inquiétante et troublante, car John Huston ne se contente jamais d'exprimer une vision manichéenne quand il oppose criminels et policiers. Le réalisateur s'intéresse d'abord aux motivations de ceux qui s'apprêtent à commettre un hold-up ; il insiste sur la confiance et l'amitié qui unissent les criminels par opposition à l'autorité légale qui soumet les policiers à l'Institution. En dépit du crime qu'ils ont perpétré et qui a coûté la vie à un innocent, les cambrioleurs de *Quand la ville dort* affichent tous une sensibilité individuelle en contradiction avec l'image du gangster mû par une ambition égoïste, popularisée par les films de gangsters des années trente. Louis est un père de famille attentif et tendre (il s'inquiète au moindre rhume de son fils) tandis que Dix nourrit des rêves d'enfant (acheter une ferme et vivre à la campagne). Parce que ces criminels sont traversés à la fois par le bien et par le mal, il est difficile de porter un jugement définitif sur leurs actes. Le film semble alors trahir une volonté subversive, dans la mesure où le point de vue adopté ne satisfait pas aux exigences d'une morale qui voudrait que le délit soit nécessairement puni.

Le film noir se dote d'une charge subversive car il offre au spectateur une vision critique de l'univers socioéconomique américain, refuse la vision idyllique et la note optimiste consacrées par le *happy end* traditionnel. Explorant les racines du mal, révélant les dysfonctionnements du système économique comme de la justice, il ne vise pas à conforter le public dans des idées préconçues, dans une morale banalisée. Le film noir désarçonne le spectateur, lorsqu'il traite du désespoir de ces individus devenus des meurtriers avec une sympathie condamnable du point de vue moral. Séduit par le rêve de réussite sociale et de bonheur conjugal que lui fait miroiter Cora dans *Le Facteur sonne toujours deux fois*, Frank le marginal ne peut que céder à la tentation ; s'il va jusqu'au meurtre du mari encombrant de Cora, c'est pour mieux accéder au respectable statut d'époux. La frustration engendrée par l'exclusion socioéconomique semble, dans ce cas, justifier le recours à l'acte de violence ; dans le contexte américain, Frank ne peut prétendre à la sécurité du mariage s'il ne s'est pas d'abord assuré d'un avenir professionnel qui lui permettra de subvenir aux besoins d'une famille. L'argent dont héritera Cora à la mort de son premier époux accroîtra les chances de ces individus, tous deux issus de milieux défavorisés et qui, par conséquent, n'ont aucun espoir de réussite sociale sans l'aide d'un destin favorable, sans l'apport financier de l'héritage en question qui favorisera leur nouveau départ dans la vie. Lorsqu'il arrive pour la première fois à Twin Oaks, Frank prétend avoir choisi le vagabondage comme mode de vie : « J'ai des fourmis dans les jambes dès que je m'arrête quelque part »[117], affirme-t-il, juste avant de rencontrer Cora. Parce que la jeune femme l'invite à bâtir un avenir de stabilité, Frank décide de rester à Twin Oaks pour y travailler ; mais il comprend bientôt qu'il ne saura la rendre heureuse

---

[116]. « After all, crime is only a left-handed form of human endeavour. »
[117]. « My feet keep itching for me to go places. »

sans s'assurer des revenus indépendants qui la mettront à l'abri du besoin. Pour cet habitué de la marge, le meurtre est une solution facile.

Le film noir affirme donc un esprit critique à l'égard du dynamisme économique de la société américaine, toujours hantée par le souvenir de la Dépression de 1929. Il a révisé la fonction du héros, pour mieux envisager les difficultés individuelles d'hommes et de femmes en quête d'un travail, comme en écho à la crainte d'être à nouveau victime d'une crise. *Detour* (Edgar G. Ulmer, 1945) accuse le déterminisme économique et social de cette société moderne à travers un récit qui retrace le piétinement de la carrière du pianiste Al Roberts, bientôt contraint d'agir de manière illégale puisque ses chances de réussite professionnelle s'amenuisent. Le récit rétrospectif de Al est marqué par l'utilisation d'une voix off et de nombreuses analepses, moyens d'expression convoqués par le réalisateur pour présenter cet homme accablé par les épreuves qu'il vient de subir, à présent attablé dans un « snack » en bordure de route, comme abandonné sur le bas-côté. Ayant décidé de rejoindre sa fiancée, Sue, qui s'est lancée dans une carrière de chanteuse à Los Angeles, Al Roberts s'apprête à traverser les Etats-Unis en faisant de l'auto-stop. La distance géographique suggère qu'un fossé s'est creusé entre ces jeunes gens qui appartiennent désormais à des couches sociales différentes. Alors que Sue cherche la gloire en tant que chanteuse, Al est ballotté par un destin qu'il ne peut contrôler car il ne possède pas l'argent nécessaire pour affirmer ses options. Pris en stop par Charles Haskell qui lui offre un repas et promet de l'amener jusqu'à la côte ouest, Al perd tout pouvoir sur sa propre vie en acceptant l'offre généreuse de l'automobiliste. Voici en effet que ce conducteur s'évanouit sur le siège passager et meurt au moment où Al ouvre la porte de la voiture pour lui porter secours : le corps endormi tombe à terre et sa tête heurte violemment une pierre. Redoutant que la police ne l'accuse d'avoir assassiné l'homme pour le dépouiller de son argent et de sa voiture, convaincu que personne ne pourra ajouter foi à son histoire, Al cache le cadavre, s'approprie l'argent, la voiture et poursuit son voyage. Dès lors les péripéties s'enchaînent, le sort s'acharne sur Al Roberts, repoussant toujours plus loin le terme de son voyage. Produit de série B, *Detour* affiche des imperfections de montage qui traduisent avec d'autant plus de conviction la vulnérabilité de Al, entraîné dans des situations complexes dont il n'a pas la maîtrise. Sa rencontre avec Vera l'éloigne encore davantage de son but : elle tente de le manipuler pour récupérer la fortune dont devait hériter Charles Haskell, quand elle reconnaît les habits et la voiture de l'homme qui avait tenté de la violer. En prenant la place de Charles Haskell, Al se condamne à être l'objet d'un chantage orchestré par Vera, dont il se libère par un homicide involontaire : il provoque accidentellement la mort de la jeune femme, étranglée avec le fil du téléphone qu'il serre dans les mains. La culpabilité s'ajoute à l'impuissance d'un personnage d'autant plus esseulé que les autorités légales ne peuvent en l'occurrence lui être d'aucun secours ; on peut même dire que leur incompétence, leur corruption vont les doter d'un pouvoir d'exception pour mieux le tourmenter.[118]

Cependant le point de vue subversif adopté par le film noir ne se limite pas à la mise en scène d'antihéros, de victimes d'un système économique qui exclut de l'espace social ceux dont les talents ne lui sont d'aucun profit. Il s'étend à d'autres aspects de la culture américaine. *La Cinquième victime* (*While the City Sleeps,* Fritz Lang, 1955) nous introduit dans le monde des médias où les journalistes nourrissent des ambitions exacerbées

---

[118]. George Lipsitz, « Film noir et guerre froide » dans Dir. Noël Burch, *Revoir Hollywood, la nouvelle critique anglo-américaine, op. cit.*, p. 170-175.

par une compétition qui doit servir à les départager ; le journaliste qui retrouvera le tueur au rouge à lèvres, dénoncé par les gros titres comme le « lipstick killer », bénéficiera d'une promotion immédiate. Les machinations se multiplient, révèlent l'esprit de compétition de professionnels prêts à toute extrémité pour relever le défi. La compétition exacerbe un sentiment d'insatisfaction comme l'avoue la femme du grand patron de presse, elle-même coupable de compromission avec un arriviste pour se venger d'un époux indifférent : « Vu tout ce que je possède, qu'est-ce que je veux ? Tout simplement le plaisir de rembourser l'homme qui m'a achetée en donnant ses possessions les plus précieuses à quelqu'un d'autre »[119], déclare-t-elle en mâchant les mots comme pour mieux savourer une vengeance qu'elle garde encore secrète. Ses paroles nous disent assez l'état d'esprit qui domine le film : le matérialisme sauvage tend à réifier les êtres comme de vulgaires marchandises. Le « lipstick killer » est un tueur en série ; le nombre de ses victimes illustre une autre facette du matérialisme destructeur puisque l'accumulation quantitative nie toute valeur qualitative. Si les scènes de cruauté et de violence nous sont épargnées, évoquées seulement par des métaphores sonores ou visuelles (un cri strident, une silhouette dessinée à la craie, un regard empli de haine…), la cupidité et la lâcheté sévissent dans la meute des journalistes, prêts à sacrifier d'autres vies humaines sur l'autel du veau d'or, pour attirer le tueur dans leurs filets et mériter la promotion promise par le directeur du journal. L'horreur des actes que perpètre le tueur n'a d'égal que la cruauté mentale des journalistes, reflet de la violence inhérente au système auquel ils ont adhéré.

Aux yeux de Simone de Beauvoir, en voyage aux Etats-Unis en 1947, la démocratie américaine s'est progressivement laissé miner par la doctrine du capitalisme sauvage que les groupes financiers ont redéfinie à leur avantage. Le temps des *self-made men* semble bien révolu car la société moderne n'est désormais plus en mesure de satisfaire des ambitions individuelles ; elle est dirigée par des hommes déjà puissants qui monopolisent les marchés à leur seule gloire. Les exclus du système subissent donc de plein fouet les avatars du mythe du *self-made man*, modèle périmé de réussite à l'américaine qui continue pourtant de nourrir illusions puis désillusions. Simone de Beauvoir choisit des mots qui reflètent volontairement l'état de violence engendré par un système économique au service des seuls intérêts de quelques privilégiés, au détriment de la libre concurrence et de l'égalité des chances :

> Il y a un divorce chaque jour plus profond entre l'idéal et la réalité. L'idéalisme de Jefferson n'est plus adapté à la vie d'aujourd'hui et c'est pourquoi il y a entre sa formulation et son actualisation un tel hiatus qu'on est tenté de parler de « pure hypocrisie ». […] A l'époque des pionniers où la terre était sans frontières, ses ressources inexploitées, l'économie réellement anarchique, les hommes ne s'imposaient pas les uns aux autres des limites du seul fait de leur existence : la concurrence était vraiment libre et les mots de liberté et d'égalité n'entraient pas en conflit. […] A présent le nouveau monde est aussi figé que l'ancien, la société a perdu sa mobilité, les capitaux sont en mains et les tâches du travailleur soigneusement tracées : les opportunités elles aussi sont fixées ; l'individu n'a pas au départ un avenir ouvert ; sa place dans l'engrenage définit sa vie tout entière.[120]

---

[119]. « With all I have what is it I want? Only the pleasure paying back the man who bought me by giving his most appraised possession to somebody else. »
[120]. Simone de Beauvoir, *L'Amérique au jour le jour, 1947,* Paris, Editions Gallimard, 1954, p. 406-407.

Si le roman noir des années trente signalait déjà le fossé qui s'était creusé en Amérique entre les riches et les pauvres, le film noir accuse le « divorce » entre les mythes fondateurs et les situations réelles ; un tel divorce ne peut qu'accroître des sentiments de frustration et d'insatisfaction qui invitent au crime. L'investigation menée par les détectives privés du film noir contribue donc à révéler les maux quotidiens de la société moderne américaine ; leurs confrontations avec d'éventuels suspects fournissent autant de portraits psychologiques que sociaux.

Influencés par une pensée de tradition marxiste, quelques critiques des années quarante soutiennent l'entreprise du film noir car l'univers social représenté n'y est pas glorifié[121]. Cependant, ils reprochent au genre sa portée limitée dans la mesure où il procède d'une culture bourgeoise dont il expose la décadence et les vices, pour mieux célébrer la dynamique économique du système capitaliste. Le film noir n'exhorte pas à l'émancipation de la classe ouvrière, ni à la révolution. S'il retient l'expression d'un malaise au sein du système qu'il décrit, il ne postule pas une stratégie politique de résistance clairement définie.[122]

Portraits de femmes : mythe et fantasme

La guerre a favorisé l'épanouissement d'aventures sans lendemain et les hommes partis sur le front redoutent parfois d'avoir perdu leur compagne pendant leur absence prolongée. Selon le rapport d'Alfred Kinsey (1948), consacré à l'étude des habitudes sexuelles des Américains, les relations extraconjugales sont à cette époque beaucoup plus fréquentes qu'on ne l'admet généralement.[123] La crainte de l'émancipation féminine n'est pas seulement liée à une libération des mœurs sexuelles, elle est encore provoquée par l'entrée des femmes sur le marché du travail. Lorsque la main d'œuvre s'est mise à manquer au début des années quarante, on a exhorté les femmes à accomplir leur devoir civique en rejoignant les rangs des ouvriers pendant la durée des hostilités :

> En 1942, la commission de la main d'œuvre de guerre demanda 4.000.000 de personnes supplémentaires ; on les trouva d'abord parmi les chômeurs masculins, mais dès 43, il fallut recourir aux femmes en utilisant des campagnes de presse et de radio à travers le pays.[124]

---

[121]. Theodor W. Adorno et Max Horkheimer sont installés à Los Angeles quand ils étudient la culture populaire américaine pour enoncer les bases de leur théorie critique. Theodor W. Adorno et Max Horkheimer, *La Dialectique de la raison,* traduit de l'allemand par Eliane Kaufholz Paris, Editions Gallimard, 1974, p. 162. (La première édition du livre date de 1947 chez Querido à Amsterdam.)
[122]. Carl Richardson, *Autopsy, An Element of Realism in Film Noir,* London, The Scarecrow Press, 1992, p. 194.
[123]. Alfred Kinsey, *Sex Habits of American Men,* New York, Albert Deutsch, 1948.
[124]. Evelyne Sullerot, *Histoire et sociologie du travail féminin,* Paris, Gonthier, 1968, p. 113.

Les campagnes lancées par l'*Office of War Information* encouragent les entreprises et les femmes à répondre massivement aux besoins de la nation. Les exigences de la crise ont pour effet d'effacer des traditions ancestrales, de mettre en place de nouveaux réflexes. Le gouvernement se prononce contre la discrimination afin de légitimer le travail féminin :

> On incita les employeurs à embaucher des femmes et à les former « sur la base de l'égalité avec les hommes », à « lever les barrières à l'emploi des femmes dans toutes les fonctions » qu'elles pouvaient occuper et à utiliser « toutes les méthodes à disposition » pour s'assurer qu'elles les acceptent.[125]

Du jour au lendemain, des tâches jusqu'alors considérées comme exclusivement masculines vont être exécutées par des femmes.[126] L'étude de la représentation du féminin dans le film noir des années quarante fait apparaître une transformation du stéréotype : la guerre a, semble-t-il, profondément affecté le statut socioéconomique des femmes, remis en question les valeurs traditionnelles de la société, déterminé l'image de la femme au cinéma. Mary P. Ryan oppose les personnages féminins qui apparaissent dans des films produits au début de la guerre aux femmes fatales qui règnent sur le film noir d'après-guerre. Dès 1941, le cinéma américain propose des rôles de femme active aux actrices qui ne sont plus cantonnées à des rôles secondaires de secrétaires, d'institutrices ou de bibliothécaires.[127] Katharine Hepburn est promue journaliste dans *La Femme de l'année* (*Woman of the year*, George Stevens, 1941), Ginger Rogers est rédactrice de mode dans *Les Nuits ensorcelées* (*Lady in the Dark*, Mitchell Leisen, 1944), Joan Crawford devient patron d'une chaîne de restaurants dans *Le Roman de Mildred Pierce* (*Mildred Pierce*, Michael Curtiz, 1945)…[128]

Réalisé en 1944 par Otto Preminger, *Laura* prend des accents de propagande tandis que le film dresse le portrait d'une femme ambitieuse, idéalisée par ceux qui se remémorent les qualités de la jeune femme. Laura incarnait les valeurs de dynamisme de la femme américaine, elle portait en elle une destinée triomphante qui s'était concrétisée lorsqu'elle était parvenue à s'imposer dans le milieu publicitaire. L'esprit d'initiative de la jeune femme lui avait assuré la reconnaissance sociale et le respect de ses collègues masculins. Son parcours était un exemple de réussite ; mais elle nous est présentée au passé car on la croit décédée : sa présence au cœur d'une histoire criminelle annonce déjà les conflits et les tensions que suscite une telle émancipation.

Une fois les hostilités terminées, on conseille aux femmes devenues actives durant la guerre de retourner bien vite à leurs responsabilités domestiques, afin que les hommes retrouvent leur place et que la société recouvre la stabilité et la sécurité d'avant la guerre. Par conséquent, l'ambition féminine est désormais condamnée, à l'écran comme dans la réalité ; la femme n'apparaîtra plus dans le film noir que sous le masque de la mante religieuse. Le personnage de la femme fatale est peut-être le plus controversé et le plus subversif du film noir, même s'il tombe lui aussi sous le couperet de la censure et de

---

[125]. William H. Chafe, *The American Woman, op. cit.*, p. 148.
[126]. David Halberstam, *Les Fifties*, Paris, Seuil, 1995, p. 448.
[127]. « Dans les films réalisés avant 1941, les personnages féminins qui occupent une profession travaillent généralement dans des secteurs de l'économie réservés presque exclusivement à leur sexe », précise Mary P. Ryan dans *Womanhood in America: From Colonial Times to the Present*, New York, Harper and Rowe, 1975, p. 179.
[128]. Brandon French, *On the Verge of Revolt: Women in American Films of the Fifties*, New York, Frederick Ungar Publishing, 1978, p. XIV.

l'idéologie patriarcale. Bien qu'elle évolue dans une sphère géographiquement et socialement subordonnée à celle d'un homme, la femme fatale manifeste un réel désir d'indépendance, révélé par une accumulation de signes qui représentent autant de défis à la censure qu'à l'ordre social ambiant.

Bien davantage qu'un seul fantasme de plaisir, la femme fatale incarne une angoisse masculine et représente même un outil de pression vis-à-vis de ces femmes qui désirent poursuivre une carrière. Pour Noël Burch, l'insistance du film noir sur la culpabilité masculine et la dangerosité féminine fonctionne principalement à l'époque comme « stratégie de contrôle social ».[129] La fonction de la femme à l'intérieur de la famille implique un certain enfermement social qui la protège de tout contact direct avec le crime ; il est à craindre que son émancipation la conduise à se mêler davantage à l'univers du crime et contribue à faire augmenter sa représentation dans les statistiques qui mesurent la criminalité.[130] Force est de constater que dès la fin de la guerre, sous la pression de la propagande gouvernementale, nombreuses sont les femmes qui abandonnent ambition et profession pour retrouver la sphère domestique dont elles n'auraient, semble-t-il, pas dû sortir.[131]

Dans la série noire, la récurrence du personnage de la femme fatale qui, derrière une apparence, un uniforme ou une tenue de soirée, cache un esprit tortueux, devient le signe des interrogations qui accompagnent les profondes mutations socioéconomiques des années quarante et cinquante. Le roman noir avait popularisé le stéréotype d'une femme criminelle, le film noir consacre le fantasme de la femme fatale qui affiche son appétit sexuel par des tenues exaltant sa sensualité, tenues qui la condamnent derechef à la perversité puis au meurtre. Lorsqu'il emploie le terme « Phantasie »[132], Freud entend par là la création intime de représentations, et non la faculté d'imaginer au sens philosophique du terme. Aujourd'hui, le mot « fantasme » désigne familièrement un scénario imaginaire où le sujet concrétise, de façon plus ou moins déformée, l'accomplissement d'un désir, en dernière instance d'ordre sexuel. Le jeu de séduction auquel se prête la femme fatale dans le film noir est l'expression d'un fantasme, concrétisant le lien entre la fiction et son contexte, c'est-à-dire la manière dont la situation socioéconomique affecte les structures de l'imaginaire américain. Le film noir serait donc le lieu privilégié de la formulation des fantasmes, mettant en scène des figures fantasmatiques qui représentent et expriment un désir conscient ou refoulé. Ainsi la femme fatale procède-t-elle d'un fantasme à la fois doux et amer pour l'homme qu'elle invite à l'acte sexuel dans le dessein de le conduire à une

---

[129]. Noël Burch, « De *L'ennemi public* au *Sel de la Terre* : les communistes de Hollywood et la représentation des rapports sociaux de sexe » dans Dir. Thom Andersen et Noël Burch, *Les communistes de Hollywood*, Paris, Presses de la Sorbonne Nouvelle, 1994, p. 128.

[130]. Robert Cario, *Femmes et criminelles,* Toulouse, Editions Erès, 1992, p. 12.

[131]. Carol Trainor Williams, *The Dream Beside Me,* New Jersey, Associated University Press, 1980, *op. cit.*, p. 47.

[132]. Pour Sigmund Freud, le fantasme peut être « représentation, scénario imaginaire, conscient (tel une rêverie) ou inconscient, qui implique un ou plusieurs personnages et met en scène de façon plus ou moins déguisée un désir. » Jacques Lacan a souligné « la nature essentiellement langagière du fantasme. Il a aussi démontré que les personnages du fantasme valaient bien plus par certains éléments isolés (paroles, phonèmes et objets associés, parties du corps, traits de comportement…) que par leur totalité ». Roland Chemama, *Dictionnaire de la psychanalyse, op. cit.*, p. 79-81. Parce que le film noir utilise la métaphore et l'allégorie pour contourner la censure, il semble parfois donner forme aux théories psychanalytiques.

mort certaine. La liberté sexuelle menace l'ordre social, nous disent les intrigues criminelles du film noir, qui déploient à l'envi les stratagèmes de la femme fatale. Peut-être le film noir exorcise-t-il par l'imaginaire une incertitude psychique que le contexte de la Seconde Guerre mondiale a réveillée dans une société de type patriarcal ?

Derrière le leurre de la féminité se cache une créature vénale dont la présence aide à introduire un érotisme « noir » dans la fiction. La femme fatale se sert de la sexualité, tel un instrument de pouvoir sur l'homme qu'elle a choisi d'exploiter et de dominer. Souvent infidèle ou célibataire, corrompue par une ambition matérielle dévorante, elle conduit l'homme dans des déviances qui lui seront fatales. Les femmes ambitieuses ont perdu toute humanité et toute sensibilité au profit d'un calcul matériel sans bornes, comportement que la blonde Elsa exemplifie dans *La Dame de Shanghai* (*The Lady from Shanghai,* Orson Welles, 1948), profitant de la naïveté de Michael O'Hara qui, après avoir sauvé d'une agression la dame en détresse, se mue en homme manipulé, amoureux crédule, incapable de gérer ses actions. Elle incarne les calculs machiavéliques qui sous-tendent, dit-on, les affections féminines.

La femme du film noir est toujours au cœur d'une affaire de violence meurtrière, comme si elle s'était laissé corrompre par cet environnement économique qui la déshumanise. Associée à un danger, la femme fatale sert de surcroît à exprimer la nostalgie d'un temps révolu où la famille était désignée comme lieu de stabilité et de sécurité, où la femme semblait se satisfaire de son rôle d'épouse et de mère. La concurrence économique a désormais transformé les relations sociales et stimulé les déviances : la famille traditionnelle (père, mère, enfant) n'a plus droit de cité dans le film noir qui envisage la configuration des rapports sociaux selon les règles d'un nouvel ordre économique. Il ne s'agit pourtant pas de condamner ce système économique, mais de mieux en contrôler les dérives possibles telles qu'elles sont illustrées par le *loser* ou la femme fatale. La fatalité devient omniprésente et accompagne nécessairement l'être asocial, notamment la femme ambitieuse qui récuse son destin naturel de mère.

L'essence même du tissu familial est pervertie par l'activité économique dans laquelle sont engagés les protagonistes. Autrefois lieu privilégié de l'intimité, l'image du foyer est désormais indissociable d'un contexte économique où la concurrence exige l'entière participation des partenaires du couple. L'habitation familiale devient synonyme d'activité commerciale, suggère la domination du rapport socioéconomique sur les relations familiales. L'institution familiale se trouve désacralisée, intégrée à un système économique et commercial diversement représenté : un restaurant dans *Le Roman de Mildred Pierce* (*Mildred Pierce,* Michael Curtiz, 1945), un casino dans *Gilda* (Charles Vidor, 1946), une station-service dans *Le Facteur sonne toujours deux fois* (*The Postman Always Rings Twice,* Tay Garnett, 1946), un garage automobile dans *Les Amants de la nuit* (*They Live by Night,* Nicholas Ray, 1949), un motel dans *Psychose* (*Psycho,* Alfred Hitchcock, 1960)…[133]
Les personnages du film noir sont donc ancrés dans un contexte économique moderne qui déstabilise l'équilibre de la cellule familiale, car les priorités de chacun sont redéfinies par la fonction économique de la famille. Des liens se tissent entre des personnages investis dans une même activité professionnelle qui les rapproche de manière directe ou indirecte, ouvrant l'unité familiale à des éléments extérieurs et perturbateurs. L'héroïne éponyme de

---

[133]. Vivian Sobchak, "Lounge Time, Postwar Crises and the Chronotope of Film Noir" dans Nick Browne (ed.), *Refiguring American Film Genres Theory and History,* Berkeley, University of California Press, 1998, p. 148-149.

Gilda retrouve Johnny, son ancien amant, parce qu'il est le nouvel employé de son époux ; la rencontre imprévue réveille les sentiments des partenaires, attise la jalousie au sein du triangle amoureux. Dans *Laura* (Otto Preminger, 1944), la recherche d'un emploi permet à l'héroïne de rencontrer Waldo Lydecker, l'homme qui l'aidera à faire reconnaître ses capacités avant de vouloir la supprimer. Le détective privé a l'occasion de multiplier les aventures car son métier l'oblige à s'immiscer dans la vie des autres afin de mener son enquête, offrant à Sam Spade l'occasion de flirter avec Brigid O'Shaughnessy dans *Le Faucon maltais* et à Philip Marlowe le loisir de succomber ou de résister au charme des femmes qu'il croise dans *Le Grand sommeil*.

La psychanalyse tend à présenter le film noir comme la manifestation, à une époque donnée, d'une crise d'identité sociosexuelle. Américains et Américaines doivent affronter une crise tant sociale que psychologique, car c'est l'identité individuelle des deux sexes qui est menacée en cette période de transition de l'état de guerre à l'état de paix. Ces hommes qui reviennent de l'étranger, du front, ne craignent-ils pas d'avoir été trompés par des épouses qui, pendant leur absence, ont conquis une liberté économique et sexuelle toute neuve ? *Le Dahlia bleu* (*The Blue Dahlia,* George Marshall, 1946) exorcise l'angoisse du soldat qui appréhende le retour au sein d'une famille éclatée, déchirée par les sacrifices que la guerre a exigés. Commandant dans la marine nationale pendant les hostilités, Johnny Morrison retrouve à l'issue du conflit une épouse confortablement installée dans un bungalow donnant sur Hollywood Boulevard. Mais la jeune femme a comblé le vide laissé par l'absence de Johnny par l'abus d'alcool et des amis rencontrés au cours de sorties dans un night-club, Le Dahlia bleu, dont elle affectionne tout particulièrement le propriétaire, Eddie Harwood.[134] Le film nous donne à lire la perte des repères individuels que la guerre a provoquée. Buzz Wanchek est un personnage secondaire qui, du fait d'une blessure de guerre, souffre de pertes de mémoire et d'accès de violence. Buzz représente cette difficile réadaptation des soldats à la vie civile, partis trop jeune pour avoir pu fonder une famille, revenus trop fragiles pour pouvoir se réinsérer dans la société. Les entrées dans les hôpitaux ou cliniques psychiatriques se sont sensiblement accrues à la fin de la guerre, manifestant l'inadaptation psychologique des soldats de retour au pays.[135] Des troubles psychologiques accompagnent le flottement des mœurs, comme le suggère ici l'amnésie de Buzz, bientôt soupçonné d'avoir tué l'épouse de Johnny qu'il a côtoyée dans un bar, ce dont il n'a aucun souvenir. L'effondrement de l'institution familiale est encore source d'une précarité, illustrée par l'image de Johnny, contraint de faire du stop sous la pluie pour fuir une situation qui lui est devenue insupportable : non seulement son épouse Helen le trompe, mais elle est aussi coupable du décès de leur fils, tué dans un accident qu'elle n'a pu éviter car elle conduisait sous l'emprise de l'alcool. Lorsqu'il accepte de prendre place à côté d'une jeune femme avec laquelle il sympathise bientôt, Johnny découvre à son tour la tentation de l'adultère, exprimée à l'écran par des regards langoureux, suggérant l'attirance réciproque. *Le Dahlia bleu* illustre l'approche subversive qui caractérise le film noir en

---

[134]. Dans *La Femme au gardénia* (*The Blue Gardenia,* Fritz Lang, 1953), les rôles sont inversés par rapport à *Le Dahlia bleu*. La guerre de Corée a succédé à la Seconde Guerre mondiale ; Norah Larkin attend patiemment le retour de son soldat quand elle reçoit une lettre dans laquelle il lui avoue être tombé amoureux d'une infirmière rencontrée dans un hôpital à Tokyo. Comme Johnny Morrison dans *Le Dahlia bleu*, elle erre quelques heures avant de retrouver ses esprits et de découvrir qu'elle a peut-être commis un meurtre dont elle ne se souvient pas.
[135]. Raymond Borde, Etienne Chaumeton, *Panorama du film noir américain 1941-1953, op. cit.*, p. 30.

exposant les failles d'une morale qui s'effrite et qui s'avère incapable de souder plus longtemps la famille en voie de dissolution. Si le meurtre de Helen Morrison apparaît d'abord comme la conséquence d'un mode de vie dangereux et sanctionne la liberté que la jeune femme a préférée à la fidélité jurée à son époux, il est également un coup porté à l'institution de la famille qui ne résiste pas à la libération des mœurs.[136]

L'équilibre familial paraît ainsi compromis par les nouvelles aspirations féminines, par ces femmes actives qui revendiquent les mêmes droits que les hommes au sein de la société. Lorsqu'elle s'épanouit en dehors de la sphère domestique, la femme semble bien mettre en péril l'ordre social. L'augmentation de la délinquance n'est-elle pas liée à l'absence du foyer de mères qui travaillent ?[137] Très vite les femmes se voient chargées des péchés de la société lorsqu'elles refusent le rôle simple et traditionnel que les hommes leur avaient à jamais attribué. Tout est donc mis en œuvre pour convaincre la femme de regagner au plus vite son foyer, de retrouver son rôle premier de mère et/ou d'épouse.[138] L'après-guerre apparaît comme une période de transition au cours de laquelle on se plaît à réaffirmer le modèle ancestral, patriarcal, celui qui relègue la femme au foyer tandis que l'homme assume une mission économique, assure les revenus de sa famille en se mesurant au monde du travail.[139] Les femmes ont le devoir de libérer des emplois pour ces vétérans qui reviennent au pays, de les aider à se réinstaller dans la vie civile. En conséquence, dans les années cinquante, 60% des femmes américaines abandonnent, bon gré mal gré, leurs études universitaires pour se marier.[140]

Le film noir trahit cette incertitude des individus ramenés à un statut antérieur alors que la fonction sociale de chacun semblait soudain redéfinie par la guerre. La représentation de la famille traditionnelle (mère, père, enfants) est absente du film noir, comme pour mieux affirmer qu'elle est incompatible avec le monde noir. Pour Sylvia Harvey, les tensions visuelles du film noir prolongent les tensions sociales qui affectent l'institution familiale à la fin de la guerre.[141] L'auteur accorde une valeur documentaire à la fiction qui témoignerait d'une rupture sociale lorsqu'elle peint en noir l'institution de la famille, dénonçant l'aliénation engendrée par des institutions telles que le mariage ou la famille. Alors que d'autres genres cinématographiques tendent à glorifier l'amour par le *happy end*, ou promesse d'un avenir conjugal et familial heureux, le film noir remet en question les valeurs familiales et domestiques en exposant la désintégration de l'amour ou même son absence dans le couple marié. Le mariage est d'abord source de frustration pour les personnages du film noir, parce qu'il est devenu synonyme d'enfermement et de

---

[136]. Delphine Letort, « Le Film noir : de la guerre à la crise » dans Dir. André Muraire, *Les Etats-Unis et la guerre : aperçus et images*, Revue CYCNOS, Volume 21, n° 2, Nice, Presses Universitaire de Nice, 2004, p. 39-47.
[137]. « De nombreux observateurs firent remarquer que le travail des femmes était la cause première de la délinquance juvénile et que la présence continue des épouses et des mères sur le marché du travail menaçait directement la stabilité des institutions nationales. » William H. Chafe, *The Paradox of Change*, New York, Oxford University Press, 1991, p. 176.
[138]. Loren Baritz, *The Good Life, The Meaning of Success for the American Middle Class*, New York, Harper & Rowe Publisher, 1982, p. 185.
[139]. *Ibidem*, p. 216-217.
[140]. Betty Friedan, *The Feminine Mystique*, New York, Dell Publishing Co., 1963, p. 12.
[141]. Sylvia Harvey, "Woman's Place: The Absent Family of Film Noir" dans John Belton (ed.) *Movies and Mass Culture*, New Jersey, Rutgers University press, 1996, p. 174-175.

frustration. Plongée dans une situation de crise, la structure familiale ne protège plus les membres qui la composent, elle les enchaîne les uns aux autres.

Les interrogations qui portent également sur les problèmes d'identité, les rapports entre individu et société, déstabilisent la société américaine dans le contexte de l'après-guerre et se prolongent dans la fiction du film noir. *La Soif du mal* (*Touch of Evil*, Orson Welles, 1958) matérialise la difficulté de concilier plaisir sexuel et mariage dans la séparation physique de deux jeunes mariés.[142] La sexualité est encore un tabou que concrétise l'antagonisme racial au sein du couple mixte – Mike est mexicain tandis que Susan est américaine. Orson Welles ne tente même pas de briser le code de production qui a proscrit la représentation de la *miscegenation* jusqu'en 1953 ; à l'inverse, il évoque l'interdiction, à travers une lune de miel vite sacrifiée, pour mieux signifier l'impossible sexualité au sein d'un mariage mixte. Des conventions sociales étouffent le désir, empêchent la libre expression de la passion amoureuse, en particulier au sein d'un couple mixte, où chacun obéit à ses propres valeurs. L'explosion d'une voiture au début du film suggère que la relation entre Mike et Susan sera violemment brisée par les forces terroristes et les activités clandestines qui entourent les jeunes gens. L'attentat devient le symbole d'une activité souterraine, susceptible d'exploser à tout moment et de briser l'équilibre sociopolitique ; il évoque par métaphore l'entrée en conflit de deux modes de pensée, représentés respectivement par Mike et Susan, dont l'union est d'emblée minée par une opposition dans les valeurs que chacun a intégrées du fait de sa culture d'origine. La puissance sonore de la déflagration s'accompagne d'une lumière aveuglante qui agresse les sens et sème la confusion. Dans la panique qui s'ensuit, Mike abandonne Susan qu'il estime plus en sécurité que son pays, et condamne de la sorte son mariage. L'image de Susan, étendue en sous-vêtements sur le lit d'un motel et téléphonant à Mike, matérialise l'ennui, la frustration, la stérilité d'une union qui ne s'est pas affranchie des conventions. Parce que cette union n'est pas consommée, on en soupçonne déjà l'imposture. La jeune femme, toute frémissante de désirs perpétuellement insatisfaits, est l'image même de la frustration, un état qui se traduit assez souvent dans le film noir par le lien qui rattache la femme fatale à un homme plus âgé qu'elle ou indifférent à ses charmes.

Nombreuses sont les femmes du film noir qui, dans l'adultère, recherchent le plaisir sexuel comme l'affection qu'elles n'ont pas trouvés auprès de leur conjoint. Dans *Assurance sur la mort* (*Double Indemnity*, Billy Wilder, 1944), Phyllis Dietrichson compare son mariage à une prison et son mari à un geôlier sans conversation, trop absorbé par ses affaires pour prêter la moindre attention à son épouse : « Il a beaucoup de soucis. Il ne semble pas vouloir écouter quoique ce soit en dehors des matchs de baseball à la radio. Il nous arrive de rester assis ici toute une soirée sans échanger un seul mot »[143]. Elle tente donc de s'évader d'une situation qui l'étouffe sentimentalement et physiquement, d'abord par le sexe, puis par le meurtre. L'impossible reconnaissance sociale de la relation extraconjugale oblige les amants à faire fi des interdits de la morale, à s'affranchir des liens

---

[142]. Le film illustre les effets pervers du code Hays. La section 20 déconseille la représentation d'un couple partageant le même lit. La représentation de l'adultère est d'emblée proscrite, mais cet article dissocie du même coup le couple parental ou marié de toute forme d'érotisme. De manière implicite, le code fait du mariage une institution stérile puisque les époux n'ont pas de vie sexuelle au cinéma.
[143]. « He has a lot on his mind. He doesn't seem to want to listen to anything except maybe a baseball game on the radio. Sometimes we sit here all evening and never say a word to each other. »

du mariage, au besoin par la violence.[144] Au cinéma, les femmes « sexy » semblent donc confinées à cet univers marginal du film noir, comme si elles ne pouvaient être admises dans d'autres types de fiction, comme si la sexualité féminine révélée relevait de la pure pathologie. *Le Grand sommeil* (*The Big Sleep,* Howard Hawks, 1946) traite différemment de l'appétit sexuel féminin et masculin : présentées comme une déviance chez Carmen, les aventures sans lendemain flattent l'orgueil du privé.

Le film noir serait l'expression d'une attitude contradictoire envers les femmes : au stéréotype de la femme au foyer, sexuellement ennuyeuse, il oppose le fantasme de la femme fatale, dangereusement excitante.[145] L'hostilité masculine envers la femme dériverait de l'angoisse de la castration qu'éveille le spectre de l'autonomie féminine. Les chemins compliqués de la trahison et de la mobilité sexuelle symbolisés par la femme fatale sont objets de crainte parce qu'ils évoquent sans cesse la trahison originelle de la mère associée à la rage impuissante de l'enfant trahi.[146] Dans *Laura* (Otto Preminger, 1944), Waldo s'accroche à une image idéalisée de la jeune femme, veille à l'éloigner de Mc Pherson, comme d'ailleurs de tous ses autres soupirants, par crainte d'être abandonné. Si le film noir a réussi à articuler et à exorciser des sentiments d'angoisse, le film noir a peut-être joué un rôle politique plus important qu'on ne l'estime en général.

La présence de la femme fatale devient le signe d'une filiation avec le mythe : l'essence amorale de la femme, prête à se tourner vers le mal pour satisfaire ses envies, est soulignée par l'adjectif « fatale » qui lui est toujours attribué. Séductrice au pouvoir maléfique, la femme fatale entraîne tous ceux qui l'approchent dans l'univers noir de la tentation et de la corruption. La prégnance du mythe de la femme fatale, qui sait user de ses charmes pour berner les hommes et les manipuler, est-elle liée à l'angoisse que suscite la nouvelle émancipation féminine dans l'inconscient collectif [147]? Considérée comme la cause de la chute originelle, Eve apparaît dans le deuxième chapitre de la Genèse, et en quelques versets, elle devient la première pécheresse. Dans la mythologie grecque, c'est avec Pandore que le malheur fond sur les humains :

> A peine arrivée sur terre, elle soulève le couvercle d'une jarre, hermétiquement close jusqu'alors, et qui contenait tous les maux. Voilà pourquoi les hommes, qui vivaient

---

[144]. Sylvia Harvey, "Woman's Place: The Absent Family of Film Noir" dans John Belton (ed.) *Movies and Mass Culture, op. cit.*, p. 178.
[145]. Mary Ann Doane, *Hitchcock et la théorie féministe : les femmes qui en savaient trop,* traduit de l'américain par Noël Burch, Paris, L'Harmattan, 2002, p. 81. (*The Women who knew too much*, US, Methuen Inc., 1988).
[146]. Lawrence Alloway, *Violent America : The Movies 1946-1964,* New York, The Museum of Contemporary Art, 1997, p. 50.
[147]. Le concept d'archétype, tel que Carl-Gustav Jung l'a défini en, 1919 pour désigner les éléments structurants de l'inconscient collectif éclaire la dimension quasi universelle du film noir dans les sociétés urbaines. Jung conçoit en effet « l'inconscient collectif comme vivant et en devenir », il établit que « chaque époque peut traiter de façon neuve des images anciennes ». Les archétypes du film noir, en tant que production de l'imaginaire collectif et individuel, rencontrent une attente spectatorielle parce qu'ils relient psychisme individuel et psychisme collectif. L'image de la femme fatale peut donc se lire comme la manifestation d'une peur qui hante l'inconscient collectif étant donné que la représentation cinématographique ouvre un champ d'étude sur l'imaginaire américain. Carl-Gustav Jung, *Les Racines de la conscience. Etudes sur l'archétype,* traduit par Yves Le Lay, Paris, Buchet/Chatel, 1971. Carl-Gustav Jung, *Métamorphoses de l'âme et ses symboles,* traduit par Yves Le Lay en 1953, Genève, Librairie de l'Université, 1973, p. 42.

alors à l'abri des peines, de la fatigue et des maladies, connaissent d'innombrables tristesses et doivent travailler durement pour produire de quoi vivre. Seul l'espoir, resté dans la jarre, leur apporte quelque soulagement...[148]

Dans la religion comme dans les légendes, les femmes ont deux fonctions essentielles : celle de la tentation (les filles d'Eve) et celle de la reproduction (elles sont destinées par leur nature à enfanter). Séductrices et maternelles, elles attirent et effrayent les hommes parce qu'elles sont à la fois protectrices et dangereuses. Projection d'un fantasme, mélange d'attirance et de répulsion, la femme fatale a traversé les siècles, les genres, les pays pour symboliser une sorte d'état barbare, car elle porte en elle une violence qu'elle projettera à un moment ou à un autre sur son entourage. Le pouvoir de la femme fatale se mêle à une violence destructrice, synonyme de vengeance.[149]

Si l'idée des femmes « impures » est encore très présente dans l'inconscient collectif, la femme fatale se lance dans la criminalité comme par défi, par révolte contre le rôle que lui a assigné le pouvoir des hommes. Parce que fuir ou s'échapper est impossible, la femme fatale a recours à une agressivité que l'on pourrait qualifier de « défensive ». Ainsi Cora devient-elle l'instigatrice d'un crime pour mieux pouvoir agir sur un environnement qui l'oppresse au quotidien dans *Le Facteur sonne toujours deux fois*. Totalement dominée par un mari qui décide seul de vendre Twin Oaks et de partir au Canada pour prêter assistance à sa sœur infirme, Cora est par deux fois réduite à la soumission et à la dépendance. Une agressivité défensive motive les calculs meurtriers de Cora qui s'assure de la complicité de Frank afin de perpétrer ce meurtre qui la libérera d'une autorité perçue comme destructrice, représentée par son époux. Cet exemple tend à confirmer le pouvoir subversif du film noir qui, en dépit des interdictions du Code Hays, en vient à déstabiliser l'institution fondamentale et par voie de conséquence les normes qu'elle impose à l'individu. Ce pouvoir subversif s'exprime à deux niveaux : la transgression passe par le jeu des regards et par le signifié subversif. Le film noir souligne ainsi l'impuissance du code à contrôler l'évolution des mœurs par la seule censure. Il est difficile de condamner Cora (*Le Facteur sonne toujours deux fois*) ou Gilda (*Gilda*) alors que le film invite le spectateur à sympathiser avec ces femmes acculées au désespoir.

Tentatrice, accusatrice et impudique, la femme fatale perpètre des actes vindicatifs à l'encontre d'une situation qui l'étouffe ou d'individus qui l'oppressent. Le meurtre représente pour elle l'affirmation de sa liberté ; il est à la fois l'expression d'une souffrance réelle et d'une vengeance sociale, il est donc politique :

---

[148]. Ariane Eissen, *Les Mythes grecs,* Paris, Editions Belin, 1993, p. 27.
[149]. L'expression « femme fatale » insiste sur la complicité qui lie le féminin et la mort. Dans le film noir, la femme est fatale car elle se montre assez rusée pour amener des hommes à tuer pour elle ou assez virile pour tuer elle-même. L'expression de sa violence est liée à un sentiment de vengeance qui la conduit inéluctablement dans un univers tragique à l'instar de Médée qui préfère tuer ses enfants plutôt que les laisser vivre dans l'ombre de Jason qui les a déshonorés, de Phèdre qui n'éprouve aucun remords à calomnier l'homme qui repousse ses avances pour convaincre son époux de le punir. Dans le film noir, la femme fatale recourt au meurtre et au mensonge pour se libérer, se venger de l'humiliation qu'elle subit quotidiennement auprès d'un homme plus âgé (*Assurance sur la mort, Le Facteur sonne toujours deux fois*...) ou qui la délaisse (les danses lascives de *Gilda* sont autant d'actes de rébellion...).

> Tuer l'époux, c'est rejeter le monde de la cité pour s'enfoncer dans le chaos barbare, monde du désordre et du crime. […] De plus, entre la femme qui, en tuant l'époux, se virilise et le Barbare, la frontière féminin/masculin tend à s'effacer.[150]

En se révoltant, la femme fatale se démarque d'une certaine définition de la féminité et entre dans le royaume du masculin. Lorsqu'elle vole à l'homme son pouvoir d'action, elle menace de faire basculer l'ordre établi par le masculin dans un chaos redoutable. La femme fatale s'est appropriée des qualités dites masculines, telles l'autonomie, l'ambition, la liberté d'action et de parole, qui la conduisent à adopter un comportement d'homme.

L'idéologie s'est emparée du mythe pour y inscrire une perspective politique qui tend clairement vers le conservatisme. Le film noir se fait le complice de cette idéologie conservatrice quand il associe le désordre et les meurtres commis au thème de la libéralisation des mœurs qui donne aux femmes des aspirations nouvelles. Dans *Le Grand sommeil* (*The Big Sleep*, Howard Hawks, 1946), la fille du général Sternwood (Carmen) ne représente-t-elle pas un mode de vie immoral qui la pousse presque naturellement vers le crime ? Dans *En quatrième vitesse* (*Kiss Me Deadly*, Robert Aldrich, 1955), Lily ne pêche-t-elle pas par ambition et avarice ? La femme fatale devient le signe de la perversité dans le film noir : le privé apprend à lui résister tandis que le *loser* se condamne parce qu'il lui cède. Le premier crime de la femme fatale est souvent la tentation de l'adultère ; de cette situation elle évolue vers l'instigation d'un meurtre, dont les conséquences seront tragiques pour elle-même comme pour ceux qui l'approchent. La femme fatale est un élément anachronique parmi les personnages qui évoluent dans le monde noir : ses tenues exubérantes la marginalisent, ravivent le souvenir d'un mythe qui a une fonction sociale, celle d'exorciser les angoisses masculines à l'égard des revendications féminines. Le film noir nous offre le portrait d'une femme dangereuse parce qu'il s'inspire du mythe éternel, mais aussi d'une tradition misogyne, ancrée dans la société des hommes et le commerce des religions. Dans l'évangile, la femme fatale a pour nom Salomé, c'est elle qui consacre le supplice de Saint Jean-Baptiste.[151]

La féminité excessive de la femme fatale ne trahit-elle pas comme une éthique douteuse qui confère au sexe un pouvoir nécessairement surdimensionné et maléfique ? La femme est fatale parce qu'elle invite l'homme à lui céder et à renoncer au contrôle de ses émotions comme de ses actes. Le pouvoir destructeur de la femme fatale devient proportionnel au sentiment de vulnérabilité, de peur, d'impuissance que ressent l'homme qu'elle tente de séduire par des moyens artificiels savamment exploités.[152] C'est à travers la mise en œuvre de ce fantasme que l'on perçoit les contradictions, l'instabilité, les limites mêmes du modèle patriarcal. La femme fatale choisit de se damner en revendiquant le droit de transcender le rôle « biologique » que les hommes lui ont conféré. Associée à la mort, elle incarne une ambivalence destructrice qui oscille entre le masculin et le féminin qu'elle tente pourtant désespérément de réconcilier.

---

[150]. Alain Moreau, « Les Danaïdes de Mélanipidès : la femme virile » dans *Femmes fatales*, Cahiers du GITA n° 8, *op. cit.,* p. 119-158.
[151]. Hérode, le tyran de la Galilée, donnait un banquet. Salomé, la fille de son épouse Hérodiade, dansa si merveilleusement qu'il lui dit : « Tout ce que tu me demandes, je te le donnerai ». Salomé demanda qu'on lui apportât la tête coupée du prophète Jean-Baptiste. Mireille Dottin-Orsini, *Cette femme qu'ils disent fatale,* Paris, Grasset, 1993, p. 12.
[152]. Molly Haskell, *From Reverence to Rape,* Chicago, The University of Chicago Press, 1974, p. 191.

Les conclusions « tragiques » des films noirs tendent à réaffirmer une idéologie dominante dans une société patriarcale qui s'est sentie menacée par l'entrée des femmes sur le marché de l'emploi durant la Seconde Guerre mondiale : le protagoniste masculin recouvre son pouvoir, sa suprématie et son identité sociale lorsque la femme fatale disparaît de sa vue. L'intrigue suppose alors que la masculinité se mesure à l'aune de la féminité.[153] D'un certain point de vue, la projection et la vulgarisation de ce fantasme aident à délimiter le rayon d'action réservé aux femmes dans la société américaine des années quarante et cinquante. Le film noir témoigne des angoisses d'une société qui, confrontée à une certaine modernité, à une mobilité sociale, trouve refuge dans la tradition. L'absence, dans la plupart des films, de toute référence explicite à l'oppression sociale redonne vigueur au mythe, éternel depuis Eve, de la malveillance innée des femmes dont l'homme ne serait que la malheureuse victime, aux abois dans un monde intrinsèquement hostile.

Si certains mythes sont le fruit du travail mental d'une génération d'individus pour parvenir à s'accommoder des mutations douloureuses de la société alentour, il est peut-être envisageable de considérer que le film noir reprend la figure mythique de la femme fatale dans une forme de *catharsis* moderne et collective. Que se passerait-il si la femme d'aujourd'hui voulait prendre la place de l'homme ? Le film noir exorcise cette crainte par la mise en scène du désir et de la haine que suscite la femme fatale, créature aussi fascinante que dangereuse. En effet, la *catharsis* semble être à l'œuvre dans le spectacle du film noir qui investit le pouvoir du mythe, pour répondre à l'angoisse et aux incertitudes qui accompagnent une progressive érosion des sphères traditionnellement décrites comme féminines ou masculines :

> Le sujet est libéré par l'imaginaire de tout ce qui fait la réalité contraignante de sa vie quotidienne. […] Dégageant la conscience imageante de la contrainte des habitudes et des intérêts, l'attitude de jouissance esthétique permet à l'homme emprisonné dans activité quotidienne de se libérer pour d'autres expériences.[154]

Le film noir a-t-il su tenir le rôle de libérer les angoisses masculines à l'égard du féminin ? La dimension mythique inscrit encore le film noir dans la psychanalyse puisque, selon Freud, le mythe met en œuvre des techniques instituant des rapports de coordination entre les hommes et les femmes.[155] Le film noir nous semble au cœur de ce qui se joue, du masculin et du féminin, dans la figuration des rapports entre les uns et les autres, il ouvre donc la voie à l'interprétation psychanalytique.

La récurrence du personnage de la femme fatale témoigne de l'actualité des théories freudiennes qui exercent une influence sensible sur les scénaristes, les dialoguistes,

---

[153]. *Ibidem*, p. 202-203.
[154]. Hans Robert Jauss, *Pour une esthétique de la réception,* traduit de l'allemand par Claude Maillard, Paris, Gallimard, 1978, p. 130.
[155]. Freud se caractérise par le besoin de transposer dans l'analyse du mythe d'Œdipe un principe d'explication de la psychologie humaine. Les interprétations psychanalytiques permettraient d'envisager l'étude de la mythologie comme un procédé de prospection psychologique. Pascal Hachet évoque la fonction sociale et psychologique du mythe : « Tout au long de notre existence, les expériences que nous vivons nécessitent d'être assimilées, qu'elles aient pour fondement un conflit situé à l'intérieur du psychisme – entre un interdit moral et un désir inconscient – ou un événement vécu ». Pascal Hachet, *Le mensonge indispensable, du trauma social au mythe,* Paris, Armand Colin, 1999, p. 14 et p. 19-25.

les producteurs et le public. La psychanalyse, on le sait, relève de l'exploration de l'inconscient, suspecte le visible, tandis que l'art du cinéma s'appuie d'abord sur le pouvoir d'une illusion du visible.[156] Le film noir se réfère à la psychanalyse lorsqu'il met en doute la vérité de ces images qu'il propose comme représentation du réel ou expression de la sincérité des individus. La duplicité féminine est constamment mise en relief par le biais d'éclairages directs, qui dessinent comme un voile sur le visage des femmes, imposant une distance entre la caméra et l'objet féminin. Toutes les femmes portent un masque pendant la scène du bal costumé dans *Gilda* (Charles Vidor, 1946), artifice qui signifie non seulement le désir de voir, de connaître une vérité plus profonde cachée derrière la surface des apparences, mais qui permet également de matérialiser le double jeu auquel se livre la femme fatale. L'envie de toucher, d'approcher la femme fatale se mêle à la peur, à l'urgence de s'en éloigner.[157] L'éclairage marque l'ambivalence des sentiments masculins à l'égard du féminin : la femme devient à la fois source d'attraction et de répulsion. L'homme ne peut qu'être ébloui par la blancheur de son visage, par la sensualité irrésistible qu'elle dégage, sous une lumière franche. Mais le maquillage souligne la bouche et les yeux comme pour mieux ouvrir des espaces intérieurs et infinis, suggérer la distance entre l'être et le paraître.[158]

Sous la toute puissance du Code Hays, la figure de la femme fatale (dont le corps est le blason, à la fois objet de désir et de damnation) est née de l'impossibilité de porter à l'écran le corps féminin dénudé.[159] La représentation du féminin et du masculin à l'écran obéit à des codes cinématographiques qui conditionnent la perception des genres. Elle donne à voir toutes les forces qui soutiennent le système idéologique dans un type de société donnée et qui conditionnent la manière dont sont représentés la réalité autour des individus, les individus eux-mêmes, et les rapports qu'ils entretiennent avec leur environnement. Karl Marx définit l'idéologie comme un système de représentation qui possède sa logique et sa rigueur propre :

> La production des idées, des représentations et de la conscience est d'abord directement et intimement mêlée à l'activité et au commerce matériel des hommes, elle est le langage de la vie réelle. Les représentations, la pensée, le commerce intellectuel des hommes apparaissent comme l'émanation directe de leur comportement matériel. [...] Ce sont les hommes qui sont les producteurs de leurs représentations, de leurs idées, etc., mais les hommes réels, agissants, tels qu'ils sont conditionnés par un développement déterminé de leurs forces productives et du mode de relations qui y correspond.[160]

---

[156]. Mary Anne Doane, *Femmes Fatales,* New York, Routledge, 1991, p. 44.
[157]. *Ibidem*, p. 47.
[158]. Susan Stewart, *On Longing: Narratives of the Miniature, the Gigantic, the Souvenir, the Collection,* Baltimore, John Hopkins University Press, 1984, p. 127.
[159]. « En cachant à tout prix les zones érogènes de l'anatomie féminine, on rehaussait leur splendeur supposée, on soulignait leurs formes, on les auréolait de mystère, on les chargeait d'obscénité tentatrice, on focalisait l'attention sur elles. Prohibée, la nudité s'offrait en contrebande. Faute de pouvoir la visualiser, on la suggérait, l'esquissait, l'esquivait. » Gilles Laprévotte, « Code Hays (1) » dans Dir. Alain Bergala, Jacques Déniel, Patrick Leboutte, *Une encyclopédie du nu au cinéma,* Dunkerque, Yellow Now, 1991, p. 102.
[160]. Karl Marx et Friedrich Engels, *L'Idéologie allemande* traduit par Auger, Badia, Baudrillard, Cartelle, Paris, Editions Sociales, 1971, p. 50-51.

Rédigé pour la première fois en 1927 par William Hays, le code d'autocensure adopté par les producteurs hollywoodiens témoigne de la complicité qui relie l'industrie cinématographique à l'idéologie dominante, teintée par la fibre moralisatrice d'une culture puritaine, même si les préceptes du code ne sont véritablement suivis qu'après la création d'une structure chargée de veiller à son application en 1934 (*Production Code Administration Office*). Les principes généraux à l'égard des femmes et de la sexualité sont constitués de plusieurs interdictions qui visent clairement à promouvoir les bonnes mœurs, car le cinéma est destiné à un public familial qu'il faut protéger, non pervertir. Certains sujets sont défendus ; d'ailleurs l'œuvre cinématographique ne bénéficie pas de la protection du premier amendement de la Constitution qui garantit la liberté d'expression. Sous le titre de *General Principles,* la première partie du code postule l'acceptation des règles de moralité par l'ensemble de la profession. La section 2, qui répertorie les sujets ayant trait à la sexualité, est composée de recommandations et d'interdictions. Elle invite à ne jamais présenter sous un jour positif l'adultère, la séduction, le viol ; elle proscrit les images de baisers enflammés, d'étreintes passionnées, de poses trop suggestives, de nudité ; elle condamne le traitement de la prostitution, des perversions sexuelles (homosexualité), de la *miscégénation* (relation amoureuse entre Noirs et Blancs), de l'accouchement.[161]

Parce que l'industrie hollywoodienne est alors sous le contrôle exclusif des hommes, il est encore possible de considérer la création de ce même code de production comme la réaction explicite des représentants d'une société de type patriarcal à l'encontre des premiers signes d'une libération sexuelle. La psychanalyse, la censure, le développement économique d'un marché proposant toute une gamme de produits destinés à la consommatrice, vont tenter de contrôler ces nouvelles lignes de force, pensées sous la forme d'une libération, ces rapports de la femme à la sexualité, par exemple, qui obligent à reconsidérer conjointement le féminin et le masculin. Les actrices de l'époque contribuent à vulgariser un stéréotype culturel de la beauté dont la fonction économique va croissante. Photographiées d'une manière propre à souligner les courbes de leur féminité, elles (Rita Hayworth, Lana Turner, Veronika Lake, Bette Davis…) représentent cet archétype de la beauté, affiché non seulement dans les films mais encore dans des illustrations de magazines, qui attirent l'attention sur leur élégance extravagante dans le vêtement ou le maquillage. Blondes ou brunes, leur apparence vise à la perfection du modèle, pas un cheveu ne se rebelle, les lèvres ne sont ni trop fines ni trop pulpeuses, le front est dégagé pour mieux mettre en valeur le regard.[162] L'industrie hollywoodienne crée ainsi une image standardisée de la beauté féminine, établit des canons esthétiques qui trahissent l'obsession du fantasme masculin, la volonté de canaliser l'ambition féminine par le biais de modèles dont on maîtrise les courbes.[163]

La Femme au portrait (*The Woman in the Window,* Fritz Lang, 1944) souligne le processus de réification à l'œuvre dans la fiction cinématographique et dans une société de

---

[161]. La version complète du Code Hays se trouve dans John Belton (ed), « The Production Code », *Movies and Mass Culture, op. cit.*, p. 135-149.

[162]. Carol Trainor Williams, *The Dream Beside Me,* New Jersey, Associated University Press, 1980, p. 120-126. Voir également les articles sur le *star-system* américain réunis par Gian Luca Farinelli et Jean-Loup Passek dans *Stars au féminin, Naissance, apogée et décadence du star-system*, Paris, Editions du Centre Pompidou, 2000.

[163]. Le mythe de Pygmalion est une véritable stratégie commerciale au sein des studios qui encouragent la « transformation » des actrices pour qu'elles correspondent aux attentes d'un public déjà influencé par la mode. Nicolas Kent, *Naked Hollywood,* Londres, BBC Books, 1991, p. 99.

consommation qui exploite l'image de la femme, telle une valeur marchande, une commodité qui se vend et s'achète sur le marché des œuvres d'art. Le film utilise la métaphore du portrait exposé dans la vitrine d'un magasin pour illustrer la double fonction du féminin au cœur de la fiction cinématographique : la femme y est à la fois spectacle et objet de consommation. Dans *Les Mains qui tuent* (*Phantom Lady,* Robert Siodmak, 1943), le motif du chapeau remplace le portrait et organise la structure signifiante du film : il est à la fois la clé de l'intrigue et le signifiant des rôles multiples joués par la femme dans un système économique qui tire profit de la commercialisation de son image. Le chapeau est d'abord associé au « mystère du féminin » puisque la femme qui le porte au début du film refuse de dire son nom à Scott, même après avoir assisté à un spectacle en sa compagnie ; il est le signifiant d'une féminité mise en scène pour le spectacle, mais aussi dans l'espace social (la chanteuse de la comédie musicale porte le même chapeau que la nouvelle amie de Scott) ; attribut de la féminité, le chapeau relie la femme à un marché économique que représente « Ketisha », la styliste qui a dessiné le produit, et à un marché parallèle, puisqu'une employée a copié le modèle pour le vendre dans la clandestinité.

Le thème du portrait contribue aussi à propager une atmosphère onirique à l'ensemble d'un film car il invite l'admirateur à imaginer que la vie anime soudain les traits figés de la femme représentée. Le portrait exerce un pouvoir de fascination que matérialise les yeux de l'homme, rivés sur l'objet qu'il peut s'approprier par l'imaginaire, en envisageant librement les qualités et les défauts de la femme qui a posé. Dans *La Femme au portrait*, le professeur Wanley se laisse ainsi facilement absorber par l'enchaînement de ses propres fantasmes à partir du tableau, transformant l'image donnée du féminin en création de son imaginaire. Dans *Laura* (Otto Preminger, 1944), le portrait et la multiplication de flash-backs qui aident à reconstruire la personnalité de la jeune femme matérialisent la distance qui éloigne la femme imaginée par l'inspecteur Mc Pherson de son modèle. Dans le cas de *Sueurs froides* (*Vertigo,* Alfred Hitchcock, 1958), la fascination exercée par le portrait de Carlotta Valdes déclenche un processus d'identification destructeur sur la jeune femme qui vient l'admirer chaque jour, irrémédiablement attirée par le tableau, sous l'emprise d'une admiration qui absorbe tout son être : l'identification à une femme décédée, mais dont les traits de jeunesse ont été immortalisés dans un tableau, conduit Madeleine à l'autodestruction.

A l'évidence, le film noir recourt à des subterfuges visuels et narratifs qui lui permettent de faire comprendre toute la violence du désir que la femme fatale inspire aux protagonistes mâles, et de passer outre les limites posées par la censure en jouant du seul pouvoir suggestif de l'image. Si la figuration du corps à l'écran est codifiée avec précision, le film noir stimule l'imagination du spectateur en introduisant dans la diégèse du film des éléments d'apparence neutres, mais qui connotent le désir, l'érotisme, par le jeu des associations ou des symboles. Sous les feux de la rampe lorsqu'elle chante ou danse, plongée dans la noirceur de la nuit lorsqu'elle ment, la femme fatale est fascinante parce que changeante et inaccessible. Même si le code vilipende la mise en scène du désir qui passe par l'érotisation du corps, le spectacle auquel participe la femme fatale défie toute censure. Elle est un élément subversif car elle représente une sexualité qui transgresse la norme, qui active l'imagination au-delà des limites de la bonne moralité. L'héroïne de *Gilda* (Charles Vidor, 1946) se montre provocatrice et volage par esprit de contradiction vis-à-vis du rôle social que le mariage lui a imparti. Elle s'exhibe en public afin d'attirer le regard des hommes, d'exercer un pouvoir de séductrice qui la consacre en tant que femme libérée et lui confère, du moins à ses yeux, une certaine indépendance. Gilda concrétise un conflit encore non résolu entre le rôle social, officiel, dévolu à la femme et la sexualité libérée. « Put the Blame on Mame », chante-t-elle pendant une scène au cours de laquelle elle se dévêt : la musique n'est pas sans ajouter une pointe d'ironie au spectacle sensuel et provocateur auquel s'adonne la jeune femme. Gilda donne corps à la mélodie, danse sur les notes qu'elle accompagne d'une voix onctueuse, joue avec les mots d'une chanson qu'elle interprète dans une chorégraphie lascive. En entrant dans la diégèse du film, la musique et la danse acquièrent une dimension d'autant plus expressive qu'elles appartiennent ainsi au discours filmique. La chanson devient un subterfuge pour Gilda qui y trouve un mode d'expression pour ses désirs sexuels, un moyen de résister à un mariage qui atteint à sa liberté, de combattre un ordre social qui délimite son champ d'action.

Molly Haskell nous invite à admirer la femme du film noir lorsqu'elle parvient à dépasser le rôle de victime auquel elle est cantonnée au début d'un film. La femme fatale affirme son être et son vouloir dans un rapport de force qu'il lui arrive parfois de dominer. Selon Molly Haskell, elle est : « une femme qui, initialement présentée comme victime de circonstances discriminatoires, parvient à devenir maître de son destin car la douleur, les obsessions et la défiance la font grandir ».[164] La provocation sexuelle constitue l'unique moyen d'expression de Gilda, la séduction son unique pouvoir d'action. Le langage du corps révèle à la fois l'émancipation à laquelle la femme aspire et la hiérarchie homme/femme. Lors de son faux strip-tease, Gilda semble vouloir se libérer des contraintes qui la briment : elle porte une robe fourreau qui certes exalte sa sensualité, mais limite sa liberté d'action. La chorégraphie à laquelle Gilda se prête met en valeur son corps audacieux : même vêtu, ce corps est doublement donné à voir, comme souligné et, d'une certaine manière, dénudé par les légères contre-plongées, la durée de la scène, et les mouvements qu'elle dessine tout en suivant le rythme musical. Le film subordonne l'enjeu sexuel au jeu du costume, de ce qu'il laisse entrevoir : épaules dénudées, mains dégantées, jambe désirée parce que d'abord révélée avant d'être cachée. Le spectacle de la danse accroît l'érotisation de ce corps féminin pour mieux stimuler l'imagination, susciter le désir du spectateur. De longs gants noirs lui recouvrent le bras comme pour gommer la sensualité de la nudité, contenir le mouvement des mains, des doigts prisonniers d'une étoffe rigide. Alors qu'elle se dégante, Gilda se met à nu : son acte est symbolique parce qu'il est libérateur avant d'être séducteur. Le vêtement sert de métaphore au « mythe de la beauté », canon esthétique qui vise à soumettre le corps féminin aux préceptes d'une loi extérieure. En retirant ce gant, Gilda lance comme un défi aux yeux des hommes qui la regardent : acceptez-vous la nudité, l'être sans le paraître ?

Naomi Wolf explique comment les structures hiérarchiques du patriarcat investissent la représentation du féminin pour mieux pouvoir contrôler les ambitions des femmes :

> Les images de beauté sont utilisées pour combattre l'avancement des femmes au niveau politique : c'est le mythe de la beauté. Au moment où les femmes commencèrent à se libérer de la mystique féminine de la domesticité (en vigueur depuis la révolution

---

[164]. « A woman who begins as a victim of discriminatory circumstances and rises, through pain, obsessions, or defiance, to become mistress of her fate. » Molly Haskell, *From Reverence to Rape, op. cit.*, p. 160.

industrielle), le mythe de la beauté prit le relais en tant qu'instrument de contrôle social, gagnant plus de force au fur et à mesure que le mythe de la domesticité en perdait.[165]

Si les poses de Gilda défient les convenances, elles sont pourtant destinées à être des attitudes d'offrande dans le film. Par le vêtement, la femme est amenée à mettre l'accent sur sa silhouette, sur ses jambes, faisant d'elle-même avant tout un corps. Lorsqu'elle devient objet regardé, le film noir reproduit implicitement la structure hiérarchique du patriarcat : domination et pouvoir servent à définir le masculin tandis que soumission et infériorité sont associées au féminin.[166]

A toute époque on a réinterprété les mythes culturels en y projetant les fantasmes du moment. Le portrait de la femme fatale correspond au détournement du mythe de l'éternel féminin transformé en stéréotype. Et pourtant la « femme fatale » n'est pas perverse, elle est simplement amorale car elle revendique son droit à la liberté. Sa seule présence équivaut à souligner la veine asociale et anti-conformiste qui circule dans le film noir. Son apparence sophistiquée provoque le fantasme des regards qui se posent sur elle, la dissocie d'emblée de l'épouse. Sa curiosité naturelle, son insatiable appétit de liberté et de jouissance la rendent dangereuse pour ses amants comme pour l'ordre social. Elle doit donc être punie de tant d'audace, de tant d'ambition, puisqu'elle ose s'affirmer en dehors de la sphère domestique. Pour dissuader les spectateurs de succomber à sa fascination érotique, la femme fatale est condamnée par une idéologie qui fait fonction de censure ; elle est constamment cernée par des signes de mort (oiseaux de nuit, accidents, ombres...), rappelant que sa beauté et sa sensualité font d'elle une femme maudite.

La ville : métaphore politique

Dans le film noir, la ville apparaît presque toujours en toile de fond dans un espace extradiégétique, aperçue par une fenêtre dans un second plan un peu flou ou dans un arrière-plan plongé dans une semi-obscurité. La ville impose toujours sa présence de manière insidieuse par des lumières qui clignotent ou des gémissements continuels, comme pour mieux cerner les personnages et les spectateurs qui voudraient lui échapper. Les tournages qui ont lieu en extérieurs enregistrent les battements de la ville, comme pour nous rapprocher d'une vie urbaine rythmée par le bruit des sirènes, le grondement des moteurs, les pulsations de la foule en mouvement. Photographier la ville confère un « effet de réel » à l'image du film noir qui nous éloigne des faux décors des studios pour nous entraîner dans les bas-fonds et les lieux de corruption, au cœur et dans les entrailles de la métropole. *Le Carrefour de la mort* (*Kiss of Death*, Henry Hathaway, 1947) s'ouvre par

---

[165]. « Images of beauty are used as a political weapon against women's advancement: the beauty myth. As women released themselves from the feminine mystique of domesticity (since the industrial revolution), the beauty myth took over its lost ground, expanding as it waned to carry on its work of social control. » Naomi Wolf, *The Beauty Myth*, New York, William Morrow and Co., 1997, p. 7-8.
[166]. Laura Mulvey, "Visual Pleasure and Narrative Cinema", *Screen 16, 3,* Autumn 1975, p. 8.

une séquence filmée la veille de Noël, dans les rues de New York, qui saisit l'agitation humaine dans un cadre urbain. La ville semble se définir elle-même au miroir du cinéma qui cherche à la capturer quand la caméra plonge dans les artères de la ville, invite le spectateur à s'y perdre à sa suite, à pénétrer dans l'intimité du citadin dont il partage soudain les craintes et les désirs. Ni le film social, ni le film policier n'ont voulu accéder à ce rapport intime avec la ville.

Au début de *Rue sans issue* (*Dead End,* William Wyler, 1937), un mouvement de caméra vertical nous fait plonger dans l'univers du film social et nous emmène dans un studio où fut entièrement reconstitué le ghetto new-yorkais qui sert de cadre à la fiction. Tout le long du film, le mouvement vertical décrit avantageusement la fracture sociale entre les riches et les pauvres, dessine une hiérarchie que reflète le tissu urbain : les classes sociales aisées occupent les appartements des grands immeubles tandis que les plus défavorisés vivent au niveau de la rue. L'absence de plan lointain laisse non seulement deviner la désillusion qui limite les perspectives d'avenir des plus pauvres, qui pousse les jeunes des quartiers déshérités à se tourner vers le crime, mais elle souligne encore un décor théâtral qui nous éloigne d'un engagement militant. Le discours social se dilue dans une représentation théâtralisée qui réduit la ville et ses habitants à des figures de style et à des stéréotypes.

La Cité sans voiles (*Naked City*, Jules Dassin, 1948) s'éloigne du film noir pour enquêter, à la manière d'un documentaire, sur le travail d'investigation mené par la police urbaine. Le film vise à glorifier l'officier de police, personnage intègre qui défend la loi et les valeurs morales, en suivant des méthodes d'investigation policière reconnues (recherche d'indices, émission d'hypothèses, vérification) afin de résoudre une enquête. La froideur du policier qui relate en voix off les progrès d'une enquête dont il a la charge à New York, suggère la lucidité et le discernement de cet homme absolument convaincu par son efficacité dans *La Cité sans voiles*. La voix off ne cherche plus à traduire les pensées intimes des personnages : elle commente plutôt l'action, dirige le regard du spectateur, ne laisse pas le doute s'immiscer dans un raisonnement cartésien. Dès les premières minutes du film, le narrateur semble vouloir faire fusionner la fiction avec le réel quand il déclare que ni le décor, ni les figurants, n'appartiennent au monde de la fiction. Il s'approprie la ville dans le prologue, invite le spectateur à reconnaître dans les images qui vont suivre comme un cliché instantané de la vie citadine ; il précise que les images de la fiction captent la ville en mouvement dans le commentaire suivant : « La ville est filmée sans apparat : dehors sur les trottoirs, les enfants jouent, les immeubles sont de pierre, les visages sont sans maquillage »[167]. Jules Dassin affiche ainsi son mépris à l'égard des décors factices et revendique une absence d'artifices quand il laisse la caméra enregistrer l'animation des rues de New York. Fort du pouvoir réaliste de ses images, *La Cité sans voiles* s'attache à démythifier la ville américaine dont la violence meurtrière est comme révélée par la découverte du cadavre d'une jeune femme assassinée dans son appartement. Il célèbre néanmoins le travail du policier, nouveau héros de la ville, chargé de rétablir l'ordre et la justice dans une cité dominée par la violence, et d'assurer la protection des droits des individus qui se laissent malgré eux absorber dans l'ombre de l'anonymat ou de la mort.

---

[167] « The city is the city as it is: out on the pavements, the children at play, the buildings in their naked stone, the people without make-up. »

Le Carrefour de la mort (*Kiss of Death*, Henry Hathaway, 1947) mêle indistinctement ces deux approches. Le film débute par un portrait de Nick Bianco au moment même où il commet un cambriolage dans une bijouterie. Les scènes tournées en extérieurs confèrent à la fiction un aspect documentaire dans les trois premiers plans qui présentent des vues d'ensemble de New York : le contour des immeubles se dessine sur le ciel matinal, puis la caméra nous emmène dans une rue où la vie citadine s'est organisée autour d'un arbre de Noël planté au milieu de l'écran ; enfin une vue panoramique nous donne à voir le scintillement des lumières qui animent la ville après le coucher du soleil. Cette vision d'opulence, également symbolisée par la multitude de personnes qui affluent dans le centre commercial où nous entraîne une voix off, procède d'une vision idyllique de la société de consommation où chacun trouve son bonheur dans un dollar fort et un pouvoir d'achat illimité. Le commentaire de la voix off suggère pourtant qu'il existe un autre réel que celui des images qui nous sont données, et seule la fiction construite autour de Nick Bianco peut nous aider à le percevoir. Avant même que ne commence le récit, des lettres blanches sur un écran noir clament la volonté de réalisme qui a poussé le réalisateur à filmer loin des studios, dans des décors réels. La phrase suivante s'inscrit sur un fond noir : « Toutes les scènes de ce film, en extérieurs comme en intérieurs, ont été tournées dans l'Etat de New York, aux endroits même associés à l'histoire »[168].

Le film vise à s'ancrer dans le réel d'une situation par le biais de cette technique qui répond à un choix politique : il s'agit de donner à la fiction le ton du documentaire, genre dans lequel s'inscrivent les premières minutes du film. Le décor urbain contribue à banaliser le crime commis par Nick Bianco, dont l'histoire personnelle pourrait être celle d'un fait divers. Sa déviance vers le crime n'a rien d'extraordinaire, elle existe dans le monde du quotidien, touche des gens ordinaires, et n'est pas seulement le fruit de l'imagination du réalisateur. Néanmoins, la voix off rappelle l'enfance de Nick, comme pour révéler le lien entre un déséquilibre familial et le choix qu'il a fait de la délinquance. Les troubles psychologiques vont de pair, semble-t-il, avec la situation du criminel dont on n'ignore en rien le passé traumatisant. Quand il est étendu au sol et arrêté par la police, la voix off compare Nick à son père : « La même chose est arrivée au père de Nick, il y a de cela vingt ans. Il est mort poursuivi par un policier, sous les yeux de Nick. Ce fut l'un de ses premiers souvenirs d'enfant »[169].

Si *Le Carrefour de la mort* mélange d'entrée de jeu deux niveaux de discours (voix in et voix off traduisent respectivement un discours direct et indirect), dénonçant la fragilité socioéconomique et psychologique de Nick, le film s'élargit ensuite aux questions morales et familiales, interroge l'infériorité de la justice et des policiers par rapport à la toute puissance du crime organisé (incarnée par le gangster Udo), évoque la violence vengeresse des gangsters, pour finalement célébrer le courage de Nick Bianco qui se sacrifie afin que la police puisse arrêter Udo, son ennemi prioritaire. Voleur pour subvenir aux besoins de sa famille, la condition sociale de Nick s'insère dans l'arrière-plan du film pour désigner l'homme comme victime des circonstances : le thème de la pauvreté hante le récit, pousse la femme de Nick au suicide… Le motif socioéconomique conduit au drame familial, mais ce récit n'est que secondaire, enchâssé dans un autre récit, celui d'une

---

[168]. « All scenes in this motion picture, both exterior and interior, were photographed in the State of New York on the actual locale associated with the story. »
[169]. « The same thing happened twenty years ago to Nick's father. He died with a policeman following him. Nick saw it. It was one of his earliest memories. »

intrigue policière. Le récit rétrospectif de la vie de Nick Bianco laisse une amertume : l'homme qui a choisi la mort pour que soit arrêté et donc mis hors de nuire, Udo, gangster psychopathe, ne ressort pas grandi de son sacrifice. Nick Bianco n'est pas consacré héros à la fin du film, car il demeure un criminel, même s'il préfère sacrifier sa vie pour sauver la liberté des siens.

Signifiant du progrès et de l'épanouissement des cultures, lieu de l'éclosion des libertés et de l'élaboration de la démocratie dans une mythologie préexistante, la cité dévoile ses zones d'ombres dans une fiction qui se charge à nouveau d'un contenu subversif quand elle teinte de noir l'image projetée de la ville. Le mythe d'une cité idéale, où l'homme aurait réussi à concilier avec harmonie nature et culture, fait place au mythe d'une ville tentaculaire et cauchemardesque.[170] Si la hauteur du gratte-ciel est à l'échelle de la puissance des moyens, donc de l'argent, l'étendue urbaine devient le cadre d'aventures individuelles et sociales dont le succès est couronné par la construction de bâtiments toujours plus hauts, toujours plus éloignés du centre moteur des affaires. Le dynamisme des comportements collectifs se mesure donc à la hauteur de l'architecture urbaine et à l'étendue du périmètre de la ville.

L'écran du film noir limite volontairement l'espace urbain représenté au cadre de la rue, comme si la ville n'était plus en mesure de satisfaire les rêves d'ascension dans l'échelle sociale. Les possibilités sont désormais limitées, nous dit une caméra posée à même le sol et inclinée vers le haut, technique qui allonge les lignes verticales des immeubles, met hors d'atteinte leur sommet. Les plans filmés en extérieurs encadrent Joe Morse dans diverses séquences de *L'Enfer de la corruption* (*Force of evil*, Abraham Polonsky, 1948), faisant alterner des plongées et des contre-plongées si bien que l'homme est toujours écrasé par la hauteur des bâtiments qui l'entourent, suggérant qu'il lui est impossible de s'évader de l'univers criminel dans lequel il s'est introduit. Joe Morse est l'avocat d'un gangster qui contrôle l'univers des *bookmakers* au moyen d'une série de rackets, utilisant la violence, si nécessaire. Joe souhaite que son frère Leo intègre le syndicat du crime pour multiplier les gains que sa petite affaire de *bookmaker* peine à accumuler, mais il se heurte à une opposition radicale de la part de Leo, qui refuse de se laisser compromettre par une alliance qu'il estime immorale. Lorsque Joe commence à prendre conscience de l'arbitraire de la violence utilisée comme moyen de pression par les gangsters, il est trop tard pour se désengager. A son tour victime de chantage quand il refuse de plaider une affaire, la caméra décrit la lutte impossible qui oppose un individu solitaire à la puissance du crime organisé : des plans larges réduisent la taille du personnage par rapport aux immeubles qui l'entourent, suggèrent qu'il ne peut imposer son autorité dans une ville passée sous le contrôle de gangsters. La caméra plonge avec Joe tandis qu'il dévale les marches qui descendent jusqu'à la dépouille de Leo, abandonnée au bord d'un ravin par les gangsters qui ont ainsi fait valoir leur vengeance. Une voix off intériorise le mouvement d'une descente aux Enfers, remplace le cri d'une douleur coupable ressentie par Joe. *L'Enfer de la corruption* s'achève sur un mouvement de caméra descendant vers les bas-fonds de la ville, qui signifie l'échec de Leo et de Joe, victimes du pouvoir absolu

---

[170]. Jean-Marc Bonnet, « La Crise urbaine, quelle crise ? » dans *La Ville dans la culture américaine*, Nancy, Revue française d'études américaines n° 11, avril 1981, p. 12-18.

que les gangsters peuvent déployer à volonté à travers la ville grâce à leur parfaite organisation.[171]

La description de l'environnement urbain mêle des effets documentaires à des effets expressionnistes : filmés dans la rue, certains plans semblent capter des moments fugaces de la ville tandis que les angles de prise de vue assignent une place particulière aux protagonistes dans l'univers de la fiction, témoignent du rapport de l'individu à la ville imaginée. La qualité semi-documentaire de la fiction se perd donc au profit d'éclairages en clair-obscur qui construisent l'atmosphère morbide de la ville du film noir, réveillent l'imagination en suggérant le danger potentiel que dissimulent les zones d'ombres dans des rues que les passants ont déjà désertées. La ville du film noir appartient à un « paysage imaginaire » dans la mesure où l'homme appréhende ce décor en fonction d'une expérience personnelle ou imaginée de la ville. Associée au monde parallèle du crime par le pouvoir de l'allégorie, l'image de la cité et sa perception sont comme déformées par le sentiment que l'idéal démocratique a failli, que le « rêve américain » est devenu l'apanage de quelques-uns seulement. Si le cinéma façonne le regard, crée une conscience de l'objet regardé, alors la ville y participe de façon active :

> Toute ville décrite (que ce soit de façon statique ou pour les besoins d'une intrigue), ou mise en image (même dans la photographie la plus platement documentaire), est déjà imaginaire, même faiblement, puisque, devenue énoncé, elle porte nécessairement la marque de l'énonciation.[172]

Comme l'affirme ci-dessus Guy Gauthier, le simple fait de décrire l'espace urbain transforme une réalité objective en objet imaginaire. La ville imaginée dans le film noir se construit à partir d'une réalité, mais la représentation transforme le pouvoir signifiant des formes architecturales. La caméra agit tel un médiateur entre la réalité et l'image, infléchit la perception du réel, éclaire la ville de manière à révéler ses multiples visages.[173] Le film noir organise une visite de la ville moderne alors qu'il investit stations de métro, magasins, autoroutes, tous lieux publics où s'entrecroisent des silhouettes anonymes, où l'imagination se libère, car la rencontre avec des espaces familiers, mais si impersonnels qu'ils paraissent toujours étrangers, pousse l'homme à trouver refuge dans des récits fantasmagoriques. La ville du film noir est triste et dangereuse, parce qu'elle est née de l'imaginaire collectif, parce qu'elle trahit les formes inhumaines d'une modernité que redoute encore une partie de la psyché américaine.

La ville n'est pas seulement décor ; elle participe activement au récit puisqu'elle dégage une atmosphère qui imprime sa marque sur la pensée et la conduite de ses habitants comme sur l'imaginaire collectif et individuel.[174] Elle moule des codes de conduite, insuffle à ses habitants un état d'esprit particulier, que la caméra du film noir tente de capter en

---

[171]. A l'inverse, *L'Enfer est à lui* (*White Heat*, Raoul Walsh, 1949) se termine sur un mouvement ascendant qui décrit l'ambition du gangster espérant atteindre le sommet du monde (« the top of the world »), même s'il doit payer cette ascension de sa vie. On atteint ici aux deux extrémités de la ville, sans jamais traverser des espaces intermédiaires, qui sont ceux de la normalité, peut-être ceux des classes moyennes.
[172]. Guy Gauthier, *Villes imaginaires,* Paris, Cédic, 1977, p. 141.
[173]. Jean-Louis Comolli cité par Christopher Williams, *Realism and the Cinema*, London, Routledge and Kegan Paul, 1980, p. 226.
[174]. Blanche Housmans Gelfant, *The American City Novel, op. cit.*, p. 4.

suivant le mouvement des corps qui se déplacent telles des ombres fugaces dans les rues. La relation de méfiance à l'égard de la ville est volontairement marquée par des cadrages asymétriques et une nuit profonde qui envahit peu à peu l'écran.

Tourné dans le Nord de la Californie, *La Dame de Shanghai* (*The Lady from Shanghai,* Orson Welles, 1948) explore des quartiers de la ville de San Francisco qu'une photographie en noir et blanc fait apparaître dans la fiction comme un environnement *a priori* hostile. Lorsque Michael O'Hara cherche refuge dans le quartier chinois à la nuit tombante après s'être enfui du palais de justice, sa silhouette se détache à peine sur le fond grisé de l'écran. Vêtu d'un long manteau noir, le visage voilé par la pénombre, l'homme traqué jette un regard vers le spectateur, comme s'il voulait voir sans être aperçu, comme s'il craignait d'être remarqué. La caméra nous entraîne à sa suite dans un dédale de rues qui éloigne l'homme de la norme, représentée par le palais de justice qu'il vient de quitter. Il incarne l'étranger dans ce quartier qui affirme une identité propre, à travers l'architecture des bâtiments chinois dont les contours se dessinent nettement sur un ciel assombri. Chinatown résiste à la conquête de l'homme blanc, qui tente d'y trouver un complice à ses agissements de hors-la-loi. Parce que le quartier rejette également les espaces publicitaires de la société occidentale, affiche l'enseigne « chop suey » telle une carte d'identité à l'entrée d'un restaurant, tel un signe d'indépendance ou de désobéissance civile par rapport au reste de la société américaine, Michael peut se faufiler dans les rues de Chinatown sans risquer de s'y perdre. L'homme demeure pourtant toujours un intrus dans cette partie de la ville qui refuse de se faire son alliée, et le contraint à se déplacer sous le couvert de la nuit. Les contrastes servent à dire les différences qui caractérisent les diverses catégories de populations dans la ville, divisant la métropole en communautés étrangères les unes aux autres.

Dans le film noir, notre perception du milieu urbain est comme filtrée par le regard et les sentiments des personnages qui se déplacent dans la ville comme dans un labyrinthe, sans jamais avoir accès à une vue d'ensemble : « Observer la ville au niveau de la rue, c'est en faire une expérience active. On se trouve alors dans un labyrinthe »[175]. Dans *Quand la ville dort* (*The Asphalt Jungle,* John Huston, 1950), la caméra de John Huston adopte cette position qui limite d'emblée le champ de vision que l'homme a de son environnement immédiat, elle ne lui offre qu'une perspective à l'évidence biaisée sur l'organisation de l'espace alentour. Lorsqu'une poignée d'hommes se concentrent sur la préparation du cambriolage d'une bijouterie, se retrouvent dans des espaces fermés pour réfléchir sur la stratégie à suivre à partir des plans de la ville et de l'immeuble où sont cachés les trésors convoités, ils n'ont qu'une vision théorique et nécessairement limitée de l'espace où se déroulera leur mission. Alors qu'ils ont réussi à s'introduire dans la bijouterie, à déjouer le système de sécurité, l'arrivée imprévue d'un gardien fait presque échouer l'entreprise, déclenche coups de feu et sirènes, provoque l'accélération et la fuite. L'absence de plan lointain suggère que le champ de vision des hommes est restreint aux seules ambitions d'une situation financière pressante, qui ne leur a pas permis de prendre le recul nécessaire pour envisager tous les éléments susceptibles d'empêcher le bon déroulement de leur plan.

---

[175]. Burton Pike, *The Image of the City in Modern Literature*, Princeton, N.J, Princeton University Press, 1981, p. 34. L'auteur ajoute qu'une vue panoramique « reflète davantage une attitude contemplatrice ». L'expérience décrite par l'écrivain se confirme au cinéma : la manière dont est perçue la ville dépend de la position de la caméra. Dans le film noir, la caméra se trouve généralement placée au niveau de la rue, soit près du sol et en contre-plongée, soit près d'une fenêtre et en plongée.

Si les formes urbaines de la ville américaine (tel le gratte-ciel) symbolisent la réussite individuelle, invitent l'individu à se surpasser pour prétendre à la reconnaissance sociale et individuelle, elles le rendent aveugle au danger, car aucun lointain n'est perceptible dans la ville qui étale ses tentacules dans toutes les directions et gagne les campagnes.[176]

Le film noir met en scène la théâtralité de la ville, noircit son image pour refléter l'état d'esprit qu'elle façonne. La nuit est un motif récurrent car elle diminue dangereusement le champ de vision, crée un rapport métonymique entre le protagoniste et son environnement : les ombres qui balaient l'écran sont autant de pensées inavouables que l'individu chérit en secret.[177] Elle insiste de ce fait sur la valeur métaphorique des communautés urbaines, « jungles sauvages » et périlleuses qui menacent l'individu à chaque coin de rue. La nuit est d'autant plus profonde qu'elle traduit le degré de corruption qui a donné naissance à une ville tentaculaire, dangereuse pour l'idéal démocratique. La ville est devenue une entité autonome, elle s'est développée au-delà des plans imaginés et s'affiche comme un lieu étrange, mystérieux, parfois même exotique au regard de l'étranger. Bien que décrite comme le théâtre de violences quotidiennes, elle nourrit les rêves les plus insensés, offre ses murs, ses vices, sa société comme espaces d'aventures et de conquêtes. Pour Robert Barton Palmer, la ville du film noir nourrit les fantasmes des *losers* ou des individus qui n'ont pas réussi à satisfaire leurs envies (sexuelles ou matérielles) en suivant les règles de la société.[178] La ville du film noir est donc devenue un espace imaginaire qui enrichit les fantasmes les plus osés. Paradis des échanges interlopes, le crime n'y est même plus condamnable, il offre aux individus l'aventure humaine qu'ils croyaient impossible. Le gangster fascine parce qu'il a choisi de se mesurer à la ville, parce qu'il a décidé de vivre cette aventure urbaine qui nous tente et nous effraie en même temps : « Il incarne ce que nous voulons être et ce que nous redoutons devenir ».[179]

Le film noir utilise une esthétique moderniste[180] pour traduire le désarroi du personnage central, sentiment qui relève moins d'une pathologie que du rapport inconfortable qu'il entretient avec l'espace urbain, métaphore de l'espace social. Les immeubles de la ville apparaissent toujours trop grands, les lieux fermés trop exigus, parce qu'ils sont les uns théâtres, les autres prisons. L'espace urbain joue un rôle actif dans *Sueurs froides* (*Vertigo,* Alfred Hitchcock, 1958) où les rues de San Francisco figurent la

---

[176]. La ville est décrite comme un être vivant qu'il est impossible de dompter dans *The Octopus* (1901) de Frank Norris. La construction de lignes de chemin de fer qui relient les villes entre elles en traversant les plaines est perçue comme une entreprise de corruption des campagnes, de destruction de la nature, par des paysans chassés de leur terre par des spéculateurs.

[177]. D'autres films de la décennie portent ce regard noir sur la ville, utilisent des effets expressionnistes pour décrire la ville et son pouvoir de corruption. Du point de vue esthétique, *Le Poison* (*The Lost Weekend,* Billy Wilder, 1945) est composé comme un film noir : Don Birnam est le prisonnier de son alcoolisme comme de la ville qui lui offre de multiples tentations sans jamais les satisfaire. Les gratte-ciel qui l'entourent et apparaissent dans un plan panoramique au début du film nourrissent un sentiment de frustration et d'échec qui aurait pu le conduire sur la voie du crime, s'il n'avait pas choisi de retourner sa propre violence contre lui-même.

[178]. Robert Barton Palmer, *Hollywood's Dark Cinema, The American Film Noir, op. cit.*, p. 71.

[179]. « He is what we want to be and what we are afraid to become. » Robert Warshow, "The Gangster as Tragic Hero" dans *The Immediate Experience,* Garden City, New York, Double Day, p. 131.

[180]. Par « esthétique moderniste », nous entendons que le film noir consomme la rupture d'avec les conventions hollywoodiennes : il ne suit pas la structure narrative classique, est en apparence moins structuré, utilise une photographie qui semble déformer l'enregistrement des décors, même si ce sont ceux de la rue, renonçant à l'illusion mimétique.

situation inextricable dont Scottie est le prisonnier. Scottie y est manipulé par un ancien camarade de classe qui lui demande de suivre son épouse Madeleine pour la sauver du suicide qu'elle s'apprête à commettre. De plus en plus fasciné par Madeleine, ses déplacements géographiques suggèrent son impuissance à contrôler ses pulsions. Les artères de la ville figurent l'enfermement psychologique du personnage en proie à des obsessions qui le paralysent : l'image de Madeleine l'obsède tandis que la peur du vide, phobie que lui inspire une architecture verticale, le pétrifie. La perception de l'environnement urbain préside ici à la représentation des personnages dont l'errance à travers la ville reflète une errance psychologique, des incertitudes quotidiennes. Un glissement symbolique s'opère qui correspond à une véritable stratégie de refoulement : Scottie évacue sa peur du sexe par sa phobie des espaces vides. Les rapports asexués qu'il entretient avec les femmes de son entourage trouvent un écho dans cette distance qu'il maintient volontairement grâce à l'anonymat de la ville.

Film noir, guerre froide : même combat

Parallèlement à des œuvres qui semblent afficher une sensibilité dite plutôt de gauche, parce qu'elles suggèrent que le recours au crime est la seule alternative à la pauvreté dans une société qui obéit aux lois du capitalisme sauvage, beaucoup d'autres œuvres ont participé à la propagande antinazie pendant la Seconde Guerre mondiale, à la lutte anticommuniste pendant la guerre froide. Dans un monde qui étale une logique déviante, le détective privé incarne donc la seule valeur morale d'antan. Seule figure rendue positive en dépit de vices cachés, le privé représente la rigueur des valeurs américaines de liberté et d'indépendance, par opposition à ces bandes organisées qui portent la marque d'un système totalitaire. Il n'est peut-être pas impossible de suggérer que les diverses tendances politiques du film noir relèvent d'un trait inhérent au genre, à savoir une polysémie qui engendre une multitude d'interprétations. Si le crime est considéré comme un avatar de la société de consommation et d'un système capitaliste qui a engendré ses propres injustices, rien ne nous interdit de saisir dans l'enquête qui dresse le détective privé contre ses adversaires, une opposition symbolique entre valeurs morales et corruption de l'âme, entre tradition et modernité.

Parce qu'il se dilue parfois dans un discours manichéen, opposant le détective au crime, le film noir a pu servir des buts politiques, voire propagandistes. *Feux croisés* (*Crossfire,* Edward Dmytryk, 1947), par exemple, reprend le thème d'une investigation policière dans le cadre des forces armées. Alors qu'il enquête sur l'assassinat d'un soldat juif à la fin de la guerre, le capitaine Finlay est amené à exposer les ressorts de l'antisémitisme et le film devient alors un véritable plaidoyer en faveur de la cause juive, à une époque où les sentiments antisémites connaissaient un regain certain.[181] Des ombres

---

[181]. Le film est adapté d'un roman de Richard Brooks intitulé *The Brick Foxhole* qui ne traite pas de l'antisémitisme, mais de l'homosexualité, sujet alors tabou, interdit à l'écran.

hantent le film, tels des sentiments coupables que l'on tenterait de réprimer. Si l'éclairage insuffisant est d'abord dû au souci d'économie qui astreint Edward Dmytryk à un budget serré, il contribue aussi à accroître l'atmosphère de danger qui accompagne la traque du coupable, un homme rongé par une haine antisémite. Dans ce film, le policier fait office de détective privé, car Finlay est amené à analyser les motivations profondes du meurtrier avant de le retrouver. Il se livre à une minutieuse étude psychologique afin de cerner l'origine antisémite de la pulsion meurtrière du tueur : « La nuit dernière, Joseph Samuels a été tué parce qu'il était juif »[182], conclut-il.

Intrigues d'espionnages, où patriotisme et suspense se mêlent pour édifier le spectateur, le prévenir contre les dangers intérieurs et extérieurs qui menacent une jeune Amérique trop libre et trop démocratique. La relation que le film noir entretient avec la réalité sociopolitique apparaît de plus en plus clairement à travers la transformation qui affecte la représentation des stéréotypes, entre les années qui suivent la Seconde Guerre mondiale, marquées par la guerre froide et le maccarthysme, et celles qui témoignent d'une confiance retrouvée, vers le milieu des années cinquante. Au-delà des complexes psychologiques et des difficultés sociales qui hantent la période de l'après-guerre, le film noir semble trahir les angoisses nourries par les conséquences de la guerre froide au plan domestique. La nation est en proie à une crise intérieure, sa confiance est ébranlée par ces nouveaux conflits qui se livrent ailleurs. La paix et la justice sont loin d'être universelles malgré l'intervention constante de l'armée américaine dans plusieurs régions du globe. Lorsque Harry S. Truman décide d'avoir recours à la bombe atomique (Hiroshima, août 1945), il parvient à neutraliser la politique expansionniste de l'empire japonais. Or, si le Japon tombe sous l'influence des Etats-Unis, il n'en est pas de même pour la Chine. C'est à la conférence de Yalta que se profile la division du monde en deux blocs, division qui marque le début de la guerre froide. L'hostilité entre les Etats-Unis et l'U.R.S.S. se précise alors que les alliés d'hier ne sont plus menacés. De 1946 à 1949, la Chine est déchirée par une guerre civile entre nationalistes, soutenus par les Américains, et communistes, assistés par les Russes. Le triomphe final de Mao Tsé-toung ressemble donc à une défaite du modèle américain, puisqu'il crée la République Populaire de Chine (1er Oct. 1949) dans l'intention d'y promouvoir un système économique, politique et culturel dérivé du modèle marxiste. Le conflit armé cède le pas à un conflit idéologique entre les deux grandes puissances, qui s'affrontent indirectement en élargissant leurs zones d'influences respectives. Les troupes soviétiques s'installent dans l'Est de l'Europe tandis que les Etats-Unis s'engagent dans la guerre de Corée dès 1950.[183] Si l'arrivée au pouvoir de Fidel Castro est d'abord saluée avec quelque sympathie par les libéraux des Etats-Unis, dans la mesure où il met fin en 1959 à la dictature que Batista imposait aux Cubains, son ralliement à l'Union Soviétique est perçu comme un défi et provoque bientôt de nouvelles tensions.

La percée du communisme dans le monde semble nourrir une psychose collective, aviver un complexe national de persécution. Tel un chevalier blanc, l'Amérique innocente doit faire front face à la menace des agressions étrangères comme à la menace d'une subversion de l'intérieur, représentée par le Parti Communiste Américain (déclaré hors-la-

---

[182] . « The motive had to be inside the killer himself. [...] It was something he'd been nursing for a long time. Something he'd been waiting. The killer had to be someone who hated Samuels enough without knowing him, who hated him enough to kill him. [...] Last night Joseph Samuels was killed just because he was a Jew. »
[183] . Martin Jackson, John O'Connor, *American History, American Film, op. cit.*, p. 186.

loi en 1953) et par des syndicats, tel le *Screen Writers Guild* (*SWG*).[184] Fondé en 1933, le *SWG* est un foyer d'activisme qui agit au cœur même d'Hollywood pendant les années trente ; de nombreux scénaristes adhèrent au syndicat pour mieux lutter contre la Dépression et le contrôle absolu des studios sur leur travail. Les instigateurs des grèves très dures qui éclatent en 1945 et 1946 dans l'industrie cinématographique sont très vite perçus comme des « communistes », parce qu'ils revendiquent une augmentation de salaire (pour contrebalancer l'inflation), parce qu'ils s'indignent contre la tyrannie des magnats du show-biz. Le syndicat devient la cible privilégiée de la Commission McCarthy dès les années quarante.

La guerre froide passe donc d'abord par le conflit des pouvoirs, avant de passer par le conflit des idéologies. En 1946, le président Harry S. Truman crée *The Temporary Commission on Employee Loyalty* pour s'assurer de la loyauté des employés fédéraux. Pourtant, le programme du président est lui-même ouvertement critiqué dès 1948, lorsqu'il propose l'adoption d'un plan national d'assurance maladie. L'évocation d'une organisation publique de la santé suffit à éveiller la crainte de voir émerger un état qui serait porteur des idéaux de la gauche marxiste. En 1947, la Commission d'Enquêtes de la Chambre des Représentants sur les activités non américaines (*House UN-American Activities Committee – HUAC*) initie la « chasse aux sorcières »[185] dans le but d'organiser la lutte contre le processus de subversion conduit de l'intérieur même du pays par des sympathisants communistes. Dans ses discours, le Sénateur Joseph McCarthy insiste à souhait sur la menace et le danger que représentent les partisans d'une gauche marxiste dans un pays dévoué à la liberté d'entreprise, incrimine de hauts représentants de l'Etat soupçonnés d'avoir ostracisé les idéaux de la nation en s'affiliant à des organisations politiques qui défendent les idées de la gauche, encourage la délation dont il fait un devoir patriotique, bref stimule, s'il en était besoin, la paranoïa collective en exacerbant la terreur américaine face au communisme.

L'ambiance dans laquelle baigne cette période est en adéquation totale avec les images déroutantes et inquiétantes du film noir qui font de l'innocent le bouc émissaire. *La Femme au gardénia* (*The Blue Gardenia,* Fritz Lang, 1953) traque les regards accusateurs qui finissent par convaincre Norah Larkin qu'elle a mis fin aux jours de Harry Pebble. Après avoir reçu une lettre de séparation de la part de son fiancé qui a succombé au charme d'une infirmière rencontrée sur le champ de bataille en Corée, Norah cherche en la compagnie de Harry Pebble le réconfort d'une amitié masculine. Après une soirée joyeusement arrosée, Harry invite Norah à son appartement pour y boire un dernier verre, mais la jeune femme s'endort trop vite sur le divan du salon, emportée par une douce ivresse, bercée par les notes d'une chanson interprétée par Nat 'King' Cole et intitulée « The Blue Gardenia », pour pouvoir se remémorer ensuite tous les événements de la soirée. A son réveil, alors qu'elle découvre le cadavre de Harry étendu à ses pieds, Norah se

---

[184]. Richard M. Fried, *Nightmare In Red, The McCarthy Era in Perspective,* Oxford, Oxford University Press, 1990, p. 73-74. Le vote du *Communist Control Act* interdit le parti communiste, mais il n'est que l'aboutissement d'une série de textes destinés à prévenir la subversion communiste. Pour une étude sur l'évolution des méthodes du maccarthysme, consulter l'article de Jean-Pierre Martin, « Aspects politiques du maccarthysme » dans Dir. Daniel Royot, *Hollywood, réflexions sur l'écran, op. cit.*, p. 141-151.

[185]. La commission d'enquêtes de la Chambre fut créée en 1934 à l'initiative de Samuel Dickstein pour débusquer des groupes pro-nazis. Sous la présidence de Martin Dies, elle se fixa bientôt un nouvel objectif : démasquer les activités et la propagande communistes.

croit déjà coupable du meurtre de celui-ci, car toutes les lois de la vraisemblance font peser sur elle les preuves les plus accablantes : elle serre encore l'arme du crime dans la main, un tisonnier avec lequel des coups mortels ont été assénés sur le crâne de la victime. Très rapidement informée du meurtre, la presse entretient le sentiment d'angoisse et de culpabilité qui habite Norah, en attisant une curiosité malsaine autour de l'affaire dont elle distille savamment les détails sanglants. Jusqu'au moment où elle est arrêtée, Norah demeure la seule à pouvoir relier tous ces indices que ni la police, ni Caesar Mayor (journaliste qui utilise les colonnes de la presse pour inviter la coupable à lui confier l'exclusivité de son récit en échange d'une défense assurée par des avocats de grande renommée) n'ont réussi à décrypter. Surnom donné par les journaux à la meurtrière dont ils ne connaissent pas l'identité, « la femme au gardénia » devient une expression polysémique dans le film qui décline tous les sens possibles de cette expression comme autant d'indices qui se complètent et tissent la toile d'un piège tendu à Norah pour qu'elle se convainque de sa culpabilité. Ce titre désigne d'abord le restaurant exotique situé sur Hollywood Boulevard, où Norah et Harry ont été aperçus ensemble, alors qu'ils fêtaient allègrement l'anniversaire de la jeune femme. « La femme au gardénia » est ensuite matérialisée par une fleur de papier bleu, que Norah a achetée à cette vieille aveugle qui les confectionne en nombre, puis reverse les bénéfices de la vente à une association qui vient en aide aux soldats appelés à combattre en Corée. Parce qu'elle a entendu la voix de Norah, l'aveugle est un témoin auditif qui peut témoigner de l'intimité de la relation entre Norah et Harry. Reprise en leitmotiv tout au long du film, la chanson de Nat 'King' Cole entraîne la perdition de Norah, séduite par Harry sur cet air de fête, avant de prouver son innocence, puisqu'un autre disque se trouve maintenant sur la platine, suggérant que Norah s'était endormie avant que Harry ne change le disque pour satisfaire au désir d'une autre personne – sans doute le meurtrier. Norah aurait été condamnée sans appel si la vraie coupable n'avait fini par se dénoncer, confirmant l'arbitraire avec lequel les médias, en la personne de Caesar Mayor, interprètent les indices d'un crime pour le rendre plus sensationnel et manipuler l'opinion publique. *La Femme au gardénia* illustre un phénomène de propagande, qui s'appuie sur le pouvoir du verbe et des discours, pour susciter des émotions et contrôler les réactions du public auquel ils sont adressés. « La Femme au gardénia », formule consacrée par les journaux, finit par signifier la manipulation des mots comme la mystification du langage, procédé qui a injustement fait peser toute la culpabilité du meurtre sur une innocente. Le réalisateur critique à travers les excès d'une presse à sensation la stratégie politique qui prévaut dans les discours du Sénateur Joseph McCarthy, s'appuyant sur une rhétorique du danger pour inspirer la peur de l'autre et culpabiliser l'individu.

En quatrième vitesse (*Kiss Me Deadly,* Robert Aldrich, 1955) fait une allusion explicite au maccarthysme comme au péril du nucléaire, deux sujets propres à susciter l'angoisse. Le détective privé Mike Hammer recueille une jeune femme en fuite sur l'autoroute. En vain, car Christina est bientôt enlevée, torturée puis assassinée par un groupe d'hommes. Alors qu'il enquête sur le meurtre, Mike échappe plusieurs fois à la mort et découvre qu'une mystérieuse mallette est à l'origine de toute cette histoire. Quand il retrouve enfin la boîte de Pandore, objet de toutes les convoitises, mallette interdite, il a été devancé par Lily qui espérait y trouver un trésor. Au moment où elle ouvre la mallette, Lily déclenche une explosion atomique. Le feu embrase le ciel comme pour suggérer le pouvoir absolu de destruction totale conféré aux humains par la découverte de l'énergie nucléaire. La mise en scène de ce film exploite un sentiment de claustrophobie, une angoisse propre à la guerre froide, notamment dans la manière de filmer le décor, toujours à l'oblique, comme pour traduire le sentiment d'une surveillance permanente, un sentiment d'oppression et de terreur ressenti presque de manière physique. Avec *En quatrième vitesse,* l'amalgame entre culture et idéologie politique est consommé puisque le film de Robert Aldrich effectue la traduction visuelle de l'exacerbation des sentiments, procédé typique du maccarthysme.[186] Le spectateur ne peut s'empêcher de s'interroger sur la véritable identité des personnages pourchassés : sont-ils victimes, sont-ils coupables ?

Cette interrogation se retrouve à l'envi dans le film noir qui entretient la confusion entre l'être et le paraître. Peut-on se fier aux apparences ? *La Dame de Shanghai* (*The Lady from Shanghai,* Orson Welles, 1948) cultive le doute, non seulement au plan de l'intrigue (la belle Elsa est-elle sincère ?), mais également au plan de la mise en scène (la dernière scène a lieu dans le palais des miroirs du quartier chinois, symbole de la rencontre de l'être et du paraître). Le maccarthysme nourrit un climat de suspicion, dont l'impact psychologique se perçoit jusque dans les intrigues du film noir. Pétri de trahisons inavouées toujours prêtes à resurgir dans le présent de la narration, le passé des individus constitue une source de méfiance. *La Griffe du passé* (*Out of the Past,* Jacques Tourneur, 1947) révèle progressivement les obscurs secrets de Jeff, met à jour la véritable identité de cet homme autrefois engagé dans le crime, jetant par conséquent la suspicion sur toutes ses intentions présentes.

L'aspect politique se mêle à l'approche psychologique dans de nombreux films qui semblent justifier une méfiance nécessaire à l'égard de la « menace rouge ». Comme le montre Jean-Loup Bourget, la propagande anticommuniste s'est coulée dans les formes du film noir pour en subvertir l'argumentation sociale.[187] Le thème de la psychanalyse contribue à accroître la suspicion face à une conspiration d'autant plus étendue qu'elle s'imprime dans l'imaginaire grâce à une insistance sur des détails (verbaux, sonores, visuels) qui nourrissent l'appréhension, car ils suffisent à signifier une différence d'ordre sexuel, religieux, politique... Le film noir s'organise telle une conspiration qu'il va falloir déjouer, en recherchant dans les flash-backs les éléments qui dévoilent la vraie identité d'un personnage qui a voulu oublier des expériences amoureuses, politiques ou criminelles passées, et qui se rend coupable de dissimuler des secrets sur sa vie antérieure.

Le film noir a-t-il participé à la mise en œuvre de la propagande maccarthyste ? George Lipsitz va jusqu'à suggérer que le film noir a activement participé à propager une idéologie de la guerre froide, car il entretient un sentiment de persécution tandis que zones d'ombre et zones de flou laissent imaginer un danger d'autant plus terrifiant qu'il n'est pas directement perceptible :

> Caractérisé qu'il est par une paranoïa hallucinatoire, génératrice de fantasmes de conspiration et de persécution et par la conviction arrogante que tout le mal vient du

---

[186]. Selon Robert Aldrich, la référence au maccarthysme était la seule justification théorique de *En quatrième vitesse* dans « Entretien avec Robert Aldrich » de Pierre Sauvage, *Positif n° 182*, juin 1976, p. 14.
[187]. Jean-Loup Bourget, « Le rouge et le noir : Hollywood et l'anticommunisme » dans Dir. Jean-Robert Rougé, *L'Anticommunisme aux Etats-Unis de 1946 à 1954*, Paris, Presses de l'Université de Paris-Sorbonne, 1995, p. 222-223.

dehors, le film noir recèle les conditions psychologiques requises pour la mise en place de la guerre froide.[188]

Dans *Les Passagers de la nuit* (*Dark Passage,* Delmer Daves, 1947), Vincent Parry manifeste tous les symptômes d'une démence paranoïde, d'un délire de persécution dont Freud a déjà analysé les causes profondes.[189] Après s'être évadé de prison, Vincent veut conserver la liberté qu'il a retrouvée, même clandestinement, pour pouvoir prouver son innocence. La radio ne cesse de diffuser des messages qui mettent en garde le public contre la dangerosité de l'homme, la presse publie bientôt des portraits robots qui accroissent le sentiment de persécution dont Vincent est victime. L'homme se sent toujours suivi, il ne cesse de se retourner, de surveiller les allées et venues des passants dans la rue, de jour comme de nuit. Dana Polan ajoute que la représentation de l'espace urbain accroît ce sentiment de menace persistant : la ville de San Francisco y est décrite comme un espace clos, qui rétrécit la liberté de mouvement de l'individu, toujours menacé par une rencontre fortuite et hostile.[190] La technique de la caméra subjective invite le spectateur à s'identifier au protagoniste, à se projeter dans la situation d'un homme dont on sait qu'il est pourchassé, mais dont il nous est refusé de voir le visage pendant plusieurs minutes au début du film. La tension visuelle est telle que le spectateur se sent traqué, à l'égal du personnage à l'écran, dont la réaction physique se trouve alors justifiée. La confusion s'installe, nous entraînant dans un cauchemar qui pourrait bien, en fin de compte, n'être qu'un délire de type « paranoïaque ». La chirurgie esthétique à laquelle Vincent a recours ne suffit pas à faire disparaître la sensation de persécution qui le hante et le pousse à réagir parfois dans l'excès. Si les perceptions de ce personnage central semblent altérées par un sentiment de vulnérabilité, la mise en scène accuse son environnement urbain de provoquer cette impression de type paranoïaque, offrant à l'envi une multitude de recoins où les criminels peuvent se dissimuler et attendre leur proie.[191] La caméra subjective limite ici le champ de vision du spectateur qui, placé aux côtés de Vincent Parry, connaît l'impuissance d'une victime face au danger qui l'entoure. Parallèlement, le spectateur éprouve une sensation de malaise et de frustration du fait du jeu de regards qui accusent Vincent d'avoir tué sa femme, sans qu'aucune preuve tangible n'ait pourtant été apportée au cours du procès. Le sentiment d'être l'objet d'une persécution provient du rapport de forces entre son regard et celui des autres : au regard dominateur et accusateur des étrangers, Vincent Parry ne peut opposer qu'un regard furtif qui signifie son impuissance, matérialise sa

---

[188]. George Lipsitz, « Film noir et guerre froide » dans Dir. Noël Burch, *Revoir Hollywood, la nouvelle critique anglo-américaine*, Paris, Nathan, 1993, p. 172.
[189]. Selon Freud, la paranoïa est une démence : il évoque le mécanisme du délire (persécution ou érotomanie) sous le terme de *projection*. Les différentes formes du délire dans la paranoïa correspondent aux différentes possibilités grammaticales de décliner la contradiction d'une proposition de départ, dont le contenu est un fantasme homosexuel : « Moi un homme, j'aime un homme ». La négation de cet énoncé : « Je ne l'aime pas, je le hais », puis l'inversion des personnes : « Il me hait » encourage la *projection* : ce qui devrait être ressenti intérieurement comme de l'amour est perçu, venant de l'extérieur, comme de la haine et le sujet peut éviter ainsi le danger dans lequel le mettrait l'irruption à sa conscience de ses désirs homosexuels. Le délire apparaît donc comme un moyen pour le paranoïaque d'assurer la cohésion de son moi. Roland Chemama, *Dictionnaire de la psychanalyse,* Paris, Larousse, 1993, p. 51-52, p. 196-197.
[190]. Dana Polan, *Power and Paranoia,* New York, Columbia University Press, 1986, p. 197.
[191]. Voir l'étude de Jonathan Bushsbaum, "Tame Wolves and Phoney Claims" dans Ian Cameron (ed.), *The Book of Film Noir, op. cit.*, p. 88-98.

culpabilité. La caméra subjective sert à traduire son sentiment d'être mis en observation, et le gigantisme de l'écran confère un pouvoir naturellement dominateur à tous ses interlocuteurs. La profondeur de ce regard qui fouille l'espace jusque dans la salle de cinéma éveille un sentiment de culpabilité en tout spectateur, en tout innocent.

La peur du communisme fait naître des obsessions et des fantasmes que le film noir représente volontiers sous les traits de personnages au comportement hors normes (femme fatale, *loser*, homosexuel). La manière dont ces personnages sont mis en scène et éclairés suggère la suspicion qu'ils inspirent : il suffit d'une ombre en arrière-plan pour évoquer des intentions cachées, d'un regard fuyant pour signifier un secret non avoué. La paranoïa conditionne les mouvements de la caméra qui font d'abord apparaître le danger des lieux quand ils sont filmés à l'oblique, et les travers des individus dont les manies sont signalées par des attitudes singulières. Parce que l'homosexualité est encore considérée comme une « déviance », il paraît tout naturel de se méfier de la « moralité » des homosexuels, de leur propension innée à la subversion. Le lien entre « perversion » sexuelle et déviance politique est vite établi :

> On pensait que les déviants sexuels représentaient des risques pour la sécurité, parce qu'ils étaient sensibles au jeu de la séduction et par conséquent des proies faciles au chantage ou – parce qu'ils étaient dénués de volonté et de force morale –, ils se laissaient facilement entraîner dans des organisations subversives. Un rapport du Sénat datant de 1950, *L'emploi des homosexuels et autres pervers sexuels par le gouvernement*, affirmait sans ambages que « ceux qui s'engagent dans des actes publics de perversion n'ont pas la stabilité émotionnelle des personnes normales ».[192]

Les artistes s'attirent les foudres de la Commission d'enquêtes, parfois en raison du contenu subversif d'œuvres réalisées pendant la Seconde Guerre mondiale (à la gloire de l'ancienne Alliée – l'URSS), mais plus souvent à cause d'opinions ou d'engagements politiques antérieurs. A la fin de la décennie quarante, le subversif devient à la fois synonyme de neutralité et d'intérêt avoué pour les problèmes sociaux, car il faut glorifier les valeurs américaines pour passer inaperçu.[193] Parce que le film noir connote une vision noire de la réalité, parce qu'il dénonce insidieusement les inégalités au sein de la société, ses auteurs deviennent suspects comme le genre lui-même. L'anticommunisme s'est mué en obsession, la peur du « rouge » est devenue une phobie et la lutte contre le communisme ennemi prend l'apparence d'une purge menée par la nouvelle Inquisition, le HUAC. En octobre 1947, l'enquête de la Commission dresse une « liste noire », destinée à interdire tout travail aux réalisateurs, acteurs et scénaristes soupçonnés de participer de près ou de loin à la propagande communiste. Il n'y a pas de quoi surprendre Hollywood, qui s'est toujours efforcé de se conformer à la politique du pouvoir en place, en évitant toute manifestation intempestive d'indépendance d'esprit.

---

[192]. Stephen J. Whitfield, *The Culture of the Cold War*, Baltimore, The John Hopkins University Press, 1991, p. 43-44. Voir également l'analyse de *Gilda* (Charles Vidor, 1946) proposée par Richard Dyer, « Homosexualité et film noir » dans Dir. Noël Burch, *Revoir Hollywood, la nouvelle critique anglo-américaine, op. cit.*, p. 217.

[193]. Richard M. Fried, *Nightmare in Red, The McCarthy Era in Perspective, op. cit.*, p. 30-34. *The Grapes of Wrath* de John Steinbeck a, par exemple, été perçu comme une œuvre à la gloire du communisme à la date de sa publication en 1939.

Aussi les studios choisissent-ils de se soumettre presque servilement lorsque la Commission passe aux hostilités, en 1947. Les dirigeants des *majors* s'empressent de signer le *Waldorf Statement*, déclaration par laquelle ils s'engagent solennellement à ne pas faire travailler des éléments subversifs, à collaborer sans réserve avec les exigences de la Commission. La « liste noire » ne cesse de s'allonger, à mesure que les audiences de la Commission se multiplient, entraînant dans son sillage nombre de délations, et ce jusqu'au milieu des années cinquante. Les dirigeants des studios évincent d'autant plus impitoyablement les suspects que l'industrie cinématographique traverse une crise financière, provoquée par des grèves du personnel, par l'essor tout neuf de la télévision et par la lutte menée par la Cour Suprême contre le monopole des studios, les obligeant à se dissocier des salles qu'ils exploitaient encore.

Le maccarthysme a su s'imposer en faisant office de censeur, il a modelé les formes d'expression de la culture nationale. De ce fait, l'art du film noir est alors perçu comme forme subversive, comme invitation à la décadence, car il reflète la perversion d'auteurs hâtivement taxés de communisme. Les opinions politiques de Jules Dassin sont d'emblée perçues comme suspectes et le réalisateur est bientôt contraint à l'exil parce qu'il interroge le système pénitencier et en révèle la brutalité dans *Les Démons de la liberté* (*Brute Force*, Jules Dassin, 1947), parce qu'il souligne la vulnérabilité des habitants de New York face à une violence meurtrière quotidienne, que la police est impuissante à arrêter dans *La Cité sans voiles* (*Naked City*, Jules Dassin, 1948). Dénoncé en 1951 comme communiste, Joseph Losey doit à son tour s'expatrier en Angleterre. Sous la pression des accusations et des persécutions diverses, John Huston, Robert Rossen, Fred Zinnemann et bien d'autres, opèrent un repli stratégique, délaissent le film noir pour promouvoir le péplum ou le western. Edward Dmytryk et Elia Kazan retrouveront du travail au prix de la délation, en vendant aux chasseurs de sorcières leurs meilleurs amis.[194] Le maccarthysme envahit la politique artistique des studios, si bien que les producteurs hollywoodiens licencient les « Dix » scénaristes condamnés par le HUAC pour outrage au Congrès. Le nom d'Edward Dmytryk figurait également dans la liste de ces dix scénaristes qui ont refusé de répondre aux questions posées, se réfugiant derrière le premier amendement de la Constitution qui garantit la liberté d'expression, amendement pour lequel les cours de justice affichaient ainsi leur mépris.[195]

En cette période de guerre froide, la violence du film noir suggère que le climat d'angoisse dans lequel est plongé le pays suscite des réactions d'autant plus imprévisibles qu'elles sont nées de la peur. La peur d'être trahi détermine les réactions de méfiance que Dixon Steele inspire dans *Le Violent* (*In a Lonely Place,* Nicholas Ray, 1949). Parce qu'il ne parvient pas à maîtriser ses pulsions, parce qu'il réagit souvent avec excès, le comportement de Dixon Steele éveille bientôt les soupçons de la police comme de son entourage. Ce scénariste serait promis à un avenir brillant s'il parvenait à communiquer autrement que par des crises démentielles de violence, s'il n'était suspecté de meurtre parce que son caractère impétueux nourrit le doute dans l'esprit de ceux qui l'entourent. L'être et

---

[194]. Georges Sadoul, *Histoire du cinéma,* Paris, Flammarion, 1962, p. 352.
[195]. Les autres scénaristes examinés sont : Albert Maltz, Dalton Trumbo, Samuel Ornitz, Adrian Scott, John Howard Lawson, Lester Cole, Alvah Bessie, Herbert Biberman, et Ring Lardner Jr. L'article de François Weil étudie en détail la mise en examen des « Dix de Hollywood » ainsi que leur tactique de défense par opposition au pouvoir du HUAC. François Weil, « Le 'danger clair et présent' représenté par 'Les Dix de Hollywood', un exemple de la politique de l'amalgame » dans Dir. Jean-Robert Rougé, *L'Anticommunisme aux Etats-Unis de 1946 à 1954, op. cit.*, p. 247-265.

le paraître se rejoindraient-il quand les hommes réagissent avec une spontanéité qui dépasse la mesure exigée par le conformisme ambiant ? Les propos controversés de Dixon Steele nous amènent à confondre culpabilité et innocence, car l'homme ne domine pas les pulsions qui font de lui un être violent, provoquant l'effroi parmi ceux qu'il côtoie. Les pressions de la Commission McCarthy se font sentir avec cette violence persécutrice qui porte ses accusations sur des innocents, dont les discours ou les attitudes sont suffisamment ambigus pour justifier un interrogatoire.

Les années cinquante voient déferler une dernière vague de films noirs, dont Paul Schrader souligne le cynisme cinglant et la violence plus destructrice.[196] Associés à un effet de surprise, les éclats de violence entrent dans la stratégie narrative, introduisant une brutalité qui vise à créer une atmosphère d'angoisse autour de la mort, prête à surgir de manière aussi soudaine qu'inattendue. Dès la première séquence, *En quatrième vitesse* (*Kiss Me Deadly,* Robert Aldrich, 1955) diffuse un sentiment d'angoisse qui nous poursuit tout au long du film : des techniques d'avant-garde traduisent une noirceur presque irrationnelle. Martelé par les pieds nus qui frappent la route, rythmé par un souffle haletant, le film utilise la métaphore sonore pour décrire une brutalité bestiale, symbolisée à l'écran par la course paniquée d'une jeune femme nue sous son imperméable, débarrassée des atours de sa féminité et de son humanité. L'obscurité absorbe sa silhouette tandis que la caméra découpe son corps : des gros plans saisissent le mouvement affolé de ses jambes soumises à une pulsion de fuite animale. Eclairé par la seule lumière des phares croisés, son visage exprime la terreur face à une menace diffuse. Les mêmes plans se répètent et emprisonnent Christina : une coupe franche arrête sa course, au moment même où une voiture la dépasse, pour la faire repartir du fond de l'écran. En utilisant la répétition comme motif du désespoir, le prologue révèle un montage construit à partir de fragments : la chaîne narrative est brisée, enfermant la jeune femme dans le temps d'un suspense interminable. La violence du film est terrifiante, parce qu'elle surprend et dépasse toujours en intensité nos attentes. Les hurlements de Christina, que l'on sait torturée, transpercent encore la bande son quand son corps est déjà mort, ses jambes inertes. Désormais traitée avec un raffinement sadique, la violence destructrice du film noir semble faire écho à la psychose engendrée par l'éventualité d'une guerre nucléaire.

---

[196]. Paul Schrader, "Notes on Film Noir", *op. cit.*, p. 161-163.

La série noire en sursis

La fin des années « noires »

La critique de la société dans laquelle s'étaient engagés quelques réalisateurs à travers le film social ou le film noir cède progressivement la place au discours patriotique porté par une verve anticommuniste. A la fin de la Seconde Guerre mondiale, l'impression de danger omniprésent, à l'extérieur comme à l'intérieur des frontières, s'accompagne d'une profonde aspiration à la sécurité, à la stabilité. Au fur et à mesure que la situation socioéconomique de l'Amérique s'améliore, les traditions reprennent force et vigueur : le repli national en faveur de valeurs conservatrices permet de pallier les incertitudes qui ont fait suite à la période des hostilités. Le puritanisme des mœurs, le modèle familial des classes moyennes suburbaines, où la mère demeure au foyer, l'éthique du travail dans la grande tradition protestante soutiennent l'élan d'optimisme qui marque la présidence de D.D. Eisenhower.

La série noire s'éclipse donc des écrans comme des esprits pour faire place à la comédie, au western ou à tout autre genre qui soutient les mythes fondateurs. La génération des années cinquante est celle des studios hollywoodiens qui trouvent refuge dans cet éternel du mythe, qu'ils dressent comme une barrière défensive entre eux et les aspirations éventuelles du public. Après un séjour dans la capitale de l'industrie cinématographique, Max Horkheimer et Theodor W. Adorno dénoncent l'idéologie capitaliste et le calcul commercial qui sous-tendent tout projet hollywoodien. *La Dialectique de la raison* (1947) s'énonce comme une critique cinglante envers le « caractère coercitif » de ce cinéma, tourné vers le profit qu'il est possible de tirer d'une consommation accrue :

> Le film et la radio n'ont plus besoin de se faire passer pour de l'art. Ils ne sont plus que *business* : c'est là leur vérité et leur idéologie qu'ils utilisent pour légitimer la camelote qu'ils produisent délibérément. [...] De nos jours, la rationalité technique est la rationalité de la domination même. Elle est le caractère coercitif de la société aliénée ; les autos, les bombes et les films assurent la cohésion du système jusqu'à ce que leur fonction nivellatrice se répercute sur l'injustice même qu'elle a favorisée.[197]

Devenu un phénomène ponctuel et isolé à partir du milieu des années cinquante, comme s'il était passé de mode[198], le film noir se laisse supplanter par ces œuvres de fiction qui entretiennent la croyance au rêve américain, exigence d'une commission sénatoriale suspicieuse à l'égard du pouvoir de manipulation des films. Ainsi, le maccarthysme a profondément affecté la production de l'industrie cinématographique parce qu'il a entraîné un recul de la liberté d'expression, favorisé la réalisation de films d'abord destinés à

---

[197]. Max Horkheimer et Theodor W. Adorno, *La Dialectique de la raison*, *op. cit.*, p. 130. En italique dans le texte.
[198]. Pour Raymond Borde et Etienne Chaumeton *Le Faucon maltais* (*The Maltese Falcon*, John Huston, 1941) et *En quatrième vitesse* (*Kiss Me Deadly*, Robert Aldrich, 1955) constituent les repères temporels de la série. Le film de Robert Aldrich reprend le thème de la quête (on a substitué un coffret de fer à la statue) et montre des femmes aussi maléfiques que Brigid dans *Le Faucon maltais*. Raymond Borde, Etienne Chaumeton, *Panorama du film noir américain 1941-1953*, *op. cit.*, p. 192.

promouvoir les valeurs nationales au bénéfice d'un public de masse, balayant d'un trait de plume toute critique possible, base pourtant de tout débat démocratique.

La production cinématographique de la décennie célèbre la confiance retrouvée en la « destinée manifeste » du pays, en un système de valeurs, en un modèle économique qui assurent la réussite tant individuelle que collective. Le mode de représentation des films hollywoodiens apparaît rigoureusement codifié, ne laisse transparaître que le bien-être des individus qui accèdent au confort matériel moderne et vivent en harmonie au sein de leur communauté :

> La politique de censure des studios fit en sorte que les films produits devaient donner une image de la société américaine aseptisée de toute allusion politique à des conflits sociaux. Leur contenu simpliste ne devait pas troubler les esprits, mais créer du rêve. […] On avait réalisé le consensus, dans les relations de travail, et la consommation allait pouvoir répondre aux besoins d'une société en plein essor. Mais à quel prix ? Au prix d'une société conformiste, fermée sur elle-même, hypocrite, dans laquelle les injustices sociales, les problèmes raciaux et ethniques étaient étouffés. [199]

Dès 1954, la crainte d'une nouvelle dépression s'estompe car les Etats-Unis entrent dans l'« Ère de l'Opulence ». L'Amérique aborde l'une des périodes les plus heureuses de son Histoire alors que la croissance économique, fondée sur le progrès technologique, encourage l'optimisme ambiant.[200] Sous la présidence du Général D.D. Eisenhower, élu à la tête du pays en 1953, c'est l'employé aisé qui incarne désormais la grandeur de l'économie américaine. En effet, l'ascension sociale devient réalité pour la classe moyenne qui aspire à un confort matériel dont elle avait dû se priver durant toute la période des hostilités. La progression du crédit et des investissements témoigne d'un regain de confiance qui affecte l'Amérique des familles. Le triomphe que connaît l'industrie de l'automobile illustre cet essor économique et favorise un mouvement de population vers des banlieues résidentielles, mouvement associé à l'essor soudain de la construction immobilière. La classe moyenne peut alors prétendre à une aisance sans précédent :

> L'Amérique d'après-guerre connut une prospérité sans précédent, la classe moyenne était euphorique. Non seulement les postes bien payés abondaient, mais des millions de gens eurent soudain la chance de grimper l'échelle sociale. C'était excitant d'avoir la certitude que le prochain déménagement serait dans une maison individuelle de la verte banlieue, à l'écart de la ville, et que le prochain poste permettrait non seulement de régler les factures, mais aussi d'assurer sa respectabilité.[201]

---

[199]. François Weil, « Le 'danger clair et présent' représenté par 'Les Dix de Hollywood', un exemple de la politique de l'amalgame » dans Dir. Jean-Robert Rougé, *L'Anticommunisme aux Etats-Unis de 1946 à 1954, op. cit.,* p. 263-264.

[200]. De 1945 à 1960, le P. N. B. passe de 200 à plus de 500 milliards de dollars. Pierre Mélandri, *Histoire des Etats-Unis depuis 1865,* Paris, Editions Nathan, 1984, p.180.

[201]. « Postwar America prospered as never before, and the middle class was euphoric. Not only were high-paying jobs plentiful but millions of people suddenly expected to rise in social status. It was thrilling to know, absolutely know, that the next move would be to a private house, from the city to the green suburbs, that the new job would not only pay the bills but bring respect. » Loren Baritz, *The Good Life, The Meaning of Success for the American Middle Class, op. cit.*, p. 183.

Le paysage socioéconomique de l'Amérique se trouve bouleversé par la vague de prospérité qui modifie non seulement la vie quotidienne des populations, mais également le paysage urbain. Le développement spectaculaire des banlieues résidentielles transforme la géographie des villes comme les loisirs des nouveaux banlieusards. Portés par la vague de prospérité de l'après-guerre, les Américains préfèrent investir dans l'immobilier, dans des biens de consommation « lourds » (voitures, appareils ménagers) et ne consacrer à leurs divertissements traditionnels que des sommes modiques. Par voie de conséquence, la fréquentation des salles de cinéma est à la baisse, Hollywood ne peut que constater la défection d'une large partie de son public traditionnel.[202]

La concurrence de la télévision oblige l'industrie hollywoodienne à prendre des mesures de survie immédiates : le cinéma va jouer son avenir sur la couleur, sur le relief, sur des écrans démesurés, sur une sonorité d'une fidélité inconnue jusque-là.[203] Le film noir s'efface au profit d'un cinéma qui se veut d'abord spectacle, et donc divertissement. Au cours des années cinquante se développent les *drive-in*[204] dont le succès immédiat atteste l'état d'esprit du moment. Michel Etcheverry fait remarquer l'émergence d'un nouveau modèle de consommation cinématographique à travers l'attitude singulière manifestée par le spectateur qui fréquente le *drive-in* : la valeur cinématographique du film serait pour lui secondaire. Le spectateur serait d'abord sensible à l'attrait d'une soirée conviviale, entre amis ou en famille, représentée par la perspective du cinéma en plein air.[205] En outre, le film d'évasion revient au goût du jour, grâce aux progrès du Technicolor et du Cinémascope, qui orientent les studios vers les superproductions. L'image panoramique et la maîtrise de la couleur magnifient les grands espaces du western (*Un homme est passé, Bad Day at Black Rock*, John Sturges, 1954 ; *Rio Bravo*, Howard Hawks, 1959) ou les décors du péplum (*Quo Vadis*, Mervyn Le Roy, 1951 ; *Ben Hur*, William Wyler, 1959). La comédie musicale (*Tous en scène, The Band-wagon*, Vincente Minnelli, 1953 ; *Gigi*, Vincente Minnelli, 1958) connaît un nouveau et franc succès parce qu'elle bénéficie d'un meilleur rendu sonore. Et pourtant l'art hollywoodien bascule généralement dans la médiocrité d'un cinéma de pur loisir, de superproductions principalement destinées à assurer des revenus financiers aux studios.

D'apparence neutre, ce cinéma qui joue du divertissement plus que de la réflexion, cache en réalité les incertitudes d'une société qui se réfugie dans le conformisme pour mieux se protéger des contraintes de la vie moderne. *Sur les quais* (*On the Waterfront*, Elia Kazan, 1954) est ainsi cité comme un « bon exemple de mystification » par Roland Barthes, car son réalisateur prône le conformisme et l'acceptation passive des difficiles conditions de travail parmi les dockers. Paradoxalement, ce film évoque aussi les origines du malaise ouvrier à travers l'aventure de Terry Maloy, qui se dresse contre l'autorité du

---

[202]. Michel Etcheverry, « Les Conséquences des mesures antitrust » dans Dir. Francis Bordat et Michel Etcheverry, *Cent ans d'aller au cinéma, op. cit.*, p. 99.
[203]. Jean-Pierre Berthomé, « Nouveaux formats, nouvelles images : les expériences des années cinquante », dans Dir. Francis Bordat et Michel Etcheverry, *Cent ans d'aller au cinéma, op. cit*, p. 111.
[204]. Les *drive-ins* sont des salles de plein air, un espace ouvert où le spectateur peut « venir voir des films habillé comme bon lui semble, fumer, discuter et dîner » sans même sortir de sa voiture. Le son est diffusé par le biais d'enceintes individuelles qu'il suffit d'accrocher aux vitres des voitures. Douglas Gomery, *Shared Pleasures*, Wisconsin, The University of Wisconsin Press, 1992, p. 91.
[205]. Michel Etcheverry, « Les *Drive-ins* » dans Dir. Francis Bordat et Michel Etcheverry, *Cent ans d'aller au cinéma, op. cit.*, p. 103.

« gang » dirigé par Johnny Friendly sur le syndicat des dockers. Contraints d'adhérer au syndicat s'ils veulent être embauchés, les ouvriers subissent le système d'exploitation que Johnny et ses acolytes ont mis en place pour s'enrichir : ils assurent le lien entre patrons et ouvriers, décident de la distribution des tâches comme des embauches du jour, prêtent de l'argent aux nécessiteux qui devront ensuite rembourser la somme avancée avec des intérêts, prétendent se charger de la protection des ouvriers qui cotisent au syndicat. Les discours d'un prêtre engagé auprès des dockers dans une lutte pour la justice sociale éveillent peu à peu la conscience de Terry Maloy, qui se détache du syndicat pour témoigner contre son chef. Le prêtre harangue les dockers et lève le voile sur un système corrompu dont les ouvriers sont les premières victimes : « Tous les matins, quand le chef du personnel siffle, Jésus se tient à vos côtés dans la foule. Il sait pourquoi certains d'entre vous sont appelés et d'autres non. [...] Il vous voit vendre votre âme pour une journée de paie »[206]. Le prêtre utilise une rhétorique religieuse pour donner un poids plus lourd à ses sermons, associant le travail des dockers au péché, leur silence à l'aveu d'une complicité avec les gangsters, puisqu'il leur permet de poursuivre leurs agissements.

  Les morts accidentelles se sont multipliées parmi les ouvriers qui ont osé témoigner contre les membres de la Mafia et se confier aux deux agents qui mènent l'enquête pour le FBI. De peur que les langues ne se délient, le syndicat procède à plusieurs règlements de compte dont sont victimes les plus bavards, exécutés froidement par les hommes de main de Johnny Friendly. Parce que Johnny apprécie les qualités du boxeur Terry Maloy, celui-ci bénéficie d'un traitement de faveur de la part du chef du gang ; les travaux les plus pénibles lui sont épargnés quand il travaille sur les quais. Involontairement complice des premiers assassinats qui secouent le monde ouvrier, Terry est bientôt rongé par un sentiment de culpabilité face à l'injustice qui divise les dockers. Sous l'effet conjugué de l'amour et de la conscience religieuse, le jeune homme rompt avec la loi du silence qui prévaut dans le milieu ouvrier. Ses compagnons ne tardent pas à jeter l'anathème sur lui parce qu'il les a trahis, situation qui n'est pas sans rappeler celle d'Elia Kazan après son témoignage devant la Commission McCarthy. Les aveux de Terry lui valent un passage à tabac perpétré par les gangsters, sous les yeux ébahis des autres dockers qui finissent par se ranger du côté de Terry ; d'abord perçu comme un traître, Terry est ensuite élevé au rang de héros lorsqu'il se relève, après un effort surhumain, pour accompagner les dockers vers leur nouvel employeur.

  Roland Barthes considère le film comme une œuvre entièrement vouée au système capitaliste, au consensus qui conduit les classes ouvrières à l'inertie, à l'acceptation passive des injustices sociales dont elles paient les frais :

> L'assomption douloureuse de Brando conduit en fait à la reconnaissance passive du patronat éternel : ce que l'on nous orchestre, en dépit de toutes les caricatures, c'est la rentrée dans l'ordre ; avec Brando, avec les dockers, avec les ouvriers d'Amérique, nous nous remettons, dans un sentiment de victoire et de soulagement, entre les mains d'un patronat dont il ne sert plus de rien de peindre l'apparence tarée : il y a longtemps que nous sommes pris, empoissés dans une communion de destin avec ce docker qui ne

---

[206]. « Every morning when the hiring boss blows his whistle, Jesus stands alongside you in the shape-up. He sees why some of you get picked and some of you get passed over. [...] He sees you selling your souls to the mob for a day's pay. »

retrouve le sens de la justice sociale que pour en faire hommage et don au capital américain.[207]

En acceptant de rejoindre les dockers, Terry Maloy reprend sa place dans les rangs des ouvriers, adopte une attitude servile à l'égard du patronat qui se substitue à la Mafia dans le cadre de l'exploitation des hommes. Cette attitude témoigne de l'atmosphère consensuelle qui règne dans la société américaine des années cinquante, étouffant les différences entre classes sociales distinctes. L'accroissement des richesses a favorisé l'amélioration de la qualité de vie et conduit au consensus social qui se concrétise justement par « une homogénéisation idéologique de groupes sociaux distincts et reconnus ».[208]

L'avènement de la société d'abondance, telle que la définit John Galbraith dans *The Affluent Society* en 1958, contribue à modérer clivages et critiques vis-à-vis des dysfonctionnements économiques ou des inégalités sociales. Les aspirations au confort matériel vont de pair avec le renforcement d'une idéologie puritaine et moraliste, qui condamne le relâchement des mœurs comme le développement de la permissivité morale. Les conservateurs rejettent la modernité culturelle qui, selon eux, marque une rupture avec les valeurs traditionnelles du pays. Orientée vers un bien-être sans restriction, centrée sur la glorification du moi et l'hédonisme, la modernité culturelle aurait favorisé la dissolution des mœurs, la faillite de l'autorité paternelle, la destruction de la famille.[209] Dans ce contexte, le mythe de la ville corruptrice reprend vigueur : les forces de modernisation, notamment l'urbanisation et l'industrialisation, portent préjudice aux principes moraux de la communauté. L'incertitude qui caractérise le développement de la modernité encourage la migration vers les banlieues, mouvement qui ressemble à une véritable fuite loin de la ville, de ses dangers, de sa promiscuité, au profit d'une certaine quiétude dans la nouveauté des Levittowns.[210] La recrudescence des mariages et des naissances répond également au besoin de sécurité auquel aspire la classe moyenne après les aléas de la Seconde Guerre mondiale, sécurité à laquelle elle accède grâce au consensus qu'inspire l'association des traditions familiales et du libéralisme économique.[211] Les valeurs patriarcales sont désormais renforcées par la prospérité économique qui valorise le modèle ancestral de la famille et encourage le consumérisme. Le cinéma hollywoodien célèbre l'amour familial et la réussite économique comme signes de confort, de bien-être et de sécurité pour l'individu :

> L'espoir de posséder une maison, fantasme célébré et chanté à satiété par les films de Hollywood, s'ancra au centre du rêve américain : il était synonyme de réussite, de satisfactions, de papas confiants, de mamans pimpantes, d'enfants débordant de santé et fréquentant de bonnes écoles.[212]

---

[207]. Roland Barthes, *Mythologies, op. cit.*, p. 64-65.
[208]. Daniel Royot, Jean-Loup Bourget et Jean-Pierre Martin, *Histoire de la culture américaine,* Paris, Presses Universitaire de France, 1993, p. 430.
[209]. Mokhtar Ben Barka, *La Nouvelle droite américaine, des origines à l'affaire Lewinski, op. cit.*, p. 115.
[210]. En 1946, William Levitt se lance dans le plus grand projet de lotissement de l'histoire américaine, à une trentaine de kilomètres de Manhattan. Les Levittowns offrent des maisons bon marché autour des grandes villes, entraînant une migration massive des populations urbaines vers ces banlieues.
[211]. Loren Baritz, *The Good Life, The Meaning of Success for the American Middle Class, op. cit.*, p. 197-198.
[212]. David Halberstam, *Les Fifties, op. cit.*, p.123.

De nombreuses familles jouissent d'un niveau de vie très satisfaisant en n'ayant qu'un seul revenu par foyer. De ce fait, la fonction sociale de la femme se trouve redéfinie par le nouveau mode de vie des classes moyennes. Physiquement coupées des lieux de travail puisqu'elles habitent la banlieue, les femmes apprennent à meubler leur isolement et leur ennui en se consacrant à leur foyer et à des œuvres de charité. Dans les années cinquante, le devoir de la femme consiste d'abord à créer un foyer chaleureux, à consolider le bonheur de la vie familiale dans son pavillon de banlieue.[213] La mère de famille (*the lady of the house*) fait de sa maison un rempart contre l'instabilité consécutive aux années de guerre. Elle est ce personnage central de l'équilibre nouveau, parce qu'elle a su renoncer à des ambitions professionnelles, au profit de ses devoirs domestiques : éduquer ses enfants, apporter le réconfort à un époux soumis aux pressions de la vie active.[214]

Bien que les années cinquante affirment et réaffirment la stabilité, elles sont aussi source de frustrations et d'insatisfactions. Ce mode de vie exemplaire prôné à l'écart de la ville, dans les banlieues américaines, témoigne de l'état d'esprit du moment. Des normes de vie communautaire y sont vite établies comme pour mieux garantir la sécurité individuelle, au détriment d'une originalité individuelle :

> La vie en banlieue reposait sur un principe accepté et reconnu par tous : personne ne devait se faire remarquer ou émerger de la masse [...]. Les habitudes de dépense étaient partagées et créaient l'apparence d'un front uni, composé de maisons et de voitures identiques ; le blue jean et le T-shirt étaient devenus le nouvel uniforme des enfants tandis que les femmes portaient des pantalons et des shorts en public. Presque immédiatement, le côté informel de la banlieue se durcit en conventions rigides, établies par le besoin de bien s'entendre entre voisins de même sensibilité.[215]

Tous les progrès que les femmes avaient pu accomplir pendant la Seconde Guerre mondiale ont été éradiqués par ces mutations socioéconomiques des années cinquante. De leur côté, les Noirs se sont vus exclus des Levittowns parce qu'une directive de Levitt interdisait de vendre aux Noirs. L'essor économique a contribué au progrès social, mais les injustices se sont creusées entre les sexes, entre les races.

Le Sud connaît bientôt l'agitation contre la discrimination, menée par la *National Association for the Advancement of Colored People* (NAACP). Lorsque Rosa L. Parks est arrêtée parce qu'elle refuse, comme la loi l'ordonne encore en 1955, de céder le siège qu'elle occupe dans un autobus à un Blanc, toute la communauté noire de la ville de Montgomery, en Alabama, participe au boycott des autobus. Après 382 jours de résistance, Martin Luther King est le premier Noir à s'asseoir librement dans un bus, car la Cour Suprême a condamné la ségrégation, comme elle l'avait déjà fait un an auparavant avec

---

[213]. Sarah M. Evans, *Born For Liberty, American History of Women in America*, New York, The Free Press, 1989, p. 418.
[214]. William H. Chafe, *The American Woman, op. cit.*, p. 217.
[215]. « Key to suburban living was the recognition that no one wanted to stand out, to emerge from the mass [...]. Shared spending habits created the appearance of a united front composed of similar houses and cars, the new uniform of jeans and T-shirts for children, and women wearing slacks and shorts in public. Almost immediately suburbia's informality hardened into a rigid conventionality established by the need for like-minded neighbors to like each other. » Loren Baritz, *The Good Life, The Meaning of Success for the American Middle Class, op. cit.*, p. 199.

l'arrêt *Brown vs Board of Education*.²¹⁶ Des tensions intérieures ébranlent la nouvelle structure avant même la fin de la décennie ; elles augmentent en intensité et seront libérées au cours des années soixante.

La subversion des codes

Les dissensions se font déjà sentir dans quelques films des années cinquante qui n'adhèrent pas entièrement au consensus. Les codes de la représentation sont transgressés à maintes reprises, prolongeant la fonction subversive du film noir dont l'impact s'est rétréci. Au cœur du mystère du film noir se trouvait un conflit de plus en plus marqué entre féminin et masculin ; l'ambiguïté passe désormais par la subversion des codes qui déterminent la représentation des sexes. Une série de films nous laisse deviner la distance qui éloigne les modèles standardisés de la masculinité et de la féminité du monde réel, des hommes et des femmes de la vie quotidienne. Le film noir a donné le mode d'emploi : la parole subversive va passer par les stéréotypes du féminin et du masculin.

Si la femme est exhibée sous le regard de spectateurs que l'on imagine fascinés, *Niagara* (Henry Hathaway, 1953) et *Les Hommes préfèrent les blondes* (*Gentlemen Prefer Blondes,* Howard Hawks, 1953) consacrent le succès de Marilyn Monroe, construisent un modèle féminin qui satisfait à la fois le fantasme érotique et la réserve puritaine : Marilyn réconcilie en effet les ambivalences qu'inspire la sexualité féminine, en exaltant une sensualité dont elle n'a, semble-t-il, pas conscience. Contrairement à la femme fatale, Marilyn ne calcule pas ses effets, elle affiche des formes voluptueuses avec l'innocence d'une ingénue. Billy Wilder utilise cette image dans *Sept ans de réflexion* (*The Seven Year Itch,* 1955), où l'institution du mariage est mise à l'épreuve par la tentation que représente la jeune et séduisante voisine de Richard Sherman. Le film rend dérisoires les conflits intérieurs qui divisent Sherman et qu'il illustre en mêlant deux niveaux de narration – le rêve et le quotidien. L'homme se surprend à rêver de briser l'interdit dans des fantasmes qui l'invitent à l'adultère. Le décalage entre ses illusions et son quotidien, entre son épouse et la femme qu'il voudrait pour maîtresse, est source d'humour. Sens moral et conformisme imposés par la société s'opposent aux désirs primitifs du mâle conquérant, donnent naissance à des contrariétés que seuls l'humour ou le meurtre peuvent dissiper.

La femme fatale abandonne ses tenues sexy, s'efface au profit d'une ambiguïté sexuelle qui gomme les différences entre les sphères du féminin et du masculin. *Boulevard du crépuscule* (*Sunset Boulevard,* Billy Wilder, 1950) prolonge ce travail de subversion des codes en nous introduisant dans l'univers mortifère de Norma Desmond, grande actrice du muet qui mène désormais une existence de recluse dans sa villa de Beverly Hills. Si le récit est rétrospectif, mené par Joe Gillis, que l'on découvre mort au début du film, l'intérêt de l'enquête dépasse le simple dénouement d'une intrigue policière : l'imaginaire se mêle à la

---

²¹⁶. La Cour Suprême annule l'arrêt de 1896, *Plessy vs Fergusson*, qui justifiait le principe de la séparation des races dans les lieux publics : moyens de transport, églises, écoles, restaurants…

volonté de réalisme dans ce film, qui brouille les repères temporels entre le présent et le passé comme il échange les signes du féminin et du masculin. La confusion des sexes amène à la confusion des genres dans un film noir dont l'atmosphère étrange croise celle du conte. L'imaginaire se mêle au réel dès que Joe Gillis découvre la demeure de Norma, au numéro 1086 sur Sunset Boulevard, et cette ancienne star hollywoodienne, emblème de toute une histoire cinématographique. Le conte de fée commence avec la rencontre que le destin a provoquée : Joe est tombé en panne devant la demeure de Norma qui l'invite bientôt à s'installer chez elle pour lui écrire son prochain rôle, car Joe est scénariste et en quête de travail. Le film postule un système sémiologique qui entraîne une dévaluation de l'identité masculine de Joe. En effet, des signes s'échangent entre le féminin et le masculin, qui suggèrent un renversement de l'ordre social représenté. L'atmosphère noire du film tient de cette inversion des codes : actrice sur le déclin, femme vieillissante que les hommes ne regardent plus, Norma s'est inventé un univers imaginaire où elle est encore une star que le public admire, une star qui ne se laisse pas approcher. Norma est forte d'un pouvoir qu'elle maîtrise de manière absolue : elle se met en scène afin de happer le pouvoir qui va de pair avec la représentation, de sorte que Joe et le spectateur ne perçoivent que l'image qu'elle veut bien nous donner d'elle. Dominant l'écran grâce à des effets de contre-plongée, elle établit une relation de pouvoir et d'autorité vis-à-vis de Joe et du public qui, par conséquent, sont renvoyés à une situation d'infériorité. Devenu ce gigolo qui obéit aux ordres de sa maîtresse pour quelques billets facilement gagnés, Joe est associé à des signes qui émasculent sa virilité, établissent sa dépendance à l'égard de Norma. Ainsi, l'argent prend-il valeur de symbole dans le film puisqu'il asservit l'homme, le féminise, inverse les rapports de pouvoir entre les sexes : Norma entretient Joe dans une dépendance qu'elle marque aux yeux de tous en lui confiant ostensiblement quelques billets, en lui donnant des ordres qui l'humilient devant ses amis. Dans le cinéma hollywoodien, la masculinité est associée au pouvoir de prendre des initiatives tandis que la féminité se définit par la passivité, la dépendance, l'infériorité. Dans le film de Billy Wilder, les rôles sont inversés, comme pour suggérer que les codes de la représentation du masculin et du féminin sont menacés. Le pouvoir de Norma repose sur l'âge, sur la faculté qu'il lui donne de pouvoir associer féminité et masculinité, de changer son appartenance sexuelle à volonté en jouant face à Joe tantôt le rôle de la mère, tantôt le rôle de la star. Elle incarne clairement le féminin et le masculin dans la scène finale qu'elle domine du haut des escaliers, se plaçant à la fois comme objet de tous les regards, mais également comme metteur en scène orchestrant son retour sur le grand écran.[217]

    Les représentations du féminin et du masculin trahissent les tensions qu'un système rigide, défini par les studios, ne suffit plus à contenir. Qu'il soit cow-boy, gangster ou détective privé, qu'il soit Clark Gable ou John Wayne, le héros hollywoodien des années quarante/cinquante arbore une image très codifiée de la masculinité. James Cagney, Humphey Bogart, Robert Mitchum incarnent des durs, des personnages cyniques, tantôt cruels, tantôt pitoyables, souvent terrifiants de violence. Méchants ou justiciers, ces personnages affirment avec force leur masculinité. Elevé au niveau du mythe, le style Bogart vulgarise une image stéréotypée de la masculinité : regard menaçant, complets sombres ou imperméables de couleur mastic, coup de poing facile, revolver toujours prêt à sauter de son étui pour faire feu. Selon Steve Neale, les codes cinématographiques

---

[217]. Christian Comanzo, "*Sunset Boulevard* or The Coding of Irony", dans Dir. Daniel Royot, *Hollywood, réflexions sur l'écran, op. cit.*, p. 105-123.

répondent à des codes idéologiques : il est interdit de montrer le corps masculin sous un angle érotique et d'introduire le désir homo-érotique dans l'espace de la représentation. Par voie de conséquence, la caméra doit diriger le regard sur des détails (arme, canne, outil…), qui inspirent la méfiance plutôt que sur l'homme, dont le corps risquerait d'attirer l'œil concupiscent. Fragmenté par les gros plans et stylisé par un regard subjectif, le corps de l'homme est toujours médiatisé par un regard empli de haine ou de crainte. Les échanges visuels entre hommes doivent traduire une hostilité visible, dont la mise en scène vise à désamorce toute charge érotique.[218]

L'Inconnu du Nord-Express (*Strangers on a Train,* Alfred Hitchcock, 1951) souligne pourtant l'instabilité de ces codes qui servent à définir les sexes dans la société : les actes des personnages du film ne suffisent plus à leur assigner une place dans les sphères qui reviennent par tradition à leur sexe. Les contradictions aux codes de la masculinité et de la féminité abondent dans ce film qui s'intéresse à l'instabilité de l'identité sexuelle. L'homosexualité de Bruno n'est pas seulement évoquée dès la première scène, alors qu'il se retrouve face à face avec Guy au cours d'un dîner, qui pourrait être romantique si celui-ci acceptait de se prêter au jeu de la séduction dans lequel Bruno s'épanouit. L'identité sexuelle de Bruno est ambiguë dans la mesure où il est aussi attiré par le féminin, comme tend à le suggérer la scène où il poursuit Miriam dans la foire et échange avec elle des regards chargés d'intérêt. La bisexualité de Bruno est construite par ces associations de signes qui le rapprochent tantôt du féminin, tantôt du masculin. Miriam, qui affiche un appétit sexuel exacerbé, évoqué par une multitude de substituts alimentaires (glace, hot-dog), lance comme un défi à Bruno, qui pratique le refoulement comme pour résister au désir homoérotique. La scène du meurtre est filmée dans le reflet des lunettes que Miriam a laissé tomber à terre, insinuant par métaphore que Bruno tue une partie de lui-même à travers Miriam, ce double qu'il ne contrôle pas, qui le met au défi de séduire Guy et d'assouvir, comme sa victime, ses envies sexuelles par la multiplication des aventures amoureuses. Le silence dans lequel se déroule la scène conforte l'idée que l'homme essaie d'étouffer cette pulsion sexuelle, qui le fait osciller entre le masculin et le féminin. A l'origine du comportement meurtrier de Bruno se trouvent la frustration de l'enfant, qui ne parvient pas à s'affranchir de l'autorité paternelle, et l'impossible acceptation de sa propre homosexualité. La foire d'attraction offre un cadre surprenant au meurtre qu'il commet : les mouvements circulaires des manèges, les lumières clignotantes des jeux, le bruit et l'agitation des individus semblent nous entraîner dans la folie d'un espace clos où plus rien n'est contrôlable. Le silence qui précède la mort de Miriam suggère que Bruno, au demeurant la proie de son fantasme, ne peut plus reculer car il a déjà coupé tout contact avec le monde des humains.

Parce que la société moderne n'offre plus à l'homme l'occasion d'affirmer sa masculinité en dehors de la sphère économique, elle est responsable de ces incertitudes qui sous-tendent le climat social des années cinquante. L'image de la masculinité célébrée par le western ne fait que souligner davantage l'impuissance de l'homme moderne :

> Maintenant que l'homme des années cinquante avait de l'argent, probablement plus que son père, son compte en banque – non sa force, ni son courage – donnait la mesure de sa masculinité. Il essaya de se convaincre que l'argent valait la force, pourtant l'homme du passé avait quelque chose de plus, une présence à laquelle les autres répondaient, une

---

[218]. Steve Neale, "Masculinity as Spectacle" dans *Screen n° 24*, 1983, p. 6.

clarté morale et une autorité indiscutable. L'Américain des années cinquante avait perud la bataille qui se jouait entre mythe culturel et réalité personnelle. Col blanc qui comptait sur son charme au bureau, il ne pouvait plus guère se reposer sur la définition traditionnelle de la masculinité. [...] En jouant le rôle de l'épouse au bureau et celui de l'enfant au foyer, l'homme moderne perdait sa masculinité et ses responsabilités.[219]

Dans ce contexte, de nouveaux antihéros émergent au début des années cinquante : la confusion entre l'acteur et le rôle devient totale, ils se fondent pour ne laisser place qu'à un symbolisme creux, à un malaise, à une colère difficiles à extérioriser et qui caractérisent pourtant la décennie. Ces acteurs ont pour noms Montgomery Clift, Marlon Brando, James Dean, ils sont issus de l'*Actors' studio*[220], imposent leur jeu fondé sur une étude très approfondie de la psychologie des personnages qu'ils interprètent, personnages de jeunes révoltés, de désespérés du conformisme de l'après maccarthysme. Leur image à l'écran propose un parcours de souffrance physique et émotionnelle qui vient brouiller la définition de la masculinité dont les spectateurs avaient hérité.

Les acteurs proposent une conception nouvelle de la figuration du corps : ils s'opposent aux codes en vogue dans le cinéma classique hollywoodien tels qu'ils furent parodiés dans *La Corde* (*Rope,* Alfred Hitchcock, 1948). La distance entre le réel et sa représentation est volontairement marquée dans ce film qui révèle l'artificialité des décors, comme pour amener le spectateur à prendre conscience du travail de mise en scène. Aux acteurs momifiés de *La Corde*, au style empesé de la mise en scène classique, les acteurs venus de l'*Actors' studio* offrent le corps comme parole de vérité. A l'interprétation succèdent la sincérité, le doute qu'ils osent exprimer, scarifier sur le corps, pour évoquer les tensions qu'ils subissent : Montgomery Clift se sent étranger dans *Tant qu'il y aura des hommes* (*From Here to Eternity,* Fred Zinnemann, 1953) ; il personnifie cette vulnérabilité de l'homme qui hésite constamment entre sentiments intimes et code de conduite subi. Les tensions dont il est victime résultent d'une rupture douloureuse, inéluctable entre le rôle que lui a assigné la société et les sentiments qui l'assaillent.[221] Marlon Brando se plaît à exagérer certains traits généralement associés à la masculinité : compétition, solitude, misogynie, domination et contrôle de la situation, tout en dévoilant une sensibilité exacerbée dans *L'Equipée sauvage* (*The Wild One,* Laslo Benedek, 1953). En se montrant

---

[219]. « Now that the man of the fifties had money, probably more than his father, his bank balance – not strength or courage – became his measure of manhood. He tried to convince himself that money meant strength, yet the old man had had something else, a presence to which others responded, moral clarity and indisputable authority. [...] In the fifties, the American male lost the battle between cultural myths and personal reality. A white-collar relying on charm at the office, he could no longer lay claim to traditional manhood. [...] Playing the wife's role at work and the child's role at home, the modern man was losing masculinity and responsibility. » Loren Baritz, *The Good Life, The Meaning of Success for the American Middle Class, op. cit.,* p. 214-216.
[220]. Elia Kazan, Cheryl Crawford et Robert Lewis fondaient l'*Actors' Studio* à New York en 1947, où est appliquée la méthode d'interprétation proposée par Sergeievitch Stanislavsy au Théâtre artistique de Moscou dès 1912. Lee Strasberg, Stella Adler et Harold Clurman, anciens élèves de Stanislavsy ayant émigré aux Etats-Unis, fondent le Group Theatre en 1921. La méthode Stanislavsy met l'accent sur le réalisme psychologique et social, invitant l'acteur à s'identifier totalement au personnage interprété. Les techniques d'interprétation théâtrale influencent le cinéma hollywoodien après la guerre, au moment où Marlon Brando, James Dean, Marilyn Monroe sortent de l'*Actors' Studio*.
[221]. Graham Mc Cahn, *Rebel Males: Clift, Brando, and Dean,* New Jersey, Rutgers University Press, 1991, p. 29.

capable de tendresse et de sensibilité, ces acteurs remettent en question le modèle masculin, celui de la compétition et du défi, que westerns, films d'aventure, reconstitutions historiques ont promu.

Les antihéros des années cinquante incarnent une crise identitaire, supposent en effet qu'une déchirure profonde, authentique, les éloigne du modèle viril. La souffrance de James Dean dans *La Fureur de vivre* (*Rebel Without a Cause*, Nicholas Ray, 1955) est indubitablement liée au conflit qu'il ne parvient pas à surmonter entre une émotivité singulière et son idéal de la masculinité. Le film de Nicholas Ray met en scène des jeunes gens qui tous, sans exception, se sentent délaissés par leurs parents et cherchent un modèle, une figure paternelle à laquelle s'identifier, ainsi qu'une famille de substitution où trouver refuge. James Dean était apparu comme le porte-parole de toute une jeunesse assoiffée de liberté et à la recherche de son identité. Pourtant, Michel Cieutat considère que les antihéros des années cinquante ne sont pas des marginaux : en quête de reconnaissance familiale et de fusion sociale, ils n'aspireraient qu'à l'intégration totale dans la société américaine.[222] C'est peut-être là que se trouve leur faiblesse puisque ces rebelles sont trahis par le mode de représentation qu'ils dénigrent : leur révolte est le résultat d'un défi qui met en jeu l'honneur masculin, elle procède d'une crise d'adolescence plus que d'une révolution inspirée par un dessein politique et, par conséquent, ne fait que renforcer la norme « virile » à laquelle ces jeunes gens aspirent. André Muraire évoque *La Fureur de vivre* comme emblématique des malaises d'une société qui, jusque-là unie par l'effort de guerre (la guerre de Corée prend le relais de la Seconde Guerre mondiale entre 1950 et 1953), commence à reconnaître des difficultés intérieures, notamment le début du processus de remise en cause des valeurs de la famille, univers sclérosé par l'enfermement de la famille sur elle-même et ébranlé par le départ du père pour un combat douteux.[223]

La revalorisation de l'institution familiale, qui a imposé aux femmes et aux hommes un rôle social bien déterminé, semble avoir aggravé les contradictions déjà révélées par le film noir des années quarante entre identité sexuelle et sociale. Le film de science-fiction va alors prendre le relais du film noir, exprimer les inquiétudes politiques des Américains obsédés par le péril communiste, l'imminence d'un conflit nucléaire, frustrés aussi par une sexualité socialement codifiée. *L'Invasion des profanateurs de sépultures* (*Invasion of The Body Snatchers*, Don Siegel, 1956) interroge l'identité des habitants de Santa Mira, qui manifestent soudain un changement de personnalité. Les différences s'estompent entre les individus parce que les « aliens » s'emparent des esprits et des corps humains, pour mieux présenter le faux-semblant d'une communauté homogène. La loi, l'ordre social imposé, apparaissent alors comme une menace qui prend l'aspect de l'extraterrestre. Le film nous renvoie cependant l'image de l'Amérique, sujette à un conditionnement social qui la conduit vers un certain conformisme. *L'Homme qui rétrécit* (*The Incredible Shrinking Man*, Jack Arnold, 1957) évoque le danger que représente le nucléaire pour l'espèce humaine. Contaminé par un nuage toxique, le héros va rapetisser jusqu'à disparaître de la surface de la terre. Alors que ce lent processus confronte le personnage à la déconstruction de tout ce qui fait son identité d'homme et de citoyen (perte

---

[222]. Michel Cieutat, « James Dean ou le rebelle de l'intégration » dans *CinémAction n° 91*, avril 1999, p. 61.
[223]. Selon l'auteur, ce serait même un thème dominant dans les films qui relatent l'épisode coréen. André Muraire, « A propos du Vietnam : crise de la représentation dans le film de guerre américain » dans Dir. Gilles Menegaldo, *Crises de la représentation dans le cinéma américain, op. cit.*, p. 86.

de son emploi, de ses capacités physiques et sexuelles), il suggère aussi que l'homme doit vivre dans la sujétion s'il veut définitivement intégrer la communauté. Le film de Jack Arnold contient tous les ingrédients d'une crise existentielle tandis qu'il dévoile une à une ces normes auxquelles l'homme soumet sa volonté pour prendre place dans l'ordre social. Le film de science-fiction hérite ainsi du pouvoir de subversion du film noir, dans la mesure où il met en cause les rôles dévolus tant aux hommes qu'aux femmes dans un monde de plus en plus séduit par le conformisme.

Les tensions sous-jacentes dans la société et dans le cinéma des années cinquante vont s'extérioriser dans les violences des années soixante. Le consensus ne saura résister aux nombreux conflits qui bousculent normes et tabous, ébranlent les fondements de la culture dominante. La rupture se retrouve sur les écrans de cinéma, dans des films qui sont d'inspiration « noire », mais dont la forme nous interdit plus longtemps de les qualifier de « noirs ». Alors que le film noir suggérait la violence plus qu'il ne la montrait, se contentait parfois d'un cri pour dire l'horreur, le « polar » va déverser des flots de sang sous le regard pétrifié des spectateurs. Ancrés dans un contexte particulier, les films de la décennie sont autant de réactions à une situation nouvelle. Parce que les réalisateurs n'obéissent plus aux mêmes codes cinématographiques que ceux des années quarante, parce que les stéréotypes culturels ont changé, les lois du genre sont transformées : il est impossible de raconter les histoires de la même manière. Le film noir existe-t-il encore ? S'il est possible de retracer une filiation entre le film noir et le film criminel des décennies soixante et soixante-dix, nous recenserons d'abord les divergences. Dans notre perspective, il s'agit de mieux saisir les forces qui déterminent les formes esthétiques d'un film et la construction des stéréotypes pour tenter de découvrir quels sont les pouvoirs de l'image. Une approche historique de cette période nous conduit au cœur des tensions qui ont précédé ou accompagné la transformation du film noir et des modes de représentation.

La crise des années soixante

Un vent d'optimisme souffle sur le début des années soixante : l'élection de John F. Kennedy (1961), dont la personnalité jeune et dynamique contraste avec l'âge et la passivité de Dwight. D. Eisenhower, satisfait le besoin de renouveau qui se fait sentir à l'intérieur du pays. John F. Kennedy prouve à diverses reprises ses talents d'orateur dans des discours qui font vibrer la fibre patriotique des Américains et redonnent sa pleine dimension au concept de « destinée manifeste ». Le président suscite l'enthousiasme autour d'un programme ambitieux, celui de la Nouvelle Frontière :

> Certains disent que les combats de pionniers sont terminés, que tous les horizons ont été atteints, que toutes les batailles ont été gagnées, qu'il n'y a plus de "frontières" en Amérique. [...] Moi, je vous dis que la "Nouvelle Frontière" est là, que nous le voulions ou non. Au-delà de cette frontière, il reste des domaines à explorer, ceux de la science et de l'espace, il demeure des problèmes non résolus de paix et de guerre, des poches d'ignorance et de préjugés, des questions de pauvreté et de surproduction qui n'ont pas été réglées.[224]

Le nouveau programme spatial suppose qu'une Nouvelle Frontière reste à conquérir, il donne à la nation américaine le sentiment d'avoir une autre mission à accomplir ; mais il est aussi le produit de la lutte idéologique d'influence entre les Etats-Unis et l'URSS. La peur d'être dominé par des Soviétiques qui ont développé un savoir technologique, peut-être même un pouvoir militaire supérieur à celui des Etats-Unis, depuis le lancement de « Sputnik » dans l'espace en 1957, détermine l'ampleur de l'investissement désormais consacré à l'aéronautique. En effet, le maccarthysme a laissé une empreinte profonde dans la psyché des politiques américains, qui souhaitent exprimer leur engagement contre le communisme par des actions concrètes, mais dont les conséquences sont parfois sous-estimées.

La débâcle de la Baie des Cochons en avril 1961, faisant suite à la tentative d'invasion de Cuba par des exilés cubains entraînés par la CIA, ternit l'image du jeune président. John F. Kennedy espère donc reconquérir les foules en se présentant comme le chevalier du « monde libre » à Berlin, en août 1961. Il confirme l'engagement américain aux côtés des Berlinois accueillant en personne l'arrivé de 1500 soldats américains qui resteront en poste à Berlin Ouest pour protéger la ville contre le grand voisin de l'Est. La construction d'un mur qui divise la ville en deux entités antagonistes a réveillé le sentiment de vulnérabilité face au danger communiste. Parce qu'elle jouit alors d'une supériorité militaire indéniable, l'Amérique offre sa protection à l'Allemagne de l'Ouest comme aux autres pays de l'Europe démocratique, auprès desquels elle bénéficie d'une image de prestige acquise au prix du sang versé.

Lorsque des avions de surveillance américains découvrent que des missiles soviétiques sont installés sur l'île de Cuba en 1962, la fermeté de John F. Kennedy est

---

[224]. « Today some would say that those struggles are all over, that all the horizons have been explored, that all the battles have been won, that there is no longer an American frontier [...] But I tell you the New Frontier is here, whether we seek it or not. Beyond that frontier are uncharted areas of science, and space, unsolved problems of peace and war, unconquered pockets of ignorance and prejudice, unanswered questions of poverty and surplus. » John F. Kennedy, *Acceptance Address*, 15 juillet 1960, discours présenté lors de la Democratic National Convention à Los Angeles.

couronnée par le retrait des fusées. Les négociations ont pourtant obligé le président à s'engager dans un compromis : l'armée américaine ne lancera aucune intervention à l'encontre de Fidel Castro. A la fin de cette même année, le nombre de soldats américains au Viêt-nam a déjà triplé, car John F. Kennedy refuse de céder le pays au Viêt-cong – mouvement de guérilla soutenu par les autorités de Hanoi et qui s'oppose à l'autoritarisme de Ngô Dinh Diêm. Le président estime qu'en défendant le régime du Sud Viêt-nam (Diêm), il défend d'abord le « monde libre » contre le communisme.[225] Il est alors persuadé qu'abandonner Saïgon équivaudrait pour les Etats-Unis à perdre toute crédibilité dans le reste du monde.

Le consensus qu'avait su créer John F. Kennedy autour d'un programme exaltant la Nouvelle Frontière, celle de l'espace et de l'égalité des droits civils pour les Noirs, finit par éclater sous le poids de pressions politiques diverses. Les initiatives présidentielles en faveur des Noirs sont à la fois source d'admiration et de frustration. La nomination de Noirs à de hautes fonctions de l'Etat est un signe d'ouverture que des groupes contestataires, non-violents, comme le *Southern Christian Leadership Conference* (SCLC), le *Student Nonviolent Coordinating Committee* (SNCC), le *Congress of Racial Equality* (C.O.R.E) jugent insuffisants. La marche vers Washington (août 1963) rassemble des milliers de personnes derrière Martin Luther King, dans une manifestation contre toutes les formes de discrimination raciale, dans les lieux publics comme sur le marché de l'emploi. La proposition de loi que le président présente bientôt au Congrès [226] ne suffit pas à calmer la vague de violence qui secoue l'Amérique, expression du désespoir qui s'empare des communautés noires enclavées dans les ghettos pauvres des grandes villes. L'élan d'enthousiasme qui avait accompagné l'élection du premier président catholique américain s'essouffle, laisse place à l'amertume lorsque Harvey Lee Oswald assassine John F. Kennedy à Dallas, le 22 novembre 1963. Alors que Lyndon B. Johnson accède à la présidence et décide de maintenir l'engagement des Etats-Unis au Viêt-nam, la contestation ne cesse de s'accentuer ; elle se radicalise.[227]

Les mouvements du nationalisme noir connaissent leur apogée dans la seconde moitié des années soixante. Dans un discours prononcé en 1964, Lyndon B. Johnson avait promis qu'il ferait de la lutte contre la pauvreté la priorité de son gouvernement ; mais le fossé se creuse entre l'argent dépensé pour la guerre au Viêt-nam et le budget consacré à la « guerre contre la pauvreté ». En février 1967, Martin Luther King s'inquiète des conséquences de ce déséquilibre :

> Les promesses de la Grande Société ont trouvé la mort sur le champ de bataille du Viêt-nam. Nous dépensons 322 000 dollars par ennemi tué, alors que dans la soi-disant

---

[225]. La mission des Etats-Unis dans le monde est définie dans la Déclaration d'Indépendance qui postule le droit à l'autodétermination des peuples pour justifier l'indépendance des colonies. Les Etats-Unis sont donc porteurs des valeurs associées à la liberté qu'ils visent à défendre dans le monde : tous les peuples ont le droit de se constituer en nations, puis en Etats.

[226]. La loi aboutit en 1964 : le « Civil Rights Act » interdit la ségrégation dans les écoles publiques, dans les lieux publics, ainsi que dans le droit à l'emploi.

[227]. Charles Kaiser, *1968 in America, Music, Politics, Chaos, Counterculture, and the Shaping of a Generation,* New York, Weidenfeld and Nicolson, p. 136.

guerre contre la pauvreté en Amérique, nous n'en dépensons que 53 par personne reconnue comme pauvre.[228]

Les victoires juridiques des Noirs suscitent des espérances matérielles difficiles à satisfaire dans le court terme. Après l'assassinat de Malcolm X en 1965,[229] la violence et la colère des militants noirs s'expriment dans des slogans qui exaltent les valeurs des nationalistes noirs («*Black is beautiful and it's beautiful to be black*»), puis dans le militantisme extrémiste des *Black Power* ou des *Black Panthers*. Entre 1964 et 1968, de violentes émeutes noires saccagent des quartiers entiers : les résidents des taudis s'insurgent contre la lenteur des progrès dans le Sud comme dans les grandes villes du Nord. L'assassinat de Martin Luther King à Memphis le 24 avril 1968 déclenche des émeutes sanglantes que les troupes armées tentent de contenir à Washington, Pittsburgh, Columbia, New York...

L'agitation des Noirs entraîne dans son sillage une pléiade de mouvements qui s'opposent au conformisme des années cinquante. Betty Friedan sera la première à mettre en évidence le « syndrome de la ménagère » dans *The Feminine Mystique* (1963). Elle y décrit le mal de vivre d'un grand nombre de femmes au foyer, les interdits qu'une idéologie de la féminité a fait peser sur la femme depuis la fin de la Seconde Guerre mondiale. Son livre donne un souffle nouveau au féminisme qui s'était vu marginalisé par les pressions conservatrices de l'après-guerre. La sécurité, alors définie par l'argent et le mariage, devient progressivement synonyme de carcan pour ces femmes cloîtrées dans l'univers domestique. Betty Friedan compare le présent et le passé pour mieux montrer que la situation des femmes s'est dégradée :

> Une fois plongées dans les problèmes très pressants et particuliers de la vie domestique, nombreuses sont les femmes qui se sentent frustrées et tenues à l'écart de stimulantes discussions sur des grands sujets, qu'elles auraient plaisir à traiter et qu'elles sont capables de comprendre, grâce à une formation intellectuelle supérieure. Autrefois, elles écrivaient des poèmes ; aujourd'hui, elles dressent la liste des courses. Autrefois, elles parlaient art et philosophie jusque tard dans la nuit ; aujourd'hui, elles sont tellement harassées de fatigue qu'elles s'endorment aussitôt la vaisselle terminée. Elles ont souvent l'impression d'être face à une contradiction, à des horizons fermés et à des opportunités perdues. Elles avaient espéré qu'elles auraient un rôle à jouer dans les crises de leur époque. Mais elles passent leur temps à laver les couches.[230]

---

[228]. « Despite feeble protestations to the contrary, the promises of Great Society have been shot down on the battlefield of Vietnam. We spend $322,000 for each enemy we kill, while we spend in the so-called war on poverty only about $53 for each person classified as 'poor'. » Martin Luther King, discours publié dans Thomas Powers, *The War at Home*, New York, Grossman Publishers, p. 160-163. L'opinion exprimée par M. L. King s'oppose fortement aux conclusions du « Moynihan Report » (publié en 1965), qui accusent la structure des familles noires, dominées par l'autorité matriarcale, de reproduire la pauvreté de manière cyclique. Le rapport insiste sur la nécessité de renforcer le rôle économique de l'homme au sein de ces familles, afin d'offrir un modèle parental 'normal' aux enfants et de briser le cycle de la pauvreté. Les résultats du rapport montrent que des attitudes racistes continuent d'imprégner l'analyse sociologique et que la victoire remportée par l'adoption du *Civil Rights Act* (1964) n'est que partielle.

[229]. Malcolm X prêche le séparatisme entre les races et la création d'un Etat noir dans la secte des musulmans noirs, créée pendant le Grande Dépression.

[230]. « Once immersed in the very pressing and particular problems of domesticity, many women feel frustrated and far apart from the great issues and stirring debates for which their education has given them understanding and relish. Once they wrote poetry. Now it's the laundry list. Once they discussed

Le regard désenchanté de Betty Friedan soutient les activistes féministes qui obtiennent qu'un Article interdisant toute discrimination fondée sur la race ou sur le sexe soit ajouté à la loi sur les droits civils de 1964 (*Civil Rights Act*).

Tandis que le mouvement de libération des femmes revendique l'égalité réelle avec les hommes [231] et que les Noirs des ghettos du Nord brûlent des rues entières de leurs quartiers, les Indiens demandent réparation des spoliations dont ils ont jadis été victimes. La révolution sexuelle jette aux orties tous les interdits du puritanisme : la liberté sexuelle se répand tandis que les homosexuels n'hésitent plus à s'afficher. La révolte politique des étudiants (contre la guerre du Viêt-nam) s'accompagne d'une révolte culturelle que les « flower children » (ou hippies) portent à son comble en se retirant du monde de leurs parents qu'ils condamnent parce que conventionnel, laborieux et cupide. Les apôtres de la contre-culture font l'apologie de nouveaux modes de vie, dénoncent la société de consommation, où les gens perdent leur « être » à force de vouloir trop posséder. Certains pensent trouver l'extase dans l'usage de drogues nouvelles (marijuana, LSD...).[232] Toute une génération de jeunes décident d'expérimenter des drogues, de nouveaux styles de vie, d'avancer en dehors des chemins balisés par l'esprit du conformisme. La recherche de nouveaux rythmes musicaux (*rock-and-roll*) procède d'une « contre-culture » qui affecte toutes les formes de l'art. On n'hésite pas à désigner cette période comme celle d'une « révolution culturelle » dans la mesure où les mouvements marginaux, qu'ils soient culturels ou intellectuels, sont l'expression de modes de pensée alternatifs ou parallèles et témoignent d'une implacable remise en question de l'idéologie dominante.[233]

La révolution culturelle affecte bien sûr le cinéma, conduit à une révision des stéréotypes et des schémas narratifs, encourage la critique à plus d'audace. Le film criminel procède lui aussi d'une double libération : libération des mœurs et libération de l'expression filmique traditionnelle. Il libère sans ambiguïté les révoltes contenues dans les contrastes du film noir, favorisant une prise de conscience par rapport aux injustices socioéconomiques, aux contradictions d'une culture toujours quelque part sous l'influence du puritanisme.

---

art and philosophy until late at night. Now they are so tired that they fall asleep as soon as the dishes are finished. There is, often, a sense of contraction, of closing horizons and lost opportunities. They had hoped to play their part in the crises of the age. But what they do is wash the diapers. » Betty Friedan, *The Feminine Mystique, op. cit.*, p. 56.

[231]. La « National Organization for Women » (NOW) est créée en 1966 par des féministes désireuses d'entreprendre les actions nécessaires (pressions sur les politiciens, procès, appels à l'opinion publique) pour instituer l'égalité des droits entre les sexes.

[232]. André Kaspi, Claude-Jean Bertrand, Jean Heffer, *La Civilisation américaine*, Paris, Presses Universitaires de France, 1979, p. 370-383.

[233]. Voir le chapitre intitulé « La contre-culture », dans Daniel Royot, Jean-Loup Bourget et Jean-Pierre Martin, *Histoire de la culture américaine, op. cit.*, p. 432-451. Les auteurs mènent une étude sur les mouvements qui proposent une alternative aux modèles dominants – beatniks, hippies, gourous, New Age...

La libéralisation de l'expression cinématographique

Les mutations socioculturelles des années soixante ne sont pas sans conséquences sur le mode de représentation des films, ainsi que sur le choix des thèmes abordés. Le Code Hays, préfiguré dès 1927, rédigé en 1930 et appliqué en 1934, vise à contrôler la représentation de la violence, à en moduler la diffusion par le cinéma, affirmant la conviction que des modèles violents sont susceptibles de modifier les comportements. La censure apparaît alors comme un mécanisme régulateur, dont l'intention est de protéger le citoyen, l'ordre public social, l'ordre moral individuel.[234] Cependant, le Code Hays est de plus en plus souvent bafoué au cours des années cinquante, et il faut bien avouer que la censure la plus rigoureuse demeure impuissante à contrôler l'évolution de mentalités débridées.[235] L'engouement du public pour le film noir des années quarante a encouragé les audaces des réalisateurs, qui multiplient les infractions au code de production par le truchement de la métaphore.

Dans *L'Homme au bras d'or* (*The Man with the Golden Arm,* 1955), Otto Preminger s'attaque à la question de la drogue, un sujet que le Code Hays tolère depuis 1953.[236] De retour chez lui après une cure de désintoxication, Frankie Machine lutte pour ne pas replonger dans l'enfer de la drogue. Des plans rapprochés, des murs sombres enserrent Frankie à l'extérieur comme à l'intérieur. L'atmosphère de la ville devient aussi pesante que celle de l'appartement où Frankie vit avec sa compagne, Zosh, qui simule la paralysie pour retenir Frankie en lui insufflant un sentiment de culpabilité. La dépendance qui enchaîne les êtres réduit les personnages à n'être que des marionnettes, des pions dans des systèmes qu'ils ne maîtrisent pas : la vie de Zosh est tributaire de l'amour que lui porte Frankie tandis que ce dernier, pourtant en quête d'une place au sein de la communauté, s'adonne à des activités illégales – le poker et la consommation de drogue. Les rythmes d'une musique de jazz enserrent les personnages dans un cercle qu'il leur est impossible de briser, soutiennent un climat de violence qui explose dans la séquence de sevrage entreprise par Frankie. Les nombreux gros plans sur le visage crispé de l'homme, en proie à des douleurs physiques intenses, veulent nous confronter à une souffrance réelle, celle qui accompagne toute tentative de libération. C'est non seulement Frankie qui s'affranchit d'une culpabilité qui le détruit, des pressions exercées sur lui par un entourage intéressé uniquement par le profit qu'il peut tirer de ses talents de croupier dans les salles de poker, mais aussi l'image cinématographique qui s'affranchit et enfreint les préceptes du code de production, en examinant à la loupe les déchirures du corps, pour mieux percer les blessures secrètes de l'âme.

---

[234]. Richard Maltby, "Censorship and Self Regulation" dans Geoffrey Nowell-Smith (ed.), *The Oxford History of World Cinema, op. cit.,* p. 235-248.
[235]. Philippe J. Madre, *La Censure cinématographique,* Toulouse, Imprimeries du Sud, 1982, p. 61. Régis Dubois, *Hollywood, cinéma et idéologie,* Paris, Editions Sulliver, 2008, p. 29-44.
[236]. Le code est révisé en 1953 pour admettre les sujets sur la drogue et la *miscegenation* (mariage ou accouplement entre des individus de race différente), puis en 1963, où un certain nombre de points sont précisés, soit dans le sens de la libéralisation (la représentation de la prostitution est autorisée), soit dans celui du resserrement des consignes (l'accouchement et les « scènes de chambre à coucher » sont classés dans la section « sujets repoussants »). Enfin, une version nouvelle du code est promulguée en 1966. Jean-Pierre Coursodon et Bertrand Tavernier, *50 ans de cinéma américain,* Paris, Editions Nathan, 1991, p. 137-144.

Au cours des années cinquante, la violence se déchaîne de manière toujours plus arbitraire, à des moments inattendus qui la rendent d'autant plus accablante. Les tensions qui imprègnent les films des années cinquante sont à la fois sociales, sexuelles et morales ; elles vont être libérées au cours des années soixante, donner naissance à une nouvelle agitation, soutenir l'expression artistique et la vision réformatrice d'un nouveau type de film « noir ». Quels éléments Alfred Hitchcock retient-il du film noir dans *Psychose* (1960), film qui marque un tournant dans l'expression de la violence, à la fois qualitativement et quantitativement ? A l'évidence, le film est déjà un avatar du film noir dont il conserve l'intérêt avoué pour la psychanalyse, afin d'éclaircir les motivations du meurtrier pathologique Norman Bates, une image en noir et blanc qui joue des effets de lumière pour augmenter la tension dramatique de l'image et du récit. La jeune Marion Crane a hérité de la femme fatale un attrait certain pour la liberté que lui conférerait l'argent volé à un client de son patron, mais elle est accablée de remords suite à ce vol. Lui manquent donc la détermination et la perversion de la femme fatale qui seront sans aucun doute à l'origine de sa vulnérabilité, lorsqu'elle décide de quitter la route principale sur laquelle elle avait commencé sa fuite, pour s'arrêter dans un motel presque abandonné, tenu par Norman Bates. Le décor du motel, surplombé par une maison de style gothique, nous entraîne dans un monde étrange qui tient plus du film d'horreur que du film noir. *Psychose* est un *thriller* qui explore une trame ouverte par le film noir (l'étude de la violence meurtrière par le biais de la psychanalyse) et participe à faire évoluer le genre tant du point de vue thématique qu'esthétique.

Psychose peut être considéré comme un point de non-retour dans la représentation de la violence cinématographique. Dans la scène du meurtre de Marion Crane, le réalisateur ose montrer et filmer de près la mort violente d'une femme, mettre en scène l'acte du meurtre autrefois proscrit par la censure. Certains effets utilisés pendant la scène tiennent encore de l'expressionnisme, mais sa durée (quarante-cinq secondes) et la musique de Bernard Herrmann contribuent à faire de la violence l'élément essentiel d'un spectacle cinématographique basé sur le sensationnalisme, c'est-à-dire de nature à provoquer l'angoisse chez le spectateur pétrifié par l'image qu'il regarde, par la scène dont il devient le témoin. La scène du meurtre est l'élément qui fait basculer ce film noir dans le monde de l'horreur. Si la mise à mort sanctionne la déviance de Marion Crane, qui s'est égarée sur la voie du crime, elle est également le point de départ d'une enquête qui nous fait entrer plus avant dans l'étude de la psychologie criminelle.[237] Plusieurs scènes se succèdent qui contribuent à accroître la tension avant le meurtre, créant une atmosphère étrange qui déstabilise le spectateur. Alors que Marion mange les sandwichs que lui a préparés Norman Bates, gérant du motel où elle s'est arrêtée, contrainte par un orage à interrompre sa fuite, la caméra se pose alternativement sur Marion, puis sur des oiseaux de proie empaillés qui semblent surveiller les regards et les mots échangés par les deux jeunes gens.[238] Perchés en hauteur, quelques volatiles sont immobilisés en plein vol, leurs ailes déployées, comme s'ils s'apprêtaient à fondre sur leur proie. L'agressivité et la force des rapaces semblent

---

[237]. *Psychose* est déjà un avatar du film noir classique dont il ne respecte plus les règles. Le meurtre n'est ni le point de départ du film (comme dans *Le Faucon maltais*), ni l'aboutissement d'une aventure clandestine (comme dans *La Dame de Shanghai*). La scène du meurtre est un point de rupture qui signale la fin d'une partie (la fuite de Marion) et le début d'une autre (l'enquête menée par sa sœur), mettant en scène de nouveaux personnages.
[238]. Raymond Bellour analyse en détail la construction et le symbolisme de la scène dans *L'Analyse du film, op.cit.,* p. 301-302.

décuplées par l'ombre portée qu'ils traînent derrière eux, les associant implicitement aux forces du Mal. Leurs yeux éteints signifient une présence obscure, celle de la mort que la taxidermie réussit à apprivoiser.

La scène accuse la perversité du regard inquisiteur mais discret, une forme de voyeurisme qui fait écho à la situation du spectateur bientôt identifié à Norman, lorsque la caméra subjective place ce dernier dans une situation de guetteur, épiant, par un trou creusé dans le mur, Marion pendant qu'elle se déshabille. Le plaisir du regard va de pair avec le plaisir de la nudité qu'éprouve Marion tandis que l'eau vient caresser, détendre son corps sous la douche. Une silhouette d'abord très floue se dessine alors derrière le rideau ; elle devient plus nette au fur et à mesure qu'elle s'approche de Marion, jusqu'à l'instant où surgit à l'écran la lame brillante d'un couteau qui frappe le corps de la jeune femme. Le réalisateur explore ici tous les effets possibles de la violence visuelle pour rendre sensible la douleur de la chair déchirée, la brutalité animale du tueur qui manifeste toute la sauvagerie du rapace quand il plante le couteau tel un bec qui fouaille et dépèce le corps de sa victime. La scène du meurtre semble s'éterniser, alors que la caméra multiplie à l'envi les angles de prise de vue, comme pour filmer au plus près ce corps qui perd vie : il faut toute la violence portée et répétée par chaque coup de la lame tranchante pour lui ôter enfin la vie, pour permettre à la mort de le pénétrer, pour réduire l'être vivant à l'immobilité totale. Une musique stridente, composée de sons aigus et morcelés, contribue à augmenter la tension, à amplifier l'angoisse qui jaillit de l'écran. Cette musique dit la douleur tandis que le couteau s'enfonce dans la chair et la déchire en profondeur. Elle s'attache à traduire la pulsion destructrice du tueur, l'impossible résistance, l'inutile sursaut de sa victime. Le réalisateur multiplie les angles de prise de vues, allonge ou diminue la distance entre la caméra et l'objet filmé, oppose champs et contre-champs pour mieux déstabiliser la perception de la scène par un spectateur qui se voit victime au même titre que Marion et se sent complètement impuissant, car la musique l'empêche de fuir sa peur. Le rythme musical s'accélère, monte dans les aigus et accompagne la vitesse croissante des battements de pouls, dit la douleur lorsque chaque coup de couteau pénètre la chair en profondeur.

La mort est ici esthétisée par une image et une bande son composées de multiples effets, qui tous visent à introduire l'horreur. Alors que la caméra se substitue à l'œil du voyeur pour filmer l'assassinat de Marion Crane, elle prend le spectateur à témoin et l'associe à la mort avec un raffinement qui confine au sadisme : à peine émoustillé, le plaisir du voyeur a été brutalement sanctionné par la complicité de la mort violente dans une scène qui relie étroitement sexualité refoulée (Norman prend son plaisir dans le voyeurisme) et pulsion morbide (l'acte de tuer s'est substitué à la pénétration). Le *thriller* des années soixante, tel *Psychose*, dépasse le cadre ordinaire du film noir, pour faire de nous les complices de l'horreur : le spectacle de la douleur physique n'est désormais plus limité à l'évocation de scènes hors champ ; il est totalement intégré à la diégèse du film, comme s'il fallait exhiber le Mal pour mieux l'exorciser. La construction du film et des effets qu'elle peut produire sur le spectateur s'appuie sur une mise en scène qui explore la douleur des corps sauvagement blessés, qui intègre la violence physique à la rhétorique du spectacle.

Une révision du Code Hays s'impose en 1966 ; il sera abandonné en 1968. Le système de classification des films (*rating system*) qui entre en vigueur le 1er novembre 1968 va profondément modifier la représentation de la violence dans le film américain. La libération des mœurs, la banalisation de la violence permettent au cinéma de produire des œuvres plus adultes, de proposer des films plus audacieux au plan visuel, de suivre un mode de pensée plus hardi. Du fait de l'assouplissement, puis de l'abandon progressif du code de production, la représentation de la sexualité s'est trouvée considérablement modifiée à l'écran. Contre toute attente, le système de classification des films adopté en 1968 a favorisé la représentation de la sexualité et de la violence.[239] Parce que les films sont désormais classés en fonction du type de public auquel ils s'adressent, sexualité et violence deviennent de précieux auxiliaires de vente. Par exemple, les œuvres classées *PG, PG-13* ou *R* sont d'emblée destinées à un public adulte ; par voie de conséquence, les réalisateurs ciblent ce public et lui proposent les images qui correspondent à ce type de classification. Contre toute attente, le code a permis d'officialiser la représentation de la sexualité à l'intérieur d'un cadre économique contrôlé, d'un marché spécifique désigné par le sigle X.[240] La période coïncide d'ailleurs avec la vogue du cinéma pornographique, symptôme d'un temps où l'image permet de tout vendre : il est désormais possible de filmer et même de commercialiser le sexe.

Depuis que le code de production est abandonné, la représentation de la violence se banalise, devient partie prenante du spectacle cinématographique. Arthur Penn n'hésite pas à montrer tous les excès de violence que Bonnie Parker et Clyde Barrow ont déployés pendant leur cavalcade meurtrière dans les Grandes Plaines de l'Amérique dans les années trente. La libéralisation de la représentation de la violence fait écho au mouvement de libération de l'être humain. La violence filmique et graphique de *Bonnie and Clyde* (Arthur Penn, 1967) transgresse les conventions cinématographiques pour mettre en relief le mode de pensée hors normes des personnages. Elément clé des rapports que les gangsters entretiennent avec leur environnement familial ou social, cette violence se traduit à l'écran par les effets d'un montage rapide, ou au contraire par des effets de ralenti qui retiennent l'esprit, par des ruptures de ton et de couleurs qui surprennent, agressent l'œil. Des plans d'une tendre complicité (mais dénués de toute sexualité) entre les partenaires du couple alternent avec des scènes de violence soudaine qui nous rappellent leur mode de vie parallèle, leur incapacité à se fondre dans des modèles proposés.

Le traitement de la violence dans *Bonnie and Clyde* atteste qu'un nouveau système de conventions est en train de se substituer aux règles du cinéma classique [241] : aux métaphores, aux plans brefs, ou aux ellipses qui abrègent les douleurs d'une mise à mort violente dans le film noir, *Bonnie and Clyde* oppose la description minutieuse du geste qui ôte la vie, l'expression de terreur sur le visage qui affronte la mort. Le film criminel (film de gangsters, film policier, *thriller*) des années soixante n'hésite plus à exhiber ces plaies sanguinolentes causées par des blessures par balles ou l'horreur du sang qui gicle des corps. *Bonnie and Clyde* bénéficie des avancées technologiques rapides du Cinémascope, qui fait

---

[239]. Le système de classification détermine quatre catégories de films : **G** – *General audiences* (pour tout public) ; **PG** – *Parental guidance suggested for children under 17* (autorisation parentale conseillée pour les moins de 17 ans) ; **PG – 13** – *Parental guidance suggested for children under 13* (autorisation parentale conseillée pour les moins de 13 ans) ; **R** – *Restricted – persons under 17 must be accompanied by an adult* (les moins de 17 ans doivent obligatoirement être accompagnés d'un adulte) ; **X** – *Prohibited to all persons under 17* (interdit aux moins de 17 ans). En octobre 1990, le certificat X a été remplacé par **NC-17** pour éviter l'assimilation automatique à la pornographie dont souffraient tous les films cotés X.
[240]. Linda Willams, "Sex and Sensation" dans Geoffrey Nowell-Smith (ed.), *The Oxford History of World Cinema, op. cit.*, p. 490.
[241]. Anne-Marie Bidaud, *Hollywood et le Rêve américain, Cinéma et idéologie aux Etats-Unis, op. cit.*, p. 204.

que l'horreur immédiate de la mort violente est matérialisée par la couleur rouge qui souille abondamment les visages et les corps mutilés. Dans la scène finale, Bonnie et Clyde succombent sous les balles de la police, pris dans une embuscade. Leur souffrance physique est rendue sensible par les interminables soubresauts de leurs corps déjà privés de vie.[242] Arthur Penn joue ici de l'interminable durée de la fusillade, du ralenti qui, à la différence du documentaire brutal, en temps réel, cantonne au monde de la fiction en dépouillant la mort de tout effet réaliste. La dernière scène de *Bonnie and Clyde* suggère que les rapports du spectateur à l'image ont changé, que le paysage visuel s'est transformé au cours de la décennie soixante.

La télévision a diffusé les images d'Abe Zapruder, ce cinéaste amateur qui a filmé l'assassinat du président John F. Kennedy le 22 novembre 1963 à Dallas, comme les images rapportées du front de la guerre du Viêt-nam ; il est donc possible de montrer sans ambages toutes les horreurs qui hantent l'imaginaire américain puisqu'elles font désormais partie du paysage quotidien.[243] L'évolution des mœurs, premier tabou mis à mal, affecte la production cinématographique : si le système de censure a été modifié, c'est pour que les cinéastes puissent disposer d'une liberté quasi totale. Le code de production établi en 1966 s'ouvre en effet sur une déclaration de principe hostile à toute censure ; il vise à encourager la liberté créatrice dans l'expression artistique. Les réalisateurs n'ont donc plus besoin d'avoir recours à des voies détournées pour traiter de sujets jadis interdits. La déviance sexuelle est désormais permise à l'écran : l'homosexualité, la prostitution enfantine, la nudité, le langage abusivement cru entre adultes, la violence insidieuse ou perverse, tous à peine esquissés dans le film noir, s'étalent désormais avec impudeur.[244]

Ce nouveau langage cinématographique est aussi le fruit de la révolution culturelle des années soixante. C'est ainsi que l'épopée de *Bonnie and Clyde* acquiert une dimension presque mythique pour la jeune génération qui, dans les années soixante, fait ses armes en rébellion contre le carcan des valeurs traditionnelles :

> *Bonnie and Clyde* connut un immense succès, car le film offrait une image stylisée des rebelles des années trente, qui plaisait au public faisant l'expérience de la révolution culturelle dans les années soixante. [...] Le film avait un sens pour les spectateurs qui faisaient l'expérience de la désillusion et du conflit entre les générations. Il présentait un portrait plutôt séduisant de deux individus à l'esprit indépendant, qui se révoltaient contre la société dominante et exprimaient de manière impulsive leurs sentiments.[245]

---

[242]. Robert Phillip Kolker, *A Cinema of Loneliness*, Oxford, Oxford University Press, 1980, p. 47.
[243]. Rob Conrath explique que ces documents ont repoussé le « seuil de tolérance visuelle d'une population désormais habituée à recevoir des informations brutes ». Rob Conrath, « *Snuff* : meurtre live, le passage à l'acte » dans Dir. Marc Buffat, Marcel Rodriguez et Bernard Sichère, *Textuel n° 31, Le Cinéma et le mal*, Paris, Publication de l'UFR « Science des Textes et documents » de Paris 7-Denis-Diderot, p. 64-65.
[244]. Stuart M. Kaminsky, *American Film Genres*, New York, Pflaum Publishing, 1974, p. 10.
[245]. « *Bonnie and Clyde* became tremendously successful because it offers a stylish picture of cultural rebels in the 1930s that appealed to audiences experiencing the cultural revolution of the 1960s. [...] The film spoke meaningfully to viewers who were experiencing disillusionment and a 'generation gap'. It presents a somewhat appealing portrait of two independent-minded people who rebel against mainstream society and impulsively display their emotions. » Robert Brent Toplin, *History by Hollywood*, Chicago, University of Illinois press, 1996, p. 128-129.

Clyde Barrow et Bonnie Parker auraient commis environ quinze meurtres entre 1932 et 1934 alors qu'ils pillaient des magasins, attaquaient des banques, échappaient aux forces de police. C'est parce qu'ils incarnent un mode de vie anticonformiste, se rebellent contre les médias et l'autorité policière, dont ils remettent en question les méthodes punitives et expéditives, que ces personnages fascinent la jeunesse des années soixante.[246] Durant les années de la grande Dépression (1929-1938), le gangster avait représenté la peur, mais aussi la liberté obtenue grâce à l'argent volé, l'aventure d'une vie dans la marge. Sa carrière s'apparentait en quelque sorte à une parodie du « rêve américain », car le gangster choisissait de se marginaliser pour tailler sa route. L'existence qu'il mène prend alors l'allure d'un défi contre un système déjà trop corrompu pour encourager la seule honnêteté.[247]

Tout cinéma qui tente de porter un regard critique sur la société dont il s'inspire doit d'abord se démarquer des codes cinématographiques qui l'ont précédé, de peur de reproduire des schémas idéologiques à l'identique. Les films criminels des années soixante consomment la rupture avec les codes du cinéma classique, mais ne procèdent pas d'une contre-culture, dans la mesure où ils n'entrent pas dans la clandestinité. Le genre noir suit et subit les évolutions des mœurs, répond à des mutations sociales évidentes, mais il ne les suscite pas, ne les provoque pas.[248] Un glissement s'opère du film noir au polar qui déplace la parole subversive et la place à un niveau thématique, levant un à un tous les tabous sur des sujets que le film noir était contraint d'aborder par la métaphore. C'est cette rupture qui nous invite à continuer notre étude en parlant d'avatars du film noir, puisqu'il existe à la fois des ressemblances et des divergences entre des films qui, produits à des périodes distinctes, envisagent les mythes fondateurs dans un contexte nouveau.

---

[246]. Voir l'article intitulé « Une violence agressive » dans Dir. Jean-François Gautier, *Le Cinéma n° 74*, Paris, Editions Atlas, 1983, p. 1528-1529.
[247]. Voir l'article « Les Rois des bas-fonds » dans Dir. M. Marmin, *Le Cinéma n° 8,* Paris, Editions Atlas, 1982, p. 147.
[248]. Anne-Marie Bidaud, « Redistribution des pouvoirs et mutations du public : le cinéma hollywoodien des années soixante » dans Dir. Daniel Royot, *Hollywood, Réflexions sur l'écran, op. cit.,* p. 175-189. Anne-Marie Bidaud suggère que les formes cinématographiques subissent l'influence du jeune public des années soixante, cultivé et contestataire. Elle évoque le lien thématique entre une génération qui rejette ses racines et la représentation du voyage, de l'errance, dans plusieurs films de la décennie.

DEUXIEME PARTIE

LES AVATARS DU FILM NOIR

(1960-1990)

Alors que l'histoire du cinéma et la technique cinématographique deviennent des matières enseignées à l'université dans les années soixante-dix, le film noir suscite un intérêt nouveau auprès des théoriciens du cinéma comme des féministes. *Women in Film Noir* rassemble une série d'articles originaux, qui manifestent ce regain d'intérêt pour le genre, dont on analyse les composantes politiques et idéologiques.[249] Issue des écoles supérieures ou des universités où ils ont étudié l'art du cinéma, une nouvelle vague de réalisateurs (Martin Scorsese, Brian De Palma, Alan Pakula, Arthur Penn...) propose des films, qui s'inscrivent dans le sillon de ce genre, dont les conventions esthétiques et thématiques ont été établies et reconnues *a posteriori*. Les œuvres produites témoignent d'une conscience des effets, qui permet de moduler le film noir pour lui imprimer une sensibilité. Les années soixante-dix inaugurent une période d'intense activité sur le front de la liberté d'expression au cinéma, permise par l'assouplissement puis l'abandon de fait du code suranné de la production.

Le film criminel ouvre la voie de la reconnaissance à ces réalisateurs qui jouissent bientôt de cette liberté toute neuve pour infléchir le mode de représentation du genre et proposer une réflexion sur le média comme sur la société américaine. La femme fatale ne tarde pas à s'effacer devant la prostituée ou la femme libérée, tandis que le détective privé se laisse dépasser par le policier/justicier qui revient en force sur les écrans. Les thèmes du film noir subissent un traitement nouveau, marqué par la libération de la violence qui accompagne la criminalité et les passions, violence d'autant plus destructrice que les personnages avaient jusqu'alors tenté de la contenir. Aux ombres expressionnistes qui hantaient les rues malfamées des villes, aux contre-jours qui suggéraient la violence des sentiments des personnages dans le film noir, le polar privilégie l'explosion des couleurs et un montage nerveux pour décrire les accès de violence soudains des protagonistes. Le polar se rapproche parfois du film d'horreur tant les manifestations de violence y sont intenses et cruelles.

Art figuratif dont le système de représentation témoigne de la relation qui existe entre la « culture » et le « réel », entre les mythes et la société, le cinéma traduit encore le lieu du désir dans le champ de la représentation. Roland Barthes nous invite à lire la figuration comme « signifiante », tout à la fois intervention de la subjectivité dans la production du sens et lieu du texte réservé au plaisir, définition qui sied au polar dont le mode de représentation indique le poids de l'héritage du film noir.[250] Si le polar traduit une culture filmique dont se repaît l'imagination des réalisateurs, la représentation paraît cependant indissociable de la culture ambiante. Le traitement des stéréotypes révèle un mouvement idéologique et une évolution socioculturelle, tels qu'ils s'inscrivent dans le champ de la représentation et s'impriment dans l'imaginaire.

Avatar du film noir, le polar nous conduit jusque dans les années quatre-vingt-dix en nous donnant à voir les crises et les angoisses que l'Amérique a traversées. A la fin des années soixante, le polar prend possession des écrans américains, porteur d'un message subversif, remettant en cause la société de l'époque, à travers une stylisation à outrance des images qui trahissent cette fois une vision plus dure, plus cynique et plus tranchante que celles du film noir. Les cinéastes des années soixante et soixante-dix ne renient pas ce glorieux ancêtre que représente le film noir, et nous allons tenter de montrer comment s'établit la filiation entre le film noir et ses divers avatars.

---

[249]. Ann Kaplan (ed.), *Women in Film Noir,* London, British Film Institute, 1978.
[250]. Roland Barthes, *Le Plaisir du texte,* Paris, Editions du Seuil, 1973, p. 89.

Comment définir le polar ?

Du film noir au polar

De plus en plus marginal dans la production hollywoodienne des années cinquante, le film noir décline ses avatars dès la fin des années soixante. Le terme de « polar » nous permet de désigner ses mutations, c'est-à-dire des films qui détournent les propos du genre, mais en retiennent des aspects singuliers. Toujours ancrée dans le décor urbain, la criminalité du polar trahit une violence dont l'intensité s'est accrue, fait apparaître des troubles émotionnels ou psychologiques si complexes qu'ils réduisent la fonction du privé au sein de l'intrigue. Les conventions du film noir sont donc reconsidérées tandis que ses thèmes sont réactualisés, car des situations somme toute comparables appellent pourtant des traitements différents.

La référence au film noir entre donc dans une véritable stratégie esthétique et politique de la part de ces réalisateurs qui révisent les intentions associées au thème de l'investigation, qui repensent la fonction du détective privé et de la femme dans une intrigue criminelle. Gérard Genette forge le concept d'« hypertexte » pour désigner « tout texte dérivé d'un texte antérieur »[251], c'est-à-dire toute tentative de réécriture. Il distingue cependant le pastiche qui vise à « l'imitation d'un style, dépourvue de fonction satirique » de la parodie qui désigne le « détournement de texte à transformation minimale ».[252] L'écart entre le modèle (hypotexte) et son avatar (hypertexte) est le signe d'une fracture temporelle, parfois même d'une distance critique, qui affecte la forme et le style de la fiction. Alan Pakula résume ci-après les règles qui trahissent l'avatar du film noir en soulignant l'effort d'appropriation qui a soutenu la réalisation de *Klute* (Alan Pakula, 1971) :

> A première vue, *Klute* affiche toutes les caractéristiques d'un *thriller* des années quarante. Pour moi, qui ai commencé à réaliser des films assez tard, l'idée était d'utiliser un genre pour parvenir à mes fins. Ce n'est pas le pastiche qui m'intéressait, mais au contraire, l'idée d'explorer le monde contemporain à travers le filtre d'une forme classique.[253]

Certains films de la décennie soixante-dix expriment une lecture parodique du film noir, c'est-à-dire qu'ils supposent le déplacement d'un fragment du texte premier (le film noir) vers un texte second (le polar), opération induite par un changement de contexte. Même si le signifiant déplacé demeure peu altéré, le sens premier se dilue au profit d'un sens

---

[251]. Gérard Genette, *Palimpsestes, La littérature au second degré,* Paris, Seuil, 1985, p. 14.
[252]. *Ibidem*, p. 33-34. L'auteur ajoute encore deux catégories qui ne nous semblent pas intéresser le polar, ni les autres avatars du film noir qui apparaissent au cours des années soixante-dix. En effet, il oppose la parodie stricte dont nous avons rappelé la définition ci-dessus au « travestissement » dont « le contenu se voit dégradé par un système de transpositions stylistiques et thématiques dévalorisantes ». Il distingue également le « pastiche » du « pastiche satirique, parce que sa manière se voit ridiculisée par un procédé d'exagérations et de grossissements stylistiques ». *Ibidem*, p. 33.
[253]. « At the outset *Klute* has all the characteristics of a 40's thriller. For me, starting to direct quite late, the attraction was in using a genre for my own ends; it wasn't pastiche which interested me but, on the contrary, making a contemporary exploration through the slant of a classic form. » Alan Pakula, « Entretien avec Alan J. Pakula » par Michel Ciment dans *Positif n° 36*, mars 1972, p. 36.

nouveau.[254] La définition de la parodie stricte, telle que la propose Gérard Genette, s'applique au polar qui emprunte des éléments au film noir pour les transposer dans un autre contexte. Telle est la démarche suivie par Alan Pakula dans *Klute*, où fait irruption le personnage du détective privé, dont l'image et les objectifs n'ont guère changé depuis *Le Faucon maltais* (*The Maltese Falcon,* John Huston, 1941), mais dont la fonction au cœur du récit est bouleversée. Un texte nouveau émerge de l'imitation stylistique qui est également à l'œuvre dans *Le Privé* (*The Long Goodbye,* Robert Altman, 1973), soulignant l'anachronisme représenté par le privé dans un monde qui a muté. Le décalage des contextes dans lesquels apparaît le personnage du privé signale l'intention parodique qui accompagne l'innovation esthétique et thématique des avatars du film noir. Le polar appelle une lecture nouvelle des mythes qu'il investit et des images qu'il vole au film noir comme à d'autres genres.

Si le film noir tirait son originalité du mélange des genres, le polar emprunte les codes du film policier et du *road movie* pour mieux confondre les criminels et les policiers, les femmes fatales et les prostituées…[255] Un amalgame, que les films produits au cours des décennies soixante/soixante-dix et retenus dans la catégorie des polars, met en évidence : elle inclut des œuvres aussi variées que *Le Point de non-retour* (*Point Blank,* John Boorman, 1967), *De sang froid* (*In Cold Blood,* Richard Brooks, 1967), *Les Tueurs de la lune de miel* (*The Honeymoon Killers,* Leonard Kastle, 1970), *Klute* (Alan Pakula, 1971), *Les Chiens de paille* (*Straw Dogs,* Sam Peckinpah, 1971), *Le Privé, Les Rues chaudes* (*Mean Streets,* Martin Scorsese, 1973) *Chinatown* (Roman Polanski, 1974) et *Taxi Driver* (Martin Scorsese, 1976). Le point commun à tous ces films est peut-être qu'ils participent à la mise en place d'une esthétique dite postmoderne, née d'une nouvelle situation de crise, comme le suggère la définition qu'en donne Jean-Loup Bourget :

> Dans cette période de crise culturelle, le postmodernisme nie la cohérence, la durée et la logique que la société moderne entendait atteindre. Elle fait figure de « patchwork » à l'image de certains tableaux du pop'art. L'absence de sens et de direction se reflète dans une crise de représentation en littérature. [256]

---

[254]. Annick Bouillaguet, *L'Ecriture imitative, pastiche, parodie, collage,* Paris, Editions Nathan, 1996, p. 67.
[255]. La formule du *road movie* est préfigurée dans *Les Amants de la nuit* (*They Live by Night,* Nicholas Ray, 1949) comme dans d'autres films noirs qui retracent l'errance des *losers* (par exemple *Detour,* Edgar G. Ulmer, 1945). L'errance devient le motif dominant dans *Easy Rider* (Dennis Hopper, 1969), où la route acquiert une dimension symbolique centrale, car Billy et de Wyatt ont décidé de traverser l'Amérique en moto. Au cours de leur voyage, rythmé par une bande son composée de plusieurs chansons « rock », ils se heurtent à l'hostilité des habitants des petites villes qui se méfient de leur style de vie anticonformiste, puis trouvent refuge dans une communauté hippie, avant de se faire arrêter par le shérif d'une autre ville. Le voyage s'accompagne de rencontres qui sont autant de portraits de l'Amérique profonde ; il représente non seulement une quête d'identité pour les personnages, mais également une fuite devant les responsabilités ou les contraintes d'une vie professionnelle et familiale. Henri Veyrier et Annie Goldman, *L'Errance dans le cinéma américain,* Paris, Union Parisienne d'Imprimeries, 1985, 123 p.
[256]. Daniel Royot, Jean-Loup Bourget, Jean-Pierre Martin, *Histoire de la culture américaine, op. cit.,* p. 438. Pour Jean-François Lyotard, le postmodernisme désigne le processus de crise irréversible qui a ébranlé toutes les théories scientifiques, morales, idéologiques et artistiques au cours du XXᵉ siècle. Jean-François Lyotard, *La Condition postmoderne,* Paris, Editons de Minuit, 1979.

A l'instar du film noir, le polar serait donc le mode d'expression d'une crise, d'une remise en question de l'idéologie dominante, car il refuse de satisfaire le seul besoin de divertissement du public. Composition d'une image le plus souvent en couleur, subtilité du montage, travail d'interprétation des acteurs acquièrent une force expressive, qui répond d'abord à un besoin de communiquer des idées ou des sentiments au spectateur. Un glissement s'est produit depuis les années quarante qui mène les réalisateurs au-delà de la nécessité de moraliser une histoire criminelle ou de la réduire à une pathologie. La libéralisation de la censure n'oblige plus les réalisateurs à rechercher la parole subversive pour dire une révolte ou exorciser un malaise dont ils sont conscients. La fiction peut jouer pleinement ce rôle.

Par conséquent, l'ambiguïté caractéristique du film noir laisse place à un vide ou à une absence de sens qui, paradoxalement, sert à exprimer une crise des valeurs, un regard critique sur le monde. L'absence de repères, manifestée par des décors en clair-obscur ou des angles de prise de vues décentrés dans le film noir, est désormais l'effet de déplacements géographiques ou de mouvements de caméra incontrôlés. L'errance géographique est le leitmotiv de tous ces films, signe d'une errance psychologique entre le réel et l'illusion, entre le bien et le mal, entre l'âge adulte et l'enfance. Aux meurtres programmés du film noir succèdent les homicides commis en série par des tueurs sans état d'âme, sans mobile apparent, sans crise de conscience. L'absence de quête détermine le parcours chaotique d'hommes et de femmes abandonnés à eux-mêmes, aliénés dans une société où l'individu n'est plus qu'un objet dans un univers de consommation. Le polar met en scène le sentiment d'aliénation qui accable des individus sans repères, illustre au niveau de l'intrigue comme au niveau du visuel la perte de conscience individuelle qui va de pair avec le développement d'une société industrielle, dans laquelle se déchire le sentiment d'appartenance à une communauté. Des couleurs trop sombres ou trop criardes isolent les personnages de l'univers urbain qui les entoure, manifestent les symptômes d'une crise intérieure que seule la violence permet d'exorciser.

Le polar trahit le sentiment d'aliénation qui conduit les individus à se replier sur eux-mêmes, à se couper de la communauté humaine au sein de laquelle ils se sentent étrangers :

> L'aliénation consiste dans cette part de soi-même qui demeure à soi-même irréductiblement étrangère : aliénation de ne pas accepter dans le cours de notre existence certains faits, ou certains sentiments que nous y éprouvons contradictoires, absurdes, et étrangers ; aliénation de ne pas comprendre l'origine ni le sens de certains comportements qui, comme on dit, nous échappent (oublis, lapsus, actes manqués); aliénation de garder par devers soi, dans le refoulement de l'inavouable, ce par quoi l'humanité universelle nous proscrit elle-même et nous constitue en étranger, puisque ce que nous avons vécu ne peut pas être vécu par elle et qu'elle refuse de l'accueillir dans son langage ; aliénation de vivre une réalité que toute rationalité révoque, et par conséquent de vivre une vie qui n'est pas la nôtre et qui nous est étrangère puisque nous ne la comprenons pas.[257]

De manière significative, le personnage de la prostituée remplace celui de la femme fatale ; il signale l'effondrement des valeurs traditionnelles, la désarticulation de l'ordre social, puisqu'il offre le corps et la tendresse de la femme comme un rempart contre l'isolement et

---

[257]. Nicolas Grimaldi, *Le Désir et le temps,* Paris, Presses Universitaires de France, 1971, p. 431-433.

la solitude dans une ville insensible aux destins individuels. La femme s'achète et se vend, sa réification illustre la poussée du matérialisme. Parce qu'elle s'est libérée des contraintes du mariage pour pouvoir goûter au plaisir de la sexualité sans devoir affronter la jalousie d'un époux trop possessif, la femme ne dispose plus du pouvoir qui allait de pair avec le mystère de la féminité. Elle est d'autant plus vulnérable face aux désirs d'hommes pervers qui utilisent la force pour satisfaire leurs envies (*A la recherche de Mr Goodbar, Looking for Mr Goodbar,* Richard Brooks, 1977). La structure familiale est ébranlée, elle nourrit l'immoralité entre des époux infidèles (*Klute,* Alan Pakula, 1971), cultive le tabou de l'inceste (*Chinatown,* Roman Polanski, 1974). Le fantasme de la femme fatale, à l'œuvre dans le film noir, a été lu comme la mise en scène d'un imaginaire qui tend à satisfaire la réalisation de désirs inconscients : la féminité et la sensualité du personnage féminin y étaient accentuées pour signifier sa soumission à la voracité sexuelle que l'homme se flattait de satisfaire.

Policier, vétéran, prostituée, détective privé sans personnalité sont les nouvelles figures du polar ; elles suggèrent qu'un glissement a porté l'imaginaire collectif vers l'outrance du cauchemar. L'investigation sert toujours la trame narrative du polar, mais elle se conclut le plus souvent sur un échec, révélant les tares d'un système qui nourrit une imagination perverse, voire meurtrière, parmi les déviants. Le polar nous présente une société dominée par la violence et l'amoralité que Dick Hickock résume ainsi dans *De sang froid* (*In Cold Blood,* Richard Brooks, 1967) : « Tout le monde vole quelque chose. C'est un passe-temps national. Voler et tromper… Si l'on arrêtait toutes les épouses infidèles et tous les hommes malhonnêtes, le pays entier serait derrière des murs de prisons »[258].

De sang froid postule une conception nouvelle de la violence ; il s'agit d'une violence gratuite et instituée comme mode de conduite qui se présente comme le seul moyen de résister au sentiment envahissant et destructeur de l'aliénation. Richard Brooks choisit de retracer le parcours singulier de Perry Smith et de Dick Hickock dans ce film en noir et blanc qui rappelle volontairement la tonalité en clair-obscur du film noir. Adapté d'un roman de Truman Capote, lui-même inspiré par un fait divers qui eut lieu en 1959, *De sang froid* retrace les cinq années de cavalcade, de prison et d'attente, qui se sont écoulées entre les meurtres commis par un couple de criminels et le moment de leur exécution par pendaison le 14 avril 1965. Le polar intègre des éléments du film noir et du *road movie* afin de dépeindre la déchéance morale des meurtriers, figures de l'aliénation dans une société dont ils rejettent les normes morales et sociales car ils en sont les exclus.

Libéré sur parole, Perry Smith ne tarde pas à renouer avec un mode de vie criminel : les premières minutes du film nous décrivent son arrivée à la gare de Kansas City, où il est vite étourdi par les passages incessants de silhouettes anonymes. Le mouvement est désordonné, accompagné d'un bruit de fond qui isole l'homme, étouffe jusqu'au son de sa voix. Perry recherche des repères dans le passé alors qu'il attend l'arrivée de Dick, son ancien complice. Bien que la caméra se rapproche de son visage au moment où il parle dans le combiné du téléphone, s'adressant à son avocat qui l'avertit des risques encourus s'il brise les termes de sa liberté sur parole, la voix de Perry est à peine audible, comme si elle était étouffée par les bruits alentour, comme si l'homme était encore retenu à distance. La scène introductrice du film nous montre un personnage au regard fuyant, effacé, qui souffre de maux de tête lancinants, comme pour rappeler inlassablement

---

[258]. « Everyone steals something. It's a national pastime. Stealing and cheating… If they caught every cheating wife and tax chaseman, the whole country would be behind prison walls. »

la difficulté qu'il ressent face au monde réel environnant. S'il prend de l'aspirine c'est, semble-t-il, pour pouvoir faire face au monde qui l'entoure, aux choix qu'il va effectuer. Du début à la fin du film, Perry demeure celui qui subit : son ami Dick conduit la voiture qui les mène jusqu'à la ferme des Clutter, c'est lui qui a décidé quelle démarche suivre pour s'emparer des économies que les fermiers ont, paraît-il, enfermées dans un coffre. Le montage alterné fait se succéder des séquences qui nous décrivent les habitudes d'une famille unie, les Clutter, et la préparation d'un cambriolage par Perry et Dick, qui se rapprochent inéluctablement du lieu d'habitation des fermiers. Le montage alterné souligne les gestes exécutés au même moment par les Clutter et par les criminels, comme pour insinuer que leur rencontre est inévitable. Alors que M. Clutter se rase, c'est le visage de Perry qui se superpose à son reflet.

Tandis qu'ils entament leur voyage vers la ferme des Clutter, Perry se laisse guider par la voix de Dick, seul repère que nous offre la bande son alors que l'image s'assombrit jusqu'à la nuit. Les plans lointains se font insistants et décrivent l'éloignement des deux hommes par rapport aux normes ambiantes : leur voiture suit une ligne droite qui traverse l'écran de part en part et s'enfonce dans un espace sombre. Les gros plans sur le visage de Perry ne nous rapprochent jamais de la personnalité de l'homme, même s'ils s'ouvrent parfois sur des flash-backs qui relatent une enfance marquée par les violences conjugales entre ses parents, par l'alcoolisme de sa mère. On comprend que l'impuissance de l'enfant qu'il était alors, face à la violence de son père, s'est prolongée dans une attitude d'irresponsabilité, dans une attitude de soumission plutôt que d'action. Les silhouettes des tueurs se détachent à peine du fond de l'écran, comme s'ils n'étaient plus que l'ombre d'hommes, comme s'ils n'existaient que par rapport à la violence qu'ils s'apprêtent à commettre. Presque effacés de l'écran par moment, ces hommes sont engagés dans un apparent processus de dépersonnalisation. Perry ne réagit qu'en fonction de souvenirs qui le poussent soit à la passivité subite, soit à la reproduction des violences paternelles.

Les meurtres que Perry et Dick perpètrent dans la maison des Clutter, après avoir pris conscience qu'aucun coffre ne renferme la richesse supposée de cette famille de fermiers, sont traités sous forme d'ellipse au début du film, dont l'objet n'est pas tant les meurtres que les motivations de ces meurtres. Les séquences se succèdent qui inscrivent le film dans le genre criminel, puis policier, avant d'emprunter les codes du *road movie*, visant à déstabiliser le public. Le récit se dédouble et la dualité narrative permet de nous décrire la fuite des meurtriers dans une errance qui les emmène jusqu'au Mexique, pendant que la police découvre les cadavres d'une famille massacrée et commence l'investigation qui mène les inspecteurs sur la trace des tueurs. Le voyage ne correspond plus ni à une aventure, ni à une quête personnelle pour Dick et Perry : plus les hommes s'éloignent du Kansas, plus leur existence se vide d'intérêt. Ils s'adonnent à la boisson et s'abandonnent à une prostituée, une fois arrivés au Mexique, comme s'il leur fallait combler un vide ; s'ils prennent des auto-stoppeurs, c'est pour tenter d'effacer une absence. L'univers familial est ainsi reconstitué le temps d'un voyage jusqu'en Californie, en compagnie d'un enfant et de son grand-père. Le retour volontairement accepté vers le Kansas suppose l'existence d'une barrière qui empêche les hommes d'être véritablement eux-mêmes, d'assumer cette indépendance des origines qu'ils ont pourtant affirmée par le truchement de meurtres. Leur impossible libération d'eux-mêmes est liée à cette relation infantilisante du gamin face à son père, et chaque meurtre commis prend la dimension d'un nouveau parricide attesté par la superposition des souvenirs de Perry et des scènes de violence. Aux yeux de Richard Maltby, ces personnages ne sont que les victimes désespérées de leur environnement :

> Perry et Dick sont victimes de leur environnement (dépeint par un paysage sans relief, institutionnel et pauvre qui n'offre aucune possibilité d'expression individuelle), de leur malchance (les circonstances de leur arrestation), de leur conscience limitée (la recherche d'un trésor caché, la croyance erronée en la richesse des Clutter qui les amène à commettre leur premier crime).[259]

Au terme de « victimes » d'un environnement qui nourrit ce type de déviance, pourrait se substituer celui de « produits », dans la mesure où le détachement qui préside au portrait des deux tueurs trouve un écho dans l'image présentée de la famille et de la justice. Lorsque l'avocat de la partie civile plaide en faveur de la peine de mort, après l'arrestation des deux hommes, il cite la Genèse pour fonder sa conception d'une juste punition à l'égard des meurtriers : « Celui qui répandra le sang de l'homme sera puni par l'effusion de son propre sang »[260]. Et le juriste referme la Bible avec un bruit qui rappelle celui des détonations qui ont accompagné les meurtres maintenant avoués. Les scènes de pendaison sont présentées aussi sobrement que les meurtres commis par Perry et Dick, filmées d'une manière comparable à celle du flash-back qui décrit leurs actes de barbarie : une abondance de gros plans sur des visages apeurés, ceux de Perry, de Dick, mais aussi des bourreaux chargés de l'exécution quand ils voient approcher le temps de la mort. Cette alternance de plans d'ensemble et de gros plans nous donne une vision fragmentée de la mise à mort, vidée de toute logique. Ni les meurtriers, ni les bourreaux ne semblent accablés par le sentiment de leur culpabilité, car le meurtre est intégré à un mode de vie pour les premiers, à un devoir pour les seconds. La peine de mort est appliquée au nom des droits du peuple – « Nous le peuple », énonce la sentence finale.

    La part du tragique diminue au fur et à mesure qu'approche la fin du vingtième siècle. Aux métaphores et aux symboles, le polar préfère une approche réaliste qui démythifie la mort. Les femmes fatales ont disparu tandis que les cadavres tâchent de rouge les écrans lumineux du cinéma. La violence crue semble vouloir repousser le mythe tragique dont la fonction est de figurer, de nous faire voir une réalité dont nous n'avons pas l'expérience directe ou qui nous reste cachée, de nous faire comprendre ce que la parole n'arrive pas toujours à exprimer dans l'instant. A la réflexion sur soi-même que propose l'exploration des mythes humains, le vingtième siècle a préféré définir le progrès en termes de science et de technique. Pour Walter F. Otto, l'homme se condamne à l'angoisse s'il n'accepte de vivre qu'en puisant dans ses propres ressources, pour enfin prendre naturellement conscience de toute la désolation de son existence.[261] Le polar participe de ce processus, dans la mesure où il rejette la vérité du non explicable, et met en scène la détresse de l'homme moderne. L'instabilité visuelle, créée par de nombreux mouvements de caméra, exprime l'absence de sens, le vide existentiel des individus qui errent dans une

---

[259]. « Perry and Dick are victims – of their environment (viewed in bleak, institutional, characterless surroundings that deprive them of an opportunity for individuality), of their bad luck (the circumstances of their capture), of their own limited awareness (the search for buried treasure, the mistaken belief in the Clutters' wealth that leads them to commit the crime in the first place). » Richard Maltby, *Harmless Entertainment, Hollywood and The Ideology of Consensus*, London, The Scarecrow Press, 1983, p. 293.
[260]. « Who so sheddeth man's blood / By man shall his blood be shed. »
[261]. Walter F. Otto, *Essais sur le mythe*, traduit de l'allemand par Pascal David, Mauvezin, T.E.R, 1987, p. 23.

ville devenue lieu d'anonymat et d'aliénation. Dans cet univers froid et déshumanisé, l'homme ne peut plus s'imposer que par l'accomplissement de sa force physique. La violence atteint un nouveau paroxysme dans le polar, qui confère bientôt un pouvoir expressionniste au mélange des couleurs, étalant la violence des chromatismes à l'écran pour témoigner de la douleur d'une blessure intérieure.

Le polar en couleur

Conscients du pouvoir de l'image, les réalisateurs des années soixante-dix tentent désormais de saper toute entreprise de propagande en jouant sur la narration comme sur la mise en scène. A travers des récits incohérents[262] qui se réclament d'une approche réaliste neuve, le polar privilégie le thème de l'aliénation sociale. L'indifférence profonde des êtres, qui n'entretiennent plus qu'un rapport lointain avec leur environnement, entraîne un mouvement de repli sur le moi. Les couleurs captent les réactions les plus intimes de personnages, dont l'expérience intérieure domine un mode de récit subjectif qui nous éloigne du monde extérieur. Dans *Le Privé* (*The Long Goodbye,* Robert Altman, 1973), le territoire du chez-soi fait l'effet d'une aliénation car des fenêtres ouvertes sur l'extérieur laissent découvrir la distance qui sépare le protagoniste Philip Marlowe de ses voisines – des jeunes femmes qui vivent toujours à moitié nues sur leur balcon. La scène est composée comme un tableau vivant : les pièces de l'appartement voisin, illuminées par des bougies, promettent la sécurité au milieu de la nuit. Mais les femmes ne sont pas à l'intérieur, elles dansent sur le balcon, absorbent cette lumière qui tombe des vitres de l'appartement, et procurent un effet aliénant. Elles dressent comme une barrière entre l'espace sécurisant (intérieur) et la nuit menaçante (extérieur). Les domaines du sécurisant et de l'aliénant empiètent l'un sur l'autre à travers le jeu des lumières. Cette fenêtre ouverte sur l'extérieur dans l'appartement de Marlowe attire le regard du spectateur, élargit l'espace, mais isole Marlowe de l'univers humain (les femmes) et urbain. Le détective se replie sur des activités quotidiennes, nourrir le chat, boire un verre, qui marquent sa solitude par opposition à l'activité des jeunes femmes d'en face. L'homme socialement aliéné, voire psychopathe, peut désormais émerger de l'histoire la plus banale, comme le signalent les sonneries de téléphone qui introduisent l'angoisse dans *Klute* (Alan Pakula, 1971). De visuelle, la tension devient auditive puisque chaque sonnerie, comme chaque coup frappé à la porte de Bree Daniels, harcelée par un tueur anonyme, provoque un sursaut.

Il convient de redéfinir les caractéristiques du genre pour retrouver les ruptures et les continuités du contexte historique et socioculturel qu'elles accompagnent : les mutations sociales ont affecté les systèmes de représentation des films, les avancées technologiques

---

[262]. Les récits se font incohérents lorsqu'il manque des liens de causalité entre deux scènes, illustrant par exemple les réactions de violence gratuite des personnages. Le montage alterné dans *De sang froid* (*In Cold Blood,* Richard Brooks, 1967) traduit à la fois l'incohérence du récit et l'impulsivité des protagonistes.

ont entraîné un travail cinématographique différent, et les transformations économiques ont influé sur la structure de la production cinématographique. Les innovations techniques, telle l'intervention de la couleur qui remplace les lourdes ombres expressionnistes, ont transformé le jeu poétique visuel du film noir. Aux éclairages heurtés du noir et blanc, à la couleur forte et franche, les cinéastes préfèrent le pastel qui confère aux décors urbains une dureté morbide. Les couleurs froides dominent l'environnement urbain comme elles écrasent l'acteur, reflètent le sentiment d'indifférence qui a envahi les métropoles anonymes. Les couleurs ternes de la ville moderne suscitent chez le spectateur un sentiment d'aliénation, car elles isolent les êtres les uns des autres, en les plongeant dans un monde glacial. La froideur de ce décor a également gagné les campagnes d'Ecosse dans *Les Chiens de paille* (*Straw Dogs,* Sam Peckinpah, 1971) – le paysage des landes et des bruyères n'inspire plus ni le sentiment de liberté traditionnellement associé aux grands espaces, ni la pureté de la nature, mais l'ennui et la sauvagerie des jeunes du pays. Quand le soleil se couche, le village semble s'éteindre doucement. Cependant, les apparences sont trompeuses car les êtres ne vivent pas de manière paisible, la nuit réveille les instincts barbares qui sommeillent en eux.

Lorsqu'ils filment la ville, les réalisateurs des années soixante-dix convoquent une image codifiée par le film noir, infléchissent la représentation dans le sens d'un métalangage que Robert Barton Palmer tente de définir à travers l'étude de *Taxi Driver* (Martin Scorsese, 1976) :

> L'esthétique noire du film se développe à travers une relation complexe entre la réalité sociale et les différents artefacts artistiques qui la représentent. *Taxi Driver* est en ce sens un film métagénérique, un commentaire sur les éléments génériques qu'il intègre.[263]

Alors que le polar affiche sa filiation artistique au film noir en intégrant le décor urbain comme source du malaise humain dans la fiction, il suppose une continuation temporelle entre les espaces sociaux représentés qui le désigne comme un avatar direct du film noir. Les reflets des néons donnent vie à la ville, lui confèrent un rôle d'ennemi dans un film dont les couleurs criardes agressent à leur tour l'œil comme l'esprit. Dans *Chinatown* (Roman Polanski, 1974) et *Taxi Driver* (Martin Scorsese, 1976), les personnages souffrent de la confusion et du désordre, spectacle quotidien qui investit jusque leur intimité. Une gamme de couleurs contrôlées confère alors une ambiance aussi noire que celle des clairs-obscurs de l'époque classique du film noir. Elles oppressent les protagonistes à un point tel que Travis (*Taxi Driver*) tentera de nettoyer sa ville pour mieux s'éclaircir l'esprit. Cette perspective souligne l'isolement et la frustration de l'humain dans le monde moderne. Menace et méfiance règnent en maîtres dans *Klute* (Alan Pakula, 1971), où la ville apparaît comme une entité autonome et étrangère qui avilit la femme, prisonnière des murs et des couleurs mornes de New York. Les personnages de *Klute* et de *Taxi Driver* doivent surmonter une même crise morale, résister au sentiment d'une solitude existentielle et urbaine qui les détruit.

---

[263]. « Noir stylizations in the film develop a complex connection between the social reality and its different artistic embodiments; *Taxi Driver* is in this way metageneric, a commentary on the very generic elements of which it makes use. » Robert Barton Palmer, *Hollywood's Dark Cinema, The American Film Noir, op. cit.,* p. 179.

La représentation de la ville dans la fiction des années soixante-dix se mêle plus que jamais à la représentation de la violence, comme si la vie urbaine réveillait des instincts barbares et agressifs chez les êtres. Abandonnés par les classes moyennes au profit des banlieues, parce que les nouvelles entreprises (liées à l'industrie de la haute technologie et au tertiaire supérieur) se localisent à la périphérie des villes, les centres-villes se sont détériorés, abritant des poches de pauvreté où la survie passe par la violence ou le commerce de drogues illicites.[264] Néanmoins, cette violence est aussi l'expression d'une souffrance, d'une frustration, car la ville a échappé aux mythes fondateurs. L'idéal urbain démocratique promu par un dix-neuvième siècle qui souhaitait créer un lien entre l'idéologie politique et l'organisation matérielle de l'espace urbain a failli.[265] La cité devait être lieu d'éclosion, de liberté, d'élaboration de la démocratie et cela devait se traduire par des formes urbaines bien déterminées (parcs, bibliothèques...).[266] Or concentration, plans anarchiques, promiscuité, entassement vertical et sédentarisation sont autant de symptômes d'un travail dans l'urgence. Dans une période de croissance des agglomérations industrielles aussi rapide que désordonnée, la corruption et l'inefficacité des autorités municipales ont permis la spéculation foncière, le développement d'une concurrence exacerbée qui fait fit de tout interdit, de tout sentimentalisme.

Les contrastes des couleurs contribuent à créer les atmosphères, les ambiances : les contrastes clairs-obscurs procurent des sensations de chaud-froid. Dès lors, le film joue de cette correspondance mystérieuse entre sensations colorées et sentiments. Le polar explore la valeur suggestive de la couleur : sa division en teintes chaudes ou froides, le degré de clarté, de lumière, de poids, de chaleur, d'obscurité qu'elle dégage, révèlent les sentiments des personnages. Dans la nuit de *Taxi Driver*, une lumière blanche éclaire des nuages de vapeur qui montent des bouches d'aération du métro ; cette non-couleur diffuse un sentiment étrange d'insécurité en faisant disparaître toutes les autres couleurs. Ce procédé est aussi expressif que le jeu des contrastes en noir et blanc dans le film noir : l'impossibilité de discerner des formes nettes isole le personnage du monde alentour. Dans *Les Rues chaudes* (*Mean Streets*, Martin Scorsese, 1973), les couleurs sont souvent limitées à des reflets rouges, couleur sang, qui posent comme un masque sur les visages. Aux tournages en extérieurs, Martin Scorsese préfère les intérieurs sombres qui ne laissent distinguer que des traits flous. Les hommes se ressemblent dans les bars louches du quartier de Little Italy, ce sont pourtant leurs différences qui ressortent à travers les nombreux conflits intestins qui les opposent.

Dans *Chinatown*, une rupture dans les chromatismes suffit à signifier la fracture socioéconomique qui divise la communauté, inégalement touchée par la sécheresse qui

---

[264]. « Les changements démographiques liés au départ des familles qui en ont les moyens vers les banlieues ainsi que la restructuration économique en relation avec la mondialisation de l'économie seraient responsables de la dégradation des conditions de vie du ghetto. La situation des quartiers centraux n'a cessé d'empirer au cours des deux dernières décennies, au fur et à mesure que les emplois en col bleu délaissaient la ville. Entre 1969 et 1987, le pourcentage d'hommes au chômage ayant une éducation limitée est passée de 19% à 50% alors que les banlieues concentrent l'essentiel des emplois (qualifiés et non qualifiés). » Cynthia Ghorra-Gobin, *La Ville américaine*, Paris, Nathan, 1998, p. 87-88.
[265]. Anselm L. Strauss, *The American City – A Source Book of Urban Imagery*, Chicago, Aldine Publishing Co., 1968, p.508.
[266]. Hélène Trocmé, « Urbanisme et idéal démocratique au XIXème siècle », Nancy, Revue française d'études américaines n° 11, avril 1981, p. 44 et p. 51.

s'est abattue sur la région de Los Angeles. Des couleurs fades accusent la chaleur torride et étouffante de détruire la vie dans le paysage désertique où la métropole s'étend, alors que des couleurs vives suggèrent la richesse de la verdure dans les régions voisines de Los Angeles, irriguées grâce à un détournement des canalisations d'eau qui devraient en temps normal alimenter les terres asséchées de la ville. Les couleurs décrivent la corruption des politiques qui spéculent sur les terres irriguées pour s'enrichir.

La représentation de la violence, devenue une composante essentielle du polar, passe par des ruptures de ton entre des couleurs ternes, puis franches, entre des moments de tendresse et de violence extrême. La violence ne cesse de s'accroître dans *Les Chiens de paille* (*Straw Dogs,* Sam Peckinpah, 1971) : les paysages clairs du début du film se transforment progressivement en obscurité totale. En outre, les mouvements de caméra sont si nombreux que le spectateur perd tout repère visuel, tout repère psychologique, comme si les lois de la morale, de la normalité avaient été ébranlées. Plongées, contre-plongées, champs, contrechamps, se succèdent pour dire toute la colère et la violence des sentiments qui s'expriment aussi dans des actions cruelles. Les gros plans obligent le spectateur à regarder la terreur intérieure qui s'imprime sur les visages tandis que les plans rapprochés le conduisent au cœur de l'action : *Les Chiens de paille* intègre une scène du viol qui accuse, à travers la contre-plongée, le pouvoir volé des deux hommes. A l'inverse, un gros plan sur le visage d'Amy suffit à dire la souffrance qu'elle subit, écrasée au propre comme au figuré par une plongée qui nous dit sa vulnérabilité, son impuissance.

L'assimilation du polar au film noir se justifie par l'exploitation d'une atmosphère noire dans les intrigues criminelles, élaborées autour de personnages dont l'iconographie signale un retour vers le film noir. Stratégies narratives et techniques de prises de vues diffusent le climat de malaise collectif qui règne pendant la période, interrogent le pouvoir du mythe dans une société à nouveau confrontée à la corruption des politiques, aux incertitudes socioéconomiques, aux frustrations engendrées par une guerre impopulaire. Le polar hérite d'une sensibilité noire que les réalisateurs savent désormais recréer parce qu'ils en ont étudié les nombreux ressorts. La violence est intégrée au spectacle car elle sert à décrire les relations de l'individu à son environnement social et géographique, relations marquées du sceau de l'agressivité. Elle se fait aussi l'expression d'une révolte, d'un désespoir qui sont autant de réactions possibles à la crise politique, sociale et patriotique des années soixante-dix. Les films de la décennie sont directement marqués par les événements de la guerre du Viêt-nam, même si le conflit n'est traité que par la métaphore. Des craintes nouvelles ont fait naître ces fantasmes qui apparaissent pour la première fois dans le polar, et révèlent la différence entre film noir et polar.

La crise à l'écran

Avatar du film noir, le polar investit des intrigues classiques pour mettre l'accent sur la différence qui s'est immiscée dans les modes de penser la criminalité et de la représenter au cinéma. Les thèmes privilégiés par le genre (meurtre, enquête, adultère, isolement) reviennent, mais subissent un traitement nouveau car le contexte sociohistorique a changé, conduisant les réalisateurs à revoir le rôle et l'iconographie des personnages dans la fiction. Le polar fige l'atmosphère d'un moment précis de l'Histoire dont il trahit d'abord les tensions ; celles-ci s'inscrivent dans le mode de narration comme dans la cinématographie des films considérés, elles supposent une révision des stéréotypes. L'incohérence du monde moderne donne naissance à des œuvres cauchemardesques et cyniques qui interrogent l'ensemble de la structure sociale.[267]

Le polar prolonge la tradition critique du film noir dans la mesure où il remet en cause des idéologies et affirme son opposition par rapport au tout venant de la production hollywoodienne. Il exprime d'abord une pensée, une façon de voir le monde qui trahit inévitablement un certain pessimisme, hérité du film noir. Toujours complice d'un état d'esprit, la cinématographie en dit encore long sur le sentiment de désillusion de l'époque, amorce une réflexion sur l'outil cinématographique en interrogeant sa légitimité et ses moyens d'opérer. La recherche formelle a développé des effets de stylisation, l'exploration de thèmes nouveaux a invité à repenser les stratégies narratives, si bien que la subjectivité inévitable des œuvres produites est peu à peu devenue une subjectivité pleinement revendiquée. Le film criminel des années soixante et soixante-dix suppose une continuité non seulement historique, mais également une sensibilité intellectuelle et artistique qui prolonge la vision des artistes telle qu'elle est exprimée par le film noir. La référence au passé du genre nous permet de dresser une relation entre l'angoisse des années quarante et celle des années soixante-dix, comme si le film noir et le polar étaient nécessairement associés à l'idée de crise. Si l'image est bien une perspective de l'âme, une manière d'opérer des mises en rapport dans l'ensemble du réel, les deux décennies témoignent d'une imagination malade.

La guerre du Viêt-nam est la toile de fond sur laquelle se déroulent les événements de cette période ; le conflit s'enlise tandis que la situation économique se dégrade, entraînant une crise psychologique d'autant plus forte que les années soixante-dix marquent le début d'une période de stagnation. La croissance s'essouffle, l'inflation avoisine 10% en 1973, le chômage s'accroît. Une stagnation de la consommation engendre le déclin de la productivité. Nombre d'Américains se sentent frustrés, honteux, presque perdus lorsqu'ils doivent faire face à la première crise économique qui frappe le pays depuis la fin de la Seconde Guerre mondiale. Le gouvernement s'endette, refuse d'augmenter les impôts, alors que les dépenses militaires ne cessent d'enfler. Le déficit national atteint 4.5 % en 1971 ; le dollar est dévalué de 8 %. Les Américains ne contrôlent plus leur destin économique ; les chocs pétroliers de 1973, puis de 1979, se répercutent sur le marché américain. Dépendants des pays étrangers en ce qui concerne leur approvisionnement pétrolier, les Etats-Unis voient le prix du pétrole augmenter de 33% entre 1973 et 1974, avec en conséquence des pressions économiques jusqu'alors inconnues. Si les vétérans subissent de plein fouet l'échec de leur mission au Viêt-nam, les ouvriers sont les premières victimes de la crise

---

[267]. Robin Wood, "The Incoherent Text: Narrative in the Seventies", *Hollywood From Vietnam to Reagan, op. cit.*, p. 49-50.

dans un marché de l'emploi en pleine mutation. Afin de diminuer le coût de la main d'œuvre, les chefs d'entreprise se tournent vers l'automatisation et les victimes, les ouvriers au chômage, découvrent l'aliénation sociale.

Le polar fait du *loser* une victime de l'ordre socioéconomique qui dénigre l'humain et prône le profit, état consubstantiel à la production des richesses dans une société de consommation. L'homme ordinaire n'est plus consacré héros, il est nécessairement *loser* dans un monde qui ne reconnaît désormais que le pouvoir de l'argent. Le sentiment d'insécurité a envahi la fiction, ôté son sens à l'investigation du privé, détruit toute logique comme toute cohérence au plan narratif ; le polar diffuse cette impression à l'intérieur de films sans héros, car les personnages s'éloignent toujours davantage du stéréotype dont ils s'inspirent. Jean Baudrillard définit cet état d'esprit qui traverse la société, et qui nous semble rencontrer un écho dans le polar :

> Renouvellement, recyclage des hommes qui a pour résultat des frais sociaux très lourd, mais surtout une hantise générale de *l'insécurité*. Pour tous, la pression psychologique et sociale de la mobilité, du statut, de la concurrence à tous les niveaux (revenu, prestige, culture...) se fait plus lourde. [...] En définitive, le coût majeur de la société de consommation est le sentiment d'insécurité généralisée qu'elle engendre...[268]

Le polar traduit ce phénomène dans des intrigues complexes qui nous invitent à renoncer à nos repères au profit d'un récit anarchique et de personnages marginaux. Incertitude et insécurité sont les maux qui minent le détective privé du polar, comme si le *loser* de *Detour* (Edgard G. Ulmer, 1945) avait envahi les écrans. En effet, le thème de la quête n'est plus prétexte à une découverte de soi, mais devient synonyme d'une errance qui symbolise l'échec personnel, socioéconomique du personnage. *Chinatown* (Roman Polanski, 1974), par exemple, associe le *loser* au détective pour nous dire l'impossibilité de demeurer honnête dans un monde à ce point corrompu. Il est assez symbolique d'y voir un Philip Marlowe réduit à l'impuissance, incapable de résoudre aucune des affaires dont il a la charge, face aux politiques, aux hommes d'affaire corrompus de Los Angeles.

Le polar se fait contestataire tandis qu'il aborde les thèmes de l'aliénation urbaine et de la manipulation des individus, dans une société d'abondance où les valeurs matérialistes contraignent l'humain à un conformisme qui le prive bientôt de son identité et de sa liberté de choix.[269] L'avènement d'une Amérique urbaine et industrielle a ébranlé les fondements sur lesquels sa société s'était bâtie, vision qui inscrit le polar dans la lignée du film noir :

> La pensée populiste et progressiste avait construit un idéal agraire, une Amérique de petites villes, rejetant la réalité d'une Amérique qui mutait progressivement vers l'industrialisation et l'urbanisation. Au cours des années quarante, tout ce que l'idéologie progressiste et populiste avait tenté de contenir commença à refaire surface – sous la forme du film noir, contre-courant qui apparut au cœur du cinéma hollywoodien

---

[268]. Jean Baudrillard, *La société de consommation,* Paris, Editions Denoël, 1970, p. 43. En italique dans le texte.
[269]. Marie-Christine Granjon, « Formation et développement de la nouvelle gauche » dans Dir. Jean-Robert Rougé, *L'Opinion américaine devant la guerre du Viêt-nam, op. cit.*, p. 43.

classique, et qui se présentait comme une inversion cauchemardesque du rêve, une vision déformée de la réalité de l'Amérique urbaine et industrielle.[270]

Les décors urbains du polar illustrent un univers de claustrophobie, enserrent les héros du polar présentés comme les victimes d'un urbanisme sauvage. La cinématographie s'allie aux besoins du scénario pour insister davantage sur les éléments destructeurs de la vie urbaine : les enseignes lumineuses agressent l'œil, le bruit des automobiles est continu, le paysage vertical procure une sensation de confinement, les bâtiments gris figurent la morosité des citadins, les allées et venues des piétons créent un mouvement perpétuel, renforcent l'impression d'isolement du spectateur... La corruption des esprits laisse une trace profonde sur la géographie urbaine, modifiée pour satisfaire les désirs de quelque privilégié disposant d'un pouvoir politique ou financier conséquent. Le drame qui se joue dans *Chinatown* (Roman Polanski, 1974) découle de la corruption des politiques comme des machinations économiques des personnalités les plus en vue à Los Angeles. L'ingénieur de la Compagnie des Eaux de Los Angeles, Hollis Mullwray, paye de sa vie la découverte des machinations de son ancien associé, Noah Cross, qui détourne à son profit la valeur publique de l'eau avec la complicité de la police locale et d'autres membres de la Compagnie des Eaux.

Parce que le film noir a su renouveler les formes de son discours, nous sommes tentés de l'associer davantage encore à l'Histoire. Par la structure même de son récit et les images qu'il nous propose, le polar traduit ces contradictions et ces incertitudes qui réveillent l'Histoire intérieure de l'Amérique des années soixante-dix. La situation politique n'est pas sans rappeler celle des années quarante et du début de la décennie suivante : cette fois encore, l'Amérique combat le communisme bien au-delà de ses frontières ; seul le nom du pays a changé, puisque le Viêt-nam succède à la Corée. Sur le plan intérieur se développe le scandale du « Watergate », qui révèle l'étendue de la corruption parmi les politiques, détenteurs du pouvoir. La crise socioéconomique dont les Américains se sentent victimes devient bientôt une crise politique. Le scandale du « Watergate » met à jour la responsabilité du président républicain Richard Nixon dans une affaire d'écoutes illicites de personnalités du Parti Démocrate, et le conduit à la démission en 1974. La CIA et le FBI avaient été chargés par les plus hautes autorités de monter des dossiers sur 7200 Américains et de s'introduire dans les instances du Parti Démocrate afin de favoriser dissensions et oppositions internes.[271] Déçus, désenchantés par le monde de la politique depuis cette sombre affaire du « Watergate », les Américains se replient sur eux-mêmes. Le politique est représenté comme totalement cynique, voire immoral dans *Les Hommes du président* (*All The President's Men,* Alan Pakula, 1976). Le film retrace l'affaire du « Watergate » en mettant l'accent sur la corruption morale des politiques soudés par la loi du silence, en insistant sur la tension qui prévaut et son effet en retour : la défiance que ces indélicatesses

---

[270]. « Populist and progressive thought constructed an ideal agrarian, small town America, rejecting the reality of an America that was gradually becoming industrialized and urbanized. During the 1940s, that which populist and progressive ideology sought to repress began to return. It came back in the form of film noir, a countercurrent within the mainstream of classical Hollywood cinema. And it reappeared as a nightmarish inversion of the earlier dream, as a distortion of the reality of an industrialized and urbanized America. » John Belton, "Introduction" dans John Belton (ed.), *Movies and Mass Culture, op. cit.*, p. 15

[271]. William H. Chafe, *The Unfinished Journey, America Since World War 2,* New York, Oxford University Press, 1995, p. 412.

ont suscitée parmi les médias. Les deux journalistes qui mènent l'enquête sont identifiés à des détectives privés (tentatives d'intimidation par coups de téléphone adressés aux politiques, rencontres provoquées dans le but de surprendre à un moment inopportun une discussion censée restée secrète et réflexion sont leurs méthodes de travail) tandis que l'intrigue s'appuie sur un récit elliptique créant une atmosphère tendue. La menace est constante, révélée par des oppositions entre les plans intérieurs filmés dans des bureaux impersonnels, dont les tons clairs et froids reflètent l'isolement des journalistes, et des plans extérieurs, tournés en général la nuit, qui diffusent un sentiment de menace obscure et de mystère tout au long du film.

La guerre du Viêt-nam est le conflit le plus long auquel l'armée américaine a eu à participer (1965-1973). Lorsque Richard Nixon décide le retrait graduel des troupes en 1970, confronté à l'enlisement du conflit, entre 12 000 et 15 000 soldats américains sont rapatriés chaque mois. Incapables de surmonter le traumatisme vécu pour se réinstaller dans la société, les vétérans ramènent avec eux les stigmates d'une guerre impopulaire, perdue.[272] La tragédie vietnamienne, la vague de contestation qu'elle a nourrie, ont semé le doute dans un pays jusqu'alors sûr de lui, fier de sa destinée.[273] Le polar fait état de ce bouleversement engendré par la guerre du Viêt-nam jusque dans ses récits, dans sa cinématographie et dans son système de représentation. Sous le coup de la confusion et de la frustration, le film exprime une perte de confiance dans les institutions nationales et dans le destin du pays. La défaite du Viêt-nam n'est jamais directement évoquée ; elle est comme suggérée à partir de nouvelles figures comme celle de l'ancien combattant qui se veut justicier dans *L'Inspecteur Harry* (*Dirty Harry,* Don Siegel, 1971), devient psychopathe dans *Taxi Driver* ou héros populaire dans *Rocky* (John G. Avildsen, 1976). Les films de la période sont principalement articulés autour de questions individuelles ou communautaires, comme si la crise à l'extérieur avait entraîné un repli vers l'intérieur. La violence de la guerre du Viêt-nam est évoquée indirectement par ces scènes de brutalité qui ébranlent la sécurité et la paix intérieures, plongent les centres urbains dans des bains de sang :

> Les films sur la guerre du Viêt-nam désignent pour nous des films qui plantent leur décor dans notre pays, à l'endroit où s'est déroulée cette guerre pour le public. Ce ne sont pas du tout des films qui montrent le combat ; au contraire, ils en évoquent les effets destructeurs sur la société américaine. Quand ils rentrent au pays, les vétérans deviennent des tueurs fous ou ont des difficultés à se réadapter, parce qu'ils sont blessés ou handicapés, mais aussi parce que les gens imaginent qu'ils sont devenus des tueurs fous.[274]

---

[272]. Michèle Gibault, « Les Anciens combattants du Viêt-nam et l'opinion publique » dans Dir. Jean-Robert Rougé, *L'Opinion américaine devant la guerre du Viêt-nam,* Paris, Presses de l'Université de Paris-Sorbonne, 1992, p. 72.

[273]. Pierre Mélandri, *Une crise d'identité ? 1974 – 1992,* Nancy, Presses universitaires de Nancy, 1992, p. 5.

[274]. « Up to now [1986], what we can call the "Vietnam film" takes place at home, which is where the war took place for the viewing public. It tends not to be about combat at all, but the destructive effect it had on American society. Veterans come home and become crazy killers, or have difficulty readjusting because they are hurt and crippled, and also because people imagine them to have become crazy killers. » John Basinger, *The World War II Combat Film. Anatomy of a Genre*, New York, Colombia University Press, 1986, p. 212-213.

Les films de la décennie se refusent à représenter les atrocités d'une guerre menée à l'extérieur, ils décrivent donc l'horreur d'une guerre qui se livre à l'intérieur des villes, opposant les forces de l'ordre à la folie meurtrière de psychopathes. *L'Inspecteur Harry* présente l'archétype du policier brutal, messager d'une violence sans cesse accrue au sein de l'Institution qu'il représente. La corruption n'est donc plus seulement affaire d'argent, mais de pouvoir : le policier est contraint d'ériger la violence en code de conduite pour mieux maîtriser l'horreur qu'il côtoie au quotidien. La violence a envahi les moindres recoins de San Francisco et conduit l'inspecteur Callahan à passer outre les ordres de ses supérieurs. Surnommé « *Dirty Harry* » en raison des méthodes expéditives qu'il applique[275], l'inspecteur Callahan fait montre d'un courage exceptionnel mis au service de la collectivité (il se dit prêt à faire face à « toutes les sales besognes qui se présentent »[276]). Des coups de feu peuvent plonger la ville dans l'horreur à tout moment, tendent à prouver les meurtres perpétrés au hasard par Scorpio, qui choisit ses victimes dans le viseur de son fusil, du haut des immeubles. A cette corruption généralisée répond la violence sécuritaire revendiquée par le maire de San Francisco, lorsqu'il charge l'inspecteur Callahan d'arrêter Scorpio avant de lui verser la rançon exigée par le malfaiteur : « La ville de San Francisco ne paie pas les criminels pour qu'ils ne commettent pas de crimes. Nous préférons payer la police »[277]. Cette double négation introduit la violence au cœur de l'action policière, suggère que l'escalade de la violence est liée à un engrenage inévitable.

L'explosion de violence qui déferle sur les écrans des années soixante et soixante-dix reflète une vision apocalyptique et tragique du monde qui s'accorde tout à fait à l'atmosphère du polar. Si les personnages du film noir reviennent sur les écrans, ils sont transformés par cette nouvelle violence qui inspire chacun de leurs gestes. Dans *Le Point de non-retour* (*Point Blank,* John Boorman, 1967), le gangster se fait respecter par sa seule cruauté qu'il utilise comme une arme. La loi du plus fort s'est imposée si bien que le détective privé se trouve disqualifié, souvent dépassé par le degré de corruption des coupables qu'il essaie de démasquer. Plusieurs films retracent la transformation d'un homme qui, confronté à l'agressivité humaine, apprend à se familiariser avec les armes (*Taxi Driver, Les Chiens de paille, L'Inspecteur Harry...*). Le polar célèbre l'ingéniosité de ceux qui savent manipuler les armes ou sortir les poings pour défendre une cause qu'ils estiment « juste ». Le personnage du policier reprend la place du privé tandis qu'il symbolise une alliance nouvelle, reliant la force et la justice au sein de l'Institution policière.

Les difficultés économiques intensifient les angoisses et les doutes des Américains envers l'idéal national et les institutions, déjà objets d'une remise en cause à la fin des années soixante par les mouvements féministes et les Noirs en quête d'un statut économique et social.[278] Le mouvement pour la libération et les droits des femmes poursuit la lutte. Quoiqu'elles accèdent à un niveau (sans précédent) de liberté et d'indépendance, les femmes doivent affronter l'hostilité spontanée du monde du travail.[279] Même si elles étudient la médecine, le droit ou les affaires, rien ne peut leur garantir de faire carrière. La

---

[275]. En anglais, l'adjectif « dirty » signifie le manque d'éthique du policier, qui utilise des méthodes peu conventionnelles, pour parvenir à ses fins.
[276]. « Every dirty job that comes along. »
[277]. « The city of San Francisco does not pay criminals not to commit crimes. Instead we pay the Police Department. »
[278]. William H. Chafe, *The Unfinished Journey, America Since World War 2, op. cit.*, p. 430.
[279]. *Ibidem*, p. 432 – 435.

plupart des secteurs professionnels continuent à être contrôlés par des hommes, et en tout état de cause, elles ne perçoivent en moyenne jamais plus de 73% du salaire masculin. Affranchi presque totalement d'une censure aux exigences sévères en ce qui concerne la représentation de la sexualité, le cinéma se retranche dans le non-dit qui suggère la difficulté de s'adapter à un nouvel ordre social, consacré par la libération de la femme. Les films de la période tendent à occulter cet aspect des choses en refusant aux femmes l'accès aux premiers rôles, préférant la configuration de deux personnages masculins, complices dans une relation amicale et sincère, plutôt qu'un homme célibataire qui risquerait de se laisser séduire par le deuxième sexe :

> En ce qui concerne le récit filmique, la configuration du couple (formé par deux protagonistes masculins) peut être interprétée comme une réaction à la crise du héros individuel dans le film américain de cette période. [...] Cette configuration masculine peut aussi être vue comme un moyen de contourner les difficultés posées par les films et les récits centrés sur des couples hétérosexuels, à une époque où le couple traditionnel homme femme était sous pression.[280]

Penny Starfield attire ici notre attention sur la transformation qui accompagne la représentation du couple au cours des années soixante-dix : la recherche d'une amitié masculine prend le pas sur la quête amoureuse, le couple se définit par l'opposition et la complémentarité des partenaires (comme déjà dans *Macadam Cowboy, Midnight Cowboy,* John Schlesinger, 1968 ou *Easy Rider,* Dennis Hopper, 1969). A l'inverse, les différences et les oppositions sont sources de tension dans la représentation du couple hétérosexuel. La solitude du héros n'est plus la garantie de son intégrité ; elle prouve désormais son impossibilité à communiquer, son impuissance à se montrer sociable, elle est un aveu d'échec.

De même que le film noir de l'après-guerre, le polar des années soixante-dix se fait l'écho des angoisses que les mutations sociales traînent à leur suite. Bien que le récit soit davantage centré sur les difficultés intérieures des personnages, le film peut nous aider à comprendre la portée de ces mutations historiques.

---

[280]. « As regard film narrative, the configuration of two male protagonists can be seen as a response to the crisis of the individual hero at this period in American film. […] The all-male couple could also be seen as a means of overcoming the difficulties posed by heterosexual film couples and the narrative that they require at a period when traditional male-female couples were under pressure. » Penny Starfield, "The Odd Couple: The Dual Male Protagonist Configuration in American Films of the Sixties-Seventies" dans Dir. Gilles Menegaldo, *Crises de la représentation dans le cinéma américain, op. cit.*, p. 103.

Taxi Driver (Martin Scorsese, 1976)

Le film de Martin Scorsese s'inscrit en parfait exemple d'un type d'avatar du film noir, dans la mesure où le réalisateur sait développer son propre langage à partir des conventions du genre pour narrer l'histoire de Travis Bickle. Peu importe si le polar utilise la pellicule couleur, sa perspective historique et esthétique demeure résolument « noire » comme le démontre *Taxi Driver*. L'atmosphère noire créée grâce à des couleurs sombres, qui se chevauchent dans le reflet des néons et brouillent parfois la lisibilité de l'image, détermine notre lecture de l'espace urbain comme notre perception du protagoniste. Même si le cinéaste renouvelle singulièrement les structures du langage cinématographique pour modifier le rapport intellectuel du spectateur à l'image, il s'inscrit dans une tradition expressionniste à dominante noire. Martin Scorsese ne recherche pas l'effet réaliste, il préfère mettre à nu les ambivalences et les contradictions de l'image, en adoptant de manière presque exclusive le point de vue de la caméra subjective.

Gilles Deleuze a évoqué la crise de l'image-action pour expliquer l'abandon des conventions hollywoodiennes, en particulier leur tendance à effacer les éléments stylistiques afin de faire passer ses codes pour naturels. En construisant notre perception du réel sur un effet de mimétisme, le montage classique supposait, par sa nature même, l'unité de sens de l'événement dramatique.[281] Martin Scorsese se distingue précisément par le rejet volontaire des procédés narratifs du film classique hollywoodien tandis qu'il exagère l'utilisation de la voix off intérieure, introduisant une nouvelle rupture par rapport aux conventions du film noir. En effet, le film ne « se raconte pas tout seul », il appelle un agent de la narration représenté par Travis, dont les monologues lancinants trahissent l'emprise grandissante de la folie. Ponctués par une musique de jazz, les discours intérieurs du chauffeur de taxi nous plongent dans l'univers fascinant et redoutable du monde urbain dont il connaît tous les recoins. La voix off enveloppe progressivement le spectateur qu'elle invite à se laisser glisser doucement dans l'univers mental du protagoniste, en lui offrant un accès privilégié à ses pensées les plus intimes.

La diégèse du film oppose deux plans, deux perspectives : une réalité référentielle (les rues de New York) et la représentation de ce même référentiel.[282] Le personnage principal porte un regard sur ce qui est pour lui un univers réel, entretenant la confusion entre sa vision et une réalité géographique, sociale. Aucune échappatoire n'est donc envisageable pour le spectateur tandis que la caméra, installée aux côtés de Travis, scrute son visage impavide, puis se braque sur le spectacle de la rue. Une série de travellings, interrompue par des gros plans sur les yeux de Travis dans le rétroviseur, nous décrit les artères de l'East End, de Harlem, la 42ème rue, nous expose au spectacle des bagarres de rue, des trafiquants, des prostituées, des cinémas pornographiques, de l'alcool et de la drogue. Le monologue intérieur et monocorde de Travis Bickle se superpose aux images urbaines qu'il observe depuis son taxi, aux couleurs heurtées des enseignes clignotantes qui donnent

---

[281]. André Bazin, « L'Évolution du langage » dans *Qu'est ce que le cinéma ?*, Paris, Les Editions du Cerf, Deuxième Edition, 1994, p. 79-76.

[282]. Alain Bergala suggère d'ailleurs que le cinéma moderne (années soixante/soixante-dix) est celui de « l'inscription vraie » dans la mesure où le plan doit enregistrer le réel pour forcer la vérité. Ce cinéma est donc marqué par le refus du décor en tant qu'artifice, par le refus de l'acteur comme simple interprète car ce sont sur les surfaces (corps, décor) que s'inscrivent les choses vraies. Alain Bergala était invité à une table ronde sur « Le Faux au cinéma » organisée à l'Université Rennes 2 Haute Bretagne le 10 février 2000.

vie à la ville et symbolisent la décadence et le vice, révélant comme une déchirure entre l'homme et son environnement, entre le présent et le passé, entre l'individu et la collectivité. A travers le regard de Travis, nous découvrons la violence de l'univers urbain, la fracture entre les différentes sections de la ville, l'isolement de l'individu perdu dans une masse anonyme. Le spectateur perd tout repère visuel ou spatial lorsque la pluie ou les reflets des néons déforment la vision de Travis ; il en vient à partager ses angoisses et ses obsessions quand la profondeur de champ disparaît derrière les gouttes d'eau qui brouillent l'image perçue à travers le pare-brise du taxi. Richard Maltby n'hésite pas à classer *Taxi Driver* parmi les films d'horreur car la caméra suit les mouvements désordonnés de Travis, enfermant le spectateur dans la vision du psychopathe :

> Parce que la caméra est identifiée au regard de Bickle, elle est à la fois sujette à et victime de mouvements aléatoires inexpliqués. Bickle est incapable de nous guider dans le récit, car il ne sait pas où il va. [...] Le public subit l'absence de toute perspective normalisante – une perspective autre que celle de Bickle qui permettrait de l'inscrire dans un contexte – alors qu'il est obligé de l'identifier (et de s'identifier à lui) en tant que héros et psychopathe notoire.[283]

Les couleurs du film se présentent telles les manifestations des hallucinations qui hantent l'esprit apparemment perturbé de Travis ; sa vision de la ville prévaut, ne laissant aucune place à l'objectivité. Le film enregistre le pouvoir destructeur de la ville qui nourrit, semble-t-il, la psychose de Travis. Non seulement les couleurs bigarrées des images reflètent des perceptions troubles, mais les monologues intérieurs de Travis empruntent des métaphores bibliques qui suggèrent encore la perversion de son esprit. La voix monocorde de Travis tranche avec la violence des pensées exprimées dans des discours qui confèrent une dimension quasi mystique aux gouttes de pluie qui arrosent les trottoirs de New York. Travis se lance dans une homélie qu'il voudrait faire entendre au monde entier tout en remerciant Dieu d'envoyer cette eau bénite pour purifier la ville de sa corruption : « Dieu soit loué, la pluie a lavé les ordures et les détritus des trottoirs »[284]. Lorsque le candidat à la présidence, Charles Palantine, monte par hasard dans son taxi, Travis profite de cette rencontre inopinée pour confier son point de vue à l'homme qui se présente comme le candidat du peuple (« Nous sommes le peuple »[285], dit son slogan). Parce qu'il espère être entendu par le politique qui se propose de donner la parole au peuple, Travis lui explique ses attentes en matière de politique intérieure : « Cette ville, c'est un égout à ciel ouvert. C'est racaille et compagnie. Y'a des moments, c'est pas supportable. Celui qui va devenir président, faudra qu'il passe la serpillière »[286]. Travis confie son désarroi avec un calme apparent qui désarçonne le candidat, surpris par la violence des mots qui expriment une

---

[283]. « Because of the camera's identification with Bickle, it is equally subject to and victim of random and unexplained camera movement. Bickle cannot guide us through the narrative, because he doesn't know where it's going. [...] The audience face the absence of a normalizing perspective – a perspective other than Bickle's which could ratify or place his in context, at the same time that they are forced to identify him (and identify with him) as both heroic and demonstrably psychopath. » Richard Maltby, *Harmless Entertainment, Hollywood and The Ideology of Consensus, op. cit.*, p. 355.
[284]. « Thank God for the rain which has helped wash the garbage and trash off the sidewalks. »
[285]. « We are the People »
[286]. « Whatever it is, you should clean up this city here, because this city is like an open sewer you know. It's full of filth and scum. And sometimes I can hardly take it. Whatever-whoever becomes the President should just really clean it up. »

douleur profondément destructrice et un mépris sincère pour la ville comme pour ses habitants qu'il compare à une faune.

L'individu est décidément un aliéné dans la société de masse[287] ; Travis tient un journal intime qui l'aide à exorciser la souffrance liée à son isolement, mais une rhétorique religieuse abonde dans ses écrits et trahit une folie grandissante, car Travis se croit l'élu de Dieu et, par conséquent, accepte sa solitude comme un supplice ordonné par le Tout-Puissant : « Toute ma vie, j'ai été suivi par la solitude, partout. Dans les bars, les voitures, sur les trottoirs, dans les magasins, partout. Y'a pas d'issue. Je suis abandonné de Dieu »[288], griffonne-t-il. La cinématographie introduit une fracture visuelle entre l'intérieur et l'extérieur du taxi, comme pour traduire à l'écran le sentiment d'aliénation de Travis : l'obscurité domine à l'intérieur de la voiture tandis que le jeu des couleurs et des mouvements confère à l'image de la rue une touche impressionniste. Ces effets semblent reproduire la perception déformée de Travis, isolé dans l'espace confiné de son taxi, exclu du monde alentour. La vapeur qui s'échappe des bouches d'aération du métro new-yorkais, les flaques d'eau qui reflètent les enseignes rouges des boutiques et des hôtels, les corps qui s'animent dans les rues créent un mouvement perpétuel et brouillent la netteté de l'image. Le cauchemar de Travis se lit dans les couleurs fades ou à l'inverse criardes étalées à l'écran, dans des travellings qui rendent la ville impersonnelle, dans des bruits incessants et divers qui font de la ville un enfer urbain. New York paraît ici irréelle, une sorte d'image mentale créée de toute pièce et véhiculée par Travis. Il semble que le protagoniste projette sur son environnement le sentiment de sa propre étrangeté à un monde qui lui apparaît comme non familier. On pourrait employer le néologisme « étrangèreté » pour signifier la double dimension de l'aliénation de Travis : l'étrangeté de son environnement renforce son impression de lui être étranger. Travis incarne le stéréotype de l'ancien soldat du Viêt-nam, déçu, perturbé, éventuellement névrosé et donc potentiellement dangereux.

Sans être mise au premier plan du récit filmique, l'idée de la défaite et de la crise de l'autoportrait idéal de la nation américaine fait partie de l'univers diégétique de *Taxi Driver*. Travis est bel et bien enchaîné à un passé qu'il n'a pourtant pas choisi comme il est déterminé par les regards posés sur ce qu'il représente : l'échec des Etats-Unis au Viêt-nam. Mal intégré dans son environnement social, Travis rejoue le drame du vétéran écarté de la société américaine, voire rejeté par celle-ci.[289] A l'instar du protagoniste, les vétérans du Viêt-nam sont marginalisés dès leur retour d'une guerre qui en aurait fait des êtres d'abord vulnérables, violents, des éléments criminels, sans doute à jamais déshumanisés. Tous éprouvent des *Post Traumatic Stress Disorders* (PTSD) qui se manifestent par des cauchemars, des crises de délire violent, et l'impression de revivre les horreurs du passé. Le film n'aborde le thème de l'isolement, de la mise en quarantaine des vétérans qu'à travers le prisme du cadre urbain de sorte que l'aliénation de Travis ne paraît pas seulement due à

---

[287]. Robin Wood, "The Incoherent Text: Narrative in the Seventies", *Hollywood from Vietnam to Reagan*, New York, Columbia University Press, 1986, p. 52.

[288]. « Loneliness has followed me my whole life. Everywhere. In bars, in cars, sidewalks, stores, everywhere. There's no escape. I'm God's lonely man. »

[289]. Le traitement du vétéran à l'écran reflète une attitude idéologique au sein même de la société américaine : « Le Viêt-nam a souvent été compris à travers le 'signe' ou la métaphore du soldat ou du vétéran du Viêt-nam, autour duquel s'est construit tout un discours. La manière dont cette figure est perçue et construite est d'une importance cruciale : le récit de ses actions et de ses pensées symbolise le sens, les valeurs et les attitudes d'une culture plus large. » dans Alf Louvre et Jeffrey Walsh (ed.), *Tell Me Lies About Vietnam*, , Philadelphia, Open University Press, 1988, p. 5.

un passé tumultueux, mais comme ancrée dans un caractère pathologique que l'univers urbain stimule de manière négative. Si les effets cinématographiques suggèrent ses hallucinations, diverses séquences semblent encore accuser le milieu urbain d'influer sur l'imagination.

Le taxi acquiert alors une dimension symbolique puisqu'il devient son seul lien avec les autres, en même temps que l'instrument inévitable de son aliénation forcenée. L'espace urbain du film se présente comme un labyrinthe spatial et humain au gré des courses nocturnes du taxi ; les rues figurent l'espace mental du personnage, lieu de conflits, de tensions, d'incertitudes. A l'image de ses habitants et de ses institutions, la ville a perdu son intégrité. *Taxi Driver* présente une configuration spatiale qui fait de New York à la fois un contenant et un contenu, un réceptacle et un moteur de l'action. Le seul plan d'ensemble qui ponctue la narration est filmé en contre-plongée, nous laissant apercevoir un bout de ciel bleu entre plusieurs immeubles ; il renforce l'idée d'écrasement et d'étouffement imposée par l'urbanisme de la métropole, reflet d'une structure sociale verticale. La ville tentaculaire réduit le citoyen à l'impuissance, en fait une machine, consomme son énergie. Travis est entièrement au service de la ville qu'il parcourt du Nord au Sud, d'Est en Ouest – « n'importe où, n'importe quand »[290], a-t-il précisé lors de son entretien d'embauche. Parce que l'espace filmique se confond avec le milieu urbain, Travis semble écrasé, annihilé par son environnement. L'horizontalité du traitement de l'espace et des déplacements au niveau du sol permet au réalisateur d'enfermer son personnage dans un territoire limité, une prison à ciel ouvert. Travis appartient à la ville comme il a appartenu à l'armée, s'arrogeant autant de droits que de devoirs.

La métropole le condamne à la solitude, à un isolement qui nous pousse à considérer le vétéran comme paradigme de l'échec : s'il est un représentant de la défaite américaine au Viêt-nam, il est aussi celui qui sillonne les rues, cloué au bas de l'échelle sociale. Chaque tentative pour communiquer le conduit à un échec certain et souligne davantage son impuissance sexuelle. Ainsi les rencontres éventuelles de Travis ne font que renforcer le sentiment d'une fragmentation sociale et d'une exclusion puisqu'elles dévoilent les différences entre les êtres plutôt qu'une potentielle complémentarité. Le jeune homme focalise son attention sur des individus qu'il idéalise comme Betsy (« Elle portait une robe blanche. Elle avait l'air d'un ange sorti de cette pourriture infecte »[291], dit-il en la voyant). L'épisode souligne la difficile réinsertion du soldat qui ne connaît l'amour qu'à travers les films pornographiques. Parce que Betsy refuse ses avances, Travis l'imagine elle aussi rongée par l'ambition, par la corruption, par la ville et par la politique. La frustration sentimentale et sexuelle précipite les haines de Travis, fait naître en lui un besoin de vengeance irrépressible à l'encontre de la ville, lieu de perdition. La description d'un environnement urbain déstructuré, habité par le silence, les cris ou les coups de feu, agit sur les protagonistes qui se replient dans un espace intérieur, se ferment à l'autre. La focalisation interne prévaut dans *Taxi Driver* et ne permet pas au spectateur de prendre pleinement conscience d'une interaction possible entre environnement social et individu, comme si tout un chacun vivait coupé du monde. Les crises culturelles et politiques qui hantent le film ne peuvent trouver leur expression qu'à travers la conduite de schizophrène de Travis, image dégradée du héros et de la masculinité. En effet, les références visuelles à

---

[290]. « Anywhere, anytime. »
[291]. « She was wearing a white dress. She appeared like an angel out of this filthy mess. »

la tradition de la masculinité qui impose à l'homme blanc de cultiver un physique viril emprisonnent le héros moderne dans un monde de l'irréel, hallucinatoire.

Renvoyé à sa solitude, Travis se met en tête de « nettoyer » New York ; il se croit élu de Dieu et se donne pour mission de faire triompher l'ordre et la morale.[292] Les actes de Travis ne prennent sens qu'à la lumière de son passé : le chauffeur se métamorphose en justicier, s'investit dans une mission purificatrice qui donne un sens à son existence vide, instaurant même un rituel à base d'entraînement physique très intense. De la guerre du Viêt-nam, Travis a rapporté une vision manichéenne qu'il projette volontiers sur l'univers urbain. Il s'entraîne au maniement des armes après s'être constitué un arsenal militaire et se montre résolu à purger le monde de ses vices. Replié sur lui-même, Travis s'est littéralement coupé de l'extérieur comme le signale la fenêtre de son appartement dont les stores sont constamment baissés.

Peur d'être vu, peur de voir, Travis porte un regard narcissique sur l'image de sa propre puissance que lui renvoie son reflet dans le miroir. Le film se développe autour d'une personnalité clivée : sentiments d'infériorité et d'insécurité se manifestent dans le besoin de se protéger au moyen des armes, mais ils alternent avec des sentiments de grandeur et des fantasmes d'omnipotence. Un égocentrisme extrême caractérise Travis, mû par ce désir avide de susciter l'admiration qui satisfera l'estime et l'amour de soi.[293] Le personnage est prisonnier de son enfermement mental, dans un univers où la violence extérieure s'est déplacée vers l'intérieur – mais le mouvement peut aussi être aussitôt inversé. L'arme qu'il s'entraîne à manier évoque le désir qu'il ressent de briser le cercle vicieux, comme l'impossibilité de s'en s'échapper autrement que par la violence. Travis observe son reflet dans le miroir et exprime la satisfaction de l'être qui a réussi à conformer son corps à l'image qu'il s'en faisait. Si la toute puissance du personnage est renforcée par le dédoublement du corps que propose le reflet, la reproduction de l'image du corps dans un reflet se donne aussi à voir comme fantasme intérieur de beauté et de puissance. L'homme se met en scène, exhibe les armes tel un uniforme dont la fonction symbolique est double : le revolver est non seulement porté comme un instrument de pouvoir, mais il représente

---

[292]. Stéphane Lequien souligne volontiers la dimension religieuse de l'aventure de Travis : « Sur le fond, New York fait bel et bien office de Purgatoire pour Travis et long sera le chemin avant que l'expiation ne s'achève. [...] C'est en se tournant vers Iris pour la sortir de sa condition – et en la sauvant dans un bain de sang au cours duquel Sport, son proxénète, sera abattu – que Travis accède enfin à la reconnaissance. Il a réussi à sauver une âme de l'emprise du royaume des morts et, ce faisant, à accéder lui-même à une certaine forme de Rédemption ». Stéphane Lequien, « Géographies et représentations de l'enfer new-yorkais » dans Dir. Antoine Capet, Philippe Romanski et Aïssatou Sy-Wonyu, *Etats de New York*, Rouen, C.E.L.C.L.A Université de Rouen, 1999, p. 143-145.

[293]. On ne manquera pas de noter les points communs entre Travis et la « personnalité narcissique » présentée par Otto Kernberg : « Dans leur relations aux autres, ces patients présentent un degré inhabituel de référence à soi, un grand besoin qu'on les aime et les admire, et une curieuse contradiction apparente entre un besoin hypertrophié d'eux-mêmes et un inhabituel besoin de louanges. Leur vie affective est superficielle. Ils éprouvent peu d'empathie pour les sentiments des autres, ils retirent de la vie peu de satisfaction en dehors des louanges que les autres ou leur propre fantasme grandiose leur procurent ; ils s'inquiètent et s'ennuient dès qu'ils ne sont plus sous les projecteurs et qu'aucune source n'alimente leur respect de soi. Ils envient les autres, tendent à idéaliser une personne dont ils escomptent des apports narcissiques et à dévaloriser et traiter avec mépris ceux dont ils n'ont rient à attendre (souvent leurs précédentes idoles). » Otto Kernberg, *La Personnalité narcissique*, traduit de l'américain par Daniel Marcelli, Paris, Dunod, 1997, p. 24.

également une enveloppe protectrice, la nécessité de se protéger contre le sentiment d'infériorité qui menace toute « personnalité narcissique ».

La transformation physique du personnage, désormais coiffé à la mode des iroquois et vêtu comme un texan, s'apparente à un travestissement. Le personnage protéiforme confond alors le réel et la fiction, manifeste dans son apparence même ses propres insuffisances. Ainsi Travis trouve-t-il dans les armes la puissance, le pouvoir qui lui sont autrement refusés. S'il veut supprimer Charles Palantine, c'est pour mieux se venger de l'humiliation que l'homme politique lui a fait subir en lui volant l'attention de la seule femme qu'il aimât – Betsy. Rien ne peut arrêter le justicier Travis Bickle qui jalonne son parcours vengeur de cadavres pour arracher la jeune prostituée, Iris, à ses souteneurs, à la corruption morale et sexuelle. *Taxi Driver* commémore de manière parodique la valeur moderne de l'héroïsme en nous livrant une vision déformée de la tradition. Travis est consacré héros par les médias qui donnent un sens à l'entreprise de salubrité qu'il a menée avec une violence irrationnelle, symptomatique d'une psychose caractérisée. Le personnage incarne désormais l'Amérique, recouvre sa place au sein de la société parce qu'il a surmonté sa crise d'identité, son passé et ses angoisses. Le chauffeur de taxi collectionne les coupures de journaux comme autant de trophées qui lui auraient été décernés ; il accroche au mur cette lettre envoyée par les parents de la jeune Iris qui vouent au psychopathe une reconnaissance éternelle. L'amour propre de l'homme est flatté par ces mots qui lui sont adressés : « Vous êtes un véritable héros pour les membres de cette famille »[294]. S'il a aidé une famille à se recomposer, Travis est encore parvenu à sublimer le sentiment d'échec qui avait anéanti son identité d'homme en réussissant à sauver la vie d'une jeune adolescente, prisonnière des trottoirs où l'avait conduite sa fugue. Après le combat mené au Viêt-nam, le vétéran se lance dans une guerre intérieure contre les proxénètes et les dealers qui habitent New York. Deux visions antithétiques de l'héroïsme sont réconciliées dans la séquence finale où la dure réalité d'une mort absurdement sanglante est mise au service d'un fantasme devenu réalité : Travis est un héros malgré qu'il ait agi sous l'emprise de la folie. La fin de *Taxi Driver* combine ironie et ambiguïté alors que les repères moraux s'estompent pour consacrer Travis, antihéros pendant la guerre du Viêt-nam, héros du polar.

---

[294]. « Needless to say, you are something of a hero around this household. »

Polar et représentation

Héros en crise

Dans le film noir des années quarante/cinquante, l'investigation menée par le détective privé met en avant ses vertus personnelles d'homme par opposition à l'immoralité des autres individus ; elle nous invite à glorifier le protagoniste qui incarne un idéal de masculinité dans des situations qui sont autant d'incitations à la déviance. Dépositaire de valeurs héroïques, le privé survit aux dangers des villes et autres lieux de corruption grâce à son intégrité morale : patience, force morale, sens du devoir et de l'honneur, autant de qualités qui nous poussent à idéaliser ce chevalier des temps modernes, mais qui ont disparu du polar dont les héros ne suscitent plus guère l'admiration, ni même la compassion. Le polar infléchit la représentation du héros dans le sens de la perversion quand il associe la violence à l'expression d'une justice et d'un devoir redéfinis par l'imagination individuelle. La scène finale de *Taxi Driver* (Martin Scorsese, 1976) illustre la perversion d'une éthique en accordant la reconnaissance publique à l'acte de bravoure pourtant accompli par un psychopathe. L'inspecteur Callahan (*L'Inspecteur Harry, Dirty Harry,* Don Siegel, 1971) sort également grandi des épreuves qui testent sa force morale et sa résistance physique, le conduisent au cœur d'une guerre urbaine où la violence fait loi. L'inspecteur de police a personnalisé le code de l'honneur autrefois réservé au privé, s'est glissé dans l'uniforme pour officialiser une conduite qu'il est désormais impossible de tenir dans l'ombre. Si la ville du polar appelle des héros musclés et armés, la plupart des candidats ne peuvent guère prétendre au dépassement de soi que cette nouvelle mission implique, ils sont alors cantonnés au statut d'antihéros.

La relation de l'homme avec la ville détermine la psychologie des personnages ainsi que leurs mouvements. Le jeu humain semble comme rétréci, écrasé par des lignes d'horizon très basses, nous interdisant de voir le ciel, car les diversités ou les divisions locales isolent les individus dans leur communauté ou dans leur seul quartier. Dans *Chinatown* (1974), Roman Polanski tente de capter la dimension mythique de Los Angeles pour mieux révéler l'envers du mythe. D'abord rêvée par les pionniers de la ruée vers l'or, Los Angeles est devenue cette ville tentaculaire, déjà stigmatisée par Frank Norris dans *The Octopus* (1901), que Polanski décrit au moyen d'une opposition structurelle entre la sécheresse, symbolisée par la rivière asséchée qui devrait traverser Los Angeles, et la fécondité, représentée par les orangeraies qui poussent autour de la métropole. Construite dans un désert, la ville ne s'est bâti que sur des artifices et des mensonges, le royaume est resté stérile et n'a rien du paradis que l'on imagine dans les films. Tandis qu'il enquête sur le meurtre de Hollis Mullwray, le détective privé Jack Gittes met à jour les tenants d'une conspiration qui réunit des hommes d'affaire, des politiques, dénonce l'ossature d'une structure sociale d'ensemble à Los Angeles. Si Jack parvient à démasquer les instigateurs de cette machination économique et politique portant sur la distribution de l'eau à Los Angeles, élément indispensable pour rendre le désert fécond, il est très vite dépassé par l'ampleur du chaos qu'il étale au grand jour. John G. Cawelti souligne qu'une rupture morale éloigne la nouvelle figure du détective privé de son modèle du film noir :

> L'image de l'action morale héroïque, représentée par le mythe et par la tradition du privé, se révèle progressivement inadéquate face à la réalité destructrice que dévoile le récit.[295]

Parce que la corruption a dissolu l'éthique des politiques et des hommes d'affaire, le détective est réduit à l'impuissance. Gittes se voit peu à peu investi d'une mission morale vis-à-vis des citoyens de Los Angeles que l'on veut priver d'eau, élément indispensable à la vie dans le désert californien ; mais il ne possède pas la force de caractère de ce Marlowe qui menait l'enquête tout en séduisant les femmes dans le film noir, et se sent vite dépassé par l'ampleur du chaos, par la dépravation qui l'entoure. Ses efforts sont vains, comme le suggère la caméra qui nous entraîne vers Chinatown dans les dernières minutes du film, alors que le nom du quartier n'a cessé d'être évoqué, tout au long du film, pour signifier la corruption et l'inefficacité de la police à laquelle Jack Gittes a, par le passé, appartenu. Le protagoniste cherche désespérément à maintenir des valeurs sociales et morales qui ont bel et bien disparu d'un monde gouverné par le seul intérêt commercial et le culte du veau d'or. Parce que ses valeurs ne lui permettent plus ni de combattre la corruption, ni de rétablir l'ordre, le détective est renvoyé à sa solitude. Son intervention n'aboutit qu'à un échec accablant qui le condamne à l'exclusion : la catastrophe finale s'avère tragique puisque les tentatives de Gittes n'ont pas ramené l'ordre, bien au contraire, elles sont cause de la mort d'Evelyn Mullwray, cette jeune femme qu'il voulait arracher à l'influence destructrice de Noah Cross, son père incestueux.

L'échec du personnage est proportionnel au degré de corruption des pouvoirs, mais il marque surtout l'impossibilité de mobiliser une communauté, qui se fragmente chaque jour davantage sous le poids de l'immigration. Le film se conclut sur des images de Chinatown, qui suggèrent le sentiment d'impuissance et de solitude du héros désormais exclu de la collectivité et, par conséquent, contraint d'agir seul. Ce faisant, Roman Polanski évoque indirectement la menace que ressentent certains Américains vis-à-vis des groupes d'immigrants ; il le traduit en nous offrant des images choisies du quartier chinois de Los Angeles. La fragmentation sociale et urbaine est alors associée à la présence de communautés aux mœurs distinctes, qu'une cohabitation difficile semble encourager à rester d'autant plus soudés qu'un individualisme exacerbé prévaut dans le reste de la société. Les relations de proximité à l'intérieur de groupes sociaux ou ethniques soulignent, par contraste, l'isolement des individus, leur difficulté à entrer en relation. Les traditions culturelles se côtoient, mais chacune exige l'obéissance à son propre code, de telle sorte que l'individu doit l'accepter ou se condamner à l'isolement. Les mutations socioéconomiques et culturelles ne semblent guère avoir façonné que de piètres antihéros comme Gittes (*Chinatown*) ou Travis (*Taxi Driver*) : leur vie sociale est ennuyeuse, leurs expériences amoureuses sont quasi inexistantes, leur parcours professionnel instable.

---

[295]. « The image of heroic moral action embedded in the traditional private eye myth is progressively shown to be inadequate to overcome the destructive realities revealed in the course of the story. » John G. Cawelti, "*Chinatown* and Generic Transformation in Recent American Films" dans Barry Keith Grant (ed.), *Film Genre Reader II, op. cit.*, p. 234. D'autres films retracent les aventures de ces détectives privés confrontés à l'échec de leur mission. Les difficultés du privé sont liées à un accroissement de la violence et de la corruption, accroissement face auquel son pouvoir personnel et privé de détective n'est guère efficace. Il se laisse manipuler, ne peut empêcher les meurtres dans *Détective privé* (*Harper,* Jack Smight, 1966) et *La Toile d'araignée* (*The Drowning Pool,* Stuart Rosenberg, 1975).

La distance créée entre les stéréotypes et l'environnement urbain suggère l'impact d'un nouvel ordre économique, né d'un mode de vie essentiellement urbain et moderne. Le polar explore d'abord l'impact de la vie communautaire urbaine sur les individus, les relations qu'ils entretiennent entre eux, dans un environnement désocialisé. La croissance des centres urbains a favorisé la segmentation des relations humaines, dans la mesure où celles-ci sont désormais régies par des structures bien établies : relations professionnelles, sociales, culturelles, voire ethniques. L'épicier du coin n'existe guère que dans le contexte des achats quotidiens ; il a une fonction avant d'avoir une identité.[296] Cette situation est parfaitement illustrée par *Taxi Driver*, qui isole le personnage du vétéran du reste de la communauté, comme si la fonction officielle occupée pendant la guerre avait effacé l'humain derrière l'uniforme. Le citoyen des grandes métropoles semble incapable de concevoir l'amitié autrement que comme « relation sociale » avec des individus avec lesquels il n'a aucun contact authentique.[297]

Le polar veut exprimer, autant par la forme que par le récit, les sentiments et les émotions suscités par un certain type d'urbanisation et de socialisation. Le malaise urbain se reflète à l'envi dans des scénarios décousus, peuplés de psychopathes dont le malaise humain est d'abord un malaise urbain, directement produit par l'effondrement de traditions communautaires, par la percée du matérialisme en tant que référence communautaire. Qu'ils retournent ces pulsions destructrices contre eux-mêmes, qu'ils les projettent sur leur prochain, les personnages ont tous intériorisé la violence de leur environnement. Trait caractéristique du polar, la violence physique s'accompagne d'une violence verbale qui sert à définir la psychologie des personnages, à décrire la société urbaine comme le monde rural au XXe siècle. Présente à tous les niveaux de la société, la violence l'est aussi à toutes les étapes de la construction filmique : jeu des acteurs, composition des images, montage prolongent l'expérience d'une agressivité quotidienne.

La ville du polar diffuse donc d'abord un sentiment de désespoir dont les personnages vont faire les frais. Le cauchemar urbain a gagné les individus, les ronge de l'intérieur. C. Wright Mills accuse l'organisation socioéconomique de condamner les humains à l'impuissance individuelle, à n'être plus que les victimes des machinations économiques commandées par les besoins d'une société de consommation. Le sentiment d'insécurité dont nous parle le sociologue se prolonge par un repli vers une intériorité et un individualisme presque forcenés, à l'origine du malaise social :

> De nos jours, les hommes ont souvent l'impression que leur vie privée est constituée d'une série de pièges. Ils savent que dans le monde du quotidien, ils ne peuvent par surmonter les difficultés, et ce sentiment est parfaitement justifié : ce dont les hommes ont conscience et ce qu'ils tentent d'accomplir est limité par les confins de la vie individuelle ; leur vision et leur pouvoir sont restreints par des gros plans mettant en scène le travail, la famille, le voisinage. Ils n'ont accès à d'autres milieux que par procuration et ils demeurent spectateurs.[298]

---

[296]. Phillip C. Dolce, "Anti-urbanism in America" dans *Cities in Transition, From The Ancient World to Urban America,* Frank J. Coppa et Phillip C. Dolce (ed.), Chicago, Chicago University Press, 1974, p. 189.
[297]. Max Horkheimer et Theodor W. Adorno, *La Dialectique de la raison, op. cit.*, p. 164.
[298]. « Nowadays men often feel that their private lives are a series of traps. They sense that within their everyday worlds, they cannot overcome their troubles, and in this feeling, they are often quite correct: what ordinary men are directly aware of and what they try to do are bounded by the private

L'angoisse dans le polar est aussi prégnante en 1970 qu'elle l'était en 1940, mais elle s'accompagne en outre d'un désespoir profond, qui fait surface dans des attitudes de repli sur soi, sur le groupe familial, sur la fratrie, sur le passé.

Quelle que soit l'optique adoptée, le polar n'échappe pas au jeu des références aux films noirs des années quarante. La déréliction nostalgique implique des anachronismes entre les figures du passé et un état de société qui a changé. Si les décors et les personnages de *Chinatown* font ouvertement référence au Los Angeles des années trente, Gittes subit le décalage entre le code moral qu'il cherche à appliquer dans sa vie de tous les jours, prenant pour modèle le détective privé du film noir, et la dépravation qui a atteint toutes les couches de l'ordre social. Dans *Le Privé* (*The Long Goodbye,* Robert Altman, 1973), Philip Marlowe se voit dépossédé du pouvoir d'action qui permettait au privé de s'imposer dans le film noir classique : débonnaire, il passe à côté des indices d'une enquête qu'il mène. Le récit de ses échecs successifs souligne l'inadéquation sociale de son comportement, demeuré conforme au stéréotype du passé. Melvyn Stokes assigne à Marlowe une fonction anachronique, qui souligne son aliénation par rapport à l'environnement urbain des années soixante-dix :

> Il incarne un anachronisme total. Il conduit une décapotable de la fin des années quarante. Vêtu d'un costume mal coupé, d'une chemise blanche et d'une cravate, il a toujours l'air complètement démodé, comparé aux Californiens habillés de manière décontractée qu'il rencontre. Ses vices, autrefois associés à son caractère coriace, ressemblent désormais à une faiblesse anti-sociale. [...] En outre, ses valeurs – devoir, honneur, loyauté – ne semblent plus d'actualité dans le monde où il évolue.[299]

Son errance concrétise la perte de motivation individuelle, traduit un vide existentiel, que marque également le décalage entre l'iconographie du personnage et son environnement social : Marlowe continue de porter les costumes chers au cœur du détective privé classique, dans un monde où la libéralisation des mœurs se lit jusque dans le choix des tenues vestimentaires. L'iconographie ne manque pas de nous rappeler l'univers de Raymond Chandler, mais le réalisateur oriente son propos dans une voie totalement différente. La silhouette de Marlowe, cet incorruptible qui venait à bout des enquêtes les plus complexes, ne ressuscite pas avec le polar des années soixante-dix. L'évolution du film noir, sa transformation en polar, a été marquée par une baisse de motivation de la part du héros, de plus en plus souvent confiné dans les apparences d'un antihéros sans héroïsme. Si le film noir parvenait à glorifier le personnage du *loser* en lui donnant le rôle presque exclusif de narrateur, ce qui lui permettait d'affirmer sa présence dans le récit et dans l'aventure dont il était victime, le polar lui a repris le pouvoir de la parole, l'enfermant dans

---

orbits in which they live; their visions and their powers are limited to the close-up scenes of job, family, neighborhood; in other milieux, they move vicariously and remain spectators. » C. Wright Mills, *The Sociological Imagination,* New York, Oxford University press, 1959, p. 3.

[299]. « He is a complete anachronism. He drives a late 'forties convertible. He looks thoroughly unfashionable, in comparison with the casually-dressed Californians he meets, always wearing an ill-fitting suit, white shirt, and tie. His vices, once associated with toughness, now merely look like an anti-social weakness. [...] Above all, his values – duty, honour, loyalty – seem no longer relevant to the world in which he finds himself. » Melvyn Stokes, "Postmodern Filmmaking and the Crime Genre : Robert Altman's *Le Privé*" dans Dir. Dominique Sipière et Gilles Ménégaldo, *Les Récits policiers au cinéma, op. cit.*, p. 123-124.

la frustration de l'« antihéros ». Une mutation générique a transformé la fonction du détective privé au sein de l'intrigue criminelle, lui a volé le pouvoir d'agir sur son environnement, l'a contraint à se marginaliser dans le rôle du perdant. Le personnage du détective privé tel qu'il était jusqu'alors représenté disparaît des écrans pour laisser place à une « forme vide ».

Dans leur jeu, Jack Nicholson, Dustin Hoffman, Robert Redford, Robert De Niro et Al Pacino laissent deviner l'influence d'un mode de pensée contestataire, hérité des années soixante. Ils renouvellent l'image de l'antihéros du film noir en lui conférant des qualités jusqu'alors inavouées ou inexplorées, en opposition avec les conventions du genre et les attentes du spectateur.[300] Le personnage que joue Jack Nicholson dans *Chinatown* (Roman Polanski, 1974) est un parfait exemple du rôle masculin reconsidéré par le polar. Jack Gittes se montre sûr de lui, mais son assurance nous apparaît très vite comme un masque en contradiction avec son identité profonde. La mascarade à laquelle il choisit de se livrer se manifeste d'emblée à travers le souci vestimentaire, la maîtrise du discours, l'ordre qui prévaut dans son bureau. Cette vision tend à suggérer un personnage qui exercerait un contrôle entier sur son destin comme sur son environnement.[301] Cependant, le récit trahit les incohérences de ce jeu des apparences : aucune des démarches entreprises par Gittes n'aboutit car une blessure restée ouverte gauchit son raisonnement, diminue la confiance qu'il a en lui-même, le rend impuissant face à l'arme absolue de l'argent. Les signes récurrents de la fragilité de l'homme (tel le pansement qu'il porte continûment sur le nez) nuisent à son image masculine, virile ; le langage du corps trahit ici les incohérences entre l'idéal de la masculinité et l'identité de l'homme. En refusant de réviser le code de déontologie du détective privé, le polar joue d'une tension visuelle et narrative qui affaiblit le personnage : Gittes est ridiculisé par son pansement comme par ses vêtements tandis que son enquête ne progresse pas. La distance créée ouvre un espace critique pour le regard et la conscience du spectateur, l'invite à comprendre ces normes qui déterminent la représentation et enferment le personnage dans le spectacle.

Louis Althusser nous fait remarquer que pour rompre avec les formes classiques de l'identification, qui suspendent le public au destin du « héros », il faut « qu'une distance naisse entre le spectateur et la pièce, il faut d'une manière certaine que cette distance soit produite au sein de la pièce elle-même ».[302] Si l'acteur du polar invite le spectateur à s'identifier à son personnage, c'est pour mieux briser ce même processus d'identification. L'imperfection de l'antihéros aide à déconstruire l'image du masculin puisqu'elle réduit les qualités dites masculines à la médiocrité. L'homme placé dans une position d'inefficacité est donc féminisé. La masculinité apparaît alors clairement comme une norme arbitraire qui vise à contrôler le champ des représentations de la sexualité, c'est-à-dire à assigner des fonctions distinctes aux sexes, à réitérer l'infériorité de la femme.[303] Si, par tradition, la féminité est associée au masque, ce terme peut aussi désigner le jeu par lequel l'homme veut affirmer sa masculinité. Le masque indique alors non seulement une apparence, mais

---

[300]. Robert B. Ray, *A Certain Tendency in the Hollywood Cinema 1930-1980,* New Jersey, Princeton University Press, 1985, p. 260.
[301]. Dennis Bingham, *Acting Male,* New Jersey, Rutgers University Press, 1994, p. 123.
[302]. Louis Althusser, *Pour Marx, op. cit.*, p. 146-147.
[303]. Judith Butler, *Gender Trouble: Feminism and Subversion of Identity,* New York and London, Routledge, 1980, p. 136.

encore l'existence d'un pouvoir, d'une structure qui conditionnent le féminin[304] comme le masculin. Le masque insiste sur l'importance d'un conformisme culturel dans le domaine des comportements sexuels ; il suggère ici que les atours de l'autorité, de l'ordre et du pouvoir font l'homme, que l'habit fait le moine.[305]

Les antihéros du polar sombrent dans la déviance parce qu'ils éprouvent la tentation d'une solitude, d'une violence hors du commun qui les pousse à agir de façon insensée. Derrière les apparences de sa fonction sociale, le personnage s'efforce de cacher son mal-être. Le rapport fétichiste qui s'installe entre l'homme et son vêtement suggère l'incertitude même du personnage : incapable de s'adapter à un nouvel environnement, il définit son identité par des signes extérieurs. La veste de vétéran du Viêt-nam que Travis ne cesse de porter dans la seconde moitié de *Taxi Driver* matérialise ainsi à la fois son aliénation dans le groupe et son besoin d'appartenir à tout prix à un groupe. Le privé se retranche dans le conformisme du stéréotype, qui l'éloigne d'un univers sur lequel il ne peut agir.

Le polar témoigne ainsi de la « crise de la représentation masculine » ; il découvre en quelque sorte l'inadéquation entre la représentation de l'homme viril, fort, violent et celle d'un être vulnérable, incapable de maîtriser ses pulsions. *Taxi Driver* se conclut sur un *happy end* qui consacre la fin de l'héroïsme traditionnel, façon Hollywood, non sans ironie : l'homme valeureux qui vient au secours de la communauté représentée par la jeune prostituée, n'est qu'un tueur psychopathe. Sa pathologie discrédite des valeurs et des actions généralement associées au héros, débusque l'individualisme excessif du genre, disqualifie la fascination que pourrait encore exercer le « rêve américain ». La masculinité, telle que nous avons pu la définir à l'époque classique, semble soudain être en faillite.

---

[304]. Mary Anne Doane, "Masquerade Reconsidered: Further Thoughts on the Female Spectator" dans *Discourse n° 11*, 1998, p. 95-96.
[305]. Stephen Heath écrit que « les signes extérieurs de l'autorité, de la hiérarchie, de l'ordre, de la position sociale font l'homme ». Stephen Heath, "John Riviere and the Masquerade" dans Victor Burgin, James Donald, Cora Kaplan (ed.), *Formations of Fantasy,* London, Routledge, 1986, p.56.

Errance vers la violence

Sans but précis, le héros du polar erre dans le récit comme dans le décor de la fiction. Cette errance aléatoire traduit le sentiment d'une impuissance accablante dans un monde devenu incontrôlable. Homme solitaire qui manipule les armes avec une sincère affection, le protagoniste affronte le chaos ambiant par le seul recours à la violence. Il déploie le pouvoir que lui confèrent les armes, signe d'une puissance qu'il lui est loisible de manifester à tout moment, dans l'espoir d'être mieux accepté, mieux intégré à la société urbaine. Espérant susciter l'admiration de ses pairs, il vise à dominer son corps et sa peur pour mieux pouvoir conquérir son environnement ; chaque décision, chaque mouvement est un défi lancé à la société ; son impression de puissance repose sur des artifices, sur la possession illégale d'armes et de munitions. Le culte de la force physique devient synonyme d'une double conquête : conquête de l'esprit sur le corps, dans la mesure où la peur et la douleur du corps sont surmontées, pour permettre la conquête de l'espace environnant. Les notions de pouvoir et d'impuissance sont donc au cœur du polar qui oppose des figures antithétiques, en lutte perpétuelle contre un environnement politique, économique, social ou spatial. De fait, la violence sert à décrire cet éternel rapport conflictuel entre l'individu et la structure sociale américaine.

Masculinité et virilité se mesurent ici à la difficulté du défi que l'homme doit affronter seul : les manifestations du désordre sont une invitation à l'action violente dans *Le Parrain* (*The Godfather*, Francis Ford Coppola, 1972), dans *Les Chiens de paille* (*Straw Dogs*, Sam Peckinpah, 1971), dans *L'Inspecteur Harry* (*Dirty Harry*, Don Siegel, 1971). Le protagoniste parvient à une situation de héros grâce à cette violence qu'il apprivoise, qu'il apprend à perfectionner, pour s'accepter d'abord comme un être à part entière et se faire respecter, tel Travis à la fin de *Taxi Driver*. Le mythe du héros est perverti, corrompu par l'amour propre de cet homme qui dépend du regard des autres pour se sentir exister, et ses actes de violence semblent faire partie du rituel d'accès à ce statut. Les meurtres exécutés par Travis ne sont-ils pas salués comme des signes de bravoure par les médias ? Parce que la société écrase l'individualité, l'humain doit tenter de se différencier en ayant recours à une violence qui lui permet d'exalter sa force ou son courage.[306] L'image traditionnelle du héros ressort ébranlée par l'impossibilité de pouvoir renouer avec le mythe tel qu'il fut célébré dans le cinéma hollywoodien classique, comme si la guerre du Viêt-nam avait définitivement anéanti toute notion d'héroïsme. On ne peut plus distinguer le héros de l'antihéros, dont l'ambition est une perversion de l'éthique et du travail, un avatar de cette idéologie qui promet la reconnaissance sociale à quiconque remplit sa mission ; le polar nous apporte une lecture nouvelle du mythe du *self-made man*.

A l'instar de Travis dans *Taxi Driver*, le policier de *L'Inspecteur Harry* s'imagine être le dernier espoir salvateur d'une société proche de l'apocalypse. L'ambiguïté avec laquelle le personnage du policier nous est présenté suggère les effets seconds et pervers de l'influence de la guerre du Viêt-nam. Même si le protagoniste a juré fidélité à un système bien établi, il se trouve confronté à un dilemme personnel lorsqu'il s'agit de mettre en œuvre sa propre violence. Bien sûr les excès d'une violence criminelle invitent au développement de la violence individuelle chez les policiers. *L'Inspecteur Harry* fait l'apologie de cette violence policière en conférant à Harry Callahan, le policier, le droit non seulement de juger, mais aussi de bafouer l'interdit social en exécutant le criminel Scorpio,

---

[306]. Stuart M. Kaminsky, *American Film Genres, op. cit.*, p. 67-69.

lui-même d'ailleurs dénué de tout remords. Bien qu'il mène une enquête officielle, Harry Callahan fait de l'arrestation du tueur une affaire entièrement personnelle. La corruption de l'institution, déjà au cœur de nombreux films noirs, prend ici une dimension nouvelle : le policier ne vise plus à un but privé, tel l'enrichissement ou la reconnaissance qu'il peut obtenir à travers sa fonction, il pèche par excès de zèle. Désireux de mener à bien sa mission, désespéré de pouvoir maintenir l'ordre, menacé au cours de chaque intervention, le policier du polar recourt à la violence pour recouvrer le pouvoir dont il a été spolié par des criminels mieux armés que lui. L'uniforme qu'il porte devient le symbole d'une violence instituée, voire institutionnalisée, pour la sécurité et le bien-être de la collectivité.

Mais l'escalade de la violence ébranle les repères des individus, et le polar en vient sans doute à faire « œuvre morale » en dénonçant les excès que cultive une société assurément trop permissive. Films et société entretiennent un consensus favorable à la reconnaissance de la violence comme instrument de « pouvoir » à des fins sécuritaires, au plan domestique ou international. Le plaisir de jouer avec le pouvoir des armes n'est pas réservé à l'inspecteur Callahan dans *L'Inspecteur Harry*, il est aussi à l'origine des meurtres commis en série par Scorpio dans le même film. A l'évidence, le jeune homme s'amuse du spectacle de la panique qu'il est capable de déclencher lorsqu'il fait feu, jouit de la toute puissance que lui procure une arme chargée. L'inspecteur participe activement à ce jeu fondé sur la règle du plus fort ; ainsi, il se tient face au tueur, prêt à tirer, et déclare : « C'est un 44 Magnum, le plus puissant soufflant qu'il y ait au monde, un calibre à vous arracher toute la cervelle »[307]. La violence du verbe nous confirme que la cruauté est aussi un mode de pensée à l'origine d'actes individuels.

A l'intérieur du pays, la montée du taux de criminalité est liée à une série de manifestations qui dégénèrent en émeutes, de vols qui conduisent inopinément au meurtre. Une impression d'excès se dégage des statistiques qui tentent de mesurer l'intensité de la violence. Le chômage, la récession, la migration des minorités pauvres vers les grands centres urbains sont des facteurs qui entretiennent le phénomène de la criminalité. Une violence sécuritaire se développe alors proportionnellement au sentiment croissant d'insécurité : les citadins barricadent leurs propriétés, ajoutent serrures et systèmes d'alarme à leurs portes tandis que la vente d'armes monte en flèche.[308] Un rapport du FBI signale une hausse de 156% des violences criminelles au cours des années soixante.[309]

Le cinéma met logiquement l'accent sur des comportements violents : le contraste des couleurs accompagne l'horreur des faits qui sont à la base d'une fiction parfois inspirée de faits divers ; un montage serré traduit l'enchaînement des pulsions. Source de mystère dans le film noir, limité à des scènes qui se déroulent hors champ, le meurtre est désormais fouillé par une caméra en quête d'énergie destructrice. Quelques cinéastes tentent d'analyser les névroses contemporaines, d'entrer dans l'univers de ces tueurs pathologiques qui font la une des journaux. C'est le cas de Leonard Kastle avec *Les Tueurs de la lune de miel* (*The Honeymoon Killers,* Leonard Kastle, 1970), film qui lui a été inspiré par l'histoire authentique de deux jeunes désaxés. L'atmosphère noire de ce *road movie* aide à démythifier l' « American Way of Life » et suggère que le culte des libertés individuelles

---

[307]. « This is a 44 magnum, the most powerful handgun in the world and it would blow your head clean off. »
[308]. Robert Brent Toplin, *Unchallenged Violence: An American Ordeal,* Westport, Greenwood Press, 1975, p. 16-31.
[309]. *Crime in the U.S: Uniform Crime Reports, 1970,* Washington D.C, 1971, p. 2-21.

sécrète aussi un poison violent. Déjà évoqués comme source du mal dans les années quarante, les inégalités sociales et l'appétit du gain, exacerbés par le matérialisme ambiant, nourrissent des envies qui libèrent à leur tour des instincts d'avidité frustrés par le quotidien. La prolifération des armes, achetées par les particuliers, qu'elle soit liée ou non à des buts sécuritaires, a pour effet d'entretenir et de banaliser les phénomènes de violence dans la mesure où elle permet l'accès aux rêves les plus fous.

Peter Bogdanovich illustre les effets pervers de cette situation dans *La Cible* (*Targets,* 1968), qui retrace la dérive progressive de Bobby Thompson, jeune homme fragile, fasciné par les armes que son père collectionne. A la recherche d'un acte qui lui permettrait de s'affranchir de l'autorité parentale, Bobby se tourne vers ces armes qu'il chérit en secret : il se mue en tueur alors qu'il laisse le mécanisme des armes envahir son esprit. Chaque nouveau meurtre est perpétré avec une indifférence comparable à l'automatisme de l'objet qui crache le feu ; chaque silhouette aperçue devient une cible potentielle pour l'œil du tireur. Le réalisateur filme patiemment la dépersonnalisation, la dépossession de soi, qui accompagnent la multiplication des armes possédées par le jeune homme ; les temps de silence sont intenses, suggèrent que le tueur a perdu jusqu'à l'usage de la parole, qu'il ne peut plus s'exprimer que par ces actes de barbarie dont il ne mesure même pas la portée.

La mort et la violence perdent toute signification mythique ou tragique dans le polar qui les associe d'abord aux automatismes d'une pulsion destructrice. L'idée d'une absurde cruauté remplace alors la force d'un destin funeste qui infléchirait le devenir des protagonistes. L'utilisation de la violence n'est en effet plus justifiée par la mission officielle de maintien de l'ordre, elle devient l'apanage d'un groupe de citadins qui a décidé d'entrer en sécession. Les armes à feu sont les jouets de psychopathes, les symboles d'une mort gratuite que Travis (*Taxi Driver*, Martin Scorsese, 1976) ou Bobby (*La Cible, Targets,* Peter Bogdanovich, 1968) se plaisent à distribuer. Alors que le film noir tentait de remonter aux sources mêmes de la violence, ne serait-ce que par le cheminement de l'enquête d'un détective privé, le polar se contente de nous en décrire les symptômes et cela sous-entend une représentation d'abord esthétisante de la folie urbaine.[310] De manière significative, *La Cible, Les Chiens de paille* (*Straw Dogs,* Sam Peckinpah, 1971), *Guet-apens* (*The Getaway,* Sam Peckinpah, 1972) retracent par la bande son la stridence de balles dont l'origine est aussi peu motivée que précisée. Caché derrière l'écran d'un cinéma, le tueur de *La Cible* n'est repéré qu'après avoir commis une dizaine de meurtres. Dans *Les Chiens de paille*, la nuit intensifie la violence car les attaques ne sont perçues qu'au tout dernier moment. Le choc visuel et émotionnel est d'autant plus intense que les actes de violence sont représentés à travers une série d'effets visuels : gros plans sur les blessures des victimes, profusion de taches rouges qui déforment les visages, usage du ralenti qui accompagne une violence surgie au moment où personne ne l'attendait. L'effet visuel et l'effet sonore se combinent à merveille pour jouer des nerfs et de l'émotion du spectateur.

Cette quête de l'excès suggère que les horreurs de la guerre du Viêt-nam ont laissé leur empreinte dans l'imaginaire collectif. D'abord objet de reportages dans les médias, l'horreur a envahi la fiction et les films rivalisent d'ingéniosité dans la mise en scène des atrocités. La perspective adoptée par les réalisateurs de la décennie accuse un état de la société qui d'abord agresse l'individu, puis encourage le développement d'une réaction sécuritaire, nécessairement excessive. Dans *Taxi Driver* comme dans *L'Inspecteur Harry*

---

[310]. Carlos Clarens, *Crime Movies, op. cit.,* p. 311.

ou dans *Les Chiens de paille*, la folie meurtrière des protagonistes est, à l'origine, inspirée par le désir de défendre sa propre vie ou bien de protéger des êtres chers. Travis Bickle (*Taxi Driver*), Harry Callahan (*L'Inspecteur Harry*) et David Summer (*Les Chiens de paille*) trouvent refuge dans cette violence sécuritaire, optent pour des règlements de compte individuels, comme pour mieux résister à l'anéantissement d'une morale collective mis en œuvre par ces enfants déviants de la métropole – prostituées, gangsters, proxénètes... Ces nouveaux justiciers font le vide autour d'eux, se cloîtrent et se complaisent dans leur solitude, manifestation avouée de l'effondrement de toute culture communautaire, fallacieuse résistance morale autant que physique à la « corruption » environnante.

Si la violence devient le seul moyen d'expression du délinquant, l'arme est l'outil qui lui permet de se tailler une piste dans la jungle tentaculaire. Tant pis si, au passage, il tranche racines familiales et communautaires.[311] Le héros survit parce qu'il est un mutant qui a subi une transformation sociale douloureuse. Son attachement au passé familier mais déjà irréel, sa volonté chimérique de purifier la ville font de lui un déviant social d'un nouveau type. L'utilisation subjective de la caméra qui accompagne Travis (*Taxi Driver*) ou Harry Callahan (*L'Inspecteur Harry*) accuse le décalage entre les idéaux du passé et ceux de la modernité comme pour justifier, chemin faisant, la violence excessive de ces personnages. Le protagoniste du polar accède au statut dévoyé de héros par la violence gratuite qu'il exerce. S'il incarne une conception musclée de la masculinité, ses actions vidées de sens le condamnent à une solitude sans issue, laissant la tentation de la schizophrénie s'emparer du thème de sa quête.[312]

Contrairement au film noir qui préfère explorer les angoisses collectives par le truchement d'études psychologiques, le polar associe les références du social à des personnages qui manifestent des troubles du comportement : d'abord individuelle, leur aliénation se charge des tares d'une société déjà éclatée. Dans *La Cible*, l'isolement psychologique de Bobby se trouve conforté par ces scènes de famille, ponctuées de discussions profondément ennuyeuses, où chacun continue de jouer son rôle sans se préoccuper des répliques du voisin. Les plus jeunes trouvent une sorte de réconfort dans la manipulation des armes et des balles qui, croient-ils, leur permettent d'établir un contact aussi définitif que fugitif avec une victime. Esseulé dans le monde aseptisé que traduit savamment la décoration sobre, sans originalité, de la demeure familiale, Bobby n'est plus à même de faire la différence entre état de vie et état de mort : il est vidé de toute émotion, n'éprouve ni amour, ni remords, ni désir.

---

[311]. Edward Gallafent, "Echo Park, Film Noir in *Seventies*" dans Ian Cameron (ed.) *The Book of Film Noir, op. cit.*, p. 259.
[312]. Dennis Bingham, *Acting Male, op. cit.*, p. 122.

Quêtes de femmes

Le protagoniste du polar peut vivre sans amour tant qu'il s'investit dans une mission qui exige de lui le sacrifice de sa vie intime. Pourtant, *La Cible* et *Taxi Driver* démontrent que l'inadaptation sociale de l'individu est à l'origine de sa solitude, de son impossibilité à communiquer avec le féminin, de sa déviance vers les marges du crime. Le sexe existe uniquement sous la forme de rapports érotiques passagers qui n'exigent aucun engagement amoureux, car la femme continue d'être source de trouble et d'angoisse : le sexe dit faible demeure un danger permanent pour la gent masculine, qui refuse de compromettre son autorité dans une relation amoureuse durable. Le personnage de la prostituée ou de la femme de mœurs légères s'est substitué à celui de la femme fatale alors que la mère de famille, image traditionnelle de la femme « honnête », est à l'évidence totalement absente du polar. Les stéréotypes féminins du film noir ont laissé la place à une femme vulgaire, qui n'affiche plus ni le côté artificiel, fantasmagorique de la « vamp », ni la perfection domestique de la gardienne du foyer.

La femme du polar vit pleinement sa sexualité, mais elle ne connaît que rarement l'amour. Malgré l'évolution des mœurs, il semble bien que sexualité et famille ne s'accordent toujours pas : la femme libérée se trouve marginalisée tandis que la prostituée est bannie de l'ordre social, exclue du cadre familial. La libération sexuelle du personnage féminin est compensée par la perte de son pouvoir sur les hommes : le personnage mythique de la femme fatale a cédé la place à une femme libérée dont la fonction, d'abord sexuelle, fait perdre au personnage féminin ce pouvoir destructeur et fatal qui l'auréolait. Les rôles féminins du polar sont toujours secondaires par rapport aux rôles tenus par les hommes, constitués presque exclusivement des rôles de prostituées, d'ingénues, de femmes seules, toutes soumises à la volonté d'une ou de plusieurs autorités masculines. Souvent niée en tant que personnage, victime d'agressions multiples, la femme intervient lorsque le traitement de la sexualité l'impose.[313] La liberté nouvellement conquise par les réalisateurs se lit donc dans les descriptions graphiques de la violence que le personnage féminin subit, et non dans une redistribution des rôles culturels ou cinématographiques.

Seul *Guet-apens* (*The Getaway,* Sam Peckinpah, 1972) offre l'image d'un couple uni où l'homme et la femme jouent un rôle à part égale dans l'organisation et l'application du plan de braquage d'une banque. Parfaitement intégrée à ce monde au masculin, Carol manipule les armes aussi franchement que son époux. Au début du film, le couple a été séparé par les murs d'une prison qui condamne le mariage à être stérile. Doc McCoy et son épouse partagent une relation hors normes, qui ne peut être ni contenue, ni restreinte par les limites sociales (représentées par la prison) : l'ouverture du genre au *road movie* contribue à changer l'image du couple marié, associant l'union sacrée à la notion nouvelle de liberté sexuelle. Doc et Carol communiquent par le silence au sein d'une société américaine répressive, dont les conventions brouillonnes et agitées sont perçues comme hostiles à leur union.

Derrière l'image de la prostitution féminine se dissimule une économie de marché ; le corps féminin est une commodité qui s'achète et se vend sur le marché de la sexualité, il est aussi un argument de vente dans les salles de cinéma. *Klute* (Alan Pakula, 1971) illustre toute l'ambiguïté qui préside à l'évocation de la sexualité féminine sous les traits de la prostituée dont la présence aide d'abord à révéler une fracture sociale. La

---

[313]. Roger Atkins, *Sexuality in the Movies,* U. S, Indiana University Press, 1975, p.128.

prostituée offre son corps à des hommes aux vies mornes et tristes qu'elle tente d'égayer et dont elle comble le vide. La fonction sexuelle de la prostituée est indissociable d'une fonction sociale puisqu'elle est la seule femme à jamais entrer en communication avec le protagoniste masculin de *Klute*. Bree Daniels représente donc une sorte de dernier espoir de tendresse et d'humanité dans le monde de la ville. Dans *Klute*, les messages téléphoniques de Tom Gruneman, père de famille qui a disparu après avoir écrit une lettre à l'intention de Bree Daniels, témoignent de la complicité recherchée auprès de cette prostituée.

Objet d'une persécution quotidienne de la part d'un tueur sadique, Bree Daniels trouve auprès du détective privé, John Klute, protection et réconfort. La prostituée est présentée comme un être humain, non comme un monstre destructeur ou un simple objet de consommation, parce que les hommes parviennent à éprouver de la sympathie pour la jeune femme. Quand il rencontre Bree Daniels, la dernière personne à avoir commercé avec Tom Gruneman, le détective découvre en même temps la décadence morale de la société urbaine. Des mouvements de caméra verticaux, des gros plans en plongée, une pénombre en hauteur expriment la claustrophobie, le sentiment d'emprisonnement soudain que ressent le détective privé, John Klute, en arrivant à New York. Si la prostituée représente la tentation sexuelle de l'adultère pour les hommes mariés, le portrait de Bree Daniels dépasse le stéréotype : les longues conversations entre la jeune femme et son psychanalyste, la relation qui l'unit au détective John Klute, nous apprennent à découvrir en elle un être humain à part entière.[314]

Bree Daniels incarne un compromis entre les traits idéalisés d'une femme à la sensualité débordante et la réification du féminin en tant qu'objet sexuel, grâce au regard masculin du détective John Klute qui l'humanise, reconnaissant pleinement le statut de la femme en tant que sujet. De manière paradoxale, ce regard féminise ce même personnage masculin qui ne prend aucune initiative sexuelle : on peut imaginer que le renversement des rôles explique la persécution subie par Bree Daniels, harcelée par les messages d'un psychopathe qu'elle a côtoyé, et dont elle a réveillé la colère en révélant une faiblesse toute masculine. Cette violence subie donne à John Klute l'occasion de recouvrer le pouvoir d'action dont il a été provisoirement privé lorsque Bree s'était introduite dans son lit pour lui offrir son corps.

La structure du film évoque par métaphore les malaises psychiques ou sociaux des individus qui mènent une double vie pour tenter de réconcilier des désirs antagonistes : l'image de la famille est mise à mal lorsque John Klute enquête dans les recoins les plus intimes de la vie privée de Tom Gruneman. Il met à jour une face cachée de cet homme, dont la vie secrète met en péril la structure familiale traditionnelle. Bree Daniels est également le témoin d'un mode de vie partagé par des milliers d'autres hommes : les mouvements ascendants ou descendants de son appartement à la rue reflètent cette hiérarchie entre mode de vie respectable et aventures clandestines. L'enquête de John Klute est prétexte à la découverte des zones d'ombre de la société ; elle ne fait pas progresser le récit qui enferme les êtres dans leurs rôles, car ils ne peuvent pas révéler au grand jour leurs pulsions secrètes. Alan Pakula se détourne des conventions du film noir dans la mesure où il exploite le thème criminel pour exposer l'hostilité qui prévaut à l'idée de la liberté sexuelle au féminin. Le thème de l'investigation n'est plus la force motrice du récit : Klute sauve la prostituée, victime des menaces proférées à son encontre par un tueur sadique,

---

[314]. Christine Gledhill, "Klute 1: A Contemporary Film Noir and Feminist Criticism" dans Ann Kaplan (ed.), *Women in Film Noir, op. cit.*, p. 28.

mais la fin du film ne valide pas pour autant son indépendance. La chute redonne vigueur au consensus social, car la jeune femme a compris la signification de l'amour et peut désormais mieux redéfinir son comportement sexuel en fonction de la morale sociale.

L'intégration du personnage de la prostituée dans le polar signale une fracture dans la hiérarchie patriarcale, une impossibilité à communiquer en dehors des structures établies et aussi l'échec d'une politique sociale. Intégrée au capitalisme qui la considère comme une « simple commodité », la prostituée, on le sait, n'accède plus au pouvoir dont disposait la femme fatale. Le sexe n'est plus qu'une valeur d'échange et non un échange de valeurs, puisqu'il remplace tout autre mode de communication entre les partenaires. L'accent n'est plus mis sur la névrose fatale, mais plutôt sur un besoin de société, une nécessité du marché économique auquel la prostituée répond. De mythique, le sexe devient banalisé. A la différence du film noir, le polar ne met pas en exergue le rôle négatif et destructeur de la femme au sein de la fiction.

La perspective noire est dirigée vers l'ensemble de la structure socioculturelle, métaphoriquement représentée par le conflit entre l'homme, la femme et leur environnement. La ville est devenue une entité autonome qui s'alimente des forces économiques en jeu entre les différents quartiers et qui absorbe l'énergie humaine. Hommes et femmes semblent être piégés par ces structures urbaines, reflets des structures mentales qui limitent la liberté de pensée et des structures socioculturelles qui restreignent la liberté d'action. L'échec de l'investigation sur laquelle se construit le polar est alors comme un aveu de défaite face à la toute puissance de la corruption des pouvoirs politiques et économiques. Leighton Grist n'hésite pas à relier cette caractéristique propre à la fiction à l'atmosphère politique du moment :

> Les films (produits à la suite du Watergate) décrivent un monde de claustrophobie, de menaces et de méfiance, à l'intérieur duquel les protagonistes cherchent, mais en général échouent, à exposer la corruption d'une organisation politique ou économique oppressive et toute puissante.[315]

Si l'homme est victime des forces économiques qui confèrent à quelques privilégiés un pouvoir quasi absolu, comme le suggère son échec personnel et professionnel en tant que détective, la femme subit également ce traitement d'avilissement qui est déplacé vers le sexe. La sexualité devient moyen de pression, voire d'oppression, sur la femme : les rapports de force sont inversés par rapport aux années quarante qui faisaient de la sexualité une arme féminine. Au message subversif du film noir, le polar oppose donc une attitude résignée, un constat qui doit cependant interpeller le spectateur. La cruauté des situations représentées vise à choquer : le polar exprimerait à la fois un dégoût, une révolte contre des faits observés, mais par rapport auxquels l'homme ordinaire demeure complètement impuissant.

Violée par son père quand elle avait quinze ans, l'héroïne de *Chinatown* (Roman Polanski, 1974) est déchirée par des sentiments de haine et de peur qui la contraignent au silence, à l'impuissance de sa soumission vis-à-vis de son père omnipotent. Le drame familial illustre la manière dont la sexualité de la femme est devenue la source de sa

---

[315]. « The films [which flourished in the wake of Watergate] present a claustrophobic world of threat and mistrust, within which their protagonists seek, but usually fail, to expose the corruption of an all-powerful, oppressive economic or political organization. » Leighton Grist, "Moving Targets and Black Widows" dans Ian Cameron (ed.), *The Book of Film Noir, op. cit.*, p. 271.

vulnérabilité. Libérer la sexualité revient à libérer le désir que tous les tabous entravaient, non l'imagination, mais la réalisation de certains fantasmes. Victime d'un ordre familial qui la tyrannise, la femme n'a aucun moyen d'action dans *Chinatown*, elle est réduite à l'acceptation passive d'une situation humainement insupportable. Parce qu'elle est la mère de sa propre sœur, Evelyn subit le paradoxe de rôles sociaux et culturels qui lui interdisent le bonheur, qui la paralysent. Lorsqu'elle tente de fuir avec sa fille, Evelyn est tuée, comme s'il était impossible pour la femme d'échapper aux lois du système patriarcal tel que le représente son père.[316] Si Evelyn trouve, auprès du détective Gittes, le soutien d'un ami, aucune relation durable ne peut s'installer entre ces protagonistes parce qu'ils ne réussissent pas à s'affranchir du monde économique et politique qui les opprime.

La femme qui revendique son indépendance économique et sexuelle fait peur et cette peur est comme exorcisée par une violence meurtrière perpétrée contre son personnage dans le polar. Dans *A la recherche de Mr Goodbar* (*Looking for Mr Goodbar*, Richard Brooks, 1977), Teresa est une femme libérée et indépendante : elle multiplie les aventures pour vivre pleinement sa sexualité, travaille pour s'assumer financièrement.[317] Le film décrit le parcours entrepris par une jeune femme désireuse de vivre les expériences qui lui permettront de mieux se connaître elle-même, mais qui doit d'abord s'affranchir des préjugés d'une famille rigoriste et étouffante. La caméra accompagne Teresa au cours de ses sorties nocturnes dans des bars pour célibataires, explore son visage pendant les scènes d'amour, met à nu son désir sexuel. La liberté revendiquée est pourtant synonyme d'une décadence que traduit une photographie contrastée entre couleurs chaudes et reflets froids.

La liberté sexuelle revendiquée par Teresa est finalement condamnée par une violence qu'elle a elle-même provoquée. Comme pour la punir d'avoir cédé trop vite à ses avances, George la viole avant de la tuer, tentant de la sorte de retrouver ce pouvoir qu'elle lui avait volé en refusant de se laisser dominer au cours de l'acte sexuel. Fortement influencée par une lecture féministe de l'image, engagée dans un groupe de recherche scientifique mené par des femmes dès le début des années soixante-dix, Ann Kaplan explique que la libération sexuelle de la femme a eu une influence limitée sur la production cinématographique qui contribue à la reproduction de structures sociales de type patriarcal en délimitant la place et le regard du spectateur. La mort de Teresa dans *A la recherche de Mr Goodbar* aurait donc valeur de symbole et la jeune femme serait punie d'avoir transgressé les normes sociales :

> En ce qui concerne le discours filmique, Teresa est punie parce qu'elle n'accepte pas sa place dans la société ; suivant une perspective féministe, le système patriarcal punit Teresa parce qu'elle ose la transgression – en choisissant sa sexualité et en essayant d'être elle-même.[318]

---

[316]. Leighton Grist, "Moving Targets and Black Widows" dans Ian Cameron (ed.), *The Book of Film Noir, op. cit.*, p. 270.
[317]. Pour Ann Kaplan, la quête de liberté de Teresa entre dans une stratégie de résistance vis-à-vis de l'autorité paternelle ; elle est le signe d'un rejet de la figure du père. Voir l'étude du film par la psychanalyse proposée par Ann Kaplan, *Women and Film, Both Sides of the Camera*, New York, Mcthuen Inc., 1985, p. 73-82.
[318]. « In terms of the discourse that the film sets up, Teresa has received the punishment for not accepting her place in society; in terms of a feminist discourse reading against the grain, patriarchy has punished Teresa for daring to transgress – that is to own her sexuality and attempt to be her own person. » Ann Kaplan, *Women and Film, Both Sides of the Camera, op. cit.*, p. 82.

Bien que le film nous présente le parcours d'une femme en quête de liberté, il sanctionne le désir d'indépendance et d'autonomie qui anime Teresa par ce meurtre dont elle est la victime. De ce fait, Teresa n'incarne pas un modèle d'identification positif pour la spectatrice qui aspire à semblable liberté d'esprit et d'action, l'invitant par opposition à accepter la place subordonnée qui lui est traditionnellement dévolue dans l'ordre social établi.

Les premiers écrits de Laura Mulvey montrent comment tout récit narratif classique nie l'identité de la femme, pose sa négation en tant que sujet et repose sur un système où l'opposition n'est pas tant masculin/féminin que masculin/non-masculin. S'appuyant sur des films qui font appel à toute une chaîne de négations et d'exclusions, Laura Mulvey conclut au voyeurisme cinématographique et à la nature d'un regard exclusivement masculin. Par conséquent, l'industrie cinématographique, les films qu'elle produit, encouragent un conditionnement social privilégiant une idéologie de type patriarcal.[319] Selon son analyse, les valeurs patriarcales organisent la représentation comme le récit du film classique hollywoodien, et elles sont renforcées par un public dont le regard demeure passif. Sa théorie reprend les fondements de la sémiologie définis par Ferdinand De Saussure selon lequel l'individu est prisonnier des structures qui conditionnent son langage. En même temps qu'il invite le spectateur à l'identification, le langage cinématographique reproduit les structures psychologiques et sociales d'une vision patriarcale de la société : la femme est nécessairement passive, destinée à satisfaire le regard actif du spectateur voyeur. Dans une société de type patriarcal, la domination du masculin s'exprime au cinéma à travers la maîtrise du regard qui soumet le corps féminin au regard de l'homme, source de plaisir érotique pour le spectateur.[320] L'œil de la caméra se substitue à celui du voyeur comme pour réduire la femme à une image, à un objet, dépossédé du pouvoir d'action et qui se laisse observer :

> Dans un monde gouverné par l'inégalité entre les sexes, le plaisir de regarder se partage entre l'homme, élément actif et la femme, élément passif. Le regard déterminant de l'homme projette ses fantasmes sur la figure féminine que l'on modèle en conséquence. Dans le rôle exhibitionniste qui leur est traditionnellement imparti, les femmes sont simultanément regardées et exhibées; leur apparence est codée pour produire un fort impact visuel et érotique qui connote « le-fait-d'être-regardé ». La femme exhibée comme objet sexuel est le leitmotiv du spectacle érotique: des pin-ups au strip-tease, de Ziegfeld à Busby Berkeley, c'est sur elle que le regard s'arrête, son jeu s'adresse au désir masculin qu'elle signifie.[321]

---

[319]. Kate Linker, "Engaging Perspectives : Film Feminism Psychoanalysis and the Problem of Vision" dans *Art & Film Since 1945 : Hall of Mirrors*, Los Angeles, Kerry Brougher et el. Museum of Contemporary Art, 1996, p. 217-218.
[320]. La politique du regard hollywoodien sur le corps peut être résumé ainsi : « L'homme agit ; la femme subit l'action. Voilà en quoi consiste le système patriarcal. » Lorraine Gramman et Margaret Marshman, *The Female Gaze*, London, The Woman's Press, 1988, p. 1.
[321]. « In a world ordered by sexual imbalance, pleasure in looking has been split between active/male and passive/female. The determining male gaze projects its phantasy on to the female figure which is styled accordingly. In their traditional exhibitionist role women are simultaneously looked at and displayed, with their appearance coded for strong visual and erotic impact so that they can be said to connote "to-be-looked-at-ness". Woman displayed as sexual object is the leitmotiv of erotic spectacle: from pinups to striptease, from Ziegfeld to Busby Berkeley, she holds the look, plays to, and signifies male desire. » Laura Mulvey, "Visual Pleasure and Narrative Cinema", *Screen 16, 3,* Autumn 1975,

Dans la théorie du cinéma, les études féministes ont contribué à une meilleure connaissance du signifiant cinématographique et du statut de la spectatrice. La lecture du polar confirme que le cinéma hollywoodien postule toujours un public au masculin. Dans les films de la décennie, les femmes sont victimes de violences (frappées, violées), on leur dénie la liberté sexuelle et l'indépendance qu'elles revendiquent par le choix de leur vie. De nombreux polars nous exposent à un monde éminemment masculin ; les relations humaines et émotionnelles ne concernent que les hommes, et si femme il y a, elle demeure un simple objet. A l'instar du film noir, le polar préfère adopter le point de vue subjectif de l'homme pour mieux taire les revendications féministes. Cependant, la perspective adoptée témoigne d'une crise sociale profonde dont le manque de modèles véritablement héroïques fait état.

Avatars divers du film noir

La résurgence d'un style esthétique qui rappelle volontairement celui du film noir assure la pérennité du genre, témoigne de l'influence profonde que le film noir a pu avoir sur l'art cinématographique, donnant naissance à la culture d'une image qui se veut moyen d'expression comme de contestation. S'il est indéniable que le cinéma des années soixante-dix cultive volontiers la nostalgie[322], cette propension à la mélancolie est aussi l'effet d'une conscience soudain éveillée au pouvoir de l'image. Les théories qui tentent de cerner ce pouvoir se développent, encouragent les réalisateurs à dépasser les limites imposées par les formes génériques que la production hollywoodienne avait promues à l'époque classique. La référence au passé apparaît comme un moyen de transcender les limites temporelles du présent comme celles des genres. Les réalisateurs n'hésitent pas à montrer le savoir-faire acquis dans les écoles de cinéma à travers des films qui affichent la fascination suscitée par le passé cinématographique, la conscience de travailler dans la lignée des genres, pour mieux s'en éloigner.

Martin Scorsese projette une atmosphère étrangement noire dans la comédie musicale avec *New York, New York* (1977). Des plans sombres entourent Francine et Jimmy, signalent que leur union est source de tension et de conflits. Les lieux acquièrent une dimension symbolique dans la mesure où ils se réfèrent ouvertement au cabaret, métaphore de multiples tentations depuis le film noir. Située dans les années de l'après-guerre, la fiction propose un regard nouveau sur la période qui est perçue comme un moment d'euphorie grâce au succès de la musique populaire que chante Francine et que compose Jimmy, mais aussi comme une source de conflits entre les sexes puisque le couple

---

p. 8. L'auteur analyse *Sueurs froides* sous un angle psychanalytique qui met en relief la nature voyeuriste du regard cinématographique d'Alfred Hitchcock.

[322]. Etymologiquement, la nostalgie est la souffrance engendrée par le désir de retour (du grec *nostos*, « retour », et *algia*, « douleur »), c'est-à-dire le regret poignant provoqué par l'éloignement de ce qui a été familier ou aimé.

se déchire face au succès. L'institution du mariage est à nouveau ébranlée dans ce film qui invite les êtres à renverser les traditions, offrant à Francine le loisir d'occuper le devant de la scène. Il se dégage de cette comédie une atmosphère noire, non seulement en raison d'une composition résolument colorée et déjà ternie par un excès d'ombres, mais aussi par le jeu sans cesse conflictuel des personnages, victimes du décalage entre le mode de vie qu'ils adoptent mais pour lequel Jimmy, par exemple, n'est pas psychologiquement préparé. Les nombreux plans intérieurs enferment Jimmy dans un espace confiné qui figure par métaphore la sensation d'étouffement qu'il ressent au sein d'une relation qui ne lui permet plus d'affirmer son autorité masculine. La référence visuelle au film noir permet alors au réalisateur de jouer d'une atmosphère qu'il sait recréer afin d'exprimer le sentiment que lui insuffle son environnement présent.

  La tradition critique du film noir semble se couler de manière insidieuse dans des films qui consacrent le mélange des genres, mais dont le mode de représentation témoigne d'une sensibilité privilégiée au « noir ». En effet, la définition des genres devient de plus en plus imprécise sous l'impulsion créatrice de réalisateurs comme Martin Scorsese, qui empruntent des codes à des genres différents pour trouver leur propre style. Christian Metz remet en question cette appellation de « mélange des genres » dans *Langage et cinéma* :

> Dans la mesure où chaque genre est lui-même un système textuel, la notion de mélange des genres est fort mal nommée puisque le film qui les « mélange » a son propre système textuel (où se fait justement le mélange), et que ce dernier ne peut englober le mélange dans sa totalité ; il consiste au contraire à n'en accepter aucun pleinement, à les jouer les uns contre les autres.[323]

Plusieurs genres sont en quelques sortes « représentés » dans le système textuel d'un film construit sur la notion de l'emprunt. Christian Metz qualifie les films qui appliquent ce procédé de « transgressifs », du fait qu'ils amorcent une réflexion sur les codes utilisés par le texte filmique, évoluant dans le champ de la métafiction. Nous avons souligné les codes empruntés au *road movie* dans des polars qui proposent d'associer la route à la répétition des meurtres, perpétrés dans l'anonymat de villes nouvelles, par exemple *Les Tueurs de la lune de miel* (*The Honeymoon Killers,* Leonard Kastle, 1970). Significatif de la liberté dans *Easy Rider* (Dennis Hopper, 1969), la route invite les hommes coupables à la fuite dans *De sang froid* (*In Cold Blood,* Richard Brooks, 1967), mais suggère que le départ donne toujours lieu à un retour, comme pour signaler l'échec de la stratégie de refoulement mise en place par ces individus. Le mélange des genres permet à un certain nombre de réalisateurs de s'affranchir de contraintes génériques qui, à l'évidence, ont limité les possibilités d'expression du cinéma classique. Les éléments sélectionnés pour la construction de ce mélange changent de sens, sont détournés de leur fonction première par la parodie.

  Le regard posé sur les codes et les stéréotypes du film noir conduit à des distorsions. Les Noirs qui accèdent à la production la mettent aussitôt au service de leur communauté ethnique, investissent les formes classiques d'un projet politique qui influence profondément l'approche esthétique. L'intention parodique des Noirs qui se lancent dans la réalisation de films noirs se glisse non seulement dans le décalage des contextes (détournement qui affecte uniquement le signifié), mais également dans la transformation

---

[323]. Christian Metz, *Langage et cinéma, op. cit.,* p. 137.

du signifiant. Le détective privé a la peau noire dans les films de la *blaxploitation*, dont le succès considérable va permettre aux studios de redresser une situation financière catastrophique dès le début des années soixante-dix. Le héros de *Shaft* (Gordon Parks, 1971) marque le début de nombreuses variations sur ce thème : si John Shaft est demeuré fidèle à l'éthique du détective privé classique, le système de valeurs qu'il défend ne le conduit pas à l'échec comme ces détectives contraints de se soumettre à des forces qui annihilent leur pouvoir d'action dans *Klute* ou *Le Privé*. Au contraire, le privé doit ici à la noirceur de sa peau la réussite de son entreprise. L'héroïsme du personnage est alors le signifiant d'un changement politique et socioculturel, nouvellement célébré par la *blaxploitation*, et les studios ne tardent pas à reproduire la formule à satiété pour en tirer des bénéfices substantiels.[324] Le récit type considéré comme avatar du film noir et appartenant à la *blaxploitation* répond à un modèle classique, décrivant une enquête qui oppose la police à un malfaiteur de couleur :

> Ce nouveau film noir mettait en scène un Noir, héros urbain et hors-la-loi – en général un dealer et un proxénète – opposé à la Mafia et à une police blanche corrompue.[325]

Sweet Sweetback's Baadasssss Song (Melvin Van Peebles, 1971) est le prototype de ce cinéma noir des années soixante-dix. La manière dont Melvin Van Peebles raconte la révolte d'un Noir, issu du ghetto de Watts à Los Angeles, contre les forces de police, son combat farouche pour retrouver la liberté, marque une approche nouvelle dans l'histoire du cinéma noir américain, en écho aux mouvements politiques noirs de l'époque qui y trouvaient l'exemple idéal d'un Noir parvenant à façonner le cours de son destin en rejetant tout processus d'assimilation dans une communauté blanche, dont les mœurs lui sont étrangères, et qui réussit à se construire une identité noire.[326]

Le réalisateur pousse à l'extrême les conventions du polar afin d'exposer les limites du genre dans le contexte de la communauté noire américaine : l'enquête policière devient le prétexte d'une persécution contre les Noirs. Les policiers blancs sont caricaturés au point de perdre toute crédibilité humaine tandis que le rebelle incarne la résistance de

---

[324]. Les premiers films du genre étaient produits et réalisés par des Noirs, mais distribués par les studios. Dès qu'ils ont été rentables du point de vue financier, les studios ont pris le contrôle de la production, de la réalisation et de la rédaction des scénarios. Désormais, seuls les acteurs sont noirs. Les Noirs y jouent des « superhéros », policiers ou gangsters, qui triomphent des Blancs et assouvissent ainsi le désir de revanche du public de couleur. Voir Régis Dubois, *Le Cinéma des Noirs américains entre intégration et contestation*, Paris, Editions Cerf-Corlet, 2005. Voir Anne Crémieux, *Les Cinéastes noirs américains et le rêve hollywoodien*, Paris, L'Harmattan, 2004.

[325]. « This new film noir featured a Black, urban outlaw hero – usually a drug dealer and a pimp – pitted against the Mafia and a corrupt White police force. » Jim Pines, "Black Presence in The American Cinema" dans Geoffrey Nowell-Smith (ed.), *The Oxford History of World Cinema, op. cit.*, p. 189.

[326]. Michel Euvrard ajoute à propos de *Sweet Sweetback's Baadasssss Song* : « La peinture du milieu est fondée avant tout sur son caractère ethnique ; langage, musique, comportement sexuel et religieux, rythme et parfois jusqu'à la gamme des couleurs, tout ici est 'nègre' agressivement pour que les Noirs s'y reconnaissent avec fierté, sinon pour provoquer les Blancs. ». Michel Euvrard, « *Sweet Sweetback's Baadasssss Song*. Melvin Van Peebles : rivaliser avec Hollywood sur son propre terrain », *CinémAction n° 46, Le Cinéma noir américain*, 1988, p. 146.

l'ensemble de sa communauté contre un système pervers.[327] Le film tire vers l'allégorie quand la caméra suit le protagoniste de couleur en fuite au bord de l'autoroute, adopte une approche manichéenne pour décrire la violence gratuite des policiers qui procèdent à l'arrestation d'un Noir perçu comme bouc émissaire. Par ce film, Melvin Van Peebles affirme l'existence d'un public noir qu'il défend contre l'hégémonie d'un cinéma blanc. A cet effet, il n'hésite pas à défier la censure américaine en réclamant le droit de limiter la diffusion de son film exclusivement à un public de couleur.[328] S'il s'approprie les outils du polar, il en effectue cependant une nouvelle distorsion qui parodie le pouvoir subversif original du film noir. *Sweet Sweetback's Baadasssss Song* renverse les rôles de manière à proposer un modèle d'identification positif au public noir : Sweetback transcende le rôle de victime auquel il est cantonné au début du film, lorsqu'il décide de résister aux policiers, figure de l'oppresseur, et de prendre son destin en main.[329]

La transdiégétisation, déplacement du cadre spatio-temporel de l'action, détermine le sens des stéréotypes qui font irruption dans le polar et autres films de la décennie. En forgeant un texte nouveau par la voie de l'imitation, les réalisateurs de l'époque amorcent la déconstruction des œuvres classiques et proposent une réflexion sur le mode de représentation qui gouverne l'esthétique du film hollywoodien. La distance temporelle accompagne un nouvel état d'esprit, permet d'introduire une dimension critique dans les expériences parodiques du polar ou de la *blaxploitation* dans les années soixante-dix. L'originalité découverte dans ces films d'inspiration noire encourage, semble-t-il, encore plus d'audaces dans le registre du mélange des genres dont les codes doivent être brisés pour autoriser, peut-être affirmer, une nouvelle liberté de pensée.

Dans *After Hours* (1985), Martin Scorsese revendique la filiation avec le film noir sur le plan esthétique et visuel, mais il s'en éloigne par le biais du dérisoire. Des rues sombres, zébrées de néons semblent répéter les clichés de *Taxi Driver* (1976), favoriser l'émergence du sentiment d'aliénation ressenti par le protagoniste, Paul Hackett. La quête propre au héros classique n'est plus, dans le cas de Paul, qu'un désir de fuite car sa vie n'est rythmée que par la monotonie d'un quotidien d'employé de banque. Lorsqu'il tente d'échapper à la routine de son travail et attache ses pas à ceux de Marcy qui le conduit à Soho, Paul se trouve soudain propulsé dans un monde étrangement noir : ballotté ici et là, il est confronté au monde du crime, de l'homosexualité et de la prostitution. L'aventure de Paul n'est rien de plus que le récit d'une errance à travers une ville dont les multiples facettes lui étaient inconnues. Confronté à des situations qui lui sont totalement étrangères parce qu'elles obéissent à des codes moraux ou sexuels qu'il ne connaît pas, Paul tente de s'adapter, modèle son comportement sur celui des individus qu'il rencontre. Incapable de gérer des tensions auxquelles il n'était pas préparé, il se retrouve comme plongé dans un film noir, réduit à l'impuissance par un concours de circonstances qui ne suffisent pourtant pas à le faire plonger dans la criminalité. Le film noir n'est qu'une convention visuelle dans ce film puisque Paul se refuse à intégrer les valeurs populaires du quartier : s'il est le

---

[327]. Delphine Letort, « *Sweet Sweetback's Baadasssss Song* (Melvin Van Peebles, 1971) : Exégèse d'un film militant » in Dir. Eliane Elmaleh, *Usages et contre-usages du stéréotype chez les Afro-américains,* Revue *Lisa* VII, n°1, Caen, Presses universitaires de Caen, 2009, p. 74-88.

[328]. Samuel Blumenfield, « Racines noires rend hommage au cinéaste Melvin Van Peebles » dans *Le Monde*, 25 juillet 1998, p. 24.

[329]. Mar Ferro souligne la valeur historique des films de la blaxploitation en précisant que « les Noirs furent ainsi les premiers à incarner une nouvelle vision de l'Histoire opposée à l'idéologie du *melting-pot* ». Marc Ferro, *op. cit.,* p. 235.

témoin de plusieurs cambriolages, s'il se perçoit lui-même comme victime d'un environnement hostile, il ne succombe pourtant pas à la tentation du crime. De manière ironique, *After Hours* se termine en boucle, c'est-à-dire sur les images par lesquelles le film a commencé : Paul se retrouve dans la banque où il est employé. A l'écran, la caméra tourne sur elle-même en un panoramique des bureaux qui enserrent Paul, mais le rassurent également puisqu'ils lui proposent des repères immuables, nécessaires à la classe moyenne à laquelle il appartient. Le retour à la normalité est ici symbolique de la répression psycho-sexuelle qui prévaut dans une société où l'individu préfère se retrancher derrière des habitudes dictées par la morale et les traditions en vigueur, mener une vie vouée à l'ennui, plutôt que briser les tabous sociaux en accédant au non-conformisme. *After Hours* suggère ainsi que les années quatre-vingt ont occulté, au lieu de résoudre, les questions fondamentales soulevées par les révoltes des années soixante. L'impossibilité de s'évader d'un schéma de pensée conditionne l'être au quotidien ; c'est l'idée force du film qui condamne par avance toute tentative d'émancipation. La fiction semble se faire le miroir des valeurs d'une époque conservatrice, mais la structure narrative du film déconstruit ces mêmes valeurs en mettant à nu la veulerie de l'engrenage qui les pérennise.

Down by Law (Jim Jarmusch, 1986) est une parodie en noir et blanc des films de genre. Jim Jarmusch emprunte autant au film noir qu'au film d'aventure lorsqu'il retrace l'évasion de trois prisonniers (Jack, Zack et Roberto), qui ont appris à se connaître dans la promiscuité d'une cellule de prison en Louisiane. Si l'univers du film noir a envahi le cadre de la cellule où Zack et Jack sont enfermés, l'arrivée de Roberto introduit l'humour dans le film qui nous entraîne alors dans la comédie. Un travelling latéral le long des couloirs de la prison signale ce glissement d'un genre à l'autre tandis que l'accent italien de Roberto, qui maîtrise mal l'anglais et ne s'exprime que par des citations accumulées dans un carnet de notes, imprime ce décalage sur la bande son. Si les trois hommes sont d'abord identifiés à des *losers*, le récit de leur évasion est celui d'une aventure au cours de laquelle chacun se dévoile, l'humour grinçant prenant souvent le pas sur la désespérance. Le film sombre dans le conte de fée alors que Roberto tombe amoureux de la jeune Italienne qui l'accueille dans un restaurant perdu dans les bois. Delphine Chartier compare volontiers la scène à la rencontre de Gino et de Giovanna dans *Ossessione* (Luchino Visconti, 1942) et signale l'influence du néoréalisme italien sur l'imaginaire du cinéaste Jim Jarmusch. La fatalité n'aurait certainement pas épargné nos trois comparses dans un film noir, mais un léger décalage dans le temps a suffi pour les arracher à une issue fatale : Zack et Jack reprennent la route, s'engagent sur la voie d'un *road movie* que le spectateur est libre d'imaginer à sa guise.[330]

Il arrive que des films qui intègrent des éléments propres au film noir s'éloignent pourtant du genre par un mode de représentation qui trahit les angoisses d'un nouvel état social. *Blade Runner* (Ridley Scott, 1982) témoigne d'une telle recherche esthétique et thématique, utilise la déconstruction pour questionner les normes de la représentation, les principes de l'évolution technologique dans une société que le film projette dans un espace-temps de l'avenir. Le réalisateur a transposé les stéréotypes du film noir (détective privé, femme fatale, décor urbain, thème du faux-semblant) dans le cadre d'une ville et d'une société hypothétiques. Des « replicants » (créatures qui ont forme humaine, mais n'éprouvent aucun sentiment) se sont infiltrés dans la cité de Los Angeles après avoir réussi

---

[330]. Delphine Chartier, « *Down by Law* : le noir n'est pas si noir… Du film noir au conte de fées » dans Dir. Dominique Sipière et Gilles Ménégaldo, *Les Récits policiers au cinéma, op. cit.*, p. 157-164.

à s'échapper des chantiers cosmiques où ils étaient employés. Deckard est un « Blade Runner », il est officiellement chargé de débarrasser la ville de ces « replicants » ; sa mission intègre déjà la fonction du détective privé puisqu'il doit d'abord mener une enquête pour parvenir à identifier les imposteurs avant de chercher à les éliminer. Son regard cynique n'est pas sans évoquer celui de Philip Marlowe ; mais son combat relève d'une stratégie de résistance vis-à-vis d'un ordre nouveau. Alors qu'il pourchasse les « replicants », Deckard se heurte aux apparences : Rachel, femme « replicant », n'est qu'une mutation imaginaire de la femme fatale. L'homme d'aujourd'hui semble avoir peur de son ombre, peur du monde artificiel qu'il s'est créé. Dans ce contexte, Rachel est un signe des angoisses suscitées par les progrès scientifiques dans la société postmoderne. Lorsqu'il rencontre Rachel, Deckard apprend vite à différencier l'humain de la machine, à se méfier de ces images qui ne sont pas toujours le reflet fiable du réel auquel elles tendent à se substituer, à l'instar de l'image-illusion définie par Platon.[331]

Blade Runner interroge la représentation du réel, suggère que seuls la subjectivité et le sentiment sont garants de la sincérité. Dans une société où l'image se confond avec le réel, où la technologie a envahi le quotidien, *Blade Runner* se propose de redéfinir la fonction de l'humain par un retour à la phénoménologie de la perception. Deckard ne peut compter que sur la perception, sur le sensible, sur l'intuition, pour distinguer les « replicants ». Le portrait de Rachel, modèle supérieur de femme « replicant », introduit une variation sur le thème de la femme fatale car elle s'humanise progressivement au contact du détective avant de succomber à son charme, accédant ainsi aux fonctions humaines de la sensation et de l'émotion. La métropole de cet avenir hypothétique est constamment noyée dans une brume qui déforme les silhouettes dessinées à contre-jour et diminue le champ de la perception visuelle, nous renvoyant sans cesse à un univers fermé, à un climat oppressant où prévaut la méfiance, où le paraître est difficile à distinguer de l'être.

Néons et publicités multicolores transpercent à peine les volutes humides de la nuit voilée ; la ville est comme enveloppée dans un épais brouillard que le soleil ne parvient plus à traverser. La ville traditionnelle du film noir est ici devenue une métropole anonyme, austère, noyée dans une pollution irrespirable. *Blade Runner* dénonce l'ambiguïté du décor, de lieux aussi difficiles à reconnaître que des « replicants » dans un espace et dans un temps imaginaires. Cette fiction cauchemardesque reprend la structure du film noir, le thème de l'enquête, de l'introspection, pour conclure à un état de confusion interne grandissant : et si l'homme était en train de devenir machine, de nier cela même qui le distingue ?

---

[331]. Platon, *Le Sophiste,* 235b-236d, trad. N. Cordero, Paris, Flammarion, 1993, p. 120-123. Platon oppose l'image-illusion à l'image-copie qui ressemble à la chose réelle, mais ne remplit pleinement son rôle que dans la mesure où elle manifeste l'écart qui la sépare de la chose.

Cinéma et société à l'aube du XXIᵉ siècle

La société du spectacle

La décennie soixante-dix voit les candidats se succéder à la fonction présidentielle, incapables de redresser une situation déplorable au plan international comme au plan national. Déclenché par la déroute au Viêt-nam et par la crise du « Watergate », le scepticisme gagne peu à peu les esprits, alimente un sentiment de méfiance qui bat en brèche toute tentative présidentielle pour sortir des sentiers battus. Parce qu'à son prédécesseur il accorde « son pardon pour toutes les offenses commises », Gerald Ford se discrédite ainsi d'emblée auprès du peuple américain.[332] S'il accède à la présidence après la démission de Richard Nixon le 8 août 1974, le démocrate Jimmy Carter lui succède après l'élection de 1977. Dans le domaine des affaires étrangères, l'autorité du chef de l'Etat a été ébranlée par la défaite au Viêt-nam ; l'Amérique ne peut arrêter l'invasion de l'Afghanistan par l'Armée Rouge en décembre 1979, qui installe à Kaboul un gouvernement à la dévotion de l'URSS.[333] Leonid Brejnev a mal interprété la volonté d'entente de Jimmy Carter, lu un signe de faiblesse dans la politique de réconciliation prônée par le président américain vis-à-vis de l'U.R.S.S., et profité de sa lenteur à réagir pour s'aventurer dans une politique d'expansion. L'impuissance de Jimmy Carter est flagrante au plan international, illustrée par ces images télévisées rapportées du Moyen Orient où l'on brûle la bannière étoilée. L'antiaméricanisme chiite se propage lorsque l'Amérique accepte que le Chãh d'Iran entre sur son territoire pour recevoir les soins que nécessite son état de santé. Bientôt contraint à l'exil, le Chãh est supplanté dans son pays par l'Imãm Khomeyni qui s'est emparé du pouvoir et a proclamé la toute nouvelle république islamique.[334] L'antiaméricanisme imprègne les discours de l'Imãm Khomeyni qui associe ouvertement l'Amérique au « Grand Satan » ; l'animosité croissante à l'égard des Etats-Unis se manifeste dans les faits par l'occupation de l'ambassade américaine à Téhéran, où les fonctionnaires sont retenus en otage pendant 14 mois (novembre 1979-janvier 1981). Jimmy Carter ne parvient pas à maintenir sa crédibilité en tant que président car son action politique s'avère inefficace ; il est incapable de mettre un terme à la longue détention des otages américains de Téhéran et a pris conscience trop tardivement d'une manifestation active de l'impérialisme soviétique.

Candidats aux élections présidentielles en 1980, Ronald Reagan et Jimmy Carter s'opposent sur les questions de société qui sont alors cause de débats animés : amendement sur l'égalité des sexes (*Equal Rights Amendment*), discrimination positive (*affirmative action*) en faveur des minorités, répression de la pornographie et de la consommation de drogues, question de la peine capitale, place des homosexuels dans la communauté, contrôle des armes à feu, autant de sujets qui permettent au républicain et au démocrate d'affirmer leur position respective. Pendant sa campagne, Ronald Reagan saura

---

[332]. Allan M. Winkler, *Modern America, The United States from World War II to the Present,* New York, HarperCollins*Publishers*, 1986, p. 195.
[333]. Jean Heffer, *Les Etats-Unis de 1945 à nos jours,* Paris, Armand Colin, 1997, p. 170.
[334]. Face à la progression de la ferveur religieuse et des critiques, le Chãh est contraint à l'exil en janvier 1979. L'Imãm Khomeyni, prêtre islamique en exil à Paris, lui succède et prend la tête du nouveau régime. Allan M. Winkler, *Modern America, The United States from World War II to the Present, op. cit.,* p. 203.

admirablement tirer parti des frustrations que la situation internationale a nourries et d'un sentiment d'inquiétude que l'inefficacité de la politique intérieure a aggravé.[335] Il a longuement insisté sur les dépenses excessives du gouvernement démocrate qui n'est pas parvenu à endiguer l'inflation, ni même à combattre efficacement le chômage. Une stratégie monétaire laxiste, trop vite adoptée pour faciliter une consommation effrénée, a favorisé le second choc pétrolier en 1979.[336]

L'élection de Ronald Reagan à la présidence en 1980 indique la détermination de la nation à rompre avec une décennie de traumatismes et d'humiliations diverses. La victoire de l'ancien gouverneur de la Californie (1967 - 1975) constitue donc un tournant politique : elle annonce la fin d'une époque de crise avouée et la naissance d'une ère nouvelle, celle de l'ultra-conservatisme et du néolibéralisme. Sa réélection, quatre ans plus tard, avec 59% des suffrages exprimés, le succès des conservateurs au Congrès, justifieront le changement de cap dans les domaines de la politique intérieure (stratégies économiques et sociales) et étrangère. En instaurant le premier gouvernement qui se réclame explicitement du conservatisme depuis un demi-siècle, Ronald Reagan provoque la plus importante mutation idéologique et politique depuis le « New Deal ». Amorcé au milieu des années soixante, ce virage à droite de l'électorat est comme une réponse à la crise morale et au malaise social qui perdurent. Outre le libéralisme économique, l'encouragement apporté à l'entreprise individuelle, la promotion d'un esprit de responsabilité, l'appel au retour des valeurs traditionnelles et au respect de l'institution familiale rencontrent un écho favorable incontestable dans l'opinion publique.[337] Jean Heffer souligne l'extrême simplicité du message dont le candidat républicain est porteur, convaincu que l'Amérique ne retrouvera son prestige que par le retour aux valeurs traditionnelles qui ont établi sa puissance : éthique du travail, individualisme libéral, matérialisme, morale chrétienne, croyance en Dieu.[338]

Ancien acteur hollywoodien, Ronald Reagan doit d'abord son succès et sa popularité à ses talents de « grand communicateur » mis en avant par les médias, à son imprégnation des valeurs de l'Amérique profonde (religion, sport, mythes historiques). La personnalité et le passé cinématographique de Ronald Reagan ont d'ailleurs servi l'image des conservateurs auprès des électeurs :

> Dans sa carrière cinématographique, il avait moins incarné l'idole du public féminin que le type d'à côté, l'Américain ordinaire, aimable, conventionnel, simple. Son conformisme et son charme personnel, qualités qui avaient assuré son succès en tant qu'artiste, firent de lui un candidat idéal pour la fonction officielle.[339]

---

[335]. André Kaspi, *Les Américains – 2. Les Etats-Unis de 1945 à nos jours,* Paris, Editions du Seuil, 1986, p. 578-584.
[336]. Pierre Mélandri, *Une crise d'identité ? 1974 – 1992, op. cit.*, p. 99.
[337]. Mokhtar Ben Barka, *La Nouvelle droite américaine, des origines à l'affaire Lewinski, op. cit.*,p. 17.
[338]. Jean Heffer, *Les Etats-Unis de 1945 à nos jours, op. cit.*, p. 20.
[339]. « In his movie career he had been less the matinee idol than the boy next door, the conventional, homespun, thoroughly likeable, ordinary American. His conformity and his personal charm, the same attitudes that had made him a successful entertainer, made him a formidable candidate for public office. » Robert Dallek, Ronald Reagan, *The Politics of Symbolism*, Cambridge, Massachussetts, Harvard University Press, 1984, p. 32. Pascale Fauvet explique que le héros reaganien défend « des valeurs initialement incarnées par John Wayne et dont la continuité s'est trouvée assurée par Ronald Reagan, valeurs dont ils se sont tous deux fait les apôtres, à la fois en tant qu'acteurs et hommes

La sincérité apparente du président, la simplicité de ses discours suffisent, semble-t-il, à redonner confiance à un pays en partie démoralisé. Aidé par une équipe de relations publiques d'une redoutable efficacité, l'homme a su incarner l'image d'un chef authentique. Si Ronald Reagan a magnifié la présidence/spectacle en tirant parti de son « charisme », il a aussi restauré le statut et l'influence d'une fonction, que la crise du « Watergate » avait profondément affectée.[340] Savamment mis en scène par ses conseillers en communication, Ronald Reagan sait faire oublier un temps la dure réalité, réveiller rêves et espoirs par la seule magie du verbe.

Ronald Reagan parvient à rendre au pays foi en sa destinée par la promotion d'un état d'esprit, celui du « reaganisme », terme qui désigne non pas une doctrine, encore moins un mouvement d'idées, mais une attitude, une volonté de renouveau reposant d'abord sur le discours patriotique.[341] De leur côté, les studios hollywoodiens concourent activement à l'œuvre de réhabilitation morale ; les producteurs y voient la possibilité de continuer à rééquilibrer des finances toujours en péril. Le cinéma des années quatre-vingt fait délibérément abstraction des thèmes controversés qui ont tant préoccupé l'Amérique au cours de la décennie précédente, il entre à ce même moment dans une ère de pur spectacle, encourageant l'épanouissement d'une « civilisation de l'image »[342]. Hollywood entraîne volontiers son public dans le monde de l'imaginaire et du divertissement, d'où sont exclues toutes les questions véritablement sérieuses (pauvreté, racisme, injustice…), susceptibles de remettre en cause les mythes fondateurs du pays. Une série de films se consacre donc à procurer un plaisir immédiat au spectateur : la maîtrise technique y est irréprochable, les scénarios restent simples, de sorte que le public peut s'abandonner au seul plaisir des sens et de l'esthétique. Ces films ne font guère appel aux capacités intellectuelles du spectateur qui est censé se laisser emporter dans un espace imaginaire où les mythes fondateurs de l'Amérique reprennent corps. De gros budgets sont investis dans la production de films à effets spéciaux qui invitent le spectateur à se projeter dans un monde irréel d'aventures excitantes, qui le conduisent à oublier le présent, à s'enthousiasmer face au progrès technologique que le cinéma affiche comme un élément de sa réussite :

> Les grands *blockbusters* de la fin des années 70 et du début des années 80 reniaient ces développements historiques à travers des récits imaginaires invitant le public à fuir ou à transcender le réel et le présent. *Les Aventuriers de l'arche perdue* (1981) offrait la certitude nostalgique et morale de la méchanceté des nazis dans les années 30 tandis que *Retour vers le futur* (1985) trouvait un refuge nostalgique dans le monde plus simple des banlieues urbaines américaines des années 50. […] Ces films étaient lourds de sens dans leur confession directe du désir de fuir la réalité du moment.[343]

---

publics. Le héros reaganien incarne une image idéalisée du citoyen américain ». Pascale Fauvet, « Le Héros américain » dans Dir. Frédéric Gimello-Mesplomb, *Le Cinéma des années Reagan*, Paris, Editions du Nouveau Monde, 2007, p. 156.
[340]. André Kaspi, *Les Américains – 2. Les Etats-Unis de 1945 à nos jours, op. cit.*, p. 591.
[341]. Joseph Sartelle, "Dreams and Nightmare in the Hollywood Blockbuster" dans Geoffrey Nowell-Smith (ed.), *The Oxford History of World Cinema, op. cit.*, p. 611.
[342]. L'image acquiert un rôle fondamental ; elle est à la fois outil de communication, d'information, de distraction, de promotion… Elle se substitue progressivement à l'écrit et son rôle (politique, économique, sociologique) croît au fur et à mesure que la fonction de l'écrit diminue.
[343]. « The big blockbusters of the late 1970s and early 1980s responded to these historical developments by denying them, in fantasies which thought to escape or otherwise transcend present realities altogether. […] *Raiders of the Lost Ark* (1981) offered the nostalgic moral certainties of

Les studios hollywoodiens ne cessent de perfectionner les effets visuels que la technologie permet d'obtenir, illustrent le dynamisme d'une industrie tournée vers l'avenir, favorisent une forme de consensus social, dans la mesure où l'aventure esthétique et technologique attire l'attention sur des films qui échappent à toute forme de critique construite, puisqu'ils esquivent tout sujet polémique.

Les films s'attachent par conséquent à promouvoir le conformisme, l'oubli des déceptions ou des inquiétudes du passé, l'adoption de comportements hédonistes au sein d'une société de consommation qui encourage la dépense immédiate. C'est une nouvelle attitude culturelle qui se développe dans la société et qui influence la culture populaire comme les discours politiques. Ainsi le cinéma de Steven Spielberg se donne-t-il à voir comme une sorte d'exutoire à la tristesse et au malaise de la nation américaine. Il invite le spectateur à entrer dans un univers féerique qui doit d'abord lui permettre d'oublier son quotidien. Le paysage imaginaire de Spielberg s'apparente à celui du dessin animé où la couleur sert à habiller les personnages. *E.T* (1982), concrétion d'images qui a la prégnance du rêve éveillé, trouve le chemin de l'émotion tendre, chez les jeunes enfants comme chez leurs parents.[344] Steven Spielberg renoue avec les ressorts de la narration classique, cherche à atteindre l'objectivité d'un récit sans énonciation, qui se raconterait lui-même pour devenir sa propre origine et sa propre fin. Le sensible fait loi, la naïveté volontaire des scénarios permet au réalisateur de se concentrer sur une apparence d'action ; les scènes s'enchaînent sans temps mort dans *Les Aventuriers de l'arche perdue* (*Raiders of the Lost Ark*, 1981) ou *Indiana Jones et le temple maudit* (*Indiana Jones and the Temple of Doom*, 1984). L'esprit de l'enfance commande le tout, avec ce que cela comporte de fraîcheur inventive, mais aussi de puérile affabulation.[345] Le cinéma, les scénarios de la fin des années soixante-dix et de la décennie quatre-vingt se trouvent pris au piège d'un travail de Pénélope, ils répètent inlassablement les mêmes histoires et marquent une préférence pour l'aspect récréatif : *La Guerre des étoiles* (*Star Wars,* George Lucas, 1977), *Les Dents de la mer* (*Jaws,* Steven Spielberg, 1975), *Rocky* (Sylvester Stallone, 1979, 1982) nous entraînent dans un monde d'aventures au masculin, où le héros doit faire preuve d'inventivité pour affronter les multiples dangers qui menacent de l'anéantir ; parce qu'il finit toujours par vaincre ses adversaires, il est consacré héros et peut séduire la femme qui lui plaît.

Les conflits socioculturels dont le film noir et le polar s'étaient fait l'écho sont alors oubliés au profit du plaisir facile, répété à satiété, de sensations mécaniquement renouvelées par la prolifération des effets spéciaux. C'est donc une attitude de fuite qui semble caractériser le cinéma hollywoodien et la société américaine des années quatre-vingt. Le caractère échappatoire de l'ensemble de la production hollywoodienne est si évident, si conscient, que les spectateurs ne peuvent faire autrement qu'accepter d'être complices, de jouer le jeu. Pour ce faire, le spectateur adulte doit accepter de régresser à un

---

1930s Nazi villainy, while *Back to the Future* (1985) found nostalgic refuge in the simpler world of 1950s American suburbia. [...] Such films were significant in their straightforward confessions of the wish to escape from present-day realities. » Joseph Sartelle, "Dreams and Nightmare in the Hollywood Blockbuster" dans Geoffrey Nowell-Smith (ed.), *The Oxford History of World Cinema, op. cit.,* p. 516.
[344]. Olivier-René Veillon, *Le Cinéma américain. Les années quatre-vingt,* Paris, Editions du Seuil, 1988, p. 226-229.
[345]. Claude Beylie et Jacques Pinturault, *Les Films-phares du cinéma contemporain depuis 1963,* Paris, Bordas, 1995, p. 170-171.

stade infantile afin de profiter du plaisir simple que ces films ravivent. La notion de plaisir cinématographique répond à un désir que l'idéologie, la culture, le conditionnement social définissent et favorisent. Le plaisir du spectateur est régulé, se fait automatique, devient un produit manufacturé par une société capitaliste, pour une consommation populaire dans une culture de type patriarcal.[346] D'une part, la prouesse technique des films, les effets spéciaux mettent en valeur l'image positive d'un capitalisme capable de renouveler sa technologie ; d'autre part, le film spectacle célèbre la liberté individuelle, l'égalité des chances, l'ouverture sociale, la démocratie, la suprématie masculine, dans des aventures qui illustrent les différentes facettes du rêve américain. Tous ces thèmes sont, par exemple, idéalisés dans les aventures du héros populaire de *Rocky* (John G. Avildsen, 1976 ; Sylvester Stallone, 1979, 1982) :

> Dans tous ces films, le message qui nous était adressé était que le héros masculin et blanc devait son succès à sa capacité de croire en sa propre destinée. [...] Hollywood et Reagan offraient des images destinées à convaincre les Américains de la "nécessité de la foi", expression de l'économiste préféré du Président, George Gilder.[347]

L'adhésion consensuelle favorise la cohésion sociale, redonne de l'espoir à l'Américain moyen qu'il invite, au-delà du culte du héros, à l'oubli immédiat de responsabilités individuelles et civiques.[348]

De *Rocky* (1976) à *Rambo* (1985), Sylvester Stallone cultive la force physique pour devenir symbole du « rêve américain ». Originaire d'un quartier défavorisé de New York, Sylvester Stallone (acteur, réalisateur ou scénariste) est l'incarnation de la revanche des pauvres dont il rassemble tous les espoirs, dans la réalité comme dans la fiction. D'origine italo-américaine, il retrouve la philosophie des pionniers, la rage de la réussite, du dépassement de soi dans des films qui glorifient le courage, la ténacité, la supériorité de l'esprit sur le corps, la suprématie de l'homme blanc sur son environnement. C'est à la force de ses poings que Rocky résout les conflits pour parvenir aux sommets de la hiérarchie sociale et incarner ce héros populaire qui réconforte une virilité menacée par l'injustice sociale ou la libération de la femme.[349] L'acteur Sylvester Stallone ne représente-t-il pas dans le monde entier la virilité hétérosexuelle – image populaire de la masculinité construite sur le muscle, symbole du pouvoir de l'homme blanc américain ?[350]

Le culte du corps reflète un désir manifeste dans la société américaine de renouer avec la stabilité d'un passé mythique et héroïque que l'homme blanc a contribué à construire. Le corps est sculpté pour mieux signifier la virilité et la volonté de l'homme. La

---

[346]. Robin Wood, "Fantasy and Ideology in the Reagan Era" dans John Belton (ed.), *Movies and Mass Culture, op. cit.*, p. 204-206.
[347]. « In all these movies, we were meant to understand that the success of the white male hero lies in his capacity to have faith in his own destiny. [...] Both Hollywood and Reagan offered images which sought to convince the American people of what Reagan's favourite economist George Gilder called 'the necessity for faith'. » Joseph Sartelle, "Dreams and Nightmare in the Hollywood Blockbuster" dans Geoffrey Nowell-Smith (ed.), *The Oxford History of World Cinema, op. cit.*, p. 518.
[348]. Robin Wood, "Fantasy and Ideology in the Reagan Era" dans John Belton (ed.), *Movies and Mass Culture, op. cit.*, p. 207.
[349]. Graham Mc Cahn, *Rebel Males : Clift, Brando, and Dean, op. cit.*, p. 185-186.
[350]. Chris Holmund, "Masculinity as Multiple Masquerade" dans Steve Cohan et Ina Rae Hark (ed.), *Screening The Male – Exploring Masculinities in Hollywood Cinema*, London, Routledge, 1993, p. 8.

taille du muscle atteste un effort physique et intellectuel, suggère que l'homme a le pouvoir de contrôler les formes qu'il veut donner à son corps comme la direction qu'il veut imprimer sur son existence. L'homme est réifié à son tour alors que son corps devient un objet qu'il crée, moule, pense, et transforme à sa guise. Selon Richard Dyer, cette faculté créatrice est attribuée prioritairement à l'homme blanc dont la supériorité naturelle n'est plus à prouver au cinéma :

> Le corps blanc *bodybuildé* n'est pas celui avec lequel l'homme blanc est né ; ce corps est le produit de sa supériorité mentale naturelle. Le principal, c'est qu'il est *bodybuildé*, un produit de l'application de sa pensée et de son organisation, un aboutissement. C'est l'esprit au travail qui définit la blancheur de ce corps. [...] Le physique du héros peut être fabuleux, mais ce qui compte, c'est l'esprit qui l'a modelé, de l'intérieur.[351]

Ce mode de représentation vise à renforcer un système de valeurs attaqué, menacé par l'émergence de pratiques sexuelles et sociales différentes – homosexualité, familles monoparentales... Le public reconnaîtra volontiers la pérennité de la norme masculine ainsi que la suprématie du modèle capitaliste américain dans des films qui, comme *Rocky*, célèbrent de manière simpliste le mythe du *self-made man*.

---

[351]. « The built white body is not the body that white men are born with; it is the body made possible by their natural mental superiority. The point after all is that it is built, a product of the application of thought and planning, an achievement. It is the sense of the mind at work behind the production of this body that most defines its whiteness. [...] The hero's physique may be fabulous, but what made it, and makes it effective, is the spirit within. » Richard Dyer, *White*, London, Routledge, 1997, p. 153.

Le *thriller* érotique : libération sexuelle et morale puritaine

S'il remet au goût du jour le roman noir des années trente à travers le *remake* (*Le Facteur sonne toujours deux fois*, *The Postman Always Rings Twice*, 1981), Bob Raffelson retient avant tout l'érotisme de l'œuvre dont il signe une nouvelle adaptation. La lecture du réalisateur se concentre sur l'instinct bestial au sein de la passion amoureuse extraconjugale, alors qu'il filme les protagonistes s'ébattre sur une table, faisant trembler plans de travail et ustensiles de cuisine. La scène annonce d'autres audaces qui vont suivre dans le *thriller* érotique[352], nouvel avatar du film noir, qui investit les thèmes classiques (de préférence l'adultère et le meurtre au sein du triangle amoureux) afin de légitimer une esthétique dont les éléments sont sciemment convoqués pour créer une ambiance inquiétante : décors, éclairages, personnages créent, au plan du visuel, un univers familièrement noir et angoissant autour des scènes de sexe qui étoffent l'intrigue.[353] Le *thriller* érotique se charge des émancipations propres à la décennie tandis qu'il intègre l'accomplissement du désir dans le spectacle, passions charnelles évoquées par la métaphore du baiser ou par l'ellipse dans le film noir.

La démarche artistique du genre se réduit cependant au pastiche de style, pratique dont John Belton souligne le caractère imitatif :

> Le pastiche est une forme d'imitation du style ou du contenu uniques d'œuvres antérieures, mais il ne contient aucune trace de la satire ou de la parodie qui caractérise les formes traditionnelles de l'imitation.[354]

Travail techniquement parfait dont le lustre et les impeccables finitions procurent au spectateur un plaisir voyeuriste qu'il apprend vite à savourer[355], le *thriller* érotique met au premier plan la représentation de scènes érotiques pour atteindre soudain à un paroxysme de passions, de tensions, de douleurs, de violences...

Le *thriller* érotique congédie le trouble du film noir pour mieux exposer le désir amoureux et la pulsion sexuelle – devenus passions meurtrières. Les films se coupent délibérément d'un système de représentation qui privilégiait l'ambiguïté et la complexité

---

[352]. L'expression « *erotic thriller* » est utilisée par Michel Cieutat pour décrire toute une série de films où l'intrigue devient prétexte à la multiplication des scènes érotiques, contribuant à brouiller les cartes des définitions génériques : « L'*erotic thriller* peut perdre aisément son ancrage policier qui n'est plus alors indispensable, le frisson lascif et le suspense criminel pouvant être plaqués systématiquement sur tout genre ancestral comme le drame (*Liaison fatale* [Adrian Lyne, 1987]), le film psychologique (*Boxing Helena* [Jennifer Chamber Lynch, 1993]), le road movie (*Kalifornia* [Dominique Sena, 1993]) ou le *business film* (*Harcèlement*, Berry Levinson, 1994). » Michel Cieutat, « Chronique d'une imposture » dans *Positif n° 422*, avril 1996, p. 100.

[353]. Leighton Grist, "Moving Targets and Black Widows" dans Ian Cameron (ed.), *The Book of Film Noir, op. cit.*, p. 273.

[354]. « Pastiche is a form of imitation of the unique style or content of earlier works that lacks any trace of the satire or parody that characterizes traditional forms of imitation. » John Belton, "Introduction", dans John Belton (ed.), *Movies and Mass Culture, op. cit.*, p. 18. Le terme de pastiche ne fut introduit en France qu'à la fin du XVIIIème, par analogie avec les imitations de grands maîtres, courantes en peinture. Pasticher, ce n'est pas déformer un texte précis, mais imiter un style : le choix du sujet est donc indifférent à la réalisation de cette imitation. C'est à l'air de la chanson et non à ses paroles que doit s'attacher l'imitateur. Par conséquent, le pastiche n'atteint jamais la valeur d'une critique.

[355]. Michel Cieutat, « Chronique d'une imposture » dans *Positif n° 422,* avril 1996, p. 100.

des rapports entre les individus et leur propre conscience afin de s'attarder à décrire la libération des couleurs et des mœurs à l'origine d'une affaire criminelle. La caméra frôle les corps avec indiscrétion pour filmer l'acte sexuel de plus près, montrer le côté pervers d'une sexualité débridée où sexe et violence sont intimement liés. Les scènes d'amour du *thriller* érotique flattent la curiosité du voyeur, dont le regard concupiscent est cependant châtié par un contre-jour ou une lumière tamisée, associés à un gros plan ou à une plongée, qui limitent son point de vue et traduisent une sanction morale. La sexualité libérée est condamnée par ce regard puritain posé sur la chair du péché.

La Fièvre au corps (*Body Heat*, Lawrence Kasdan, 1981) représente l'archétype du *thriller* érotique qui devient progressivement le genre le plus populaire dans les années quatre-vingt, incluant les thèmes chers au film noir, notamment le caractère pathologique des amants, la propension à une autodestruction, le goût du risque né de l'attrait pour l'interdit, la violation des normes sociales qu'il mêle au spectacle de la violence.[356] Le film parvient à recréer une atmosphère de mystère, d'insolite, de passions en s'appuyant sur des codes visuels déjà éprouvés, mais qui ne contribuent pas pour autant à décrire la psychologie des personnages. Seule l'abondance de sexe témoigne encore de l'inscription du film dans un temps historique. *La Fièvre au corps* intègre des détails iconographiques qui se présentent comme autant de clichés aux stéréotypes du film noir.[357] Matty porte une robe de couleur blanche qui la confond avec Cora dans *Le Facteur sonne toujours deux fois* (Tay Garnett, 1946), mais dont la coupe moulante fait inéluctablement penser à *Gilda* (Charles Vidor, 1946). L'explosion d'une cabane clôt le récit, emporte Matty dans le souffle provoqué, en écho à la scène finale de *En quatrième vitesse* (*Kiss Me Deadly*, Robert Aldrich, 1955). Ces références ostentatoires à des films antérieurs suggèrent que le *thriller* érotique procède d'une culture du pastiche, qui se charge davantage de l'imitation d'un paraître que de l'innovation d'un contenu. Les couleurs s'affadissent au profit de clairs-obscurs qui dissimulent l'inertie culturelle sous-jacente dans le pastiche d'un style déjà éprouvé, le *thriller* psychologique, dont la tension surgit des excès d'une folle passion.

La Fièvre au corps annonce par son titre même la passion torride qui doit émoustiller le désir du spectateur, invité à se repaître d'un spectacle à l'érotisme brûlant entre des amants adultères, tentés de se débarrasser d'un mari gênant par des voies criminelles. Les pulsions sexuelles déchaînent des comportements immodérés, débarrassés des dilemmes que soulève une passion impossible. La libération sexuelle et l'indépendance économique ont affranchi la femme de la nécessité du mariage si bien que Matty ne souffre guère de l'autorité d'un mari le plus souvent absent, qui la laisse sans surveillance et l'autorise à profiter de son argent. Elle ne subit ni la violence, ni la jalousie d'un époux trop absorbé par son travail pour suivre ses allées et venues dans des bars où les hommes lui font des avances qu'elle rejette inlassablement avant de rencontrer Ned. La première rencontre entre les futurs amants est prétexte à un jeu de la séduction qui paraît spontané, mais qui se révélera plus tard avoir été entièrement orchestré. *La Fièvre au corps* renoue avec un mode de narration classique, privilégiant l'ordre chronologique dans l'agencement

---

[356]. Robert Barton Palmer, *Hollywood's Dark Cinema, The American Film Noir, op. cit.*, p.183. Voir Delphine Letort, « Le *thriller* érotique : de la libération sexuelle à la morale puritaine » dans Dir. Frédéric Gimello-Mesplomb, *Le Cinéma des années Reagan*, Paris, Editions du Nouveau Monde, 2007, p. 139.
[357]. Robin Wood, "Fantasy and Ideology in the Reagan Era" dans John Belton (ed.), *Movies and Mass Culture, op. cit.*, p. 214.

des scènes, comme pour mieux prendre au piège ce spectateur aussi fasciné que Ned par le charme sensuel de la jeune femme, dont les tenues blanches exaltent la fraîcheur. L'absence de flash-back suggère que Ned est incapable de décrypter le double jeu de Matty, que les clairs-obscurs servent à créer une ambiance plutôt qu'à exprimer des incertitudes. Les discours en voix off ont été supprimés car Ned est trop naïf pour s'apercevoir qu'il est manipulé ; aucune voix intérieure ne lui dit de se méfier, aucune conscience ne l'avertit du danger qui va de pair avec la tentation du meurtre. Matty n'agit pas par dépit quand elle orchestre le meurtre de son époux ; au contraire, le meurtre résulte d'un calcul financier et d'un plan fomenté longtemps à l'avance, comme le révéleront les flash-backs à la fin du film. Mais Ned ne soupçonne pas un instant avoir été choisi par Matty parmi tous les avocats de la ville pour intégrer un plan qu'elle a préconçu, lui permettant d'hériter de l'entière fortune de son époux ; il croit au hasard de la rencontre. S'il pense avoir le contrôle sur l'enchaînement des événements, il se trompe, car Matty avait tout prévu avant lui, anticipant la moindre réaction de sa part. Il est déjà trop tard quand il découvre les indices qui le mettent sur la piste de la véritable identité de Matty, à présent étendue sur une plage et connue sous un autre nom, alors qu'il croupit à l'intérieur d'une prison pour un meurtre qu'il n'a pas commis.

Alors que l'aliénation sociale et le sentiment d'une injustice socioéconomique motivaient les actes meurtriers dans le film noir, les transgressions et les déviances représentées dans *La Fièvre au corps* sont imputables à la seule dépravation des mœurs entraînée par la libération sexuelle. Au conflit intérieur qui déchire les personnages du film noir et confronte le spectateur à une violence hors normes, succèdent des scènes érotiques enflammées entre des personnages qui jouissent pleinement de leur libération sexuelle. Comme l'explique Jean Baudrillard, le cinéma des années quatre-vingt se caractérise par une esthétique et une technique libérées de toutes contraintes. Le sens du mot « libération » est ainsi détourné pour signifier un type de comportement particulier à la société comme au monde économique :

> Libération de tous les effets, dont certains parfaitement excessifs et abjects, mais justement : le comble de la libération, sa conséquence logique, est dans l'orgie spectaculaire, dans la vitesse, dans l'instantanéité du changement, dans l'excentricité généralisée. La politique se libère dans le spectacle, dans l'effet publicitaire à tout prix, la sexualité se libère dans toutes ses anomalies (y compris dans son refus, dernier trait à la mode, et qui n'est encore qu'un effet de surfusion de la libération sexuelle). [...] Libéré est l'homme qui change d'espace, qui circule, qui change de sexe, de vêtements, de mœurs selon la mode, et non selon la morale, qui change d'opinion selon les modèles d'opinion, et non selon sa conscience.[358]

Les images filmiques, publicitaires ou télévisuelles ont intégré les effets de la libération sexuelle à l'immobilisme d'une morale puritaine dans une stratégie commerciale et politique. Les corps se dénudent sur des affiches qui tentent d'attirer le regard concupiscent de tout consommateur potentiel, mais se refusent à montrer une nudité complète, seulement esquissée à partir de silhouettes filmées en contre-jour. Les images tentent de réconcilier deux visions antagonistes de la sexualité : l'acceptation de la liberté sexuelle n'a pas effacé un puritanisme toujours vivace, qui s'exprime d'abord dans la pensée conservatrice,

---

[358]. Jean Baudrillard, *Amérique*, Paris, Editions Grasset et Fasquelle, 1986, p. 94.

attachée aux traditions qui ne devraient pas être changées au seul bénéfice de l'égalité réclamée par les féministes.

Liberté sexuelle et puritanisme pudibond dictent deux attitudes contradictoires aux individus tiraillés entre tentation et culpabilité, entre arrogance et retenue, entre adultère et fidélité, autant de conflits qui trouvent leur expression dans la violence sexuelle que le *thriller* érotique intègre à la structure narrative du film car elle introduit le « suspense » et le sensationnel. Dans *Neuf semaines et demi* (*9 ½ Weeks,* Adrian Lyne, 1986), Elisabeth incarne une jeune célibataire qui s'est laissé envoûter par John, cet homme rencontré par hasard et dont elle accepte bientôt la domination dans des jeux érotiques qui dérivent progressivement vers le sadomasochisme. Chaque rendez-vous est l'occasion de tester une nouvelle expérience, de pousser plus loin l'exploration du fantasme sexuel, jusqu'au moment où Elisabeth prend peur de ces pensées qui la poursuivent et la ramènent toujours vers John dont l'emprise sur elle semble croissante. L'aventure est vouée à l'échec, comme s'il fallait exposer les limites d'une relation basée uniquement sur le sexe pour nous éloigner du genre pornographique. La criminalité devient sexuelle dans ce film, puisqu'elle inspire à Elisabeth le même sentiment de culpabilité qu'un meurtre, ce qui la pousse à mettre fin à cette liaison hors normes. La libération sexuelle y est indirectement associée à un comportement déviant : les personnages se retrouvent dans des lieux publics pour faire l'amour, comme si la peur d'être vus intensifiait le plaisir de la jouissance.

Dans le *thriller* érotique, la libération sexuelle devient spectacle tragique, car le Destin se manifeste avec violence et cruauté aux êtres qui se sont abandonnés à une sexualité débridée portée à l'écran. Le *thriller* érotique ne retient donc les conventions noires que dans un dessein bien particulier : la mystification. S'il expose la liberté sexuelle comme une source de plaisirs, il l'associe encore à la dégradation morale des individus dont il sanctionne les errements sexuels. La réalité du social est exclue de la diégèse qui étale le luxe et gomme toute référence objective à l'Histoire. Par voie de conséquence, l'intrigue se resserre autour de parcours individuels exclusivement, suggérant une séparation nette entre vie sociale et vie amoureuse. Si les personnages adoptent le comportement des contemporains, *La Fièvre au corps* (*Body Heat,* Lawrence Kasdan, 1981) nous renvoie à un temps aseptisé qui ne laisse pas son empreinte sur les décors, des lieux d'habitation ou des lieux de passage (bars, port, agence d'assurance, restaurant) trop impersonnels et trop neufs pour divulguer quelque indication sur le contexte sociohistorique.[359]

Le *thriller* érotique associe la violence à la libération sexuelle dans un spectacle réglé par une esthétique de l'excès : la trame dramatique détermine un montage serré qui s'accélère encore lorsque la tension s'intensifie et explose sur l'écran dans une chorégraphie de couleur sang. Le plaisir est d'abord instinctif, puis machinal, conditionné par une série de films du même type utilisant la drogue, le sexe et les meurtres comme de « véritables bouées de sauvetage »[360], d'illusoires machines à succès. Les interdits de la société américaine sont transgressés pour mieux choquer le spectateur et « mouler son regard dans une facile convention idéologico-artistique »[361]. Le spectacle de la violence

---

[359]. Leighton Grist, "Moving Targets and Black Widows" dans Ian Cameron (ed.), *The Book of Film Noir, op. cit.*, p. 274.
[360]. Michel Cieutat, « Chronique d'une imposture » dans *Positif n° 422,* avril 1996, p. 100.
[361]. Antoine de Baecque, « Ligne de coke et pic à glace » dans *Cahiers du cinéma n° 457*, juin 1992, p. 52.

s'inscrit dans une rhétorique cinématographique qui n'a rien de novateur comme le souligne Geoffrey Nowell-Smith :

> Langage vulgaire, sexe et violence […]. Cette rhétorique apparemment transgressive n'a plus le pouvoir de choquer, puisqu'il semble que l'excès est désormais un argument de vente banal, auquel le public est devenu insensible. Derrière cette rhétorique de sexe et de violence occasionnellement grotesque, les nouveaux films hollywoodiens sont tout à fait conventionnels aux niveaux de la construction narrative et même des valeurs morales représentées.[362]

Le *thriller* érotique véhicule une idéologie derrière le jeu du sexe et de la violence qu'il étale à l'écran en reprenant les conventions de l'intrigue criminelle du film noir. La morale puritaine est convoquée fort à propos pour freiner l'investissement par trop émotionnel de la sexualité et mieux la contrôler.

Le récit de *Liaison fatale* (*Fatal Attraction*, Adrian Lyne, 1987) suit un mode de narration classique, permettant d'établir un lien de cause à conséquence entre l'aventure extraconjugale de Dan Gallagher, mari infidèle en l'absence de son épouse, et la violence que sa jeune conquête, Alex Forrest, déploie ensuite afin d'intimider Dan et de l'attirer à nouveau dans son lit. L'échec de toute tentative de séduction la conduit à recourir à une violence toujours croissante ; aux harcèlements téléphoniques succèdent les tentatives d'intimidation, puis les actes de vengeance que la jeune femme perpètre par dépit car elle refuse d'être abandonnée après s'être compromise avec un homme marié. La structure familiale est mise en péril par cette aventure d'un soir de l'époux volage, pris de remords parce qu'il subit un chantage d'ordre sexuel de la part de sa maîtresse. L'atmosphère d'angoisse qui prévaut dans ce film illustre la contamination du genre par le film d'horreur : la tension s'accroît progressivement et conduit le spectateur à appréhender chaque nouvelle scène en se demandant quel sera le prochain stratagème mis en œuvre par Alex, qui semble avoir perdu la raison, puisqu'elle va jusqu'à enlever la fille du couple.

Le film d'horreur et ses accès de violence anarchiques prennent le pas sur le calcul meurtrier qui donnait son atmosphère de mystère au film noir. Dan refuse de se laisser entraîner dans l'univers du film noir en renonçant à poursuivre toute relation sentimentale avec cette femme qui l'a séduit un soir. Lorsqu'il repousse les avances d'Alex et confesse son écart de conduite à son épouse, hanté par le sentiment grandissant de sa propre culpabilité, Dan déclenche une violence si intense chez Alex que le film adopte le mode de l'horreur pour traduire la haine désespérée de la jeune femme. Le message porté par le film est sans ambages : l'égarement sexuel mène nécessairement à la perdition. La femme trop affranchie doit être neutralisée par le biais des clôtures narratives, exigeant de préférence la mort de l'intruse[363], tandis que les valeurs de la famille doivent être défendues contre la

---

[362]. « The deployment of bad language, sex, and violence […] Nor does this apparently transgressive rhetoric any longer have the power to shock, since what seems like excess has become a routine selling element to which regular audiences have become inured. Often, too, behind the sex-and-violence rhetoric and the occasional grotesquerie, the new Hollywood films turn out to be quite conventional in their narrative forms and even in their moral values. » Geoffrey Nowell-Smith, "The Resurgence of Cinema" dans Geoffrey Nowell-Smith (ed.), *The Oxford History of World Cinema, op. cit.*, p. 765.
[363]. Christine Gledhill, "Feminism and Klute", dans Ann Kaplan (ed), *Women in Film Noir, op. cit.*, p. 102-103.

perversion d'une sexualité débridée, représentée par la jeune femme célibataire à la poitrine plantureuse et aux tenues sensuelles dans *Liaison fatale*. Le film oppose deux portraits de femmes et finit par consacrer le triomphe de la femme au foyer sur la femme trop affranchie. Il s'agit à l'évidence de rétablir un ordre moral à travers la fable ; le film pourrait donner lieu à une « analyse complexe du refoulement et des tensions au sein du mariage patriarcal », mais il contourne le sujet, « attaque de manière pernicieuse et sans équivoque la femme active, libérée et célibataire ».[364]

Le *thriller* érotique propose autant de contes moraux dans lesquels l'épouse ou la mère l'emporte toujours sur l'intrigante. La condamnation de la liberté sexuelle devient explicite à travers la mort finale du protagoniste féminin qui a bravé les interdits de la famille, qui a œuvré pour désacraliser l'institution du mariage. Si la jeune femme célibataire dispose d'une autonomie financière qui lui permet de profiter pleinement de sa liberté sexuelle en évitant un mariage de raison, elle ne parviendra jamais au bonheur d'une relation stable, car toute relation sexuelle ou sentimentale devient prétexte à un rapport de force avec un partenaire qu'il s'agit de conquérir et d'avilir. Son recours à la violence est montré non comme un acte politique, mais comme l'expression d'une dépression individuelle et d'une frustration ; la femme est malheureuse parce qu'elle a trop de liberté, et cette liberté excessive lui interdit le mariage, et donc la maternité.[365] De la figure ambiguë de la femme fatale, le *thriller* érotique a congédié le trouble, non la sensualité débordante, affichée sans équivoque lorsqu'elle se dévoile entièrement pour nous entraîner dans des liaisons forcément dangereuses. Au moment où Ned Racine s'apprête à frapper l'époux de Matty dans *La Fièvre au corps,* la jeune femme appuie sur l'interrupteur pour s'assurer que Ned assènera le coup fatal et observer le pugilat du haut des escaliers, comme un metteur en scène surveillerait la performance de ses acteurs. A l'obscurité qui envahit l'écran au moment où Cora tente de mettre un terme à la vie de son époux dans *Le Facteur sonne toujours deux fois* (Tay Garnett, 1946), succède la lumière qui illumine une scène de meurtre pour mieux rendre visible la haine sur le visage des meurtriers et de leurs complices.

Basic Instinct (Paul Verhoeven, 1992) s'ouvre sur une scène d'amour qui se termine par la mise à mort du partenaire : l'homme est allongé sur le dos, ses poignets ont été attachés aux barreaux de la tête de lit, une main de femme agrippe un pic à glace qu'elle lui plante plusieurs fois dans le cœur avec une énergie destructrice. Victime sacrifiée sur l'autel de la jouissance, l'homme est symboliquement castré par l'amazone qui le chevauche et le domine. Le *thriller* érotique confère un rôle original à la femme fatale, qui ne se contente pas de subir le désir de l'homme. Elle passe d'un rôle sexuel passif à une activité sexuelle débridée ; elle jouit de la propriété de son corps comme elle jouit d'une autonomie financière qui s'imprime jusque dans son environnement géographique. Dans *Basic Instinct*, Catherine Trammell jouit seule de la propriété qui lui appartient en bordure de l'océan, profite d'une vue illimitée qui suggère sa liberté de pensée. Ni mariée, ni fiancée, Catherine affirme sa liberté d'esprit dans une sexualité libérée qui la cantonne

---

[364]. « What could be a potentially complex analysis of the repressions and tensions of patriarchal marriage swiftly degenerates into an unequivocal, pernicious attack on the single, 'liberated' working woman. » Leighton Grist, "Moving Targets and Black Widows" dans Ian Cameron (ed.), *The Book of Film Noir, op. cit.*, p. 276.

[365]. Susan Faludi, *Backlash: The Undeclared War Against American Women,* New York, Anchor Books, 1991, p. 113.

néanmoins à un mode de vie marginal, car elle est intimement liée avec une femme (Roxy) et un homme (Johnny Boz). Si la bisexualité de Catherine est évoquée sans ambiguïté, la représentation de l'homosexualité féminine inspire une réticence telle que la caméra se tient à distance des deux femmes : l'acte sexuel entre Catherine et l'inspecteur Nick Curran est filmé dans son intégralité, cependant que la relation sexuelle entre Catherine et Roxy se réduit aux regards chargés de tendresse ou de jalousie qu'elles échangent.

L'assassinat du chanteur Johnny Boz donne lieu à une enquête qui nous fait entrer dans le monde imaginaire de Catherine Trammell, écrivain fortuné dont le dernier roman annonce de manière prémonitoire le meurtre décrit dans la première scène du film. Soupçonnée parce qu'elle était l'amante de Johnny, Catherine est interrogée par un groupe de policiers dont elle se moque ouvertement en optant pour une liberté de ton qui désarçonne ses locuteurs ; la jeune femme joue volontiers de la provocation sexuelle et verbale pour mettre les policiers mal à l'aise, pour résister à l'ordre moral ambiant. Catherine participe à une guerre des sexes qui l'oppose au discours « politiquement correct » et inspire la gêne des policiers à la fois choqués et attirés par la jeune femme qui les provoque. Il suffit que Catherine décroise les jambes et leur expose une partie intime de son corps pour ébranler la hiérarchie homme/femme ou policier/inculpé. Catherine, qui ne porte pas de sous-vêtement, lance un défi à leur virilité en exposant sa féminité. Parce qu'elle a réussi à capter leur regard d'homme, puis à le diriger vers les parties de son corps qu'elle dévoile, Catherine domine la relation qui se crée. Maître de cérémonie au cours de cet entretien qu'elle dirige en donnant ses réponses avant même que ne lui soient posées les questions, elle propose elle-même de se soumettre au détecteur de mensonge, comme si elle orchestrait son propre interrogatoire. Dans *Basic Instinct*, la sexualité devient terrain de jeux dangereux : chacun cherche à affirmer son pouvoir sur l'autre par le biais de la jouissance qu'il sait provoquer. Les relations sexuelles sont toujours violentes, comme si les êtres entraient en conflit au moment même où ils s'approchent, comme s'ils luttaient pour pouvoir imposer leur désir à l'autre.

Le *thriller* érotique procure des moments de plaisir coupable à la spectatrice qui se réjouit en secret de la toute-puissante d'une femme émancipée dans une sorte de fantasme éphémère mais stimulant, tandis que le personnage traditionnellement objet (passif) devient sujet (actif).[366] Si les rôles ancestraux sont renversés, les limites de ce type de spectacle se manifestent dans les images codifiées qu'il vulgarise de la masculinité et de la féminité. La femme doit avoir un physique parfait pour s'épanouir dans la sexualité, « performance érotique »[367] représentée comme une commodité. Le sexe devient un argument de vente sur un marché lucratif qu'il est possible de réguler par le biais d'une promotion ciblée : l'explosion du plaisir trouve son châtiment dans la mort et se charge d'une valeur d'avertissement alors que le nombre de victimes du SIDA ne cesse de s'accroître.[368] Axé sur les thèmes du pouvoir, de l'agressivité, du contrôle, le *thriller* érotique se réclame d'un intégrisme conservateur dans la mesure où il se retranche derrière une vision conformiste, associant la sexualité désinhibée à la violence pathologique.[369] *Basic Instinct* se clôt sur

---

[366]. Julianne Pidduck, « La Femme fatale hollywoodienne des années 90, *Basic Instinct*, un cas de figure » dans *Sueurs froides n° 14*, Paris, Editions Jean-Michel Place, 1996, p. 129.
[367]. Denis Mellier, *Les Ecrans meurtriers,* Paris, Les Editions du Cefal, 2002, p. 124.
[368]. Michel Cieutat, « Chronique d'une imposture » dans *Positif n° 422,* avril 1996, p. 99-100.
[369]. Leighton Grist, "Moving Targets and Black Widows" dans Ian Cameron (ed.), *The Book of Film Noir, op. cit.*, p. 275.

l'image du pic à glace que Catherine a laissé tomber à terre, qui la désigne comme coupable d'une série de meurtres révélés par l'enquête, mais qui de surcroît suggère la victoire finale de son partenaire, car le désir de tuer la quitte comme si elle acceptait finalement l'autorité de l'homme allongé à ses côtés.

Le *thriller* érotique des années quatre-vingt réinvestit le pouvoir allégorique du film noir pour conclure à la valeur punitive de la mort et redonner vigueur aux mythes judéo-chrétiens car l'homme qui a péché doit être puni. *La Fièvre au corps* (*Body Heat*, Lawrence Kasdan, 1981), *Neuf semaines et demi* (*9 ½ Weeks*, Adrian Lyne, 1986), et *Liaison fatale* (*Fatal Attraction*, Adrian Lyne, 1987) cultivent le stéréotype de la femme fatale, désormais obsédée par le sexe. La féminité se fait agressive, reflet d'une activité sexuelle débridée et perverse que le mariage seul ne peut contenir. La liberté sexuelle devient déviance, menace de mort pour celui qui succombe à la tentation, phénomène d'autodestruction pour celle qui défend sa liberté sexuelle nouvellement conquise. Aussi le *thriller* érotique se fait-il le récit d'une lutte singulière entre éléments féminins obsédés par le sexe et éléments masculins soumis à l'épreuve de la tentation. Parce qu'il ne peut cautionner l'immoralisme représenté par la femme célibataire et sexuellement épanouie, le *thriller* érotique préfère conclure sur une note aussi peu innocente que puritaine : la femme, devenue furie du sexe, se voit génériquement condamnée pour le péché de chair alors que l'homme, son partenaire, fait un apprentissage douloureux pour ne plus succomber à ses plus vils instincts.[370]

La culture du pastiche : nostalgie et conservatisme

Le *thriller* érotique concourt à exprimer le conservatisme des années quatre-vingt à travers le refus tacite de l'historicité. Sans références historiques, les personnages se replient sur leur seule activité sexuelle pour donner un sens à leur existence. La sexualité devient source de pouvoir pour la femme qui sait se faire désirer avant même de se faire aimer ; ses gestes répondent à un calcul économique dans la fiction, mais aussi dans le cadre d'une stratégie commerciale adoptée par les studios. Le sexe acquiert une valeur marchande dans le genre comme dans l'espace socioéconomique en général, suggérant que le *thriller* érotique procède bien d'une esthétique postmoderniste qui reflète l'inclination politique et culturelle des années quatre-vingt. Norman K. Denzin associe ce mode d'expression à la prégnance d'une angoisse qui hante non seulement l'imaginaire individuel et collectif, mais encore à un état de société qui a laissé se développer l'indifférence entre les individus, partant l'aliénation :

---

[370]. Delphine Letort, « Le *thriller* érotique : de la libération sexuelle à la morale puritaine » dans Dir. Frédéric Gimello-Mesplomb, *Le Cinéma des années Reagan*, Paris, Editions du Nouveau Monde, 2007, p. 139-151.

> Le postmodernisme se laisse définir par les termes suivants: envie nostalgique et conservatrice de retour vers le passé, associée à un effacement des frontières entre le passé et le présent, pornographie du visible, commodification de la sexualité et du désir, culture de consommation qui réifie un ensemble d'idées culturelles sur la masculinité; expériences émotionnelles intenses nées de l'angoisse, de l'aliénation, du ressentiment et du détachement de l'autre.[371]

Le conservatisme façonne le discours hollywoodien sur les sexes ; s'il autorise la femme à se dénuder, il célèbre encore la seule virilité comme modèle de réussite. Les codes sexuels, sociaux et hiérarchiques du système qui fait loi à l'écran, et dont la stabilité est remise en question dans l'ordre social, sortent renforcés du conflit symbolique qui oppose l'homme à la femme libérée dans le *thriller* érotique. La place dévolue à la description de comportements non conformes aux normes traditionnelles témoigne de la difficulté qu'éprouvent les Américains à accepter une nouvelle conception de la moralité et de la sexualité. La pensée que les couples homosexuels puissent être présentés comme modèle parental possible est source d'angoisse, exploité sur le terrain de la propagande politique par les conservateurs comme par les démocrates, rejeté dans les films de la décennie qui préfèrent renouer avec des valeurs ancestrales, incarnées à l'écran par une structure familiale traditionnelle.

Les studios hollywoodiens se consacrent presque exclusivement au divertissement, influencés par la nostalgie d'une époque où les traditions étaient la garantie des bonnes mœurs, ainsi que par l'approche conservatrice qui domine les décennies quatre-vingt et quatre-vingt-dix sous la présidence de Ronald Reagan, puis de George Bush. Le monde du réel est relégué à un discours extradiégétique, de sorte qu'aucune « idée noire » n'interfère avec le message d'optimisme contenu dans les films hollywoodiens. Le polar ne saurait survivre à cette tendance générale car il est trop noir pour continuer de susciter l'intérêt d'une industrie absorbée par le seul souci de la rentabilité. Un certain nombre de réalisateurs accordent leur inspiration avec le désir des producteurs, soucieux d'accroître le profit qu'ils peuvent tirer d'investissements toujours plus conséquents dans des films dont le succès commercial est assuré soit par la présence d'acteurs de renom, soit par le spectacle d'effets spéciaux. L'industrie hollywoodienne se livre à une véritable propagande de cohésion nationale qui, à l'instar du discours officiel, veut cacher, masquer, faire oublier les maux de la réalité socioéconomique.

L'image acquiert un pouvoir politique proportionnel à celui des mots employés dans ses discours par le président Ronald Reagan qui, fort d'un pouvoir médiatisé, sort comme grandi de ses erreurs. En 1983, les films documentaires sur l'invasion de l'île de la Grenade, passée aux mains d'une équipe marxiste conduite par Maurice Bishop, sont totalement expurgés de leurs scènes sanglantes. Pour éviter toute dissension sur l'action entreprise, les informations communiquées à la presse sont d'abord filtrées, de façon à contrôler ce qui va être dit et surtout montré par les médias. De cette manière, le moment où

---

[371]. « Postmodernism is defined by the following terms: a nostalgic, conservative longing for the past, coupled with an erasure of the boundaries between the past and the present; a pornography of the visible; the commodification of sexuality and desire; a consumer culture which objectifies a set of masculine cultural ideas; intense emotional experiences shaped by anxiety, alienation, ressentiment, and a detachment from others. » Norman K. Denzin, *Images of Postmodern Society,* Londres, Norman K. Denzin, 1991, p. ix.

la valeur informative prend corps dans l'esprit des individus est retardé.[372] La présidence de Ronald Reagan correspond en quelque sorte à une mise en vacance civique du citoyen américain : « la réalité se manifestait une fois par jour, lors des journaux télévisés du soir », nous rappelle Pierre Mélandri.[373]

Le prestige de Ronald Reagan à l'étranger s'établit et s'amplifie à partir de 1982-1983, au moment où les Etats-Unis donnent l'impression de retrouver un rythme de croissance soutenu. L'embellie survient en 1983 : la progression du PNB est spectaculaire (+ 6.8 % en 1984), la bourse repart à la hausse, le taux de chômage s'abaisse au point de ne toucher que 7.5 % en 1984, l'inflation semble jugulée (4.2 % en 1984).[374] Cependant les inégalités sociales se sont insidieusement aggravées et la reprise ne fait pas que des heureux. Les Etats-Unis ne se sont pas débarrassés du spectre de la pauvreté et le nombre de demandes d'aide ne cesse d'augmenter. La politique économique de Ronald Reagan a peut-être favorisé l'ascension sociale des classes moyennes, mais elle a également stimulé la croissance de la pauvreté. En 1988, celle-ci touche environ 13,5% de la population ; elle frappe de plus en plus la jeunesse, les minorités non blanches, les personnes âgées, et s'accompagne toujours des fléaux qui lui sont liés (drogue, SIDA, criminalité).[375] Cette tendance continue de s'aggraver au cours des années quatre-vingt-dix :

> 39.3 millions de personnes (15,1%) vivaient en-dessous du seuil de pauvreté en 1993. [...] Les chômeurs pauvres demeurent souvent dans les centres-villes qui, après 40 de suburbanisation rampante, sont devenus des coquilles vides, privées de magasin, de services, et d'emplois. [...] On compte jusqu'à 7 million de personnes sans domicile fixe.[376]

Le développement résolu d'une technologie de pointe entraîne une inéluctable mutation économique dont les emplois les moins qualifiés font les frais. Le déclin est prévisible tant le déficit budgétaire s'est creusé, confirmant la fragilité de la croissance apparente : estimé à 60 milliards en 1981, il franchit la barre des 100 milliards en 1982 et atteint 195 milliards en 1983. La réduction des impôts et l'augmentation des dépenses militaires ont contribué à accroître ce déficit. Si l'abaissement des taux d'intérêt a encouragé la consommation des ménages et la construction immobilière, les Américains se sont aussi livrés à une consommation forcenée qui les laisse plus dépendants de l'étranger. En 1987, l'effondrement de la bourse révèle l'état périlleux de l'économie américaine, fortement endettée à l'étranger depuis 1985. Si le gouvernement de Ronald Reagan a étendu la déréglementation, avivé la concurrence et permis à de petits entrepreneurs de se lancer dans les affaires et de créer des emplois, les Américains ont globalement payé le prix de cet essor. Le relèvement du dollar a favorisé l'importation tandis que les exportations agricoles et industrielles sont devenues de plus en plus difficiles.

---

[372]. Pierre Lepinasse, « La Guerre du Golfe », dans Dir. Jean-Robert Rougé, *L'Opinion américaine devant la guerre du Viêt-nam, op. cit.*, p. 178-179.
[373]. Pierre Mélandri, *Une crise d'identité ? 1974 – 1992, op. cit.*, p. 53.
[374]. André Kaspi, *Les Américains – 2. Les Etats-Unis de 1945 à nos jours, op. cit.*, p. 594.
[375]. Pierre Mélandri, *Une crise d'identité ? 1974 – 1992, op. cit.*, p. 262.
[376]. « 39.3 million people (15,1%) lived below poverty line in 1993.[...] The jobless poor often live in the inner cities, which, after 40 years of rampant suburbanization, have been reduced to hollow shells without shops, services or jobs.[...] The homeless are reckoned to number as many as 7 million. » Alain Guët et Philippe Laruelle, *The U.S in a Nutchell, op. cit.*, p. 177-178.

Après le triomphalisme du « reaganisme » dont le vernis commence à se craqueler, l'Amérique se cherche une identité. Les problèmes de société font état d'une fracture de plus en plus évidente entre les idées progressistes héritées de la « révolution sexuelle » et les idées conservatrices qui donnent le ton des années quatre-vingt. Les conservateurs prônent les valeurs morales, sans doute surannées, du passé de l'Amérique afin de freiner l'expansion fulgurante de l'épidémie du SIDA, dont l'ampleur des ravages se mesure en 1990 par six cent mille séropositifs et quatre-vingt trois mille morts recensés.[377] La pauvreté touche également de plus en plus de citoyens : en 1993, 39.3 millions de personnes vivent en dessous du seuil de pauvreté, le chiffre le plus élevé depuis 1962. Elle se concentre dans le cœur des villes, abandonné par les classes aisées qui ont préféré se déplacer vers des banlieues résidentielles, dès les années cinquante. Chacune des métropoles américaines a son quartier défavorisé où prolifèrent chômage, sans-abri, drogue, armes, criminalité, SIDA. La crise urbaine frappe des quartiers entiers et les tranches de la population qui y vivent, donnant naissance à une violence meurtrière dans le Bronx à New York ou à South Central au cœur de Los Angeles... La pauvreté est devenue une sorte de cercle vicieux puisque la majorité des personnes actives habite désormais en banlieue et par conséquent ne paie plus d'impôts locaux dans les villes. Les maires n'ont donc pas les moyens de réhabiliter les quartiers défavorisés, devenus ghettos.[378] Même les écoles subissent le contrecoup de la fuite des capitaux, cessent de remplir un rôle d'intégration sociale, atteintes elles aussi par une crise profonde de recrutement. L'éducation est d'ailleurs l'un des enjeux les plus discutés de la vie politique, ce qui amène George H. W. Bush à se présenter en futur « président de l'éducation » dès 1989.

La question des aides sociales est de plus en plus controversée et les radicaux accusent les autorités d'encourager le laisser-aller et la paresse parmi leurs bénéficiaires. Parce qu'il souhaite encourager l'initiative individuelle, briser le « cycle infernal de la pauvreté » que réaffirme une dépendance accrue envers l'Etat Providence, Ronald Reagan décide de coupes sombres dans les budgets des programmes sociaux :

> Le premier budget de Reagan avait réduit le nombre de bénéficiaires des programmes d'aides fédérales et le montant des aides perçues. Coupons repas, couverture médicale (*Medicaid*), emplois de service public, indemnités chômage, aides au logement, soutien aux transports urbains, prêts étudiants, programmes de repas pour enfants, aide aux familles avec enfants dépendants, services judiciaires – tous ces programmes subirent des coupes sombres dans leur budget.[379]

De plus, d'aucuns considèrent ce type d'aide comme une dépense qui, à long terme, peut nuire à la croissance, tant elle coûte cher à l'Etat et aux citoyens actifs. Les radicaux parlent d'un effondrement des valeurs et de la moralité face au désordre social qui s'affiche dans la multiplicité des divorces, favorisant la délinquance parmi les jeunes, aggravée lorsque l'on sait que la régression économique touche de plein fouet les familles monoparentales.[380] La télévision est remise en question, en raison de la priorité qu'elle accorde à l'immédiat et à la publicité qui suscitent nécessairement frustration et insatisfaction parmi les plus démunis.

---

[377]. *Ibidem*, p. 185.
[378]. Alain Guët et Philippe Laruelle, *The U.S in a Nutchell,* Paris, Presses Universitaires de France, 1996, p. 178-179.
[379]. Robert Dallek, *Ronald Reagan, The Politics of Symbolism, op. cit.*, p. 70.
[380]. Wesley G. Slogan, *Disorder and Decline,* New York, The Free Press, 1990, p.34.

Cette approche culturelle sera dénoncée comme l'une des causes des émeutes qui ravagent le quartier de South Central de Los Angeles (29 avril 1992) : scènes de pillages et d'affrontements se succèdent, révélant difficultés économiques et tensions entre les communautés afro-américaines, hispaniques et asiatiques qui peuplent ce quartier défavorisé.

L'ensemble de ces questions affecte à l'évidence les minorités au moment où elles demandent à être reconnues comme entités à part entière, c'est-à-dire comme différentes. Le *melting-pot* serait-il un leurre ? Féministes, Afro-américains, homosexuels organisent la lutte contre l'exclusion ou le harcèlement sexuel, tout en revendiquant l'égalité des droits (éducation, mariage, adoption...). La nation implose en de multiples sous-groupes, favorisant l'émergence et le respect d'un discours « politiquement correct », dispensé dans un langage modéré, voire feutré, composé d'euphémismes et de métaphores, marqué de respect à l'égard des minorités. Le langage semble désormais régi par un code impérieux qu'il convient d'adopter pour éviter les heurts éventuels avec les groupes de pression. Certes, la liberté de parole n'a pas disparu, elle est inscrite dans la Constitution, mais le débat sur le multiculturalisme rappelle que la culture américaine se refuse au monolithisme et que le doute la ronge désormais. C'est la définition même de l'identité américaine qu'il faut repenser puisque les mythes fondateurs ne suffisent plus à modeler les comportements contemporains : le *melting-pot* n'aurait-il jamais été que source de mystification ? Le « rêve américain » a-t-il encore droit de cité dans une société où la fracture entre riches et pauvres ne cesse de se creuser pour devenir de plus en plus visible ? La possibilité de gravir les échelons de l'échelle sociale grâce au dynamisme économique du capitalisme continue d'exercer, au sud du Rio Grande comme de l'autre côté, près du Pacifique, un attrait toujours aussi irrésistible, mais les attentes des nouveaux immigrants seront-elles satisfaites ?

Le président Ronald Reagan a durci la politique américaine à l'égard de l'Union Soviétique. Il affirme que le « syndrome Vietnamien » a été surmonté et défend le droit des Etats-Unis à intervenir n'importe où dans le monde, à se mesurer contre les « forces sataniques du communisme ».[381] Par conséquent, l'administration Reagan doit soutenir financièrement et militairement les « combattants de la liberté » dans le tiers-monde – en Angola, en Ethiopie et au Nicaragua. Pour ce faire, elle envoie des conseillers et déverse des millions de dollars aux « Contras » qui luttent contre les Sandinistes soutenus par l'URSS. Or l'amendement Boland, qui fut voté en octobre 1984 par le Congrès, interdit toute aide de la CIA ou du ministère de la Défense aux « Contras » ; c'est pourquoi l'affaire éclate en scandale dès 1985. A partir de l'automne 1986, le sort semble s'acharner sur le Président dont la crédibilité est durement secouée quand, stupéfait et consterné, le pays apprend que son Président a en secret autorisé l'envoi d'armes américaines à l'Iran : d'abord sans doute avec l'espoir de nouer des liens avec des Iraniens modérés, mais bientôt, exclusivement ou presque, pour obtenir la libération des otages américains détenus par des groupes terroristes libanais. Une partie des profits tirés de ces livraisons a servi à financer les « Contras », permis à l'Exécutif d'ignorer la décision du Congrès.[382] La dernière année du mandat présidentiel de Ronald Reagan (1987) est l'amorce d'un dur retour à la réalité.

Bien que la situation internationale se dégèle quelque peu avec l'arrivée de Gorbatchev à la tête de l'Union Soviétique, engageant des discussions avec les Etats-Unis

---

[381]. William H. Chafe, *The Unfinished Journey, America Since World War 2*, op. cit., p. 416.
[382]. Bernard Vincent, *Histoire des Etats-Unis,* Nancy, Presses Universitaires de Nancy, 1994, p. 328.

en vue d'un désarmement nucléaire et de l'extension de relations commerciales, les Américains appréhendent le lendemain. Si le président George H. W. Bush (élu en 1988) peut envisager de raffermir l'autorité des Etats-Unis à l'étranger, car les pays de l'Europe de l'Est se sont affranchis de la tutelle de Moscou, l'armée soviétique a quitté l'Afghanistan et le mur de Berlin s'est effondré en 1989, la nouvelle administration est bientôt critiquée en raison de l'absence d'une véritable politique des affaires intérieures. Extrême pauvreté, déchirure du tissu social, absence d'une réglementation à l'égard du commerce des armes à feu, diffusion banalisée de la drogue sont à l'origine de la violence et de la peur qui caractérisent la société urbaine. La réussite des opérations militaires menées à l'étranger ne suffit pas à contenir les inquiétudes et les tensions à l'intérieur du pays.[383]

Parce que le pouvoir politique de l'image télévisuelle a grandi, les films tournés pendant les combats de l'intervention américaine contre Noriegas au Panama (1989) ne sont pas communiqués à la presse. L'entreprise a été menée avec la plus grande discrétion et des incidents fâcheux comme la mort de vingt-six soldats américains, dont neuf sont victimes d'une erreur de tir de leurs camarades, ne seront connus que longtemps après la fin des opérations. Sous la bannière de la sécurité, bien des détails peu avouables ont été gommés. L'armée américaine semble retrouver sa force offensive et pouvoir envisager d'intervenir sans risque dans le golfe Persique car l'Irak a envahi le Koweit et l'a annexé. L'opération « Bouclier du Désert » débute le 17 janvier 1991 telle une gigantesque partie de jeux vidéo pour téléspectateurs : lancement de missiles et de fusées dont les dégâts bien réels restent virtuels pour le téléspectateur américain. Les opérations du Golfe ont, semble-t-il, purgé la conscience américaine de l'obsession et de la honte de l'échec au Viêt-nam.[384]

La victoire de William Clinton aux élections de 1992 est sans doute celle d'un discours démocratique et réformateur. Le nouveau président remet au goût du jour les idéaux des années soixante : il se fait le défenseur du niveau de vie des classes moyennes, de la liberté des minorités ethniques, raciales et sexuelles ; il veut démontrer que l'on peut faire redémarrer la vie économique à condition de se préoccuper un peu moins de politique étrangère.[385] Alors que les républicains ont cru judicieux de placer au cœur de leur campagne électorale les traditionnelles valeurs familiales et patriotiques (condamnation de l'avortement, défense de la peine de mort, mesures à l'encontre de la criminalité, de l'homosexualité), les démocrates ont axé la leur sur trois fléaux majeurs : chômage non maîtrisé, secteur éducatif en piteux état, protection sociale quasi inexistante.[386]

La tolérance triomphe sur fond de puritanisme, dont le nouveau président sera lui-même victime car la permissivité inspire la nostalgie d'un temps où la famille était représentée par un couple uni autour de ses enfants. Le scandale déclenché en 1998 autour de la vie intime du président William Clinton, ainsi que les démissions d'hommes politiques dues à des affaires de mœurs, montrent l'importance attachée à la sauvegarde d'une façade vertueuse chez ceux qui détiennent le pouvoir. Cette volonté de sauver les apparences n'est autre qu'une manifestation du puritanisme sous-jacent dans une culture où tout peut être montré. L'image n'est plus censurée, car elle doit rendre visible ce que l'on

---

[383]. Tom Wicker, "Panama: Overkill Plus A weak Case", reproduit du *New York Times* dans *International Herald Tribune*, 19 juin 1990.
[384]. Pierre Lepinasse, « La Guerre du Golfe », dans Dir. Jean-Robert Rougé, *L'Opinion américaine devant la guerre du Viêt-nam, op. cit.*, p. 188-191.
[385]. André Kaspi, *Les Américains – 2. Les Etats-Unis de 1945 à nos jours, op. cit.*, p. 623.
[386]. Mokhtar Ben Barka, *La Nouvelle droite américaine, des origines à l'affaire Lewinski, op. cit.*, p. 99.

espère ainsi mieux condamner. Le président William Clinton en a fait les frais alors que le procureur Kenneth Starr publiait son rapport sur l'affaire Lewinsky via Internet. Le droit à l'information est devenu un droit au voyeurisme pour le citoyen américain, prisonnier d'un système démocratique qui se fonde sur le libre accès à la vie privée des politiques – comme ce fut déjà le cas à l'époque du maccarthysme. Le 17 août 1998, le président confessait ses péchés sexuels devant le grand jury, face à une caméra qui enregistrait le spectacle de l'aveu. Cinéma-vérité, docudrame, le film met en scène l'impuissance de William Clinton face à un système juridique conforté par le pouvoir médiatique et qui, par voie de conséquence, confère au puritanisme un pouvoir intégriste. En effet, la caméra fixe accuse l'homme d'avoir enfreint l'interdit, met en scène le récit de son aventure extraconjugale, nous montre le président comme un déviant, jusqu'au moment où il tend le bras et attrape une canette de Coca-Cola pour se désaltérer. Ce geste humanise l'accusé président, le rapproche d'un spectateur-voyeur entré par effraction dans l'intimité de l'homme.[387]

Le néo-noir : pastiche de style ou re-création ?

Dans la lignée du *thriller* érotique dont les choix esthétiques relèvent du pastiche de style, les réalisateurs américains se réapproprient les codes du film noir dans des pastiches hybrides. A l'instar des « films anglais » dont les Américains donnent une version très hollywoodienne[388], quelques réalisateurs s'amusent à réécrire des films noirs sous la forme de *remakes* ou d'œuvres originales qui trahissent une vision très personnelle du genre. Le film noir, qui fut à l'origine impulsé par des réalisateurs en exil, sans avoir conscience de travailler alors à l'émergence d'un genre, s'américanise sous l'effet d'appropriation de cet héritage culturel. Débarrassés de l'obsession pour la sexualité exubérante des mantes religieuses du *thriller* érotique, des réalisateurs s'amusent à recréer l'ambiance des films noirs des années cinquante, à force de détails iconographiques et de jeux esthétiques (contre-plongées, ombres portées, scènes de boxe) qui encouragent la reconnaissance des codes empruntés. Le film noir continue de fasciner réalisateurs et écrivains, dont les récits criminels sont ancrés dans l'Amérique des années cinquante, contexte historique et culturel sciemment convoqué pour le trouble qu'il inspire. Si le climat de suspicion qui s'est installé dans l'Amérique d'après le 11 septembre encourage les parallèles avec la période maccarthyste (*Good Night, and Good Luck,* George Clooney, 2005), le film noir revient sur les écrans à travers de nouveaux avatars dès le début des années quatre-vingt. S'opposent alors deux modes d'interprétation de cet héritage cinématographique et culturel : le pastiche de style et le film néo-noir.

---

[387]. Serge Toubiana, « Vice privé, image publique » dans *Cahiers du cinéma n° 529*, nov. 1998, p. 8.
[388]. Les films gothiques, adaptés des romans de Charlotte Brontë par exemple, illustrent la vision américaine de l'Angleterre à l'origine d'un genre hollywoodien : le « film européen ». Jean-Loup Bourget, *Hollywood, un rêve européen,* Paris, Armand Collin, 2006, p. 13-14.

Deux romans de James Ellroy ont été adaptés à l'écran, qui illustrent des démarches cinématographiques fondamentalement différentes. Dans *Le Dahlia noir* (*The Black Dahlia*) qu'il porte à l'écran en 2006, Brian de Palma tente de faire renaître le film noir en s'attachant à la reconstitution du cadre historique donné à la fiction (les années cinquante), avec force détails qui font passer au second plan le récit d'Elisabeth Short, dont l'histoire tragique est enchâssée dans le récit d'une enquête policière. Les couleurs se ternissent dans les scènes où s'accroît la tension, évoquant à travers la photographie jaunie, le jeu de contrastes d'un film noir affadi. Les extérieurs filmés sous une lumière crue rappellent le décor de *Chinatown* (Roman Polanski, 1974) tandis que les intérieurs et les séquences nocturnes convoquent l'imagerie du film noir. Le sentiment nostalgique dilue la violence de l'écriture de James Ellroy, qui se souvient de l'assassinat de sa propre mère, découverte nue et étranglée à la sortie d'un bar en 1958, à travers l'histoire du « dahlia noir » dans un roman publié en 1987 (*Le Dahlia noir*)[389]. La fiction rejoint peut-être un acte cathartique pour l'écrivain en quête d'identité dans une ville (Los Angeles) qu'il visite à travers le fait divers.[390] L'extrait ci-dessous reprend volontairement le style journalistique, ou encore celui du rapport de police, qui banalise l'horreur dans des phrases laconiques, accusant le ton impersonnel du discours, désignant le meurtre comme un événement banal de la vie quotidienne. Ellroy ne nous épargne aucun détail quant à la description du cadavre, comme si l'écriture lui permettait d'exorciser des idées noires :

> Le dahlia noir était une fille nommée Elizabeth Short. On trouva son corps sur un terrain vague en janvier 1947. Le site était situé à six kilomètres au sud de mon appartement. Elizabeth Short avait été coupée en deux à la taille. Le tueur l'avait déshabillée et elle était nue. Il avait laissé son corps à quelques mètres d'un trottoir, les jambes écartées. Il l'avait torturée pendant des jours. Il l'avait frappée, coupée avec un couteau aiguisé. Il avait enfoncé des cigarettes sur ses seins et lui avait ouvert le visage en faisant glisser une lame du coin de sa bouche jusqu'à ses oreilles. Betty Short est morte à vingt-deux ans. C'était une jeune fille avec des rêves de gosse. Apprenant qu'elle s'habillait de noir uniquement, un journaliste la surnomma « le dahlia noir ». Niée et vilipendée, cette étiquette fit d'elle une enfant égarée et une salope.[391]

---

[389]. *The Black Dahlia* (1987), *The Big Nowhere* (1988), *L. A Confidential* (1990), *White Jazz* (1992) forment le « Quatuor de Los Angeles », une série de romans qui évoque une sorte d'histoire parallèle des Etats-Unis, celle du fait divers de l'Amérique des années cinquante. James Ellroy y dénonce la corruption policière, la violence arbitraire (ses flics ont un comportement et des propos racistes), la collusion gangsters/syndicalistes, les difficultés quotidiennes des plus pauvres et de manière générale, la sinistrose environnante.

[390]. Bernard Weinraub, "Between Image and Reality" dans *New York Times*, Sept. 7, 1997, p. 52-54.

[391]. « The Black Dahlia was a girl named Elizabeth Short. Her body was found in a vacant lot in January 1947. The dump site was four miles due south of my apartment. Elizabeth Short was cut in two at the waist. The killer scrubbed her body clean and left her naked. He placed her two inches off a city sidewalk with her legs spread wide. He tortured her for days. He beat her and sliced her with a sharp knife. He stubbed cigarettes out on her breasts and cut corners of her mouth back to her ears. [...] Betty Short died at twenty-two. She was a flaky kid living out flaky kid fantasies. A reporter learned that she dressed solely in black and named her "The Black Dahlia". The tag nullified her and vilified her and turned her into a sainted lost daughter and a slut. » James Ellroy, *My Dark Places*, London, Arrow Books, 1997, p. 102.

La véritable violence des écrits de James Ellroy ne s'exerce pas tant sur le plan physique que sur celui des idées et du regard porté sur une société américaine gangrenée. La victime est par deux fois réduite au statut d'objet, d'abord par le meurtrier qui s'est emparé de son corps et de sa vie, puis par l'écriture des journalistes qui lui collent une étiquette signalétique (« Le dahlia noir »). La violence et la révolte du romancier sont entièrement contenues dans les répétitions, dans la froideur de la description, dans une écriture fragmentée qui traduit un regard désemparé. Les ruptures de style, l'écriture déstructurée, fractionnée, témoignent de la vision d'un monde voué au désordre, et de l'ambition stylistique nouvelle de l'auteur qui vise à le restructurer par ce regard fragmenté qu'il porte sur la vie et les choses.

Le film de Brian de Palma fait s'entremêler plusieurs histoires, dont les fils narratifs tissent une toile autour d'Elisabeth Short, personnage énigmatique que les policiers tentent de comprendre à travers les questions posées à des proches et le visionnage des essais tournés pour des castings. Les discours produits sur la jeune fille, qu'ils soient visuels ou oraux, prennent la forme de commentaires qui la réduisent au stéréotype d'une lolita en quête de gloire hollywoodienne. La caméra enregistre pourtant la naïveté innocente d'une jeune fille prise au piège de ses rêves dans des images en noir et blanc, qui viennent signifier la distance entre l'être qu'elle était et le regard posé sur elle, relayé par le récit des individus filmés en couleur. La rupture de ton organisée par les séquences en noir et blanc ne suffit pourtant pas à renverser la valeur des stéréotypes.

A l'inverse, Curtis Hanson procède à une lecture ironique des codes du film noir lorsqu'il adapte *L. A Confidential* (1997), autre roman de James Ellroy publié en 1990. Son film capture l'ordinaire d'une époque à Los Angeles, et non ses souvenirs grandioses, pour nous inviter à poser un regard neuf sur la ville du film noir, à en découvrir les faces cachées.[392] Mais la représentation du passé devient également métaphore du présent, elle nous amène par conséquent à réfléchir aux représentations qui nous entourent. Des plages et des orangeraies de Los Angeles, *L. A Confidential* ne montre que des images en noir et blanc tirées d'une publicité des années cinquante, censée attirer de potentiels propriétaires dans la région dont elle vante les qualités. Introduites au début du récit, telle une citation que l'on s'apprête à commenter, ces images ont une valeur paratextuelle car elles ne sont pas vraiment intégrées au récit qui fait l'objet du film, juste posées en signe de reconnaissance. Elles renvoient à un passé révolu comme le confirme le commentaire idyllique qui l'accompagne, mais qui finit par avouer l'existence d'une réalité plus puissante que le mythe enchanteur : « La vie est belle à Los Angeles, un vrai paradis terrestre. Mais ce paradis est loin d'être parfait... »[393]. Alors commence le récit d'une histoire dont le cadre spatio-temporel vient de nous être donné, la Cité des Anges des années cinquante. La couleur qui envahit l'écran va servir à révéler l'envers du mythe, elle ébranle le cadre temporel donné au récit et suggère une résonance étrange entre l'intrigue et les histoires dont les tabloïdes d'aujourd'hui font des gros titres.

Trois personnages se disputent le premier rôle dans ce film qui renoue avec l'incertitude morale qui déterminait notre perception de l'environnement urbain et humain dans le film noir. Curtis Hanson s'éloigne pourtant de la tradition chandlérienne en nous décrivant des personnages en proie à des dilemmes policiers plutôt qu'à des dilemmes

---

[392]. James Ellroy, « Entretien croisé : James Ellroy/Curtis Hanson » dans *Polar n° 18*, Rivages, Paris, 1998, p. 31.
[393]. « Life is good in L. A ; it's paradise on earth. But there is trouble in paradise... ».

personnels. Le film interroge sans détour les valeurs du « bon » policier dans un monde corrompu par la drogue, le racisme, les comportements meurtriers, et l'argent. Ed Exley, Jack Vincennes et Bud White sont trois policiers présentés comme les personnages principaux de trois récits qui se juxtaposent, avant de se croiser, au sein d'une même histoire de corruption dont ils sont tous victimes. Les caractères individuels se dessinent progressivement, mais leurs cohérences et leurs contradictions se révèlent au gré des événements qui les affectent collectivement en tant que membres d'une même institution.[394]
De manière paradoxale, les dissensions se font jour par rapport au devoir qui leur revient en tant que policiers, car chacun a une vision personnelle de sa mission. Le personnage du détective privé a, semble-t-il, contaminé celui du policier qui s'isole au sein même de la brigade afin de conserver l'indépendance de jugement qu'il revendique. Ed Exley incarne ainsi toute la rigueur du code de l'honneur hérité de son père qui était déjà inspecteur de police, mais également du détective privé dont il se rapproche car il préfère se marginaliser au sein même de l'institution à laquelle il appartient plutôt que se laisser corrompre. Les genres s'entremêlent grâce à ce personnage iconoclaste qui ne respecte pas le cadre de la fiction. Bien qu'il porte l'uniforme, Ed incarne l'intégrité et la détermination du privé ; son isolement au sein de la brigade témoigne d'une quête personnelle qu'il est prêt à mener dans les rangs de la police. Par loyauté au système qu'il voudrait idéal, Ed n'hésite pas à se faire le délateur des violences racistes perpétrées par ses collègues et dont il a été témoin. Une scène d'émeute dans les prisons du commissariat donne lieu à un comportement raciste de la part des policiers, situation qu'Ed va dénoncer parce qu'il défend un code de conduite basé sur l'honnêteté. Son regard singulier sur son environnement suscite la méfiance des autres policiers dont il se désolidarise ; s'il porte des lunettes au début du film, signe de la perfection qu'il souhaite atteindre dans sa profession et imposer au monde alentour, il est obligé de les retirer bientôt car sa vision a changé. Contraint d'agir à l'encontre de ses convictions les plus intimes quand il tue accidentellement un témoin et accepte de se laisser « couvrir » par ses chefs, Ed perd progressivement sa conscience, sa vision correcte et idéaliste.

Les histoires s'enchevêtrent dans *L. A Confidential* et suggèrent que les nombreuses facettes de la criminalité ne peuvent être contenues dans un seul récit, ni se résoudre par l'adoption d'un comportement unique et institutionnalisé au sein du service de la police. La corruption est perçue sous presque tous ses aspects, mais le film ne semble pas vouloir la condamner de manière absolue, car elle existe à tous les niveaux de la société. Les policiers traînent une histoire personnelle que leur appartenance aux forces de police ne peut nier. Si Ed souhaite dépasser son père dans la réussite qu'il convoite au sein de la police, Bud réagit toujours à la violence qu'il côtoie et ses réflexes sont conditionnés par une enfance traumatisante. Quant à Jack, il profite volontiers de son statut de policier pour arrondir ses fins de mois en divulguant des informations à la presse à scandales. Loin d'être aussi discret que le titre pourrait le laisser supposer, le journal *Hush Hush* augmente ses ventes en laissant filtrer des informations qu'il contrôle ou dément selon le bon plaisir des éditeurs.

Une affaire de meurtre amène le chemin des trois policiers à se croiser avec pour effet de faire apparaître l'ampleur de la corruption que Dudley Smith, chef de la police, supervise depuis son bureau. Ce film qui semble traiter d'une autre époque parle aussi avec justesse du temps présent. Curtis Hanson produit un effet de stylisation qui met en relief,

---

[394]. Samuel Blumenfield, « L. A, capitale du faux » dans *Le Monde*, 16 mai 97, p. 18.

sans didactisme avéré, des sujets contemporains : le pouvoir trouble des médias qui s'étend jusqu'au domaine de la vie privé des stars, le racisme des policiers, les difficultés personnelles rencontrées par ceux qui sont chargés de l'exécution d'une mission officielle. Le stéréotype du policier corrompu ou du policier justicier se brise dans un film qui met en avant les qualités et les défauts de l'homme caché derrière un uniforme. Le film fait éclater la vision stéréotypée du policier proposée par le cinéma, en nous offrant trois versions différentes du personnage, respectivement incarnées par Ed, Bud et Jack. Les portraits révèlent l'individualité des hommes qui refusent de se laisser enfermer dans l'image préconçue associée à leur fonction et par métaphore à l'uniforme.

La déconstruction fait ressortir la dichotomie entre l'être et le paraître comme une construction de la fiction. La femme dont Bud tombe amoureux a l'apparence d'une femme fatale, elle nous fait entrer dans l'univers du paraître, mais elle n'est qu'une prostituée dont la beauté sert à révéler les ficelles d'un négoce qui s'organise autour de la féminité. L'image de la beauté vulgarisée par les actrices du film noir est ouvertement mise à l'épreuve par la métaphore de l'opération esthétique que doivent subir les prostituées du film pour ressembler à des égéries du cinéma américain, et par conséquent, augmenter le profit qu'il est possible de tirer du commerce de leur corps qui s'achète et se transforme. Les prostituées sont façonnées comme des objets fabriqués par la main de l'homme, réifiées par le regard, comme par la société de consommation. La métaphore sied particulièrement bien à la construction d'une image codifiée de la femme, célébrant un idéal de beauté dont la fonction est commerciale et sociale, vulgarisant une image contrôlée de la féminité. Tel un miroir déformant, le film néo-noir dénonce la beauté artificielle et stéréotypée de la femme portée à l'écran, résultat d'une opération chirurgicale dans *L. A Confidential*. L'opération esthétique à laquelle se soumettent les prostituées pour accentuer une ressemblance naturelle à quelque star hollywoodienne met à nu l'artificialité de leur beauté, pourtant vulgarisée par le biais du stéréotype dans le but de contrôler l'économie du marché et les conduites des femmes.

Dans *L. A Confidential*, la nostalgie est associée à l'ironie pour mieux dénoncer les stratégies commerciales qui informent la construction des stéréotypes dans la fiction cinématographique ; la déconstruction des mêmes stéréotypes permet de débusquer le système de valeurs qui se manifeste dans l'espace de la représentation. Lorsque la perfection plastique du visage de la star nous est montrée comme le résultat d'une opération chirurgicale, la fiction cinématographique dénonce les codes esthétiques qu'elle retient dans la représentation de la femme à l'écran. Le film rejoint la métafiction puisqu'il dévoile les stratagèmes qui servent à construire la représentation du féminin et du masculin à l'écran. Si la déconstruction est un cheminement esthétique, elle prend aussi valeur politique, dans la mesure où il s'agit de se servir du film comme prétexte à réfléchir sur les codes qui gouvernent la construction du monde environnant.

Les deux films évoqués ci-dessus tracent deux cheminements cinématographiques distincts pour le néo-noir : le style du film noir ne cesse d'être pastiché cependant que le genre inspire de nouvelles variations sur des motifs éculés, renouant avec la fonction politique subversive qui le caractérisait durant les années quarante et cinquante.

Troisieme partie

Le film neo-noir

(1980-2008)

Produit en marge de l'industrie hollywoodienne, le film néo-noir témoigne du dynamisme des studios indépendants[395], d'un genre qui se renouvelle sous l'impulsion créatrice de jeunes réalisateurs à la recherche de nouveaux champs d'expression. Disposant d'un budget « moyen » qui limite le recours possible aux innovations technologiques, les réalisateurs renouent avec la tradition narrative du film noir, insérant avec originalité ellipses et analepses dans un récit qui se diversifie pour raconter plusieurs histoires.

Qu'elle soit implicite ou explicite, la référence au film noir est toujours destinée à signaler la distance temporelle et idéologique qui nous sépare du temps de son essor. Source d'humour ou d'inquiétude, la révision des stéréotypes va révéler des contradictions, des paradoxes, qui caractérisent d'abord l'Amérique d'aujourd'hui. Les stéréotypes sont associés au mode parodique, ils s'inscrivent dans la stratégie intertextuelle adoptée par le film néo-noir, pour mieux mettre à nu les idéologies qui sous-tendent la politique de la représentation. Tel un défi lancé aux conventions des genres dont ils s'inspirent, les réalisateurs se livrent au jeu de la déconstruction des stéréotypes et de la démythification des héros auxquels les stars hollywoodiennes ont donné corps. Caractérisé par l'éclectisme des images empruntées à l'histoire du cinéma comme à une contre-culture incluant la bande dessinée et les séries télévisuelles, le film néo-noir joue une fonction critique d'Amérique où le pouvoir de l'image fait loi.

A travers l'étude thématique, nous retenons le regard de divers cinéastes contemporains du néo-noir et espérons définir ces nouvelles frontières qui mêlent le cinéma à la psychologie sociale ou individuelle, interroger la condition humaine dans une société qui ne cesse de muter. Le film néo-noir brave jusqu'aux lois du média qui le caractérise en utilisant la violence cinématographique comme mode de réflexion sur la place de l'individu dans la société. Il s'intéresse à la criminalité pour mettre à nu des fantasmes individuels pervers, une profonde frustration suscitée par l'écart sans cesse grandissant entre le rêve et l'ordinaire du quotidien. Expression d'un élan artistique, la violence des images informe l'esthétique néo-noire et contribue à révéler les pulsions incontrôlables qui surgissent du plus profond de l'humain. Alors qu'il nous entraîne dans l'existence débridée de personnages qui affichent ouvertement cette ambivalence sexuelle jadis réprimée par la censure, le film néo-noir interroge les conventions morales et esthétiques de la représentation. Des tabous sont brisés, qui suggèrent les limites de toute idéologie, pour nous permettre de prendre conscience du pouvoir neuf de l'image.

---

[395]. Miramax, Circle Films Inc, Polygram Filmed Entertainment, Island Pictures, Hemdale, Atlantic, Vestron, De Laurentis Group... sont des studios indépendants qui travaillent avec des budgets modestes et prennent plus de risques que les « majors » en finançant des premiers films de réalisateurs encore inconnus du grand public. Le budget d'un film indépendant est en moyenne inférieur à 10 millions de dollars (par exemple *Fargo* a coûté 6,5 millions). Le coût de production d'un film hollywoodien est d'environ 40 millions de dollars, à quoi s'ajoute la promotion du film (d'un budget d'environ 15 millions de dollars). Nathalie Dupont, *La prépondérance de l'argent sur l'art dans le cinéma américain*, Colloque du TASC, Université Rennes 2 Haute Bretagne, le 11 octobre 2000.

Le néo-noir : une esthétique postmoderniste

Un exercice de réécriture

Le film néo-noir emprunte des techniques narratives au film noir (flash-back ou voix off), s'inspire de situations classiques (triangle amoureux), reprend des personnages types (privé, amnésique, gangster), mais ne se contente jamais de reproduire à l'identique un texte antérieur. La référence au film noir encourage la reconnaissance de ces conventions, mais une distance temporelle et idéologique a infléchi leur sens vers l'ironie. De fait, le film néo-noir joue des effets attendus par le spectateur, qui reconnaît un paysage familier à l'écran, mais dont l'horizon d'attente sera nécessairement frustré parce que les signes sont vite détournés de leur sens originel.

Pour Laurent Vachaud, *Sang pour sang* (*Blood Simple,* Joel Coen, 1984) est le premier film qui peut être rattaché au néo-noir, dont il tente de définir les critères dans un article intitulé « Le Rouge et le noir » paru dans la revue *Positif* en février 1996.[396] Selon lui, l'appellation « néo-noir » se justifie quand la réécriture du film noir s'accompagne d'un traitement parodique. Trois éléments ont, précise-t-il, déterminé la transformation des codes du film noir et donné naissance au néo-noir : le cinéma d'épouvante a contaminé le film noir, « l'usage du sang [...] constitue un élément déterminant de la stylisation »[397] ; la parole est utilisée comme moteur du récit et contrepoint ironique à l'action ; des retournements de situation renouvellent les structures narratives et prennent à contre-pied les attentes spectatorielles. A l'évidence, l'écriture d'un film néo-noir est un acte parodique dont Gérard Genette donne trois définitions possibles :

> Dans le premier cas, le « parodiste » détourne un texte de son objet en le modifiant juste autant qu'il est nécessaire ; dans le second, il le transpose intégralement dans un autre style en laissant son objet aussi intact que le permet cette transformation stylistique ; dans le troisième, il lui emprunte son style pour composer dans ce style un autre texte.[398]

Quelle que soit la stratégie retenue, la pratique transtextuelle affecte toujours le sens des signes qui se diluent et se dispersent au cours de la transformation du texte original. Ces trois formes de parodie permettent à chaque réalisateur de personnaliser sa lecture du film noir, d'introduire parfois une certaine raillerie dans l'hypertexte qui s'amuse à dissocier la lettre et l'esprit du texte source. Au lieu de se référer à un seul film qu'ils s'amuseraient à parodier, démarche qui détermine la pratique du *remake*, les réalisateurs du néo-noir convoquent la mémoire du genre, et parfois même d'autres genres que le film noir, pour raconter plusieurs histoires dans un récit qui évoque indirectement des films antérieurs. Les allusions à d'autres films, voire à d'autres arts, sont multiples ; elles

---

[396]. Laurent Vachaud, « Le Rouge et le noir » dans *Positif n° 420,* février 1996, p. 78-80. Pour illustrations, nous pouvons préciser que *Sang pour sang* procède du « premier cas » tandis que *Blade Runner* (Ridley Scott, 1982) correspond au « second cas ». *New York, New York* (Martin Scorsese, 1977) illustre le troisième cas puisque le réalisateur écrit une comédie musicale dans le style du film noir.
[397]. *Ibidem*, p. 78.
[398]. Gérard Genette, *Palimpsestes, La littérature au second degré, op. cit.*, p. 19.

concernent non seulement l'introduction de typologies telles que le gangster ou la femme fatale, mais encore la construction visuelle d'une scène particulière, l'implantation d'un décor ou le traitement d'un thème, autant d'éléments qui se présentent comme des intertextes avec des films préexistants.

Sang pour sang (Joel Coen, 1984) s'ouvre à la manière d'un documentaire, faisant se succéder sept plans fixes commentés par une voix off. Au discours impersonnel qui confère un statut informatif au reportage journalistique, l'énonciateur ajoute un commentaire personnel qui permet de considérer la séquence comme un prologue : elle se déroule avant même que le titre du film ne s'inscrive à l'écran pour donner un cadre spatio-temporel au récit qui va débuter. Le prologue distribue une série d'indices visuels et sonores qui nous permettent de nous situer géographiquement : l'accent du narrateur ainsi que le paysage, clairsemé d'une végétation broussailleuse caractéristique d'un sol désertique, nous laissent deviner que l'action se situe au Texas. Ironiques et sarcastiques, les remarques du narrateur postulent un point de vue subjectif qui se prolonge par un plan fixe épousant le regard d'un observateur dont le point de vue retient seulement quelques clichés de la région. L'univers dans lequel va se dérouler le récit est composé d'images qui défilent comme autant de photographies projetées sur les murs dans une galerie d'art. L'absence de mouvement de la caméra capte la tristesse d'une terre aride, l'isolement des individus qui habitent dans cet Etat aux paysages austères, et diffuse l'impression que l'activité humaine est comme ralentie par un environnement *a priori* hostile.

Les commentaires en voix off du narrateur traduisent la méfiance de l'homme qui préfère se tenir à l'écart de toute activité humaine. Les plans larges décrivent à la fois la grandeur d'un décor naturel qui écrase toute construction humaine, mais aussi le désir manifeste de ne pas se mêler au rythme d'un centre urbain dont les contours se dessinent à l'horizon sous un ciel bas. Seuls les artefacts témoignent en faveur d'une présence humaine ; fragment d'un pneu éclaté sur une route abandonnée, champs où prolifèrent les puits de pétrole, lignes électriques traversant l'écran et les plaines, panneau solaire planté au sommet d'une colline, autant d'éléments qui suggèrent la quête d'énergie dont les hommes font preuve afin de conquérir avec les outils de la modernité cette région peu hospitalière. Le discours du narrateur confirme le sentiment de solitude et de vulnérabilité qui surgit des images nous montrant une terre rocailleuse susceptible de freiner le progrès des hommes ; ses mots disent encore la violence du mode de pensée adopté par les individus qui affrontent l'hostilité de cet environnement. Le narrateur voit l'être humain comme une victime, mais il refuse de s'associer à la complainte générale car il jouit d'une liberté dont ne profitent pas les Russes, avilis par un système politique et économique qui planifie la marge d'action individuelle ; il explique :

> Les râleurs courent les rues. Pour sûr, on ne vous fait jamais de cadeaux. Qui que vous soyez, Pape à Rome, Président des Etats-Unis ou Miss America, quelque chose peut toujours clocher. Vous pouvez toujours râler, confier votre problème au voisin et lui demander son aide. Vous verrez comme il détale ! En Russie, c'est mieux organisé : on rame pour tout le monde. En théorie, du moins. Moi, mon patelin, c'est le Texas. Et au Texas, on rame chacun pour soi.[399]

---

[399]. « The world is full of complainers. The fact is nothing comes with a guarantee. I don't care if you're Pope at Rome, President of the United States, man of the year. Something can always go wrong. You can go ahead, you know: complain, take problems to your neighbors, ask for help, and

Les paroles du narrateur se superposent aux images d'une région dont l'aridité évoque par métaphore la sécheresse d'une société où l'individualisme prévaut. Parfaitement signifiés par l'éclat de pneu observé au premier plan au début du film, effet en trompe-l'œil qui agrandit l'espace en profondeur pour susciter l'impression d'une route qui s'enfuit jusqu'au bout du monde, les pièges guettent le visiteur qui s'aventure sur la route scabreuse du Texas. Malgré le plan fixe qui introduit une certaine rigidité au niveau du visuel, peut-être pour simuler la rigidité d'un mode de pensée, peut-être pour signifier l'impossibilité d'échapper au destin que matérialise la ligne droite, le lambeau de caoutchouc qui traîne sur la voie de gauche et qui apparaît en gros plan en amorce de l'image, nous invite à imaginer l'accident causé par l'éclat du pneu. Le débris suggère que l'imprévisible peut faire irruption dans la vie de tout individu et la transformer en cauchemar comme dans tout film noir. Pape installé au Vatican et Président élu à la tête des Etats-Unis peuvent être victimes de ces événements implacables qui anéantissent l'humain, car le développement de l'individualisme et d'un capitalisme sauvage a favorisé une situation dont la stabilité n'est pas garantie. Le narrateur insiste sur la vulnérabilité des hommes dans les pays occidentaux, qui ont préféré un système de type capitaliste au collectivisme privilégié par les Russes, pour conclure à l'impossibilité de maîtriser le cours de la vie.

Ipso facto les réalisateurs de *Sang pour sang* procèdent donc à une révision de la fonction narrative du commentaire en voix off, procédé typique du film noir, utilisé au début de *Boulevard du crépuscule* (*Sunset Boulevard,* Billy Wilder, 1950) afin de traduire le regard désemparé d'un narrateur omniscient, exclu de la fiction par une issue fatale, employé par Walter Neff en guise d'introduction au récit rétrospectif des événements qui l'ont conduit à perpétrer un meurtre dans *Assurance sur la mort* (*Double Indemnity,* Billy Wilder, 1944). Dans *Adieu ma belle* (*Murder my Sweet,* Edward Dmytryk, 1944), le privé a également recours à la voix off, mais il s'agit pour lui d'exprimer des doutes ou de tirer des conclusions sur l'affaire dont il a la charge. La parole lui permet de verbaliser un raisonnement afin d'éclaircir une énigme qui le tourmente.

Dans *Sang pour sang*, le commentaire de la voix off n'introduit ni les personnages, ni le thème du film ; le narrateur refuse de dévoiler les traits de son visage, évite l'emploi de la première personne, mais son discours nous permet de cerner un état d'esprit et de nous préparer à pénétrer l'espace social du film. S'il se présente comme un observateur cynique, le personnage a pourtant intégré les préceptes d'une société individualiste dont il est prêt à dénoncer les maux. « Ici, c'est chacun pour soi »[400], déclare-t-il comme pour justifier de manière proleptique les actes qu'il s'apprête à commettre. Le timbre de la voix, la référence répétée à la situation des Russes, la verve hâbleuse du personnage nous permettront d'identifier Loren Visser comme le narrateur anonyme du prologue lorsqu'il apparaîtra enfin à l'écran. Détective privé d'un genre nouveau, Loren Visser a abandonné le code de l'honneur et le sens des valeurs qui fondaient l'intégrité du personnage dans le film noir, pour mieux flatter des intérêts tout personnels.

Des lettres bleues apparaissent à l'écran après un fondu au noir, déclinant le titre du film, puis le nom des acteurs, rythmant la progression de la séquence qui nous introduit dans une histoire qui a déjà commencé. D'abord deux lueurs lointaines au fond de l'écran noir, les phares d'un véhicule se rapprochent de la caméra qui se hisse sur la banquette

---

watch them fly. In Russia they've got it mapped out so that everyone pours for everyone else. That's the theory anyway. But what I know about is Texas. And down here, you're on your own. »
[400]. « Down here, you're on your own. »

arrière de la voiture au moment où elle passe. La caméra nous donne à voir le champ de vision du conducteur, limité par l'obscurité à la puissance d'éclairage des phares ; puis elle enregistre le mouvement et le bruit lancinant des essuie-glaces qui balayent le pare-brise du véhicule lancé dans la nuit et la pluie. Une atmosphère étrange se propage à l'écran qui semble s'enflammer parce que les gouttes d'eau intensifient le reflet des phares croisés dans la nuit, tandis que le va-et-vient des essuie-glaces crée une rythmique qui envahit la bande sonore au point de devenir oppressante. La cadence reproduit immédiatement la régularité d'un battement de cœur si bien que son arrêt brutal glace le spectateur, déjà pris au piège par un film qui dépasse les limites du genre dont il adopte pourtant la forme.

En effet, la scène n'est pas sans rappeler les premières minutes de *En quatrième vitesse* (*Kiss Me Deadly,* Robert Aldrich, 1955) lorsque la voiture de Mike Hammer suit une Christina paniquée courant pieds nus le long de la route. Elle a valeur de citation, joue d'un effet intertextuel pour susciter un sentiment d'insécurité parmi le public qui reconnaît sans vraiment la reconnaître une scène volée au film noir. La pluie qui arrose l'écran, la présence d'un couple à l'intérieur de la voiture, transforment le sens de l'hypotexte (*En quatrième vitesse*) afin de créer un texte nouveau (*Sang pour sang*). Si la reconnaissance d'éléments familiers à l'écran flatte le spectateur qui peut faire valoir sa culture cinématographique, les cadrages semblent vouloir limiter son champ de vision à la route qui disparaît dans le reflet éblouissant des phares croisés, signifiant une vision partielle de la situation ou une vision tronquée par des préjugés que l'intertexte matérialise.

Un homme et une femme discutent à l'intérieur de la voiture : les pauses qui ralentissent l'échange traduisent la sérénité des interlocuteurs. L'impression de sécurité qui se dégage de l'intimité du couple contraste étrangement avec l'atmosphère tendue créée à la fois par le fond musical et par la violence de l'orage qui sévit à l'extérieur. Les personnages nous divulguent des indices qui révèlent leur liaison amoureuse, extraconjugale, mais leur visage n'apparaîtra que plus tard, sous une lumière bleue dans le motel où ils se sont arrêtés. Dissimulée à l'arrière de la voiture, la caméra nous introduit *incognito* au cœur de la conversation ; la technique de la caméra subjective est elle aussi détournée puisqu'elle ne traduit plus le regard d'un personnage homodiégétique, comme dans *Les Passagers de la nuit* (*Dark Passage,* Delmer Daves, 1947) par exemple, mais elle postule la présence d'une troisième personne dans l'espace diégétique. Les trouées lumineuses qui percent l'écran créent un effet pictural qui suppose une instance spectatorielle à l'arrière du véhicule, matérialisée par l'œil de la caméra plantée derrière les personnages. Si elle nous confère un pouvoir d'omniscience, la caméra subjective fait aussi de nous des voyeurs et des espions, à l'affût de quelques renseignements sur l'identité des personnages qui abordent un sujet intime au cours de la discussion : leur amour et la jalousie de l'époux trompé. Abby s'est choisi en la personne de Ray un amant jeune et viril parmi tous les employés de son époux, Marty. Le thème du « triangle amoureux » est emprunté au film noir, mais un léger décalage dans les contextes permet à Abby de prendre la fuite ; elle va se réfugier dans une ville où l'anonymat prévaut, Huston. « Arrête la voiture ! »[401] s'écrie-t-elle soudain en remarquant la présence d'un véhicule lancé sur leurs traces ; l'exclamation confirme le sentiment d'une menace extérieure. Ray freine brusquement, le mouvement et le bruit des essuie-glaces s'arrêtent, mais la voiture suspecte les dépasse, permettant à la tension de se relâcher sans éclat de violence. Le spectateur a déjà été trompé, mis sur une fausse piste par

---

[401]. « Stop the car Ray ! »

les indices que la bande sonore et la photographie distribuent, éveillant une crainte qui en fin de compte ne semble pas fondée.

La mise en scène de la séquence sème les motifs qui seront récurrents tout au long de la projection et qui participent à créer une atmosphère d'ensemble extrêmement tendue. La couleur bleue domine régulièrement les chromatismes de l'image, elle remplace les clairs-obscurs du film noir pour durcir les traits des individus, diffuser une sensation de froideur, avertir contre un danger caché. Au rythme lancinant des essuie-glaces succédera celui des ventilateurs, dont le bruit de plus en plus oppressant suggère qu'une machine destructrice, dont le mécanisme est impossible à enrayer (telle « la grande horloge » qui donne son nom au film réalisé par John Farrow en 1948, *La Grande horloge*, *The Big Clock*), a été mise en branle. Chaque battement compte les secondes qui défilent et qui nous rapprochent de l'explosion finale. Si tous les éléments annonçant le spectacle d'un film noir sont présents, une myriade de détails nous entraîne un peu plus vers le film d'horreur : silences trop prolongés, bruits suspects, obscurité profonde, violence soudaine des personnages nous font basculer dans un univers plus menaçant.

La menace surgit de l'écart entre film noir et film néo-noir, car le mode de conduite des personnages ne répond plus à aucun des codes préétablis. *Sang pour sang* impose un traitement parodique aux codes visuels et narratifs qui fondent l'originalité du genre ; il nous invite ainsi à découvrir le film noir sous un jour nouveau alors qu'il parvient à nous faire entrevoir une facette cachée des personnages qui habitent le genre. Si la passion amoureuse qui conduit à l'adultère, puis au meurtre, fournit l'intrigue sur laquelle se base le récit du *thriller* psychologique dans les années quarante, elle n'est peut-être plus assez intense pour demeurer la seule force motrice du récit dans le néo-noir. Un léger glissement s'est opéré dans l'esprit des protagonistes, qui profitent d'une liberté nouvellement acquise, pour briser les conventions du genre : les amants coupables de s'aimer en dépit d'un mariage qui les sépare se laissent inéluctablement tenter par le meurtre de l'époux gênant dans tout film noir ; dans *Sang pour sang*, Abby préfère opter pour la fuite plutôt que risquer sa vie dans le complot d'un meurtre. Mais le mari trompé refuse de se laisser enfermer dans le rôle de la victime, il se rebelle contre l'impuissance dans laquelle la tradition du film noir l'avait enfermé. Rongé par la jalousie, Marty se venge par la violence de l'ostracisme dont il est victime de la part de sa femme et de son employé.

Un personnage extérieur au triangle amoureux fait alors son entrée ; le détective privé. Sa mission le propulse au cœur d'une histoire passionnelle, mais un décalage iconographique matérialise la distance spatio-temporelle et philosophique qui éloigne le détective privé nommé Loren Visser de son modèle, c'est-à-dire du distingué Philip Marlowe ou du plus brutal Mike Hammer. Vêtu d'un costume jaune, aux manières rustres et grossières, Visser n'est plus qu'un reflet déformé du privé du film noir, dont la rigueur était affichée par le vêtement austère et dont l'intégrité était exprimée par le cynisme dans le discours. Le travail parodique ne s'insère pas seulement aux niveaux du visuel et du verbal, il détermine la conduite de l'homme qui ne représente plus un code de l'honneur personnalisé, car il a été corrompu par le milieu criminel qu'il côtoie depuis des années. Bien qu'il soit demeuré seul et privilégie toujours ses propres lois, le privé n'agit plus que par intérêt ; il a renoncé à l'intégrité morale qui fondait sa conduite dans le film noir. Ainsi la quête ontologique du privé a-t-elle laissé la place à une avidité matérielle dans *Sang pour sang*.

Le décalage entre film noir et film néo-noir se perçoit donc au niveau des modes de pensée des personnages qui réagissent de manière inattendue alors qu'ils sont plongés dans des situations de type classique. La tension du film repose sur les retournements de situation qui sont autant d'entorses au pacte générique reliant le texte filmique à un public dont le regard et les attentes ont été éveillés par une série d'indices annonçant le spectacle d'un film noir. La présence du détective privé Loren Visser matérialise une distance nouvelle par rapport au film noir, distance qui souligne l'entière liberté dont jouissent les réalisateurs du néo-noir. Le modèle du privé n'apparaît plus qu'en filigrane dans la structure d'un film dont l'objet est clairement détourné ; seule la quête d'argent motive son enquête.

Chargé de suivre Abby, Loren Visser découvre son infidélité et accepte de tuer les amants pour satisfaire le sentiment de vengeance du marié bafoué. Visser va-t-il réellement transgresser le code du privé en se faisant le complice d'un meurtre passionnel pour une quelconque somme d'argent ? Le personnage viole tous les principes qui furent les siens dans le film noir en se faisant le complice d'un meurtre passionnel : mais Visser a maquillé des photographies pour que Marty croie à la mort d'Abby et de son amant, pour qu'il lui paie la somme convenue. *Sang pour sang* accuse le statut ambigu de l'image qui prétend reproduire le réel lorsque le détective privé présente une photographie truquée comme seule preuve du meurtre qu'il a soi-disant exécuté pour le compte de Marty. L'image devient non seulement le médiateur exclusif entre l'individu et la réalité, mais elle se confond de surcroît avec le réel puisque le privé parvient à substituer l'acte du meurtre par une photographie. A peine Marty a-t-il sorti de son coffre les billets promis en guise de récompense qu'il est abattu par Visser, qui tient entre les mains une arme dérobée à son épouse, toujours vivante. Avant de s'enfuir, il abandonne l'arme sur les lieux du crime et s'assure ainsi que tous les indices qu'il a lui-même disséminés accuseront Abby. Parce que le crime parfait n'existe pas, Loren oublie sur les lieux du crime un briquet qui suffirait à l'accuser. Preuve accablante de sa culpabilité, le briquet négligemment abandonné sur le bureau de Marty témoigne encore de l'imbécillité du privé qui a échangé son rôle d'enquêteur contre celui du meurtrier.

Une interpénétration des quatre rôles essentiels au dispositif policier permettent ces innovations qui assurent l'originalité du néo-noir : détective, suspect, coupable, victime, se croisent, se rejoignent ou se succèdent sous les traits d'un même personnage. Tour à tour, les personnages de *Sang pour sang* cumulent les fonctions au sein du récit : victime de la persécution orchestrée par son époux, Abby devient suspecte lorsque Ray découvre son arme auprès du cadavre de Marty. Ray se fait complice d'un homicide au moment même où il décide d'effacer toutes les traces du meurtre qu'il pense avoir été perpétré par Abby. Il devient même coupable quand il emporte la dépouille de Marty dans sa voiture pour l'enterrer dans un champ. L'homme est encore vivant lorsque Ray le recouvre de terre. Non seulement cet événement fait basculer la position de Ray, qui devient meurtrier à son tour, mais il nous entraîne plus avant dans l'univers du film d'horreur car Marty est pour la deuxième fois réduit à n'être qu'une victime.

Dans *Sang pour sang*, chaque nouveau retournement de situation accompagne une gradation de la violence qui nous éloigne du film noir ; l'horreur atteint son paroxysme dans le massacre de la scène finale dominée par une esthétique « gore ». Ce glissement vers l'horreur est déterminé par la complexité d'un récit qui repose sur la multiplication des rôles joués par les personnages, lesquels ne se comportent jamais comme le spectateur le souhaiterait ; or cette rupture avec l'horizon d'attente suscité par la reconnaissance des stéréotypes ainsi que des codes du film noir, sert à introduire une angoisse nouvelle au sein des intrigues criminelles, angoisse liée à l'irruption de l'imprévisible. Les conventions du genre nous abusent, nous trompent, pour mieux nous inviter à nous libérer d'un conditionnement culturel – tel qu'il est présenté par la définition même d'un genre. Dans *Sang pour sang*, les conventions ne nous guident pas, ne nous permettent pas d'anticiper les actions des personnages. Elles sont donc renversées et comprennent une tentative de démythification des héros consacrés par le genre. Elevé au statut de mythe grâce à l'interprétation proposée par Humphrey Bogart dans les années quarante, le détective privé incarne désormais le mensonge et la duperie, symbolisés par ces photos falsifiées que Loren Visser a présentées comme preuve du premier meurtre à Marty. Le sens des stéréotypes a été révisé par les réalisateurs qui reprennent les conventions du film noir pour y introduire un regard critique ou une parole ironique, et nous faire glisser dans l'univers du néo-noir. Les conventions du genre dont *Sang pour sang* s'inspire ne limitent plus la liberté d'action des personnages qui privilégient la violence comme mode relationnel, violence à laquelle tous les personnages principaux du film finissent par succomber à l'exception d'Abby, consacrée nouvelle héroïne dans le néo-noir.

Quentin Tarantino développe une autre stratégie parodique, également au cœur des innovations du néo-noir ; elle consiste à imiter le style du film de gangsters pour l'appliquer à tout sujet vulgaire. Dans la terminologie de Gérard Genette, il s'agit d'un « travestissement burlesque »[402] puisque le réalisateur se plaît à faire tenir aux gangsters des discours triviaux et bas sur des sujets légers et badins qui soulignent le grotesque des situations, démythifient la marginalité héroïque du gangster, désacralisent le pouvoir conféré aux représentants du crime organisé. La parodie fait naître une distance ironique entre le film néo-noir et le film de gangsters, ironie qui infléchit le sens des discours et contribue à faire apparaître l'artificialité qui sous-tend le mode de représentation des gangsters et leur comportement viril. L'humour de *Reservoir Dogs* (Quentin Tarantino, 1992) et de *Pulp Fiction* (Quentin Tarantino, 1995) naît du détournement des signifiés : les vêtements ostentatoires des gangsters ne témoignent ni en faveur de leur réussite au sein du crime organisé, ni en faveur d'une originalité personnelle qui trouverait son expression dans un mode de vie marginal. *A contrario*, ces costumes à la mode attestent de la parfaite intégration des gangsters dans la société de consommation.

Quentin Tarantino exagère les traits des personnages au cours de la transformation qu'il leur fait subir tandis qu'il les transpose dans un autre contexte spatio-temporel. L'individualisme et la violence des gangsters sont caricaturés de sorte que les personnages paraissent participer à un spectacle dont le grotesque sert à démythifier la représentation de la virilité du gangster comme à démythifier le pouvoir des armes qu'il manipule. La fiction néo-noire traite du personnage sur le mode vulgaire, lui confie des discours toujours en décalage avec la gravité des situations. Dans *Pulp Fiction* par exemple, les gangsters dressent, dans la scène qui précède une mise à mort, une liste détaillée des différences entre les Etats-Unis et l'Europe. Vincent Vega et Jules Wallace discutent de questions dont la médiocrité nous éloigne de la gravité des actes perpétrés. L'extrait suivant retient la trivialité des dialogues échangés sur le mode badin entre Vincent Vega et Jules Wallace alors que les hommes traversent Los Angeles et se préparent à commettre des meurtres pour leur commanditaire, Marcellus Wallace :

> Vincent – Tu sais ce qui 'y a de plus drôle en Europe ?
> Jules – Quoi ?

---

[402]. Gérard Genette, *Palimpsestes, La littérature au second degré, op. cit.*, p. 29.

> Vincent – Les p'tites différences. On y trouve la même merde qu'ici, sauf qu'en arrivant là-bas, tout est un peu différent.
> Jules – Par exemple ?
> Vincent – Eh bien, à Amsterdam, tu peux acheter une bière au cinéma. Et on te la sert pas dans un gobelet en papier. On te la sert dans un verre, comme dans un bar. A Paris, tu peux même acheter une bière dans un MacDo. [...]

Les dialogues de *Pulp Fiction* ont un effet profane, car les anecdotes, les débats, et les dialogues brodés sur des thèmes aussi triviaux que les diverses appellations du hamburger en Europe, tendent à réduire la dimension héroïque des personnages. Le ton est grotesque, la situation frôle l'absurde et la caricature, lorsque l'auteur reprend le film de gangsters, mais s'écarte résolument de la lettre du genre qu'il détourne. C'est donc une mémoire des conventions et des épisodes, des thèmes et des personnages qui est supposée, car l'efficacité du procédé dépend de la reconnaissance du texte sur lequel il se greffe. Le comique et la satire naissent d'une discordance, fondatrice du comique burlesque[403], entre le type de sujet et le registre stylistique qui sert à le traiter. Dans *Pulp Fiction*, non seulement les gangsters n'ont jamais les discussions attendues, mais ils se voient déterminés par une vie qui a une épaisseur réelle, matérielle.[404] Les discours des personnages tournent à vide, soulignent le décalage entre le jeu des acteurs et le rôle qu'ils incarnent : les gangsters imitent les films et les films imitent les gangsters.

Le film néo-noir est aussi une métafiction qui se charge de dévoiler les codes qui sous-tendent les modes de représentation, procédé par lequel il démythifie non seulement la fiction cinématographique, mais également les valeurs morales ou socioéconomiques qu'elle défend. Il se dote donc d'un pouvoir de dévalorisation des modèles, relayé par la dégradation des stéréotypes. La scène de *Pulp Fiction* qui a lieu dans le « Jackrabbit Slim's », restaurant dont le décor tente de faire revivre les années cinquante, ne sert pas vraiment à la progression du récit, elle invite à désacraliser les icônes du cinéma hollywoodien et à démystifier la politique commerciale du *star-system*. En effet, les sosies des stars sont ici réduits au service du restaurant tandis que les menus offrent l'histoire du cinéma en guise de dîner, comme si chaque plat matérialisait l'intérêt commercial du cinéma hollywoodien, révélant la fonction d'abord économique de la star hollywoodienne. La copie conforme de Marilyn Monroe prend les commandes et propose de servir des « Douglas Sirk Steaks »... La scène entière est prétexte à un jeu ironique sur la manière dont les enjeux de la culture sont détournés par la société de consommation ; il s'agit bien de montrer que la culture populaire est un objet fabriqué pour la vente, conditionné afin de satisfaire une demande qui a d'abord été créée.

Pulp Fiction procède d'une esthétique résolument postmoderniste, caractérisée par l'éclectisme de choix dans la relation entre le présent et le passé. Le réalisateur emprunte toute une galerie de personnages et de visages à l'histoire du cinéma, les rassemble dans un film qui défie les limites temporelles parce qu'il mélange des formes génériques et musicales. Le film crée un texte nouveau à partir d'un jeu intertextuel qui bouscule la

---

[403]. Charlie Chaplin et Buster Keaton explorent le « comique burlesque » dans des films qui font rire grâce à un comique de l'absurde et de l'irrationnel. Confronté à des événements extraordinaires qui font irruption dans son quotidien, souvent représentés par une succession de gags juxtaposés dans un récit qui ne suit pas les codes de la narration classique, le personnage adopte un comportement inattendu (chute, poursuite, bagarre) qui provoque le rire.
[404]. Quentin Tarantino interviewé par Gavin Smith dans *Film Comment*, July-August 1994, p. 34.

relation du spectateur aux images. Il vise aussi à démystifier certaines pratiques économiques ou socioculturelles, en jouant de l'intertexte et des décalages qui découlent de toutes les formes de transposition. Processus de création intertextuel qui est le signe d'une réappropriation du film noir par les cinéastes américains, le néo-noir s'enrichit des références à d'autres pratiques artistiques qui confèrent à la nouvelle fiction la forme d'une mosaïque ou d'un collage. L'hétérogénéité formelle et la fragmentation caractérisent le film néo-noir qui élabore son mode de représentation autour d'une collection de fragments visuels ou sonores, empruntés à des formes d'expression de diverses natures. Ainsi Quentin Tarantino emprunte-t-il autant à la bande dessinée, dont l'influence se perçoit dans la verbosité des personnages, qu'au film noir ou à la *blaxploitation*, qui lui fournissent une multitude de personnages pourtant destinés à ne jamais se rencontrer, excepté dans l'horizon intertextuel du néo-noir. Le film néo-noir utilise divers modes de transposition : il confère une fonction nouvelle aux personnages qu'il extrait des univers fictionnels où ils se sont épanouis pour les plonger dans des contextes spatio-temporels différents, puis il leur prête des pensées, des paroles, des actes, qui sont un contrepoint ironique et humoristique aux modèles originels.[405]

Si les stéréotypes sont nés d'un contexte sociopolitique précis, le texte qui les assemble et les accueille dans une nouvelle production artistique peut être comparé à un simple collage qui manifesterait le plaisir seul de faire une collection sous le coup de la nostalgie. Fortement critiqué pour son recours gratuit à la référence, le style affiché par Quentin Tarantino n'est pas sans rappeler les conventions du Pop Art. A l'instar de l'art de la sérigraphie, revendiqué par Andy Warhol, Quentin Tarantino emprunte à la culture de l'image qui s'est développée via le cinéma et la télévision, les motifs qui composent son univers cinématographique. Si les sérigraphies de Marilyn Monroe et d'Elizabeth Taylor révèlent ces femmes en tant qu'objets imaginés pour la promotion de l'industrie cinématographique et pour la vulgarisation d'une image codifiée de la femme, elles trahissent aussi un état de spectateur qui se veut d'abord consommateur. De la même manière, Quentin Tarantino s'approprie des icônes du passé, les fait se côtoyer dans l'anarchie et le film se fragmente sous le poids d'une avalanche d'éléments hétéroclites, qui obligent le spectateur à se distancier d'un héritage culturel parfois encombrant, pour pouvoir saisir le jeu et les enjeux de l'intertextualité. L'ironie ou la dérision font apparaître l'image comme une re-présentation, c'est-à-dire en tant que construction de la perception. Ancré dans une époque dite postmoderne, l'art du néo-noir reflète une pratique culturelle qui s'est étendue à tous les niveaux de la création (architecture, mode, vêtement, écriture romanesque…) qui consiste à fabriquer du neuf avec du vieux. Quentin Tarantino puise donc dans un immense réservoir d'images et de mythologies déjà mises en œuvre par Hollywood, afin de construire des films nouveaux qui ressemblent d'abord à un collage d'éléments disparates.[406] La valeur artistique de ce procédé est ouvertement contestée par la critique dont les reproches sont ici synthétisés par Vincent Ostria :

---

[405]. Annick Bouillaguet parle de « transdiégétisation » pour décrire le déplacement du cadre spatio-temporel de l'action ; la « transthématisation » correspondrait à la transformation du rôle thématique des personnages ; la « transmotivation » modifie le sens de leur histoire. Annick Bouillaguet, *L'écriture imitative, pastiche, parodie, collage, op. cit.*, p. 124.
[406]. Anne Andreu et Julie Jordan, « La Bande à Tarantino » dans *L'Evénement du jeudi*, 20-26 octobre, p. 98.

Tarantino incarne bien une époque peuplée d'affiches, de photos fétiches, de signes (de ralliement) qui tiennent lieu d'imaginaire. Imaginaire bis du rock et des films culte, sorte de chasse gardée du monde adolescent, où priment des objets sans valeur mais amusants par le côté décalé (voire morbide) qu'on leur invente artificiellement.[407]

Le film néo-noir se caractérise par l'éclectisme, par la libre exploitation des styles du passé. Ce procédé peut être considéré comme un appauvrissement en matière de création cinématographique, puisqu'il repose sur la récupération d'images qui appartiennent au passé. Selon Fredric Jameson, le « pastiche » et la « parodie » témoignent de l'impossible originalité des réalisateurs d'aujourd'hui, qui se cantonnent à des pratiques de simulacres. L'éclectisme culturel qui préside aux choix du néo-noir présuppose en effet que les réalisateurs d'aujourd'hui sont généralement incapables de façonner leurs propres conventions, de fabriquer un mode d'expression et de représentation nouveau sans recourir à l'emprunt.[408]

L'opinion de Jameson doit être nuancée si l'on prend en compte le fait que l'acte parodique accompagne toujours une critique de la culture dominante. Le film néo-noir nous prouve que la réécriture n'est pas seulement une contrefaçon, elle peut être l'occasion d'une critique du concept de genre car elle en analyse les ressorts structurels, culturels et sociaux. Certaines pratiques intertextuelles font sens parce qu'elles s'inscrivent dans une stratégie délibérée qui joue de la satire et du comique. Le film néo-noir cite des textes antérieurs, emprunte des signes dont il détourne le sens avec l'espoir secret de malmener l'autorité et de renverser les idéologies qui ont présidé aux modes de représentation du cinéma hollywoodien. Depuis les années soixante-dix et jusqu'à présent, la plupart des réalisateurs qui se sont lancés dans une révision du film noir ont eu conscience de s'être soumis au poids d'un héritage cinématographique. Ils investissent cet héritage avec un objectif précis (commercial ou autre) de telle sorte que leur vision devient aussi une interprétation personnelle du genre choisi. Les conventions du film noir sont détournées parce que les connotations du discours confèrent aux images des significations nouvelles.

---

[407]. Vincent Ostria, « Junk Fiction » dans *Cahiers du cinéma n° 485,* Nov. 94, p. 55.
[408]. Fredric Jameson, "Postmodernism, Or the Cultural Logic of Late Capitalism", dans la *New Left Review* n° 146, July-August 1984, p. 65. Pour Norman K. Denzin, le développement de la société de consommation a contribué au développement d'une culture éclectique et réduite à n'être plus qu'une commodité sur le marché de la musique, du cinéma ou de la nourriture : « Désormais, la culture populaire du passé, en particulier les films (film noir, film B) et la musique pop (le rock des années 50 et 60) définissent le présent. Des bandes publicitaires télévisées, bruyantes et aux couleurs vives, sont interrompues par la douce nostalgie d'un vieux film en noir et blanc, tandis que les stars des films des années cinquante vendent des produits des années quatre-vingt. L'éclectisme culturel est devenu un mode de vie : le degré zéro de la culture contemporaine : on écoute du reggae en regardant un western, on mange chez McDonald au déjeuner et de la cuisine régionale pour le dîner, on porte un parfum de Paris à Tokyo et des vêtements de style rétro à Hong Kong ; le savoir est un sujet de jeux télévisés. » Norman K. Denzin, *Images of Postmodern Society, op. cit.*, p. 5. « The popular culture of the past, especially films (film noir, grade B films) and pop music (1950s and 1960s rock), now define the present. Noisy, brightly colored TV advertisements are interrupted by the soft nostalgia of an old black-and-white film, as film stars from the fifties sell eighties products. Cultural eclecticism has become a way of life 'the degree zero of contemporary culture: one listens to reggae, watches a western, eats McDonald's food for lunch and local cuisine for dinner, wears Paris perfume in Tokyo and "retro" clothes in Hong Kong; knowledge is a matter for T.V games. »

Dans *The Big Lebowski* (1997), les frères Coen utilisent les effets pervers de l'anachronisme pour jouer avec humour des décalages entre les divers registres considérés et souligner que l'intégration dans la société de consommation produit un effet d'acculturation. Jeffrey Lebowski incarne un « baba cool » des années soixante qui a voulu conserver ce mode de vie jusque dans les années quatre-vingt-dix ; mais il n'est plus guère que le pâle reflet de ce mode de vie auquel il a lui-même renoncé, même s'il se refuse à l'admettre. Le « chronotope »[409] du hippie évoque à n'en pas douter ces expériences variées, menées par la jeune génération de la fin des années soixante ; mais il prend de nos jours valeur de symbole de la société de consommation dans la mesure où le mouvement a lui-même été récupéré dans des campagnes publicitaires. Dans *The Big Lebowski*, les tenues décontractées du Dude (c'est ainsi que Jeffrey Lebowski se fait appeler) ne traduisent plus la quête, elles expriment seulement un passé révolu, car le Dude est devenu un consommateur parfaitement adapté au système qu'il a désormais accepté d'intégrer. Aux substances diverses qu'il a pu se procurer dans l'illégalité pour se démarquer de la normalité dans sa jeunesse, le Dude préfère maintenant ingurgiter des boissons alcoolisées (« white Russian ») qui sont vendues en toute légalité ; son léger embonpoint témoigne à la fois de sa gourmandise et de sa parfaite intégration à la société de consommation.

Le film néo-noir entretient la relation avec le film noir d'une manière tout à fait intéressante lorsque les conventions du genre (décors urbains, enquête du détective privé, personnage de la femme fatale) sont projetées dans un contexte neuf, de sorte que le spectateur apprend à regarder ces images éculées sous un jour nouveau. L'intertextualité qui caractérise le film néo-noir ne porte pas seulement le mouvement par lequel un texte reproduit un texte antérieur, fût-ce en le déformant, mais détermine une « dynamique textuelle ».[410] En transmuant le film noir, l'intertexte atteste qu'une différence idéologique éloigne le film néo-noir d'un texte antérieur ; il stigmatise les ruptures entre les deux époques. Le stéréotype est en quelque sorte transcendé dans le film néo-noir lorsqu'il se libère des conventions du genre dont il s'inspire pour modifier l'approche du stéréotype. Transposées dans un autre système de signes, le concept et sa représentation acquièrent un sens nouveau qui remet en cause le pouvoir antérieur de l'image. L'intertexte signale que les valeurs sont différentes, que le stéréotype peut et doit être évoqué pour ce qu'il représente à la fois dans le passé et dans le présent. Cette réflexion de Nathalie Piégay-Gros sur la valeur de l'intertexte s'adresse à la littérature, mais elle vaut, semble-t-il, pour le cinéma tel que l'exercent les réalisateurs de films néo-noirs :

> En analysant la manière dont une œuvre s'inscrit dans le sillage d'une tradition et reprend, mais aussi contourne et délaisse, un certain nombre de sources, il est donc possible de montrer comment l'ensemble des valeurs communes à une époque impose une relecture de l'intertexte et en explique les inflexions nouvelles. L'étude de l'intertexte met au jour non seulement la singularité d'une œuvre, mais aussi l'évolution en diachronie d'un sujet ou d'une tradition.[411]

---

[409]. Le chronotope est un terme théorique, initialement utilisé par Mikail Bakhtin, pour désigner les signes qui organisent idéologiquement et culturellement les concepts du temps et de l'espace dans la fiction. Vivian Sobchak, "Lounge Time, Postwar Crises and the Chronotope of Film Noir" dans Nick Browne (ed.), *Refiguring American Film Genres Theory and History,* Berkeley, University of California Press, 1998, p. 148-149.

[410]. Julia Kristeva, *La Révolution du langage poétique,* Paris, Le Seuil, 1974, p. 59.

[411]. Nathalie Piégay-Gros, *Introduction à l'intertextualité,* Paris, Dunod, 1996, p. 39.

Le film néo-noir découvre un mode de réflexion sur la société américaine contemporaine ainsi que sur ses mythes fondateurs à travers la déconstruction du film noir. Parce que le genre a constitué une pratique culturelle codifiée dans les années quarante et cinquante, parce qu'il a imposé une mythologie au cinéma, le film néo-noir peut jouer de cette antériorité et, par le biais de l'intertexte, réinvestir des stéréotypes, des intrigues, des décors, pour mettre à nu une politique de la représentation.

Déconstruction et reconstruction

Le film néo-noir peut alors être considéré comme une écriture au second degré dans la mesure où il intègre toutes les formes de l'écriture imitative, notamment le collage, le pastiche satirique et la parodie. Les effets produits par ce type d'écriture cinématographique varient d'un réalisateur à l'autre, car en prenant le film noir comme modèle de référence, les auteurs du néo-noir ont privilégié sa déconstruction. Or la déconstruction n'obéit pas à une définition unique, elle peut être le résultat de diverses stratégies d'écriture qui partagent néanmoins un objectif commun : elles ont pour dessein d'amener le spectateur à réfléchir sur le spectacle qu'il regarde, de lui faire prendre conscience que des pouvoirs investissent le domaine de la représentation cinématographique pour contrôler des images qui se donnent à lire comme représentations sociales.

Le « néo-noir » désigne une production métagénérique ; l'appellation même suggère qu'un glissement de valeurs a infléchi le sens des stéréotypes, que le travail de re-création a élargi le champ d'exploration des films à des thématiques immédiatement plus contemporaines. Les réalisateurs des années quatre-vingt/quatre-vingt-dix abordent les sujets d'un nouvel état de société, ils expriment une sensibilité nouvelle par la transgression des conventions du genre, lui-même produit d'un autre temps. Par conséquent, la liberté d'expression a pour condition première un effacement du concept de genre qui n'existe plus en tant que tel, c'est-à-dire contenu dans les limites qu'il s'est donné. Le film néo-noir s'est affranchi des contraintes génériques en jouant de la déconstruction qui conduit à la parodie et du mélange des genres qui est souvent source d'ironie. Olivier-René Veillon oppose le film néo-noir, dont la liberté créatrice est garantie par le soutien des studios indépendants, à un cinéma plus conformiste, produit par les grands studios hollywoodiens :

> Héritiers des vertus romanesques et dramatiques du cinéma hollywoodien, tout en restant fidèles à leur propre registre, ils [les réalisateurs indépendants] savent en prolonger les genres sur un mode personnel qui verse parfois dans la parodie et se sauve dans une ironie distante où le modèle se perd. Sans renoncer à leur histoire ni à leur éthique, ils savent trouver la voie d'un cinéma possible qui déjoue les blocages d'une industrie chaotique où la mise toujours plus grande et toujours plus isolée limite les formes du pari.[412]

---

[412]. Olivier-René Veillon, *Le Cinéma américain. Les années quatre-vingt*, op. cit., p. 6.

Le film néo-noir prolonge le travail de déconstruction entrepris par les réalisateurs des années soixante-dix qui se référaient au film noir pour mieux subvertir les formes de son discours, pour glisser de nouveaux messages dans des images qui, agencées dans un nouvel énoncé narratif, prenaient une autre signification. Seul le processus de déconstruction permet aux réalisateurs de ne plus se soumettre aux lois qui ont régi un genre, et donc de conférer un sens nouveau à des images devenues clichés, c'est-à-dire associées de manière réductrice à un seul signifié. On prête à la déconstruction des formes perçues comme négatives parce que déstructurantes, et donc, semblerait-il, non inventives. A l'inverse, Jacques Derrida nous invite à reconnaître la déconstruction comme une source d'invention et d'innovation :

> Ce désir d'invention, qui va jusqu'à rêver d'inventer un nouveau désir, reste contemporain, certes, d'une expérience de fatigue, d'épuisement, d'exhaustion mais accompagne aussi un désir de déconstruction, allant jusqu'à lever l'apparente contradiction qu'il pourrait y avoir entre déconstruction et invention.[413]

Le concept d'invention doit s'ouvrir à un autre mouvement qui n'est plus seulement celui de la transgression. La déconstruction procède d'un mouvement libérateur dans la mesure où les limites classiques des genres sont ébranlées, comme le sont par ricochet les modes de pensée qui gouvernaient les règles de la narration ou les codes photographiques classiques.

En favorisant la déconstruction, les réalisateurs des films néo-noirs tentent de briser un système de représentation et d'identification qui subordonne le spectateur au pouvoir de l'image ; ils manifestent un cynisme profond à l'égard des procédés utilisés pour mettre en valeur des mythes qui servent un capitalisme sauvage et une société à la consommation effrénée. Les termes « postmoderne » et « déconstruction » présentent le danger de ne faire référence qu'à une vision excessivement réductrice des arts visuels. Larys Frogier nous rappelle, à travers une étude sur l'art contemporain, que la comparaison entre art moderne et art postmoderne se réduit souvent à la reproduction de dichotomies réductrices et infructueuses : « totalité versus fragment, cohérence versus discontinuité, homogénéité versus hétérogénéité, originalité versus pastiche… ».[414] Si le film néo-noir procède d'une esthétique postmoderniste qui s'appuie sur la fragmentation, la discontinuité, l'hétérogénéité, l'imitation, il parvient néanmoins à dépasser ces dichotomies stériles pour interroger l'identité du sujet spectateur qu'il travaille à mettre dans un certain état de réceptivité en jouant des effets de la déconstruction.

En effet, la déconstruction est constructive et créatrice de sens, même si le film répète des situations éculées, cite abondamment, ou pratique la parodie ; elle s'ouvre sur un mode particulier de réception car elle contraint le spectateur à repenser ses réactions face à une pratique codifiée de l'image. Les couleurs de l'image sont travaillées de manière à éclairer les personnages sous un jour nouveau, à dévoiler les conflits de l'âme avec une profondeur ou à l'inverse une froideur jusqu'alors rarement égalées. Par conséquent, il n'est pas interdit de considérer la construction du film néo-noir comme l'expression d'un nouveau mode de pensée dont l'émergence atteste d'une rupture idéologique et

---

[413]. Jacques Derrida, *Psyché. Invention de l'autre*, Paris, Galilée, 1987, p. 34-35.
[414]. Larys Frogier mène cette étude à travers l'exploration des œuvres de Marcel Duchamp et de Felix Gonzales Torres, artistes contemporains. Larys Frogier, « Marcel Duchamp et Felix Gonzales-Torres » dans Dir. Jacques Sato, *L'Artiste en personne*, Rennes, Presses Universitaires de Rennes, 1998, p. 75-96.

socioéconomique entre le passé et l'avenir. Le film néo-noir accompagne, semble-t-il, une transition socioéconomique qui bouleverse non seulement la fonction sociale des individus, mais aussi la structure sociale dans son ensemble. La déconstruction apparaît dès lors comme le moyen d'appréhender le glissement de valeurs qui résulte de la transformation de la société et de ses représentations.

De manière inattendue, la déconstruction s'accompagne d'une entreprise critique à l'égard du contemporain car la reconstitution à l'écran de l'univers propre aux années cinquante permet d'introduire une distance qui sert à commenter les écueils du présent. Le film néo-noir investit, parfois jusque dans les moindres détails (personnages, décors, intrigues, structures narratives, codes visuels), le style du film noir, comme pour tenter de retrouver l'aura d'une époque révolue. Le passé resurgit dans le présent, affiche la nostalgie d'un temps idéalisé par des images qui servent à médiatiser les aspirations d'une société et d'une culture postmodernes. L'intertexte suppose une certaine propension à la nostalgie, puisqu'il introduit le passé dans le film néo-noir, convoque dans l'imaginaire la sécurité que représentait la décennie cinquante, c'est-à-dire une vision idéalisée de la société américaine où les opportunités étaient grandes, où les traditions étaient encore respectées. Si la reconnaissance du passé est censée susciter un certain réconfort face à l'incertitude du présent, elle permet encore de mesurer l'écart des situations.

Ainsi David Lynch a-t-il recours à l'intertexte pour recréer l'univers paisible des banlieues résidentielles des années cinquante. Le mode de représentation de *Twin Peaks* (*Twin Peaks, Fire Walk With Me,* David Lynch, 1992) se construit à partir de clichés renvoyant à l'univers sécurisant des années cinquante : pavillons individuels dans une banlieue habitée par les classes moyennes, vie familiale rythmée autour des horaires des enfants, convivialité entre voisins trahissent un regard plein de nostalgie sur la société américaine des années cinquante dont le film capte l'apparente banalité. Tel un détective privé, David Lynch s'intéresse à l'envers du décor, cherche à débusquer les désirs secrets des personnages, à révéler les déviances que dissimule une apparence de normalité, pour mieux nous prouver que ces images des apparences du réel sont mystificatrices. *Twin Peaks* oppose les clichés rassurants de la ville de province aux conflits intérieurs qui déstabilisent les personnages et les conduisent à la drogue ou à la violence meurtrière.[415] La tension est exprimée au niveau visuel par le choc des couleurs : des plans extérieurs qui évoquent des paysages verdoyants s'opposent aux plans intérieurs dominés par la couleur rouge sang ; la tension se lit au niveau sonore par le contraste entre le ronronnement paisible de la ville et la violence d'une cataracte... Les extérieurs reposent l'œil, les intérieurs l'agressent, comme pour signifier la fracture entre l'image sociale, perçue par tous, et le secret du moi intime. Les références au film noir sont tantôt visuelles (images du policier, de la femme fatale), tantôt thématiques (meurtre, enquête, déviance sexuelle), mais leur insertion dans le nouvel énoncé narratif nous entraîne dans un univers qui frôle le fantastique.

Les clichés donnent au spectateur l'illusion de se trouver en terrain connu, ils éveillent une sensation de familiarité que le réalisateur se plaît ensuite à déconstruire.[416] Ainsi la sérénité de la banlieue résidentielle de *Twin Peaks* est-elle bientôt troublée par la présence d'un psychopathe dont les agissements révèlent le sadisme qu'il dissimule derrière

---

[415]. « Ce monde du voisinage a une surface rassurante, triviale, mais il possède aussi ses zones d'ombres, ses abysses... » dit David Lynch dans un entretien avec Frédéric Bonnaud dans *Les Inrockuptibles*, 15 janvier 1997, p. 19.
[416]. Marina Warner, "Voodoo Road" dans *Sight and Sound*, July 1997, p. 6.

la normalité des apparences. La découverte du cadavre de Teresa Banks, enveloppé dans une housse en plastique, dérivant dans les eaux d'un fleuve, annonce la perversité méticuleuse d'un tueur qui perpètre des actes dont l'horreur bouleverse le rythme paisible de la ville provinciale où se joue le drame de *Twin Peaks*. Référence détournée à la découverte de Moïse sur les eaux du Jourdain, la scène introductrice de *Twin Peaks* se retrouve à nouveau comme en écho, dans la scène finale lorsque la dépouille de Laura Palmer est découverte par un pêcheur. L'image du fleuve qui vomit ses cadavres évoque le spectre d'une nature corrompue par l'esprit démoniaque qui souffle dans la forêt environnante et entretient un feu dévorant l'esprit d'individus pervers qui ne laissent pourtant rien paraître de leurs obsessions morbides. La ville provinciale de Twin Peaks est devenue un lieu maudit qui permet au pervers de se fondre dans la banalité du paysage et d'un mode de vie conformiste comme n'importe quel citoyen ordinaire. La volonté de se protéger des vices qui dévorent les enfants des villes a, à Twin Peaks, entraîné un repli vers l'intériorité, vers la sphère familiale qui nourrit pourtant elle aussi ses propres perversions. L'enquête policière n'intéresse que le début du film, comme si les inspecteurs se trouvaient démunis face à l'étendue du mal qui ronge les structures fondatrices de la communauté de Twin Peaks, incapables de découvrir les motivations qui ont pu aboutir au meurtre Teresa Banks.

Le film s'ouvre alors à un deuxième récit qui, dans le temps réel se déroule un an plus tard ; ce récit est composé d'un nombre important de flash-backs dont la fonction est multiple : ces séquences rétrospectives nous permettent en effet de combler les ellipses du premier récit, dévoilant la nature sexuelle des relations entretenues par Teresa et le père de Laura Palmer ; ces séquences mettent en lumière l'imaginaire pervers de cet homme, troublé par ses souvenirs de débauche et par la sensualité de sa propre fille ; elles complètent enfin le portrait qui nous est fait de Laura, jeune fille de bonne famille dont la vie dissolue reflète le mal-être. Le film oppose l'image de Laura telle que chacun la perçoit, jeune lycéenne aux tenues classiques, et le jardin secret qu'elle cultive. Laura se prostitue afin d'obtenir la cocaïne dont elle a besoin pour faire face à son quotidien. David Lynch emprunte quelques éléments au genre fantastique[417] pour signaler que le raisonnement seul ne permettra pas au spectateur de saisir les enjeux du drame, que les rêves de Laura sont peut-être des hallucinations causées par la drogue qu'elle absorbe chaque soir. Tel un personnage imaginaire qu'elle se serait créé, Bob incarne le mal qui est en elle, qui l'a pénétrée ; son visage se superpose aux traits de ce père qui la viole depuis ses douze ans. Les normes établies, matérialisées par l'ordre qui prévaut dans les jardins et les pavillons de la banlieue, cachent des perversions dans *Twin Peaks*, où chaque personnage caresse en secret des fantasmes si osés qu'il doit les refouler pour pouvoir demeurer dans la communauté. Laura a été violée, puis tuée par son père, possédé par une force du mal qui

---

[417]. Les cauchemars de Laura sont illustrés par des séquences qui empruntent au genre fantastique, défini ci-dessous par Roger Caillois : « Tout le fantastique est rupture de l'ordre reconnu, irruption de l'inadmissible au sein de l'inaltérable légalité quotidienne ». Roger Caillois, *Au cœur du fantastique*, Paris, Gallimard, 1965, p. 161. Dans *Twin Peaks,* le personnage de Bob introduit le fantastique dans le film alors qu'il ne cesse de revenir dans les rêves de Laura. Son visage est déformé par un sourire sadique qui lui confère un aspect monstrueux, démoniaque, terrifiant. La créature apparaît aussi vite qu'elle disparaît dans la chambre que l'on croirait hantée de Laura, terrorisée comme une enfant à qui l'on raconte une histoire fantastique. Les couleurs de la séquence suggèrent un espace imaginaire où les repères du réel s'estompent. Lorsque Laura voit les traits de son père derrière le visage de Bob, c'est une métamorphose qui a lieu à l'écran, tirant la séquence vers le film d'épouvante.

s'est emparée de son esprit et contre laquelle il lui est impossible de lutter. La recherche d'un coupable nous fait nécessairement cheminer dans l'inconscient des personnages, révélant l'excitation, les fantasmes, les perversions d'individus apparemment sans histoire. Ainsi l'enquête révèle-t-elle le passé trouble de Laura, la dualité du personnage qui n'a rien de la jeune fille sage et compatissante présentée dans les discours de ceux qui l'ont côtoyée. David Lynch parvient à renverser le sens des « chronotopes » des années cinquante ; à l'image du bien-être de la vie en banlieue que se proposaient de vulgariser certains films hollywoodiens auprès des familles américaines, il oppose ici les frustrations et les perversions que des apparences de normalité et de tranquillité tendaient à dissimuler, voire à nourrir en secret. Le film néo-noir ne se contente pas d'intégrer l'intertexte dans un texte inspiré par la seule nostalgie d'un temps antérieur, il impose une relecture du passé à travers les textes qu'il déconstruit.

Le néo-noir procède d'un « postmodernisme de résistance »[418] qui oriente certains artistes vers la déconstruction érigée en loi, proposant une méthode de réflexion, un moyen d'appréhender l'univers social à travers une fiction qui refuse de conforter le spectateur dans ses habitudes cinématographiques (le système des genres) et ses choix esthétiques ou moraux. Le film néo-noir présente au spectateur un parcours de pensée singulier pour l'amener à réfléchir à sa position face aux images qu'il observe. Le film néo-noir témoigne d'une conscience des stéréotypes et des codes manipulés : à la manière dont un plan est éclairé, dont un personnage est présenté, dont les séquences s'enchaînent, le film crée une conscience des images qui se donnent à voir.[419] Il s'oppose alors au cinéma spectacle, dont il bouscule les codes narratifs et visuels, pour mieux ébranler des modes de percevoir et de penser l'image. Le néo-noir demande plus d'attention, de mémoire et de disponibilité de la part du spectateur, dont il exige qu'il fasse un effort soutenu de reconstruction.

Dans *Usual Suspects* (*The Usual Suspects,* 1995), Bryan Singer s'amuse à déconstruire les procédés narratifs qui caractérisent le film noir pour mettre l'accent sur le pouvoir politique du montage dans la narration. *Usual Suspects* est une métafiction dans la mesure où le spectacle s'organise autour d'un acte de narration dont le pouvoir de manipulation est mis en évidence. Le générique du film nous conduit dans un port à la nuit tombée ; des lettres blanches se détachent à l'arrière-plan, plongé dans le noir, et nous indiquent que la scène présentée a eu lieu la veille, instaurant un décalage entre le moment où l'événement a eu lieu et l'acte de sa narration. Tournée à bord d'un cargo qui va bientôt exploser dans le port de San Pedro en Californie, la première séquence décrit les faits et gestes d'une silhouette en train de mettre feu au cargo sous les yeux d'un homme blessé. « Keizer Soze » dit enfin le blessé en s'adressant à la silhouette. Ce nom est le signifiant d'un pouvoir mystérieux qui fait trembler la voix de ceux qui le prononcent tout au long du film. Ce premier flash-back est suivi par cinq plans séquences qui s'enchaînent et nous ramènent six semaines auparavant, montrant tour à tour l'arrestation de quatre hommes : McManus, Todd Hockney, Fenster, Dean Keaton, et le transfert depuis sa cellule de Roger « Verbal » Kint. Ces hommes sont bientôt réunis dans un commissariat de police, où il leur

---

[418]. Jean Heffer nous invite à distinguer la « condition postmoderne », typique du capitalisme de la fin du siècle, d'un « postmodernisme de résistance ». Jean Heffer, *Les Etats-Unis de 1945 à nos jours, op. cit*, p. 109.
[419]. Pour Jean-Paul Sartre, le mot « image » ne saurait désigner que ce rapport de la conscience à un objet extérieur, l'image serait : « une façon qu'a l'objet de paraître à la conscience, ou, si l'on préfère, une certaine façon qu'a la conscience de se donner un objet ». Jean-Paul Sartre, *L'Imaginaire*, Paris, Gallimard, 1940, p 17.

est demandé de lire une phrase, la même pour tous, susceptible de permettre à un témoin d'identifier celui qui a peut-être participé au détournement d'un camion chargé d'armes.

Une voix off tente de donner un sens à ces images commentées d'un point de vue rétrospectif, suggérant que ces arrestations faisaient partie d'un stratagème dont le but était de mettre les malfrats en contact direct. Le stratagème aurait réussi car ces hommes ont décidé de travailler ensemble. Un second flash-back en donne l'illustration : les hommes ont contribué à dénoncer les agissements suspects de policiers de New York lorsqu'ils ont attaqué les voitures officielles, louées à des trafiquants de drogue par des policiers véreux, en échange de coquettes sommes ; un commentaire en voix off précise des points restés flous :

> Le meilleur service de taxis new-yorkais n'appartenait pas au réseau officiel. Il était entre les mains d'un groupe de flics corrompus au sein de la police locale. Leur racket était très rentable : il leur suffisait de conduire les truands et les dealers de drogue dans toute la ville. Pour une centaine de dollars le kilomètre, on avait son propre véhicule noir et blanc et une escorte de policiers. [...] C'est ainsi que tout a commencé pour nous.

Représenté par un avocat nommé Kobayashi, Keizer Soze sollicite les services du gang formé par ces hommes pour une mission qu'ils ne peuvent refuser, car il a déjà manifesté son pouvoir en faisant assassiner l'un d'eux, Fenster. Ils ont pour mission de s'emparer de la cocaïne dissimulée dans les cales d'un cargo Hongrois à l'ancre au port de San Pedro en Californie.

Ces événements nous sont rapportés et commentés par Verbal Kint pendant qu'il est interrogé par l'agent spécial des douanes, Dave Kujan. Seuls Verbal Kint et Arkosh Kovash ont survécu à l'explosion du cargo qui a causé la mort de vingt-sept personnes. Gravement brûlé dans l'explosion, Arkosh Kovash gît sur un lit d'hôpital, entouré de policiers qui s'efforcent de collecter des bribes d'informations auprès du blessé. Le récit est donc principalement organisé autour de l'interrogatoire de Verbal Kint, dont les déclarations vont être illustrées par une série de flash-backs. Manipulé au gré des explications de Verbal Kint et des conclusions qu'en tire Dave Kujan, le spectateur doit, seul, retrouver la logique des événements qui ont précédé l'explosion. Les scènes en flash-back sont autant de pièces d'un puzzle qui doivent permettre de suivre le cheminement mental de Dave Kujan qui, lui, dispose des éléments fournis par Kint et des informations reçues par téléphone depuis l'hôpital.

Le montage repose sur l'alternance de scènes dans la pénombre et de scènes en pleine lumière. Cette alternance sert à matérialiser deux temporalités : le temps présent de l'interrogatoire (à la lumière du jour dans le bureau de l'agent des douanes) dans lequel sont enchâssées une série d'analepses qui relatent une histoire révolue (ombre de la nuit ou pénombre d'un intérieur). *Usual Suspects* subvertit de la sorte le sens original du flash-back, mais ni l'inspecteur, ni le spectateur ne prennent conscience du piège tendu par Verbal Kint. Décidé à résoudre l'énigme de ces moments qui précèdent l'explosion du cargo, l'inspecteur Kujan prend régulièrement la parole et interprète le récit de Verbal Kint à la lumière de ses connaissances. Parce que le film illustre la narration des souvenirs de Verbal Kint, le spectateur se laisse prendre au piège du discours d'un narrateur dont la bonne foi n'est jamais remise en question. Il propose une chronologie des événements qui semble conforter la thèse de Dave Kujan, convaincu de la culpabilité de Dean Keaton, un ancien policier qui s'est jadis laissé corrompre et serait peut-être le mystérieux Keizer Soze. Le spectateur ne peut qu'adhérer à la vision de Dave Kujan qui assemble les pièces du puzzle, rappelle verbalement les faits pour mieux les organiser, reconstruit le récit et manipule le spectateur en toute innocence.

L'inspecteur Kujan prend soudain conscience qu'il s'est laissé berner par la reconstitution des événements telle que l'a proposée Verbal Kint. Il s'aperçoit en effet que ce merveilleux conteur s'est servi d'indices punaisés aux murs de son bureau. Doué d'une faconde qui n'a d'égal que son degré d'imagination, Verbal Kint a improvisé toute l'histoire à partir des articles de presse affichés sur le tableau du policier et le film a illustré l'histoire en flash-backs fallacieux d'une réalité gauchie. Le spectateur comprend alors qu'il a été non seulement induit en erreur par le récit du narrateur, faussaire du discours, mais également par le caractère factice de flash-backs qui exploitaient seulement une réalité virtuelle. Denis Mellier parle de « métafiction » pour décrire l'effet produit par ce film qui contraint le spectateur à se reconnaître doublement victime de l'illusion de la fiction et de « l'impossibilité filmique de l'énigme policière » lorsque le récit finit par reconnaître sa propre incohérence dans les dernières minutes du film.[420] Dans *Usual Suspects*, la déconstruction est à l'évidence une aventure narrative qui affiche l'artificialité de la fiction, mais elle est aussi un jeu proposé au spectateur supposé reconstruire le récit, tel un puzzle dont on assemble des morceaux. La complexité narrative du film néo-noir invite donc le spectateur à maintenir une attitude active, une mobilité intellectuelle tout au long du récit, car de nombreuses fausses pistes tentent de l'égarer comme dans un jeu de rôles.

Il en ressort que la déconstruction du film noir passe d'abord par un travail critique sur les procédés narratifs et sur la composition des images qui organisent la représentation du monde dans la fiction cinématographique. Des jeux spéculaires dans la composition même de l'image mettent en évidence la relation tissée entre l'acteur et son image, relation prédéterminée par des codes extérieurs, non seulement liés aux règles filmiques, mais également aux conventions sociales et morales censées correspondre à la « norme ». Les stéréotypes cinématographiques imposés par le film noir, tels les personnages de la femme fatale ou du détective privé, se révèlent en tant que constructions imaginées non seulement pour les besoins de la fiction, mais également pour la promotion d'un film qui porte lui-même les marques d'une idéologie. Le pouvoir mystifiant d'un cinéma classique, qui efface les codes présidant à la construction de la représentation dans des effets de stylisation susceptibles de séduire l'œil et d'affaiblir le regard critique du spectateur, sous-tend en effet un effort de mythification des acteurs et des personnages qu'ils interprètent. Chaque film procède de la réécriture d'un récit mythique, conférant aux protagonistes un statut de héros ou de victime dans le cadre d'une aventure adaptée aux structures mentales et socioéconomiques du monde moderne. Malgré un contenu subversif sous-jacent, le film noir a participé à cet effort de mythification en vulgarisant une beauté type, en rapport avec la définition contemporaine de la féminité, ainsi qu'une ligne de conduite admirée sous les traits d'augustes personnages, tels le détective privé.

---

[420]. Denis Mellier, « L'impossibilité filmique de l'énigme policière » dans Dir. Dominique Sipière et Gilles Ménégaldo, *Les Récits policiers au cinéma, op. cit.*, p. 23. Dans *Usual Suspects*, la fiction se transforme en métafiction car elle met à nu les principes de fonctionnement de la narration qui se donne en spectacle, qui se fait l'objet du récit lui-même. Patricia Waugh, *Metafiction – The Theory and Practice of Self-conscious Fiction*, London, Routledge, 1993, p. 2.

Spectateur ou voyeur ?

Les effets prévisibles de l'image et des scènes de séduction sont entièrement révisés dans le film néo-noir de sorte que le spectateur ne peut plus guère se satisfaire du spectacle que lui offre la femme en ne privilégiant que des postures qui suggèrent l'appropriation de son corps par le regard d'un autre être. Défini par Laura Mulvey, le processus qui régit la représentation féminine à l'écran dans les films hollywoodiens repose sur le pouvoir érotique d'une image qui place le spectateur dans la situation du voyeur actif tandis que la femme demeure spectacle, donc passive. Le film néo-noir reprend cette approche pour mieux souligner le pouvoir politique d'une esthétique alors qu'une légère différence transforme les effets possibles de la scène de séduction : la durée.

Lost Highway (David Lynch, 1997) souligne le pouvoir de fascination qu'exerce Alice, dont la beauté est constamment magnifiée par un éclairage qui illumine sa chevelure blonde et la peau claire de son visage. Lorsqu'elle rencontre Pete pour la première fois, Alice porte une robe d'un rose couleur chair qui exalte sa sensualité, proclame la douceur et la tendresse de ses gestes. Une lumière captivante semble irradier de la jeune femme, cherchant à fasciner et à retenir l'attention de Pete comme du spectateur. Un arrière-plan flou les auréole, les isole du monde alentour, annonce l'aliénation associée à une relation qui prend presque une apparence surnaturelle. Alice existe-t-elle vraiment ou serait-elle l'image du fantasme qui peuple les rêves du jeune homme ? Les contrastes colorés décuplent le pouvoir érotique de la jeune femme dans une mise en images qui expose et arrange son corps selon un code visuel et érotique bien déterminé. Ses courbes féminines se découpent sur des couleurs plus sombres tandis que la durée de la séquence nous transforme en spectateurs/voyeurs car la caméra désespérément fixe matérialise une attente, un regard curieux et fasciné. Pete se trouve face à face avec Alice ; les contrastes lumineux décrivent une relation qui s'instaure sur le mode du rapport de force associant sadisme et voyeurisme. A travers la problématique du regard, le film explore le fantasme sadique – imposer par la force son désir à l'autre.[421]

Autrefois évoqué par une métaphore (un baiser ou un regard suffisait à signifier l'amour dans les films des années quarante), le sexe est désormais filmé sans ambages, offrant au spectateur un plaisir de voyeur associé à la scopophilie.[422] Le voyeurisme est devenu un phénomène caractéristique de l'esthétique cinématographique du cinéma hollywoodien comme de celle du cinéma indépendant, à une différence près : les réalisateurs indépendants exploitent la perspective du voyeur pour souligner le mécanisme intellectuel qui motive cette attitude. David Lynch substitue la caméra à l'œil du voyeur pour mieux décrire les relations homme/femme sur la scène postmoderne, exploite la durée pour mettre en abyme la position du spectateur/voyeur. *Sailor et Lula* (*Wild at Heart*, 1990) utilise le gros plan pour rendre le spectateur complice, en dépit de lui-même, des pulsions de viol qui animent le désir sexuel et pervers de Bobby. Il s'approche de Lula (dans la chambre du motel où Lula et Sailor se sont installés pendant quelques jours), la caresse, la menace, puis promet de ne pas la violer si elle répète « saute-moi » après lui. Tout devient question d'intonations : « saute-moi » lui ordonne-t-il d'abord froidement pour l'intimider,

---

[421]. Laura Mulvey, *op.cit.*, p. 14.
[422]. Steve Neale parle de « scopophilia » pour évoquer le « plaisir du regard », c'est-à-dire aimer regarder ce qui arrive aux autres personnes (réelles ou fictives). Steve Neale, *Genre*, London, BFI, 1980, p. 33.

puis il paraît s'attendrir et la supplie d'une voix douce. Chaque répétition resserre le piège autour de Lula qui sent la tension sexuelle monter en elle, comme le montre un gros plan sur les doigts tendus de sa main. Bobby réussit à imposer ses désirs à Lula par le seul pouvoir d'un verbe maîtrisé : la jeune femme finit par parler, excitée par cette forme de sadomasochisme. Le spectateur est pris au piège des mots que Bobby a prononcés pour stimuler le plaisir sexuel de Lula ; la scène de viol est tout entière déplacée, principalement présentée sur un mode verbal, mais le pouvoir du verbe a suffi à exciter les sens. Même si le plaisir de Bobby est demeuré cérébral et visuel, et c'est peut-être ce qu'il recherchait, le spectateur a la désagréable impression d'avoir mentalement pris part à un viol.[423]

Dans *Sexe, mensonges et vidéo* (*Sex, Lies and Videotape,* Steven Soderbergh, 1989), la caméra vidéo matérialise l'œil du voyeur : Graham Dalton passe son temps – et trompe son impuissance – en enregistrant sur cassette des entretiens avec des femmes qui lui dévoilent leurs fantasmes intimes. L'expérience de la sexualité est donc déplacée au niveau du regard et du discours, tandis que l'œil de la caméra réaffirme la distance entre le sujet et l'objet, distance nécessaire à la jouissance du voyeur. La sexualité se limite donc à la seule perception visuelle d'images érotiques sur un écran qui supplée la réalité. Le titre même du film de Steven Soderbergh, *Sexe, mensonges et vidéo,* précise cette approche puisqu'il résume par la juxtaposition des termes la manière dont l'objet est dénaturé par l'outil qui lui sert de support. Les bandes vidéo collectionnées par Graham Dalton matérialisent la distance qui éloigne de plus en plus le jeune homme d'une sexualité normalement vécue. Les images projetées sur un écran remplacent l'absence totale d'expériences sexuelles, font de sa sexualité une aventure virtuelle, voire imaginaire, qui suffit à satisfaire ses désirs. Parce que les expériences virtuelles suscitent des sensations bien réelles, elles affectent profondément la relation de l'individu à son environnement et conduisent à une conception nouvelle du réel.[424]

Dans le contexte d'une expérience virtuelle, où l'image de l'érotisme remplace l'expérience réelle de l'amour, le voyeur/spectateur devient partenaire sexuel. Dans *Sexe, mensonges et vidéo*, le spectateur rejoint le voyeur qui peut se flatter de caresser à l'insu de tous un fantasme de domination absolue, mais vécu par procuration. Graham Dalton s'immisce dans l'intimité des femmes avec lesquelles il s'entretient, enregistrant l'expression qui s'imprime sur leur visage grâce à une caméra qui lui confère le pouvoir absolu d'un démiurge. Sans approcher physiquement les femmes, il parvient à leur suggérer des sensations qu'il va chercher dans leur souvenir, ravivant par la parole l'excitation d'expériences passées. Ce procédé évoque par métaphore la condition de l'homme dans une société postmoderne où les individus sont physiquement isolés les uns des autres parce que les technologies ont introduit une distance entre l'homme et l'expérience directe du monde.[425]

L'art du vidéo-plasticien Bill Viola simule le fonctionnement de ce monde technologique à travers des installations vidéo composées de cordons électriques, de moniteurs vidéo où sont projetées, par exemple, les images d'un être humain endormi, d'un visage qui vieillit. Bill Viola réussit à intégrer la technologie dans une poétique nouvelle qui vise à agir sur les sens visuels, olfactifs et sonores pour toucher le spectateur au-delà de

---

[423]. Michel Chion, *David Lynch*, Paris, Cahiers du cinéma, 1998, p. 136.
[424]. Howard Rheingold, *Virtual Reality,* New York, Touchstone, 1992, p. 19.
[425]. Caryn James, "Critic's Notebook: A New Role for Movies : Video-Age Peeping Tom" dans *New York Times*, 21 March 1990, B1, p. 23.

la surface pensante. Il lui propose de rapprocher le rythme des technologies du rythme du corps humain placé dans un espace imaginaire. Les possibilités offertes par ces technologies sont infinies, offrent un autre rapport au temps, que David Lynch explore dans *Lost Highway* (David Lynch, 1997). Le réalisateur établit un contact sensoriel avec le spectateur grâce au montage et aux couleurs de ses films qui nous emmènent dans un univers inconnu. Les cassettes et caméras de surveillance de *Lost Highway* explorent l'esprit et ses fantasmes, telles des sondes d'images qui créent un horizon virtuel un peu à la manière des installations vidéo de Bill Viola. Le film néo-noir rejoint ici l'art des installations vidéos car il fait parler le corps, donne l'impression de s'adresser aux sens de l'individu en lui insufflant des douleurs qui peuvent être physiques (choc auditif ou visuel) pour mieux réveiller une conscience endormie.

Jeux des sens

Le film néo-noir s'adresse d'abord aux sens, propose des expériences esthétiques novatrices qui visent à engager la réflexion sur la perception (visuelle, émotionnelle et intellectuelle) des images. Il stimule les sens par des effets visuels ou sonores, joue de la manipulation des niveaux et des seuils de perception, pour mieux aiguiser notre condition de spectateur. Le travail du spectateur est alors d'essayer de saisir la pensée de cette forme de cinéma, d'accepter que l'image filmique lui ouvre un espace culturel, politique, imaginaire et neuf. L'effort demandé invite le spectateur à s'abandonner à une multitude d'impressions que le cinéma cultive en impliquant les autres arts à l'existence qui lui est propre. A la manière des surréalistes, Luis Buñuel et Kenneth Anger par exemple, les réalisateurs contemporains nous plongent dans un monde infiniment suggestif, dont les couleurs et les sons éveillent les sens pour mieux s'adresser à l'esprit. Il postule une attitude héritée, semble-t-il, d'un cinéma expérimental qui souhaite rendre le spectateur actif au cours de la séance à laquelle il assiste, non comme récepteur d'une image, mais comme s'il était le témoin de la scène projetée. A l'instar du cinéma expérimental, le film néo-noir brise les frontières qui séparent le spectateur de l'image pour l'amener à repenser sa relation au monde, aux objets, aux êtres. Des éléments hétéroclites se combinent qui agressent les sens, ouvrent une dimension nouvelle au spectacle qui s'enrichit toujours de la complicité créée avec le spectateur. Au niveau de l'image, les nouvelles technologies ont créé un horizon virtuel qui se substitue au réel. La perception nous délivrerait-elle de l'emprise des idéologies que nous transmettent par ailleurs les images du pouvoir ?

Après avoir effacé les limites entre les genres, le film néo-noir vise à intégrer le monde réel dans celui de la fiction, sans passer par un effet de mimétisme, mais en suggérant que l'expérience du monde est de l'ordre de la fiction. Les réalisateurs accordent une place prépondérante aux sens en encourageant divers types de réception et de perception, en privilégiant un rapport hypnotisant, choquant, ou au contraire insensible à l'image ou à la bande son. Pour créer ce lien hyper-sensoriel, David Lynch nous place dans un univers presque virtuel qui tire vers l'abstraction et n'est pas sans évoquer le pouvoir hallucinogène de certaines drogues. Dans *Lost Highway* (David Lynch, 1997), l'obscurité est parfois totale, accompagnée par un bruit de fond grésillant, qui suggère une vie souterraine, insaisissable à l'œil nu. Le silence se dissout soudain pour laisser exploser les sonorités allemandes d'une chanson interprétée par le groupe Ramstein (intitulée « Heirate mich ») ; l'alternance entre plages de silence et soudains envols musicaux met le spectateur dans un état de réceptivité particulièrement sensible, elle le bouscule physiquement pour atteindre sa conscience.[426] Volontiers répétitives, les métaphores musicales s'harmonisent au contenu obsessionnel de l'œuvre, telle la chanson titre de *Blue Velvet* (David Lynch, 1986) ou les chansons sirupeuses empruntées à Elvis Presley dans *Sailor et Lula*.

Le corps devient vecteur de communication tandis que l'image nous plonge dans un état quasi hypnotique : les films de David Lynch parviennent à simuler le pouvoir des drogues par l'excitation de toutes les perceptions corporelles. Les premières images de *Lost Highway* ont un fort pouvoir hypnotique, nous entraînant à toute vitesse le long d'une route qui s'enfonce dans l'obscurité et fascine parce qu'on a l'impression de se laisser aspirer par les ténèbres.[427] Agnès Peck nous fait remarquer que les drogues ont envahi les films de Lynch, elles sont à la fois un mode de perception que l'image semble vouloir reproduire pour mettre le spectateur dans un état second et libérer son imagination, mais aussi un mode de vie fondé sur la frustration et le besoin auquel se soumettent les personnages.[428] Dans *Blue Velvet*, Frank est à la fois alcoolique, cocaïnomane, et « accro » à l'oxygène ; l'alcoolisme et le tabagisme dominent *Sailor et Lula* ; la cocaïne prévaut dans *Twin Peaks*. La métamorphose physique de Fred dans *Lost Highway* n'est que le reflet de sa dépendance mentale, une soumission fatale qui annihile la liberté du sujet. Parce que les personnages présentent des signes cliniques caractéristiques de l'usage de drogues (autisme, prostration, ou au contraire euphorie, excitabilité, agressivité, crises meurtrières ou hallucinatoires)[429], ils emportent le spectateur dans un espace où l'horreur est déplacée vers l'intérieur du corps, vers l'esprit et la pensée. La musique enveloppe le spectateur, l'enferme dans cet univers étrange qui se propage de l'écran à la salle de cinéma par le truchement des basses fréquences que le système sonore amplifie pour faire vibrer le corps. Les films de David Lynch tendent à produire des « effets d'entraînement » de la conscience de la part du spectateur parce qu'ils ne montrent (presque) rien et contraignent le spectateur à suppléer lui-même aux ellipses, à concrétiser malgré lui les choses innommables qui lui sont soufflées.

Le film néo-noir investit conventions et stéréotypes du film noir pour exprimer le malaise du sujet postmoderne, confronté à la transformation du monde qui l'entoure, sollicitant sans cesse ses capacités d'adaptation. La structure offerte par l'investigation d'un meurtre, thème classique par excellence, devient prétexte à une exploration de l'intimité des

---

[426]. Harry N. Abrams, *Visions of America,* New York, Denver Arts Museum and Columbus Museum of Art, 1994, p. 132. L'auteur décrit ici le pouvoir des installations vidéo : « L'art des installations pourrait être décrit comme une tentative de s'adresser à l'esprit en adoptant le langage du corps. Il s'est développé à partir de la foi en la sagesse du corps et d'expériences sensorielles authentiques ». Il nous semble que le film néo-noir adopte une stratégie comparable lorsqu'il s'adresse aux sens du spectateur à travers l'image ou la musique. « Installation art could be described as an attempt to speak to the mind in the language of the body. They arise from a faith in the wisdom of the body and the authenticity of sensory experiences. »
[427]. David Lynch interviewé par Michael Henri dans *Positif n° 431*, janvier 1997, p. 10.
[428]. Agnès Peck, « L'Aube malade du cinéma » dans *Positif n° 371*, janvier 1992, p. 56.
[429]. *Ibidem*, p. 56-57.

êtres, de leurs envies, de leurs préoccupations, des rapports entre l'image et la perception qu'en a le public. Lorsqu'ils convoquent la mémoire cinématographique du spectateur et s'adonnent à une pratique de simulacre, les réalisateurs des années quatre-vingt-dix recherchent l'innovation visuelle et narrative qui invite le spectateur à repenser son attitude face aux écrans, à ne pas succomber au pouvoir que dissimule l'image dans un montage organisé tel un discours déjà pensé et prêt à être consommé.

Plutôt que d'avoir recours à de multiples effets spéciaux, les réalisateurs du néo-noir élaborent de nouvelles stratégies narratives qui se prolongent par des expériences filmiques tout à fait singulières. La structure narrative adoptée par David Lynch dans *Lost Highway* repose sur deux histoires inspirées de situations typiques des films noirs, mais dont la mise en parallèle nous permet d'accéder à une autre dimension car elle ouvre un nouvel espace à l'intérieur de la fiction. Le film réunit presque tous les stéréotypes du genre dans ces deux intrigues qu'il soude au sein d'une même histoire ; le dédoublement narratif fait écho au dédoublement des personnages qui sont les héros de la première, puis de la deuxième partie du film. Le mari trompé, injustement accusé d'avoir tué son épouse dans le premier récit, devient un jeune homme poussé au meurtre par la femme dont il est amoureux dans le deuxième. David Lynch s'amuse à détourner le sens des signes qu'il utilise, conférant au film néo-noir le pouvoir d'explorer la pathologie de l'esprit et les altérations de la conscience à travers la mise en parallèle de ces deux histoires. Le cinéma de David Lynch s'adresse à nos intuitions plutôt qu'à nos facultés intellectuelles, sacrifiant volontiers la logique narrative. De film en film, la récurrence des mêmes images et situations se présente comme la manifestation d'une activité souterraine, cauchemardesque.[430]

Dans le générique de *Lost Highway*, David Lynch travaille à mettre le spectateur dans un certain état de réceptivité, lui faisant simultanément perdre pied, trouver une nouvelle relation avec des flux de perception excessivement subtils. Les supports entremêlés de la musique, de l'image et de la structure narrative créent un univers noir qui atteint à une frontière encore peu explorée – la frontière du psychique. Ainsi *Lost Highway* commence et s'achève sur les mêmes images ainsi que sur le même extrait musical ; le morceau est interprété par David Bowie et intitulé « I'm Deranged », titre qui prend toute sa signification à l'issue de la projection alors que le spectateur doit finalement s'avouer incapable de résoudre, même rétrospectivement, l'énigme du film. La caméra fait défiler à toute allure des bandes jaunes éclairées par les phares d'une automobile lancée sur la ligne droite d'une autoroute perdue ; si la vision de cette route nocturne évoque l'iconographie d'une série de films noirs, notamment les premières minutes de *En quatrième vitesse* (*Kiss Me Deadly,* Robert Aldrich, 1955), elle nous emporte dans une autre dimension qui est celle de l'imaginaire. Le sentiment de persécution qui hante déjà le début de *En quatrième vitesse* devient fantasme au début de *Lost Highway,* car aucune menace n'est matérialisée. Le mouvement en avant suggère une fuite vers l'avenir, un voyage imaginaire dans l'espace du rêve.

---

[430]. Serge Grünberg, « Guide sommaire pour se fondre dans l'univers Lynchien » dans *Cahiers du cinéma, n°509*, p. 30. Il est possible de repérer les éléments qui reviennent d'un film à l'autre dans l'œuvre cinématographique de David Lynch, éléments qui pourraient sans doute être étudiés dans le cadre d'une chaîne symbolique propre à l'auteur ; pans de rideaux rouges, chanteuse sur une scène de cabaret, personnage du nain, feu qui embrase l'écran, paysages verdoyants... autant de motifs symboliques que le spectateur apprend à reconnaître dans chaque nouveau film, comme si le réalisateur veillait ainsi à créer sa propre mythologie.

D'emblée le film nous happe et nous entraîne dans un univers étrange, qui nous éloigne du monde du réel tant par la cinématographie, par la bande son, que par le récit complexe de deux histoires parallèles entremêlées. Les premiers plans nous isolent dans l'espace claustrophobe d'une villa aux intérieurs dépouillés, retiennent des mobiliers chics qui pourraient être signés de Philippe Stark, pour nous situer dans un quartier anonyme peut-être mais à coup sûr riche du Los Angeles contemporain.[431] La ville devient une entité abstraite alors qu'elle se réduit à une maison perçue selon deux perspectives opposées : l'une horizontale, qui permet de localiser la maison dans la rue, et l'autre verticale, qui nous donne une vue architecturale d'ensemble.[432] La modernité des décors intérieurs, les couleurs saturées de la photographie engendrent immédiatement une impression étouffante qui contraste avec la clarté et la froideur des extérieurs ; la ville semble désertée alors que la vie du couple se réduit à quelques échanges laconiques. L'environnement du couple installe comme un discret malaise au cœur même de leur relation : Renée et Fred Madison sont isolés dans le vide des décors, dans un silence qu'ils ne rompent que trop rarement. Tous ces éléments suggèrent que le couple présenté traverse une crise : les décors et les dialogues sont minimaux, construisent l'image d'un couple désuni. Leur histoire commune semble se réduire à celle de deux corps partageant un même espace de non-vie : ils s'évitent, se frôlent parfois sans jamais vraiment entrer en contact.[433] Quand, au début du film, les époux font l'amour, la caméra se rapproche des corps enlacés, montre par fragments le corps de la femme – sa bouche, ses mains, ses ongles colorés de noir – comme si elle n'était que souvenir fragmenté du désir. L'intrusion d'un gros plan montrant une main venue agripper le dos de l'homme évoque une griffe acérée, une « phobie sexuelle »[434] ; Fred ne reconnaît plus son épouse alors qu'il lui fait l'amour, allume soudain une lampe dont l'éclat lui permet de recomposer les traits humains du visage de Renée que la pénombre déformait. Les images illustrent le sentiment d'aliénation qui envahit Fred, reproduisent les hallucinations qui l'éloignent de son environnement physique pour l'enfermer dans l'espace du psychique. La maison des Madison n'offre que des ouvertures étroites sur l'extérieur, telle une prison imaginaire dans laquelle le couple serait séquestré, représentant par métaphore la prison de l'esprit. Au silence qui enserre le couple en déroute répondent les bruyants échos du club de jazz où Fred exerce ses talents, où il exorcise sa douleur et sa jalousie, car il soupçonne l'infidélité de son épouse qui refuse maintenant de venir l'écouter jouer dans le club où ils s'étaient rencontrés.

Puis plusieurs jours passent… Le couple trouve une, puis deux, puis trois cassettes vidéo placées devant la porte d'entrée. La première décrit la villa de l'extérieur, la deuxième a enregistré la nuit d'amour que nous avons entrevue dans la chambre à coucher. Le noir et blanc des cassettes vidéo révèle la froideur qui s'est installée au sein du couple, s'est propagée aux murs intérieurs puis extérieurs de la maison. L'histoire ne s'engage pas sur la piste du voyeurisme ; elle interroge le pouvoir des images qui s'immiscent dans l'intimité des humains, jusque dans l'espace de l'affectif et du mental. Les bandes vidéo ont enregistré la triste réalité qu'elles contribuent à révéler aux partenaires du couple, contraints de faire face à l'image de leur propre échec. Un œil a pénétré à l'intérieur de la villa, la caméra caresse les murs de la maison et ce qui s'ensuit est comme un viol des pensées

---

[431]. Marina Warner, "Voodoo Road" dans *Sight and Sound*, July 1997, p. 8.
[432]. Donald Lyons, "La-la Limbo" dans *Film Comment,* Janv.-Fev. 1997, p. 2.
[433]. Philippe Rouyer, « *Lost Highway* » dans *Positif n° 431*, janvier 1997, p. 6.
[434]. Marina Warner, "Voodoo Road" dans *Sight and Sound*, July 1997, p. 8.

intimes des Madison, des désirs qu'ils nourrissent en secret. Alors qu'il découvre une autre vidéo, Fred est frappé de stupeur car le film met en scène le meurtre qu'il aurait perpétré à l'encontre de Renée. Sans réponse de la part de Renée qu'il appelle à travers la maison, Fred découvre le cadavre ensanglanté de son épouse. Les images des bandes vidéo prouvent-elles sa culpabilité alors qu'il n'a aucun souvenir de la scène ? Fred est-il confronté au pouvoir hallucinatoire des images ou à la pathologie de l'esprit ? L'œil qui a enregistré les images des bandes vidéo a-t-il réussi à s'emparer de son esprit pour mieux pouvoir manipuler ses gestes ? Serait-il victime d'amnésie après avoir commis le pire ?

La présence d'un certain « Mystery Man », capable de manipuler les images comme autant de réalités alternatives, ouvre le récit du film néo-noir à une autre dimension, peut-être celle du fantastique qu'il vise cependant à faire passer pour nouvelle norme. Démiurge de l'image et du son, ce « Mystery Man » révèle à Fred les possibilités infinies qu'offre le basculement dans la relativité du temps et de l'espace tandis qu'il se tient face à Fred tout en lui parlant au téléphone depuis son numéro personnel. Cet instant extraordinaire est filmé dans un décor ordinaire, au cours d'une soirée passée entre amis, comme pour faire passer l'événement dans le banal et le quotidien. Le téléphone portable que Fred tient à la main symbolise un autre espace géographique, qu'il lui est possible d'atteindre grâce à la parole échangée avec son interlocuteur, et une autre dimension puisque la technologie lui permet de passer outre les frontières de l'espace en transportant sa voix et ses mots au-delà des murs qui l'entourent. Le rapport à l'espace est transformé grâce à la technologie ; la stabilité de la caméra suggère avec calme et tranquillité que cette mutation est déjà entrée dans la normalité. Le « Mystery Man » qui peut se trouver à plusieurs endroits en même temps incarne le pouvoir absolu que représente l'image. C'est lui qui a pénétré dans l'intimité de la chambre de Fred et Renée pour les filmer de plus près ; telle une créature imaginaire sortie de l'inconscient de Fred, le petit homme concrétise un désir de meurtre que la conscience refoulerait. Le « Mystery Man » a manipulé Fred selon ses propres désirs et dans la séquence suivante, Fred est en prison pour avoir tué Renée, mais la scène du meurtre fait l'objet d'une ellipse dans le film et d'un trou de mémoire pour Fred.

A l'intérieur de la cellule, le lendemain matin, c'est un autre homme qui occupe à présent la place tenue par Fred. Le gardien y découvre cette fois Pete Dayton, un jeune mécanicien encore domicilié chez ses parents. Hors champ une métamorphose a eu lieu, nous entraînant plus avant dans l'univers du fantastique: le héros Lynchien a subi l'épreuve du dédoublement, car Pete est le double juvénile de Fred, une autre facette du prisme de sa personne. Selon un rite propre au vaudou, il est ainsi suggéré que l'esprit peut s'emparer d'une nouvelle forme humaine, que les frontières temporelles, spatiales et physiques peuvent être défiées.[435] Commence alors un second film dans lequel les perspectives visuelles sont inversées par rapport au premier récit. Après le huis clos filmé dans la pénombre étouffante des intérieurs froids et impersonnels de la maison des Madison, des plans extérieurs et cadrés en plan large nous introduisent dans un pavillon situé dans un quartier résidentiel à l'imagerie faussement rassurante (rappelant volontairement le cadre familial et géographique de *Blue Velvet*). L'atmosphère du film commence à se détendre alors que les parents et les amis de Pete affichent une simplicité vestimentaire (jeans et baskets) qui contraste agréablement avec les costumes sombres de Fred et les robes noires

---

[435]. Marina Warner, "Voodoo Road" dans *Sight and Sound*, July 1997, p. 8.

de Renée.[436] Mais le film ne tarde pas à replonger dans un univers noir lorsque Pete quitte de son plein gré un monde pour lui sécurisant, en quête d'un univers neuf et périlleux (à l'instar de Jeffrey dans *Blue Velvet*), attiré par la sensualité d'Alice, la femme légitime de Monsieur Eddy, un gangster.

Le cinéaste accumule à souhait les répétitions, les parallèles entre les deux histoires, tout en jouant des dissemblances. Des personnages sont communs aux deux histoires : il est fait référence à Dick Laurent, personnage nommé à plusieurs reprises, mais dont l'identité est source de mystère ; seule une chevelure blonde nous permet de distinguer Alice, le double iconographique de Renée ; des policiers suivent Pete Dayton, dont ils soupçonnent la complicité avec Fred Madison ; le personnage d'Andy apparaît dans les deux récits, mais les portraits se complètent (il est un ami de Renée et reçoit le couple dans une soirée organisée dans sa demeure dans la première partie ; il est l'employeur d'Alice qui se prostitue dans ses films pornographiques dans le deuxième récit). Les rôles féminins sont inversés entre la brune et la blonde : Renée est un élément passif dans la première partie, elle se soumet aux désirs de son époux dans les scènes érotiques comme elle subit ensuite la violence meurtrière du tueur ; Alice joue un rôle actif dans la deuxième partie alors qu'elle s'abandonne à Pete dans des étreintes sexuelles passionnées, le pousse à se débarrasser d'Andy par le meurtre, pour mieux pouvoir lui dérober son argent.

L'enquête de police se poursuit avec la découverte du cadavre d'Andy. Des photographies disposées dans son salon fournissent de nouveaux indices qui permettent de déchiffrer l'énigme : sur l'une d'elle, Renée et Alice se tiennent côte à côte, entourées de Monsieur Eddy (que les policiers identifient comme Dick Laurent) et d'Andy. Sœurs jumelles comme dans *La Double énigme* (*The Dark Mirror*, Robert Siodmak, 1946), Renée et Alice représentent les deux facettes d'un même personnage, elles concrétisent une vie officielle et respectable (celle de Renée) et une vie officieuse et dégradée (celle d'Alice). Le deuxième récit illustrerait-il la vie secrète de Renée ? Si Dick Laurent et Monsieur Eddy ne font qu'un, il est fort à parier que Renée et Alice, Fred et Pete soient des déclinaisons possibles des mêmes personnages. Le récit dédoublé de *Lost Highway* répond peut-être à la double vie des personnages : aux frustrations d'une vie de couple ennuyeuse dans la première partie s'opposent les aventures sexuelles d'Alice et de Pete, en quête d'expériences diverses qui satisfont leurs fantasmes.

Les deux parties du film font référence à un passé cinématographique connu, mais qui ne facilite pas la compréhension de l'histoire : Fred Madison a été victime d'une accusation dont il se dit innocent comme le héros de *Les Mains qui tuent* (*Phantom Lady*, Robert Siodmak, 1943) ou de *Le Faux coupable* (*The Wrong Man*, Alfred Hitchcock, 1956) ; Renée est l'innocente victime d'un meurtre, thème qui rappelle l'intrigue de *Laura* (Otto Preminger, 1944) ; Pete a oublié une partie de son passé comme le protagoniste de *La Griffe du passé* (*Out of the Past*, Jacques Tourneur, 1947) ; Alice s'est acoquinée avec un gangster comme, avant elle, la femme fatale de *Les Tueurs* (*The Killers*, Robert Siodmak, 1946). Cependant ces évocations sont autant de leurres qui égarent le spectateur dans un univers subtilement transgressé.[437] Bien qu'Alice incarne la femme fatale aux cheveux platinés, aux lèvres peintes et humides, apparaissant pour la première fois dans une Cadillac noire, aucune ambiguïté ne préside à la description du personnage : Alice est actrice de films pornographiques, capable de se mettre en scène pour susciter le plaisir du spectateur

---

[436]. Philippe Rouyer, « *Lost Highway* » dans *Positif n° 431*, janvier 1997, p. 6.
[437]. Frédéric Bonnaud, « Trous noirs » dans *Les Inrockuptibles*, 15 janvier 1997, p. 20.

et manipuler Pete. Les stéréotypes du film noir ouvrent un espace virtuel dans l'espace filmique du néo-noir et multiplient les possibilités d'action offertes aux personnages. Il semble en effet que les protagonistes du néo-noir peuvent s'enfuir dans les images du film noir qui appartiennent à un autre espace temps grâce à la manipulation de leur propre image.

Après l'assassinat d'Andy, Pete et Alice s'enfuient dans le désert et s'arrêtent chez un malfrat où ils espèrent revendre des objets volés. Lancé à leur poursuite parce qu'il veut se venger de Pete qui lui a volé sa maîtresse (Alice), Monsieur Eddy est incapable de lutter contre le « Mystery Man » qui intervient à nouveau pour glisser une arme blanche dans la main de Pete. A l'écran, Pete est redevenu Fred au cours de la bagarre, endossant la culpabilité d'un nouveau meurtre. Il retourne ensuite à Los Angeles pour annoncer que Dick Laurent est mort, mais le film revient à son point de départ, s'engageant dans un mouvement perpétuel en forme de boucle sans fin. Poursuivi par une voiture de police, Fred Madison s'enfuit dans une quatrième dimension matérialisée par un retour aux premiers plans hypnotiques de l'« autoroute perdue », éclairée par les phares d'une voiture qui s'enfonce dans une nuit infinie.[438]

La rationalité ne permet pas de résoudre l'énigme autour de laquelle se construit *Lost Highway*, la cohérence se perd pour exprimer peut-être l'angoisse existentielle de l'être humain dans un monde où les technologies ne cessent d'évoluer au point de réviser la définition de son être, de le transformer en paraître. En proie à de violentes migraines comme si les images d'un passé – celui de Fred, celui du cinéma – lui revenaient à la mémoire, Pete n'existe que dans un autre espace/temps. La deuxième partie de *Lost Highway* nous emmène peut-être dans un espace imaginaire, espace perturbé par la pathologie que Fred nourrit sans le savoir. Tel un cauchemar, le deuxième film opère des transferts symboliques entre l'épouse brune de Fred qu'il suspecte d'adultère et la blonde Alice qui a fait du sexe sa profession. Fred se projette-t-il dans le personnage de Pete, jeune mécanicien sensible au bruit des moteurs, qui a reconquis son épouse sous les traits d'Alice, mais qui redoute toujours d'être trompé ?

---

[438]. Philippe Rouyer, « *Lost Highway* » dans *Positif n° 431,* janvier 1997, p. 7.

Un cinéma de la cruauté, pourquoi ?

Le spectacle de la cruauté

> Une action violente et ramassée est une similitude de lyrisme : elle appelle des images surnaturelles, un sang d'images, et un jet sanglant aussi bien dans la tête du poète que dans celle du spectateur.
> Quels que soient les conflits qui hantent la tête d'une époque, je défie bien un spectateur à qui des scènes de violence auront passé leur sang, qui aura senti en lui le passage d'une action supérieure, qui aura vu en éclair dans des faits extraordinaires les mouvements extraordinaires et essentiels de sa pensée,– la violence et le sang ayant été mis au service de la violence de la pensée –, je le défie de se livrer au-dehors à des idées de guerre, d'émeute et d'assassinat hasardeux.
>
> Antonin Artaud [439]

Père du théâtre dit de la cruauté, Antonin Artaud connaissait la violence du double, cet autre soi-même qu'il est impossible de contrôler. Mais la violence dont il nous parle est théorique, elle est celle du théâtre, du mot qui tue.[440] Le film néo-noir a fait de la violence un spectacle, exposant la cruauté des gestes avec le choc des couleurs. Submergé par des effets visuels et sonores qui agressent son mode individuel de perception, le spectateur se laisse bousculer par le faisceau de sensations étrangères qui s'imposent à lui. L'expérience de la violence du néo-noir s'oppose au plaisir machinal et gratuit cultivé par l'ensemble des médias, elle provoque les sens pour lutter contre l'indifférence. Il n'est plus besoin de justifier ni de moraliser le recours à la violence dans le spectacle cinématographique car elle est devenue un mode d'expression apprécié par des spectateurs sensibles aux modulations sonores de la musique qui accompagne la chorégraphie des gestes. Pour Camille Paglia, la violence au cinéma permet au spectateur de redécouvrir des sensations corporelles qu'un environnement trop mécanisé a engourdies :

> Tout ce que nous voyons à l'écran vise à nous faire redécouvrir les facultés sensorielles de notre corps, sensations physiques qui nous sont devenues complètement étrangères, assis dans ces bureaux asceptisés face à un ordinateur.[441]

Représentée par un montage serré et soutenue par une musique rythmée, la violence est devenu le moteur de tout film d'action parce qu'elle accélère le rythme du film,

---

[439]. Antonin Artaud, *Le Théâtre et son Double,* Paris, Editions Gallimard, 1964, p. 127.
[440]. Kuniichi Uno ajoute : « Artaud découvre le théâtre sur le plan de la cruauté qui ne cesse de travailler la pensée et l'impossibilité de la pensée. » Si la cruauté se définit par le goût du sang, Artaud la définit d'abord comme le sang mis au service de la pensée. On remarquera l'importance que le néo-noir accorde à la langue ainsi qu'à la mise en scène parfois théâtrale de la violence pour tenter de définir un cinéma de la cruauté. Kuniichi Uno, « Variations sur la cruauté » dans Dir. Camille Dumoulié, *Les Théâtres de la cruauté, op. cit.*, p. 42-50.
[441]. « Everything that we are seeing on screen is in fact an attempt to rediscover the lost sensual physical truths about the body that are completely removed from us, sitting in these sanitized offices with a computer. » Camille Paglia, "Interview with Karl French" dans Karl French (ed.), *Screen Violence, op. cit.,* p. 37.

entretient l'attention du spectateur, force les émotions. Pourtant le film néo-noir ne se contente pas d'utiliser la manipulation possible autorisée par toute représentation de la violence qui procède d'une politique de l'émotion. A l'identification coupable qui relie le spectateur des années trente aux héros du film de gangsters, au besoin de moraliser la représentation de la violence cinématographique, succède la liberté de ton du néo-noir qui invite avec une froide indifférence le spectateur à réfléchir à la violence plurielle qui l'entoure. Tantôt gratuite, tantôt défensive, la violence se fait spectacle car aucune censure n'interdit plus sa représentation. Le film néo-noir donne une dimension cruelle à la violence qui accompagne le plaisir de faire souffrir et qu'un humour parfois déplacé parvient à dédramatiser. Cette dédramatisation ambiguë de la violence à l'écran a pour effet d'estomper tous les repères moraux, interdisant au film de dicter un mode de pensée qui permettrait de rassurer ou de conforter le spectateur dans ses croyances. Le dilemme auquel les cinéastes d'aujourd'hui se trouvent confrontés tient donc en une question : comment peut-on montrer la violence sans en devenir complice, puisqu'il est établi que l'image peut aider à réduire nos inhibitions à l'égard de comportements agressifs tandis qu'elle dispense la banalisation de techniques d'action violente ?

Si le contexte et l'intention déterminent la manière dont on perçoit la violence dans un film[442], les objets utilisés (armes, projectiles, paroles) et les détails mis en vedette par le film néo-noir appellent des réactions différentes de celles que pourrait susciter une violence représentée dans son sens de mimétisme du réel. La violence du néo-noir sonde les profondeurs de l'âme humaine, les envies morbides, le rapport de l'homme au monde en abusant de gros plans, de décors pauvres, d'images surexposées qui participent à la déroute des personnages et des spectateurs. De manière significative, *Sailor et Lula* (*Wild at Heart*, 1990) joue du lien entre la tonalité d'une scène, les couleurs de l'image et la composition de la bande sonore, pour éveiller des sensations ou cerner une émotion.[443] En allant danser dans une boîte de nuit, Sailor et Lula se libèrent des pressions d'un entourage hostile, symbolisées par la violence verbale de la mère de Lula qui lance un tueur à la poursuite des amants en fuite ; une libération qu'ils traduisent par une chorégraphie anarchique et énergique qui prend pour appui l'explosion sonore hard rock d'un titre de Powermad : *Slaughter House*. Les filtres rouges et bleus, les mouvements désordonnés d'une caméra qui reproduit les mouvements de tête d'un danseur emporté par un rythme endiablé contribuent à diffuser le pouvoir de la musique jusqu'au milieu des spectateurs. Le sentiment de révolte des jeunes gens, écorchés vifs par une histoire personnelle marquée dès l'enfance par la violence, cache pourtant une tendresse profonde, que Sailor exprime par des chansons d'Elvis Presley à l'intention de Lula, comme autant de gages d'amour. Sailor et Lula s'abandonnent avec violence dans des étreintes sexuelles qui représentent à la fois une délivrance et un refuge pour ces personnages en proie à des souvenirs d'une brutalité extrême.

Chaque nouveau tableau est signalé par le gros plan d'une allumette qui se consume en crépitant comme un feu d'enfer à l'instar du feu qui dévore les esprits, signe d'une triple blessure qui hante Lula, ce viol qu'elle a subi à l'âge de treize ans, le souvenir

---

[442]. Tel est le point du vue adopté par de Jean Cazeneuve dans l'analyse sociologique qu'il mène sur la violence au cinéma dans *La Société de l'ubiquité*, Paris, Editions Noël, 1972, p. 124. Mais nous suggérons que l'esthétique d'un film détermine la réaction du public face à la représentation de la violence sûrement autant que les intentions qui l'accompagnent.
[443]. David Lynch interviewé par Michael Henri dans *Positif n° 431*, janvier 1997, p. 12.

de la mort de son père dans un incendie (auquel elle a assisté), ses conflits perpétuels avec une mère trop possessive (Marietta). Tous ces éléments sont illustrés par des flash-backs commentés par la voix off de Lula qui se confie à son amant. Le ton calme de sa voix contraste avec la violence de ce qui est montré, comme pour suggérer la valeur thérapeutique de la parole car Lula a réussi à surmonter ces épisodes traumatisants. L'alternance de scènes aux tonalités distinctes agresse, provoque et décuple la sensation de malaise déjà suscitée par la violence d'un montage construit autour de séquences très brèves et qui multiplie les points de vue par des travellings voyageant du plan d'ensemble au gros plan. Les gros plans entraînent le spectateur dans l'action, le bousculent physiquement et psychologiquement.[444] La première scène de *Sailor et Lula* retrace un événement qui a précédé l'arrestation de Sailor : un homme a insulté Lula et provoqué la colère de Sailor qui a soudain projeté le provocateur contre un mur, puis l'a frappé contre ce mur jusqu'à ce que le sang gicle. Aucun détail ne nous est épargné ; une musique au rythme punk soutient la violence de la scène et le spectateur s'essouffle dans cette ronde de rythmes endiablés. Ses dernières barrières défensives sont ébranlées par la puissance du son qui réussit à le rendre complice d'une action qu'il a imprudemment observée de trop près (au moyen de gros plans) pour pouvoir rester neutre. Les rythmes rock ou punk contribuent à faire entrer le spectateur dans un état d'absence de conscience, voire même de transe, ce qui lui permet de ressentir jusque dans les vibrations de son propre corps la colère qui anime Sailor et Lula. La recherche d'émotions intenses passe par l'excitation auditive et visuelle, qui vient alors avantageusement suppléer la déficience du verbe, car il semble presque impossible de résumer la complexité de certaines situations par les mots seuls.

L'absence de musique signale alors l'impossibilité de verbaliser des événements traumatisants, comme immédiatement censurés par la conscience. L'intensité d'un instant de silence introduit un espace mort dans la bande son et par conséquent dans la vie des personnages. Lorsque Sailor et Lula arrivent en pleine nuit sur les lieux d'un accident de voiture, nous plongeons avec eux dans un autre espace temps aussitôt signalé par l'absence de musique. La plage de silence qui accompagne la scène est aussi insoutenable que l'excès sonore des passages précédents : le silence qui prévaut signale une fracture entre le monde des vivants et celui des morts. La seule rescapée de l'accident a perdu son portefeuille et s'affole parce qu'elle craint le courroux de sa mère. Elle se frotte la tête mais ne s'aperçoit ni des cadavres, ni de sa blessure sanguinolente. La scène traduit le sentiment de désarroi qui assaille Sailor et Lula par les mouvements maladroits, instables d'une caméra portée à l'épaule. Réduite à un fait divers par le journaliste qui présentait une émission d'informations retransmise par le poste de radio que Sailor et Lula écoutaient dans leur voiture quelques minutes avant l'accident, la mort fait soudain irruption dans la vie des amants qui prennent conscience de la vulnérabilité de leur bonheur. Si des millions d'individus voient leur vie être bouleversée par les catastrophes qui traversent la planète, la radiodiffusion éloigne le danger par le bais d'une parole anonyme. Le film dénonce l'absurde violence qui règne dans un monde mû par des forces économiques destructrices, dérisoirement signifiées par le portefeuille que cherche vainement la jeune femme accidentée, ou par ce contrat qui lie Marietta à un tueur pour le meurtre de Sailor.

Grâce à une multitude d'effets visuels et sonores, *Sailor et Lula* montre comment l'esthétique néo-noire vise à reconstruire la relation entre le film et le spectateur, en déconstruisant les codes de la narration classique qui subordonnaient le spectateur à

---

[444]. Devin Mc Kinney, "Sailor and Lula" dans *Film Quaterly vol. 45, n° 2*, Winter 1991, p. 43.

l'image. La découverte des accidentés entraîne un silence profond, comme s'il était impossible de verbaliser la douleur des personnages ou de rassurer le spectateur, libre de demeurer indifférent face à la déroute que lui rapporte la caméra (à l'instar de l'auditeur qui écoute le bulletin des informations à la radio) ou de se sentir touché par le spectacle qu'il observe. La scène est si imprévue dans l'enchaînement du récit que le spectateur n'est pas émotionnellement prêt à recevoir une telle violence. L'absence de lien entre l'horreur de l'accident et la tonalité des séquences précédentes prend le spectateur au dépourvu ; il ne peut ni s'apitoyer sincèrement sur le sort des accidentés qui demeurent des personnages anonymes, ni demeurer complètement insensible à la soudaine rupture de ton dans le film. Le lien affectif qui relie le spectateur à un personnage homodiégétique n'est pas assez intense, semble-t-il, pour influencer son mode de pensée par le biais du sentiment.

S'il intègre la violence au spectacle cinématographique, le film néo-noir fait ressortir l'absurdité des gestes et des pensées qu'elle exprime. *Reservoir Dogs* (Quentin Tarantino, 1992) s'appuie sur une mise en scène de la cruauté qui suppose une prise de distance, une transformation de la représentation de la violence en spectacle. Le réalisateur joint à la violence physique une violence verbale qui neutralise l'émotion, pour mieux révéler un mode de pensée communément accepté dans l'espace socioéconomique. Utilisée en contrepoint de l'action, la parole déréalise le spectacle de la cruauté.[445] L'excès d'esthétisme qui détermine la représentation de la violence conduit le spectateur, non plus à se projeter dans le personnage du bourreau ou de sa victime, mais à se distancier et à juger les effets de cette violence caricaturale.

La première scène de *Reservoir Dogs* nous montre une discussion tendue entre huit gangsters, attablés autour d'un café, réunis à l'heure du déjeuner dans un bistrot. Rien n'indique que ces gangsters sont sur le point de commettre un hold-up, car la scène renvoie plutôt à un ordinaire de conversation entre les hommes qui se séparent sur une dispute à propos de la légitimité ou non de laisser un pourboire. Le différend oppose Mr White aux autres gangsters qui révèlent leur personnalité dans la vulgarité des expressions employées et dans l'entêtement manifesté. Si Mr White s'inscrit délibérément dans la marginalité en refusant de laisser un pourboire à la serveuse, les raisons qu'il avance suggèrent encore la violence sociale qui l'entoure et qu'il reproduit sans en avoir conscience :

> Je ne donne pas de pourboire parce que la société me dit que je dois le faire. Je donne un pourboire quand c'est mérité. Quand quelqu'un fait un réel effort, il mérite un petit extra. Mais ce pourboire systématique, c'est du flan. En ce qui me concerne, c'est leur boulot. [...] Tu vois, j'ai commandé du café. On est ici depuis super longtemps, et elle n'est pas venue me remplir ma tasse plus de trois fois. Quand je demande du café, j'exige qu'elle se déplace au moins six fois.[446]

---

[445]. Contrairement à Francis Vanoye, « Cinémas de la cruauté ? », nous suggérons que ces films ne se contentent pas de faire de la cruauté un objet de représentation et de plaisir spectatoriel. Parce que Tarantino filme ses sujets de manière frontale, n'hésite pas à tourner des scènes en temps réel, il tend à renforcer la médiation représentative pour accéder à une visée réflexive qui ne se satisfait pas de plonger le spectateur dans un état hypnotique. La longueur de la scène et l'absence de mouvement de caméra introduisent une distance par rapport à l'image dans la mesure où le spectateur prend conscience d'être au spectacle. La mise en scène fait basculer les assises psychologiques et culturelles du public qui ne tremble pas au gré des aventures du héros. Francis Vanoye, « Cinéma de la cruauté ? », dans Dir. Camille Dumoulié, *Les Théâtres de la cruauté, op. cit.*, p. 201.
[446]. « I don't tip because society says I gotta. I tip when somebody deserves a tip. When somebody really puts forth an effort, they deserve a little something extra. But this tipping automatically, that

La scène d'ouverture est surtout l'occasion d'affrontements verbaux qui ne donnent aucun indice quant à la suite du film ; le spectateur n'est donc psychologiquement pas préparé au spectacle de la violence qui l'attend. Tournée en temps réel, la séquence dure dix minutes, mais cela ne suffit pas au spectateur pour mémoriser les visages de Mr. Pink, Mr. White, Mr. Orange, Mr. Blonde, Mr. Brown ou Mr Blue. Bien que la caméra ait longuement tourné autour de ces hommes, comme pour chercher à nous introduire au cœur de leur assemblée masculine, les gangsters arborent tous un identique complet sombre qui a pour effet de nous inviter à confondre les noms et les visages. Seuls Joe Cabot et son fils Eddy se démarquent du groupe par des vêtements colorés qui les distinguent des hommes qu'ils ont amenés à se rencontrer autour d'une table. Le spectateur, lui, doit faire un effort de mémoire pour parvenir à identifier ces hommes, plongés au cœur de l'action aussitôt le générique terminé.

    Un hold-up a eu lieu, mais il est resté hors champ : il sera sujet de conversations tout au long du film, telle une opération virtuelle ou imaginaire dont on arrive même à douter. Blessé au cours d'une fusillade qui a eu lieu hors champ, Mr Orange se tord de douleur sur la banquette arrière de la voiture conduite par Mr. White. Lorsqu'ils atteignent le lieu de rendez-vous où les gangsters avaient convenu de se retrouver, M. Pink les rejoint et sème aussitôt le doute et la méfiance dans les esprits en suggérant que le gang a peut-être été infiltré par un policier. Le film s'enferme vite sur le huis clos d'un hangar désaffecté où les survivants du hold-up s'affrontent : un traître, se persuadent-ils, se trouve parmi eux. Les soupçons libèrent la haine et les conflits entre les gangsters.[447] Inattendues, ces discordes provoquent le rire puis l'embarras, car le verbe et l'humour s'accompagnent d'une violence perçue d'abord comme parodie théâtrale, le geste allant de pair avec le verbe. Seules leurs discussions fournissent les indices nécessaires au spectateur, projeté au cœur d'une histoire qu'il doit recomposer.

    Les flash-backs organisent comme un puzzle dont les morceaux s'assemblent peu à peu et reproduisent une chronologie à l'intérieur du récit. Ces fragments présentent tour à tour la fuite de Mr Pink après le cambriolage malheureux d'une bijouterie, les entretiens que Joe Cabot avait orchestrés avant d'incorporer au gang Mr White, Mr. Blonde, puis Mr Orange. Entre deux flash-backs, les gangsters tentent de reconstruire le scénario de la débâcle, se suspectent les uns les autres, se confrontent avec une brutalité aussi verbale que physique. Le décor spacieux du hangar désaffecté où ils se sont retrouvés confère à la scène une dimension théâtrale : la caméra presque figée laisse les hommes se déplacer à l'intérieur d'un cadre trop large qui souligne l'effort de mise en scène. Les hommes dégainent leurs armes, les agitent comme des poings, se font face, hurlent de plus en plus fort et semblent participer à une chorégraphie qui mettrait en scène le gangster type.

    La distance écarte le spectateur de ces personnages qui entrent en scène ou en sortent, coupe court à toute fascination que les histoires de gangsters auraient déjà pu susciter. La violence des gangsters de *Reservoir Dogs* apparaît d'autant moins réelle que les personnages ne suscitent aucune sympathie, se retranchent derrière le stéréotype, derrière l'anonymat de pseudonymes et de lunettes noires. La représentation tire les personnages vers le grotesque et la caricature tandis que la violence mise en scène n'atteint pas l'effet du

---

shit's for the birds. As far as I'm concerned, they're just doin their job. [...]Look, I ordered coffee. Now we've been here a long fuckin time, and she's only filled my cup three times. When I order coffee, I want it filled six times. »

[447]. Jean Philippe Stéfani, « Au commencement était le verbe… Et le verbe s'est fait chair » dans *Positif*, février 1990, p. 92.

réel. La dernière scène est déconcertante car elle traite de la violence sur le mode badin : au moment où Mr Blonde s'apprête à torturer un policier qu'il a lui-même kidnappé afin de lui faire avouer le nom de son complice au sein du gang, il allume la radio et déclare : « Qu'est ce qui est au programme de K-BILLY ce week-end »[448]. La musique démarre et Mr Blonde se lance dans une chorégraphie qui mêle la danse et la violence. Alors qu'il vient de sectionner l'oreille du policier, la caméra s'attarde sur le visage de l'officier anonyme, puis sur le regard de Mr Orange qui assiste impuissant à cette barbarie, offrant au spectateur un regard sans expression. Malgré une blessure qui l'immobilise à terre, Mr Orange parvient à se saisir d'une arme et tire sur Mr Blonde, révélant par ce seul geste qu'il est bien le traître qui avait infiltré le groupe.

Si Mr Orange est sauvé in extremis lorsque les gangsters s'entretuent, la fin du film laisse au spectateur un sentiment de malaise, un goût amer de trahison. Le spectacle offert par les gangsters est source d'humour, la comédie jouée par les hommes qui se parent de noms de scène pour pouvoir organiser dans l'anonymat leur attaque à main armée, ajoute comme une pointe d'ironie à ces échanges verbaux colorés au cours desquels les hommes s'insultent, se dénigrent les uns les autres. La violence s'inscrit dans l'espace de la représentation, comme si les actes illustraient surtout les discours. Les gangsters parlent, puis ils agissent, comme si la violence de leurs actes découlait tout naturellement de leurs propos. La scène finale de *Reservoir Dogs*, moment tragique où les gangsters pointent leur arme les uns sur les autres, nous entraîne dans un espace théâtral où les gangsters mettent en scène leur colère, comme s'il leur fallait s'affronter pour décrocher le premier rôle dans la représentation. Le décor est planté de manière discrète, en arrière plan, voilé par l'obscurité ambiante qui souligne le resserrement progressif de l'intrigue autour des gangsters, prisonniers d'une situation sans issue. Les détonations des coups de feu, qui se font entendre au même moment, mettent fin à la représentation et laissent place au silence : la mort a anéanti les acteurs comme les gangsters.

La violence appartient donc à la chorégraphie du film néo-noir au même titre que le sexe ou le suspense. Quentin Tarantino s'amuse à mettre en scène la cruauté des hommes dans un spectacle qui va à l'encontre des attentes spectatorielles car il juxtapose des scènes d'un ordinaire banal à une violence extraordinaire. De fait, le spectateur est pris au dépourvu par l'irruption soudaine de l'horreur dans un film dont le ton, plutôt humoristique, ne saurait être prétexte à ce déchaînement de brutalité. Marcel Rodriguez suggère que la violence de *Reservoir Dogs* est « prétexte à un effet purement rhétorique », à « un effet de gag comique », débarrassé de toute dimension morale ou métaphysique.[449] Quentin Tarantino réussit à mêler la violence et l'humour dans des films hybrides qui déconcertent.

---

[448]. « Let's see what's on K-BILLY'S "super sounds of the seventies" weekend. » *K Billy's* est une station de radio à laquelle les gangsters se réfèrent plusieurs fois dans le film. N'y sont diffusées que des musiques et des chansons des années soixante-dix, comme si les gangsters s'inspiraient du passé pour perpétrer leurs actes dans le présent.

[449]. « C'est une mise en scène du rituel sacrificiel. Un homme doit mourir, un autre doit le tuer, musique, danse, le spectacle du rite est reconstitué jusqu'à ce que, dans un geste grand-guignolesque, le policier mourant tire et mette fin à la cérémonie. C'est drôle et angoissant, la dérision en somme… ». Voir « Entretien avec Bernard Sichère et Marcel Rodriguez » par Pascal Bonitzer dans Dir. Marc Buffat, Marcel Rodriguez et Bernard Sichère, *Textuel n° 31, Le Cinéma et le mal, op. cit.*, p. 104-105.

Dans *Reservoir Dogs*, l'expérience de la souffrance et de la torture du policier est d'ailleurs mise en scène comme spectacle grand-guignolesque : il s'agit de filmer les corps qui se tordent sous les coups, les visages qui bleuissent, le sang qui colore l'écran... La violence devient source d'un esthétisme douteux car la multiplication des formes de la violence cinématographique transforme la représentation de la mort physique, qui perd toute la signification que lui confèrent le symbole dans la mythologie, la métaphore en littérature ou la couleur en peinture. En effet, le spectacle de la mort violente ne se rattache plus à aucun signe précis, diluant le mystère des Enfers ou du Paradis qui se rejoignent dans le néant, dans la négation d'un avenir. Le droit de mort n'appartient plus aux seules divinités et il est intéressant de remarquer que le personnage de la femme fatale, celle par qui la mort arrive dans le film noir, a disparu dans *Reservoir Dogs*, spectacle qui semble vouloir conjurer l'angoisse de la mort par une surabondance de cadavres. La sensualité du féminin est exclue de ce monde de brutes comme si les gangsters étaient finalement les victimes du code qui est le leur : virilité, masculinité, violence fondent un pouvoir qu'ils refusent de compromettre en compagnie d'une femme. La mort, réduite à un état purement physique, devient la métaphore d'un avenir noir pour les gangsters, sans espoir de renaissance posthume, de transcendance.

Le film néo-noir nous invite à repenser notre relation aux images violentes tandis qu'il détruit leur pouvoir tragique de sorte que la violence se révèle en toute froideur, avec une horreur qui n'est plus seulement l'effet de la mise en scène. La violence est ici déplacée au niveau du verbe qui guide l'imagination vers l'horreur, obligeant la conscience à faire face à l'obscénité des images formées par l'association des idées. Cette violence là ne procède-t-elle pas de ce que l'on pourrait appeler « un cinéma de la cruauté » en écho au « théâtre de la cruauté » d'Antonin Artaud ?

Violence et psychanalyse

La théorie freudienne a permis de comprendre les mécanismes psychiques susceptibles de déclencher les troubles pathologiques qui déterminent le passage à un acte meurtrier ; le film néo-noir ne cesse de se référer à la nosographie (description raisonnée des catégories pathologiques) afin d'exposer avec une précision presque clinique le portrait psychologique du psychopathe dont il suit les aventures morbides. David Lynch utilise la caméra et le montage filmique pour s'enfoncer toujours davantage dans les profondeurs de l'esprit, comme s'il cherchait à passer outre les stratégies de défense adoptées par le spectateur afin de mettre à nu les mécanismes fondamentaux du psychisme. S'ils procèdent bien d'une esthétique néo-noire, les films du réalisateur se distinguent pourtant des autres films de la même génération parce qu'ils utilisent les outils de la psychanalyse à chaque étape de la construction de la fiction (décors, mise en scène, jeux d'acteurs, montage) pour aborder la pathologie de l'esprit sous un angle nouveau. Lorsqu'il allie la construction du récit au rythme musical, lorsqu'il joue de la photographie pour souligner la dimension symbolique de l'iconographie, le réalisateur parvient à nous conduire dans un monde où l'inconscient semble prendre le pas sur le conscient. Les films de David Lynch s'interprètent à la lumière des théories psychanalytiques qui nous permettent de mieux comprendre leur pouvoir de fascination et la raison pour laquelle ils sont capables de déranger un spectateur, soudain submergé par le sentiment de revivre une expérience intime, un épisode douloureux qu'il a peut-être lui-même longtemps refoulé. Le film offre peut-être au spectateur l'occasion de transcender un complexe, si toutefois il accepte l'expérience proposée.

Bien que le mode de représentation de *Blue Velvet* (David Lynch, 1986) pastiche d'abord le style de la comédie musicale des années cinquante, il pose un regard critique entre le passé et le présent et nie de la sorte la relation entre signifiant et signifié. David Lynch joue de la ressemblance entre l'univers représenté dans *Blue Velvet* et celui qu'il cherche à convoquer à force de stéréotypes pour mieux faire éclater la différence. Il a recours à des chronotopes, images qui ont un sens tout à fait singulier à une époque donnée, qu'il intègre dans un nouveau contexte culturel. L'effet escompté est de mettre à jour une facette du chronotope que l'on aurait cherché à soustraire au regard du spectateur. Concrètement, les images se chargent d'un sens insolite qui témoigne du regard nouveau posé par le réalisateur sur les icônes du passé, dont il cherche à dévoiler une autre face. Dans l'intention de transformer la relation du spectateur aux images qu'il consomme sans discrimination au quotidien, les réalisateurs de films néo-noirs se plaisent à jouer des signifiants qu'ils introduisent dans un nouveau contexte et, de la sorte, détruisent la relation présupposée entre signifié et signifiant. En termes psychanalytiques, nous pourrions dire qu'ils brisent la chaîne signifiante à l'intérieur même de films qui se proposent de reconstruire les codes langagiers, de manière à produire un mode nouveau de réception des images. Ce travail induit une distance croissante entre le spectateur et le film, dont le mode de narration (dédoublement, achronologie, fragmentation) et la composition filmique (mélange des genres, mise en abyme de la représentation, tonalités distinctes) manifestent parfois les signes cliniques d'un univers psychotique, simulant le sentiment d'aliénation d'un personnage vis-à-vis de son environnement, au risque d'égarer le spectateur dans les méandres de cet univers.

Dans *Blue Velvet,* la représentation de la famille rappelle singulièrement l'idéal domestique célébré dans les années cinquante, exprimant avec nostalgie des aspirations communes aux générations des années cinquante et à celles des années quatre-vingt. La progression du récit creuse cependant les différences. L'évocation des formes du passé révèle une obsession, traduit un sentiment ambigu vis-à-vis d'un passé révolu mais qui demeure référentiel, donc préférentiel.[450] L'histoire se déroule à Lumberton, petite ville à caractère provincial dont les décors (voitures, maisons, télévision) et les personnages semblent familiers car ils sont ceux de la banlieue des années cinquante. La quiétude de la vie provinciale est constamment soulignée à grand renfort de clichés et d'archétypes représentant des familles unies autour de valeurs traditionnelles (travail, fidélité, amitié). L'image officielle d'un Lumberton respectable cache pourtant une faille, un univers noir dans lequel se laisse entraîner Jeffrey au cours de son enquête. Emprunté au film noir, le thème de l'enquête est prétexte à un parcours initiatique au cours duquel Jeffrey découvre à la fois la perversité d'un environnement qu'il croyait connaître, les pulsions obscures qui l'habitent et qu'une bonne éducation avait refoulées.

---

[450]. Norman K. Denzin, *Images of Postmodern Society, op. cit.*, p. 151.

L'enquête menée est d'abord prétexte, semble-t-il, à une quête d'identité, dans la mesure où il s'agit d'explorer non seulement des pulsions refoulées, constitutives du développement psychique du sujet, mais également les manifestations des troubles psychiques qui nous entraînent dans l'univers criminel du monde noir. L'enquête autour de laquelle se déroule le récit est ainsi prétexte à un parcours initiatique dont le héros serait Jeffrey Beaumont, jeune homme qui affiche l'innocence et la naïveté d'une enfance préservée et protégée au début du film. Comme nous l'avons déjà noté, les décors datés des années cinquante ancrent le récit du film dans un univers social parfaitement « normalisé ». Or Jeffrey ne tarde pas à quitter le monde rassurant, associé au conformisme des valeurs qui prévaut dans le quartier où il a grandi, pour découvrir un monde mystérieux et dangereux, symbolisé par l'oreille coupée qu'il a trouvée par hasard dans un champ. Alors que son œil se rapproche de l'oreille et l'examine, un gros plan nous laisse entrevoir l'intérieur du conduit auditif déjà rongé par des fourmis. La valeur métonymique de l'oreille coupée, déjà infectée, appelle un constat : l'état probable de déchet auquel est réduit le propriétaire de l'oreille, contraint de subir la violence de son tortionnaire. Poursuivi par l'image de cette oreille, emblème de la détresse de la victime, preuve de la cruauté de son agresseur, Jeffrey se trouve investi d'une mission : il a une énigme à résoudre, il doit retrouver le propriétaire de l'oreille coupée et lui venir en aide. L'hospitalisation du père de Jeffrey, victime d'un infarctus qui a émasculé son autorité et sa virilité au sein d'une famille dominée par des figures maternelles, confère une dimension symbolique à la quête de Jeffrey. Les scènes qui suivent vont permettre à Jeffrey de transcender un double complexe : un complexe d'Œdipe et un complexe de castration et cela est rendu possible parce qu'il rencontre une autorité masculine qui incarne la Loi du père.

Amené à espionner Dorothy Vallens, une chanteuse de « blues » dont il soupçonne l'implication directe dans le drame qui se joue quelque part dans la ville, Jeffrey assiste à une scène d'amour brutale entre Dorothy et son amant, Frank. La caméra subjective identifie le spectateur au voyeur alors qu'elle adopte le point de vue de Jeffrey qui, caché dans un placard, se repaît des violences subies par Dorothy. Le jeu des regards accuse la présence du voyeur, coupable de porter un regard qui place la femme en position d'objet sexuel et d'objet du désir. Frank reproduit la violence de ce regard : il ne supporte pas que les yeux de Dorothy se posent sur lui, comme s'il ne pouvait accepter l'expression d'un regard qui humanise la femme tandis qu'il la viole. Il refuse de donner à Dorothy le statut de sujet comme le précisent ces mots lâchés avec violence : « Ne me regarde pas ! »[451]. David Lynch joue de l'ambiguïté signifiante du regard qui manifeste la présence de l'être du sujet (le signifiant « eye » se substitue volontiers au pronom personnel « I » en anglais). En obligeant sa victime à détourner le regard, Frank réduit la femme au statut d'objet, au statut d'image. Au moment où Dorothy découvre Jeffrey et menace de le tuer parce qu'il a violé son intimité en regardant une scène privée, le spectateur devient également coupable car il a outrepassé son rôle de spectateur en se laissant associer au voyeur.

Confronté à diverses expériences qui l'invitent à explorer les conflits intérieurs d'un enfant qui découvre la sexualité de ses parents, Jeffrey est aussi identifié à un jeune adulte, tiraillé entre les exigences d'une moralité pudibonde et la tentation d'une jouissance extrême associée à une sexualité bestiale, représentée par Dorothy et Frank qui entretiennent une relation perverse. Victime de violences sexuelles qui l'humilient, mais qui procurent le sentiment d'une puissance absolue à celui qui l'avilit, Dorothy dissimule un

---

[451]. « Don't look at me ! »

appétit sexuel comparé au vampirisme derrière un visage poudré et des lèvres dessinées au crayon rouge. Un maquillage exagéré et coloré dessine comme un masque sur son visage, masque derrière lequel elle se réfugie quand elle menace de tuer Jeffrey. Elle finit pourtant par le recueillir tel son propre enfant, par le bercer dans ses bras. Fasciné par le mystère et l'exotisme que dégage la jeune femme, Jeffrey ne peut s'empêcher de revenir la voir comme s'il était infailliblement attiré par cette femme aux allures maternelles. Quand il entre à son tour en relation sexuelle avec elle, lui aussi finit par se comporter en pervers entre ses bras.[452]

Blue Velvet s'apparente à une analyse puisque le héros découvre et rejoue le désir œdipien : Jeffrey éprouve des sentiments d'amour envers Dorothy (mère symbolique) et de jalousie envers l'amant de cette dernière (père symbolique). Les scènes d'amour entre Dorothy et Jeffrey évoquent l'inceste tandis que les scènes de violence entre les hommes suggèrent le parricide. Associée à la violence, source d'un plaisir sadomasochiste pour Dorothy, la sexualité connote l'inceste maternel, source d'un plaisir interdit pour Jeffrey. La différence d'âge entre les protagonistes donne à penser que Jeffrey redécouvre auprès de Dorothy un amour incestueux refoulé. Les lèvres rouges de la jeune femme sont comme un rappel du vampirisme, couleur du sang consommé, signe d'une double personnalité. Les regards détournés des personnages qui viennent d'être interrompus par un coup frappé à la porte accusent indirectement le regard de voyeur du spectateur, lui-même confronté à un tableau imaginaire qui habite son inconscient. L'arrivée inopinée de Frank concrétise l'interdiction de l'inceste ; l'homme incarne la fonction paternelle quand il entre en rivalité avec Jeffrey pour mieux capter l'attention et les marques d'affection de Dorothy.

« Blue Velvet » chante d'une voix suave et sirupeuse la belle Dorothy qui se donne en spectacle et propose de prolonger au niveau sonore l'érotisme qu'exalte sa robe fourreau de velours bleu, mélange de douceur et de froideur. *Blue Velvet* juxtapose des chansons populaires (rock et blues) des années cinquante et des scènes extrêmement brutales, joue de la correspondance ou du décalage entre une scène et son accompagnement musical, comme pour insinuer qu'il existe plusieurs moyens de percevoir le monde. La composition musicale de la bande sonore contribue à décrire la tonalité d'une scène, à caractériser un personnage, à comprendre les complexes psychologiques d'hommes ou de femmes qui interprètent, par la métaphore musicale, des désirs inavoués, voire refoulés. La musique revêt donc une fonction dramatique puisqu'elle nous guide au-delà de la représentation des apparences, dans les rêves des personnages, comme le suggère d'ailleurs la chanson intitulée *In Dreams* et interprétée par Ben dans la maison close où Frank emmène Jeffrey et Dorothy. L'émotion perce dans la voix de Ben qui chante cet air-là en regardant Frank, comme pour lui adresser un message dans lequel se révèle son amour. Le rythme musical devient alors une force motrice parallèle au rythme narratif du film, il contribue à l'enrichissement des moyens d'expression de l'image ; l'accompagnement musical nous guide vers une meilleure compréhension du récit et des personnages, grâce au jeu des émotions qu'il est capable de réveiller.[453] David Lynch utilise la chanson titre de *Blue*

---

[452]. Timothy Corrigan, *A Cinema Without Walls,* New Jersey, Rutgers University Press, 1991, p. 74-79.

[453]. Pour Mario Litwin, le pouvoir d'expression de la musique devient langage à part entière : « Le talent dramatique de la musique peut aller très loin car, en s'adressant à l'émotion plus qu'à l'intellect, elle peut imprégner l'esprit du spectateur sans exiger de lui aucune attention et ainsi agir directement sur un plan souterrain, sur son intuition, si ce n'est sur son inconscient. » Mario Litwin, *Le Film et sa musique*, Paris, Editions Romillat, 1992, p. 14.

Velvet pour prolonger l'effet sensoriel initié par des images violentes, pour exprimer l'angoisse et la révolte contenues à d'autres moments dans des silences. Elle invite le spectateur à fredonner cette chanson lancinante comme s'il s'avouait ainsi séduit, conquis par la violence qui se manifeste à travers l'acte sexuel, tentation perverse décrite comme intrinsèque à la nature humaine puisque même Jeffrey, encore pur, se surprend à les valoriser.[454]

Le film sanctionne la complaisance du spectateur en l'amenant à prendre conscience de son rôle de voyeur, ce qui inspire un léger malaise : l'image éveille des fantasmes ou des plaisirs interdits (l'inceste), suggère les failles de la culture à concrétiser les mythes révérés de la famille nucléaire, de la suprématie masculine et de l'hétérosexualité. Alors que Jeffrey pénètre un monde noir peuplé de personnages plus névrosés les uns que les autres, le jeune homme découvre la perversion et le mensonge chez les êtres qui l'entourent, mais il se découvre aussi des pulsions qu'il ne soupçonnait pas. La violence de *Blue Velvet* est cinématographique ; elle agit sur l'esprit autant que sur le corps, dans la mesure où les pulsions du spectateur sont également éveillées par une musique susceptible de le placer dans un état de transe, par une image capable de solliciter des fantasmes que la conscience morale et l'acceptation de la Loi du père doivent censurer. La cruauté du film néo-noir atteint son paroxysme dans des scènes choquantes qui visent à briser les tabous sociaux et moraux. Les films de David Lynch dérangent parce qu'ils mettent en scène des fantasmes que la morale voudrait interdire, mais qu'elle parvient seulement à censurer ou à refouler. Le réalisateur filme la violence de ces fantasmes qui participent à la construction du sujet et procurent une jouissance qui, comme le précise Roland Barthes, « met en état de perte, fait vaciller les assises historiques, culturelles, psychologiques ».[455]

Au confort du spectateur/voyeur, David Lynch oppose la provocation et la cruauté à l'égard d'un spectateur dont il bouscule le confort. *Blue Velvet* n'est pas pour autant un film pervers, il propose au spectateur de suivre un parcours visuel et psychologique susceptible de lui faire atteindre le statut de sujet face aux images qu'il consomme. David Lynch se satisfait d'émoustiller seulement le désir du spectateur ; le voyeurisme du film n'est pas de même nature que le plaisir que pourrait procurer un authentique spectacle pornographique. En effet, le plaisir du voyeur se fonde sur l'insatisfaction, l'objet convoité demeurant à jamais insaisissable, soigneusement limité à des images dérobées. Le cinéaste ose mettre en scène des désirs inavoués et des perversités pour mieux les intégrer à un parcours qui se veut initiatique pour le spectateur : le passage à l'état adulte n'est possible que par la réalisation d'une ambivalence sexuelle de la part du sujet. S'il éveille l'individu à la conscience du « double » qui est en lui, qui se cache derrière une surface codifiée, normalisée, le parcours symbolique proposé n'est pourtant pas libérateur.

La libération sexuelle revendiquée par les films de David Lynch ne serait donc que de surface, les désirs exprimés et révélés ne pourraient être envisagés que comme une forme de déviance. Quelques critiques accusent le réalisateur de se faire le complice d'une

---

[454]. Chris Rodley ajoute : « Ses images ne sont pas simplement transfigurées par les sons et les sensations de la musique, elles réinventent une autre écoute de la musique elle-même : elles détournent sa signification ou complexifient son intention souvent simplement sentimentale jusqu'à ce que cinéma et musique fusionnent. » Chris Rodley, *David Lynch, Entretiens avec Chris Rodley*, traduit de l'anglais par Serge Grünberg, Paris, Cahiers du cinéma, 1998, p. 100.
[455]. Roland Barthes, *Le Plaisir du texte, op. cit*, p. 25.

morale conservatrice, considérant que les héros mis en scène par David Lynch transgressent les frontières de la morale, puis retrouvent leur place au sein du cocon familial : Jeffrey retourne chez ses parents (*Blue Velvet*), Sailor et Lula fondent une famille (*Sailor et Lula*)... Ainsi, le film néo-noir manifesterait-il une forte complicité avec l'idéologie conservatrice, autre manifestation de la nostalgie qui imprègne la culture postmoderne des années quatre-vingt/quatre-vingt-dix.[456]

Si l'art moderne se définit par la voix singulière de l'artiste qui exprime une vision unique dans son œuvre, en revanche, l'art postmoderne tend à une culture globalisante puisque les artistes ne cessent de se tourner vers le passé auquel ils empruntent de multiples fragments pour exprimer leur sensibilité par un art qu'ils voudraient nouveau. La résurgence des formes du passé dans l'art contemporain témoigne de la nostalgie d'une autre époque et de l'appréhension que les mutations socioéconomiques ont suscitée, encourageant un repli vers les valeurs traditionnelles et conservatrices qui sous-tendent la rhétorique politique, valeurs qui déterminent également la construction des représentations cinématographiques et télévisuelles des années quatre-vingt. Alors que certains films, tel le *thriller* érotique, manifestent une complicité flagrante avec l'état d'esprit des dernières décennies, d'autres accusent la régression que le discours conservateur implique. Si les conservateurs des années quatre-vingt se réfèrent à un passé idyllique pour justifier le besoin de raviver les valeurs traditionnelles dans le discours politique,[457] certains réalisateurs s'efforcent de détruire le pouvoir mystificateur de ces propos. David Lynch et Ronald Reagan utilisent les mêmes métaphores pour exprimer l'aspiration légitime des Américains à la tranquillité domestique, si bien que Howard Hampton associe la pratique cinématographique de David Lynch à la politique conservatrice du président :

> Lynch et Reagan sont tous deux obsédés par les mêmes mythes de l'Amérique des petites villes et des tartes à la cerise. Leur vision se croise le long d'une rue imaginaire des Etats-Unis : image sortie d'un livre de contes, où fleurissent les familles nucléaires et leurs valeurs éternelles, une transe partagée de l'innocence.[458]

Mais le cinéaste subvertit le vocabulaire de ce langage pour que ses images convoquent désormais d'autres angoisses. Le travail de David Lynch s'apparente à la satire, il consiste à détourner les mots et les images d'un langage pour dévoiler l'inconsistance d'une idéologie. L'œuvre de David Lynch s'inscrit dans la postmodernité dans la mesure où le cinéaste se sert des images du passé pour reconsidérer le présent ; il pastiche les films des années cinquante pour amorcer une analyse critique réfléchie des codes cinématographique qui en régissaient la représentation. Tous les objets symboles d'une imagerie figée (banlieue résidentielle des années cinquante, femme au foyer...) évoquent pour Lynch les apparats d'un déguisement, les dehors de la respectabilité.[459] Même si les déviances qu'il photographie sont immédiatement sanctionnées, ni les protagonistes, ni les spectateurs ne

---

[456]. Norman K. Denzin, *Images of Postmodern Society, op. cit.*, p. 79.
[457]. Norman K. Denzin associe la présidence de Ronald Reagan et de George Bush à un regain du conservatisme. *Ibidem*, p. 6.
[458]. « Lynch and Reagan are both obsessed with the same myths of small-town, cherry-pie America. Their visions intersect along an Imaginary Main Street U.S.A: a storybook picture of glowing nuclear families and abiding values, a shared trance of innocence. » Howard Hampton, "David Lynch's Secret History of the United States" dans *Film Comment*, May-June 1993, p.38.
[459]. Donald Lyons, "La-la Limbo" dans *Film Comment*, Janv.-Fev. 1997, p. 4.

peuvent ressortir intacts de l'expérience vécue. Le film affirme un mouvement vers une plus grande conscience de soi-même, non pas un retour à une sécurité de surface.

Blue Velvet est-il un film qui contribue à la reproduction de structures culturelles qu'il souhaite critiquer, parce qu'elles placent la femme en position d'objet dans un système de type patriarcal ? D'après Norman K. Denzin, l'approche psychanalytique adoptée par le film permettrait de renforcer une vision conservatrice, reposant sur le respect de la hiérarchie et de l'autorité, représentées de manière symbolique par la Loi du Père :

> Les héros masculins transgressent les frontières morales mais reviennent vers leur mère et leur père une fois résolu leur complexe d'Oedipe. Finalement, ces films construisent leur histoire autour des individus et de leurs fantasmes sexuels. Et c'est ainsi qu'ils entretiennent le mythe de l'individu cher à la classe moyenne. [...] Alors que le système politique mondial devint toujours plus violent et plus conservateur, le besoin de textes culturels qui soutiennent des éléments clé de la politique économique conservatrice va croissant.[460]

Blue Velvet ne se contente pas d'adopter un point de vue nostalgique sur l'époque dont il tente de recouvrer l'aura au plan du visuel, il illustre l'idée que la famille nucléaire représente une entité répressive, susceptible de nourrir ses propres perversions et de détruire l'individu en tant que sujet.

Déjà mise à mal par le film noir qui a exclu toute image de la famille traditionnelle, l'institution familiale n'est plus qu'illusion de sécurité, d'amour filial, d'équilibre dans le film néo-noir. La famille est déchirée parce que les tabous et la moralité (sociale ou religieuse) sont impuissants à contenir les pulsions des individus. Le récit dédoublé est un motif récurrent dans les films de David Lynch, structure qui suggère un univers familial éclaté, qui reproduit les tiraillements intérieurs d'individus à la fois attirés par le mal et sensibles aux exigences de la morale. Loin de structurer les individus, l'institution de la famille sécrète ses propres horreurs, nourrit divers types de névroses, comme si les lois qu'elle invoque n'étaient que contraintes et frustrations. Dès lors, elle est désacralisée, impossible à idéaliser plus longtemps selon des normes traditionnelles. Tandis qu'il tente de reconstruire un espace familial privilégié, le film néo-noir avoue l'échec de l'entreprise, suggérant qu'il convient de redéfinir la famille selon des critères nouveaux pour lui permettre de jouer sa fonction socialisante dans le monde postmoderne.

A la dénégation des évolutions, préférée comme stratégie de défense individuelle et collective par un retour aux traditions, le film néo-noir oppose donc la franchise du regard qui force le spectateur à reconnaître ses fantasmes plutôt qu'à les refouler, comme pour l'encourager à appréhender l'émergence d'un nouvel ordre social.

---

[460]. « Male heroes transgress moral boundaries but come back home to mother and father with their Oedipal conflicts resolved. In the end these films build their stories around individuals and their sexual fantasies. In so doing they keep alive the middle-class myth of the individual. [...] as the world political system turns ever more violent and conservative, the need for cultural texts which sustain the key elements of a conservative political economy increases. » Norman K. Denzin, *Images of Postmodern Society, op. cit.*, p. 79.

Une violence sociale

Joel et Ethan Coen empruntent au film noir le thème de l'enquête pour structurer des récits qui s'apparentent davantage à des études de mœurs.[461] En effet, les réalisateurs retracent l'aventure de personnages qui se lancent dans la mise en œuvre d'un crime pour échapper aux soucis du quotidien, pour accéder aux rêves que célèbre une Amérique par eux mythifiée. Des situations banales au départ se compliquent progressivement tandis que l'atmosphère s'alourdit au fur et à mesure que les pensées criminelles envahissent l'esprit des protagonistes. Des rêves de grandeur, illustrés par ces récits mythiques qui relatent l'ascension fulgurante de personnages ordinaires dans l'échelle sociale américaine, inspirent des actes criminels qui entraînent les personnages de la fiction dans l'univers dangereux du film noir. Le thème de la quête a été corrompu par une vision mercantile et narcissique, mythifiée par le cinéma hollywoodien et les médias en général : au désir de justice qui anime le détective privé du film noir, au besoin de survivre qui pousse le *loser* à voler, succèdent les rêves d'hommes et de femmes prêts à violer la loi pour entrer dans l'Histoire et être consacrés héros de la société de consommation. La quête d'identité se réduit à une quête d'image sociale, permettant à l'individu d'accéder au statut socioprofessionnel qui lui assure une reconnaissance publique.

Les actes de violence commis par les personnages des frères Coen naissent donc de l'envie de vivre une autre vie, du fantasme que suscite le mythe du *self-made man*, de la frustration ressentie face à la distance qui les éloigne d'un modèle idéalisé égalant au bonheur, de l'impossibilité de concrétiser les rêves que seule la réussite sociale et économique rend accessible. Le film noir aimait décrire les actes extraordinaires que des hommes ou des femmes ordinaires étaient capables d'accomplir afin de traduire leurs rêves en réalité. Dans le film néo-noir, les rêves eux-mêmes sont devenus ordinaires ou mesquins et l'être humain apparaît démuni de cette imagination qui, autrefois, lui permettait d'entrer, ne serait-ce que pour quelques heures, dans le royaume du merveilleux. Pour Franck Garbarz, *Burn After Reading* (Joel Coen, 2008) met en scène la « conjuration des imbéciles » – sous-titre qu'il donne au film pour décrire l'inflexion du néo-noir vers l'absurde.[462] Les frères Coen adoptent une distance ironique à l'égard des valeurs d'une société présentée comme un microcosme étouffant dès le générique, qui balaye le paysage terrien depuis un satellite, avant de plonger vers une cible précise – un complexe de bâtiments abritant les bureaux de la CIA localisé dans la capitale fédérale. A la place d'une vision panoramique se substitue un gros plan sur une paire de chaussures qui arpente de longs couloirs vides. L'opposition extrême entre les deux points de vue révèle par métaphore l'insignifiance des secrets d'Etat, point de départ d'une histoire qui se termine en boucle alors que la caméra retrouve sa position orbitale. La caméra des frères Coen se glisse dans l'antre de la CIA pour y révéler les mesquineries administratives entre collègues aux opinions divergentes : Osborne Cox y est déclassé par un Mormon pour son penchant à la boisson. Quand il commence à écrire ses mémoires et que sa femme copie ses dossiers sur un fichier numérisé, preuves à chargé dans le divorce qu'elle préparer dans l'ombre, Osborne devient la cible d'un chantage mené par Linda et Chad, employés dans le club de

---

[461]. Ethan Coen est officiellement producteur et scénariste tandis que Joel Coen est réalisateur et scénariste. Les frères Coen revendiquent néanmoins une part égale dans la réalisation.
[462]. Franck Garbarz, « *Burn After Reading*, La conjuration des imbéciles » dans *Positif n° 574*, Désembre 2008, p. 34-35.

sport où la secrétaire de l'avocat ayant accepté de préparer la procédure du divorce a perdu le disque de sauvegarde. Lorsque Chad lit les mémoires et se méprend sur leur contenu, croyant avoir découvert des secrets d'Etat susceptibles d'être monnayés au prix fort, il entrevoit l'opportunité de s'enrichir avec le soutien de sa complice Linda. Obsédée par le désir de transformer son corps à l'image célébrée comme idéale d'une femme jeune et mince, Linda se fait expliquer quelles opérations de chirurgie esthétique pourraient faire disparaître la graisse accumulée sur ses hanches et raffermir quelques muscles ramollis. Parce que son emploi ne suffit pas à lui procurer l'argent nécessaire, Linda est naïvement prête à se laisser entraîner dans l'intrigue d'un film d'espionnage dont les codes ont subtilement été revisités par les réalisateurs. Au moment où les deux complices s'adressent à l'ambassade russe pour tenter de négocier une fiction d'informations que l'écrivain Osborne Cox n'est pas prêt à racheter, le film sombre dans l'atmosphère paranoïaque qui sied aussi bien à un contexte de Guerre Froide qu'à une Amérique hantée par la suspicion installée par le Patriot Act à la suite des attentats du 11 septembre 2001.[463] Le film d'espionnage devient un cadre métaphorique, permettant aux réalisateurs de critiquer les excès auxquels se laissent conduire les individus en proie à des obsessions fabriquées par une société tournée vers le jeunisme et tourmentée par la peur de l'autre. Les peurs dictent le mode de conduite des individus : chacun mène son enquête pour tenter de découvrir les secrets de l'autre et asseoir son pouvoir. Tous mènent une double vie dont la façade se craquelle sous l'effet d'une caméra chargée de surveiller la progression du récit, amenant des personnages de classe sociale différente à se rencontrer grâce à la magie informatique, relayée soit par internet (Linda fréquente les sites de rencontres pour rompre sa solitude), soit par un disque de sauvegarde (qui met Chad et Linda sur la piste d'Osborne Cox).

Prisonniers de la vacuité de leur quotidien, les personnages auxquels s'intéressent les frères Coen se réfugient dans le royaume du rêve et de l'illusion, où ils imaginent pouvoir approcher l'objet de leur désir ou concrétiser leurs ambitions. Prêts à tout pour assouvir leur idéal de richesse matérielle et de reconnaissance sociale, ils s'enfoncent dans une solitude immense, insondable, qui les entraîne à devenir parfois des criminels, mais toujours des marginaux. Piégés dans le réseau complexe des représentations et des normes sociales, ils s'alièvent peu à peu de leur entourage pour se réfugier dans une image idéalisée d'eux-mêmes. Cette quête imaginaire passe par une altération de leur relation au réel, par la construction d'un récit fantasmatique qui positionne le rêveur en situation de héros, mais l'éloigne inéluctablement de ses responsabilités individuelles pour le cantonner dans le royaume du rêve où tout semble encore possible. L'illusion conduit l'individu à commettre des actes dont il néglige l'horreur car il est hanté par des rêves qui le guident jusqu'à la mort, des rêves dont il ne perçoit pas la dangerosité. La presse à scandale alimente pourtant ses colonnes de faits divers dont le caractère outrancier trahit toujours une quête perverse, semblable à une obsession, notamment celle qui fut à l'origine de *Fargo* (Joel Coen, 1996).[464] C'est un drame social qui se rejoue dans chaque film car le pouvoir du mythe a perverti l'imaginaire des individus. L'esprit de dérision combat la violence intrinsèque au

---

[463]. Voté le 26 octobre 2001, le Patriot Act organise la sécurité intérieure à travers la création d'un ministère. La loi, qui fut en partie prorogée en 2005, donne aux policiers le droit d'entrer sans mandat de perquisition chez des particuliers pour prendre des photos, saisir du matériel et des fichiers informatiques. La loi a pour objectif de « poursuivre et renforcer l'Amérique, en fournissant les outils appropriés pour déceler et contrer le terrorisme ».
[464]. *Fargo* s'inspire d'une histoire vraie : un homme a fait enlever sa femme pour obtenir une rançon de son riche beau-père. Mais la machination échoue, avec plusieurs morts pour conséquence.

genre, mais l'absurdité des actes perpétrés par des individus mus par une ambition déraisonnable n'en est que plus accablante.

La distance qui sépare le film noir du film néo-noir a ouvert un nouvel espace par où se glisse l'ironie ; les réalisateurs la manipulent, tel un outil critique, afin de dénoncer le pouvoir destructeur d'un cinéma entièrement voué au culte du mythe. En effet, le cinéma des frères Coen fait office de résistance vis-à-vis d'un cinéma qui s'applique laborieusement à renforcer un consensus à travers une image qui ne cesse de célébrer la perfection des héros. Yannick Dahan oppose l'art des frères Coen aux productions hollywoodiennes et télévisuelles qui corrompent l'imaginaire individuel :

> Si Hollywood a imposé des mythes, la télévision a pris le relais en exaltant capitalisme, consommation, et en multipliant l'image barbare des héros de cinéma. Les Coen les rendent responsables d'un conformisme des valeurs et d'une fuite hors des réalités. Ils analysent comment, dans les principes cardinaux quadrillant la société américaine, les gens perdent peu à peu l'aptitude à agir de façon consciente et responsable, victimes d'une incapacité à différencier le réel d'une image mythique et publicitaire.[465]

A l'origine de la dérive des personnages se trouve le plus souvent une illusion, matérialisée par ces photos truquées que détient le détective privé dans *Sang pour sang* (*Blood Simple*, Joel Coen, 1984) pour prouver qu'il a rempli la mission confiée par son employeur et le tromper. L'identification à une image idéalisée de soi, imaginée par l'individu comme conforme aux modèles vulgarisés par les médias, projette l'individu dans un espace irréel où il peut aisément croire en la réalisation de ses fantasmes. Les films des frères Coen utilisent l'humour pour moquer les rêves que célèbre le cinéma de Hollywood, emploient la dérision pour dissoudre les illusions auxquelles leurs personnages veulent encore croire.

Les motivations d'un meurtre ne sont désormais plus observées par le biais de la psychanalyse, elles sont matérialisées par des images qui construisent un paysage visuel à l'intérieur même du film. D'immenses espaces susceptibles d'être aménagés en parking payant accroît l'ambition de Jerry Lundegaard dans *Fargo* (1996), le luxe des studios de Hollywood alimentent les rêves de gloire de Barton dans *Barton Fink* (1990), la célébrité d'une famille nombreuse attise la jalousie d'un couple stérile dans *Arizona Junior* (*Raising Arizona*, 1986), la perspective de devenir le grand patron d'une chaîne de magasins spécialisés dans le nettoyage à sec fait rêver Ed Crane dans *The Man who wasn't there* (2001), les corps sculptés par un entraînement intensif dans la salle de sport où elle travaille inspire à Linda un idéal de perfection physique dans *Burn After Reading* (2008). Ces images de réussite individuelle peuplent l'imaginaire d'individus insatisfaits de leur condition, s'acharnant à accéder au statut de héros dans leur communauté de vie.

Le thème de la quête, propre au film noir, a été détourné par les réalisateurs pour mieux révéler le poids déterminant des règles socioéconomiques ou idéologiques sur les conduites individuelles des criminels d'aujourd'hui. L'absurdité des actes commis par l'être humain sous la pression de règles extérieures reflète à la fois la fragilité de l'identité des individus qui se reconnaissent dans un modèle, proposé comme un idéal à atteindre, et la perversion d'un système qui impose à ces mêmes individus une norme pourtant toute relative. *Arizona Junior* (Joel Coen, 1986) relate avec humour la rencontre d'un malfaiteur et de son geôlier dont il tombe amoureux. Rentré dans le rang aux côtés d'une jeune femme policier qui ne tarde pas à quitter son emploi pour fonder une famille, le gredin renoue avec

---

[465]. Yannick Dahan, « Du rêve à la réalité » dans *Positif n° 447*, mai 1998, p. 13.

son ancien mode de vie car le couple est confronté à la stérilité. Optant pour la solution la plus facile, le couple kidnappe le bébé d'une famille nombreuse pour enfin accéder au bonheur absolu promis par le modèle publicitaire, standardisé, de la famille américaine. *Arizona Junior* mélange des éléments fantastiques aux conventions du film noir et de la comédie pour retracer le kidnapping et ses conséquences, tout en suggérant que la nouvelle famille ne parvient pas à demeurer unie autour de cet enfant. Le couple ne réussit pas à se fondre dans cet idéal de vie, la famille éclate sous le poids des pressions extérieures, représentées par ces amis qui rendent visite à la famille sans respecter les horaires de sommeil du bébé. Victimes d'un « rêve américain » vulgaire, les personnages deviennent des figures grotesques : ainsi la femme policier de *Arizona Junior* se voit-elle réduite à kidnapper des enfants tandis que son époux/voleur finit par braquer un magasin pour y voler un simple paquet de couches culottes… Les courses poursuites s'enchaînent, comme si le couple courait après un idéal inaccessible, qui pourtant ne suffira pas à le rendre heureux. L'obsession enferme les êtres dans un espace de l'irréel qui, dans le film, devient aussi celui du fantastique.

Quelques lignes s'affichent à l'écran au début du film *Fargo* (1996), qui ancrent la fiction dans un contexte réel, avant de se dissoudre dans un fondu au noir qui nous invite à entrer dans l'espace imaginaire du cinéma : « Ceci est une histoire vraie. Les événements décrits dans ce film eurent lieu dans le Minnesota en 1987. A la demande des survivants, les noms ont été changés. Par respect pour les morts, le reste du film retrace les événements exactement comme ils se sont déroulés »[466]. La réalisation du film répond donc à la double exigence annoncée par ces phrases qui servent de prologue au récit : les réalisateurs souhaitent demeurer fidèles aux victimes d'un drame dont ils annoncent l'issue tragique de manière proleptique et préserver l'anonymat des vivants. Bien que la violence de l'histoire qui va nous être contée ait déjà été annoncée, c'est la quiétude d'un paysage dormant sous une épaisse couche de neige qui apparaît dans les premières minutes du film. Les mouvements de caméra ralentis par le froid créent une atmosphère presque trop paisible. Un voile blanc recouvre l'écran, comme déchiré par l'arrivée d'une voiture remorquée par un autre véhicule roulant en direction de Fargo, où le conducteur s'arrête pour entrer dans un bar. Attablés devant une bière, deux hommes attendent Jerry Lundegaard qui vient les rejoindre afin de conclure une affaire dont les détails ont apparemment été arrangés au préalable par téléphone. Le décor du bar où se déroule la scène intègre les tables de billard autour desquelles s'affrontent quelques joueurs et un air de « country » en fond musical ; tous ces éléments contribuent à créer un « effet de réel » qui se propage jusqu'à la bande son puisque l'accent régional perce dans le parler des premiers locuteurs qui se disputent déjà car Jerry Lundegaard est en retard. Il vient livrer la voiture qui permettra à Carl et Gaer d'enlever son épouse avant de réclamer quatre-vingt mille dollars à son beau-père fortuné.

Un fondu au noir nous fait glisser dans l'univers domestique et familial, alors que Jerry passe le seuil de la maison où il vit avec sa femme et leur fils, où s'incruste son beau-père dont la présence semble aussi peu souhaitée que contestée. L'échange est cordial entre les personnages, même si le silence de Jerry laisse deviner son agacement face à la présence envahissante du patriarche, confortablement assis dans un canapé, les yeux rivés sur la télévision, absorbé par le spectacle d'un match de hockey sur glace. La scène suggère que

---

[466]. « This is a true story. The events depicted in this film took place in Minnesota in 1987. At the request of the survivors, the names have been changed. Out of respect for the dead, the rest has been told exactly as it occurred ».

nous entrons dans un espace de vie ordinaire et non dans un espace de fiction ; la décoration intérieure de la demeure familiale nous propulse dans l'Amérique des classes moyennes.[467] L'aspect physique de Jerry et de son épouse nous éloigne encore davantage du monde fictionnel généralement proposé par les films hollywoodiens qui réservent leurs premiers plans à l'image de la beauté de la jeunesse ; vêtue d'un chandail rose qui ne souligne ni sa sensualité, ni sa féminité, Jean est occupée à la préparation d'un repas qui met en valeur les talents culinaires de la bonne épouse qu'elle incarne.

L'atmosphère tendue qui prévaut dans les premières minutes du film éclate bientôt dans la violence des malfrats chargés d'enlever Jean. Seule et sans défense dans la demeure familiale, la jeune femme panique face à la brutalité des voyous qui pénètrent chez elle et qui sèment le désordre dans la maison. Un gros plan sur les accroches du rideau de douche qu'ils ont arraché puis enroulé autour de leur victime inconsciente illustre la violence barbare des kidnappeurs, associée par une allusion voyante à la pathologie du tueur qui perpètre le meurtre de Marion Crane dans *Psychose* (Alfred Hitchcock, 1960). Le gros plan a une valeur intertextuelle qui devient proleptique dans la mesure où il annonce la mort inéluctable de la victime dans *Fargo*.

L'enquête débute après la découverte du cadavre d'un officier de police, qui a payé de sa vie un contrôle d'identité imposé aux kidnappeurs. Marge Gunderson, chef de la police locale, est bientôt prévenue que trois morts ont été abandonnés sur le bord de la route. Le film s'attarde sur le petit déjeuner que Norm prépare en l'honneur de son épouse, enceinte de sept mois, comme s'il voulait suggérer que la vie ordinaire est à peine perturbée par ces deux truands qui sèment la mort sur leur passage. Les mouvements économes de la caméra inscrivent la léthargie et l'ennui morbide qui affectent la « mainstream America », cette Amérique des classes moyennes où il ne se passe jamais rien, jusque dans la cinématographie. La violence du film semble jaillir d'une caméra paralysée, de paysages figés par le gel, de discussions creuses entre des citoyens prisonniers de leur quotidienneté.

La violence qui surgit soudain, puis disparaît de façon aussi arbitraire qu'imprévue, fait vaciller la sécurité du quotidien ; Jerry perd le contrôle d'événements qu'il a pourtant orchestrés. L'histoire verse progressivement dans l'absurde parce que de malencontreux hasards déclenchent une panique à l'origine de massacres successifs qui accélèrent la logique implacable propre au film noir. La photographie, toute en bleus et blancs glacés, confère à ces événements insensés le sentiment d'une tragédie inéluctable. Une grisaille neigeuse confond la terre et le ciel dans un décor sinistre et oppressant, effaçant tout repère spatial ou moral, comme s'il était impossible de mettre un terme au déchaînement de violence.[468] L'insistance sur les détails ordinaires, matériels, de la vie de tous les jours fait basculer les meurtres du côté de l'absurde car la juxtaposition du trivial et du tragique, de l'habituel et de l'arbitraire, détruit le sens de cette violence devenue un acte gratuit.

La caméra se positionne en observatrice ; elle relate le drame, trace au passage une galerie de portraits et décrit un art de vivre. Deux couples nous sont donc présentés : d'un côté Marge Gunderson et son mari (Norm), de l'autre Jerry Lundegaard et son épouse (Jean), deux couples que la force de l'habitude contraint à vivre ensemble. Le conformisme est synonyme de confort matériel et de sécurité domestique dans le foyer de Marge et de Norm, qui se satisfont de soirées passées dans l'intimité de leur chambre à coucher, face à

---

[467]. Jean-Pierre Coursodon, « Fargo, le génie du lieu » dans *Positif n° 423,* mai 1996, p. 13.
[468]. *Ibidem*, p. 13.

l'écran de télévision qu'ils regardent sans discuter, suggérant qu'ils sont davantage des spectateurs de la vie qui s'active autour d'eux, plus rarement les acteurs des drames qui font la une des journaux télévisés.[469] Les dialogues se construisent sur une succession de formules laconiques, sur des remarques météorologiques, sur des clichés linguistiques, qui ne perpétuent qu'un semblant de lien entre les êtres. Toute tentative de communication se réduit à des salutations stéréotypées qui révèlent la simplicité langagière des habitants de Brainerd (Minnesota) et le rapport des gens ordinaires à leur environnement : leurs réactions sont aussi automatiques que l'accent qui s'imprime dans leur parler.[470] La faiblesse lexicale des personnages ancre la fiction dans l'Amérique profonde, dans un cadre de vie désespérément vide qui donne au film une tonalité austère. Les paysages enneigés, plats et monotones de Brainerd inspirent des plans fixes et récurrents qui semblent ainsi capter la paralysie du système relationnel, le contact artificiel entre les êtres.[471] L'enquête de Marge nous conduit dans des espaces différents (aéroport, hôtel, parc de stationnement) qui suggèrent aussi une Amérique standardisée où les lieux sont impossibles à différencier d'entre mille autres, car ils appartiennent à des chaînes d'entreprise, implantées à une échelle nationale ou internationale (MacDonald's), offrant aux individus des repères facilement identifiables car toujours identiques d'une région à l'autre, d'un pays à l'autre.[472] Le conformisme des valeurs détermine les formes architecturales comme il préside aux comportements et aux aspirations des individus.

Dans ce contexte, l'acte de Jerry Lundegaard, vendeur de voitures qui vient de faire enlever sa femme par deux criminels minables, afin d'exiger une rançon qu'il ne peut payer à son richissime beau-père, prend valeur de révolte. Alors qu'il met en branle la machination destinée à faire enlever sa femme, Jerry revendique de pouvoir diriger sa vie comme il l'entend, de rompre les liens qui l'enserrent et le tiennent prisonnier d'une situation qui ne lui promet guère un avenir glorieux. Modeste vendeur de voitures qui n'est jamais parvenu à se hisser au sommet de la hiérarchie de son entreprise, Jerry est un raté sur le plan professionnel, parce qu'il a toujours vécu dans l'ombre de son beau-père. Décidé à conquérir une situation plus gratifiante au sein du système en achetant une parcelle de terre où il pourra créer un parking payant, projet dont les études de marché garantissent le succès, Jerry sollicite son beau-père pour qu'il lui accorde un prêt. Convaincu de l'intérêt de l'entreprise, celui-ci souhaite en devenir l'actionnaire principal ; il offre à son beau-fils la possibilité d'en assurer la gestion. Evincé du devant de la scène, renvoyé à son rôle de subalterne, Jerry décide de ne plus subir les décisions d'autrui.

Obsédé par son rêve de grandeur, absorbé par le souci de préserver et d'améliorer une fragile image de soi, Jerry ne réfléchit pas un instant aux rouages de la machine qu'il met en marche en sollicitant l'aide de deux truands, Carl et Gaer, pour kidnapper son épouse. « La fin justifie les moyens » se dit l'homme qui orchestre l'enlèvement de son épouse selon un stratagème qui lui apparaît moral car justifié par son ambition personnelle. Lorsqu'il recourt au crime, Jerry apparaît comme déterminé par le regard des autres : seul

---

[469]. Joel et Ethan Coen dans un entretien avec Emmanuel Burdeau dans *Cahiers du cinéma n° 505*, p. 41.
[470]. Jean-Pierre Coursodon, « Fargo, le génie du lieu » dans *Positif n° 423,* mai 1996, p. 12-13.
[471]. Alain Masson, « Fargo, du sang sur la neige » dans *Positif n° 427*, septembre 1996, p. 6.
[472]. Franck Garbarz, « Fargo, ou la radiographie de la classe moyenne » dans *L'Avant-scène n° 456,* nov. 1996, p. 2.

ce regard lui donne un semblant d'existence[473] ; Jerry se mesure à son environnement et ne se sent exister que par rapport à une fonction qu'il se crée dans l'espace social.[474]

Une figure moderne de l'héroïsme apparaît sous les traits de Marge, un héroïsme qui se laisse assimiler à des qualités tout à fait ordinaires. La simplicité de la jeune femme nous éloigne des modèles standardisés de la beauté féminine pour mieux nous inviter à découvrir les qualités intérieures de Marge. Son quotidien de femme se compose d'une multiplicité de rôles qui valorisent son acceptation d'une situation ordinaire dans laquelle elle évolue : femme active et femme mariée, Marge s'apprête à connaître les joies de la maternité sans consentir aucun sacrifice. Protégée par le cocon familial, intégrée à une institution aux règles strictes, Marge Gunderson affiche la stabilité satisfaite d'une future mère de famille, incapable de deviner les motivations troubles de comportements imprévisibles ou de dérapages humains. Son innocence naïve la cantonne au monde de l'ordinaire, lui dicte une ligne de conduite qui lui permet de se protéger d'une réalité trouble. Dans la lourdeur pataude de sa maternité, dans son naturel sans fard et sans artifice, Marge fait son travail de flic avec compétence, dans le respect des lois, dans la logique d'une enquête dont elle déchiffre progressivement les indices.

Un esprit subversif souffle sur le film néo-noir quand il offre à la femme un rôle prééminent au service de la police. La reconsidération de son rôle permet de moderniser la fiction, de changer l'image du policier et donc d'envisager un fonctionnement social autre que patriarcal. Elevé au rang de héros dans le polar des années soixante-dix (*L'Inspecteur Harry, Dirty Harry*, Don Siegel, 1971), réduit à l'impuissance dans le film néo-noir des années quatre-vingt-dix (*Bad Lieutenant*, Abel Ferrara, 1992), le policier incarne un équilibre enfin atteint grâce à la féminité de Marge (*Fargo*) ou de Clarice (*Le Silence des agneaux, The Silence of the Lambs,* Jonathan Demme, 1991). L'enquête mise au féminin permet à la femme de dépasser le statut d'objet pour atteindre à celui de sujet puisqu'elle s'arroge un pouvoir d'action traditionnellement réservé aux hommes dans le but de mener seule son investigation. La femme devient personnage principal, proposant de ce fait un modèle d'identification positif à toute spectatrice. Mise à l'épreuve comme un homme, elle accepte bon gré mal gré de se masculiniser par le choix de vêtements qui gomment sa féminité. *Fargo* renverse la distribution des rôles habituellement plaquée dans le film noir : une femme enceinte est nommée à la tête de la police locale cependant que l'homme est relégué au statut de spectateur de l'action. A l'origine de la machination qui fait basculer le film dans le monde de l'horreur, Jerry est le témoin impuissant du kidnapping de son épouse. Marge poursuit son enquête en dépit d'une grossesse qui alourdit ses mouvements, masculinise ses déplacements, lui dé-érotise le corps. D'abord signe de sa féminité, la grossesse de Marge s'efface pourtant sous l'épaisseur des vêtements qui la protègent et camouflent ses formes épanouies. Si cet effacement de son appartenance sexuelle lui permet de dépasser les traditions qui déterminent encore les rôles sociaux dévolus à son sexe, Marge symbolise aussi une alliance nouvelle entre masculinité et féminité, puisqu'elle réunit les qualités du détective privé et de l'officier de police alliés au personnage de la femme-mère. Marge exhibe à la fois son intimité et sa vie privée, concrétisées par cette grossesse qu'elle protège, dans une fonction publique qu'elle exécute sans pour autant chercher à dépasser ses capacités physiques. Marge incarne un type de policier non

---

[473]. Annie Goldman, « Marginaux de cinéma » dans *Le respect, Série Morales n° 10,* Paris, Autrement, 1993, p. 32.
[474]. Joel et Ethan Coen, « Entretien avec Emmanuel Burdeau » dans *Cahiers du cinéma n° 505*, p. 47.

conventionnel dans la mesure où elle ne recherche pas la gloire, se contente d'une vie ordinaire, suggérant peut-être que la lutte contre le crime passe par la révision des valeurs individuelles plutôt que par la répression.

Jerry Lundegaard se laisse emporter dans l'espace tragique du film noir par les rêves excessifs qui l'animent, profondément influencé par des modèles extérieurs auxquels il souhaite ressembler. Le déplacement géographique de l'intrigue criminelle vers une région jusqu'alors peu explorée par les caméras hollywoodiennes, nous éloignant des formes architecturales de villes au caractère mythique (Los Angeles ou New York) au bénéfice d'une autre frange de la société américaine, suggère la corruption de l'espace imaginaire individuel par l'état d'esprit mercantile qui prévaut dans la culture américaine. La valeur des individus se mesure par rapport à la fonction qu'ils occupent dans l'espace social, devenu espace théâtral où chacun interprète son propre rôle dans l'espoir d'accéder au devant de la scène. Sont aujourd'hui consacrés « héros » les individus qui s'enrichissent et dépensent sans compter pour satisfaire au moindre caprice ; sportifs, acteurs, hommes politiques, hommes d'affaire accèdent à cette reconnaissance publique, qui leur permet de vendre leur image aux premières pages des magazines. A l'évidence, le héros devient celui qui réussit à sortir de l'anonymat, en faisant preuve d'un courage financier qui le pousse à prendre des risques sur le marché de la bourse ou des affaires. *Fargo* évoque donc la dangerosité de ce « rêve américain », traduit par une vision exclusivement matérialiste de la réussite individuelle, soutenu par un système économique de type capitaliste qui n'offre pourtant pas des possibilités identiques de réussite. Si la fiction cinématographique a largement contribué à répandre ce rêve qui a sournoisement contaminé les esprits, le film néo-noir vise à déconstruire la fiction pour en souligner l'artifice.

Version moderne et ironique du *happy end*, la séquence finale de *Fargo* invite à retrouver le bonheur d'une vie banale que concrétisent Marge et son mari discutant philatélie dans le lit conjugal, satisfaits de ces plaisirs simples procurés par un quotidien qu'ils ont su aménager en fonction de leurs ressources. L'équilibre du couple repose sur la simplicité de l'ordinaire (travail, tolérance, amour, humilité) en opposition à l'absurdité d'un monde construit sur l'illusion d'un mythe. *Fargo* oblige donc le public à donner un sens au banal, à accepter le confort simple de l'ordinaire opposé au désespoir d'une violence outrancière. Le choc provient de l'agencement des images ; cet aiguillage permet au spectateur de distinguer le réel de la dérisoire image publicitaire. Il prend conscience que les stéréotypes du cinéma hollywoodien (héros viril, femme idéale, *self-made man*) procèdent d'une mystification des valeurs, susceptible de corrompre sa quête individuelle du bonheur.

La pulsion de mort

Les films d'Abel Ferrara font violence, car le réalisateur n'hésite pas à montrer ce qu'une morale puritaine préfère généralement censurer dans les salles de cinéma. Son écriture dérange par l'excès de sa violence et trahit une constante : les personnages y sont présentés en perpétuelle confrontation avec eux-mêmes. Le personnage principal de *Bad Lieutenant* (Abel Ferrara, 1992) est un inspecteur de police qui souffre des phénomènes de violence quotidiennement exercés dans sa ville. Le désordre y est devenu la norme et l'inspecteur de police est vite dépassé par le pouvoir d'inventivité de criminels qui ne s'encombrent pas de réflexions sur le bien et le mal avant de commettre des méfaits dont l'horreur va croissante. La perversion a investi le tréfonds des comportements humains et c'est là que la tension du film puise sa source. Les couleurs heurtées de la ville dont les contours disparaissent parfois dans une obscurité profonde n'est plus que le signifiant de pathologies qui, à leur tour, conditionnent la perception de l'environnement urbain. *Bad Lieutenant* porte la marque de cette interaction entre l'imaginaire humain et l'architecture urbaine, car il a retenu l'expressionnisme aux plans chromatique et narratif : l'excitation visuelle suscitée par des couleurs vives est directement contrastée par la frustration que symbolisent les zones d'ombre ; le récit est composé d'une succession de séquences dont l'agencement semble aléatoire, comme si les actes individuels ou criminels n'étaient plus justifiés que par le seul engrenage des pulsions. La construction du film interdit au spectateur cette complaisance généralement associée à sa situation rassurante dans une salle de cinéma, parce qu'elle le plonge dans un univers où prévaut la logique du pervers, c'est-à-dire un raisonnement d'emblée biaisé par un imaginaire malade.

Le parcours du « bad lieutenant » est celui d'une lente autodestruction ; lui-même est corrompu par l'immoralité des truands qu'il doit traquer. Il est mû par l'énergie du désespoir, par une violence intérieure qui l'amène à « son propre suicide » comme George Gusdorf nous le laisse entendre quand il dessine le portrait psychologique de l'homme en proie à la violence :

> Le violent se laisse emporter dans une sorte de fuite en avant, aveuglé sur l'autre et sur lui-même. [...] Toute violence, par-delà le meurtre du prochain, poursuit son propre suicide. Elle est en effet destruction de soi ; les Anciens savaient déjà que la colère est une courte folie. La violence suppose un échappement au contrôle : l'explosion émotive se libère en déchaînements paroxystiques, cris et gesticulations, qui attestent l'échec de toutes les disciplines personnelles.[475]

Des séquences brèves retracent la vie menée par le « bad lieutenant » comme autant d'épisodes qui s'enchaînent de manière presque aléatoire. Des coupes franches brisent tout lien entre deux séquences, restituant au niveau du montage l'impression que le policier ne se contrôle pas. La construction du film ne repose en effet sur aucune logique interne, les séquences se suivent sans transition, glissent de l'espace familial à l'espace d'un meurtre, d'une scène filmée en plein jour à la pénombre, d'un plan intérieur à un plan extérieur. Le film restitue le mal-être du personnage en exploitant les particularismes de quartiers distincts et l'instabilité créée par des transitions trop soudaines entre des environnements sociaux rigoureusement différents. La caméra d'Abel Ferrara se contente de suivre le « bad lieutenant », de le regarder marcher, déambuler, traverser les rues, les « squats », les boîtes

---

[475]. Georges Gusdorf, *La Vertu de force,* Paris, Presses Universitaires de France, 1957, p. 81.

et les fumoirs, signifiant l'absence de repères, l'inutilité de chaque acte dans cette ville indifférente. La juxtaposition de scènes aux tonalités distinctes crée un ensemble désordonné, qui simule l'absence de sens jusque dans la vie de l'inspecteur de police, toujours en quête d'une nouvelle expérience qui l'éloigne davantage encore du réel. Seule la bande son permet de relier les éléments entre eux. Du début du générique jusqu'à la scène finale, des commentaires de matchs de base-ball diffusés par la radio ou par la télévision accompagnent les déambulations de ce personnage enfermé, muré dans un silence dont il ne sort que pour réprimander ses enfants, acheter de la drogue ou engager des paris.

Les points de repère usuels se perdent dans l'angoisse qui surgit de cadrages fixes qui tentent de cerner l'espace vide de la vie quotidienne du « bad lieutenant ». Le « bad lieutenant » semble étranger à la ville comme à sa famille, porteur de ce sentiment de désespoir et d'impuissance, autant de signes de son aliénation. Le monde est perçu au travers de multiples écrans de télévision (dans la demeure familiale, dans un bar) qui éloignent le personnage de son environnement immédiat, palpable. L'impression que le monde lui est indifférent renforce son indifférence vis-à-vis de lui-même ; il comble ce vide existentiel par l'excès d'alcool, de drogue, de sexe... La violence de ce qui nous est montré sans volonté de violence insiste sur la vulnérabilité de cet être, isole le personnage et souligne son impuissance qu'il retranscrit dans l'errance. Le style photographique renforce l'atmosphère morbide du film : des couleurs froides comme le gris bleuté marquent l'indifférence qui caractérise le milieu environnant. Abel Ferrara traite ses sujets de façon frontale, incisive, préférant le plan moyen (près du corps, très peu de profondeur de champ) qui ne permet pas au spectateur de trouver refuge dans une distance qui le positionnerait en voyeur. Au contraire, le spectateur devient comme le témoin des drames qui se jouent à l'écran. Parce que ses films sont volontairement provocateurs, Abel Ferrara est peut-être le réalisateur le plus controversé de sa génération : le succès qu'il connaît en Europe lui est toujours refusé aux Etats-Unis.

Bien qu'il soit père de famille, le personnage incarne la déchéance morale et physique d'un homme à la dérive. La caméra s'adonne et s'abandonne à l'énergie suicidaire du « bad lieutenant » ; les scènes se succèdent qui décrivent sa déchéance : drogué à la cocaïne comme à l'héroïne, l'homme privilégie des plaisirs pervers qui ne le satisfont jamais complètement. On le voit interpeller deux adolescentes, puis les forcer à s'exhiber devant lui, sous peine de les emmener au poste. L'une d'elle simule une fellation tandis qu'il se masturbe sur le capot de la voiture. La scène n'est que tristement érotique : l'ambiance nocturne efface tout repère, mais aussi tout plaisir. La déchéance manifestée par l'inspecteur de police vient se superposer au déclin d'une Amérique profondément malade. Paradoxalement, c'est à travers le « trip » (état particulier chez un sujet qui a absorbé des substances hallucinogènes) que Ferrara nous rapproche de son personnage : l'image est alors voilée par un filtre rouge qui simule l'effet de la substance absorbée sur les facultés visuelles du protagoniste. La caméra nous oblige à regarder le personnage se faire une piqûre d'héroïne alors qu'elle se pose sur son visage, marqué à la fois par la douleur et l'extase de la drogue. Par son acte, le « bad lieutenant » se coupe volontairement du réel pour entrer dans un univers de « défonce », qui lui procure une liberté momentanée contre les exigences du corps, de la société. Le personnage qui s'abandonne à la drogue, à l'adultère, à l'alcoolisme a intériorisé le désordre environnant et cultivé, à son propre insu, différents types de névroses. Son comportement de pervers peut signifier un désir de fuite, une volonté d'échapper aux tensions extérieures comme aux conflits intérieurs, mais aussi une résistance à la réalité urbaine. Le « bad lieutenant » devient un junkie dont la douleur physique est proportionnelle à la souffrance morale :

> Le junkie ne se propose pas comme un modèle à suivre, mais comme un stigmate, cellule cancéreuse, qui prétend dénoncer la pourriture du corps social, prophète apocalyptique, incarnation de l'instinct de mort, de la rébellion poussée à l'extrême du désespoir violent. La provocation et le défi sont la règle [...]. Il affronte le monde par l'agression ou l'autodestruction, ses modes de s'affirmer et de se différencier.[476]

Le « bad lieutenant » n'est alors plus qu'une variante de la figure du *loser* : désocialisé, incapable de suivre aucune ligne directrice, il vit dans un monde où les repères moraux vacillent. Flic corrompu, toxicomane, alcoolique, le « bad lieutenant » s'apparente à une sorte d'ange déchu, autodestructeur, qui abîme sa vie en abîmant d'abord son corps. Il s'enfonce dans le gouffre, rongé par toutes les substances toxiques qu'il a ingurgitées. Il retourne contre lui-même cette violence environnante à laquelle il ne peut plus faire face, animé par la seule force du désespoir. Abel Ferrara nous pousse à nous interroger sur les valeurs de la nature humaine, de la société en nous perdant, aux côtés de son héros, dans une région obscure entre le péché et la rédemption.[477] Si les décors prennent une dimension parfois onirique, comme s'ils figuraient l'espace mental du personnage avili par les drogues qu'il absorbe, ils nous éloignent aussi du personnage avec lequel ils nous interdisent tout processus d'identification.

Il apparaît peu à peu que le « bad lieutenant » incarne l'échec de l'Institution qu'il représente, les carences de la police incapable de gérer le bon maintien de l'ordre. Il retourne l'expression de la violence contre lui-même, comme si la folie urbaine l'avait aliéné de son propre corps, mais aussi des êtres qui l'accompagnent au quotidien. Au même titre que les silhouettes anonymes qu'il croise dans la rue, les membres de sa famille lui apparaissent comme des entités étrangères et il plonge dans une solitude quasiment irréversible. *Bad Lieutenant* est peut-être davantage un avatar du polar des années soixante-dix que du film noir car Abel Ferrara n'entre pas dans les arcanes de la psychologie pour tenter de cerner les origines de la violence exprimée par son personnage ; il utilise l'image seule pour inviter le spectateur à interroger le spectacle qu'il lui donne à voir. Le personnage absorbe de la cocaïne devant l'école de ses enfants, se fait une injection d'héroïne, se masturbe devant la caméra... Abel Ferrara transgresse toutes les règles héritées de la morale puritaine américaine et se refuse à accepter le concept du « politiquement correct » : il ne se plie pas à un mode de représentation (imagé ou discursif) qui n'offenserait personne. A travers la description d'un policier anonyme, Abel Ferrara vise à présenter une vision universelle de l'être social et de ses angoisses. Dans le néo-polar, le policier prend une dimension humaine que l'uniforme ne parvient pas à gommer. Le doute assaille tout individu qui ne réussit pas à se hisser à la hauteur de la tâche que lui impose sa mission. Au justicier qui triomphe du Mal dans le polar des années soixante-dix succède le policier qui a perdu jusqu'à la foi en sa mission sécuritaire parce que secrètement miné par l'étendue du Mal qui annihile son pouvoir d'action, voire sa virilité.

Chemin faisant, le cinéma d'Abel Ferrara dénonce les avatars de la société de consommation qui réduit l'individu à l'acte seul de consommer. Le comportement

---

[476]. Fernando Geberovich, *Une douleur irrésistible, Sur la toxicomanie et la pulsion de mort,* Paris, Interéditions, 1984, p. 22.
[477]. François Forestier, « Came et caméra », dans *L'Express*, 11 mars 1997, p. 105.

compulsif du « bad lieutenant » peut être comparé aux rites liés à toute consommation effrénée. En effet, le toxicomane incarne en quelque sorte le négatif du consommateur : tous les deux trompent un manque par une consommation compulsive. Les liens qui s'établissent entre le « bad lieutenant » et ceux qu'il croise sur sa route ne sont jamais l'occasion de véritables échanges, car il a déjà intégré le système de l'échange économique jusque dans ses relations les plus intimes : il consomme du sexe comme d'une marchandise, d'une commodité qui se négocie. Il s'exerce ainsi à trouver des satisfactions qui suppléeraient aux frustrations quotidiennes. Parce que la famille ne représente plus pour lui qu'obligations et responsabilités, elle est perçue comme source de frustrations, non de plaisirs domestiques. Par cet exemple, Abel Ferrara accuse la société capitaliste de désacraliser l'enfance, la famille, la religion et même le sexe. Le personnage du « bad lieutenant » révèle l'étendue du mal-être qui accompagne une mutation sociologique hâtive. Parce que les certitudes d'un ordre social et les valeurs morales charpentées par la religion se voient tout d'un coup vidées de leur sens, les perspectives d'avenir deviennent incertaines. Dans la mesure où la vie n'a de sens qu'en fonction de l'accumulation de biens, de l'accès au confort, à la réussite sociale, aux distractions coûteuses, la mort y fait figure d'obscénité et d'absurdité. L'inspecteur met sa vie en jeu dans un pari dont il sait qu'il ne pourra honorer l'échéance : il s'agit de prédire le score final d'un championnat de base-ball. Il s'engage ainsi dans une lutte contre le chronomètre, une lutte économique à laquelle il se donne entièrement, moralement et physiquement. Son corps ne cesse d'encaisser la violence (dopage, risques, défis), les contraintes d'une économie de marché et d'un système concurrentiel qui exigent le don de soi au prix de la folie.[478] La violence graphique est intense, les couleurs s'entrechoquent comme pour amplifier la violence physique des scènes de dépravation.

    Au lieu d'attirer notre attention sur une pathologie, le réalisateur pense l'angoisse dans un cadre à la fois théologique (par rapport au péché et à la faute) et psychologique (comme état d'âme). Convoqué en catastrophe sur le lieu d'un viol, le policier y découvre une ultime possibilité de rédemption. L'horreur du crime qui a été commis, filmé derrière un filtre rouge qui matérialise l'esprit démoniaque des pêcheurs, éveille soudain la conscience de notre homme corrompu : une nonne vient d'être violée sur l'autel d'une église du Bronx.[479] La recherche des coupables représente une possible rédemption, une issue pour rompre avec l'horreur qu'il côtoie à l'extérieur et qu'il vit de l'intérieur. D'abord drame policier, le scénario se fait débat spirituel et moral : le flic désorienté s'interroge sur son propre cas, sur sa déchéance qu'il compare à celle des agresseurs.[480] Sa crise existentielle le conduit à se replier sur des valeurs ancestrales, celles d'une religiosité rédemptrice que la nonne parvient à lui transmettre. Par charité chrétienne, la religieuse préfère garder le silence sur l'identité des coupables ; dès lors, la fiction se transforme en une sorte d'allégorie qui remet en question les notions du bien et du mal dans nos sociétés. Le « bad lieutenant » trouve refuge dans la religion parce qu'il est, lui aussi, pécheur au même titre que les violeurs, et s'il réussit à leur pardonner, il sera lui-même pardonné. En rejetant la punition et les règles de l'Institution, il donne donc un sens spirituel à sa vie personnelle, elle aussi au-delà de toute convention sociale. Les images pieuses et les icônes

---

[478]. Frédéric Strauss, « Bad trip » dans *Cahiers du cinéma n° 465*, mars 1993, p. 66.
[479]. Sylvain Rosenthal, « *Bad Lieutenant* décrète le cinéma d'urgence » dans *Globe Hebdo*, 10 au 16 mars 1993, p. 55.
[480]. Frédéric Strauss, « Bad trip » dans *Cahiers du cinéma n° 465*, mars 1993, p. 65.

religieuses qui balisent le Golgotha du « bad lieutenant » mêlent sacrifice, expiation, rédemption comme pour rappeler les tensions morales intérieures vécues par le policier.

L'aventure du « bad lieutenant » se termine dans l'absurde : alors qu'il a arrêté les coupables du viol, qu'il est parvenu à leur pardonner (à l'instar de la nonne), la mort le rattrape. La caméra se fige sur un plan d'ensemble qui nous éloigne du personnage qui commence enfin à reprendre sa vie en main. Le pardon qu'il vient d'accorder lui donne un espoir de seconde naissance puisqu'il a réussi à accepter l'impossible de sa mission sans pour autant se sentir coupable. Or, à cet instant précis, dans l'indifférence générale, le « bad lieutenant » est assassiné en plein cœur de New York par des truands : il a perdu le pari engagé, il ne peut honorer sa dette de jeu, donc il doit mourir. La retransmission d'un match de base-ball dont on voit les images télévisées a signé son arrêt de mort, rappelant cette pulsion de mort qui l'animait avant qu'il ne retrouve un sens à la vie en substituant à la mission sécuritaire pour laquelle il est payé, une mission religieuse qui n'est pas de son ressort.

Représentations en crise

En quête d'identité

Le film néo-noir privilégie le thème de la quête à celui de l'enquête, suggérant que les personnages traversent une crise existentielle, qu'ils visent à résoudre en s'engageant dans une action d'envergure, susceptible de redorer une image de soi dépréciée. L'émergence d'un contexte socioéconomique qui favorise l'initiative individuelle et encourage l'accumulation des biens matériels agit en profondeur sur les aspirations des êtres. Incarnée par le *self-made man* d'antan, cette idéologie nourrit des rêves de grandeur parmi les individus qui mesurent leur bonheur à l'aune de leur réussite socioprofessionnelle. Le film néo-noir accuse le système économique de corrompre l'imaginaire d'individus ordinaires, qui se laissent guider vers la marge de la société, c'est-à-dire vers la frange du crime, par le désir jamais satisfait de s'enrichir. La définition du *loser* doit donc être reconsidérée pour mieux cerner le profil psychologique de l'individu qu'il représente ; la vision manichéenne exprimée ci-dessous par Max Horkheimer et Theodor W. Adorno ne correspond plus au personnage tel qu'il apparaît dans le film néo-noir :

> [Le *loser*] est un marginal et, mis à part certains crimes capitaux, être un marginal est un crime grave. Dans un film on le présentera, dans le meilleur des cas, comme un original, objet d'une satire malicieuse et indulgente ; le plus souvent, on le présentera comme un vilain et il sera identifié comme tel dès sa première apparition, avant même que l'action démarre vraiment, afin qu'on ne puisse se tromper et croire, même un instant, que la société se tourne contre les hommes de bonne volonté.[481]

Représenté par un vagabond dans *Le Facteur sonne toujours deux fois* (*The Postman Always Rings Twice*, Tay Garnett, 1946) ou par des cambrioleurs dans *Quand la ville dort* (*The Asphalt Jungle*, John Huston, 1950), le *loser* du film noir est un laissé pour compte qui n'a pas réussi à profiter de la liberté économique pour grimper dans l'échelle sociale. Il a, par conséquent, été rejeté à la marge d'une société vouée au culte de la réussite socioéconomique et à la perfectibilité de l'individu.

Le *loser* retrouve le chemin du néo-noir sous des traits sensiblement différents puisqu'il n'y est plus nécessairement l'exclu du système économique. Représenté par un homme parfaitement intégré dans la structure sociale dominante du fait qu'il occupe une situation professionnelle susceptible de lui assurer un revenu stable, le *loser* du néo-noir est peut-être même entouré d'une famille, qui pourtant ne suffit pas à le rendre heureux, parce qu'il se nourrit de rêves qui font naître en lui le sentiment d'une frustration et d'une insatisfaction permanentes. S'il jouit d'une situation professionnelle tout à fait respectable en tant que coiffeur, Edward Crane affiche pourtant l'expression résignée d'un homme qui a abandonné tout espoir d'accéder à un échelon supérieur de l'échelle sociale dans *The Man who wasn't there* (Joel Coen, 2001).

Comme le titre l'indique, *The Man who wasn't there* relate l'histoire d'un individu qui n'a pas de place essentielle dans l'espace social : Ed Crane n'est ni le sujet d'articles de

---

[481]. Max Horkheimer et Theodor W. Adorno, *La Dialectique de la raison, op. cit.*, p. 159.

journaux, ni le représentant d'un pouvoir financier, ni la figure de proue d'un courage sans borne (il a été réformé parce qu'il a les pieds plats). Cet homme ordinaire est d'abord l'exemple type du *loser* dans une société où seuls comptent l'identité sociale affirmée et l'impression qu'elle est susceptible de façonner. La valeur de l'individu se mesure surtout aux regards admiratifs qu'il lui est possible de croiser et se manifeste dans les attitudes obséquieuses de ceux qui l'entourent. Ne suscitant ni respect, ni admiration, malgré le savoir-faire dont il fait preuve dans l'art de la coiffure, Ed Crane se trouve dévalorisé, comme le suggère l'intensité de son silence opposée à la faconde de son entourage. Si une voix off nous donne accès à ses pensées les plus intimes, elle signale d'abord un repli vers l'intériorité, produit par un manque de confiance en soi. Ed Crane incarne une figure du narcissisme contemporain alors qu'il se réfugie dans le silence, pour mieux se protéger d'un environnement qui lui renvoie l'image accablante de son infériorité sociale.

Parce qu'il aspire secrètement à une mobilité sociale ascendante, celle-là même qui est promise par le « rêve américain », à la respectabilité qui va de pair avec une situation professionnelle enviée, Ed Crane se lance dans l'aventure criminelle qui souligne d'abord la perversité d'un système idéologique et économique invitant sans cesse au dépassement de soi. Employé dans un salon de coiffure pour hommes, Ed voudrait monter sa propre entreprise afin de reconquérir l'amour et le respect de Doris, son épouse, qui le délaisse pour un autre homme, Big Dave Brewster. Surnommé Big Dave parce qu'il met en avant le courage dont il a dû faire preuve au cours de combats guerriers qui l'ont consacré comme héros national, le personnage représente l'antithèse de Ed Crane. Doris s'est laissé séduire par la personnalité extravertie et l'art de la parole facile qui caractérisent Big Dave, lasse d'un époux sans ambition emmuré dans le silence. Le film intègre des séquences répétitives qui ont pour cadre le salon de coiffure où Ed Crane reproduit mécaniquement les mêmes gestes, jour après jour, inscrivant sa vie dans la spirale d'une routine qui semble sans fin. Les gros plans donnent à lire l'expression d'un visage désabusé, refermé sur la vie médiocre du petit employé qu'il est. Lorsqu'un client, Frank, confie au coiffeur qu'il recherche un associé susceptible de financer la commercialisation d'un produit révolutionnaire de nettoyage à sec et l'ouverture d'une chaîne de magasins facilitant ce nouveau service, Ed comprend vite qu'il ne peut pas laisser passer une telle occasion. Il apportera les dix mille dollars nécessaires à l'entreprise et il espère les obtenir en faisant chanter Big Dave, l'amant de sa femme.

L'espoir de parvenir à devenir un modèle de réussite aux yeux des autres le conduit malencontreusement sur le chemin de l'illégalité ; il se laisse corrompre par la possibilité qu'il entrevoit de concrétiser « son » rêve américain. Ed frôle la possibilité de concrétiser l'objet de ses désirs quand la perspective de s'enrichir le pousse au chantage. Parce qu'une vie banale l'avait jusque-là tenu hors de portée du milieu criminel, Ed n'avait pas un seul instant envisagé les conséquences possibles d'un chantage. Il est bientôt réduit à devenir le témoin impuissant d'une succession d'événements tragiques qu'il a déclenchés. Big Dave provoque une rencontre avec ce maître chanteur dont il a deviné l'identité, mais périt au cours de la bagarre qu'il a pourtant souhaitée. Ed n'est jamais soupçonné ; c'est Doris qui est accusée d'avoir perpétré le meurtre et qui est arrêtée pour être mise en examen.

Frustrés par le décalage entre leur rêve et leur quotidien, les personnages des frères Coen sont des *losers* parce qu'ils croient pouvoir changer leur image pour correspondre à un modèle de réussite social tel qu'il nous est proposé dans les divers médias. Se mettre hors-la-loi devient l'inévitable corollaire du rêve impossible. L'individu se tourne vers le crime afin de réconcilier une image de soi dévalorisée et un idéal de soi inspiré de modèles reproduisant une fonction sociale valorisante. Définis en fonction des regards portés sur eux, ces *losers* sont d'abord le produit d'une culture de type narcissique. Christopher Lasch explique qu'une société fondée sur les apparences alimente la crise d'identité des individus, et donc le processus de dépersonnalisation :

> En dépit de ses illusions occasionnelles d'omnipotence, le narcissique dépend des autres pour valider son estime de soi. Il ne peut vivre sans l'admiration d'un public. En apparence affranchi des liens familiaux et des contraintes institutionnelles, le narcissique n'est pas libre d'affirmer seul, dans la gloire, son individualité. Au contraire, la liberté contribue à son insécurité, qu'il ne peut surmonter qu'en voyant le reflet de son « moi grandiose » dans les attentions des autres […]. Pour le narcissique, le monde est un miroir, tandis qu'il représentait un espace vide et sauvage à façonner selon son idée pour l'individualiste coriace. [482]

Le narcissisme ambiant se lit dans la grandeur de l'image que l'homme voudrait projeter sur le miroir du monde. Cette obsession le conduit toujours à sa perte car elle brouille les frontières entre l'être et le paraître comme tend à le démontrer le caractère fabulateur des discours, en apparence convaincants, de Big Dave. Sa mort révèle l'ampleur des mensonges qu'il avait construits pour flatter son ego, mais aussi pour susciter le respect : héros de papier, Big Dave avait passé le temps des hostilités dans des bureaux. La quête d'identité des personnages se réduit donc à la quête d'une image sociale, comme si l'illusion du paraître l'emportait sur la définition de l'être. L'espace social rejoint l'espace théâtral dans la mesure où l'apparence opère telle une médiation entre les individus, telle une surface sur laquelle s'inscrit la valeur socioprofessionnelle de l'individu. Dans ce contexte, Big Dave apparaît comme le double d'Ed Crane, puisque les efforts des deux hommes les conduisent à jouer un rôle que la distribution ne leur a pas accordé au départ. Ils aspirent à devenir héros, alors qu'ils sont cantonnés à la fonction du *loser*.

Le film néo-noir permet la représentation en abyme, à force d'excès ou de jeux intertextuels qui contribuent à révéler le pouvoir des images publicitaires sur l'imaginaire individuel. *Mulholland Drive* (David Lynch, 2001) présente un personnage mystérieux et énigmatique sous les traits d'une femme amnésique, victime d'un accident de la route qui a effacé le moindre souvenir de sa mémoire. Après avoir erré toute la nuit dans les rues de Los Angeles, elle a trouvé refuge dans un appartement que sa propriétaire venait de quitter. Quand survient Betty, une parente, elle s'invente une identité qui lui permet de faire illusion en espérant que la mémoire lui revienne. Au moment où Betty lui demande son nom, la jeune femme découvre le reflet d'une affiche de cinéma où l'on reconnaît Rita Hayworth dans le rôle principal de *Gilda* (Charles Vidor, 1946). Le regard tourné vers ce reflet, juxtaposé à côté du sien dans un autre miroir, elle répond « Rita ». Les cheveux bruns de Rita Hayworth, la robe fourreau qu'elle porte, entretiennent une étrange

---

[482]. « Notwithstanding his occasional illusions of omnipotence, the narcissist depends on others to validate his self-esteem. He cannot live without an admiring audience. His apparent freedom from family ties and institutional constraints does not free him to stand alone or to glory in his individuality. On the contrary, it contributes to his insecurity, which he can overcome only by seeing his 'grandiose self' reflected in the attentions of others […]. For the narcissist, the world is a mirror, whereas the rugged individualist saw it as an empty wilderness to be shaped to his own design. » Christopher Lasch, *The Culture of Narcissism,* London, Sphere, 1980, p. 71.

correspondance avec l'apparence extérieure de l'inconnue. La nudité que la jeune femme affiche, une serviette de bain enroulée autour du corps, évoque clairement la vulnérabilité de notre jeune héroïne qui n'a plus d'identité puisqu'elle a même oublié son propre prénom. L'image de l'actrice lui fournit un modèle auquel s'identifier et lui permet de meubler le vide intérieur qui la paralyse.

La scène rejoue à l'intérieur du film le processus d'identification qui relie la spectatrice à l'actrice : des images peuplent l'imaginaire de jeunes filles qui modèlent leur propre apparence sur des femmes dont la beauté a été sculptée par l'art de la photographie. Un tel processus comporte une part de danger, concrétisée par le nom qu'emprunte l'amnésique dans *Mulholland Drive*, suggérant que la réplique doit laisser de côté, oublier une part d'elle-même pour mieux se fondre dans le moule du modèle qu'elle s'est choisi. Avant d'intégrer les qualités extérieures ou intérieures célébrées par une image idéalisée de la femme ou de l'homme auquel il souhaite ressembler, l'individu va devoir renier une part de soi. L'identité de l'individu est donc menacée par la projection d'une image extérieure dont le pouvoir destructeur est ici mis en évidence. « Rita » se détourne de son propre reflet, comme si elle voulait d'abord se reconnaître dans le personnage de Rita Hayworth, l'actrice. Le nom qu'elle s'approprie devient le signifiant d'une mascarade à laquelle elle se prête inconsciemment, pour se construire une nouvelle identité à partir d'images exposées dans son environnement qui lui est étranger. La structure narrative de *Mulholland Drive* comporte deux parties distinctes : la première reprend le thème classique de la quête d'identité menée par « Rita » ; la deuxième propose un flash-back dans la vie de « Rita », dont le vrai nom s'avère être Camilla. La juxtaposition des deux récits rappelle le dédoublement de Rita/Camilla sous la forme d'un clivage de la personnalité.

Représentation et théâtralisation

La soif de reconnaissance exprimée par Ed Crane dans *The Man who wasn't there* (Joel Coen, 2001) est associée à la théâtralisation de l'espace social, phénomène illustré par la construction de l'espace filmique. La caméra se pose sur le visage des hommes et des femmes réunis dans le jury pendant la scène du procès au cours duquel est examiné le destin de Doris Crane, accusée d'avoir assassiné l'homme que son époux a fait chanter afin d'obtenir les dix mille dollars nécessaires à sa promotion sociale. Tels des spectateurs de cinéma, les membres du jury et de l'auditoire sont attentifs aux faits et gestes des avocats qui représentent tantôt Doris Crane, tantôt l'ordre public, comme s'ils assistaient à la mise en scène d'un acte de justice, comme si le tribunal était devenu une scène de théâtre où chacun jouerait un rôle prédéterminé. L'image capte les sourires amusés comme l'anxiété sur les visages de jurés et de spectateurs qui ne paraissent pas saisir l'enjeu du drame, mais qui s'amusent du talent oratoire de l'avocat, Freddy Riedenschneider. Refusant d'entendre la version des faits proposée par Ed Crane, il a préféré broder une histoire dont il a imaginé les moindres détails dans le seul souci d'épargner la chaise électrique à sa cliente.

Freddy Riedenschneider se lance alors dans une plaidoirie au cours de laquelle il choisit avec soin les mots qui pourront émouvoir le public, et par conséquent les jurés, se prêtant à une double chorégraphie verbale et visuelle dans la salle du tribunal. Il sait qu'une plaidoirie réussie a pour conséquence soit l'exécution, soit le non-lieu, mais que toujours elle produit un effet saisissant sur l'auditoire lorsque l'avocat se met en scène et suggère qu'une parodie de justice se déroule sous les yeux du public attentif. Le plaidoyer de l'avocat s'inscrit ici dans la rhétorique du spectacle, du simulacre, de la comédie des apparences. Les cinéastes jouent de la valeur intertextuelle de la scène qui sait rappeler subtilement la performance, elle aussi théâtrale, d'Arthur Bannister dans *La Dame de Shanghai* (*The Lady from Shanghai,* Orson Welles, 1948) ; mais l'introduction d'une voix off dans *The Man who wasn't there* change la tonalité de la scène, introduit une distance ironique dans le spectacle, et transforme la performance de l'avocat en jeu d'acteur. L'espace social rejoint l'espace de la fiction pour révéler l'artificialité des stratégies qui président à la construction de l'identité sociale comme à la représentation des personnages par le cinéma.

Aussi n'est-il pas anodin de voir le personnage du gangster revenir infléchir les intrigues du néo-noir qui exploitent la théâtralité de son costume et de son allure pour mettre en relief le rituel qui accompagne ses tueries. La référence au gangster implique un retour au passé qui sert d'élément de référence pour apprécier le présent, le « juger », par le truchement d'une approche caricaturale du code de la masculinité. Dans *Reservoir Dogs* (Quentin Tarantino, 1992), les gangsters ont comme un besoin compulsif de s'écouter parler : s'ils donnent ainsi l'impression de contrôler leurs moindres pensées et gestes à travers la maîtrise du langage, ils participent d'abord à une mise en scène qui doit leur permettre de mieux faire illusion. La masculinité des gangsters se construit sur des artifices tels que les vêtements, les mouvements, le droit à la parole, autant d'éléments qui invitent les personnages à construire leur propre rôle dans l'espace filmique. Les gangsters se retranchent derrière des noms de scène (Mr Brown, Mr White, Mr Orange…) qui masquent volontairement la distance entre les individus, réduisent leurs relations à une solidarité, à une homogénéité d'espèce. Le nom qui ne permet plus d'appréhender la personne détache l'individu de son identité spécifique, devient une étiquette arbitraire, manipulable, voire interchangeable. Les gangsters du film néo-noir participent à un jeu dont les règles sont celles de la re-présentation ; ils mettent l'accent sur l'artifice dans leur propre rôle, pour mieux faire éclater les codes qui président à l'acte dans l'univers du gangstérisme. Parce que le film est une comédie sur les apparences, Mr. Orange a construit son personnage à partir de mots, à partir d'un discours qu'il s'est fabriqué pour mieux cacher sa vraie identité (de policier) ; les gangsters nous apparaissent alors comme des formes vides. David Denby utilise volontiers une expression tautologique pour désigner la représentation qui donne à voir les conventions auxquelles elle obéit. Selon le critique, le réalisateur de *Reservoir Dogs* prendrait un véritable plaisir à dévoiler « l'aspect filmique des films »[483] à travers le verbe outrancier des gros durs qu'il met en scène pour mieux faire ressortir la mystique du pouvoir et de la violence.

Si les truands respectent les codes de la représentation, investissent le jeu des apparences pour conserver un pouvoir que leur confère par définition la virilité, ils trahissent principalement l'artificialité d'une démarche qui n'est pas sans rappeler les

---

[483]. « the movieness of movies ». David Denby, "Boys Will Be Boys" dans *New York*, August 28, 1995, p. 118-119.

ressorts du masque, stratégie sociale qu'Erving Goffman définit comme la maîtrise d'un pouvoir sur les facultés de percevoir de l'autre :

> Au cours d'une représentation, certains aspects sont mis en relief et d'autres cachés. Si l'on regarde la perception comme une forme de contact et de communication, alors avoir le contrôle de ce que l'on perçoit, c'est avoir le contrôle du contact établi, de même qu'en délimitant et en réglant le spectacle on délimite et on règle le contact. Il y a ici une relation entre l'information et le rituel.[484]

Le film démystifie le langage cinématographique et le système sémiologique qui concourent à la construction d'une image codifiée de la masculinité dans le spectacle cinématographique par la révélation au grand jour des détails qui fondent la représentation. Parce que les gangsters sont présentés avec maniérisme, la violence de leurs gestes ne dépasse pas la parodie et rappelle que toute représentation filmique postule une construction de l'image de l'homme.

Dans *Nos funérailles* (*The Funeral,* Abel Ferrara, 1996), le rituel auquel se soumettent les personnages est explicite, de sorte que le spectateur a conscience du jeu de la représentation. La masculinité des gangsters se définit par rapport à un code de l'honneur qui détruit leur individualité car il éradique tout sentiment. Abel Ferrara s'efforce de renouveler des images stéréotypées de gangsters pour exposer la tradition qui régit leur conduite. *Nos funérailles* se concentre sur le récit d'une seule nuit, d'une veillée funèbre qui réunit toute la famille Tempio autour du cadavre de Johnny, le cadet des frères Tempio. Une série de flash-backs décrit les événements qui ont conduit au meurtre du jeune homme ; elle nous oblige à nous intéresser à la psychologie des gangsters ainsi qu'aux rites de cette famille italienne et bourgeoise de la Mafia pour comprendre la force des traditions qui fait basculer toute une famille dans l'univers du tragique. La tradition des gangsters assigne à chacun un rôle précis : les hommes imposent leur autorité dans des bars louches, tandis que les femmes abandonnées à la cuisine figurent l'abnégation féminine. L'ordonnance soigneusement ritualisée de la veillée funèbre, organisée autour des fleurs que l'on dispose près du cercueil, régie par le frère aîné qui fait office de metteur en scène, accompagnée par le chœur des femmes qui pleurent le mort, confère à la scène un aspect théâtral. La stricte organisation de la cérémonie annonce la rigidité des lois qui gouvernent les familles de la Mafia.

Par voie de conséquence, le spectateur devient très vite conscient du jeu des apparences : la réalité qui nous est montrée se donne comme re-présentée non comme « reproduction photographique du réel ». Les précisions picturales sont comme l'intrusion d'un réel trop criant sur la scène sophistiquée du film de genre et de ses conventions.[485] Alors que le gangster incarnait jadis la tradition de l'individu rebelle, celui qui réussissait à s'enrichir en détournant les lois ou en usant de la violence, il apparaît d'abord ici comme un acteur qui se meut dans un décor artificiel. Présentation, apparences, rites semblent généralement caractériser le monde du gangstérisme du néo-noir. Si les frères Tempio affichent toujours l'ambition impétueuse et l'individualisme forcené qui distinguaient déjà les héros de *Le Petit César* (*The Little Caesar,* Mervyn Le Roy, 1930), de *L'Ennemi public* (*The Public Enemy,* William Wellman, 1931) ou de *Scarface* (Howard Hawks, 1932), la

---

[484]. Erving Goffman, *The Representation of Self in Everyday Life*, traduit par Alain Accado, Paris, Editions de Minuit, 1973, p. 68-69.
[485]. Vincent Amiel, « *Nos funérailles* » dans *Positif n° 430,* décembre 1996, p. 39.

vocation d'être des gangsters ressemble davantage à un héritage venu de leur père qu'à une vocation individuelle ; ils agissent par piété familiale plutôt que par passion individuelle.

Le récit rétrospectif de *Nos funérailles* relate leurs écarts de conduite au code des gangsters : Johnny assistait aux réunions du parti communiste tandis que ses frères profitaient à qui mieux mieux de l'émancipation des mœurs. L'assassinat de Johnny va pourtant réveiller le code moral qui unit les trois frères car un meurtre appelle toujours une vengeance. Les épouses de ces truands assistent, impuissantes et désolées, au bal macabre qui s'organise malgré elles dans leur propre foyer.[486] La première, Clara, devine quel mal ronge son homme. En effet, à force de vouloir se hisser à la hauteur du rôle de mafieux qu'il ambitionne mais qu'il est incapable de tenir, Chez glisse doucement vers la folie.[487]

Des plans fixes, filmés près du corps, indiquent assez la détresse que l'homme cache sous un silence impénétrable. Toute la façade du gangster s'effondre soudain lorsque, une fois chez lui, Chez viole sa femme, puis éclate en sanglots. La séquence est entièrement centrée sur l'expression du visage de Clara, visage contrit de victime sacrificielle qui, peu à peu, se mue en celui de mère consolatrice, cherchant à apaiser son enfant. « Clara, nous avons toutes été trompées par ces frères ! On les croit tellement intéressants – individualistes, aventuriers – mais ils n'ont rien d'intéressant. Ce sont juste des criminels »[488], lui confie Jean, l'épouse de Ray, en s'insurgeant contre le comportement des gangsters, contre le rite mafieux qu'ils ont érigé en règle de conduite parce qu'ils l'ont hérité de leur père. La jeune femme ne voit plus aucune place laissée à l'individualité dans ces rituels trop empesés joués au nom de la tradition. Les gangsters apparaissent soudain comme prisonniers de leurs rôles, de la mémoire collective, d'un code dit de l'honneur. Ray, l'aîné, porte en lui le poids d'une fatalité ancestrale ; lorsqu'il était enfant, son père lui avait déjà demandé de tuer un ennemi de la famille. La cohésion familiale repose sur ce souvenir, sur ce meurtre, sur la tradition de la vengeance. La violence du souvenir sacralise l'ordre paternel, valorise la tradition en tant qu'enracinement culturel, même si elle conduit la famille à une destruction certaine.

Le corps momifié et fardé dans le cercueil symbolise le destin tragique promis aux gangsters et à cette famille représentée comme espace figé. Les références constantes à la mort, à la religion, à la violence, au sexe sont autant d'autorités implacables qui entachent la trame événementielle dans laquelle les personnages sont pris au piège. Des éclairages faibles, à l'intérieur comme à l'extérieur de la demeure familiale, créent une ambiance d'inconfort, d'étouffement que l'on associe autant à l'entité familiale qu'à la tradition des gangsters. Toutes les actions nous ramènent vers la pièce où gît le mort, enserrent les personnages dans les rites d'une tradition funeste. Les flash-backs s'articulent autour d'une unité de temps, une veillée funèbre qui enferme les personnages dans un huis clos psychologique : le fossé se creuse entre les personnages parce que le vécu de l'amour et de la famille s'accompagne d'une impossibilité toujours plus présente à communiquer.[489] Les hommes éprouvent le besoin de se libérer par des formes de violence tandis que les femmes s'accommodent tant bien que mal de leurs seuls monologues intérieurs.

---

[486]. Didier Péron et Olivier Séguret, « Abel Ferrara, l'éveillée funèbre » dans *Libération,* 27 nov. 1996, p. 13.
[487]. Vincent Rémy, « *Nos funérailles* » dans *Télérama n° 2446*, 27 nov. 1996, p. 43.
[488]. « Clara, these brothers have us all fooled! We think they're so interesting – individualists, mavericks – but they're not interesting. They're just criminals »
[489]. Abel Ferrara dans une interview de *Sight and Sound*, July 1997, p. 32.

Dans la scène finale, Chez devient incontrôlable au point de tuer son frère, Ray, avant de se suicider. Ce carnage familial est l'aveu d'une défaite, une vignette de la désintégration de la famille et de l'apocalypse sociale.[490] Les frères Tempio s'avèrent incapables de conjurer un destin collectif, façonné par l'imbrication de systèmes de valeurs inhumaines. *Nos funérailles* est donc une sorte de parabole de l'ordre social : Abel Ferrara interroge ici la légitimité de ces autorités qui régentent la vie des individus dans la société contemporaine. Il décrit l'espace social comme un lieu de représentation où l'individu doit faire abnégation de ses aspirations, de son bonheur, pour correspondre à une image, car un rôle lui a été d'emblée dévolu. Dans *The Presentation of Self in Everyday Life*, le sociologue Erving Goffman compare la société d'aujourd'hui à une scène de théâtre pour pouvoir expliquer les comportements de chacun : les individus choisissent le « masque » qui va convenir à leur situation (le gangster doit ressembler à un gangster) puis intègrent l'« espace théâtral », c'est-à-dire l'univers du social : famille, école, club…[491]

Les gangsters se voient relégués au statut de *loser* dans le film néo-noir parce qu'ils sont prisonniers d'une image sociale et d'une histoire, parfaitement signifiées par le stéréotype cinématographique que vulgarisait le film de gangsters des années trente. Cependant, *Nos funérailles* dévoile le piège tendu par ces images qui imposent une fonction au gangster, celle de gardien du pouvoir hérité de leur père. La présence du cadavre de Johnny rappelle l'absurdité, le dérisoire de leur quête : détenir quelque pouvoir ne devient tangible qu'en le perdant.[492] L'arme à feu n'est pas seulement le symbole du pouvoir du gangster, elle est aussi l'instrument de sa mort. *Nos funérailles* s'achève sur une tuerie collective, les cadavres s'amoncellent autour du mort, comme pour mieux signifier que le pouvoir échappe au gangster avec la mort de ce corps dont il est prisonnier. Le mythe auquel ils se réfèrent pour exister a des conséquences funestes que le spectacle du néo-noir révèle en opposant le plaisir, associé à la fonction de pouvoir occupée par le gangster, à l'angoisse de la mort. La perte soudaine de son emprise sur le monde matériel garantit au gangster l'accès au mythe, tout en dénonçant les rites funestes d'une famille qui demeure soudée par le seul pouvoir des traditions. Le film néo-noir utilise l'image du gangster telle une métaphore pour mettre en scène les angoisses de l'homme blanc, dont la situation de domination dans une société de type patriarcal est constamment remise en question par l'activité des femmes ou des minorités.

---

[490]. Vincent Rémy, « *Nos funérailles* » dans *Télérama n° 2446*, 27 nov. 1996, p. 42.
[491]. Erving Goffman, *The Presentation of Self in Everyday life, op. cit.*, p. 76.
[492]. Jason Jacobs, "Gunfire" dans *Screen Violence, op. cit.*, p. 168-170.

Commerce du crime

L'économie a laissé son empreinte sur la géographie urbaine : la concurrence sauvage s'y traduit par la construction de gratte-ciel de hauteur différente, la réussite sociale par le déplacement vers les banlieues ou par la *gentrification* (revalorisation des quartiers pauvres et dégradés menés par des investisseurs particuliers), la libre entreprise par la multiplication des *shopping malls*. Autant d'espaces qui se retrouvent dans la diégèse du film néo-noir, comme si le développement économique avait accompagné l'émergence de nouveaux comportements criminels.

De manière paradoxale, le film néo-noir révèle l'étendue de la « crise urbaine » par l'exploration d'une géographie nationale, parfois même internationale, de la criminalité. Le récit de *Traffic* (Steven Soderbergh, 2001) juxtapose trois histoires qui finissent par se croiser car chacune est un effet d'un même phénomène : le trafic de drogues, ses dimensions internationales. Seuls les chromatismes du film permettent au spectateur de se repérer alors que le réalisateur glisse d'un récit à l'autre pour faire avancer le film vers une cohérence d'ensemble ; la photographie est surexposée quand nous nous retrouvons au Mexique, le bleu devient la couleur prédominante lorsque nous sommes à Washington, et une lumière naturelle prévaut en Californie, à San Diego. Le type de narration retenu reflète parfaitement l'ampleur de l'organisation qui veille sur le marché clandestin de la cocaïne. Chaque panneau peint un décor différent, met tour à tour en scène des policiers qui interceptent un chargement de drogue à la frontière entre l'Amérique et le Mexique, la débauche d'une jeune fille qui goûte aux plaisirs interdits et dont le père vient d'être nommé à la tête d'une nouvelle administration chargée de lutter contre la drogue, l'arrestation d'un père de famille accusé d'importer et de revendre la drogue en toute illégalité. Le montage alterné fait ressortir la simultanéité des trois histoires qui se déroulent dans des lieux différents, touchent des niveaux sociaux distincts. Les trois récits sont le lieu d'un drame lié à la soumission des personnages au trafic d'une drogue dont leur vie dépend, soit en tant que policier, soit en tant que consommateur, soit en tant que *dealer*.

Traffic suggère que la tentation de tricher s'est banalisée, il désigne la déviance vers la drogue et vers le crime comme un avatar de la société de consommation et du capitalisme. Le crime sous-tend une stratégie de réussite économique qui, elle, mène à une reconnaissance sociale. Lorsqu'elle découvre que son mari avocat est impliqué dans un trafic de drogues à l'échelle internationale, Helena Alaya s'insurge et se rebelle avant de comprendre qu'elle n'aurait pas accès au confort dont elle jouit si son mari n'avait risqué sa réputation aux côtés d'une organisation clandestine. Elle accepte de lui succéder et d'organiser elle-même des importations de cocaïne en échange de l'assassinat du témoin principal dans l'inculpation dont est victime son époux. Les dehors de la respectabilité priment pour Helena qui souhaite recomposer l'image d'une famille unie au-delà de la réussite.

Au sentiment de révolte qui anime le criminel du film noir, toujours prêt à violer la loi afin d'assouvir une ambition individuelle, fondement de l'éthique de la libre entreprise, succède la résignation qui conduit l'individu à considérer le crime comme le moyen privilégié par lequel il peut concrétiser ses désirs. Marginalisées dans les années quarante, les aventures du criminel sont comme légitimées par la fusion de l'espace économique, urbain et criminel qui s'inscrit dans le décor du film néo-noir, figurant une structure mentale et sociale de la corruption. Gangstérisme et consumérisme se rejoignent dans *Casino* (Martin Scorsese, 1995) dont l'intrigue nous conduit au cœur de la logique d'entreprise, telle qu'elle est appliquée par la Mafia qui jouit d'un pouvoir quasi absolu sur le fonctionnement des casinos de Las Vegas. Les passions des joueurs illustrent notre propre assujettissement aux joies et aux frustrations qu'implique la notion de pouvoir d'achat. Autrefois relégué à l'arrière-plan d'un film (on se souvient des tables de jeu dans *Le Grand sommeil* ou dans *Gilda*), le casino a envahi le cadre du film comme pour témoigner de l'emprise totale que l'argent exerce sur les êtres.

Les casinos symbolisent la tentation toujours plus grande de jouer son argent, de risquer, preuve d'une soumission servile aux tentations du marché. Cependant, les premières images du film, composées comme un documentaire, tentent de démystifier l'image clinquante de Las Vegas, représentée comme un monde de plaisirs artificiels. Les rêves convoqués par l'argent, étalé à la fois dans les lumières qui illuminent la ville et dans le style des vêtements qui distinguent les femmes riches, sont opposés au discours froid d'une voix off (en alternance Ace puis Nicky) qui nous explique les règles de fonctionnement d'un casino dans les années soixante-dix. Du film noir, Martin Scorsese n'a gardé que des codes esthétiques et des typologies qu'il réinvestit d'un dessein neuf. Il ne s'intéresse guère au drame personnel des joueurs, s'efforçant plutôt de révéler les machinations qui permettent aux chefs de la Mafia de réguler les échanges sur le marché des tables de jeu et de calculer le profit qu'il est possible de tirer des divers plaisirs offerts aux joueurs. La multiplicité des angles de prise de vue, le nombre des mouvements d'appareils, le montage rapide contribuent à envoûter les spectateurs, plongés dans l'atmosphère électrique du casino. L'œil du spectateur est invité à se promener dans l'espace en profondeur de l'écran, attiré par le mouvement constant des joueurs qui s'activent d'une machine à l'autre comme dans un parc d'attraction.

L'approche visuelle et sonore guide notre visite de la ville spectaculaire de l'excès qu'est Las Vegas pour mieux nous y perdre. Le discours du personnage principal, Sam Ace Rothstein, est le seul élément de sérénité au sein d'un tumulte et d'une agitation sans fin. Précis et cyniques, les commentaires nous emmènent dans les coulisses du casino pendant les quarante-cinq premières minutes du film. Derrière les paillettes se cache un système impitoyable : les joueurs n'y sont que des figurants anonymes, éternelles dupes consentantes dont la seule fonction est de perdre pour mieux remplir les poches d'une mafia omniprésente. Après avoir appréhendé les rouages de cette fantastique machine à faire de l'argent, perçu l'atmosphère exaltante du casino, les personnages prennent peu à peu corps. Ace et ses complices (Nicky et sa femme infidèle, Ginger) ne jouent que rarement, entièrement accaparés par le contrôle des opérations qui leur échoit. L'effervescence qui règne dans le milieu du casino devient très vite étouffante : le film s'enferme dans un huis clos, l'espace intérieur du casino est opposé à quelques plans extérieurs du désert du Névada qui viennent confirmer la stérilité de cet univers fantasmatique.[493]

Alors que les jours de gloire s'amenuisent du fait de querelles intestines entre mafiosi, les hommes provoquent leur propre chute et celle de tout le système, déchirés par des sentiments d'orgueil et de cupidité, que l'univers du jeu a exacerbés. Parce qu'il continue de faire gagner de l'argent aux chefs de la mafia, Ace survit à la débâcle qui a éliminé tous ses collègues. Comparé à l'organisation d'une corporation géante, le milieu des casinos procède à une restructuration intérieure, à laquelle Ace participe activement. Obsédé de contrôle et de pouvoir, Ace fait des efforts permanents pour régler et ordonner le bon fonctionnement de l'entreprise dans son ensemble. La guerre qui se livre entre mafiosi

---

[493]. Jean-Pierre Coursodon, « Casino » dans *Positif n° 421*, Mars 1996, p. 18.

pour le contrôle des casinos, reflète à une échelle micro-économique, les conflits qui opposent aujourd'hui les diverses multinationales pour le contrôle des marchés étrangers. La criminalité prend une dimension commerciale et internationale dans le film néo-noir qui établit un lien entre l'attitude individualiste, la voracité commerciale et la banalisation des attitudes criminelles.

Les personnages du néo-noir ont intégré ce mode de pensée individualiste qui conduit l'héroïne de *Jackie Brown* (Quentin Tarantino, 1997) à braver les lois de son propre pays quand elle importe de la drogue, puis exporte l'argent de la vente pour le remettre à Ordell Robie, opération qui lui permet d'arrondir des fins de mois difficiles en tant qu'hôtesse de l'air dans une compagnie mexicaine. Sans aucun état d'âme, Jackie décide de monter un plan qui la mettra à l'abri du besoin, arnaque sans vergogne les forces de l'ordre comme son commanditaire.[494] Plusieurs scènes du film ont lieu dans un *shopping mall*, microcosme d'un système économique qui s'est développé par le biais des entreprises multinationales (le *fast-food* est un point de rencontre pour Jackie et Max), microcosme d'une société où se côtoient dans l'indifférence toutes les classes, toutes les races dans la course à la consommation. Après avoir offert son corps à l'uniforme pour représenter une compagnie aérienne, Jackie Brown parvient à se réapproprier son image quand elle se glisse dans un habit neuf acheté dans un magasin du centre commercial. La scène a une fonction double puisqu'elle fait diversion, permettant à Jackie d'échanger un sac de billets de banque contre un sac rempli de papier journal sous les yeux crédules des policiers qui la surveillent. Elle acquiert également une dimension métaphorique puisque Jackie s'apprête à commencer une nouvelle vie grâce à la transaction qui lui permet d'échanger ses vieux habits contre des vêtements neufs.

---

[494]. Arrêtée à la frontière, Jackie est emprisonnée. Lorsque le chef de police, Ray Nicolet, lui propose de collaborer à un plan qui permettrait d'arrêter Ordell, Jackie accepte tout en assurant Ordell qu'elle compte doubler les policiers. Jackie monte un nouveau plan avec Max Cherry qui lui permet de doubler tout le monde et de garder l'argent qui devait être échangé contre une livraison de drogue.

Du multiculturalisme dans le néo-noir

Le mode de représentation du film néo-noir fait écho à la diversité ethnique qui compose le paysage social de l'Amérique. Nombreux sont les films qui nous invitent à dépasser les antagonismes culturels pour mieux tirer profit des savoirs et des richesses d'autres modes de pensée. La déconstruction a une valeur positive dans ce contexte, puisqu'elle nous éloigne des stéréotypes négatifs que le cinéma hollywoodien a volontiers vulgarisés à travers les codes genériques définissant les films. S'il affiche les codes du film de gangsters dont il pastiche le style, *Miller's Crossing* (Joel Coen, 1990) détourne le propos du genre qu'il explore pour mieux percer les tensions ethniques à l'origine de la violence mise en œuvre par les gangsters à l'époque de la Prohibition. Au-delà du portrait individuel du gangster, *Miller's Crossing* propose donc un regard sur les motivations des hommes qui veulent s'approprier le contrôle du crime organisé. Les complexités plus immédiates d'une société multiculturelle se dessinent derrière les agissements de personnages dont les réactions inattendues font éclater la rigidité du stéréotype du gangster. Un détour par le film de gangsters a permis aux cinéastes de présenter le caractère pluriethnique de la société américaine à travers les conflits qui découlent d'inévitables difficultés d'intégration.

L'effort de reconstitution du passé suscite une imagination nouvelle de la part des réalisateurs qui s'intéressent d'abord aux luttes intestines et aux conflits de pouvoir dans un ensemble social qui se construit dans la diversité culturelle. L'Histoire a été mythifiée par le film de gangsters qui, dans les années trente, a mis l'accent sur les violences incontrôlées des gangsters. La perspective individuelle et moralisatrice du genre est dépassée dans *Miller's Crossing* pour laisser place à la curiosité et à la volonté de comprendre le passé. La fiction conduit le spectateur au cœur d'une Histoire qui représente le cadre de destins et de desseins individuels et collectifs. *Miller's Crossing* ancre la fiction dans un contexte historique que le film reconstruit à force de détails visuels, sonores, qui fragmentent l'espace social représenté. Les traits ethniques des personnages sont volontairement accentués, pour mieux marquer les différences entre des hommes pourtant réunis par les mêmes aspirations, par les mêmes rêves. Les scènes du film fonctionnent de manière presque autonome, nous entraînant tantôt dans l'univers irlandais (recréé au niveau de la bande son par un accompagnement musical reprenant l'air de « Danny Boy »), tantôt dans l'univers de la famille italienne.

Les tenues vestimentaires reproduisent le style des gangsters d'après les stéréotypes cinématographiques antérieurs, mais les accents irlandais et italiens sont exagérés, comme si la dimension ethnique des personnages prenait le pas sur l'ambition forcenée qui, par tradition, conduit le héros à une mort tragique dans le genre. Le souci du détail contribue à humaniser le personnage, même s'il produit aussi un effet caricatural, qui confine au grotesque. L'iconographie des personnages s'inspire de clichés culturels, illustrés par exemple par l'embonpoint des membres de la famille italienne, réunie autour de Johnny Caspar et de son épouse. Leur fils a hérité de cet embonpoint, mais sa gourmandise le conduit à ingurgiter des hot-dogs, à adopter une conduite alimentaire que sa mère réprouve. Elle le conduit devant le chef de famille qui interroge son fils, puis donne un penny pour récompenser les efforts de l'enfant, car Johnny Junior s'est contenté d'un seul hot-dog à la moutarde en guise de déjeuner. La scène nous éloigne du stéréotype du gangster décrit par les films des années trente, pour nous introduire dans l'intimité d'une famille, dans l'espace de la vie quotidienne. La présence du fils de Johnny Caspar modifie ainsi la tonalité de scènes qui révèlent peu à peu la tendresse d'un père tout en ridiculisant l'autorité du chef.

La lutte pour le pouvoir, thème développé à répétition dans les films de gangsters, s'efface derrière le conflit « éthique » qui oppose l'Irlandais (Leo O'Bannion) et l'Italien (Johnny Caspar). Parce que Leo règne sur la ville avec la complicité du maire actuel et de la police, Johnny cherche à obtenir son autorisation avant de punir Bernie Bernheim, juif volubile qui l'arnaque sans vergogne en truquant des combats de boxe. Johnny Caspar invoque l'éthique pour éviter l'anarchie dont sont victimes les plus faibles dans la jungle du capitalisme sauvage. Les pratiques de faussaires auxquelles Bernie s'est livré illustrent les limites de l'intégration des immigrants par la société américaine, puisqu'elles correspondent d'abord à la perversion d'un système économique qui contraint les hommes à vivre dans la marginalité, à se faire gangsters pour pouvoir accéder à un statut socioéconomique. Les rêves auxquels les immigrants aspirent, ceux de la réussite économique, gage d'une reconnaissance sociale, ne leur sont accessibles que par la mise en œuvre d'actions illégales.

L'Histoire devient toile de fond dans *Miller's Crossing*; le népotisme pratiqué par Johnny Caspar apparaît encore comme une revanche culturelle. En effet, le mépris dans lequel étaient tenus les Italiens explique l'attitude belliqueuse de Johnny Caspar qui se dit attaché au respect d'une éthique, c'est-à-dire à la reconnaissance d'une identité citoyenne, et ce dès la première scène. Un conflit entre bandes rivales s'annonce parce que Leo refuse de céder face aux arguments de Johnny, protège en Bernie le frère de Verna, dont il est amoureux fou. Physiquement absent des premières scènes mais sujet de tous les discours, le personnage de Bernie devient l'objet que se disputent les gangs. Tom, le bras droit de Léo, sert d'intermédiaire entre les deux chefs de gang qu'il vise à réconcilier avant que ne se déchaîne la violence dans une guerre des gangs. Intelligent et manipulateur, Tom suggère à Leo de livrer Bernie, mais il est de plus en plus isolé face à la brutalité des autres protagonistes qui ne sont plus qu'actions et pulsions.

Miller's Crossing nous aide donc à retrouver le culturel à la source des conflits entre gangsters, à démythifier l'aventure des gangs pour saisir les enjeux humains qui se retrouvent derrière l'histoire de la Prohibition. Des communautés ethniques se sont rencontrées dans les villes américaines au dix-neuvième siècle et la concentration au cœur des villes américaines d'immigrants venus du monde entier a favorisé l'émergence des gangs. Les Irlandais, qui ont dominé la scène du crime organisé jusqu'à la fin du dix-neuvième siècle avec la complicité de politiques et de policiers corrompus, visaient à protéger leur communauté et à affirmer leur singularité en intégrant le monde du crime. Hugh D. Barlow nous décrit l'organisation des gangs irlandais qui s'assuraient la collaboration de quelques hommes d'affaire pour s'imposer dans la ville de New York ; l'analyse historique rejoint les propos de Leo dans *Miller's Crossing* :

> Ils [les gangs de New York] découvrirent bientôt qu'ils obtenaient de l'argent facilement en intimidant les propriétaires de bordels, de salles de jeux, et en organisant la mise en place de services clandestins. Ils découvrirent qu'ils gagneraient encore plus d'argent et que leur pouvoir se renforcerait en aidant les politiques et les hommes d'affaire, prêts à payer pour leurs muscles. Les gangsters étaient embauchés pour faire

céder les piquets de grève, intimider les votants, bourrer les urnes, empêcher le harcèlement de la part d'autres gangs, sans oublier les autorités. [495]

Les activités illégales sont alors perçues comme moyen de survie pour les catholiques irlandais qui subissent la discrimination d'une société nécessairement méfiante à l'égard d'immigrés aux croyances distinctes. Modèle de réussite au sein de la communauté dont il est issu, le parcours du gangster se présente comme une alternative à la pauvreté qui frappe chaque nouvel arrivant. De fait, ce sont bientôt les immigrants juifs et les Italiens qui, au début du vingtième siècle, vont s'organiser en bandes, et se livrer au vol, au chantage et même au meurtre.

Les bandes se créent et s'organisent autour de critères ethniques, ce qui va accroître les tensions entre gangs rivaux lorsque le Congrès vote la loi Volstead sur l'application de la Prohibition en 1919. L'interdiction de la production, de l'importation, et de la vente d'alcool ouvre un marché d'autant plus juteux qu'il est illégal. Les bandes de gangsters s'associent, se déchirent, se trahissent pour contrôler la distribution des produits illicites. La décennie voit donc l'ascension de quelques bandes qui parviennent à s'imposer sur la scène de la contrebande à force de menaces et de violences. Les Italiens, Johnny Torrio et Al « Scarface » Capone, ne tardent pas à évincer les Irlandais du marché clandestin de Washington, divisent la ville en « territoires » dont ils assurent le contrôle en imposant le règne de la terreur. Les résistants ou les opposants sont assassinés – comme l'Irlandais Dion O'Bannion, chef d'une bande rivale de celle d'Al Capone, tué en 1924. Le massacre de la St Valentin en 1929, où sept membres d'un gang adverse (conduit par Bugs Moran) sont froidement exécutés, marque la victoire finale du célèbre gangster italien qui réussit à imposer sa loi sur le marché noir de l'alcool.

Miller's Crossing signale comme une faille dans le processus du *melting-pot* (ou processus de fusion culturelle) en s'intéressant au destin des gangsters : même s'ils recherchent le pouvoir dans l'espoir d'accéder à une certaine reconnaissance dans leur pays d'adoption, les gangsters se plaisent à entretenir une identité personnelle, à retrouver une origine nationale, qui s'insère au niveau de la bande son (airs irlandais) comme au niveau de l'iconographie (traits caricaturaux associés à la famille italienne). Bien que les frères Coen nous plongent dans l'univers très codifié des années trente, ils nous invitent à regarder le passé pour mieux comprendre les problèmes des immigrants d'aujourd'hui. L'affrontement criminel synthétise le choc des cultures et les tensions interethniques qui se trouvent encore aujourd'hui au cœur des conflits urbains, dont celui du 29 avril 1992 dans le quartier South Central de Los Angeles.[496] *Miller's Crossing* souligne la complexité des

---

[495]. « They [the New York gangs] soon discovered that money was easily made through the intimidation of brothel owners, gambling proprietors, and others on the business of providing illicit services. More money came, and with it power, when it was discovered that politicians and businessmen would pay for their muscle. Gangs were hired to break up picket lines, to intimidate voters, to stuff ballot boxes, and to protect from harassment by other gangs, not to mention authorities. » Hugh D. Barlow, *Introduction to Criminology*, Boston, Little, Brown and Company, 1978, p. 42.

[496]. L'acquittement de policiers blancs, accusés d'avoir molesté Rodney King, un Afro-Américain, avait en apparence provoqué les scènes de pillage et d'affrontement qui se succédèrent sur fond d'incendie, mais les raisons profondes de ces émeutes étaient d'abord liées aux difficultés économiques et aux tensions inter-ethniques croissantes. R. Gooding-Williams (ed.), *Reading Rodney King/Reading Urban Uprising*, New-York, Routledge, 1993, p. 217.

relations entre des groupes dont les origines culturelles diffèrent, mais que le rêve rapproche. Les conflits interethniques suggèrent peut-être que le rêve, les espoirs qui ont motivé les immigrants, demeurent inaccessibles, donc source de frustration.

Cependant, le film néo-noir nous invite à dépasser clivages et rivalités pour nous enrichir des savoirs et des sagesses représentées par la différence culturelle, également matérialisée par le stéréotype du Noir, qui incarne la sagesse héritée de ses ancêtres. Noirs et Blancs sont investis d'une mission qui les rapproche et les invite à passer outre leurs différences ; la lutte contre le crime passe par la coopération d'individus qui viennent de communautés distinctes, mais qui s'associent dans le respect de l'autre pour faire avancer une enquête difficile. La réussite d'une mission conjointement accomplie par un Noir et par un Blanc célèbre et tend à mythifier l'image que l'on voudrait parfaite de la société multiraciale. Dans *Seven* (David Fincher, 1995), William Somerset (le Noir) fait équipe avec David Mills (le Blanc) pour arrêter un tueur en série. L'expérience de Somerset, inspecteur de police qui a passé sa vie au service du maintien de l'ordre, vient compenser l'impétuosité du jeune inspecteur Mills qui, par ses maladresses répétées, met en péril l'enquête comme la vie de son collègue.[497] L'équilibre du couple représenté se fonde sur la complémentarité des caractères et des cultures : intégrité, sagesse, calme et détermination permettent à Somerset de prévenir Mills quand celui-ci s'expose inconsidérément au danger. Professeur et figure paternelle, l'inspecteur Somerset met donc sur la bonne piste l'inspecteur Mills en lui donnant, par exemple, les clés du fonctionnement intellectuel de John Doe (le tueur s'inspire des sept péchés capitaux pour mettre en scène ses meurtres).

Dans *Seven* (David Fincher, 1995), le personnage incarné par l'acteur noir est à l'image du héros des anciens films noirs dont l'intégrité morale est rappelée par un isolement physique et émotionnel. William Somerset est ici un célibataire endurci, refusant de se laisser acheter ou même émouvoir, mais acceptant quand même de se battre pour faire respecter la loi parce qu'il se sent parfaitement intégré à la société des Blancs. Il pourrait être le héros du film en tant que figure protectrice du pauvre Blanc ; l'intrigue ne lui offre cependant qu'un rôle secondaire par rapport à celui de l'inspecteur Mills dont les efforts sont constamment mis en avant. C'est l'inspecteur Mills qui prend le risque de pénétrer dans l'antre du tueur, étalant ainsi son courage et son esprit d'aventure. Le récit de *Seven* souligne les faiblesses de l'inspecteur Mills pour mieux célébrer la survivance des valeurs ancestrales associées à la race puisqu'il met l'accent sur l'esprit d'initiative, le courage, l'énergie et la volonté de l'homme blanc face aux dangers que lui fait courir le tueur en série.[498] Une limite se dessine quant à l'intégration du personnage de couleur dans la fiction ; lorsqu'ils intègrent l'homme noir dans des intrigues criminelles, les réalisateurs contemporains assignent au personnage des valeurs trop positives, souvent synonymes de sagesse (*Seven* ou *Pulp Fiction*), qui tendent à écarter le personnage de la norme, à marquer sa différence par rapport à la médiocrité de ceux qui l'entourent. Peut-être signe d'une vision « politiquement correcte », le refus d'intégrer le Noir au monde du crime, de le faire porteur de déviances sociales ou sexuelles, déréalise le personnage.

---

[497]. Florence Plumat, « Néo-noirs » dans *Positif n°422*, avril 1996, p. 101-103.
[498]. Le couple des tueurs à gage de *Pulp Fiction* est construit sur un modèle identique : Jules (le Noir) agit en professionnel tandis que Vincent (le Blanc) multiplie les bévues. Bien que le Noir illustre une certaine sagesse (Jules a décidé de renoncer au milieu criminel), ses discours ne suffisent pas à l'ériger en héros ou à le condamner en tant qu'antihéros. Il est tenu à l'écart de l'action comme il est parfois isolé sur le plan visuel.

C'est précisément cette limite qui permet au film néo-noir de renouer avec le pouvoir subversif de la fiction en distribuant des femmes de couleur dans des rôles principaux. La couleur prend le relais du noir et blanc quand il s'agit de réveiller l'ambiguïté du féminin et le fantasme de la femme fatale. *Jackie Brown* (Quentin Tarantino, 1997) renouvelle singulièrement l'image de la femme qui accède enfin au statut de gangster sans ne rien perdre de sa féminité. Le portrait de Jackie Brown correspond à un subtil mélange des qualités du féminin et du masculin : cheveux longs, visage maquillé, lèvres sensuelles s'accordent parfaitement au costume noir et blanc qui souligne la profondeur d'un regard sombre. Jackie Brown s'est approprié les armes des gangsters, tout en sachant préserver une identité que la couleur noire symbolise. La jeune femme alterne les rôles : tantôt victime (lorsqu'elle est arrêtée par les douanes), tantôt gangster (quand elle brave la loi), tantôt femme amoureuse (d'un Blanc qui s'appelle Max Cherry), la multiplicité des portraits construit un personnage dont nous soulignons volontiers l'ambiguïté. La confiance qu'elle inspire au spectateur est-elle un leurre ? Les éclairages nous donnent à voir plusieurs facettes du personnage : les contre-jours sculptent les formes épanouies de cette femme accomplie ; la lumière directe ou artificielle des intérieurs (galeries marchandes) éclaircit la peau, durcit les traits, façonne l'image d'une femme froide et ordinaire ; les éclairages tamisés confèrent à la peau une couleur chaude et sensuelle, déploient le mystère du féminin.

U-Turn (Oliver Stone, 1997) nous présente également une femme de couleur dans le rôle de la femme fatale. Après être tombé en panne de voiture à Superior, petite ville perdue dans le désert de l'Arizona, Bobby se laisse séduire par Grace, une jeune métisse qui l'entraîne bientôt dans une aventure classique de triangle amoureux. Jake, le mari de Grace, propose alors à Bobby de tuer son épouse contre rétribution ; à son tour Grace incite Bobby à déguiser le meurtre de son mari en accident pour toucher une prime d'assurance. A l'image des spectateurs, Bobby n'est qu'un pion manipulé par les conventions du genre, transposées dans le cadre d'une société divisée par des inégalités sociales qui accentuent l'amertume et les clivages ethniques. Le personnage de Grace prolonge l'ambiguïté de la femme fatale du film noir ; elle est à la fois victime et actrice de son destin. Les flash-backs qui rappellent son parcours sont autant d'illustrations d'un passé individuel que collectif, les viols incestueux dont Grace est la victime depuis l'enfance (son époux, Jake, n'est autre que son père) évoquent par métaphore la destruction de la culture indienne. Les rencontres qui rapprochent Bobby et Grace sont filmées sous une lumière crue qui ôte tout érotisme à leur relation. Des images presque surexposées accentuent les courbes de l'objet photographié, la femme, qui est ainsi réifiée par la photographie comme elle est asservie par les hommes qui profitent d'elle sexuellement. Grace est objet de désirs, utilité que les hommes cherchent tantôt à posséder, tantôt à détruire. Prisonnière et reine du désert, la femme métisse est associée aux paysages arides qui suggèrent la stérilité des relations nouées entre elle et l'homme blanc. L'exotisme du corps de la femme de couleur réveille les fantasmes masculins, mais le rapprochement des races est immédiatement sanctionné par des symboles de mort, conférant à Grace comme un pouvoir maléfique.

Lorsque sa voiture tombe en panne à Superior, Bobby Cooper est d'emblée confronté à un monde hostile. Un rictus déforme le visage du garagiste auquel il s'adresse, lui donne même un aspect démoniaque qui annonce la méfiance des habitants de Superior vis-à-vis de tout étranger. Située à quelques kilomètres de la route nationale en direction de Las Vegas, Superior est une sorte d'enclave dans le désert, un territoire où la marge est devenue la norme car les hommes y ont établi leurs propres lois. Dans *U-Turn*, tous les habitants de Superior font référence à une imagerie animale (corbeau, vautour, scorpion, serpent à sonnettes) qui symbolise la bestialité humaine au niveau sexuel, passionnel ou moral, traduit un état proche du chaos suggérant qu'il n'y existe aucun tabou susceptible de gouverner les comportements individuels. Le shérif de la ville est l'époux légitime de sa propre fille, qu'il cherche d'ailleurs à faire assassiner. La violence des individus reflète la perversité d'esprits vils et d'instincts primitifs libérés dans ces régions inhospitalières, où les normes ont cédé sous le poids d'agressions sans cesse renouvelées. Appât du gain et recherche du plaisir conduisent les personnages de *U-Turn* au-delà des tabous, dans une zone où les repères moraux s'estompent pour laisser place à une soif de liberté absolue, proche de l'état primitif.

Oliver Stone nous entraîne dans un *thriller* exotique en mélangeant les genres comme les couleurs de peau. Le film débute tel un *road movie*, mais le décor aride suggère un univers naturel hostile à l'homme comme dans le western tandis que l'intrigue est basée sur la mise en œuvre d'un plan meurtrier par les amants adultères, thème cher au film noir. Le spectacle repose sur l'éclectisme du style qui rassemble des personnages d'horizons et d'univers différents, comme pour obliger le spectateur à se distancier du spectacle qu'il regarde et l'inviter à une réflexion portée d'une part sur le genre de film qu'il est en train de regarder, et d'autre part sur le type de message que son auteur cherche à transmettre.[499] Identifié au *loser* dès le début du film, prisonnier des circonstances qui lui font perdre tout contrôle sur son destin, Bobby incarne aussi la suprématie de l'homme blanc dans l'Ouest américain, une terre ingrate qui met ses capacités à l'épreuve. Dans la scène finale, Bobby est contraint de tuer Grace avant qu'elle ne le tue, mimant ainsi la victoire de l'homme blanc sur les Indiens, la conquête de son identité et de sa liberté. La fin du film renoue avec la mythologie du western, exalte l'héroïsme de Bobby qui a su résister à la structure tragique du film noir, pour sortir vainqueur d'un conflit sans cesse rejoué depuis les origines.

Le mélange des genres pratiqué dans le film d'Oliver Stone dépasse le simple jeu des références qui fonde la déconstruction, il fait voler en éclat les limites mêmes de ces genres qui reposent sur une représentation strictement codifiée. Alors que la fonction et le jeu des personnages sont prédéterminés, l'hybridité générique oblige ces mêmes personnages à trahir le stéréotype et, par conséquent, à s'arroger un pouvoir qui leur est traditionnellement refusé. Le *loser* finit par dépasser ses propres limites pour ne pas mourir, retrouvant la force et le courage des superhéros. Le visage ensanglanté, les jambes brisées, parce que Grace l'a poussé du haut d'un précipice, Bobby rassemble une force surhumaine et gravit la pente qu'il a dévalée. Si le réalisateur opte pour le *happy end* et consacre le triomphe de Bobby, le sang qui s'écoule de ses plaies annonce la fin d'un film d'horreur, tout en exposant les limites d'un autre genre, le western, qui a participé à la mythification d'une histoire sanglante, celle qui retrace l'expansion territoriale des Etats-Unis.

---

[499]. Viviane Thill et Michel Cieutat, *Oliver Stone*, Paris, Editions Rivage, 1996, p. 227.

Le film néo-noir : quête et enquête de « genre ».

Fragmentation de la représentation

A la représentation uniformisée du monde que nous proposent les divers médias, le film néo-noir oppose une vision fragmentée, qui renouvelle l'art du cinéma et bouscule les attentes du spectateur. Les réalisateurs ne cherchent plus à dissimuler les diverses techniques mises en œuvre dans la construction du film ; jeu des acteurs, bande son, montage, cadrages, lumière, autant d'éléments qui se montrent comme pour faire apparaître l'artificialité de l'objet et des codes choisis pour la construction de la représentation. Les réalisateurs des années quatre-vingt-dix ont consommé une véritable rupture avec l'esthétique réaliste du cinéma dit classique, ils lui préfèrent le mélange des codes qui fondent la spécificité de genres distincts, introduisant la fragmentation dans l'esthétique du néo-noir. Par conséquent, le spectateur ne peut plus s'abandonner à l'illusion d'un monde qui s'acharne à faire oublier son artificialité car les artifices ne sont que subtilement évoqués. Le spectateur est constamment rappelé que c'est un film qui se projette devant lui alors que les plans s'enchaînent et exigent un réel effort de concentration s'il veut pouvoir suivre le fil du récit.

Le film néo-noir s'affiche comme une construction hybride à partir de stéréotypes qui servent à décrire l'espace social, à partir de codes qui sont à la base des genres. Non seulement les stéréotypes perdent le sens qui leur est habituellement conféré dans une optique « réaliste », mais les codes sont transgressés pour mieux surprendre les attentes spectatorielles. Insérés dans un récit qui se dédouble, qui multiplie les points de vue, qui fait intervenir la parole à contre usage, les stéréotypes et les codes acquièrent un sens nouveau que le spectateur s'amuse à déchiffrer. L'ironie surgit du mélange des genres qui a également introduit l'ambiguïté au niveau du récit. Les exemples suivants représentent quelques effets possibles associés au mélange des genres, témoignent de la transgression recherchée par les réalisateurs du néo-noir.

La fonction du narrateur a été révisée dans *Usual Suspects* (*The Usual Suspects*, Bryan Singer, 1994) de manière à brouiller les frontières entre deux histoires et différents niveaux de narration : Verbal Kint raconte une histoire qui a pour sujet l'explosion d'un cargo et dont le récit rétrospectif est enchâssé ou « intercalé », selon l'expression de Gérard Genette, dans le récit au présent d'une autre histoire[500] – l'interrogatoire par des policiers du même Verbal Kint. Le jeu temporel est d'autant plus complexe que des flash-backs interrompent le déroulement de l'interrogatoire, et que le temps de l'interrogatoire rejoint à plusieurs reprises le temps de la narration, brouillant les repères du spectateur entre le récit au présent et le récit au passé, le récit subjectif du discours tenu par Verbal Kint et le récit objectivé présenté dans les flash-backs. Le narrateur n'inspire qu'une confiance partielle, car son récit semble d'emblée tronqué par le pouvoir absolu qu'il voudrait avoir sur le

---

[500]. Gérard Genette, *Figure III*, Paris, Editions du Seuil, 1972, p. 229. Gérard Genette définirait deux niveaux de narration dans *The Usual Suspects*, car l'acte de narration lui-même remplit une fonction dans la diégèse du film, indépendamment du contenu métadiégétique qui a fonction d'obstruction. L'acte narratif prévaut sur le contenu métadiégétique si bien que le spectateur, à l'instar des inspecteurs de police qui interrogent Verbal Kint, se laisse duper par le récit que brode le narrateur. Gérard Genette, *Figure III, op. cit.*, p. 241-213.

déroulement de ces événements qu'il relate rétrospectivement. Les discours nous mettent indirectement en garde, nous disent de nous méfier de l'image, de ne pas prendre le mot pour argent comptant puisqu'il n'est pas destiné à faciliter notre compréhension de la situation.

L'ambiguïté narrative prolonge, semble-t-il, une interrogation qui porte sur le statut de l'image. Les images nous rapprochent-elles du réel ou nous emmènent-elles dans l'imaginaire des personnages ? David Lynch se plaît à semer la confusion en créant des mondes imaginaires à partir d'images cultes, connues de tous, dont il détourne la signification. *Blue Velvet* (1986) nous emmène dans la banlieue résidentielle d'une ville au cœur de l'Amérique des années cinquante, évoquée à force d'images qui semblent progressivement se vider de sens. L'enquête de Jeffrey nous invite à poser un regard neuf sur les décors et sur les personnages, pour que nous arrivions nous-mêmes à nous débarrasser du fantasme de cet univers idéalisé et véhiculé par toute une mythologie cinématographique. La représentation repose sur des clichés, comme si la réalité devait être d'abord médiatisée par des signes reconnus pour être enfin matérialisée. Aussi le spectateur en vient-il à douter d'une réalité qui n'existe que par le truchement de stéréotypes : la famille traditionnelle, les bonnes mœurs de la classe moyenne, l'honnêteté des policiers, la tranquillité de la vie de province, ne seraient-il alors que les fruits de l'imagination ? David Lynch emprunte le thème de l'enquête, propre au film noir, afin de déconstruire les stéréotypes et d'afficher leur artificialité.

Dans *Tueurs nés* (*Natural Born Killers*, 1994), Oliver Stone mélange les genres comme pour faire éclater l'illusion qu'une image puisse représenter à elle seule la réalité toute entière. Alors que le film glisse d'un registre à l'autre, l'histoire qu'il retrace n'avance que par fragments. Les plans se succèdent qui reproduisent une vision fragmentée du monde, retranscrite à travers une abondance d'images aux tonalités distinctes mais qui se succèdent sans transition. Le cinéaste recourt ouvertement à la citation pour l'imposer dans l'univers diégétique du film, comme si la fiction ne pouvait se détacher du contexte dans lequel elle est née. Des extraits de fictions (*Midnight Express, Scarface, Frankenstein*) et de documentaires journalistiques ou historiques (sur Staline, Hitler ou encore sur la guerre du Viêt-nam…) apparaissent sur l'écran de télévision que les protagonistes regardent dans une chambre d'hôtel, ouvrant la fiction à un espace extradiégétique marqué par des excès de violence. Ces images, projetées à l'intérieur du film, tendent à effacer toute distinction entre l'espace de la fiction et celui du réel. Le choix des films cités, les limites du découpage, les modalités du montage sont autant d'éléments qui ancrent l'aventure de Mickey et Mallory dans le contexte d'une civilisation de l'image. L'abondance de références visuelles à des événements violents qui ont marqué l'Histoire et l'histoire du cinéma tend à démontrer que le choix de Mickey et de Mallory (devenir du jour au lendemain des tueurs) ne s'est pas effectué spontanément, mais leur a été transmis par le système qui les entoure.[501] Le titre choisi, *Tueurs nés*, est un contrepoint ironique au sujet même du film qui établit un lien direct entre le parcours des tueurs et un imaginaire corrompu par la violence des images consommées. *Tueurs nés* a été l'objet de nombreuses controverses parce qu'Oliver Stone y expose avec simplicité le cynisme avec lequel les médias traitent de l'actualité, privilégiant une logique du capital à toute considération éthique.

Oliver Stone partage pourtant les tendances exhibitionnistes des médias décriés tandis qu'il expose la violence de ses héros tout en affichant un certain détachement, effet

---

[501]. Viviane Thill et Michel Cieutat, *Oliver Stone*, Paris, Editions Rivage, 1996, p. 228.

produit par l'enchaînement de scènes d'une extrême violence et de scènes érotiques exprimant l'intense passion qui relie Mickey à Mallory. Si Mickey et Mallory personnifient le mal, mobilisent la haine tout autant que la crainte, ils inspirent des sentiments équivoques oscillant entre la fascination et le rejet parce que ces personnages disposés à la violence sont aussi capables d'éprouver des émotions profondes. La violence des sentiments est ici à l'échelle de la violence perpétrée sur le monde extérieur, mais elle est également le signe d'un repli vers le monde intérieur (formé par le couple) et d'un rejet de la complexité du monde extérieur. « *Tueurs nés* est une version parodique et grotesque de *Bonnie and Clyde* (Arthur Penn, 1967) » nous dit le cinéaste Pascal Bonitzer qui insiste sur la forme satirique de la représentation de la violence dans le film.[502] Il semble qu'un effet de distanciation s'opère lorsque le réalisateur réduit la dimension héroïque des personnages à la caricature dans la séquence qui retrace la rencontre de Mickey et Mallory. Un flash-back nous fait entrer dans un épisode de série américaine : les rires du public ponctuent la bande son, les décors affichent leur artificialité, les personnages sont stéréotypés. L'insertion de cette séquence a un effet comparable à celui de la citation puisqu'elle contribue à cadrer la fiction, à suggérer que l'imaginaire des individus s'est nourri d'images télévisuelles qui ont perverti leurs désirs et encouragé les jeunes gens à suivre leurs pulsions.

Le film néo-noir n'élabore le spectacle cinématographique qu'à partir d'un mélange des codes empruntés à des genres divers, qu'il pastiche tour à tour, comme pour introduire une réflexion sur la représentation elle-même. Si la déconstruction affecte l'ordre chronologique de la narration, elle implique aussi une vision fragmentée qui oblige le spectateur à recomposer un récit constitué de micro-histoires, pour en comprendre la logique. Le découpage du récit et du film transforme le rapport du spectateur à l'image puisqu'il l'oblige à rester actif tout au long de la projection s'il veut saisir l'intérêt de l'histoire – contrairement à ce qui se passe dans les médias télévisuels qui invitent à la passivité.

La structure en triptyque de *Pulp Fiction* (Quentin Tarantino, 1995) permet d'associer trois perspectives différentes, de multiplier les points de vue dans une même histoire. Elle manifeste le désir du créateur de vouloir mettre en rapport divers éléments qui n'ont *a priori* rien en commun, postulat propre à une démarche artistique car raconter des histoires, n'est-ce pas juxtaposer des événements que le lecteur relie entre eux pour constituer ce que l'on appelle une « trame narrative » ?[503] Par exemple, et d'un point de vue chronologique, le dernier volet de *Pulp Fiction* se révèle être le premier. La pertinence d'une telle structure narrative repose sur l'implication du spectateur dans le film, sur le rôle actif qu'elle lui demande de jouer. Le spectateur occupe donc une place de choix et son poste d'observation n'est plus ni fixe, ni unique. Le triptyque jongle avec les lieux (en offrant plusieurs angles optiques) et fait de même avec le temps. Son recours suggère qu'une histoire linéaire ne saurait désormais plus rendre compte de la vie d'aujourd'hui ; il concrétise une volonté de renouvellement, voire l'invention d'une nouvelle manière de raconter des histoires.[504] Une construction en trois volets juxtapose trois facettes d'une même réalité, offre la possibilité d'une progression vers une connaissance que l'on souhaite

---

[502]. « Entretien avec Bernard Sichère et Marcel Rodriguez » par Pascal Bonitzer dans Dir. Marc Buffat, Marcel Rodriguez et Bernard Sichère, *Textuel n° 31, Le Cinéma et le mal, op. cit.*, p. 107.
[503]. Claire Vassé, « La Preuve par trois » dans *Positif n° 412*, avril 1995, p. 31.
[504]. Pascale Ferrand, « Interview » dans *Positif n° 404*, août 1994, p. 16. Cette analyse s'oppose au point de vue exprimé par Fredric Jameson qui associe la pratique parodique à l'inertie culturelle.

exhaustive. Elle permet de confronter le spectateur à un événement en suivant plusieurs perspectives, met en lumière les imperfections et les limites de la perception humaine comme celles de la représentation par l'image.[505] La structure en triptyque de *Pulp Fiction* nous offre ainsi une multiplicité de points de vue qui vise à relativiser les repères moraux et par conséquent à refuser l'unique code de conduite dont se réclamait par tradition le gangster. Cette structure narrative ouvre un espace de liberté au spectateur et aux personnages, même si elle tend à altérer la relation du spectateur au réel car elle reproduit l'expérience quotidienne de la fragmentation.

Parce que le récit ne semble pas progresser dans un ordre logique, il ne permet pas au spectateur de s'identifier aux personnages, de s'investir émotionnellement dans l'histoire. De ce fait, l'insouciance et la froideur qui accompagnent la description d'événements dramatiques dans le film sériel prolongent l'insensibilité avec laquelle les médias télévisuels traitent de l'actualité. En jouant de la fragmentation qui contribue à détruire le pouvoir mystificateur du récit cinématographique dont l'artificialité est ainsi mise en évidence, le film néo-noir court le risque de minimiser l'horreur d'actes qui peuvent être perçus comme ordinaires et banals. Cependant, c'est à ce prix que le spectateur découvre un autre moyen de penser et de lire les images, car l'arbitraire et l'artifice des stéréotypes y sont alors mis en évidence.

Politique du néo-noir

Le film néo-noir est encore une aventure esthétique qui porte un dessein politique dans la mesure où les réalisateurs d'aujourd'hui manifestent toute la distance critique qui les éloigne de leur modèle dans l'utilisation parodique des conventions du film noir. En apportant à l'art cinématographique des perspectives inédites de mise en scène, ils offrent au public un spectacle original qui se libère des limites imposées par le classement des films dans des catégories génériques distinctes comme il s'affranchit des modes de pensée qui gouvernent les structures narratives d'un cinéma dit « classique ».

La transformation du film noir a assuré la pérennité du genre, tout en soulignant le lien entre son esthétique et l'Histoire. Le thème de l'enquête privée ou policière a permis l'émergence de nouveaux héros qui explorent le phénomène criminel comme un avatar de la société de consommation au tournant du nouveau siècle. Le film néo-noir nous renseigne sur les peurs que suscitent les mutations socioéconomiques d'une société qualifiée de postmoderne, alors qu'il projette les angoisses contemporaines sur des figures qu'il a réinventées à l'exemple de ces tueurs en série animés par une avidité consommatrice, manifestant une tendance à l'excès qui s'est répandue à l'intérieur même de la société et a contribué à la banalisation du crime. Les femmes se colorent d'un mystère d'autant plus dangereux qu'il est associé à la couleur de la peau, signalant la méfiance naissante à l'égard de minorités qui revendiquent le droit à la différence. Les angoisses d'ordre sexuel ont

---

[505]. Claire Vassé, « La Preuve par trois » dans *Positif n° 412*, avril 1995, p. 31.

donné naissance au personnage du transsexuel qui incarne l'instabilité des normes et une menace nouvelle à l'encontre d'une société de type ancestral, patriarcal.

Les fantasmes d'aujourd'hui font référence à une situation extradiégétique encore mal perçue, mal comprise ; certaines mutations sont sources d'angoisse pour l'ensemble du corps social, impossibles à présenter comme de nouvelles normes, et donc cantonnées à être exprimées sur le mode de l'horreur ou de la peur dans la fiction néo-noire. L'idée de « crise » est omniprésente dans les études qui visent à nous décrire les transformations qui vont de pair avec l'avènement d'une société toujours en mutation : identité sexuelle instable, revendication d'une culture propre par les minorités, familles recomposées autour de nouveaux critères, villes déchirées par les fractures socioéconomiques ; tous ces phénomènes ont donné naissance à une crise qui s'étend à tous les aspects de la vie communautaire et affecte d'abord les valeurs individuelles. Les symptômes de la crise sont, pêle-mêle, les excès de violence, l'effacement ou au contraire l'insistance sur les signes d'appartenance à une communauté, le culte du corps comme signe d'identité sexuelle, le matérialisme comme seule valeur d'échange entre les individus, le « politiquement correct » ou l'impossibilité de s'exprimer sans détour…

Le film néo-noir renouvelle les formes et les figures du film noir pour inscrire le genre dans la contemporanéité. Il s'intéresse presque naturellement à l'évolution des rapports sociaux, des relations entre les sexes, des stratégies économiques et médiatiques étant donné que tous ces éléments sont sources de tensions et peuvent donc être au cœur d'intrigues criminelles. Stéréotypes et mise en scène visent à ouvrir des pistes de réflexion au spectateur en le confrontant à des récits qui investissent la déviance comme une conséquence inéluctable des mutations socioéconomiques qui affectent le mode de pensée et le mode de vie des individus. Le film néo-noir prend le ton de la parodie qui ouvre un espace de liberté à l'intérieur même du genre. Il ne s'agit pas de répéter des situations classiques, mais d'introduire des inversions qui bouleversent la fonction des personnages au cœur de la fiction criminelle, qui renversent l'image des acteurs ou le rôle social des sexes. Lorsque la femme devient détective dans *Le Silence des agneaux* (*The Silence of the Lambs,* Jonathan Demme, 1991) ou dans *Fargo* (Joel Coen, 1996), le film esquisse une percée dans l'exploration des rôles sexuels et sociaux reconsidérés depuis que les femmes revendiquent l'accès à des emplois qualifiés, traditionnellement réservés aux hommes. Le film néo-noir utilise les possibilités narratives et esthétiques du film noir pour explorer la violence en tant que manifestation du malaise social autant qu'individuel dans le monde contemporain.

Les thèmes qu'il investit l'éloignent des conventions mêmes du film noir pour le tirer vers le *road movie*, le film fantastique, le film d'horreur, parfois même la comédie. Les genres s'entremêlent, les personnages transcendent leur rôle comme leur sexualité pour intégrer la nouvelle fiction. Cependant, le mélange des genres aboutit parfois à une véritable satire du caractère épique de l'aventure criminelle, car la transposition en un registre trivial a désacralisé l'héroïsme du détective, incarné tantôt par une faible femme (*Fargo*), tantôt par un homme sans expérience (*Seven*). Selon Nathalie Piégay-Gros, cette stratégie a une « valeur idéologique et historique : elle permet de remettre en cause la grandeur épique en la faisant basculer dans l'historique et le quotidien ».[506] Le mélange des genres consacre le glissement des stéréotypes du film noir vers une forme abâtardie et vulgaire. Il n'existe plus de héros dans le film néo-noir, ni détective privé à admirer, ni

---

[506]. Nathalie Piégay-Gros, *Introduction à l'intertextualité, op. cit.*, p.64.

femme fatale à condamner, ni gangster à blâmer. Dans les films de Quentin Tarantino, les gangsters tentent de combler ce vide par la profusion des discours qu'ils énoncent, par une abondance verbale qui creuse un espace de vide à l'intérieur de personnages en principe définis par l'action. Les gangsters de *Pulp Fiction* (1995) accompagnent leurs actes de discours, de plaisanteries, mais n'entrent jamais dans un dialogue qui reconnaîtrait la présence de l'autre. Le recours à une parole narcissique (les gangsters s'écoutent parler) introduit la dérision dans l'horreur, c'est un élément de comique propre au style de la bande dessinée qui accorde une importance comparable au dialogue. La mort elle-même se voit démythifiée par une mise en scène qui se veut délibérément théâtrale : les héros du film sont des gangsters, donc ils doivent suivre un code de conduite en rapport avec leur fonction dans le genre de spectacle représenté. La représentation des coups et des mutilations produit un effet paradoxal : elle donne l'impression que rien n'est réel car elle semble exagérée, mise en scène pour le seul besoin du spectacle.

Des conversations élaborées autour de la qualité des produits (drogue, hamburgers, voitures, montres), aussi dérisoires que récurrentes, transforment le film de gangsters en comédie satirique, puisqu'elles suggèrent le vide des aspirations de ces individus parfaitement intégrés à leur environnement socioéconomique. En voulant démythifier l'héroïsme du gangster, Quentin Tarantino a ainsi réduit son personnage à n'être plus qu'un sous-produit culturel. L'indifférence que le gangster affiche à l'égard d'autrui, le vide de son discours restreignent sa personnalité à une apparence, le plus souvent signifiée par le costume rayé et l'absence d'émotivité. *Pulp Fiction* se construit sur trois tableaux dont la complémentarité vise à réaffirmer un modèle patriarcal ; le récit fragmenté réduit néanmoins la dimension des personnages à des stéréotypes rejouant sans cesse le même scénario : chaque tableau doit permettre à l'homme de protéger sa virilité, menacée par une féminité corrompue (Mia) ou idiote (Fabienne).[507] Dans le premier tableau, Vincent Vega est réduit à une sorte d'impuissance par la mission qui lui est confiée : accompagner Mia au restaurant, la distraire et la protéger, tout en résistant à son charme, car elle est l'épouse de Marcellus Wallace, son patron. Vincent retrouve pourtant sa fonction naturelle d'autorité en sauvant la jeune femme d'une « overdose » ; c'est lui qui lui fait une dangereuse injection d'adrénaline dans le cœur. Les connotations phalliques de ce geste permettent d'emblée à Vincent de réaffirmer sa puissance sexuelle car il est maître de l'action que Mia subit. Dans le deuxième tableau, Butch, le boxeur, refuse au dernier moment de truquer un combat au bénéfice du même Marcellus et tente de surcroît d'échapper à son autorité en revendiquant la compagnie de Fabienne, sa maîtresse française. Lorsqu'il s'aperçoit que Fabienne a, dans leur fuite, oublié une montre que Butch avait héritée de son père, le boxeur se sent soudain pris de faiblesse. La montre prend valeur de fétiche, devient le signe d'une identité familiale, masculine.[508]

Lorsqu'il traite de sexualité ou d'identité sexuelle, Quentin Tarantino reproduit le point de vue de l'idéologie qui a établi les normes, distribué les rôles aux deux sexes, anéanti l'individu au profit du stéréotype culturel, mais il en souligne encore l'excès et le ridicule. Source de conflits dont les tensions s'impriment directement sur le corps, la masculinité est assimilée à une sorte de mise en spectacle des muscles qui témoigne des contraintes d'un entraînement corporel intense. Si les muscles de l'homme symbolisent son pouvoir, sa virilité, ils trahissent aussi une stratégie de préservation, de négation du temps.

---

[507]. Laurent Vachaud, « Le Rouge et le noir » dans *Positif n° 420*, février 1996, p. 78.
[508]. Claire Vassé, « La Preuve par trois » dans *Positif n° 412*, avril 1995, p. 32-33.

Le corps du boxeur de *Pulp Fiction* trahit à la fois les contraintes et les excès, inhérents à cette définition de la masculinité. Si la musculature de Butch se laisse regarder tel un spectacle, paradoxalement elle sert aussi à cacher ses angoisses d'homme. L'image globale de l'individu s'apparente alors à un masque, car elle est construite sur des artifices qui servent à rassurer l'individu quant à sa virilité et sa situation sociale. La masculinité rejoint la féminité dans un masque posé sur les visages, sur les corps, censé témoigner d'une valeur personnelle et assurer la reconnaissance par tous de qualités intimes. S'il intervient, tel un médiateur entre l'espace intérieur et l'espace extérieur, entre l'individu et la société, le masque affiche également une perversion de l'image de soi. Le désir d'être conforme à un modèle socialement respecté et admiré éloigne l'individu de son moi, à l'origine du clivage de personnalité.

Le film néo-noir contribue à démythifier le héros façon hollywoodienne en affichant les codes cinématographiques qui participent à la construction du personnage. L'artificialité de la représentation est mise en évidence par l'utilisation d'une esthétique grotesque qui joue de la perception d'une différence au sein d'une ressemblance entre les règles de la représentation du néo-noir et celles du film de gangsters des années trente ou du film noir des années quarante/cinquante. C'est une stratégie esthétique qui s'apparente à une démarche politique puisqu'il s'agit de déranger les conventions génériques autant que les attentes spectatorielles. L'iconographie des personnages ne nous renseigne plus ni sur leur code de conduite, ni sur leur mode de pensée. Les signes perdent leur sens habituel, défient le narcissisme ambiant, et cette distorsion nous éloigne d'un passé vénéré, nous encourage à rire de son devenir. Dans *Reservoir Dogs* (Quentin Tarantino, 1992), la représentation est si théâtrale, si ritualisée par les numéros d'acteurs et le décor, constitué d'un hangar désaffecté, que le spectateur ne sait plus s'il doit condamner ou applaudir la mise en scène de la violence. Tournées à vitesse réelle, les scènes de confrontation physique ou verbale deviennent le moyen d'interroger les conventions de la représentation. Tarantino reprend des éléments connus de tous mais avec suffisamment de complaisance et d'humour pour désamorcer tout effet moralisateur ou tragique, et de la sorte libérer le public de ses idées préconçues. La déconstruction des stéréotypes accompagne une stratégie de démystification des idéologies et une tentative de démythification des héros qui sous-tendent la construction du mode de représentation d'un cinéma purement commercial.

Enquête sur le tueur en série

Le film néo-noir exacerbe la fascination du cinéma et de la société américaine pour les conduites pathologiques à l'origine d'un accroissement de la criminalité, interprété comme la manifestation d'une crise des valeurs et d'une crise d'identité. Si *M Le Maudit* (*M*, Fritz Lang, 1931) est l'un des premiers films à avoir introduit le personnage du tueur en série au cœur de la fiction cinématographique en soulignant que la violence du meurtrier est d'abord le signe d'une pathologie, le film néo-noir s'est emparé de cette figure emblématique d'un comportement irrationnel pour interroger l'origine de sa perversité par la voie de la psychanalyse. La pathologie du tueur en série est d'autant plus complexe qu'elle est insoupçonnée de ses proches, témoins naïfs du double jeu qui consacre l'inventivité et l'ingéniosité de ce tueur sans état d'âme.

La double personnalité du tueur concrétise un clivage du moi : l'individu joue de manière fantasmatique un récit dans lequel il se travestit pour sublimer un état premier, à ses yeux dévalorisé et dévalorisant, puis incarner un idéal du moi élevé et vénéré depuis l'enfance. Le film néo-noir dresse le portrait psychologique de ces tueurs psychopathes, explore leur histoire personnelle et sociale [509], confortant l'idée que le concept d'identité [510] est en crise. L'écart constaté entre l'homme ordinaire, masque derrière lequel se présente le tueur en série, et l'idéal qu'il voudrait être, trahit un conflit toujours inhérent à ce décalage entre une image célébrée et idéalisée de la masculinité et l'individu qui mène une vie ordinaire. Si le tueur en série incarne le mal absolu parce qu'il tue avec une violence arbitraire, le film néo-noir cherche à saisir l'origine de sa pulsion destructrice, comme pour répondre à une inquiétude qui ronge la société américaine de l'intérieur, aujourd'hui confrontée à un Mal qu'elle a produit et encouragé : la violence.

Le film néo-noir explore la perversion des esprits derrière l'apparence de calme et de tranquillité de personnages qui semblent parfaitement intégrés à leur espace social. Les archétypes du mal nous font découvrir les symptômes d'une profonde corruption des esprits, nous éloignent des mégalopoles jadis considérées comme foyers de corruption et de vice à l'époque classique du cinéma, pour nous entraîner dans des contrées retirées où sévissent des criminels d'un type nouveau. Le *road movie* a, semble-t-il, favorisé la contamination des provinces et la corruption d'un espace rural, vierge.[511] La criminalité s'est propagée à l'intérieur du pays, entraînant une décentralisation géographique du film néo-noir qui plante désormais ses décors dans des Etats jusque-là demeurés ignorés. Les *freeways* ont permis aux racines du mal de se propager et de gagner les esprits d'individus

---

[509]. Alain Guët et Philippe Laruelle, *The U.S in a Nutchell, op. cit.*, p. 194.
[510]. Paul Denis nous explique que la notion d'identité se situe à l'interface entre l'espace intime du soi (*self*) et l'espace du social. L'identité personnelle s'infléchit et se renforce du fait d'un rôle trouvé dans un groupe ou pour un groupe, permettant au sujet de se reconnaître dans le miroir tendu par autrui et d'être soi-même à ses propres yeux. Le sujet présente une « identité relative », c'est-à-dire que l'image de soi évolue dans le temps et se dessine différemment pour permettre à l'individu d'adapter son comportement à la sphère dans laquelle il évolue (famille, société, intimité) tandis que le sujet psychotique présente une « identité absolue », c'est-à-dire une image de soi idéalisée derrière laquelle le sujet se réfugie face au regard de l'autre et à son propre regard. Paul Denis, « Soi-même pour un autre, identité relative et identité absolue » dans la *Revue française de psychanalyse*, Tome LXIII, 4, Paris, Presses Universitaires de France, 1999, p. 1009-1108.
[511]. Jean-Pierre Deloux, « Le Polar décentralisé américain » dans *Polar n° 11*, Paris, Editions Rivages, janvier 1994, *op. cit.*, p. 59.

aux convictions fragiles. La délocalisation du film criminel répond à la fois à la croissance d'une violence qui s'est répandue jusque dans les banlieues et les villes moyennes, ainsi qu'au sentiment de vulnérabilité suscité par la banalisation des actes de violence face auxquels tout un chacun devient une victime potentielle.

Tout un corpus de films, réalisés à partir des années quatre-vingt, se consacre à la description du tueur en série dont l'action déclenche et dirige le récit policier. La dualité narrative met en scène autant de récits fantasmatiques qui soulignent la double personnalité du tueur en série et postulent l'existence d'un clivage de la personnalité permettant au tueur d'échapper au soupçon. Les films de *serial killer* explorent les abysses de l'âme humaine tandis qu'ils enregistrent l'errance du personnage, retiennent les horreurs des meurtres commis par le tueur en série, mettent en avant le fait que l'homme a, de façon générale, un rapport au sexe mal défini. Le portrait du tueur en série est prétexte à l'étude de perversions nées d'une crise d'identité sexuelle[512], relayée par des hommes transsexuels (*Le Silence des agneaux*, Jonathan Demme, 1991), pédophiles (*Zodiac*, David Fincher, 2007)), impuissants (*Henry, Portrait d'un serial killer, Henry, Portrait of a Serial Killer,* John McNaughton, 1986), sado-masochistes (*American Psycho,* Mary Harron, 2000). Le récit policier va donc opposer les défenseurs de l'ordre au pervers dans un combat allégorique des forces morales contre la dépravation. Le film néo-noir s'enrichit d'une lecture sociologique qui étaye la perspective psychanalytique tandis qu'il dresse le profil psychologique du tueur psychopathe. S'il existe par la mort de l'autre, le tueur en série parvient à se fondre dans l'anonymat de la ville car il cultive une apparente normalité. La caméra du néo-noir expose les complexes psychologiques qui nourrissent les perversions secrètes d'un homme dont la vie de façade atteste qu'il est parfaitement intégré à l'univers social représenté.

Dans *Le Silence des agneaux*, le tueur en série vit au cœur d'une petite communauté urbaine dont les habitants sont loin de soupçonner la présence d'un tel meurtrier, rassurés par l'apparence d'un comportement qui satisfait les critères de la « normalité ». La structure architecturale verticale de la maison de Buffalo Bill stigmatisera pourtant le jeu des oppositions qui habitent son propriétaire : moi intérieur, moi extérieur, vie en surface, vie en profondeur : elle dissimule en effet un sous-sol où ce jeune homme peut se livrer sans crainte à ses obsessions perverses. En outre, l'assassin trouve comme une complicité à ses agissements sauvages dans les espaces vierges du territoire américain ; Buffalo Bill sème la mort et disperse les cadavres de ses victimes aux quatre coins de la Virginie qui offre ses vastes espaces comme amplificateur à son imaginaire pervers, prétexte à introduire une dimension nationale du crime traqué par le FBI. Le film de Jonathan Demme a popularisé l'image du tueur en série, en jouant de la fascination et de l'horreur qu'inspire le caractère spectaculaire de ses exécutions, sources d'indices qui renseignent sur sa psychologie. Jonathan Demme met en scène un transsexuel qui dépèce des femmes pour faire peau neuve (au propre comme au figuré), douloureuse mise en accusation d'une déviance sexuelle coupable de comportements aberrants. Parce qu'il refuse la sexualité codifiée de la masculinité, le transsexuel est considéré comme un monstre dont la violence est non seulement source de destruction, mais également de

---

[512]. Le concept d'identité sexuelle vise à établir une distinction entre les données biologiques, qui font objectivement d'un individu un mâle ou une femelle, et celles, psychologiques et sociales, qui l'installent dans la conviction d'être un homme ou une femme. Le transsexuel dissocie le biologique et le psychique, il se présente le plus souvent comme une « femme dans un corps d'homme ». Roland Chemama, *Dictionnaire de psychanalyse, op. cit.,* p. 114.

satisfaction. La perversion n'est pas seulement l'expression d'une anxiété à l'égard de normes aussi instables que la féminité ou la masculinité ; elle est encore le produit d'une culture orientée vers la consommation, déplacée au niveau de la seule sexualité.

Alors qu'elle suit une formation d'agent du FBI, Clarice Starling est chargée d'interroger Hannibal Lecter, emprisonné pour cannibalisme. Le monstre a forme et prestance humaine, il est de surcroît un être doté de facultés intellectuelles supérieures et psychiatre professionnel ; son apparente « normalité » cache néanmoins un comportement alimentaire aberrant. Son appétit pour la chair humaine est associé à son voyeurisme psychologique. Dans sa bouche, les outils de l'analyse psychiatrique deviennent destructeurs, déstructurants, et lui confèrent un pouvoir indéniable sur ceux qu'il croise : il va pousser l'un des prisonniers d'une cellule voisine au suicide par le seul effet de ce pouvoir qu'il maîtrise absolument, le pouvoir de la parole. Lecter sait déceler les motivations les plus obscures à partir d'indices infimes, invisibles pour tout autre que lui. Le film dépasse la logique du film d'horreur ou du *thriller* tandis qu'il compare la démarche de ce tueur en série si particulier à la quête d'un vampire : l'homme se nourrit de la vie des autres, un mode de vie qu'il poursuit par la métaphore au fond d'une prison lorsqu'il demande à Clarice de lui raconter ses cauchemars d'enfance comme pour s'abreuver de ses souvenirs, se nourrir de ses émotions et mieux la manipuler.

La nature de leur échange professionnel est vite pervertie par l'avidité psychologique de Lecter, qui tente de s'infiltrer dans l'espace imaginaire de la jeune femme, elle-même en quête de précieux renseignements sur Buffalo Bill. Le tueur assure le trépas de ses otages féminins en plaçant dans leur gorge un cocon d'Acherontia Styx, ou papillon de la mort qui les conduira en enfer. Il écorche ensuite la peau de chaque victime pour la travailler soigneusement, la coud avec soin et talent pour faire partie de ce vêtement de peau humaine (une robe) qu'il conçoit, symbole de son désir de faire peau neuve, d'investir au sens propre une peau de femme. Le psychopathe perpètre ses meurtres comme s'il s'agissait d'un rituel de passage nécessaire à son nouvel état ; fasciné par la métamorphose de la larve qui devient papillon, métaphore de la renaissance à laquelle Bill aspire lui-même, il pratique la culture des papillons. Il projette sa volonté sur le corps d'autrui, le réduit à l'état de matière et satisfait ainsi un insatiable besoin de transgresser son état premier. Lecter ne donne que de rares indices à Clarice et au spectateur, chargé de mener l'enquête à son tour. Lecter accepte de divulguer quelques informations qu'il va encore falloir replacer dans un récit dont la cohérence repose sur une logique psychanalytique, sur une chaîne d'éléments qu'il faudra pouvoir relier entre eux pour comprendre le fonctionnement psychologique de Buffalo, mais aussi de Lecter. Lecter souligne la dangerosité potentielle que représente le mal dont souffre Bill :

> Bill déteste sa propre identité, il l'a toujours haïe – et il pense que cela fait de lui un transsexuel. Mais il souffre d'une pathologie mille fois plus sauvage... Il veut renaître... Il renaîtra...[513]

Des propos d'autant plus inquiétants que Lecter semble anticiper des développements à venir dont il ne souffle mot. Malgré l'affirmation de Lecter, il nous semble bien que Bill est un transsexuel puisqu'il désire être une femme, qu'il s'identifie à la mère et non au père.

---

[513]. « Bill hates his own identity, he always has – and he thinks that makes him a transsexual. But his pathology is a thousand times more savage… He wants to be reborn… He will be reborn… »

Buffalo Bill s'efforce donc de devenir un être idéal conforme à ce qu'il croit avoir été le désir de sa mère ; il est de ce fait voué à une insatisfaction perpétuelle.[514] Alors qu'il admire son reflet dans le miroir, Bill cache son sexe, comme s'il cherchait à provoquer la castration symbolique, à la transposer dans l'image réelle. Cependant Bill souffre d'une autre perversion, liée cette fois au désir d'utiliser l'autre comme seul objet de sa propre jouissance. Lecter et Buffalo Bill incarnent deux versions d'un mal identique : tous deux donnent la mort pour nourrir leur moi de la chair de leurs victimes. « Lecter le cannibale » fantasme sur le pouvoir d'ingérer autrui pour être plusieurs tandis que Bill le transsexuel vise à se glisser dans la peau de femmes authentiques.[515]

La démarche de Clarice peut s'interpréter en termes psychanalytiques comme Lecter, le psychiatre, le lui fait comprendre. Il donne à la jeune femme l'occasion d'opérer un transfert qui la libère du sentiment de culpabilité qui la ronge et qu'elle a ressenti après la mort de son père, décédé quand elle avait dix ans. Au premier regard, lors de leur première rencontre, Lecter a deviné que des motivations obscures accréditent l'enquête de Clarice. Animée par le désir de sauver Catherine, la dernière victime de Bill, Clarice rejoue en réalité un épisode de sa propre enfance lorsqu'une nuit, elle s'est enfuie de la ferme de son oncle, seul parent qui pouvait recueillir l'orpheline, pour tenter de sauver un mouton condamné à l'abattoir. Analyste, Lecter sait que le cauchemar de Clarice, dans lequel elle ne cesse d'entendre les hurlements des moutons, affirme l'existence d'un savoir inconscient qui dicte au sujet un certain nombre de comportements. Nous sommes dans le registre de l'imaginaire, lieu où le symbolique se révèle, où la vérité inconsciente se fait jour. Dans l'inconscient de Clarice, les cris de Catherine victime se sont substitués à ceux des moutons que l'enfant voulait protéger de la mort qui avait frappé son père. Alors qu'il invite Clarice à suivre cette lecture de son imaginaire, il lui permet de surmonter le traumatisme qui fragilise son moi, c'est-à-dire la mort de son père.

L'image de Clarice, un revolver à la main, témoigne à la fois de la masculinité que cache sa féminité, et de la nécessaire transformation qu'implique son rôle d'enquêteur dans un milieu d'hommes, au sein du FBI, confrontée à un tueur en série qui menace d'abord les êtres de son sexe. Clarice se soumet donc à un entraînement qui, physiquement, la transforme ; elle s'obstine pourtant à porter des boucles d'oreille qui attestent de sa féminité. En se rapprochant ainsi de la nature masculine, elle crée l'illusion d'un être androgyne parce qu'asexué. La transgression sexuelle, perçue comme une monstruosité par l'image qu'en donne le tueur en série, est évoquée comme un vide existentiel par Clarice qui doit effacer sa sexualité pour parvenir à intégrer un univers masculin.[516] Ironiquement, symboliquement, elle fait à contre-sens le même chemin que le tueur en série pour les

---

[514]. Selon Freud, au lieu de déplacer son désir vers d'autres femmes, au moment où il doit renoncer à la mère comme objet de son désir, l'homosexuel s'identifie au contraire à elle, choisit la position féminine par rapport à la jouissance. Bien que reconnu sans équivoque comme un garçon, le transsexuel présente dès sa petite enfance un comportement féminin qui le rapproche de sa mère. Le thème de la mère est très présent dans le film de Jonathan Demme ; Bill a certainement une vengeance à prendre sur les désirs frustrés de sa mère (elle a raté un concours de Miss) et veut peut-être devenir cette femme idéale et séduisante qu'elle n'a pas pu devenir.
[515]. David Sundelson, "The Demon Therapist and Other Dangers" dans *Journal of Popular Film and T.V, Vol. 21 n° 1,* Spring 1993, p. 12-17.
[516]. Christopher Sharrett, "The Horror Film in Neoconservative Culture" dans *Journal of Popular Film and TV, Vol. 21 n° 3,* Winter 1993, p. 101.

besoins de cet Ordre qui permet désormais aux femmes d'accéder au même statut professionnel que les hommes.

Seven (David Fincher, 1995) consacre la fascination morbide qu'exerce la figure du tueur en série, dont la pathologie ou la monstruosité sont mis en scène, pour mieux satisfaire le voyeurisme psychologique du spectateur attiré par l'horreur de l'argument publicitaire. Le générique de *Seven* constitue une prolepse qui nous introduit dans l'univers du tueur, dont la méticulosité est comme accentuée par des gros plans sur ses mains, occupées à coller des coupures de journaux et des photographies dans des ouvrages qui archivent ses pensées. L'inspecteur Somerset comprend vite l'enjeu que représente l'écriture pour ce tueur qui déverse ses idées macabres sur le papier comme s'il s'agissait de théoriser l'art dont il est maître. Jonathan Doe met en scène les forfaits qu'il perpètre afin de conférer une dimension symbolique religieuse à ses meurtres, considérés comme autant de châtiments censés conduire le pécheur vers la repentance. Les citations qui émaillent le récit nous fournissent autant d'indices quant à la personnalité du tueur qui s'inspire de la Bible et des écrits de Milton (*Paradise Lost*), de Chaucer (*The Canterbury Tales*) et de Dante (*Divine Comedy*) pour choisir ses victimes et définir leur mise à mort. L'enquête de l'inspecteur Somerset l'entraîne dans les couloirs sombres d'une bibliothèque, dont l'architecture verticale et horizontale suggère la complexité du fonctionnement intellectuel du tueur capable d'établir des liens entre des œuvres classées dans différentes rangées et à divers étages. L'étude des livres ouvre à l'étude de l'âme du tueur dans *Seven*, film qui postule la présence d'un spectateur/détective/sémiologue, susceptible de lire les indices distribués à l'intérieur du film qui décrivent l'évolution de l'enquête.

Elément scénique dans le spectacle néo-noir, la cruauté du tueur en série fictionnel se fait le reflet d'une réalité quotidienne, elle-même véritable polar sanglant banalisé par les médias à l'heure des actualités télévisées.[517] *Zodiac* (David Fincher, 2007) se plaît à souligner le rôle des médias, source d'inspiration pour le tueur en quête de modèles et tribune d'expression pour le Zodiac qui envoie des messages codés aux journaux de San Francisco. La visibilité médiatique accroît le sentiment de toute-puissance du tueur, dont les méfaits sont relatés tels des exploits par les manchettes de journaux comme par les informations télévisées. Le tueur s'affuble d'un nom de scène dans un jeu médiatique qu'il domine, utilise pour signature un sigle qui le désigne lui-même comme un produit publicitaire en référence aux montres dont il a recopié le logo. *Zodiac* multiplie les allusions à d'autres films que le réalisateur prend pour repère culturel : construit à la manière de *Les Hommes du président* (*All the President's Men,* Alan Pakula, 1976) dont il emprunte la structure de l'enquête menée par des journalistes, le film introduit un extrait de *L'Inspecteur Harry* (*Dirty Harry,* Don Siegel, 1971) dans la diégèse de la fiction, suggérant que la fiction et le réel se rejoignent dans l'esprit du tueur comme dans l'imaginaire du spectateur. La ville de San Francisco traversa les années soixante-dix dans la terreur du Zodiac, dont les menaces planèrent sur la ville jusqu'au jour de son arrestation en 1984. Au lieu de donner épaisseur et consistance au personnage du tueur en série, les références médiatiques mettent en abyme la construction d'une menace publique symbolisée par le Zodiac, personnage insaisissable qui se dissimule derrière des mots d'emprunt pour se constituer une identité publique. Le Zodiac revendique des crimes qu'il n'a pas commis,

---

[517]. Dans son enquête sur les tueurs en série aux Etats-Unis, Stéphane Bourgoin répertoriait 5000 victimes en 1983. Stéphane Bourgoin, « Tueurs fous et crimes sexuels : les *serial-killers* » dans *813, Les Amis de la littérature policière N° 30,* janvier 1990, p. 5.

mais dont il a lu les détails dans des articles de presse ; il promet des actes de terreur qui sont autant de fausses pistes sur lesquelles se fourvoient policiers et journalistes entre 1969 et 1984. Dessinateur de presse fasciné par l'histoire du Zodiac, Robert Graysmith décide de retracer son parcours en lisant les rapports classés sans suite, après que la police a abandonné les pistes non concluantes. *Zodiac* montre comment le tueur en série devient une figure de fiction sous l'œil attentif des médias visuel et écrits, qui transforment les meurtres commis en série en récit. Le film est basé sur le roman de Robert Graysmith, ouvrage qui apparaît en arrière-plan dans la scène où l'écrivain se tient face au tueur qu'il a fini par identifier. La rencontre a lieu dans un décor ordinaire (un magasin où Athur Leigh Allen est employé) parce que le tueur a trouvé refuge dans un mode de vie banal.[518]

A la différence des meurtriers du film noir, le tueur en série n'est pas mû par le désir de s'enrichir, mais par le désir de tuer. Sa soif de pouvoir et de mort représente la subversion d'une quête identitaire de pouvoir, une perversion de la logique d'accumulation que sous-tend le système capitaliste. Sa violence est l'aboutissement d'un processus historique : son détachement et sa folie ne sont que les métaphores d'une cupidité, d'une indifférence, d'un gaspillage qui prévalent dans la société de la consommation. Le tueur accumule les cadavres comme le champion accumule des trophées dans une sorte de rituel. Robert Zaller remarque que le système du capitalisme sauvage encourage son insatiabilité immorale et il n'hésite pas à considérer le tueur en série comme un vulgaire produit de la société dans laquelle il a grandi. Son analyse est inspirée du roman de Bret Easton Ellis, *American Psycho* (1991), qui retrace les actes commis par un authentique psychopathe (Jeffrey Dahmer) pour donner vie à un tueur en série malgré tout fictionnel :

> Il [le tueur en série] est le symbole et le résultat d'un processus historique violent ; il incarne la violence de ce processus : produits jetables, vies jetables, gaspillage non-réfléchi en constante augmentation. [...] Sa frénésie et son détachement évoquent par métaphore la cupidité d'un capital devenu meurtrier et abstrait, qui écrase d'une main ce qu'il compte de l'autre.[519]

Le tueur en série vise à transcender son environnement, le système capitaliste, l'ordre moral d'une société encore puritaine à bien des égards, en identifiant un banal rituel de consommation à son avidité meurtrière ; il ne considère pas sa victime en tant qu'être humain, mais en tant qu'objet. Il vise à réduire l'autre à l'état d'objet, pour mieux le dominer et régenter la relation qu'il a lui-même décidé d'établir ; il a besoin de tout contrôler, calmement, délibérément, pour mieux transgresser la loi selon son désir.

Henry, Portrait d'un serial killer (John McNaughton, 1986) est peut-être le seul film qui ait réussi à associer la pulsion destructrice du *serial killer* à l'aboutissement d'une logique capitaliste qui déshumanise l'homme. Jamais la complexité de cette pulsion de mort n'avait été explorée à l'aide d'une caméra aussi détachée que celle de John McNaughton qui se contente d'observer les agissements du tueur d'un œil presque clinique.

---

[518]. Cyril Neyrat, « Préhistoire de la terreur » dans *Cahiers du cinéma*, juin 2007, p. 24-26.
[519]. « He is the symbol and outcome of an historic process; the violence he embodies is the violence that process represents, with its disposable products, disposable lives, and mindless accretion of spoil. [...] His frenzy and detachment is the metaphor of contemporary greed itself, a capital grown murderous and abstract, grinding and pulping with one hand, counting with the other. » Robert Zaller, "*American Psycho*, American Censorship, and the Dahmer Case", dans *Cinéma américain : aux marches du paradis,* Nancy, Revue française d'études américaines n° 57, juillet 1993, p 319-320.

Le film ne retient pas une vision moralisatrice, préférant le style documentaire lorsque la caméra suit l'individu tantôt de loin, dans des plans d'ensemble, tantôt de près, dans des plans rapprochés. Henry dispense la mort sans ne jamais prendre conscience de la douleur qu'il peut infliger, tout occupé du plaisir proche de la jouissance qu'il éprouve alors. Ses déplacements géographiques décrivent à la fois une errance et une quête : aucun but professionnel, aucune passion ne lui procure un sentiment de reconnaissance ou de bien-être. Henry se met en quête de victimes potentielles sur lesquelles il va exercer un pouvoir, exprimer un vouloir. L'absence d'enquête policière, d'investigation nous éloigne de la structure du film noir, pour nous rapprocher du film d'horreur. La banalité et l'horreur s'entrecroisent dans la vie de Henry comme si le basculement d'un monde à l'autre n'occupait qu'une fraction de seconde, ne tenait qu'à un regard échangé, à un mot prononcé qui suffirait à réveiller l'envie de tuer. Les excès de violence emportent Henry dans des expéditions punitives et meurtrières qui sont autant de palliatifs à une frustration sexuelle, à une impuissance qui l'empêche d'affirmer son identité sexuelle. S'il recouvre sa virilité par la violence, sa vulnérabilité remonte à la surface dans ses moments d'intimité où il doit faire face au souvenir traumatisant d'une mère prostituée. L'horreur des actes qu'il commet avec une froideur inhumaine n'inspire finalement qu'une triste compassion : condamné à fuir son désir d'amour, Henry est l'expression d'un appétit à jamais insatisfait, d'une blessure profonde, inguérissable. Les meurtres se répètent qui impliquent la négation de l'autre en tant que sujet pour que le pervers jouisse de sa toute puissance, compense une insupportable dépréciation de son moi. La trame narrative du film est construite autour de la quête perverse qui emmène Henry d'un corps à un autre, d'un objet à un autre, comme s'il n'obéissait qu'à des pulsions consommatrices, source d'une jouissance immédiate et sadique. Le silence accompagne souvent les actes meurtriers de Henry comme si la voix de l'homme s'éteignait soudain, comme si la parole avouait ainsi son impuissance à gérer l'acte.[520] Le silence apparaît comme une négation de l'avenir lorsque Henry assassine, ou bien lorsqu'il tente de répondre aux questions de Becky, la seule femme qui se soit intéressée à lui.

Les meurtres commis par Henry sont parfois liés à l'acquisition d'un objet (l'achat d'un poste de télévision que le revendeur clandestin va payer de sa vie), mais ils sont toujours destinés à flatter son sentiment de puissance, à satisfaire sa jouissance sadique qui s'exprime en faisant souffrir l'autre. Après avoir repéré une jeune femme sur un parking du supermarché, Henry la suit jusqu'à son domicile et s'introduit chez elle sous prétexte d'une mission d'assainissement. C'est alors qu'il la bâillonne, l'attache, puis la frappe à mort. L'acte sexuel n'a apparemment pas été consommé, comme si le désir de mutiler était plus impérieux que celui de violer, comme si la jouissance du corps de l'autre était indissociable du besoin d'y imprimer sa toute-puissance en le réduisant à l'immobilité de l'objet. Bien qu'Otis apprenne le plaisir facile de tuer aux côtés de Henry, il ne partage pas les traits cliniques du tueur nécrophile qu'il est. Les deux hommes invitent deux prostituées à monter dans leur voiture, mais Henry n'a pas vraiment envie de connaître la jouissance du rapport sexuel et il cède bientôt à la pulsion de mort qui l'anime. Pour Jacques Lacan, si « la

---

[520]. Jean-Luc Senninger et Vincent Fontaa soulignent le lien entre l'incapacité à s'exprimer et le passage à l'acte violent chez le malade : « Le rôle de cet agir traduit son incapacité à maîtriser la situation par la parole. Le passage à l'acte se substitue souvent au passage par la parole ». Jean-Luc Senninger et Vincent Fontaa, *Psycho-pathologie des malades dangereux,* Paris, Dunod, 1996, p. 2.

présence du sexe chez le vivant est liée à la pulsion de mort »[521], si Thanatos et Eros représentent la pulsion de mort et la pulsion sexuelle inextricablement mêlées, Henry n'éprouve cependant de la jouissance qu'en donnant la mort. Thanatos et Eros sont dissociés chez le tueur nécrophile qui ne peut faire l'amour qu'à des victimes réduites à l'impuissance, évanouies ou mortes. L'objet du désir est désexualisé parce que l'objet réel de la pulsion n'est pas l'amour, mais « un objet qui suscite une jouissance de l'au-delà du sexe »[522]. S'il rencontre une femme qui pourrait l'aimer, Henry ne peut résister à la pulsion qui le porte d'abord vers le meurtre : incapable de surmonter sa peur du sexe, liée à celle d'être un jour trompé ou abandonné comme il l'a été par sa mère, il préfère tuer Becky.[523] La valise tachée de sang et déposée sur le bord de route devient le symbole des pulsions morbides qui l'amènent inlassablement à répéter le même scénario. A l'instar des consommateurs de drogues ou des joueurs emportés par la frénésie du jeu, Henry ne peut plus arrêter l'engrenage de la mort qu'il dispense comme par habitude, comme mode de vie pourrait-on dire. C'est une pulsion de mort qui détermine les actes de Henry, prisonnier de la mécanique implacable de l'enchaînement du mal. A la fin du film, Henry s'éloigne à bord d'une voiture en direction d'autres contrées vers lesquelles le guident sa profonde solitude et sa pathologie. La caméra reste plantée au bord de la route, laissant Henry s'enfuir dans un espace où l'avenir rejoint le néant car jamais il ne semble être confronté à la loi des hommes.

Le profil psychologique du personnage psychopathe est révisé dans la fiction néo-noire et va servir à introduire non seulement l'horreur dans le genre, mais aussi une critique de la société à laquelle il se réfère. *Tueurs nés* (*Natural Born Killers,* Oliver Stone, 1994) décrit un cas de « psychopathologie sociale » dans la mesure où Mickey et Mallory Knox sont encouragés à aller toujours plus loin dans l'horreur par la société du spectacle qui met en scène leur cavalcade meurtrière et place les tueurs sur le devant de la scène médiatique. Dans le film d'Oliver Stone, l'enquête policière se double d'une enquête menée par un journaliste pour le compte des médias télévisuels qui transforment le voyage des tueurs en spectacle aussi fascinant qu'imprévisible pour le spectateur. De fait, le film associe étroitement la violence individuelle au spectacle banalisé de l'horreur que diffuse l'écran de télévision, pour suggérer que la société invite la prolifération de ce type de criminels. Jean-Claude Maleval précise que « la multiplication du *serial killer* aux USA, depuis quelques

---

[521]. Jacques Lacan, *Les Quatre concepts fondamentaux de la psychanalyse. Le séminaire*, Livre XI, Paris, Seuil, 1973, p. 181.
[522]. Jean-Claude Maleval, psychanalyste et professeur de psychopathologie à l'Université de Rennes 2 Haute Bretagne, explique : « Le trait nécrophile attaché à un objet qui suscite une jouissance de l'au-delà du sexe signe la manifestation de la pulsion de mort. » Jean-Claude Maleval, « Nécrophilie, psychose et perversion » in Dir. Thierry Albernhe, *Criminologie et psychiatrie*, Paris, Ellipses, 1997, p. 207-209.
[523]. Le portrait de la personnalité psychopathe dressé par Jean-Luc Senninger et Vincent Fontaa relie la dangerosité de l'individu à un traumatisme vécu pendant l'enfance : « Le psychopathe a vécu au cours de son enfance, de façon fantasmée ou plus souvent réelle, des carences affectives graves. Son existence est dès lors jalonnée par la répétition de ces expériences : il provoque (inconsciemment) sans cesse les ruptures qui réactualisent ce qu'il a subi étant enfant. C'est en ce sens que le psychopathe est l'archétype de la dangerosité en tant qu'expression primitive de l'abandon ». Les quelques souvenirs évoqués par Henry dans le film de John McNaughton suffisent à cerner l'origine de son mal puisque l'homme n'a apparemment connu que les coups et la solitude pendant son enfance. Jean-Luc Senninger et Vincent Fontaa, *Psycho-pathologie des malades dangereux, op. cit.*, p. 51.

décennies, est certainement favorisée par le fait que celui-ci est devenu un héros hollywoodien »[524]. Le tueur en série trouve dans son fantasme une identification imaginaire à d'autres tueurs en série, identification qui contribue à donner consistance à son moi.

S'il se perçoit d'abord comme une victime de la société, faisant ainsi l'économie de la culpabilité de ses actes, le psychopathe est d'abord la proie de complexes psychologiques et traumatisants qui ont marqué son enfance et ne cessent de se rejouer dans les relations qu'il tisse avec autrui. *Tueurs nés* introduit un flash-back qui emprunte les codes de la série télévisée pour rappeler sur le ton de la comédie que Mickey a libéré Mallory de l'inceste et de la violence en tuant son père. Intitulée *I Love Mallory*, la séquence introduit une rupture de style à l'intérieur du film et concrétise le désordre psychologique du tueur pathologique. La forme décousue du film découle de son instabilité émotionnelle qui caractérise aussi sa pathologie :

> L'instabilité, l'impulsivité, l'irritabilité et l'intolérance aux frustrations constituent l'apparence des symptômes de sa pathologie. Ce syndrome révèle, dans chacune de ses composantes, le recours inévitable à la violence comme mode relationnel. Il en résulte une existence faite de ruptures, d'inadaptations et d'échecs.[525]

Le film néo-noir ne se contente pourtant pas de décrire le meurtrier comme un psychopathe ou un malade dangereux qui doit être éliminé parce qu'il constitue une menace pour l'ordre social.

Le tueur en série représente par métaphore les éléments destructeurs de l'identité humaine, qu'il s'agisse d'un urbanisme sauvage empiétant sans cesse davantage sur l'environnement naturel, d'une économie de marché qui tend à réifier les êtres pour mieux pouvoir les assimiler à des commodités prêtes à être échangées, d'une culture de l'image qui réduit l'être au paraître. L'approche psychanalytique à l'œuvre dans le film néo-noir donne une dimension nouvelle à la souffrance individuelle, obligeant le spectateur à sonder les profondeurs de l'âme humaine avant de prononcer un jugement d'après les seules apparences. La construction filmique et narrative du film néo-noir simule l'univers du psychotique, délimitant un conflit entre le moi et le monde extérieur, entraînant une perte de contact avec la réalité. Le psychotique s'identifie à un modèle, à un moi idéal, ce qui lui offre la possibilité de prendre consistance à l'instar de Buffalo Bill dans *Le Silence des agneaux* ; ou bien il se réfugie dans un imaginaire narcissique dans lequel son corps se fige, tel Patrick Bateman dans *American Psycho* (Mary Harron, 2000).

La quête du film néo-noir est celle d'une identité sexuelle, identité déstabilisée par l'émergence de nouveaux modèles dont on commence à reconnaître l'existence dans l'espace social et cinématographique. *American Psycho* consacre une forme nouvelle d'érotisme, qui s'adresse autant au spectateur féminin que masculin, et semble reconnaître l'attirance homosexuelle par le biais des regards sans cesse échangés entre Patrick Bateman et les autres hommes. Si l'homme est ici placé en position d'objet, ce qui ouvre le spectacle au regard homosexuel, la mise en scène du corps n'est pas sans évoquer un certain

---

[524]. Jean-Claude Maleval, « Nécrophilie, psychose et perversion » in Dir. Thierry Albernhe, *Criminologie et psychiatrie, op. cit.*, p. 225. Dans *Henry, Portrait d'un Serial Killer*, Henry et Otis filment les meurtres qu'ils perpètrent ensemble pour pouvoir ensuite mieux les regarder et évaluer leur performance.
[525]. Jean-Luc Senninger et Vincent Fontaa, *Psycho-pathologie des malades dangereux*, Paris, Dunod, 1996, p. 50.

narcissisme, car Patrick Bateman admire d'abord l'image de son propre corps dans les miroirs. De manière significative, son regard se fixe alors sur un détail de son anatomie (grain de la peau, expression du regard, taille du muscle). La photographie du film expose la beauté de son corps, met en valeur des formes extrêmement masculinisées grâce à un entraînement physique quotidien. Les scènes se répètent au cours desquelles le personnage entretient son apparence physique selon un rituel qui ne souffre aucune entorse. Les premières images du film nous le présentent face au miroir de sa salle de bain, tout aux soins quotidiens prodigués à une peau qu'il voudrait débarrasser de toute impureté. Bronzage artificiel, épilation, masque purifiant, cosmétiques divers définissent la beauté au masculin de Patrick Bateman, qui tire encore avantage d'un niveau social aisé pour glisser son corps dans des costumes de haute couture. Malgré les formes musclées d'un corps à l'évidence athlétique, ces scènes consacrées au seul souci de l'apparence féminisent le personnage dont la bisexualité est latente. A l'évidence, le culte du corps permet à l'homme de pallier l'existence d'une image de soi dévalorisée, de garder un contrôle, qu'il souhaite absolu, sur son image comme sur ses victimes.

Patrick parle peu et se réfugie dans cette activité esthétique qui comble le vide de sa vie, rythmée par un travail ennuyeux et des rencontres mondaines, elles aussi insipides. Si ses amis se satisfont de discussions futiles au cours de soirées où ils peuvent séduire, étaler leur richesse et faire valoir leur bon goût, Patrick Bateman a seulement intégré ces moments-là à sa vie de façade. Certes Patrick cherche à se mettre en valeur auprès d'amis qui partagent ses habitudes dispendieuses, mais il souffre d'un mal insoupçonnable qui le transforme en tueur quand, soudain, il ne supporte plus cette image de lui-même. L'instinct bestial qui l'habite est proportionnel à l'artificielle beauté qu'il affiche. Une pulsion irrésistible, similaire à une pulsion sexuelle, le pousse à tuer, comme s'il devait éliminer un autre être pour se sentir exister et flatter ainsi la puissance virile qu'il voudrait voir reconnue, admirée dans le regard de ceux qu'il croise. Une frustration, une contrariété, un ennui trop profond le conduisent vers des prostituées qu'il invite chez un ami, tué de sa propre main parce qu'il n'a pas supporté son impétuosité. C'est là qu'il va pouvoir les torturer. Le douloureux calvaire de ces femmes qu'il démembre jusqu'à leur ôter le dernier souffle de vie, lui procure la jouissance d'un pouvoir absolu. Toute femme l'attire et le révulse à la fois ; il s'approprie son corps à travers la torture. Les fantasmes de Patrick Bateman le portent à jouir sans limite du corps de l'autre, comme s'il s'agissait d'atteindre, au-delà de l'image corporelle, un objet de jouissance supposé s'y trouver.

La méticulosité de Patrick Bateman révèle une féminité qu'il tente de contenir à travers le contrôle absolu de son apparence physique et de ses gestes. Il tue aussi des hommes : ceux qui lui plaisent tout en lui inspirant une profonde aversion car il se refuse à reconnaître l'attirance homosexuelle qu'il exprime pourtant à travers l'adoration de son propre corps. Le personnage se satisfait d'une forme d'auto-érotisme car il ne peut reconnaître la présence de l'autre en tant que sujet. Le sentiment d'être menacé par le regard de l'autre l'amène à un repli sur lui-même, à une autosatisfaction clairement exprimée lorsque Patrick Bateman fait l'amour avec une prostituée tandis qu'une autre femme les filme en pleine action. Il ne regarde pas la caméra ; son plaisir ne tient pas du voyeurisme puisqu'il préfère se regarder dans le miroir qui surplombe le lit, comme s'il faisait l'amour avec lui-même, comme s'il se mettait à la place de la femme qu'il domine, comme si le rapport spéculaire entraînait jusqu'à la confusion des êtres. Le quête du tueur est non seulement celle d'une puissance absolue sur l'objet du désir, mais encore une tentative de fusion avec celui-ci. Patrick Bateman conserve des bouts de corps mutilés comme autant de reliques car il s'agit « pour l'assassin par lubricité de mettre l'objet cause du désir dans sa poche ».[526] Jean-Claude Maleval distingue le tueur nécrophile de l'assassin par lubricité, désireux de « posséder l'objet de jouissance ».[527] Dans *American Psycho*, le tueur conserve la tête de l'une de ses victimes dans son réfrigérateur car il trouve dans la possession de déchets humains une jouissance qui n'est plus seulement d'ordre sexuel. Elle confirme la toute-puissance qu'il éprouve en s'acharnant sur une victime, le seul sentiment indispensable à sa jouissance.

Le tueur en série personnifie la perversité d'un désir qui repousse toujours plus loin les limites de la morale. Le dernier meurtre commis dans *Seven* (David Fincher, 1995) marque l'impuissance des policiers face à ce type de déviance. L'inspecteur Mills découvre la tête de sa compagne dans un paquet cadeau que lui a envoyé le tueur. Cette tête coupée figure l'impossibilité de lutter avec les armes seulement contre un meurtrier qui raisonne avec une froideur inhumaine, une inventivité qui dépassent l'entendement. La sensibilité de l'être « normal » devient un handicap lorsque l'émotion empêche le policier de rivaliser avec l'indifférence du tueur en série. De manière significative, la scène où Clarice donne finalement la mort à Buffalo Bill dans *Le Silence des agneaux* est filmée à l'aide d'une caméra infrarouge parce qu'elle a lieu dans le noir. Les couleurs s'effacent derrière un filtre vert, suggérant que Clarice ne se bat pas contre un être humain, mais contre un dangereux animal. S'il explore le morbide en intégrant le tueur en série dans la fiction, le film néo-noir explore encore le sentiment d'une vulnérabilité accrue depuis les événements du 11 septembre 2001, face à la menace invisible, insaisissable, représentée par un homme d'apparence ordinaire, dont les pulsions souterraines condamnent les policiers aux frustrations d'une enquête sans solution.

---

[526]. Jean-Claude Maleval, « Nécrophilie, psychose et perversion » in Dir. Thierry Albernhe, *Criminologie et psychiatrie, op. cit.*, p. 223.
[527]. *Ibidem*, p. 211.

Démythifier pour démystifier

Les réalisateurs des années quatre-vingt-dix ouvrent le film néo-noir à une dimension nouvelle qui est celle de la démythification des héros et de la démystification des valeurs en cours. Ils procèdent donc à une réécriture des genres qui ont permis au cinéma hollywoodien de vulgariser des valeurs préétablies auprès d'un public de masse, sensible au charme des acteurs et des actrices qui ont incarné des héros ou des antihéros à l'écran. En brisant la chaîne signifiante composée par une série de stéréotypes culturels imposés par le cinéma au cours de son histoire, le film néo-noir parvient à créer un système de représentation qui interroge la valeur du spectacle qu'il déconstruit. Parce qu'un signifiant n'est plus « naturellement » associé à un signifié prédéterminé, le néo-noir nous invite à reconsidérer les valeurs prônées par les icônes qui représentent la société au cinéma. S'ils intègrent les stéréotypes constitutifs du genre, tels le gangster, la femme fatale ou le détective privé, les réalisateurs indépendants veillent à mettre en relief l'artificialité des codes qui en ont déterminé la représentation, afin de rompre avec le pouvoir mythifiant d'un *star-system* qui contribue toujours à assurer l'enrichissement des studios.

Le film néo-noir rejoint la métafiction puisqu'il révèle les codes présidant à la fois à la représentation des sexes à l'écran et à la construction de la fiction. Il suffit d'un retournement de situation pour détruire le pouvoir mythifiant d'une image, pour ruiner le portrait idéalisé d'un acteur, pour saper les fondements d'un genre. *Mulholland Drive* (David Lynch, 2001) nous permet d'illustrer l'effet inattendu, sans aucun doute déstabilisant pour le spectateur, obtenu grâce à une subversion des signes qui affecte profondément le sens des stéréotypes. Comme nous l'avons précédemment souligné, le film entretient volontiers la ressemblance physique entre Rita et l'héroïne de *Gilda* (Charles Vidor, 1946). La correspondance qui s'établit entre les deux personnages crée un lien entre la nature perverse de la femme fatale et la belle Rita, héritière du mystère et du danger associés par l'intertexte à sa féminité. Une subversion des signes est pourtant intervenue qui a corrompu le pouvoir destructeur de Rita, non plus dévoreuse d'hommes, mais attirant dans ses filets des femmes qu'elle a au préalable séduites et conquises pour mieux se moquer de leur servile soumission. La femme fatale est démythifiée dans la mesure où elle perd l'aura de mystère et de danger qu'elle avait pour l'homme lorsqu'elle avoue sa préférence pour les êtres de son sexe. A l'évidence, la tentative de démythification confère une atmosphère étrange à l'univers créé par David Lynch alors qu'elle est source d'humour dans les films de Joel et Ethan Coen. Dans les deux cas, les réalisateurs pastichent et parodient le film noir dans un patient travail de déconstruction qui peut être perçu comme une entreprise de désacralisation.

L'identification à des modèles hissés au niveau de star par les médias a une fonction économique certaine dans la mesure où elle soutient l'effort d'une industrie en quête d'un nombre toujours croissant de consommateurs, facilement convaincus par l'exemple de leurs idoles d'acquérir les nouveautés qui envahissent le marché. C'est donc à dessein que les frères Coen inscrivent leur travail sur le mode parodique, travail reposant sur la tension entre la reconnaissance d'un style dont le pastiche donne un condensé et la radicale nouveauté de la trame narrative adoptée. Les héros d'une époque bien déterminée, grâce au détail iconographique, sont traités avec dérision dans le cinéma des frères Coen qui nous invite à admirer des héros d'un type nouveau, dont les qualités ont été entièrement révisées par les cinéastes. Lorsque des individus ordinaires recourent au crime, agissant comme par dépit face au gouffre infranchissable qui les sépare des stéréotypes culturels mythifiés par le cinéma hollywoodien, imposant des normes arbitraires destinées à réguler les comportements sexuels et les habitudes de consommation des individus, les réalisateurs nous obligent à reconnaître le pouvoir de manipulation que sous-tend un cinéma entièrement voué au culte d'une idéologie qui invite l'individu à se projeter dans des images glorifiant la célébrité, la richesse, le pouvoir et la liberté, comme seuls signifiants du bonheur individuel.

Parce que les images et les mythes qu'elles illustrent sont désormais indissociables du système économique, les frères Coen accusent le cinéma qui les vulgarise de corrompre l'imaginaire individuel. Ils parodient le système des genres, en déconstruisent les modes de la représentation, dans l'espoir de démystifier la fiction qui investit le pouvoir mythifiant des images. En introduisant un léger décalage entre signifiants et signifiés, les frères Coen révèlent que les images sont souvent indissociables d'un mirage, dans la mesure où elles visent à agir sur l'individu, à lui dicter des objectifs ou des comportements qui satisfont d'abord une morale sociale ou le besoin d'une économie de marché. Encouragé à se glisser dans une image de soi socialement approuvée, à jouer un rôle adapté aux fonctions sociales proposées par le marché du travail ou définies par les traditions, l'individu ne se construit pas nécessairement une identité propre. Il semble que la civilisation de l'image ait renforcé ce processus de dépersonnalisation, encourageant la consommation individuelle par une pratique de signes dont le but est d'associer richesse et épanouissement personnel. L'accumulation de biens matériels serait ainsi gage de réussite professionnelle et de bonheur individuel selon les divers médias qui confondent liberté et opulence, plaisir de consommer et bien-être individuel. Le cinéma se construit à partir d'une manipulation de signes dont la pratique est ambivalente, nous dit Jean Baudrillard, car elle a toujours « pour fonction de *conjurer* au double sens du terme : de faire surgir pour capter par des signes (le réel, le bonheur, l'amour, etc.), et d'évoquer quelque chose pour le nier et le refouler ».[528]

Si l'on suit ce raisonnement, il semble que la mobilité sociale et la réussite économique promises par des récits imaginés pour la fiction télévisuelle ou cinématographique soient inaccessibles, interdites aux gens ordinaires, contraints de se réfugier dans le seul rêve d'un avenir meilleur. Entièrement absorbé par ce système de signes qui l'entoure, l'individu est mis à l'épreuve du dépassement impossible du mythe auquel il se réfère, car la fiction sollicite son imagination pour le guider vers le rêve d'un bonheur artificiel et matériel auquel il ne peut prétendre que si son statut social, c'est-à-dire son pouvoir d'achat, l'y autorise. Si l'individu mesure sans cesse sa valeur personnelle au succès colporté par des images mythifiant la réussite individuelle d'hommes et de femmes qui accèdent à la célébrité, il est aussi contraint de toujours veiller à l'amélioration de son confort personnel par le travail, légal ou illégal, qui lui permettra de se distinguer par rapport à l'ensemble de ses concitoyens.

Le film néo-noir jette le discrédit sur cette quête perverse, avatar profane d'un mythe qui a consacré la perfectibilité de l'individu, accentué l'insatisfaction et la frustration chez des personnages vulgaires, mus par le rêve d'accéder au bonheur tel qu'il est défini par les médias, mais irrémédiablement voués à l'échec. Aux yeux de Jean Baudrillard, il ne suffit plus d'être courageux ou de briller par l'originalité de ses idées pour accéder au statut de héros dans la société de consommation, il faut d'abord avoir réussi à imposer son image dans la sphère médiatique en cultivant des habitudes dispendieuses, susceptibles d'attirer les regards et d'attiser les envies :

---

[528]. Jean Baudrillard, *La Société de consommation, op. cit.*, p. 30.

> Les grandes vies exemplaires de « self-made men » et de fondateurs, des pionniers, d'explorateurs et de colons, qui succédaient à celles des saints et des hommes historiques, sont devenues celles des vedettes de cinéma, du sport et du jeu…Tous ces grands dinosaures qui défraient la chronique des magazines et de la TV, c'est toujours leur vie par excès, et la virtualité de monstrueuses dépenses qui est exaltée en eux. […] Ainsi remplissent-ils une fonction sociale bien précise : celle de la dépense somptuaire, inutile, démesurée. Ils remplissent cette fonction par procuration, pour tout le corps social, tels les rois, les héros, les prêtres, ou les grands parvenus des époques antérieures.[529]

Le cinéma hollywoodien ne cesse de rejouer le mythe du *self-made man* dans des récits glorifiant la perspicacité d'un homme qui, à force de courage et de persévérance, est parvenu à gravir l'échelle sociale. Les frères Coen lui préfèrent toujours le personnage du *loser*, lui aussi mû par le désir de s'enrichir et de s'ennoblir, mais dont tous les plans d'ascension finissent immanquablement par avorter, ne lui permettant jamais d'accéder au bonheur qu'il conçoit exclusivement comme confort matériel et réussite sociale admirés par l'ensemble de la communauté. Eprouvé par des revers de fortune, le *loser* illustre les failles d'un système socioéconomique qui n'offre guère la même égalité de chances aux individus et qui cultive l'insatisfaction et la frustration parmi des hommes ordinaires, tentés de se projeter dans l'image d'un mirage, convaincus de pouvoir transformer leur vie insignifiante en aventure peu banale.

Dans *The Big Lebowski* (Joel Coen, 1997), la déconstruction du film noir procède d'un travail de démythification qui annonce une tentative de démystification. Les discours des personnages, le contexte dans lequel ils nous sont présentés contribuent à démythifier le héros de la fiction moderne. *Self-made man*, femme fatale, détective privé apparaissent bientôt comme des enveloppes vides dans *The Big Lebowski*, film qui nous amène à comprendre le pouvoir mythifiant du cinéma construit sur des archétypes imaginés pour renforcer le pouvoir de conviction de la fiction. La relation présupposée entre signifiant et signifié est déconstruite au cours de *The Big Lebowski* qui met en scène une galerie de personnages dont les règles de conduite ne sont plus déterminées ni par les codes génériques, ni par les raisons historiques. Si l'iconographie ne nous renseigne plus sur les valeurs auxquelles adhèrent les personnages, la fiction nous oblige à démystifier ces valeurs que la société de consommation soutient et vulgarise par la fiction cinématographique. Les signifiants sont volontairement détachés de leurs signifiés si bien qu'un texte nouveau émerge, tissant des liens aussi inattendus que surprenants entre signifiants et signifiés. Il se pose comme un filtre parodique sur des modes de représentation déjà éprouvés, dont le sens est pourtant entièrement revu dans la nouvelle fiction. Une étude plus approfondie de *The Big Lebowski* nous permet de saisir les rouages de la machine néo-noire consacrée à la démythification et à la démystification, ainsi qu'à la reconstruction d'un nouveau mode de représentation, prônant la simplicité de l'ordinaire en lieu et place de l'extravagance matérielle.

L'incipit de *The Big Lebowski* se présente comme un prologue ; cette première séquence témoigne de la volonté parodique qui anime les réalisateurs puisqu'un commentaire en voix off ouvre le film comme il est de tradition dans de nombreux films noirs ; mais la fonction narrative du procédé a été révisée. Un travelling avant nous conduit

---

[529]. *Ibidem*, p. 53.

jusqu'au sommet d'une colline hollywoodienne, nous donne l'illusion de dominer Los Angeles grâce à une vue panoramique de la ville. Cette impression de puissance est à peine suscitée qu'elle est déjà sanctionnée par le mouvement de la caméra qui fouille soudain les artères de la métropole, comme hypnotisée par les lumières qui brillent dans sa nuit. Les fondus enchaînés se succèdent qui nous font traverser la ville d'Est en Ouest, les plans se suivent et nous offrent le paysage d'une ville endormie. Les fondus enchaînés se construisent à partir de surimpressions qui pourraient aussi signifier le passage d'une époque à une autre, confirmer la transformation de la ville et de sa représentation. L'allusion au film noir apparaît d'abord au niveau chromatique : les phares des voitures qui traversent la ville pendant la nuit nous emmènent dans l'univers du film noir, le halo blafard des lampadaires révèle la froideur de l'univers urbain, les contrastes entre zones d'ombre et publicités colorées ont un effet aliénant. Le travelling latéral qui suit le mouvement d'un agrégat de paille poussé par le vent prend une valeur métaphorique puisqu'il suggère la ruée vers l'or, l'attrait irrésistible suscité par la Californie dès la découverte des premières mines d'or au dix-neuvième siècle. La caméra s'arrête enfin sur la plage de Santa Monica, comme si nous arrivions au terme d'un voyage à travers la ville, un voyage qui ne nous aurait pas apporté la richesse escomptée. L'aube se lève sur des rues encore désertes pour mieux nous montrer les faces cachées de la ville, cependant que le narrateur nous révèle en voix off l'envers du mythe auquel est associée Los Angeles. Encore anonyme, le narrateur emprunte le ton de la confession pour avouer que les rêves ne deviennent plus réalité dans la cité des anges : « Los Angeles se fait appeler la Cité des Anges. Ce n'est pas tout à fait ce que j'y ai trouvé ».[530]

Si la représentation du cadre urbain convoque toute une mythologie associée à l'univers du film noir et au caractère mythique de Los Angeles, l'ironie du narrateur nous annonce que les frères Coen vont se jouer des conventions du genre. Bien qu'il n'apparaisse jamais à l'écran, le narrateur n'hésite pas à confier son point de vue, à privilégier la voix off pour le lien de complicité qu'elle peut lui permettre de tisser avec le spectateur. S'il utilise la première personne, le personnage ne se présente pourtant pas comme le narrateur homodiégétique du récit. Il dévoile son omniscience dans un prologue à valeur proleptique, tire profit de la voix off pour créer l'illusion qu'un rapport intime se noue entre le spectateur et ce personnage désireux de confesser ses erreurs ; mais les frères Coen ont subtilement dévié l'objet du discours vers un usage parodique. Il nous faut mémoriser le timbre de la voix, car le narrateur demeure hors champ et ne laissera voir son visage que dans une courte scène au cours du film, puis à la fin du film. Essentiellement tourné vers le public, le narrateur manifeste un intérêt personnel pour le spectateur qu'il cherche à guider dans le dédale du récit. Après avoir situé, en quelques mots, le cadre géographique choisi comme lieu de l'action, le narrateur introduit le protagoniste qui lui a volé le rôle principal et donne un cadre temporel à la fiction :

> L'histoire que je vais vous raconter s'est passée au début des années quatre-vingt dix. A l'époque de notre conflit avec Saddam et les Irakiens. Je le souligne, parce que parfois, il arrive qu'un homme, je ne le décrirais pas comme un héros, ça ne veut rien dire. Mais parfois il arrive qu'un homme et je fais référence au Dude, là...

---

[530]. « They call Los Angeles the city of the Angels. I didn't find it to be that exactly. »

> Parfois, il arrive qu'un homme corresponde parfaitement à son époque et à son pays. Il s'y intègre à merveille. C'est le cas du Dude à Los Angeles.[531]

S'il présente bien le héros de *The Big Lebowski*, le discours du narrateur s'avère être faussement explicatif, inutile à la bonne compréhension du récit. Il a une fonction décorative, pourrait-on dire, du fait qu'il s'adresse directement au spectateur pour lui donner des renseignements sur le contexte extradiégétique, mais des indices distribués à l'intérieur du film vont intégrer ce contexte à l'univers diégétique. Le narrateur nous révèle, bien inutilement d'ailleurs, que parallèlement au récit du film se déroule une guerre dans laquelle sont engagés les Etats-Unis puisqu'un écran de télévision, situé dans le supermarché où le Dude fait ses emplettes, introduit à la fois un « effet de réel » dans le film et une distance vis-à-vis de ces mêmes événements évoqués par un discours et une image télévisée auxquels les clients ne prêtent qu'une attention limitée. S'il donne un cadre historique au récit qui se déroule pendant la guerre du Golfe (1991), le narrateur convoque la mémoire des événements afin de distinguer les qualités ordinaires qui accusent la vie banale du Dude par opposition à l'héroïsme des hommes qui partent pour la guerre. Le président George Bush s'adresse au peuple américain et déclare : « Cette agression contre le Koweit est intolérable »[532]. La guerre du Golfe ne suscite qu'un intérêt relatif de la part des Américains, car le discours politique est ici soudain réduit à un message publicitaire retransmis via la télévision d'un supermarché. La scène suggère le décalage qui existe entre les préoccupations des politiques, concentrés sur les questions internationales, et les soucis quotidiens de l'Américain moyen représenté par le Dude qui continue de vivre selon ses désirs et ses besoins, sans se soucier du drame qui se joue au-delà des frontières nationales. Jeffrey Lebowski, plus connu sous le sobriquet de « le Dude »[533], apparaît à l'écran pour la première fois dans le rayon des produits réfrigérés d'un supermarché. Même l'héroïsme est en crise, suggère l'attitude du Dude qui arbore la décontraction critique d'un « baba cool » parfaitement intégré à la société de consommation.

Le narrateur célèbre la nonchalance du Dude qui ouvre la bouteille de lait qu'il va acheter avant même de se présenter à la caisse. Il nous invite à redéfinir le concept d'héroïsme pour l'adapter au contexte des années quatre-vingt-dix en fonction de critères purement ordinaires représentés par Jeffrey Lebowski, dit « le Dude ». L'iconographie associe le personnage à des signes anachroniques qui soulignent le grotesque de la situation : le Dude perpétue la mode hippie des années soixante-dix jusque dans les années quatre-vingt-dix. Vêtu d'une robe de chambre, chaussé d'une paire de mules, le Dude se déplace dans les rayons du supermarché comme si les lieux lui étaient familiers,

---

[531]. « Now this story I'm about to unfold took place in the early nineties – just about the time of our conflict with Saddam and the Iraqis. I only mention it 'cause sometimes there's a man – I won't say a hero, 'cause what's a hero? – but sometimes there is a man. And I'm talkin' about the Dude here – sometimes there's a man who, well, he's the man for his time'n place, he fits right here – and that's the Dude, in Los Angeles. »
[532]. « This aggression will not stand! »
[533]. Aux Etats-Unis, le terme de « Dude » est utilisé dans le langage populaire pour désigner un homme élégant qui suit la mode. Il sert aussi à décrire ces touristes qui visitent les grands espaces des ranchs transformés en parcs d'attraction. Les frères Coen ironisent sur la polysémie du mot puisque Jeffrey Lebowski a apparemment une conception tout à fait personnelle de l'élégance tandis qu'il emprunte le style décontracté des cow-boys non seulement d'un point de vue vestimentaire, mais également dans sa façon de parler.

sélectionnant sans hésitation le produit qui lui convient. Réfugié derrière des lunettes noires qui protègent sa vue d'une lumière agressive censée attirer l'œil du consommateur sur certains produits, le Dude se préserve ainsi de l'envie que pourrait réveiller l'opulence étalée dans des rayons créant une enfilade de lignes horizontales qui creusent l'espace photographié et attirent l'œil du consommateur toujours plus avant dans le magasin. Après un plan d'ensemble qui nous familiarise avec la silhouette du Dude, un gros plan nous rapproche de son visage comme pour nous interdire de nous perdre dans la profusion des produits alentour. Cette image présente une valeur intertextuelle intéressante puisque le décor du supermarché connote celui des rencontres secrètes entre Phyllis Dietrichson et Walter Neff dans *Assurance sur la mort* (*Double Indemnity*, Billy Wilder, 1944). A la différence de la situation des amants maudits, la solitude du Dude manifeste ici qu'il est parvenu à se préserver de la corruption, symbolisée par le féminin dans le film noir.

L'image paradisiaque de la métropole californienne est renvoyée à un niveau extradiégétique dès que la caméra pénètre dans le rayon frais du supermarché où le Dude fait ses achats. Des fictions multiples ont contribué à mythifier une ville qui ici se révèle comme le cadre banal d'une vie ordinaire menée par le Dude. Le personnage est d'abord introduit dans un lieu fonctionnel, sous une lumière artificielle qui ajoute à la froideur impersonnelle du décor. Lorsque le Dude signe un chèque d'un montant de soixante-six cents pour régler l'achat d'une bouteille de lait, la valeur de l'argent s'efface pour devenir une notion abstraite. Parce que l'argent n'est matérialisé par aucun billet dans cette scène introductrice, suggérant les maigres revenus du Dude, il devient le signifiant d'un vide absolu dans les discours ultérieurs. Incontinent, le Dude est identifié au *loser*, associé par métonymie à ce petit bungalow qu'il habite et où l'attendent trois jeunes gens venus collecter une somme d'argent qu'il ne possède pas. A la question quatre fois répétées « Où est le fric Lebowski ? »[534], il suffit au Dude de montrer ses maigres possessions pour faire comprendre à ses agresseurs qu'ils se trompent de victime.

En effet, la véritable réussite matérielle et sociale est celle, incarnée par Jeffrey Lebowski, homonyme du Dude, millionnaire qui jouit du luxe d'une somptueuse villa à Bel Air. Au thème du dédoublement de la personnalité abondamment utilisé dans le film noir, les frères Coen préfèrent le thème du quiproquo inspiré par des patronymes identiques, mais qui désignent pourtant deux personnalités et deux modes de vie différents. Parce que ses agresseurs ont uriné sur le tapis qu'il avait disposé au centre de la pièce principale dans son appartement, le Dude décide d'en demander réparation à Jeffrey Lebowski, car c'est à lui que s'adresse cet outrage, c'est lui qui aurait dû subir ce dommage puisque les malfrats cherchaient à se venger de son épouse endettée. Eternel « baba cool » qui connaît malgré tout le prix des objets et la valeur des choses, le Dude se présente dans le bureau de son homonyme, Jeffrey Lebowski, où s'amoncellent les manifestations d'une richesse accumulée pendant les années quatre-vingt – sa première femme, littéralement « la première dame », ne se prénommait-elle pas alors Nancy, tout comme la première dame du pays ? Des plaques accrochées aux murs de son bureau, tel « *The Los Angeles Chamber of Commerce and Business Achiever Award* », commémorent les prix décernés au gagnant d'une compétition d'ordre économique. Elles constituent une chronologie des étapes successives qui ont marqué son ascension de *self-made man*, retraçant le parcours d'une vie toute entière consacrée au travail et à une collection d'honneurs.

---

[534]. « Where is the money Lebowski ? »

Le film investit peu à peu l'univers du film noir parce que les personnages rappellent visuellement les stéréotypes constitutifs du genre. Comme dans *La Dame de Shanghai* (*The Lady from Shanghai*, Orson Welles, 1946), le millionnaire est marié à une belle jeune femme (sa seconde épouse) qu'il a su séduire malgré son infirmité physique qui le contraint à ne se déplacer qu'en fauteuil roulant. Il est le mari impotent dont l'argent fait la force et le pouvoir, mais ici l'évolution des mœurs a transformé le sens des stéréotypes. A la différence d'Elsa Bannister dans *La Dame de Shanghai,* la jeune épouse n'envisage plus d'éliminer son époux pour profiter librement de l'existence, car elle profite déjà sans remords de la libération des mœurs : elle déserte le foyer conjugal, séduit le Dude comme n'importe quel autre homme qu'elle est amenée à croiser.

La rencontre entre le Dude et son homonyme est prétexte à une confrontation entre deux images antithétiques : l'attitude agressive du *self-made man*, soulignée par un plan frontal et un léger contre-jour, est opposée à la décontraction délibérée du Dude, à demi affalé dans le fauteuil. Deux mondes s'affrontent au-delà du face-à-face entre le Dude et Jeffrey Lebowski qui, apparemment, n'ont qu'un même nom en commun. Le gros plan traduit l'énergie avec laquelle Jeffrey Lebowski affirme son autorité face au Dude qui ne se laisse guère impressionner : il porte ses éternelles lunettes noires, comme pour mieux se protéger des propos peu amènes et des invectives que lui adresse le millionnaire. Chacun semble campé sur ses positions si bien que tout arrangement risque fort d'être compromis. Jeffrey Lebowski refuse de prendre en considération la requête du Dude, lui objecte qu'il n'est aucunement personnellement concerné par l'affaire en question. Il manifeste clairement son obstination en ayant recours à l'espagnol comme pour affirmer l'impossible communication entre les deux hommes : « Hello ! Parlez-vous anglais ? Parla usted Inglese ? Je vais répéter ma question. Est-ce que j'ai uriné sur votre tapis ? ». Le langage dresse ici une barrière d'autant plus infranchissable que chacun des deux hommes imprime son origine sociale dans le registre linguistique qu'il mobilise. Ainsi le Dude réitère-t-il son désaccord avec vulgarité, utilisant les termes « pisser » au lieu d'« uriner », comme pour résister aux pressions verbales de son interlocuteur qui s'exprime dans une langue châtiée. De son côté, Jeffrey Lebowski maintient une distance de bon aloi entre lui-même et le Dude qu'il appelle « Monsieur », et l'accuse de vouloir tirer profit d'une richesse que son inactivité ne saurait amasser.

Le millionnaire tente un échange des rôles, se place en situation de victime, car il aurait perdu ses jambes pour la nation, pendant la guerre de Corée, et ne serait qu'un millionnaire qu'on ne cesse de harceler pour un peu d'argent. Il refuse de payer un nouveau tapis, et tente de culpabiliser le Dude par une série de questions visant à l'humilier : « Avez-vous un emploi Mr Lebowski ? Avez-vous un emploi Monsieur ? »[535]. Comme en écho parodique au discours enflammé de George H. W. Bush entendu au début du film, le Dude se révolte et maugrée : « Cette agression est intolérable »[536]. La guerre des mots vient d'être déclarée entre le Dude et le millionnaire qui se réfugie alors dans un discours conservateur mesurant la valeur des individus à l'aune de leur réussite socioprofessionnelle, insistant sur la responsabilité civile de l'individu.

Bunny, sa jeune épouse, ne dissimule pourtant pas l'intérêt socioéconomique d'un mariage dont elle a calculé tous les avantages. Exclusivement intéressée par l'argent, la jeune femme ne se laisse pas enfermer dans un rôle d'épouse ; elle continue de jouir

---

[535]. « Are you employed Mr Lebowski ? Are you employed Sir ? »
[536]. « This will not stand! »

pleinement de sa sexualité libérée et s'affiche comme objet de consommation non seulement dans le cadre du mariage, mais aussi dans le cadre d'une société de l'image dont elle copie les stéréotypes les plus éculés. Etendue à moitié nue, elle prend un bain de soleil et tente de séduire le Dude lui confiant qu'elle se prostituerait volontiers pour mille dollars. L'invitation ne fait que rappeler le statut peu favorable du Dude, économiquement castré et marginalisé puisqu'il n'a d'argent ni pour sortir une femme, ni pour payer son loyer le dix du mois.

Une situation socioprofessionnelle instable émascule donc le Dude qui retrouve un semblant de virilité grâce à sa collection de trophées gagnés dans des tournois de bowling auxquels il participe régulièrement en compagnie de ses fidèles partenaires, Walter et Donny. Activité de loisir, le bowling est devenu sport de compétition dans lequel s'affrontent des marginaux, dont ce « Jesus » aux tenues un peu trop moulantes, un peu trop colorées. L'entraînement au bowling permet aux hommes de se rencontrer et de dialoguer. Une activité de dilettante qui tient lieu d'activité professionnelle, qui rythme les journées du Dude et de ses amis, qui leur prête un simulacre d'identité sociale grâce aux tournois organisés par le club de bowling, leur offrant l'illusion de briller, de se distinguer dans un cercle fermé de joueurs professionnels. Ils gagnent ainsi le respect de leurs pairs car ils démontrent un savoir-faire nécessaire. L'univers du bowling rapproche donc les individus en dépit de leurs différences : le Dude, qui étale une mode hippie pourtant bien révolue, son ami Walter, qui ne cesse de rappeler les années passées au Viêt-nam, et Donny dont les discours trahissent la crédulité de la jeunesse et l'immaturité. L'association de ces trois comparses évoque une sorte d'éclectisme culturel, mais signale aussi la disparition de valeurs nationales, d'engagements personnels. Si le Dude et Walter réveillent la mémoire d'un passé révolu, Donny de son côté n'assume aucun idéal, aucune ambition, comme si l'avenir demeurait vide d'espoir.[537] Son corps frêle abrite un vide existentiel en opposition à l'embonpoint du Dude ou de Walter, qui tous deux portent sur leur corps les stigmates d'une autre époque.

Quelques jours passent. Le millionnaire rappelle le Dude pour le charger d'une mission : on a enlevé sa femme Bunny, on lui réclame un million de dollars, et il voudrait que le Dude accepte de porter la rançon aux ravisseurs car il le croit suffisamment honnête pour lui confier la responsabilité d'une mallette renfermant la somme convenue. « Sa vie est entre vos mains »[538], lui confie Brandt, bras droit du millionnaire, réduisant par ces mots une vie humaine à une valeur marchande. Le terme « argent » revient sans cesse dans les discours, car le Dude s'est confié à Walter et Donny. Mais pour ces laissés pour compte, l'argent est une notion presque virtuelle, détaché de tout signifié si ce n'est cette mallette en fer dont le contenu n'a pourtant jamais été révélé. Lorsque Walter lui substitue un sac de linge sale, le spectateur a peine à réaliser les conséquences funestes de son geste qui signe pourtant l'arrêt de mort de Bunny. Depuis le début du film la notion d'argent n'a cessé d'être dévalorisée. L'argent a si peu de valeur pour le Dude qu'il oublie dans sa voiture la mallette censée contenir les billets, et la voiture est volée. Le spectateur aussi l'a oubliée car jamais un seul billet ne paraît à l'écran pour aider à matérialiser le montant de la rançon. Dans *The Big Lebowski*, l'argent est un mot vide de sens, un signifiant qui n'est plus signifié ; alors qu'il croit avoir retrouvé le voleur de sa voiture, le Dude rend visite au coupable présumé, un jeune adolescent qui apparemment a déjà dépensé une partie du

---

[537]. Philippe Rouyer, « *The Big Lebowski*, Le grand bowling », *Positif n° 447*, mai 1998, p. 6-7.
[538]. « Her life is in your hands! »

magot pour acheter une Ferrari garée devant la maison de ses parents. Emporté par sa fougue, Walter s'en prend aussitôt à la voiture qu'il a sans réfléchir associée au délit. On apprendra que cet objet de luxe concrétisait seulement les efforts d'un voisin besogneux pour affirmer un nouveau statut social.

L'enquête à ses débuts nous entraîne dans le dédale de l'univers social de la métropole où le Dude doit retrouver Bunny avant d'affronter la colère du millionnaire impatient de retrouver son épouse. Sur la trace de la jeune femme, le Dude découvre d'abord ses activités professionnelles douteuses dans un cinéma pornographique, puis il quitte les quartiers riches de Bel Air pour rendre visite à l'homme qui aurait ainsi fait travailler Bunny. Celui-ci se débarrasse du Dude en lui faisant absorber, à son insu, une drogue qui le conduit directement dans le bureau du shérif. Une séquence, dont la composition rappelle étrangement la séquence du rêve réalisée par Salvador Dali pour Alfred Hitchcock dans *La Maison du docteur Edwards* (*Spellbound*, 1945), concrétise les rêves du Dude sous l'emprise de la drogue qu'il vient d'absorber. Il s'imagine être devenu une boule de bowling qui, sur sa lancée, se régale du spectacle offert en passant au ras des jupes des filles formant une haie d'honneur tout au long de sa course. Tandis qu'il croit enfin heurter les quilles, le Dude tombe sur un échiquier où il se livre à une chorégraphie sensuelle en compagnie d'un nouveau personnage, la fille du millionnaire dont il a fait la connaissance quelques heures plus tôt à l'occasion de son enquête. Identifié à un pion sur cet échiquier disproportionné, le Dude n'est bientôt plus maître de ses mouvements, contraint de fuir une pièce qui a été déplacée pour pouvoir l'éliminer. A la différence de la séquence intégrée dans *La Maison du docteur Edwards*, l'analyse du rêve ne prétend pas ici compléter le portrait psychologique du personnage. La séquence annonce de manière proleptique et fantasmagorique la relation qui va se nouer entre le Dude et la fille de Jeffrey Lebowski ; elle illustre par le symbole de l'échiquier le sentiment d'impuissance qui envahit le Dude, emporté malgré lui dans une aventure dont il ne connaît ni les tenants, ni les aboutissants.

Lorsque le Dude découvre la voiture de Bunny arrêtée devant la maison de Jeffrey Lebowski et apprend que Bunny a passé un week-end entre amis loin de son mari, il finit enfin par comprendre que son homonyme a tenté de le piéger en le chargeant d'une mission qui n'était qu'une escroquerie. Le millionnaire a lui-même manigancé cet enlèvement qui, en réalité, n'a jamais eu lieu, pour soutirer de l'argent à son entreprise familiale. La rançon devait servir à améliorer sa situation financière devenue précaire. Ce retournement de situation nous invite à relire le film pour saisir rétrospectivement le sens prêté aux stéréotypes. On sait désormais que le milliardaire ne dispose pas d'argent personnel, que son épouse est actrice dans des films pornos, que sa villa et les fastes de sa vie ne dissimulent qu'un vide absolu. Dans ce film comme dans de nombreux films néo-noirs, la déconstruction du sens des stéréotypes implique la révision des valeurs représentées par ces stéréotypes. Le film met à l'épreuve les définitions de la masculinité, de la réussite sociale, de la famille traditionnelle, du mythe du *self-made man* en interrogeant la valeur des stéréotypes qui les vulgarisent dans le cinéma hollywoodien. De manière significative, *The Big Lebowski* participe à une démystification des valeurs qu'un autre cinéma vise à renforcer auprès d'un public de masse : le Dude est bien un héros tandis que le millionnaire est devenu le *loser* qui, à l'instar des autres perdants dans les films des frères Coen, est victime d'une idéologie. Le millionnaire, héros sur le marché des affaires, ne serait-il qu'un mirage ? Ses discours n'étaient que mensonges, sa richesse n'était qu'une illusion, sa fonction sociale n'était qu'une mascarade.

Le retournement de la situation semble suggérer que le « rêve américain » est destructeur et corrupteur, que le bonheur ne tient pas à la seule accumulation de biens matériels. Les frères Coen témoignent que les images vulgarisées par les grands ou les petits écrans, par les fictions ou les publicités, sont mensongères, indissociables du système économique qu'elles soutiennent. Ces images visent essentiellement à promouvoir la consommation, signe fallacieux d'une illusoire réussite individuelle. Mobilité sociale, réussite économique entretiennent des chimères qui éloignent l'individu du réel et de sa vie personnelle. Alors qu'ils dévoilent la fiction célébrant la réussite du *self-made man* comme une mystification, les frères Coen sous-entendent que la définition de la réussite ne peut se réduire au sens matériel que lui confèrent les médias. De fait, le millionnaire est ici un contre-modèle alors que le Dude, satisfait de joies simples comme celles procurées par son entraînement au bowling, apparaît comme un héros d'un genre nouveau. Le narrateur apparaît enfin à l'écran pour conclure le film et annoncer la naissance prochaine du fils de Dude, sorte de Messie, fruit de son union avec la fille de Jeffrey Lebowski, promesse de réconciliation entre les rêves de l'artiste (sa mère est peintre) et les idéaux dépassés du « baba cool » (son père).

The Big Lebowski (Joel Coen, 1997) illustre la manière dont les réalisateurs ont recours à la déconstruction du film noir pour engager une réflexion sur l'état de la société américaine contemporaine, sur ses représentations, pour proposer un travail de reconstruction à partir de stéréotypes qui se chargent d'un sens nouveau dans le film néo-noir. Le film néo-noir s'inscrit dans la tradition du film noir dans la mesure où il suspecte le paraître et vise à démystifier le langage cinématographique en interrogeant la véracité des images supposées cerner ou représenter le réel. L'impossibilité de capter le réel éclate dans une représentation qui se met en abyme, dans des récits qui se démultiplient, suggérant qu'une histoire, qu'un événement doivent se raconter à partir de plusieurs points de vue comme autant d'angles de prise de vue. La fiction concourt à libérer le spectateur de son assujettissement à une image qui, consommée à outrance, pénètre son esprit au point de le corrompre. Le mythe du *self-made man* est déconstruit, illustré par autant d'images et de fictions qui présentent la réussite économique d'individus exceptionnels comme une réalité accessible alors que l'économie capitaliste repose sur le principe même de l'élitisme. Le film néo-noir nous propose de désacraliser des modèles sanctifiés par une industrie cinématographique dont l'objectif est avant tout de vendre du rêve pour encourager la consommation et soutenir la cohésion de sociétés de plus en plus fragmentées en de multiples communautés. Au-delà il nous propose de réfléchir au devenir de ces sociétés.

Conclusion

La popularité du cinéma américain a renforcé le pouvoir politique et culturel des films, contrôlés par un code de production dont les studios hollywoodiens définirent eux-mêmes les principes généraux (1927, 1934). Respectueux de l'autorité politique et des valeurs morales ambiantes, ils optèrent alors pour un cinéma consensuel, qui devait participer à la construction d'une identité nationale et aider à promouvoir son système de valeurs au sein d'une collectivité construite sur la diversité culturelle. Le cinéma propose autant de modèles d'identification dans des récits qui retracent le parcours exemplaire d'hommes et de femmes ayant réussi à se fondre dans la société américaine grâce à des valeurs partagées : égalité des chances, liberté d'entreprendre, droit au bonheur définissent la démocratie américaine et assurent la cohésion d'une nation dont l'accroissement est en partie assuré par des flux continuels d'immigration. La fiction transforme l'Histoire en mythologie et les hommes en héros pour mieux révéler l'attrait des principes fondateurs de la nation américaine.

Peter D. Salins souligne le pouvoir de mystification d'une littérature et d'un cinéma qui utilisent le mythe pour mieux soumettre les comportements individuels et collectifs :

> Ces mythes convainquent les Américains qu'ils sont un peuple de pionniers et de fervents individualistes, un peuple qui s'élève par la réussite, un peuple à la pointe du progrès, un peuple porteur de principes et épris de justice, un peuple tolérant.[539]

L'auteur interroge l'écart entre le mythe et le réel à travers l'utilisation du verbe « convaincre », rupture dont les images en clair-obscur du film noir font état, entraînant le spectateur dans un espace imaginaire dont les motifs symboliques traduisent la révolte d'un individu aux prises avec son environnement géographique (la ville), économique (le chômage), humain (la famille). Dérivé du film policier dont il reprend le thème de l'énigme provoquée par un meurtre, le film noir dramatise les conflits entre le monde intérieur (un sentiment d'aliénation) et le monde extérieur (l'univers du social), conflit qui conduit l'individu à se rebeller contre les lois de la société par la mise en œuvre d'actes criminels.

Le film noir a contribué à débusquer l'image d'une société « parfaite » et à démystifier les valeurs qui sous-tendent l'idéologie capitaliste :

> Le film noir a attaqué les bases mêmes de la suffisance et de l'optimisme qui avaient envahi le discours idéologique relayé par de nombreux films américains avant son apparition. Ceci était nécessaire et même hygiénique au plan culturel.[540]

---

[539]. « These myths persuade Americans that they are pioneers, rugged individualists, people who rise by achievement, people in the vanguard, people of justice and principle, and people of tolerance. » Peter D. Salins, *Assimilation, American Style*, New York, Basic Books, 1997, p. 111.

Jon Tuska confère au film noir un pouvoir qui ne tient pas seulement du divertissement ; il lui reconnaît une dimension culturelle salutaire. Le film noir exorcise des peurs latentes alors qu'il exprime les tensions entre morale ambiante et désirs individuels. Le conflit n'est pas seulement à la base de l'intrigue du film noir, il s'inscrit dans son mode de représentation par le biais de motifs symboliques qui interrogent la place de l'être humain dans une société industrielle, gangrenée par les luttes qu'entretiennent ses divers pouvoirs (politiques, économiques, financiers).

Sous le couvert d'une enquête qui sied au renouveau de la fiction policière parce qu'elle appelle de nouvelles formes narratives (ellipses, analepses), les réalisateurs parviennent aussi à glisser une critique de l'Amérique sociale dans une fiction qui tire avantage de l'ambiguïté des situations représentées. La richesse polysémique du film noir a permis aux réalisateurs de dépasser un discours propagandiste anti-nazi, de faire progresser la lutte contre l'antisémitisme, de dénoncer les inégalités produites par un système économique de type capitaliste, de parodier le discours suspicieux et spécieux du maccarthysme.

Scénaristes et réalisateurs « de gauche » furent naturellement attirés par ce mode d'expression, nous explique Carlos Clarens, parce que le thème de l'enquête leur offrait la possibilité d'explorer les manifestations d'une crise des valeurs, de jouer du contenu subversif déjà implicite dans les romans à partir desquels les films sont adaptés :

> De nombreux scénaristes dont les convictions politiques étaient plutôt de gauche furent assez logiquement attirés par le film noir. [...] Il était facile de suggérer que tout n'était pas parfait dans la société américaine à travers les ambiguïtés du film noir, mais il était impossible de s'attaquer au système sans courir le risque d'être associé au ton subversif du message. [541]

La voie de l'illégalité se présente comme la seule qui puisse encore apporter le bonheur promis par la Constitution à ces marginaux qui peuplent le paysage imaginaire du film noir. La vision noire se répand à la fin de la Seconde Guerre mondiale, comme si la démocratie avait été ébranlée par l'avènement d'une nouvelle grande puissance, comme si les Américains s'étaient mis à douter de leurs institutions, de leurs mythes, de leurs valeurs.

Le film noir appartient autant à l'histoire du cinéma qu'à l'histoire des idées dans la mesure où il procède d'une démarche esthétique qui sert de support à l'expression d'un discours politique.[542] La vision noire correspond à un mode de perception du monde qui ne se restreint pas au cinéma mais affecte aussi la littérature, la peinture, et c'est pourquoi

---

[540]. « Film noir attacked the very basis for smugness and optimism which had infested the ideologies of so many American films prior to its advent. This was necessary and even culturally hygienic. » Jon Tuska, *Dark Cinema, American Film Noir in Perspective,* Westport, Greenwood Press, 1984, p. 239.

[541]. « Many left-oriented screenwriters and directors were logically drawn to the film noir [...]. It was easier to instill a feeling that all was not perfect in American society by way of the ambiguities of film noir than to take on the system and risk the cooptation of any subversive message. » Carlos Clarens, *Crime Movies, op. cit.,* p. 195-196.

[542]. James Naremore, "American Film Noir, The History of an Idea", *Film Quarterly, Vol. 49, n° 2,* Winter 1995-1996, p. 14.

André Bazin lui prête volontiers une dimension philosophique et idéologique.[543] L'image filmique a un pouvoir politique que les réalisateurs ont su apprivoiser, comme en témoigne le propos subversif généralement associé au genre. Le film noir peut même atteindre un « effet cathartique » lorsqu'il révèle les fantasmes qui couvent dans l'inconscient collectif pour mieux les exorciser. Si les archétypes du genre semblent surgir de l'inconscient collectif, ils se présentent également à la conscience collective comme les symptômes d'une crise socioculturelle profonde marquée par le doute et par l'angoisse. La femme fatale revêt la défroque d'une trahison toujours possible ; en tant que personnage maléfique, elle figure l'ambivalence des choix de l'humain, se fait bouc émissaire de la *catharsis*. Dans le contexte de la Seconde Guerre mondiale, puis à l'époque de la guerre froide, le film noir module sur le mode imaginaire des peurs nouvelles. Apocalypse nucléaire, invasion communiste, ville tentaculaire y sont évoquées par la métaphore. L'expérience immédiate du danger a transformé le rapport des êtres au réel et stimulé, dans l'imaginaire collectif, la construction de fantasmes qui attestent de l'influence persistante d'un héritage religieux et mythique dans un monde moderne et profane, où les esprits sont plus enclins à la rationalité.

Le film noir s'éloigne de plus en plus du film policier alors que la vocation herméneutique du détective cède le pas à la description des dérives individuelles qui entraînent le spectateur dans l'univers du polar.[544] Un glissement s'est opéré entre les intentions du film noir et celles du polar : les progrès de l'enquête sont désormais secondaires par rapport aux images rapportées au cours d'une investigation qui s'apparente de plus en plus à une exploration de l'espace social et urbain. Le polar se démarque des premiers films noirs dans la mesure où il ne privilégie plus la force de caractère du privé qui manifestait son sens moral même au cœur des milieux les plus corrompus ; il s'attache aux déviances qui motivent les actes criminels ou pervers d'un antihéros. La déviance criminelle est perçue comme l'émanation nauséabonde d'un environnement urbain qui a corrompu l'âme de ses habitants. Les stéréotypes du film noir sont présents dans des films qui interrogent leur fonction dans le contexte des années soixante-dix : leur anachronisme entraîne le film dans une crise textuelle pendant que le héros se laisse anéantir par l'errance, signe d'une incohérence qui a sapé toute logique narrative. Les personnages recourent à la violence comme seul mode d'expression et de communication, avancent au gré de leurs pulsions, sans suivre aucune ligne directrice ; l'introduction des personnages de la prostituée et de la femme libérée dans un espace masculin illustre l'incertitude sexuelle qui mine le champ des relations sociales.

Le modèle qui se trouve à la base du polar demeure le récit policier, mais un subtil transfert des rôles renverse les codes de la représentation, anéantit tout effort de mythification. Le privé devient le *loser* cependant que le marginal accède à la fonction de

---

[543]. André Bazin dans une discussion avec Roger Leenhardt dans "Six Characters in Search of Auteurs", *Cahiers du cinéma : The 1950s*, Jim Hillier (ed.), Cambridge, MA, Harvard University Press, 1985, p. 37.

[544]. L'évolution du film noir vers le polar reflète l'évolution du roman policier après 1968, retracée ici par Pierre Boileau et Thomas Narcejac : « Le roman policier, au lieu de marquer le triomphe de la logique, doit dès lors consacrer la faillite du raisonnement, c'est justement là que son héros est la victime. Il n'arrive pas à « penser » le mystère, il doit simplement le « vivre », et le lecteur subit, en même temps que lui, à travers lui, cette « mise en question du monde » qui le torturera dans sa chair et dans son esprit ». Voir Pierre Boileau et Thomas Narcejac, *Le Roman policier*, Paris, Payot, 1964, p. 178-179.

héros ; la femme demeure victime, mais elle jouit d'un pouvoir d'action qui lui était autrefois nié ; les policiers se font à leur tour criminels pour mieux accomplir leur mission. Pour Jacques Dubois, le récit policier peut se renouveler grâce à la mobilité des rôles (victime, coupable, enquêteur et suspect) autour desquels s'organise la trame narrative.[545] L'enquête amène les personnages à se croiser, à se rencontrer, pour faire progressivement apparaître la distribution des rôles, la responsabilité des individus dans l'affaire du meurtre considéré. Si le film noir recourt de manière peu stricte à ce dispositif (le coupable se confesse avant même le début d'une enquête dans quelques *thrillers*) et s'amuse à confondre les rôles (le coupable ou l'enquêteur deviennent à leur tour victimes), le polar n'hésite plus à introduire des personnages qui cumulent les rôles et propose de multiples variations à l'intérieur du schéma proposé. La comparaison du film noir et du polar semble confirmer l'analyse de Jacques Dubois qui étudie l'évolution du genre policier pour conclure que : « L'histoire du genre est à la fois celle d'une formule première qui ne s'épuise pas [...] et celle d'une matrice narrative entraînée dans une transformation incessante ».[546]

La structure du polar n'est pas figée, mais perméable et dynamique comme le suppose la fusion des rôles qui permet aux stéréotypes de dépasser les limites mêmes de la fonction qui leur est dévolue par l'histoire. C'est pourtant cette même souplesse qui est peut-être à l'origine des failles d'une enquête que le privé ne parvient plus à faire avancer. Le polar témoigne d'une crise filmique dans la mesure où les héros ont disparu de la scène cinématographique, pour laisser la place à des personnages qui oscillent, semble-t-il, entre plusieurs fonctions. Les multiples transferts entre les quatre rôles fondateurs de l'intrigue mettent à jour des failles sociales, que l'enquête d'un privé permet d'exposer, non de réduire. Lorsque les meurtriers sont consacrés héros, si les victimes se sentent coupables, et que les enquêteurs sont à leur tour victimes de leur enquête, le polar sombre dans une noirceur sans précédent et les couleurs fades de l'image ne parviennent pas à relever cette tonalité désespérée. Certes les retournements de situation fondent l'originalité du polar, mais ils procèdent encore d'une crise des valeurs et d'une crise d'identité, puisqu'ils inscrivent l'instabilité de l'être dans la structure même du récit, évoquent la fluctuation des rôles sociaux à travers le flottement des stéréotypes. Autant d'entorses aux règles génériques que d'écarts aux codes déontologiques portés symboliquement par les personnages qui font éclater les limites du polar. La contamination du polar par le film d'horreur, comme par le *road movie*, suggère l'épuisement de cette mythologie proposée par le film noir, l'épuisement des grands mythes qui ont jusqu'alors aidé à maintenir l'ordre social par le truchement du cinéma et de son *star-system*.

Tous les avatars du film noir sont traversés par une intention semblable, détourner le modèle originel de sa norme pour y introduire un regard ironique et se jouer des attentes spectatorielles. Le polar a découvert des enjeux politiques dans la déconstruction du modèle, le film néo-noir y ajoute une dimension ludique en développant le jeu intertextuel. Les écarts génériques révèlent les ruptures déontologiques qui éloignent définitivement les stéréotypes de leur modèle parce qu'ils obéissent à des codes moraux différents. C'est une réflexion sur la place de l'individu dans la société que le film néo-noir vise à amorcer alors qu'il questionne l'identité des individus à travers une enquête qui ne fait pas appel aux mécanismes de la raison, mais invite à la connaissance par les sens. La question

---

[545]. Jacques Dubois, *Le Roman policier ou la modernité*, Paris, Editions Nathan, 1992, p. 92.
[546]. *Ibidem*, p. 53.

ontologique de l'être et de son essence est toujours à la base du récit policier, mais elle dépasse le cadre de l'enquête du détective pour informer toutes les étapes de la construction de la fiction cinématographique. Une nouvelle façon de penser le cinéma apparaît dans les images du néo-noir qui tentent de retrouver le langage du corps pour stimuler les sens avant de s'adresser à l'esprit. Musique et photographie travaillent de concert pour plonger le spectateur dans un univers noir qui interroge sa relation aux images observées, sa position par rapport aux situations représentées. L'enquête dépasse le cadre de la fiction grâce à des effets de mise en abyme qui postulent la présence d'un spectateur/voyeur, que le film confronte volontairement à la mort ou à la faute.

Déjà implicite dans le film noir, l'instabilité de l'être est explicite dans le film néo-noir qui fait apparaître les nombreuses contradictions inhérentes à la recomposition d'une identité américaine dans une société que les progrès technologiques et les vagues successives de l'immigration n'ont cessé de transformer. Il nous fait part des nombreuses préoccupations qui animent cette fin de siècle : la logique du capital modifie les rapports humains, les nouvelles technologies affectent les moyens de communication, les définitions des rapports sociaux sont corrigées. Au cœur du cycle se trouve la question identitaire, source de la violence et du désespoir qui s'expriment dans le choc des couleurs, dans un montage rapide, dans une musique aux rythmes endiablés, prêtant au film néo-noir le pouvoir de déstabiliser le spectateur. Lorsque mythes et traditions enserrent les personnages dans des stéréotypes culturels, sociaux ou cinématographiques, la violence devient le seul mode d'expression envisageable, la seule voie vers une éventuelle libération des esprits. Le film néo-noir s'efforce de nous faire prendre conscience de l'effet réducteur des représentations qui nous entourent et qui servent à décrire l'être humain dans sa relation à l'univers social. Le stéréotype occupe une place de choix dans le film néo-noir alors que les traits des personnages (iconographie, accent, attitude) sont volontairement soulignés ou caricaturés pour mieux être mis en évidence dans un registre parodique. Le film néo-noir recherche dans la métafiction des méthodes de réflexion sur le pouvoir politique conféré au cinéma dans une société où l'image se pose comme médiation entre l'homme et son environnement. En nous invitant à prendre conscience des effets cinématographiques, de la construction de la fiction, quelques réalisateurs parviennent à désacraliser le mythe, à déconstruire les modes de représentation qui ont servi à défendre une certaine idée de l'Amérique et de la société américaine au cinéma. La déconstruction de l'espace filmique amorce celle des stéréotypes, mettant à nu la structure sociale du monde postmoderne. Si l'intertexte peut apparaître comme une figure de style, il s'insère aussi dans un discours qui engage la réflexion sur le rôle des représentations qui servent à décrire l'espace du social. Il ne constitue pas seulement un jeu esthétique, il nous invite à repenser notre relation aux représentations médiatiques, à envisager leur dimension politique.

La redécouverte du film noir par la génération des années quatre-vingt-dix met en évidence les transformations qui ont affecté les domaines du social (familles éclatées et recomposées, montée de la violence), du politique (médiatisation), de l'économique (mondialisation, informatisation des lieux de travail) et du sexe (homosexualité, transsexualité) au cours de la décennie. La notion d'identité se trouve au cœur du film néo-noir qui évoque les multiples facettes de l'Amérique comme pour signifier le flou qui enveloppe désormais les définitions de communauté, de nation, de famille. Il n'existe plus de définition unique car ces termes désignent des situations plurielles, un écart grandissant entre le langage et des normes de plus en plus instables. Les mythes fondateurs ne suffisent plus à expliquer les tabous, la référence à l'Histoire ne permet plus de justifier le maintien abusif de traditions ancestrales, le film néo-noir fait un pied de nez aux diverses conventions qu'il absorbe tour à tour dans un jeu référentiel qui fait voler en éclats les frontières des genres établis.

Entre tradition et innovation, il existe bien une étape de transition dont le film néo-noir se fait l'écho en décrivant un ensemble de symptômes qui accompagnent la transition vers un ordre nouveau. Le sujet essentiel de la décennie est bien la perte des repères individuels et partant, la crise identitaire. Si la femme y connaît parfois un traitement violent, c'est parce que les évolutions culturelles, technologiques et sociales ont conduit l'homme à un certain état d'aliénation. La violence des images, des personnages, de la sexualité, de la musique même, répondent à un besoin de sensations neuves chez des individus, qui, faute de repères sociaux traditionnels, ont perdu, semble-t-il, jusqu'au sentiment de leur appartenance. Tandis que le film néo-noir explore les arcanes de la psychologie humaine, découvre les ficelles du conditionnement social, il diffuse le malaise contemporain, évoque la crise identitaire et la confronte aux valeurs conservatrices du passé pour mieux les sublimer. Du film noir au néo-noir, l'histoire du genre est celle d'une formule première qui ne cesse de se transformer, de se moduler, de se démultiplier en formules variées car le monde qu'il reflète est toujours en train de muter. Il contribue à la *catharsis* en projetant sur un écran les maux qui habitent l'imaginaire individuel et collectif d'une Amérique en mutation.

BIBLIOGRAPHIE

I - CULTURE ET CIVILISATION DES ETATS-UNIS

BARITZ, Loren, *The Good Life, The Meaning of Success for the American Middle Class*, New York, Random House, 1989.
BAUDRILLARD, Jean, *Amérique*, Paris, Editions Grasset et Fasquelle, 1986.
BARLOW, Hugh D., *Introduction to Criminology*, Boston, Little, Brown and Company, 1978
BEAUVOIR, Simone de, *L'Amérique au jour le jour, 1947,* Paris, Editions Gallimard, 1954.
BEN BARKA, Mokhtar, préface de Claude-Jean Bertrand, *La Nouvelle droite américaine, des origines à l'affaire Lewinski,* Paris, Editions du temps, 1999.
CHAFE, William H., *The American Woman,* Oxford, Oxford University Press, 1972.
CHAFE, William H., *The Paradox of Change,* New York, Oxford University Press, 1991.
CHAFE, William H., *The Unfinished Journey, America Since World War 2*, New York, Oxford University Press, 1995.
COPPA, Frank J. et **DOLCE**, Phillip C., *Cities in Transition, From The Ancient World to Urban America,* Chicago, Chicago University Press, 1974.
    Article cité :   **DOLCE**, Phillip C., "Anti-urbanism in America", p. 178-195.
DALLEK, Robert, *Ronald Reagan, The Politics of Symbolism,* Cambridge, Massachussetts, Harvard University Press.
DANIEL, Dominique et **DESCHAMPS**, Bénédicte, Dir., *L'Immigration aux Etats-Unis de 1607 à nos jours,* Paris, Ellipses, 1998.
    Article cité :   **KIM**, Elaine H., "Home is Where the Han is : Korean American Perspective on the Los Angeles Upheavals", p. 217-218.
EVANS, Sarah M., *Born For Liberty, American History of Women in America,* New York, The Free Press, 1989.
FALUDI, Susan *Backlash : The Undeclared War Against American Women,* New York, Anchor Books, 1991.
FINE, David, *Los Angeles in Fiction,* Albuquerque, University of New Mexico, 1995.
FOUCRIER, Annick, *Les Gangsters et la société américaine,* Paris, Editions Ellipses, 2000.
FRIED, Richard M., *Nightmare In Red, The McCarthy Era in Perspective,* Oxford, Oxford University Press, 1990.
FRIEDAN, Betty, *The Feminine Mystique,* New York, Dell Publishing Co., 1963.
GAUTHIER, Guy, *Villes imaginaires,* Paris, Cédic, 1977.
GHORRA-GOBIN, Cynthia, *La Ville américaine,* Paris, Nathan, 1998.
KAISER, Charles, *1968 in America, Music, Politics, Chaos, Counterculture, and the Shaping of a Generation,* New York, Weidenfeld and Nicolson.
KASPI, André, *Les Américains – 2. Les Etats-Unis de 1945 à nos jours,* Paris, Editions du Seuil, 1986.
KASPI, André, **BERTRAND**, Claude-Jean et **HEFFER**, Jean, *La Civilisation américaine,* Paris, Presses Universitaires de France, 1979.

KERJAN, Liliane, Dir., *Urban America in the Sixties,* Rennes, Presses Universitaires de Rennes, 1994.
    Article cité :   RICARD, Serge, "Urban *Reconquista* ? Some Reflections on the Browning of America in the 60s", p. 35-46.
GUËT, Alain et LARUELLE, Philippe, *The U.S in a Nutchell,* Paris, Presses Universitaires de France, 1996, 240 p.
HALBERSTAM, David, *Les Fifties,* Paris, Seuil, 1995.
HEFFER, Jean, *Les Etats-Unis de 1945 à nos jours,* Paris, Armand Colin, 1997.
LANDESCO, John, *Organized Crime in Chicago*, Chicago, The University of Chicago Press, 1968. Première édition : 1929.
MARIENTRAS, Elise, *Les Mythes fondateurs de la nation américaine,* Paris, Editions Complexe, 1992.
MELANDRI, Pierre, *Histoire des Etats-Unis depuis 1865,* Paris, Editions Nathan, 1984.
MELANDRI, Pierre, *Une crise d'identité ? 1974 – 1992,* Nancy, Presses universitaires de Nancy, 1992.
MORRISON, Samuel Eliot, *The Oxford History of American People Vol. 2,* New York, Columbia University Press, 1988.
O'KANE, James, *The Crooked Ladder, Gangster, Ethnicity, and the American Dream*, New Brunswick, New Jersey, Transaction Publishers, 1992.
POWERS, Thomas, *The War at Home*, New York, Grossman Publishers.
ROUGE, Jean-Robert, *L'Opinion américaine devant la guerre du Viêt-nam,* Paris, Presses de l'Université de Paris-Sorbonne, 1992.
    Articles cités :   GIBAULT, Michèle, « Les anciens combattants du Viêt-nam et l'opinion publique », p. 54–85.
                      GRANJON, Marie-Christine, « Formation et développement de la nouvelle gauche », p. 42-53.
                      LEPINASSE, Pierre, « La guerre du Golfe », p. 176- 191.
ROUGE, Jean-Robert, *L'Anticommunisme aux Etats-Unis de 1946 à 1954*, Paris, Presses de L'Université Paris Sorbonne, 1995.
    Articles cités :   BOURGET, Jean-Loup, « Le rouge et le noir : Hollywood et l'anticommunisme », p. 215-233.
                      WEIL, François, « Le 'danger clair et présent' représenté par « Les Dix de Hollywood », un exemple de la politique de l'amalgame », p. 247-265.
ROYOT, Daniel, BOURGET, Jean-Loup et MARTIN, Jean-Pierre, *Histoire de la culture américaine,* Paris, Presses Universitaire de France, 1993.
RYAN, Mary P., *Womanhood in America : From Colonial Times to the Present,* New York, Harper and Rowe, 1975.
SALINS, Peter D., *Assimilation, American Style*, New York, BasicBooks, 1997.
SMITH, Neil, *The New Urban Frontier, Gentrification and the Revanchist City,* London, Routledge, 1996.
STRAUSS, Anselm L., *The American City – A Source Book of Urban Imagery,* Chicago, Aldine Publishing Co., 1968.
TOPLIN, Robert, Brent, *Unchallenged Violence : An American Ordeal,* Westport, Greenwood Press, 1975.
VINCENT, Bernard, Dir., *Histoire des Etats-Unis,* Nancy, Presses Universitaires de Nancy, 1994.

WHITFIELD, Stephen J., *The Culture of the Cold War*, Baltimore, The John Hopkins University Press, 1991.
WINKLER, Allan M., *Modern America, The United States from World War II to the Present,* New York, HarperCollins*Publishers*, 1986.

II - SOCIOLOGIE

CAZENEUVE, Jean, *La Société de l'ubiguité,* Paris, Editions Noël, 1972.
GOFFMAN, Erving, *The Presentation of Self in Everyday Life*, traduit par Alain Accado, Paris, Editions de Minuit et Erving Goffman, 1973.
KINSEY, Alfred, *Sex Habits of American Men*, New York, Albert Deutsch, 1948.
MILLS, Charles Wright, *The Sociological Imagination,* New York, Oxford University press, 1959.
ROUGEMONT, Denis De, *Passion and Society,* New York, Pantheon Books, 1956.
SLOGAN, Wesley G., *Disorder and Decline,* New York, The Free Press, 1990.
STOETZEL, Jean, *La Psychologie sociale,* Paris, Flammarion, 1978.
SULLEROT, Evelyne, *Histoire et sociologie du travail féminin,* Paris, Gonthier, 1968.
WOLF, Naomi, *The Beauty Myth,* New York, William Morrow and Co., 1997.

III - PSYCHOLOGIE/PSYCHANALYSE

ALBERNHE, Thierry, *Criminologie et psychiatrie*, Paris, Ellipses, 1997.
    Article cité :   MALEVAL, Jean-Claude « Nécrophilie, psychose et perversion », p. 207-227.
BUTLER, Judith, *Gender Trouble : Feminism and Subversion of Identity,* New York and London, Routledge, 1980.
CHEMAMA, Roland, *Dictionnaire de la psychanalyse,* Paris, Larousse, 1993.
CARIO, Robert, *Femmes et criminelles,* Toulouse, Editions Erès, 1992.
DERRIDA, Jacques, *Psyché. Invention de l'autre*, Paris, Galilée, 1987.
FREUD, Sigmund, *Introduction à la psychanalyse,* traduit de l'allemand par S. Jankélévitch, Paris, Bibliothèque Scientifique de Payot, 1922. (Titre original : *Vorlesungen Zur Einführung in die Psychonalyse,* 1916-1917).
GEBEROVICH, Fernando, *Une douleur irrésistible, Sur la toxicomanie et la pulsion de mort,* Paris, Interéditions, 1984.
HORNEY, Karen, *Our Inner Conflicts, A Constructive Theory of Neurosis,* New York, Norton & Company, 1945.
KERNBERG, Otto, *La Personnalité narcissique*, traduit de l'américain par MARCELLI, Daniel, Paris, Dunod, 1997. Première édition : 1980.
LACAN, Jacques, *Ecrits 1,* Paris, Seuil, 1999. Première édition : 1966.
LASCH, Christopher, *The Culture of Narcissism,* London, Sphere, 1980.
SENNINGER, Jean-Luc et FONTAA, Vincent, *Psycho-pathologie des malades dangereux,* aris, Dunod, 1996.

IV - LE FILM NOIR.

ANDERSEN, Thom et **BURCH**, Noël, Dir., *Les Communistes de Hollywood*, Paris, Presses de la Sorbonne Nouvelle, 1994.
    Article cité :   **BURCH**, Noël, « De *L'ennemi public* au *Sel de la Terre* : les communistes de Hollywood et la représentation des rapports sociaux de sexe », p. 99-140.

BORDE, Raymond et **CHAUMETON**, Etienne, *Panorama du film noir américain 1941-1953*, Paris, Les Editions de Minuit, 1955.

BOURGET, Jean-Loup, *Hollywood, un rêve européen,* Paris, Armand Collin, 2006.

BRION, Patrick, *Les Films noirs*, Paris, Editions de La Martinière, 1992.

BURCH, Noel, Dir., *Revoir Hollywood, la nouvelle critique anglo-américaine,* Paris, Nathan, 1993.
    Articles cités :   **LIPSITZ**, George, « Film noir et guerre froide », p.167-176.
                    DYER, Richard, « Homosexualité et film noir », p. 200-219.

CLARENS, Carlos, *Crime Movies,* New York, W.W Norton & Co., 1980.

CAMERON, Ian, ed., *The Book of Film Noir,* New York, Continuum, 1993.
    Article cité :   **GALLAFENT**, Edward, "Echo Park, Film Noir in 'Seventies'", p. 254-266.

GIMELLO-MESPLOMB, Frédéric, *Le Cinéma des années Reagan*, Paris, Editions du Nouveau Monde, 2007.
    Articles cités :   **FAUVET**, Pascale, « Le Héros américain », p. 153-168.
                    LETORT, Delphine, « Le *thriller* érotique : de la libération sexuelle à la morale puritaine », p. 139-151.

HERVE Dumont, *Robert Siodmak, le maître du film noir*, Paris, Editions Ramsay Poche Cinéma, 1981.

DOANE, Mary Anne, *Femmes Fatales,* New York, Routledge, 1991.

DOANE, Mary Ann, *Hitchcock et la théorie féministe : les femmes qui en savaient trop,* traduit de l'américain par Noël Burch, Paris, L'Harmattan, 2002. (*The Women who knew too much*, New York, Routledge, 1989).

DOANE, Mary Ann, *The Desire to Desire: the Woman's Film of the 1940's*, Bloomington, Indiana University Press, 1987.

HIRSCH Foster, *The Dark Side of the Screen: Film Noir,* New York: Da Capo, 1982.

KAPLAN, Ann, ed., *Women in Film Noir,* London, British Film Institute, 1980.
    Articles cités :   **GLEDHILL** Christine, "Klute 1: A Contemporary Film Noir and Feminist Criticism", p. 20-34.
                    GLEDHILL Christine, "Feminism and Klute", p. 99-114.

KERR, Paul, ed., *The Hollywood Film Industry,* Londres, Routledge, 1986.
    Article cité :   **KERR**, Paul, "Out of What Past ? Notes on the B *Film Noir*", p. 213-232.

KRUTNIK, Frank, *In A Lonely Street, Film Noir, Genre, Masculinity,* New York, Routledge, 1991.

MAXFIELD, James F., *The Fatale Women,* New Jersey, Associated University Press, 1996.

PALMER, Barton, Robert, *Hollywood's Dark Cinema, The American Film Noir,* New York, Twayne Publishers, 1994.

RICHARDSON, Carl, *Autopsy, an Element of Realism in Film Noir,* London, The Scarecrow Press, 1992.

SILVER, Alain et **WARD**, Elisabeth, *Film noir: An Encyclopedic Reference to the American Style,* 3rd Edition, New York, The Overlook Press, 1992. Traduit en français par **HECHTER**, Michèle, *Encyclopédie du film noir américain,* Marseille, Editions Rivage, 1987.
SILVER, Alain et **URSINI**, James, *Film Noir Reader,* New York, Limelight Editions, 1996.
SIPIERE, Dominique et **MENEGALDO**, Gilles, Dir., *Les Récits policiers au cinéma,* Poitiers, La Licorne, 1999.
    Article cité : **BÄCHER**, Odile, « Origines et fonctions du flash-back dans le film policier américain », p. 25-36.
    CHARTIER, Delphine, « *Down by Law* : le noir n'est pas si noir… Du film noir au conte de fées », p. 157-164.
    MELLIER, Denis, « L'impossibilité filmique de l'énigme policière », p. 9-24.
    STOKES, Melvyn, "Postmodern Filmmaking and the Crime Genre: Robert Altman's *The Long Goodbye",* p. 119-129.
TUSKA, Jon, *Dark Cinema, American Film Noir in Perspective,* Westport, Greenwood Press, 1984.

V – L'ART DU CINÉMA.

ALLOWAY, Lawrence, *Violent America: The Movies 1946-1964,* New York, The Museum of Contemporary Art, 1971.
ANDREW, Dudley, *André Bazin,* traduit de l'anglais par Serge Grünberg, Paris, Editions de l'Etoile, 1983.
    Article cité : **RANCIERE**, Jacques, « L'historicité du cinéma », p. 45-60.
ATKINS, Roger, *Sexuality in the Movies,* U. S, Indiana University Press, 1975.
AUGROS Joel, *L'Argent d'Hollywood,* Paris, L'Harmattan, 1996,
BASINGER, John, *The World War II Combat Film. Anatomy of a Genre*, New York, Colombia University Press, 1986.
BAZIN, André et **COCTEAU**, Jean, *Orson Welles,* Paris, Editions Chavane, 1950.
BAZIN, André, *Qu'est ce que le cinéma ? Vol. 1,* Paris, Les Editions du Cerf, 1985. Première édition : 1958.
BAZIN, André, *Qu'est ce que le cinéma ?*, Paris, Les Editions du Cerf, Deuxième Edition, 1994.
BELLOUR, Raymond, *L'Analyse du film*, Paris, Calmann-Levy, 1995. Première édition : 1979.
BELTON, John, ed., *Movies and Mass Culture,* New Jersey, Rutgers University press, 1996.
    Articles cités : **BELTON**, John, "Introduction", p. 4-19.
    HARVEY, Sylvia, "Woman's Place : The Absent Family of Film Noir", p. 171-182.
BERGALA, Alain, **DENIEL**, Jacques et **LEBOUTTE**, Patrick, Dir., *Une encyclopédie du nu au cinéma,* Dunkerque, Yellow Now, 1991.
    Articles cités : **HORGUELIN**, Thierry, « A la page », p. 24-25.
    LAPREVOTTE, Gilles, « Code Hays (1) », p. 99-101.
BERNARDONI, James, *The New Hollywood*, Jefferson, McFarland & Co, 1991.
BERTHOME Jean-Pierre et **THOMAS,** François, *Citizen Kane*, Paris, Flammarion,1992.

BIDAUD, Anne-Marie, *Hollywood et le Rêve américain, Cinéma et idéologie aux Etats-Unis,* Paris, Masson, 1994.
BINGHAM, Dennis, *Acting Male,* New Jersey, Rutgers University Press, 1994.
BORDAT, Francis et ETCHEVERRY, Michel, Dir., *Cent ans d'aller au cinéma,* Rennes, Presses Universitaires de Rennes, 1995.
    Articles cités :   ARNAUD, Pierre, « Cinéma et nouvelles technologies : quelles images pour demain ? », p. 183-198.
        BERTHOME, Jean-Pierre, « Nouveaux formats, nouvelles images : les expériences des années cinquante », p. 111-126.
        ETCHEVERRY, Michel, « Les conséquences des mesures antitrust », p. 99-102.
        ETCHEVERRY, Michel, « Les *drive-ins* », p. 103-110.
BORDWELL, David, STAIGER, Janet et THOMPSON, Kristin *The Classical Hollywood Cinema,* New York, Columbia University Press, 1985.
BOURGET, Jean-Loup, *Le Mélodrame hollywoodien,* Paris, Stock, 1985.
BRENEZ, Nicole, *De la figure en général et du corps en particulier, l'invention figurative au cinéma,* Bruxelles, De Boeck & Larcier, 1998.
BROUGHER, Kerry (ed.), *Art & Film Since 1945 : Hall of Mirrors,* Los Angeles, Museum of Contemporary Art, 1996.
    Articles cités :   JENKINS, Bruce, " The Other Cinema : American Avant-Garde Film of the 1960's", p. 188-215.
        LINKER, Kate, "Engaging Perspectives : Film Feminism Psychoanalysis and the Problem of Vision", p. 217-218.
BROWNE, Nick, ed., *Refiguring American Film Genres : Theory and History,* Berkeley, University of California Press, 1998.
    Article cité :   SOBCHAK, Vivian "Lounge Time, Postwar Crises and the Chronotope of Film Noir", 129-171.
BURCH, Noel, Dir., *Revoir Hollywood, la nouvelle critique anglo-américaine,* Paris, Nathan, 1993.
    Articles cités :   LIPSITZ, George, « Film noir et guerre froide », p.167-176.
        DYER, Richard, « Homosexualité et film noir », p. 200-219.
BURGIN Victor, DONALD, James et KAPLAN, Cora, *Formations of Fantasy,* London, Routledge, 1986.
    Articles cités :   HEATH, Stephen, "Joan Riviere and the Masquerade", p. 38-65.
CAMERON, Ian, ed., *The Book of Film Noir,* New York, Continuum, 1993.
    Articles cités :   GALLAFENT, Edward, "Echo Park, Film Noir in 'Seventies'", p. 254-266.
        MALTBY, Richard, "The Politics of The Maladjusted Text", p. 39-48.
        GRIST, Leighton, "Moving Targets and Black Widows", p. 267-285.
        THOMAS, Deborah, "How Hollywood Deals With The Deviant Male", p. 59-70
        BUSHSBAUM, Jonathan, "Tame Wolves and Phoney Claims", p. 88-98.
        WALKER, Michael, "Film noir : Introduction", p. 8-38.

CASETTI, Francesco, *Les Théories du cinéma depuis 1945*, traduit de l'italien par Sophie Saffi, Paris, Nathan, 2000.
CHION, Michel, *David Lynch*, Paris, Cahiers du cinéma, 1998.
CLERC, Jeanne-Marie, *Littérature et cinéma,* Paris, Editions Nathan, 1993.
COHAN, Steve et RAE HARK Ina (ed.), Ina, *Screening The Male – Exploring Masculinities in Hollywood Cinema,* London, Routledge, 1993.
    Articles cités : CREED, Barbara, "Dark Desires", p. 125-133.
                            HOLMUND, Chris, "Masculinity as Multiple Masquerade", p.
                            NEALE, Steve, "Masculinity as Spectacle", p. 9-19.
                            TASKER, Yvonne, "Dumb Movies for Dumb People", p. 230-243.
CORRIGAN, Timothy, *A Cinema Without Walls,* New Jersey, Rutgers University Press, 1991.
COURSODON, Jean-Pierre et TAVERNIER, Bertrand, *50 ans de cinéma américain, Tome 1 et 2,* Paris, Editions Nathan, 1991.
CREMIEUX Anne, *Les Cinéastes noirs américains et le rêve hollywoodien,* Paris, L'Harmattan, 2004.
DE BAECQUE, Antoine et DELAGE, Christian, Dir., *De L'histoire au cinéma,* Paris, Editions Complexe, 1998.
DELEUZE, Gilles, *Cinéma 1, L'Image-mouvement,* Paris, Les Editions de Minuit, 1983.
DELEUZE, Gilles, *Cinéma 2, L'Image-temps,* Paris, Les Editions de Minuit, 1985.
DUBOIS, Régis, *Hollywood, cinéma et idéologie,* Paris, Editions Sulliver, 2008.
DUBOIS, Régis, *Le Cinéma des Noirs américains entre intégration et contestation,* Paris, Editions Cerf-Corlet, 2005.
DYER, Richard, *White,* London, Routledge, 1997.
FARINELLI, Gian Luca, et PASSEK, Jean-Loup, Dir., *Stars au féminin, Naissance, apogée et décadence du star-system*, Paris, Editions du Centre Pompidou, 2000.
FERRO, Marc, *Cinéma et Histoire,* Paris, Editions Gallimard, 1993.
FINLER, Joel W., *The Hollywood Story,* London, Pyramid Books, 1989.
FRENCH, Brandon, *On The Verge of Revolt: Women in American Films of the Fifties,* New York, Frederick Ungar Publishing, 1978.
FRENCH, Karl, ed., *Screen Violence,* Edimburgh, Bloomsbury Publishing, 1996.
    Articles cités : JACOBS, Jason, "Gunfire", p. 154-162.
                            PAGLIA, Camille, "Interview with Karl French", p. 20-34.
GOMERY, Douglas, *Hollywood : L'Age d'or des studios,* Paris, Cahiers du cinéma, 1987.
GOMERY, Douglas, *Shared Pleasures,* Wisconsin, The University of Wisconsin press, 1992.
GRAMMAN, Lorraine et MARSHMAN, Margaret, *The Female Gaze,* London, The Woman's Press, 1988.
GRANT, Barry Keith, *Film Genre Reader II,* Austin, University of Texas Press, 1995.
    Articles cités : CAWELTI, John G., "*Chinatown* and Generic Transformation in Recent American Films", p. 221-235.
                            GRANT, Barry Keith, "Experience and Meaning", p. 109-123.
HASKELL, Molly, *From Reverence to Rape,* Chicago, The University of Chicago Press, 1974.
HIGHAM, Charles et GREENBERG, Joel, *Hollywood in The Forties,* New York, Barnes and Company Inc, 1968.

HILLIER, Jim, *Les Cahiers du cinéma : The 1960's – New Wave, New Cinema, Reevaluating Hollywood,* Cambridge, Harvard University Press, 1963.
HILLIER, Jim, ed., *Les Cahiers du cinéma : The 1950s,* Cambridge, Harvard University Press, 1985.
        Articles cités :   KAST, Pierre, "Les malheurs de Muriel", p. 68.
                                LEENHARDT, Roger, "Six Characters in Search of Auteurs", p. 32-39.
JANSEN, Sue Curry, *Censorship : The Knot that Binds Power and Knowledge,* New York, Oxford University Press, 1988.
KAMINSKY, Stuart M., *American Film Genres,* New York, Pflaum Publishing, 1974.
KAPLAN, Ann, *Women and Film, Both Sides of the Camera,* New York, Mcthuen Inc., 1985.
KENT, Nicolas, *Naked Hollywood,* Londres, BBC Books, 1991.
KERR, Paul, ed., *The Hollywood Film Industry,* Londres, Routledge, 1986.
        Articles cités :   KERR, Paul, "Out of What Past ? Notes on the B *Film Noir*", p. 213-232.
KINNARD, Roy, *Horror in Silent Films,* Jefferson, North Carolina, 1995.
KOLKER, Robert Phillip, *A Cinema of Loneliness,* New York, Oxford University Press, 1980.
KRUTNIK, Frank, *In A Lonely Street, Film Noir, Genre, Masculinity,* New York, 1991.
LAPSLEY, Robert et WESTLAKE, Michael, *Film Theory : An Introduction,* Manchester, Manchester University Press, 1988.
LOUVRE, Alf et WALSH, Jeffrey, ed., *Tell Me Lies About Vietnam,* Philadelphia, Open University Press, 1988.
MADRE, Philippe J., *La Censure cinématographique,* Toulouse, Imprimeries du Sud, 1982.
MALTBY, Richard, *Harmless Entertainment, Hollywood and The Ideology of Consensus,* London, The Scarecrow Press, 1983.
MAXFIELD, James F., *The Fatale Women,* New Jersey, Associated University Press, 1996.
MC CAHN, Graham, *Rebel Males : Clift, Brando, and Dean,* New Jersey, Rutgers University Press, 1991.
MELLIER Denis, *Les Ecrans meurtriers,* Paris, Les Editions du Cefal, 2002.
MENEGALDO, Gilles, Dir., *Crises de la représentation dans le cinéma américain*, Poitiers, La Licorne, 1996.
        Articles Cités :   BIGNELL, Jonathan "Spectacle and the Postmodern in Contemporary American Cinema", p. 163-180.
                                MELLIER, Denis, « Fragmentation et perturbation dans *Natural Born Killers* d'Oliver Stone », p. 213-229.
                                MURAIRE, André, « A propos du Vietnam : crise de la représentation dans le film de guerre américain », p. 79-102.
                                SIPIERE, Dominique, « Les plans de réalité », p. 127-138.
                                STARFIELD, Penny, "The Odd Couple : The Dual Male Protagonist Configuration in American Films of the Sixties-Seventies", p. 103-112.
METZ, Christian, *Langage et cinéma,* Paris, Editions Albatros, 1977.
MITRY, Jean, *Esthétique et psychologie du cinéma,* Paris, Edition Universitaire, 1990.
MONACO, James, *How to Read a Film,* New York, Oxford University Press, 1977.
MORIN, Edgar, *Les Stars,* Paris, Editions du Seuil, coll. « Points », n° 34, 1972.

MURCIA, Claude et LELAIDIER, Jean, Dir., *Littérature et cinéma,* Poitiers, La Licorne, 1993.
    Articles cités : GAUTHIER, Guy, « Le cinématographe entre le monde et l'autre monde », p. 81-94.
    METZ, Christian, « Quelques vues sur le visible », p. 11-18.
    VERSTRATEN, Paul, « Tragique de sexes, tragique de textes : l'esthétique spéculaire chez Stephan Zweig et Max Ophüls », p. 33-60.

NEALE, Steve, *Genre,* London, BFI, 1980.
NOWELL-SMITH, Geoffrey, ed., *The Oxford History Of World Cinema,* Oxford, Oxford University Press, 1996.
    Articles cités : NEWMAN, Kim, "Exploitation and the mainstream", p.509-515.
    MALTBY, Richard "Censorship and Self Regulation", p.232-241.
    NOWELL-SMITH, Geoffrey, "The Resurgence of Cinema", p. 742- 765.
    NOWELL-SMITH, Geoffrey, "Art Cinema", p. 567-575.
    WILLAMS, Linda, "Sex and Sensation", p. 472- 495.
    SARTELLE, Joseph, "Dreams and Nightmare in the Hollywood Blockbuster", p. 495-508.

O'CONNOR, John et JACKSON, Martin, *American History, American Film,* New York,
PARAIRE, Philippe, *Le Cinéma de Hollywood,* Paris, Bordas, 1989.
PASSEK, Jean-Loup, *Dictionnaire du cinéma,* Paris, Larousse, 1986.
PINEL, Vincent, *Vocabulaire technique du cinéma,* Paris, Editions Nathan, 1999.
POLAN, Dana, *Power and Paranoia,* New York, Columbia University Press, 1986.
RAY, Robert B., *A Certain Tendency in the Hollywood Cinema 1930-1980,* New Jersey, Princeton University Press, 1985.
RODLEY, Chris, *Entretiens avec David Lynch,* traduit de l'anglais par Serge Grünberg, Paris, Cahiers du Cinéma, 1998.
ROYOT, Daniel, Dir., *Hollywood, Réflexions sur l'écran*, Aix-en-Provence, Université de Provence, 1984.
    Articles cités : BIDAUD, Anne-Marie, « Redistribution des pouvoirs et mutations du public : le cinéma hollywoodien des années soixante », p. 175-189.
    CARLET, Yves, « De la crise au code : Hollywood, 1930-1936 », p. 153-173.
    COMANZO, Christian, "*Sunset Boulevard* or The Coding of Irony", p. 105-128.

SADOUL, Georges, *Histoire du cinéma,* Paris, Flammarion, 1962.
SCORSESE, Martin, *Scorsese on Scorsese,* London, Faber, 1989.
SIPIERE, Dominique et MENEGALDO, Gilles, Dir., *Les Récits policiers au cinéma,* Poitiers, La Licorne, 1999.
    Articles cités : BÄCHER, Odile, « Origines et fonctions du flash-back dans le film policier américain », p. 25-36.
    CHARTIER, Delphine, « *Down by Law* : le noir n'est pas si noir… Du film noir au conte de fées », p. 157-164.
    MELLIER, Denis, « L'impossibilité filmique de l'énigme policière », p. 9-24.

STOKES, Melvyn, "Postmodern Filmmaking and the Crime Genre : Robert Altman's *The Long Goodbye"*, p. 119-129.
STEWART, Susan, *On Longing: Narratives of the Miniature, the Gigantic, the Souvenir, the Collection,* Baltimore, John Hopkins University Press, 1984.
STRAUMANN Barbara, *Figurations of Exile in Hitchcock and Nabokov,* Edinburgh, Edinbugh University Press, 2008.
TESSON, Charles, *Photogénie de la série B,* Paris, Cahiers du Cinéma, 1997.
THILL, Viviane et CIEUTAT, Michel, *Oliver Stone,* Paris, Editions Rivage, 1996.
TOPLIN, Robert Brent, *History by Hollywood,* Urbana and Chicago, University Press of Illinois, 1996, 248 p.
TULARD, Jean, *Guide des films A-K* (tome 1), *L-Z* (tome 2), Paris, Robert Laffont, 1990.
VALENTIN, François-Eric, *Lumière pour le spectacle,* Paris, Librairie Théâtrale, 1994, 27
VEILLON, Olivier-René, *Le Cinéma américain. Les années quatre-vingt,* Paris, Editions du Seuil, 1988.
VEYRIER, Henri et GOLDMAN, Annie, *L'Errance dans le cinéma américain,* Paris, Union Parisienne d'Imprimeries, 1985.
WARSHOW, Robert, *The Immediate Experience,* Garden City, New York, Double Day.
WILLIAMS, Christopher, *Realism and the Cinema,* London, Routledge and Kegan Paul, 1980.
WOOD, Robin, *Hollywood From Vietnam to Reagan,* New York, Columbia University Press, 1986.
    Article cité :   WOOD, Robin, "The Incoherent Text : Narrative in the Seventies", p. 42-58.

VI - HISTOIRE DE L'ART.

ABRAMS, Harry N., *Visions of America,* New York, Denver Arts Museum and Columbus Museum of Art, 1994.
BOKRIS, Victor, *Warhol,* New York, Batam, 1989.
CHALUMEAU, Jean-Luc, *Histoire critique de l'art contemporain,* Paris, Klincksieck, 1994.
JIMENEZ, Marc, *Qu'est ce que l'esthétique,* Paris, Gallimard, 1997.
POLITO, Robert, *Savage Art,* New York, Alfred A. Knopf, 1995.
RENNER, Rolf G., *Edward Hopper, 1882-1967*, Allemagne, Benedikt Taschen, 1993.
SATO, Jacques, *L'Artiste en personne*, Rennes, Presses Universitaires de Rennes, 1998.
    Article cité :   FROGIER, Larys, « Marcel Duchamp et Felix Gonzales-Torres », p. 71-96.
TASCHEN, ed., *Philippe Stark,* Allemagne, 1991.

VII – MUSIQUE.

GERARD-VIGNEAU, Francine, *La Musique dans la vie,* Paris, Les Editions de l'illustration, 1995.
GREEN, Anne-Marie, *De la musique en sociologie*, Issy Les Moulineaux, Editions E.A.A, 1993.
LITWIN, Mario, *Le Film et sa musique*, Paris, Edition Romillat, 1992.
MOUËLLIC, Gilles, *Jazz et cinéma : convergences esthétiques*, Nouvelle Thèse présentée à l'Université Rennes 2 Haute Bretagne le 16 Janvier 1999.
MOUËLLIC, Gilles, *Jazz et cinéma*, Paris, Cahiers du cinéma, 2000.
OCHS, Michael, *Rock Archives,* New York, Anchor Books, 1980.

VIII – OUVRAGES THEORIQUES.

ALTHUSSER, Louis, *Pour Marx,* Paris, Editions La Découverte, 1986. Première édition : Paris, Librairie François Maspero, 1965.
ALTSHULER, Thelma, et JANARO, Richard Paul, *Responses to Drama,* Boston, Houghton Mifflin Company, 1967.
ARISTOTE, *Poétique,* traduit en français par J. Hardy, Paris, Gallimard, 1996.
ARISTOTE, *De la mémoire,* I, 449b22-451a17, dans *Anthropologie* (textes choisis), traduction J-C Fraisse, Paris, Presses Universitaires de France, 1976.
ARTAUD, Antonin, *Le Théâtre et son Double,* Paris, Editions Gallimard, 1964.
BARTHES, Roland, *Le Plaisir du texte,* Paris, Editions du Seuil, 1973.
BARTHES, Roland, *Œuvres complètes*, tome 2, Paris, Editions du Seuil, 1994.
BARTHES, Roland, *Mythologies*, Paris, Editions du Seuil, 1957.
BAUDRILLARD, Jean, *La Société de consommation,* Paris, Editions Denoël, 1970.
BENASAYAG, Miguel, *Le Mythe de l'individu,* Paris, Editions La Découverte, 1998.
BEUNAT, Nathalie, *Dashiell Hammett*, Amiens, Encrage Editions, 1997.
BOILEAU, Pierre et NARCEJAC, Thomas, *Le Roman policier*, Paris, Payot, 1964.
BOUILLAGUET, Annick, *L'Ecriture imitative, pastiche, parodie, collage,* Paris, Editions Nathan, 1996.
BRUNEL, Pierre, Dir., *Mythes et littérature,* Paris, Presses de l'Université Paris-Sorbonne, 1994.
    Article cité :   DUMOULIE, Camille, « La ville maudite dans le roman du XXème siècle : mythe ou fantasme ? », p. 111-118.
CAILLOIS, Roger, *Au cœur du fantastique*, Paris, Gallimard, 1965,
CHANDLER, Raymond, *The Simple Art of Murder*, New York, Houghton Mifflin Co., 1950.
CHELEBOURG, Christian, *L'Imaginaire littéraire, des archétypes à la poétique du sujet,* Paris, Nathan, 2000.
DEZIN, Norman K., *Images of Postmodern Society,* Londres, Norman K. Denzin, 1991.
DUBOIS, Jacques, *Le Roman policier ou la modernité*, Paris, Editions Nathan, 1992.
DURAND, Gilbert, *L'Imagination symbolique*, Paris, Presses Universitaires de France, 1968.

DELEUZE, Gilles et GUATTORI, Félix, *Anti-Oedipus,* New York, Viking, 1977.
DEMONT, Paul et LEBEAU, Anne, *Introduction au théâtre grec antique,* Paris, Librairie Générale Française, 1996.
DOCHERTY, Brian, ed., *American Crime Fiction: A Study in the Genre,* London, Macmillan, Insights, 1988.
        Article cité :   HUMM, Peter, "Camera Eye, Private Eye".
DOTTIN-ORSINI, Mireille, *Cette femme qu'ils disent fatale,* Paris, Grasset, 1993.
DOOLEY, Dennis, *Dashiell Hammett,* New York, Frederick Ungar Publishing Co., 1984.
DUMOULIE, Camille, Dir, *Les Théâtres de la cruauté,* Paris, Editions Desjonquères, 2000.
        Article cité :   UNO, Kuniichi, « Variations sur la cruauté », p. 42-50.
ELIADE, Mircea, *Aspects du mythe,* Paris, Editions Gallimard, 1963.
ELIADE, Mircea, *Mythes, rêves et mystères,* Paris, Editions Gallimard, 1957.
ELIADE, Mircea, *Traité d'histoire des religions,* Paris, Gallimard, 1989.
EISSEN, Ariane, *Les Mythes grecs,* Paris, Editions Belin, 1993.
FROMM, Erich, *Le Language oublié,* Paris, Payot, 1951.
GENETTE, Gérard, *Figure III,* Paris, Editions du Seuil, 1972.
GENETTE, Gérard, *Palimpsestes, la littérature au second degré*, Paris, Editions du Seuil, 1985.
GENETTE, Gérard, JAUSS, Hans Robert, SCHAEFFER, Jean-Marie, SCHOLES, Robert, STEMPEL, Wolf Dieter et VIËTOR, Karl, *Théorie des genres,* Paris, Editions du Seuil, 1986.
GOUX, Jean-Joseph, *Œdipe-Philosophe,* Paris, Editions Aubier.
GRIMALDI, Nicolas, *Le Désir et le temps,* Paris, Presses Universitaires de France, 1971.
GUSDORF, Georges, *La Vertu de force,* Paris, Presses Universitaires de France, 1957.
HACHET, Pascal, *Le Mensonge indispensable, du trauma social au mythe*, Paris, Armand Colin, 1999.
HAUT, Woody, *Pulp Culture,* New York, Serpent's Tail, 1995.
HORKHEIMER, Max et ADORNO, Theodor W., *La Dialectique de la raison,* traduit de l'allemand par Eliane Kaufholz, Paris, Editions Gallimard, 1974.
HOUSMANS GELFANT, Blanche, *The American City Novel,* Oklahoma, Oklahoma University Press, 1954.
JAUSS, Hans Robert, *Pour une esthétique de la réception,* traduit de l'allemand par Claude Maillard, Paris, Gallimard, 1978.
JOHNSON, Diane, *The Life of Dashiell Hammett,* London, Chatto & Windus, 1984.
JUNG, Carl-Gustav, *Les Racines de la conscience. Etudes sur l'archétype,* traduit par Le Lay, Yves, sous la direction de Roland Cahen, Paris, Buchet/Chatel, 1971.
JUNG, Carl-Gustav, *Métamorphoses de l'âme et ses symboles,* traduit par Le Lay, Yves en 1953, Genève, Librairie de l'Université, 1973.
KNIGHT, Stephen, *Form and Ideology in Crime Fiction,* Towbridge, Redwood Burn Limited, 1980.
KRACAUER, Siegfried, *Le Roman policier,* traduit de l'allemand par Geneviève et Rainer Rochlitz, Paris, Editions Payot & Rivages, 2001. Première édition : 1971. « Avant-propos » de ROCHLITZ, Rainer.
KRISTEVA, Julia, *La Révolution du langage poétique,* Paris, Editions du Seuil, 1974.
LACASSIN, Francis, *Mythologie du roman policier,* Paris, Christian Bourgeois Ed., 1993.
LEVI-STRAUSS, Claude, *Anthropologie structurale deux,* Paris, Plon, 1973.
LITS, Marc, *Le Roman policier,* Liège, Editions du Céfal, 1993.

Luhr, William, *Raymond Chandler and Film,* Florida, The Florida State University Press, 1991.
Marx, Karl et **Engels**, Friedrich, *L'Idéologie allemande* traduit par Auger, Badia, Baudrillard, Cartelle, Paris, Editions Sociales, 1971, 258 p.
Montandon, Alain (Dir.), *Mythes de la décadence*, Clermont-Ferrand, Presses Universitaires Blaise Pascal, 2001.
O'Brien, Geoffrey, *Hardboiled America,* New York, Van Nostrand Reinhold, 1981. Traduit en français par **Bourgoin,** Stéphane dans *Hardboiled Usa,* Paris, Encrage, 1989, 171.
Olendorf, Donna, ed., *Contemporary Authors V. 138*, Detroit, Gale Research Inc, 1993.
Otto, Walter F., *Essais sur le mythe,* traduit de l'allemand par **David**, Pascal, Mauvezin, T.E.R, 1987.
Picard, Michel, *La Littérature et la mort,* Paris, Presses Universitaires de France, 1995.
Piegay-Gros, Nathalie, *Introduction à l'intertextualité,* Paris, Dunod, 1996.
Pike, Burton, *The Image of the City in Modern Literature,* Princeton, N.J, Princeton University Press, 1981.
Rheingold, Howard, *Virtual Reality,* New York, Touchstone, 1992.
Robert, Richard, *Le Mythe antique dans le théâtre contemporain,* Paris, Presses Universitaires de France, 1998.
Schweighaeuser, Jean-Paul, *Raymond Chandler,* Amiens, Encrage Editions, 1997.
Symons, Julian, *Dashiell Hammett,* New York, Harcourt Jovanovich Publishers, 1985.
Todorov Tzvetan, *Poétique de la prose,* Paris, Seuil.
Todorov Tzvetan, *Théorie de la littérature. Texte des formalistes russes*, Seuil, Paris, 1965.
Trainor Williams, Carol, *The Dream Beside Me,* New Jersey, Associated University Press, 1980.
Waugh Patricia, *Metafiction – The Theory and Practice of Self-conscious Fiction*, London, Routledge, 1993.

IX – ROMANS

CAIN Paul, *Fast One*, New York, Vintage Books, 1932.

CAIN James M.
The Postman Always Rings Twice (*Le Facteur sonne toujours deux fois*), New York, Alfred A. Knopf, 1934.
Mildred Pierce, New York, Alfred A. Knopf, 1941.
Double Indemnity (*Assurance sur la mort*), New York, Alfred A. Knopf, 1945.

CONAN DOYLE, Sir Arthur, *Sherlock Holmes*, London, Doubleday and Company, 1930.

CHANDLER Raymond
The Big Sleep (*Le Grand sommeil*), New York, Hamish Hamilton, 1939.
Lady in the Lake (*La Dame du lac*), New York, Alfred A. Knopf, 1943.
The Blue Dahlia (scénario original, 1946).
The Little Sister (*Fais pas ta rosière*), New York, Hamish Hamilton, 1949.
The Simple Art of Murder, New York, Houghton Mifflin, 1950.
The Long Goodbye (*Sur un air de navaja*), New York, Houghton Mifflin, 1954.

DALY Caroll John, *The Hidden Hand*, New York, Vintage Books, 1929.

ELLROY James
Silent Terror, New York, Avon Editions, 1984.
The Black Dahlia (*Le Dahlia noir*), New York, Mysterious Press Agency Editions, 1987.
The Big Nowhere (*Le Grand nulle part*), New York, Mysterious Press Agency Editions, 1988.
L. A Confidential, New York, Mysterious Press Agency Editions, 1990.
White Jazz, New York, Alfred A. Knopf Editions, 1992.
My Dark Places (*Ma part d'ombre*), London, Arrow Books, 1997.

ELLIS Bret Easton
American Psycho, New York, Vintage Books, 1991.

GARDNER Erle Stanley, *The Case of the Velvet Claw*, New York, Ballantine Books, 1933.

HAMMETT Dashiell
Red Harvest (*Moisson rouge*), New York, Alfred A. Knopf, 1929.
The Dain Curse (*Sang maudit*), New York, Alfred A. Knopf, 1929.
The maltese Falcon (*Le Faucon maltais*), New York, Alfred A. Knopf, 1930.
La Clé de verre (*The Glass Key*), New York, Alfred A. Knopf, 1931.

NORRIS Frank, *The Octopus*, New York, Signet Classics, 1964. Première édition : 1901.

WOOLRICH Raoul, *Green Ice*, New York, Vintage Books, 1930.

X – ARTICLES

La revue *Le Cinéma* était en vente entre 1982 et 1985 à raison d'un fascicule par semaine, publié à Paris par les Editions Atlas.

AMIEL, Vincent, « *Nos funérailles* », *Positif n° 430,* décembre 1996, p. 39.
ANDREU, Anne et JORDAN, Julie, « La Bande à Tarantino », *L'événement du jeudi,* 20-26
BARONDELLI, Jean de, « Taxi Driver : meurtrière solitude », *Le Monde* du 9/06/76, p. 18.
BARTHES, Roland, « Le Troisième sens. Notes de recherche sur quelques photogrammes de S.M Eisenstein », *Cahiers du cinéma n° 222,* juillet 1970, p. 58.
BAUDOU, Jacques « Le Roman noir américain », *Ewope n° 664-665,* août/septembre 1984.
BLUMENFIELD, Samuel, « L. A, capitale du faux », *Le Monde*, 16/5/97, p. 18.
BONNAUD, Frédéric, « Trous noirs » *Les Inrockuptibles*, 15 janvier 1997, p. 20.
BONNET, Jean-Marc, « La Crise urbaine, quelle crise ? » in *La Ville dans la culture américaine,* Nancy, *Revue française d'études américaines n° 11,* avril 1981, p. 12-18.
BORDAT, Francis, « Cinéma et civilisation » in *Cinéma américain et théories françaises : images critiques croisées,* Paris, *Revue française d'études américaines n° 88*, mars 2001,
BOURGET, Jean-Loup, « Hollywood au miroir du mélodrame, *The Bad and the Beautiful* » dans *Hollywood au miroir,* Nancy, Revue Française d'études américaines n°19, Février 1984, p. 99-105.
BOURGOIN, Stéphane, « Tueurs fous et crimes sexuels : les serial-killers », *813, Les amis de la littérature policière n° 30,* janvier 1990, p. 5.
BOURGUIGNON, Thomas, « Fugues grotesques : *Sailor & Lula* et *Miller's Crossing* » dans *Positif n° 360*, mars 1991, p. 30-35.
BUFFAT, Marc, RODRIGUEZ, Marcel et SICHERE, Bernard, Dir., *Textuel n° 31, Le Cinéma et la mal*, Paris, Publication de l'UFR « Science des Textes et documents » de Paris 7-Denis-Diderot, p. 64-65.
CERTEAU, Michel, « L'Histoire, science et fiction », *Le Genre humain, n° 7-8* (La Vérité) Printemps-été 1983, p. 150.
CHARTIER, Jean-Pierre, « Les Américains aussi font des films 'noirs' » in *La Revue du cinéma n° 2*, nov. 1946, p. 67-70.
CIEUTAT, Michel, « Chronique d'une imposture », *Positif n° 422,* avril 1996, p. 99-100.
CIEUTAT, Michel, « James Dean ou le rebelle de l'intégration », *CinémAction n° 91*, avril 1999, p. 61.
CIEUTAT, Michel, « *Usual Supects,* Mental fiction », *Positif n° 415,* septembre 1995, p. 36-37.
CIMENT, Michel, « Entretien avec Alan Pakula », *Positif n° 36,* mars 1972, p.36.
COMOLLI, Jean-Louis, « Musiques noires pour films noirs », *Cahiers du cinéma – N° Hors Série : musiques au cinéma*, 1995, p. 93-94.
COURSODON, Jean-Pierre, « Du meurtre en série considéré comme un des beaux-arts », *Positif n° 420,* février 1996, p. 87-91.
COURSODON, Jean-Pierre, « Fargo, le génie du lieu », *Positif n° 423,* mai 1996, p. 12-13.
DAHAN, Yannick, « Du rêve à la réalité », *Positif n° 447*, mai 1998, p. 13.
DE BAECQUE, Antoine, « Ligne de coke et pic à glace », *Cahiers du cinéma n° 457*, Juin 1992, p. 52.
DEBRAY, Régis, « Vie et mort de l'image », *Esprit n° 199*, février 1994, p. 61-63.

DELORME, Gérard, « Pulp d'or », *Première*, novembre 1994, p. 13.
DELOUX, Jean-Pierre, « Le Polar décentralisé américain », *Polar n° 11*, Paris, Rivages, janvier 1994, p. 54-55.
DELOUX, Jean-Pierre, « *Mad Dog* Ellroy, prince de Los Angeles », *Polar hors séries, Spécial Ellroy,* Paris, Ed. Rivages, 1992, p. 109-111.
DENBY, David, "Boys Will Be Boys" dans *New York*, August 28, 1995, p. 118-119.
DENIS, Paul, « Soi-même pour un autre, identité relative et identité absolue », *Revue française de psychanalyse*, Tome LXIII, 4, Paris, Presses universitaires de France, 1999, p. 1099-1108.
DOANE, Mary Anne, "Masquerade Reconsidered : Further Thoughts on the Female Spectator" dans *Discourse n° 11*, 1998, p. 95-96.
DOWELL, Pat, "Pulp Friction", *Cineaste Vol. 21, n° 3,* 1995, p. 5.
DYER, Richard, "Homosexuality and Film Noir", *Jump Cut,* Novembre 1977, p. 38.
ELLROY, James, « Entretien croisé : James Ellroy/Curtis Hanson », *Polar n° 18,* Rivages, Paris, 1998, p. 31.
EUVRARD, Michel, « *Sweet Sweetback's Baadasssss Song.* Melvin Van Peebles : rivaliser avec Hollywood sur son propre terrain », *CinémAction n° 46, Le Cinéma noir américain*, 1988, p. 144-150.
FELMAN, Shoshana, « De Sophocle à Japrisot (via Freud), ou pourquoi le policier ? », *Littérature* n° 49, février 1983, p. 23-72
FERENCZI, Aurélien, « Le Charme caché de la série B », *Télérama n° 2631*, 17 au 23 Juin 2000, p. 46-50.
FERRAND, Pascale, « Interview », *Positif n° 404*, p. 16.
FORESTIER, François, « Came et caméra », *L'Express*, 11 mars 1997, p. 105.
GARBARZ, Franck, « Fargo, ou la radiographie de la classe moyenne », *L'Avant-scène n° 456*, novembre 1996, p. 2.
GARBARZ, Franck, « Figures du 'loser' dans le film noir contemporain », *Positif n° 422,* avril 1996, p. 95-96.
GARBARZ, Franck, « Le Néo-polar américain », *Cinélibre n° 24,* janvier/février 1995, p. 20.
GARBARZ, Franck, « *Burn After Reading*, La conjuration des imbéciles » dans *Positif n° 574*, Désembre 2008, p. 34-35.
GAUTHIER, Jean-François, « Cinéma et nostalgie » *Le cinéma n° 89,* 1983, p. 1814-1817.
GAUTHIER, Jean-François, « Epouvante et science-fiction des années soixante-dix », *Le cinéma n° 98*, p.1965-1967.
GAUTHIER, Jean-François, « Les Rois des bas-fonds » dans *Le cinéma n° 8*, 1982, p. 942-945.
GAUTHIER, Jean-François, « Une violence agressive », *Le cinéma n° 74*, 1983, p. 1528-1529.
GHIRON-BISTAGNE, Paulette et Moreau, Alain, *Femmes fatales*, Cahiers du GITA n° 8, Montpellier, Publications de l'Université Paul Valéry, 1994/1995, 293 p.
GOLDMAN, Annie, « Marginaux de cinéma », *Le respect, Série Morales n° 10*, Paris, Autrement, 1993, p. 32.
GRÜNBERG, Serge, « Guide sommaire pour se fondre dans l'univers Lynchien », *Cahiers du cinéma n° 509*, p. 30.
HAMPTON, Howard, "David Lynch's Secret History of the United States", *Film Comment*, May-June 1993, p.38.

HILLIER, Jim, "Out of The Forties", *Movies n° 19*, p.16.
HOWE, Desson, *"Bad Lieutenant", Washington Post*, 29 janvier 1993, p. 23.
JAMES, Caryn, "Critic's Notebook : A New Role for Movies : Video-Age Peeping Tom", *New York Times,* 21 March, 1990, B1, p. 23.
JAMESON, Fredric, "On Magic Realism in Films", *Critical Inquiry 12. 1*, Winter 1986, p. 321.
JAMESON, Fredric, "Postmodernism, or The Cultural Logic of Late Capitalism", *New Left Review n° 146*, July-August 1984, p. 65.
JIMENEZ, Floréal, « *Calle Mayor* (1956, Juan-Antonito Bardem), construction cinématographique d'un espace urbain et d'une structure idéologique et sociale », *Espaces et sociétés n° 86, Ville et cinéma,* Paris, Editions L'Harmattan, 1996, p. 59-87.
KANE, Peter, « *Taxi Driver*, un après-midi de chien », *Cahiers du cinéma n° 268-269*, p. 49.
KEMP, Phillip, "The Usual Suspect", *Sight and Sound*, Sept. 1995, p.61.
KNOTT, Stephen F., "The Reagan Doctrine", *Current,* Sept 1996, p.14.
KRUTH, Patricia, « Le New York de Martin Scorsese, le New York de Woody Allen », Nancy, *Revue française d'études américaines n° 56*, mai 93, p. 135-143.
LARCHER, Jérôme, « Le Baron perché », *Cahiers du Cinéma n° 539*, octobre 1999, p. 35-37.
LEQUIEN, Stéphane « Géographies et représentations de l'enfer new-yorkais », dans Dir. Antoine Capet, Philippe Romanski et Aïssatou Sy-Wonyu, *Etats de New York*, Rouen, C.E.L.C.L.A Université de Rouen, 1999, p. 137-146.
LETORT Delphine, « Le Film noir : de la guerre à la crise » dans Dir. André Muraire, *Les Etats-Unis et la guerre : aperçus et images*, Revue CYCNOS, Volume 21, n° 2, Nice, Presses Universitaire de Nice, 2004, p. 39-47.
LETORT Delphine, « Femme fatale/femme assassine dans le film noir : dévier le stéréotype » in Dir. Karine Hildenbrandt, *Figures de femmes assassines – Représentations et idéologies,* Revue CYCNOS, Volume 23, n° 2, Nice, Presses Universitaire de Nice, 2004, Novembre 2006, p. 147-159.
LETORT Delphine, « *Sweet Sweetback's Baadasssss Song* (Melvin Van Peebles, 1971) : Exégèse d'un film militant » dans Dir. Eliane Elmaleh, *Usages et contre-usages du stéréotype chez les Afro-américains,* Revue *Lisa* VII, n°1, Caen, Presses universitaires de Caen, 2009, p. 74-88. http://www.unicaen.fr/mrsh/lisa/publications/022/table022fr.pdf
LYONS, Donald, "La-la Limbo", *Film Comment,* Jan./Feb. 1997, p. 4.
MASSINET, Alain, « Société et cinéma », *Etudes cinématographiques n° 115-121*, Paris, M.J. Minard Publications, 223 p.
MASSON, Alain, « Fargo, du sang sur la neige » dans *Positif n° 427,* septembre 1996, p. 6-9.
MCKINNEY, Devin, "Sailor and Lula", *Film Quaterly vol. 45, n° 2*, Winter 1991, p. 43
MCKINNEY, Devin, "Violence : The Strong and the Weak", *Film Quaterly n° 4, Vol. 46*, Summer 1994, p. 17.
MILLER, Arthur, "Tragedy and the Common Man", in *New York Times,* 27 Février 1949.
MOCHON, Jean-Philippe, « Au-delà des bas-fonds », *Vidéo 7 n° 99*, avril 1990, p.92.
MULVEY, Laura, « Visual Pleasure and Narrative Cinema », *Screen 16, 3,* automne 1975,
NAREMORE, James, "American Film Noir, The History of an Idea", *Film Quarterly, Vol. 49, n° 2*, Winter 1995-1996.
NEALE, Steve, "Masculinity as Spectacle", *Screen n° 24*, 1983, p. 6.

NEYRAT Cyril, « Préhistoire de la terreur » dans *Cahiers du cinéma*, juin 2007, p. 24-26.
OSTRIA, Vincent, « Junk Fiction », *Cahiers du cinéma n° 485*, nov. 94, p.55.
PANGON, Gérard, « Sailor et Lula », *Télérama n° 2128,* 24 nov. 1998, p. 46.
PECK, Agnès, « L'Aube malade du cinéma », *Positif n° 371,* janvier 1992, p. 56.
PERON, Didier et SEGURET, Olivier, « Abel Ferrara, l'éveillée funèbre », *Libération,* 27 nov. 1996, p. 13.
PIDDUCK, Julianne, « La Femme fatale hollywoodienne des années 90, *Basic Instinct*, un cas de figure », *Vertigo n° 14*, Paris, Editions Jean-Michel Place, 1996, p.127-129.
PLUMAT, Florence, « Néo-noirs », *Positif n° 421*, avril 1996, p. 101-103.
REMY, Vincent, « *Nos funérailles* », *Télérama n° 2446*, 27 nov. 1996, p. 43.
RICH, B. Ruby, "Dumb Lugs and Femmes Fatales: Film Noir with a Twist" dans *Sight and Sound*, Londres, BFI, Nov. 1995, p. 6-9.
ROSENTHAL, Sylvain, « *Bad Lieutenant* décrète le cinéma d'urgence », *Globe Hebdo*, 10 au 16 mars 1993, p. 55.
ROUYER, Philippe, « *Lost Highway* », *Positif n° 431,* janvier 1997, p. 6.
ROUYER, Philippe, « *Seven*, les sept cercles de l'enfer », *Positif n° 420*, février 1996, p. 81-82.
ROUYER, Philippe, « *The Big Lebowski*, Le grand bowling », *Positif n° 447*, Mai 1998, p. 6-7.
RYAN, Michael, "Postmodern Politics", *Theory, Culture and Society*, Vol.V, n° 2-3, 1988, p. 542-586.
SAUVAGE, Pierre, « Entretien avec Robert Aldrich », *Positif n° 182*, Juin 1976, p. 14
SHARRETT, Christopher, "The Horror Film in Neoconservative Culture", *Journal of Popular Film and TV, Vol. 21 n° 3*, Winter1993, p. 101.
SHOSHANA Zuboff, "The Computer Society: Changing The Workplace", *Harvard Business Review n° 5*, Vol. 82, Sept.-Oct. 1982, p. 60-68.
SMITH, Gavin, "Interview with Quentin Tarantino", *Film Comment*, July-August 1994, p. 34.
STEFANI, Jean Philippe, « Au commencement était le verbe… Et le verbe s'est fait chair », *Positif*, Février 1990, p. 92.
STRAUSS, Frédéric, « Bad trip », *Cahiers du cinéma n° 465*, mars 1993, p. 65.
STRAUSS, Frédéric, « Tempête sous un crâne », *Cahiers du cinéma n° 509*, p. 25.
SUNDELSON, David, "The Demon Therapist and Other Dangers", *Journal of Popular Film and T.V, Vol. 21 n° 1,* Spring 1993, p. 12-17.
TOUBIANA, Serge, « Vice privé, image publique », *Cahiers du cinéma n° 529*, nov. 1998, p. 8.
TROCME, Hélène, « Urbanisme et idéal démocratique au XIXe siècle », Nancy, *Revue française d'études américaines n° 11*, avril 1981, p. 44 et p. 51.
VACHAUD, Laurent et Viviani, Christian, « Entretien avec Bryan Singer », *Positif n° 420,* février 1996, p. 96-100.
VACHAUD, Laurent, « Le Rouge et le noir », *Positif n° 420,* février 1996, p. 78-80.
VASSE, Claire, « La Preuve par trois », *Positif n° 412*, avril 1995, p. 31.
VIVANI, Christian, « Last Seduction », *Positif n° 411*, mai 1995, p. 138.
WARNER, Marina, "Voodoo Road", *Sight and Sound*, July 1997, p. 6.
WEINRAUB, Bernard, "Between Image and Reality", *New York Times*, Sept.7th 1997, p. 52-54.

WICKER, Tom, "Panama : Overkill Plus A weak Case", reproduction du *New York Times* dans *International Herald Tribune*, June 19th 1990.
WILLIS, Sharon, "The Fathers Watch The Boys' Room", *Camera Obscura*, Sept.-Jan. 1993-1994, p. 42.
YOUNGER, Richard, "Songs in Contemporary Film Noir", *Films in Review n° 7/8*, 1994, p. 50.
ZALLER, Robert, « *American Psycho*, American Censorship, and the Dahmer Case » in *Cinéma américain : aux marches du paradis*, Nancy, *Revue française d'études américaines n° 57*, juillet 1993, p 319-325.

FILMS ETUDIES : FICHES SIGNALETIQUES

Abrévations :
Réalisateur : Réal.
Scénariste : Sc.
Sujet : Sujet
Directeur de la Photographie : Ph.
Directeur de la Musique : Mus.
Interprètes : Int.
Producteur : Pro.

A LA RECHERCHE DE MR GOODBAR (LOOKING FOR MR GOODBAR, 1977) ; Réal. : Richard Brooks ; Sc. : Richard Brooks ; Sujet : d'après un roman de Judith Rossner ; Ph. : William A. Fraker ; Décorateurs : Edward Carfagno, Ruby Levitt ; Monteur : Artie Kane ; Int. : Diane Keaton, Tuesday Weld, William Atherton, Richard Kiley, Richard Gere ; Pro. : Freddie Fields.

ADIEU MA BELLE (MURDER MY SWEET, 1944) ; Réal. : Edward Dmytryk ; Sc. : John Paxton ; Sujet : d'après le roman de Raymond Chandler ; Ph. : Harry Wild ; Mus. : Roy Webb ; Int. : Dick Powell, Claire Treyor, Ann Shirley, Otto Kruger ; Pro. : Adrian Scott, Sid Rogell/R.K.O

AFTER HOURS (AFTER HOURS, 1986) ; Réal. : Martin Scorsese ; Sc. : Joseph Minion ;Ph. : Michael Ballhaus ;Mus. : Howard Shore ;Int. : Griffin Dunne, Rosanna Arquette, Verna Bloom, Linda Fiorentino ; Pro. : Double Pay Production.

LES AMANTS DE LA NUIT (THEY LIVE BY NIGHT, 1949) ; Réal : Nicholas Ray ; Sc : Charles Schnee ; Sujet : d'après le roman *Thieves Like Us* d'Edward Anderson ; Ph. : George Diskant ; Mus. : Leight Arline ; Int : Cathy O'Donnell, Farley Granger, Howard Da Silva, Jay C. Flippen ; Pro. : John Houseman/RKO.

AMERICAN PSYCHO (AMERICAN PSYCHO, 2000) ; Réal. : Mary Harron ; Sc. : Mary Harron ; Sujet : d'après Bret Easton Ellis ; Int. : Christian Bale, Willem Dafoe, Jared Leto, Rese Whiterspoon, Samanth Matis, Chloe Sevigny, Guinevere Turner ; Pro. : Lions Gate Films.

LES ANGES AUX FIGURES SALES (ANGELS WITH DIRTY FACES? 1938) ; Réal. : Michael Curtiz ; Sc. : John Wexley, Warren Duff ; Sujet : d'après un récit de Rowland Brown ; Ph. : Sol Polito ; Mus. : Max Steiner ; Int. : James Cagney, Pat O'Brien, Humphrey Bogart, Ann Sheridan, George Bancroft, Billy Halop, Bobby Jordan ; Pro. : First National/Warner Bros.

ARIZONA JUNIOR (RAINSING ARIZONA, 1986) ; Réal. : Joel Coen ; Sc. : Ethan et Joel Coen ; Ph. : Barry Sonnenfeld ; Mus. : Carter Burwell ; Int. : Nicolas Cage, Holly Hunter, Trey Wilson, John Goodman ; Pro. : Ethan Coen/Ted/Jim Pedas.

ASSURANCE SUR LA MORT (DOUBLE INDEMNITY, 1944) ; Réal. : Billy Wilder ; Sc. : Billy Wilder, Raymond Chandler ; Sujet : d'après le roman de James M. Cain ; Ph. : John F Seitz ; Mus. : Miklos Rosza ; Décorateurs : Hans Dreier, Hal Pereira, Bertram Granger ; Int. : Barbara Stanwyck, Fred MacMurray, Edward G. Robinson ; Pro. : Joseph Sistrom

BAD LIEUTENANT (BAD LIEUTENANT, 1992) ; Réal. : Abel Ferrara ; Sc. : Abel Ferrara, Zoe Lund ; Ph. : Ken Kelsh ; Mus. : Joe Delia ; Int. : Harvey Keitel, Frankie Thorn, Zoe Lund ; Pro. : Edward Pressman, Mary Kane.

BARTON FINK (BARTON FINK, 1991) ; Réal. : Joel et Ethan Coen ; Sujet et Sc. : Joel et Ethan Coen ; Ph. : Roger Deakins ; Mus. : Carter Burwell ; Int. : John Turturro, John Goodmann, Judy Davis, Michael Lerner, John Mahoney ; Pro. : Circle Films.

BASIC INSTINCT (BASIC INSTINCT, 1992) ; Réal. : Paul Verhoeven ; Sc. : Joe Eszterhas ; Ph. : Jan De Bont, A.S.T ; Décorateur : Terence Marsh ; Costumier : Ellen Mirojnick ; Mus. : Jerry Goldsmith ; Int. : Sharon Stone, Michael Douglas, George Dzunza, Jeanne Tripplehoen, Leila Sarelle, Dorothy Malone, Bill Cable ; Pro. : Alan Marshall/Carolco - Le Studio Canal Plus.

THE BIG LEBOWSKI (THE BIG LEBOWSKI, 1997) ; Réal. : Joel Coen; Sc. : Joel et Ethan Coen ; Int. : Jeff Bridges, John Goodman, Julianne Moore, Steve Buscemi, David Huddleston, Phillip Seymour Hoffman, Tara Reid, Peter Stormare, Flea, Torsten Voges ; Pro. : Working Title.

BLADE RUNNER (BLADE RUNNER, 1982) ; Réal. : Ridley Scott ; Sc. : Hampton Fancher ; Sujet : d'après le roman de Phillip Dick ; Ph. : Jordan Cronenweth ; Décorateur : Linda de Scenna, Tom Roysden ; Effets Spéciaux : Douglas Trumbull ; Mus. : Vangelis ; Int. : Harrison Ford, Rutger Hauer, Sean Young, M. Emmet Walsh, Brion James ; Pro. : Michael Deeley/Warner Bros. pour la distribution.

BLUE VELVET (BLUE VELVET, 1986) ; Réal. : David Lynch ; Sc. : David Lynch ; Ph. : Frederick Elmes ; Mus. : Angelo Badalamenti ; Int. : Kyle MacLachlan, Isabella Rossellini, Dennis Hopper, Laura Dern, Hope Lange, Dean Stockwell ; Pro. : De Laurentis Entertainment.

BONNIE AND CLYDE (BONNIE AND CLYDE, 1967) ; Réal. : Arthur Penn ; Sc. : David Newman, Robert Benton ; Ph. : Burnett Guffey ; Mus. : Charles Strouse ;Int. : Warren Beatty, Faye Dunaway, Michael J. Pollard, Gene Hackman, Estelle Parsons, Denver Pyle ; Pro. : Warner Bros/Tatira/Hiller.

BOULEVARD DU CRÉPUSCULE (SUNSET BOULEVARD, 1950) ; Réal : Billy Wilder ; Sc : Billy Wilder, Charles Brackett ; Ph. : John F. Seitz ; Mus. : Franz Waxman ; Décorateurs : Hans Dreier, John Meehan, Sam Comer, Ray Moyer ; Int : William Holden, Gloria Swanson, Erich Von Stroheim ; Pro. : Charles Brackett.

BURN AFTER READING (2008): Réal. : Joel et Ethan Coen ; Sc. : Joel et Ethan Coen ; Int. : George Clooney, France McDormand, John Malkovich, Tilda Swinton, Richard Jenkins, Elizabeth Marvel, JK Simmons ; Pro. : Focus Features, Relativity Media, Working Title.

LE CARREFOUR DE LA MORT (KISS OF DEATH, 1947) ; Réal. : Henry Hathaway ; Sc. : Ben Hecht, Charles Lederer ; Sujet : d'après E. Lipsky ; Ph. : Norbert Brodine ; Mus. : David

Buttolph ; Int. : Victor Mature, Brian Donlevy, Richard Widmark, Coleen Gray, Robert Keith ; Pro. : 20th Century Fox.

CASINO (CASINO, 1995) ; Réal. : Martin Scorsese ; Sc. : Nicholas Pileggi, Martin Scorsese ; Sujet : d'après un roman de N. Pileggi ; Ph. : Robert Richardson ; A.S.C ; Effets spéciaux : Paul Lombardi ; Décorateur : Dante Ferreti ; Costumes : Rita Ryak, John Dunn ; Mus. : J.S. Bach, G. Delerue, Rimski-Korsakov, Alan Price et chansons diverses ; Int. : Sharon Stone, Robert De Niro, Joe Pesci, James Woods, L.Q. Jones, Pasquale Cajano, Vinny Vella, Catherine Scorsese, Phillip Suriano, Erika von Tagen ; Pro. : Barbara De Fina/Universal.

LES CHIENS DE PAILLE (STRAW DOGS, 1971) ; Réal : Sam Peckinpah ; Sc : David Zelag Goodman, Sam Peckinpah ; Sujet : d'après le roman *The Siege of Trencher's Farm* de Gordon M. Williams ; Ph. : John Coquillon ; Monteur : Paul Davis ; Mus. : Jerry Fielding ; Int : Dustin Hoffman, Susan George, Peter Vaughan, T.P. McKenna, Del Henney, Ken Hutchinson, Collin Welland, Jim Norton, Sally Thomsett ; Pro. : Daniel Melnick.

CHINATOWN (CHINATOWN, 1974) ; Réal. : Roman Polanski ; Sc. : Robert Towne ; Ph. : John Alonzo ; Mus. : Jerry Goldsmith ; Int. : Jack Nicholson, Faye Dunaway, John Huston, Roman Polanski ; Pro. : Robert Evans/Paramount.

LA CIBLE (TARGETS, 1968) ; Réal : Peter Bogdanovich ; Sc : Peter Bogdanovich ; Ph. : Lazlo Kovacs ; Int : Boris Karloff, Tim O'Kelly, James Brown, Sandy Baron ; Pro. : Paramount.

LA CINQUIÈME VICTIME (WHILE THE CITY SLEEPS, 1955) ; Réal : Fritz Lang ; Sc : Casey Robinson ; Ph. : Ernest Lazlo ; Mus. : Herschel Gilbert ; Int : Dana Andrews, George Sanders, Ida Lupino, Rhonda Fleming, Thomas Mitchell, Vincent Price, John Barrymore Jr. ; Pro : RKO.

LA CITÉ SANS VOILES (NAKED CITY, 1948) ; Réal. : Jules Dassin ; Sc. : Albert Maltz, Malvin Wald ; Ph. : William Daniels ; Mus. : Miklos Rozsa ; Int. : Barry Fitzgerald, Howard Duff, Dorothy Hart, Don Taylor, Ted de Corsia ; Pro. : Mark Hellinger/Universal.

CITIZEN KANE (CITIZEN KANE, 1941) ; Réal. : Orson Welles ; Sc. : Herman J. Mankiewitz, Orson Welles ; Ph. : Gregg Toland ; Décorateur : Van Nest Polglase ; Monteur : Robert Wise ; Mus. : Bernard Herrman ; Int. : Orson Welles, Joseph Cotten, Everett Sloane, Dorothy Comingore, Ray Collins, George Coulouris, Paul Stewart, William Alland, Ruth Warrick, Fortunio Bonanova ; Pro. : Mercury, R.K.O pour la distribution.

LA CORDE (ROPE, 1948) ; Réal. : Alfred Hitchcock ; Sc. : A. Laurentz ; Sujet : d'après un récit de P. Hamilton ; Ph. : J. Valentine ; Mus. : L.F. Fordstein ; Int. : James Stewart, John Dall, Sir Cedric Hardwicke, Farley Granger ; Pro. : S. Bernstein/A. Hitchcock/Transatlantic Pictures.

LE DAHLIA BLEU (THE BLUE DAHLIA, 1946) ; Réal. : George Marshall ; Sujet et Sc. : Raymond Chandler ; Ph. : Lionel Lindon ; Mus. : Victor Young ; Int. : Alan Ladd, Veronika Lake, Howard da Silva, William Bendix ; Pro. : John Houseman/Paramount.

LE DAHLIA NOIR (THE BLACK DAHLIA, 2006) ; Réal. : Brian de Palma ; Sujet et Sc. : Josh Friedman d'après James Ellroy; Ph. : Lionel Lindon ; Int. : Josh Hartnett, Scarlett Johansson, Aaron Eckhart, Hilary Swank, Mia Kirshner ; Pro. : Signature picture.

LA DAME DE SHANGHAI (THE LADY FROM SHANGHAI, 1946) ; Réal. : Orson Welles ; Sc. : Orson Welles ; Sujet : d'après un roman de Sherwood King (*If I Die Before I Wake*) ; Ph. : Richard Lawton ; Mus. : Heinz Roemheld ; Int. : Orson Welles, Rita Hayworth, Everett Sloane, Glenn Anders, Ted de Corsia, Gus Schilling ; Pro. : Harry Cohn/Columbia.

LA DAME DU LAC (LADY IN THE LAKE, 1947) ; Réal. : Robert Montgomery ; Sc. : Steve Fisher ; Sujet : d'après le roman de Raymond Chandler ; Ph. : Paul Vogel ; Mus. : David Snell ; Int. : Robert Montgomery, Audrey Totter, Lloyd Nola, Leon Ames, Jayne Meadows ; Pro. : M.G.M.

DE SANG FROID (IN COLD BLOOD, 1967) ; Réal. : Richard Brooks ; Sc. : Richard Brooks ; Sujet : d'après le roman de Truman Capote ; Ph. : Conrad Hall ; Décorateur : Robert Boyle, Jack Ahern ; Mus. : Quincy Jones ; Int. : Robert Blake, Scott Wilson, John Forsythe ; Pro. : Richard Brooks.

DETOUR (DETOUR, 1945) ; Réal. : Edgar G. Ulmer ; Sc. : Martin Goldsmith ; Ph. : Benjamin Kline ; Mus. : Leo Erdody ; Int. : Tom Neal, Ann Savage, Claudia Drake, Tim Ryan ; Pro. : Leon Fromkess/Producers Releasing Corporation.

LA DOUBLE ENIGME (THE DARK MIRROR, 1946) ; Réal. : Robert Siodmak ; Sc. : Nunnally Johnson, Phyllis Loughton ; Sujet : d'après le roman de Vladimir Pozner ; Ph. : Milton Krasner ; Mus. : Dimitri Tiomkin ; Int. : Olivia de Havilland, Lew Ayres, Thomas Mitchell ; Pro. : Universal International.

DOWN BY LAW (DOWN BY LAW, 1985) ; Réal. : Jim Jarmusch ; Sc. : Jim Jarmusch ; Ph. : Robby Müller ; Mus. : John Lurie ; Int. : Tom Waits, John Lurie, Roberto Benigni, Nicoletta Braschi ; Pro. : Black Snake, Grockenberger.

L'ENFER DE LA CORRUPTION (FORCE OF EVIL, 1948) ; Réal. : Abraham Polonsky ; Sc. : Abraham Polonsky, Ira Wolfert ; Ph. : George Barnes ; Mus. : David Raskin ; Int. :John Garfield, Beatrice Pearson, Thomas Gomez, Howland Chamberlain ; Pro. : Bob Roberts.

L'ENFER EST A LUI (WHITE HEAT, 1949) ; Réal : Raoul Walsh ; Sc : Ivan Goff, Ben Roberts ; Sujet : d'après Virginia Kellogg ; Ph. : Sid Hickox ; Costumes : Leah Rhodes ; Décorateurs : Edward Carrere, Fred M. Mac Lean ; Mus. : Max Steiner ; Int : James Cagney, Virginia Mayo, Edmond O'Brien, Margaret Wycherly, Steve Cochran, John Archer, Wally Cassell, Ian McDonald ; Pro. : Louis F. Edleman/Warner Bros.

L'ENNEMI PUBLIC (THE PUBLIC ENEMY, 1931) ; Réal. : William Wellman ; Sc. : Kubec Glasmon, Harvey Thew, John Bright ; Ph. : Dev Jennings ; Int. : James Cagney, Edward Woods, Jean Harlow, Joan Blondell ; Pro. : Warner Bros./Vidaphone.

EN QUATRIÈME VITESSE (KISS ME DEADLY, 1955) ; Réal. : Robert Aldrich ; Sc. : A.I. Bezzerides ; Sujet : d'après le roman de Mike Spillane ; Int. : Ralph Meeker, Albert Dekker, Paul Stewart, Juano Hernandez, Wesley Addy, Maxine Cooper, Coris Leachman ; Pro. : Parklane Pictures, Inc.

LE FACTEUR SONNE TOUJOURS DEUX FOIS (THE POSTMAN ALWAYS RINGS TWICE, 1946) ; Réal. : Tay Garnett ; Sc. : Harry Ruskin, Niven Busch ; Sujet : d'après le roman de James M. Cain ; Ph. : Sidney Wagner ; Mus. : George Bassman ; Int. : John Garfield, Lana Turner, Cecil Kellaway, Hume Cronyn, Audrey Totter ; Pro. : M.G.M.

LE FACTEUR SONNE TOUJOURS DEUX FOIS (THE POSTMAN ALWAYS RINGS TWICE, 1981) ; Réal. : Bob Rafelson ; Sc. : David Mamet ; Sujet. : d'après le roman de James M. Cain ; Ph. : Sven Nykvist ; Mus. : Michael Small ; Int. : Jack Nicholson, Jessica Lange, John Colicos, Michael Lerner, Anjelica Huston ; Pro. : Mulvehill Rafelson, M.G.M

FARGO (FARGO, 1996) ; Réal. : Joel Coen ; Sc. : Ethan et Joel Coen ; Ph. : Roger Deakins ; Mus. : Carter Burwell ; Int. : Frances McDormand, Steve Buscemi, William H. Macy, Peter Stormare ; Pro. : Ethan Coen.

LE FAUCON MALTAIS (THE MALTESE FALCON, 1941) ; Réal. : John Huston ; Sc. : John Huston ; Sujet : d'après le roman de Dashiell Hammett ; Ph. : Arthur Edeson ; Mus. : Adolph Deutsch ; Int. : Humphrey Bogart, Mary Astor, Sidney Greenstreet, Peter Lorre, Elisha Cook, Walter Huston, Barton Mac Lane ; Pro. : Warner Bros.

LE FAUX COUPABLE (THE WRONG MAN, 1956) ; Réal : Alfred Hitchcock ; Sc : M. Anderson, Angus Mac Phail ; Sujet : d'après le roman de Maxwell Anderson ; Ph. : R. Burks ; Mus. : Bernard Herrmann ; Int : Henry Fonda, Vera Miles, Anthony Quayle, Richard Robbins ; Pro. : Alfred Hitchcock.

LA FEMME AU GARDENIA (THE BLUE GARDENIA, 1953) ; Réal. : Fritz Lang ; Sc. : Charles Ofman ; Sujet : d'après le roman de Vera Caspary ; Mus./ Raoul Kraushaar ; Int. : Anne Baxter, Richard Conte, Raymond Burr, Anne Sothern ; Pro. : Warner Bros.

LA FEMME AU PORTRAIT (THE WOMAN IN THE WINDOW, 1944) ; Réal : Fritz Lang ; Sc : Nunnaly Johnson ; Sujet : d'après le roman de J. H. Wallis ; Ph. : Milton Krasner ; Mus. : Arthur Lange ; Int : Edward G. Robinson, Joan Bennett, Dan Duryea, Raymond Massey, Raymond Massey ; Pro. : R.K.O

FEUX CROISÉS (FEUX CROISÉS, 1947) ; Réal. : Edward Dmytryk ; Sc. : John Paxton ; Sujet : d'après un roman de Richard Brooks (*The Brick Foxhole*) ; Ph. : J. Roy Hunt ; Mus. : Roy Webb ; Int. : Robert Mitchum, Robert Young, Robert Ryan, Gloria Grahame ; Pro. : Adrian Scott/RKO.

LA FIÈVRE AU CORPS (BODY HEAT, 1981) ; Réal. : Lawrence Kasdan ; Sc. : Lawrence Kasdan ; Ph. : Ricard Kline ; Mus. : John Barry ; Int. : Kathleen Turner, William Hurt, Richard Crenna, Ted Danson, J.A. Preston ; Pro. : Fred Gallo.

La Fin d'un tueur (The Dark Past, 1948) ; Réal. : Rudolph Mate ; Sc. : Phillip MacDonald, Michael Blankfort, Albert Duffy ; Sujet : d'après le roman de James Warwick ; Ph. : Joseph Walker ; Mus. : George Duning ; Int. : William Holden, Nina Foch, Lee J. Cobb, Adele Jergens ; Pro. : Columbia.

Le Grand sommeil (The Big Sleep, 1946) ; Réal. : Howard Hawks ; Sc. : William Faulkner, Leigh Brackett, Jules Furthman ; Sujet : d'après un roman de Raymond Chandler ; Ph. : Sid Hickox ; Mus. : Max Steiner ; Int. : Humphrey Bogart, Lauren Bacall, John Ridgely, Dorothy Malone, Martha Vickers, Charles Waldron, Peggy Knudsen, Regis Toomey, Elisa Cook Jr., Joy Barlowe ; Pro. : Howard Hawks.

Gilda (Gilda, 1946) ; Réal. : Charles Vidor ; Sc. : Marion Parsonnet ; Sujet : d'après le récit de E.A Ellington ; Ph. : Rudy Mate ;Costumes : Jean Louis ; Int. : Rita Hayworth, Glenn Ford, George MacReady, Joseph Calleia ; Pro. : Columbia.

La Griffe du passé (Out of the Past, 1947) ; Réal. : Jacques Tourneur ; Sujet et Sc. : Geoffrey Homes d'après son roman *Build My Gallows High* ; Ph. : Nicholas Musuraca ; Mus. :Roy Webb ; Int. : Robert Mitchum, Jane Greer, Kirk Douglas, Rhonda Fleming, Richard Webb ; Pro. : RKO.

Guet-apens (The Getaway, 1972) ; Réal. : Sam Peckinpah ; Sc. : Walter Hill ; Sujet : d'après le roman de Jim Thompson ; Monteur : Robert Wolfe ; Mus. : Quincy Jones ; Int. : Steve McQueen, Ali McGraw, Ben Johnson, Sally Struthers, Al Lettieri, Slim Pickens, Richard Bright, Jack Dodson, Dub Taylor, Bo Hopkins, Roy Jenson ; Pro. : David Foster.

Henry, Portrait d'un serial killer (Henry: Portrait of a serial killer, 1985) ; Réal. : John McNaughton ; Sc. : Richard Fire, John McNaughton ; Ph. : Charlie Liebermann ; Mus. : Robert McNaughton, Ben Hale, Steven A. Jones ; Int. : Michael Rooker, Tracy Arnold, Tom Towles ; Pro. : M.P.I.

L'Inconnu du Nord-Express (Strangers On A Train, 1951) ; Réal : Alfred Hitchcock ; Sc : Raymond Chandler, Czenzi Ormonde ; Sujet : d'après le roman de Patricia Highsmith ; Ph. : R. Burks ; Mus. : D. Tiomkin ; Int : Robert Walker, Farley Granger, Ruth Roman, Leo G. Carroll, Patricia Hitchcock, Laura Elliott, Marion Lorne ; Pro. : Alfred Hitchcock.

L'Inspecteur Harry (Dirty Harry, 1971) ; Réal. : Don Siegel ; Sc. : Harry Julian, Rita Fink, Dean Reisner ; Sujet : Harry Julian Fink ; Ph. : Bruce Surtees ; Mus. : Lalo Schilfrin ; Int. : Clint Eastwood, Harry Guardino, Reni Santoni, John Vernon, Andy Robinson, John Larch ; Pro. : Don Siegel/Warner Bros./Malpaso Company.

Jackie Brown (Jackie Brown, 1997) ; Réal. : Quentin Tarantino ; Sc. : Quentin Tarantino ; Sujet : d'après le roman « Punch Créole » de Elmore Leonard ; Int. : Pam Grier, Samuel L. Jackson, Robert Foster, Bridget Fonda, Robert De Niro, Michael Keaton, Michael Bowen, Chris Ucker, Thomy « Tiny » Lister ; Pro. : Lawrence Bender/ Bac Films pour la distribution.

Key Largo (KEY LARGO, 1948) ; Réal. : John Huston ; Sc. : Richard Brooks, John Huston ; Sujet : d'après Maxwell Anderson ; Ph. : Karl Freund ; Mus. : Max Steiner ; Int. : Humphrey Bogart, Edward G. Robinson, Lauren Bacall, Lionel Barrymore, Claire Trevor, Thomas Gomez, Marc Lawrence, Dan Seymour, Monte Blue, Harry Lewis, John Rodney ; Pro. : Warner Bros.

Klute (KLUTE, 1971) ; Réal. : Alan Pakula ; Sc. : Andy et Dave Lewis ; Ph. Gordon Willis ; Mus. : Michael Small ; Int. : Jane Fonda, Donald Sutherland, Charles Cioffi ; Pro. : Pakula/Warner Bros.

L. A Confidential (L.A CONFIDENTIAL, 1997) ; Réal. : Curtis Hanson ; Sc. : Curtis Hanson, Brian Helgeland ; Sujet : d'après le roman de James Ellroy ; Int. : Kevin Spacey, Guy Pearce, Russel Crowe, Kim Basinger ; Pro. : Arnon Milchan et Curtis Hanson/Warner Bros. pour la distribution.

Laura (LAURA, 1944) ; Réal. : Otto Preminger ; Sc. : Jay Dratler, Betty Rheinhardt, Samuel Hoffenstein ; Sujet : d'après un roman de Vera Caspary ; Ph. : Joseph La Shelle ; Int. : Gene Tierney, Dana Andrews, Clifton Webb ; Pro : Otto Preminger

Liaison fatale (FATAL ATTRACTION, 1987) ; Réal. : Adrian Lyne ; Sc. : James Dearden ; Ph. : Howard Atherton ; Mus. : Maurice Jarre ; Int. : Michael Douglas, Glenn Close, Anne Archer ; Pro. : Stanley Jaffe et Sherry Lansing/Paramount.

Lost Highway (LOST HIGHWAY, 1997) ; Réal. : David Lynch ; Sc. : Barry Gifford ; Ph. : Peter Deming ; Mus. : Angelo Badalamenti ; Int. : Bill Pullman, Patricia Arquette, Balthazar Getty, Robert Loggia, Robert Blake ; Pro. : Ciby 2000.

M Le Maudit (M, 1931) ; Réal. : Fritz Lang ; Sc. : Fritz Lang et Thea Von Harbou ; Sujet : d'après un article de Egon Jacobson ; Ph. : Fritz Arno Wagner, Gustav Rathje, Karl Vash ; Monteur : Paul Falkenberg ; Int. : Peter Lorre, Otto Wernicke, Gustav Grundgens, Theo Lingen, Theodor Loos, Georg John ; Pro. : A Nero Film/A G Ver Star Production

Les Mains qui tuent (PHANTOM LADY, 1943) ; Réal. : Robert Siodmak ; Sc. : Bernard Cutner Schoenfeld ; Sujet : d'après le roman de William Irish ; Ph. : Elwood Bredell ; Mus. : Hans J. Salter ; Int. : Franchot Tone, Ella Raines, Alan Curtis, Elisha Cook Jr. ; Pro. : Universal.

La Maison du docteur Edwards (SPELLBOUND, 1945) ; Réal : Alfred Hitchcock ; Séquence du rêve : Salvador Dali ; Sc : Ben Hecht ; Sujet : d'après un récit de F. Beeding ; Ph. : George Barnes ; Mus. : Miklos Rozsa ; Int : Ingrid Bergman, Gregory Peck, Michael Chekhov, Leo G. Carroll ; Pro. : Vanguard Films/David O. Selznick

The Man who wasn't there (THE MAN WHO WASN'T THERE, 2001) ; Réal. : Joel Coen ; Sc. : Joel et Ethan Coen ; Ph. : Roger Deakins ; Décorateur : Jeff Makwith ; Mus. : Carter Burwell ; Int. : Billy Bob Thornton, Frances McDormand, Michael Badalucco, James Gandolfini, Katherine Borowitz, Jon Polito, Scarlett Johansson, Richard Jenkins, Tony Shalhoub ; Pro. : Ethan Coen.

MILLER'S CROSSING (MILLER'S CROSSING, 1989) ; Réal. : Joel Coen ; Sc. : Joel et Ethan Coen ; Ph. : Barry Sonnenfeld ; Mus. : Carter Burwell ; Int. : Gabriel Byrne, Marcia Gay Harden, John Turturro, Jon Polito, Albert Finney ; Pro. : Circle Films-Ted et Jim Pedas-Barenholtz-Durkin.

MULHOLLAND DRIVE (MULHOLLAND DRIVE, 2001) ; Réal. : David Lynch ; Sc. : David Lynch ; Ph. : Peter Deming ; Décorateur : Jack Fisk ; Montage : Mary Sweeney ; Mus. : Angelo Badalamenti ; Int. : Naomi Watts, Laura Elena Harring, Justin Theroux, Ann Miller, Ann Miller ; Pro. : Alain Sarde.

NOS FUNERAILLES (THE FUNERAL, 1996) ; Réal. : Abel Ferrara ; Sc. : Nicholas Saint John ; Ph. : Ken Kelsh ; Mus. : Joe Delia ; Int. : Christopher Walken, Vincent Gallo, Isabella Rossellini ; Pro. : Mary Kane.

LES PASSAGERS DE LA NUIT (DARK PASSAGE, 1947) ; Réal. : Delmer Daves ; Sc. : Delmer Daves ; Sujet : d'après le roman de David Goodis ; Ph. : Sid Hickox ; Mus. : Franz Waxman ; Int. : Humphrey Bogart, Lauren Bacall, Agnes Moorehead, Tom d'Andrea, Douglas Kennedy ; Pro. : Jerry Wald/ Warner Bros.

LE POINT DE NON-RETOUR (POINT BLANK, 1967) ; Réal. : John Boorman ; Sc. : Alexander Jacobs, David Newhouse ; Sujet : d'après le roman *The Hunter* de Richard Stark ; Ph. : Phillip Lathrop ; Mus. : Johnny Mandel ; Int. : Lee Marvin, Angie Dickinson, Keenan Wynn, Michael Strong ; Pro. : Judd Bernard-Irwin Winkler/M.G.M.

LE PETIT CESAR (LITTLE CAESAR, 1930) ; Réal. : Mervyn Le Roy ; Sc. : Francis Faragoh ; Sujet : d'après le roman de W. R Burnett ; Ph. : Tony Gaudio ; Mus. : Erno Rapee ; Int. : Edward G. Robinson, Douglas Fairbanks Jr., Glenda Farrell, William Collier Jr. ; Pro. : Hall B. Wallis, Darryl F. Zanuck/First National

POUR TOI, J'AI TUE (CRISS CROSS, 1948) ; Réal. : Robert Siodmak ; Sc. : Daniel Fuchs ; Sujet : d'après Don Tracy ; Ph. : Franz Planer ; Décorateurs : Bernard Hersbrun, Boris Leven ; Mus. : Miklos Rozsa ; Int. : Burt Lancaster, Yvonne De Carlo, Dan Duryea ; Pro. : Universal International.

LE PRIVE (THE LONG GOODBYE, 1973) ; Réal. : Robert Altman ; Sc. : Leigh Brackett ; Sujet : d'après la roman de Raymond Chandler ; Ph. : Vilmos Zsigmond ; Mus. : John Williams ; Int. : Elliott Gould, Nina Van Pallandt, Sterling Hayden, Mark Rydell, David Arkin, Jim Bouton, Warren Berlinger, Jo Ann Brody ; Pro. : Jerry Bick, Elliott Kastner.

PULP FICTION (PULP FICTION, 1995) ; Réal. : Quentin Tarantino ; Sc. : Quentin Tarantino ; Ph. : Andrzej Sekula ; Int. : John Travolta, Bruce Willis, Uma Thurman, Harvey Keitel ; Pro. : Brown 25.

PSYCHOSE (PSYCHO, 1960) ; Réal. : Alfred Hitchcock Sc. : Joseph Stefano ; Sujet : d'après un roman de Robert Bloch ; Ph. : John Russell ; Effets spéciaux : C. Champagne ; Mus. :

Bernard Herrman ; Int. : Anthony Perkins, John Gavin, Janet Leigh, Vera Miles, John McIntyre ; Pro. : Alfred Hitchcock/Paramount.

QUAND LA VILLE DORT (THE ASPHALT JUNGLE, 1950) ; Réal. : John Huston ; Sc. : Ben Maddow, John Huston ; Sujet : d'après le roman de W.R. Burnett ; Ph. : Harold Rosson ; Mus. : Miklos Rozsa ; Int. : Sterling Hayden, Louis Calhern, Jean Hagen, James Whitmore, John McIntire, Marc Lawrence, Barry Kelley, Marilyn Monroe, Brad Dexter, Anthony Caruso ; Pro. : M.G.M.

RESERVOIR DOGS (RESERVOIR DOGS, 1992) ; Réal. : Quentin Tarantino ; Sc. : Quentin Tarantino ; Ph. : Andrzej Sekula ; Mus. : Karyn Rachtman ; Int. : Harvey Keitel, Lawrence Tierney, Tim Roth, Chris Penn, Steve Buscemi ; Pro. : Lawrence Bender.

LES RUES CHAUDES (MEAN STREETS, 1973) ; Réal. : Martin Scorsese ; Sc. : Martin Scorsese, Mardik Martin ; Ph. : Kent Wakeford ; Mus. :Rolling Stones, Eric Clapton… ; Int. : Robert De Niro, Harvey Keitel, Richard Romanus, Amy Robinson, Martin Scorsese ; ;Pro. : Taplin-Perry-Scorsese Productions.

SANG POUR SANG (BLOOD SIMPLE, 1984) ; Réal. : Joel Coen ; Sc. : Joel et Ethan Coen ; Ph. : Barry Sonnenfeld ; Mus. : Carter Burvell ; Int. : John Getz, Frances McDormand, M. Emmet Walsh, Dan Hedaya ; Pro. : River Road Productions.

SAILOR ET LULA (WILD AT HEART, 1990) ; Réal : David Lynch ; Sujet : d'après le roman de Barry Gifford ; Sc : David Lynch ; Ph. : Fred Elmes ; Mus. : Angelo Badalamenti ; Int : Nicolas Cage, Laura Dern, Diane Ladd, Willem Dafoe, Isabella Rossellini ; Pro. : Monty Montgomery, Steve Grolin.

SCARFACE (SCARFACE, SHAME OF A NATION, 1932) ; Réal. : Howard Hawks ; Sc. : Ben Hecht, Seton Miller, John Mahin, W.R. Burnett, Fred Palsey ; Sujet : d'après le roman d'Armitage Trail ; Ph. : Lee Garmes, William O'Connell ; Mus. : Adolph Tandler, Gus Arnheim ; Int. : Paul Muni, George Raft, Ann Dvorak, Karen Morley, Osgood Perkins, Boris Karloff, Henry Gordon ; Pro. : Howard Hughes/ Howard Hawks.

SEVEN (SEVEN, 1995) ; Réal. : David Fincher ; Sc. : Andrew Kevin Walker ; Ph. : Darius Khondji ; Mus. : Howard Shore ; Int. : Brad Pitt, Morgan Freeman, Gwyneth Paltrow, Richard Roundtree, John McCinley, Kevin Spacey ; Pro. : New Line Prod.

SEXE, MENSONGES ET VIDÉO (SEXE, LIES AND VIDEOTAPE, 1989) ; Réal : Steven Soderbergh ; Sc : Steven Soderbergh ; Ph. : Walt Lloyd ; Mus. : Cliff Martinez ; Int : James Spader, Andie McDowell, Peter Callagher, Laura San Giacomo ; Pro. : Robert Newmyer/John Hardy.

LE SILENCE DES AGNEAUX (THE SILENCE OF THE LAMBS, 1991) ; Réal : Jonathan Demme ; Sc : Ted Tally ; Sujet : d'après le roman de Thomas Harris ; Ph. : Tak Fujimoto ; Décorateur : Kristi Zea ; Mus. : Howard Shore ; Int : Jodie Foster, Anthony Hopkins, Scott Glenn, Ted Levine, Roger Corman ; Pro. : Orion, Strong Heart-Demme.

LA SOIF DU MAL (TOUCH OF EVIL, 1958) ; Réal : Orson Welles ; Sc : Orson Welles ; Sujet : d'après un roman de Whit Masterson ; Ph. : Russell Metty ; Mus. : Henry Mancini ; Monteur : Virgil Vogel ; Int : Orson Welles, Charlston Heston, Janet Leigh, Akim Tamiroff, Marlène Dietrich, Ray Collins, Joseph Cotten, Zsa Zsa Gabor ; Pro. : Albert Zugsmith/Universal.

SUEURS FROIDES (VERTIGO, 1958) ; Réal : Alfred Hitchcock ; Sc : Alec Coppel, Samuel Taylor ; Sujet : d'après le roman *D'entre les morts* de Pierre Boileau et Thomas Narcejac ; Ph. : R. Burks ; Effets spéciaux : J. P. Fulton ; Mus. : Bernard Herrmann ; Int : James Stewart, Kim Novac, Barbara Bel Geddes, Tom Helmore ; Pro. : A. Hitchcock/Paramount.

SUR LES QUAIS (ON THE WATERFRONT, 1954) ; Réal. : Elia Kazan ; Sc. : Budd Schulberg ; Sujet : d'après le roman de M. Johnson ; Ph. : Boris Kaufman ; Décorateur : Richard Day ; Mus. : Leonard Rosenman ; Int. : Marlon Brando, Eva Marie Saint, Lee J. Cobb, Karl Malden ; Pro. : Sam Spiegel.

TAXI DRIVER (TAXI DRIVER, 1976) ; Réal : Martin Scorsese ; Sc : Paul Schrader ; Ph. : Michael Chapman ; Mus. : Bernard Herrmann ; Int : Robert De Niro, Cybil Sheperd, Jodie Foster, Peter Boyle, Vic Argo, Dianne Abbot, Frank Adu, Gino Ardito ; Pro. : Michael Phillips.

TRAFFIC (TRAFFIC, 2001) ; Réal : Steven Soderbergh ; Sc : Stephen Gagnan d'arpès la série télévisée *Traffik ;* Ph. : Peter Andrews ; Mus. : Cliff Martinez ; Int : Michael Douglas, Catherine Zetajones, Benicio Del Toro ; Pro. : USA Films.

LES TUEURS (THE KILLERS, 1946) ; Réal. : Robert Siodmak ; Sc. : Anthony Veiller, John Huston ; Sujet : d'après la nouvelle d'Ernest Hemingway ; Ph. : Woody Bredell ; Décorateurs : Russel A. Gausman, E.R. Robinson ; Mus. : Miklos Rozsa ; Int. : Burt Lancaster, Ava Gardner, Edmond O'Brien, Albert Dekker ; Pro. : Mark Hellinger/Universal.

LES TUEURS DE LA LUNE DE MIEL (THE HONEYMOON KILLERS, 1970) ; Réal. : Leonard Kastle ; Sc. : Leonard Kastle ; Ph. : Oliver Wood ; Mus. : Warren Steibel ; Int. : Shirley Stoler, Tony LoBianco, Mary Higby ; Pro. : Warren Steibel.

TUEURS NES (NATURAL BORN KILLERS, 1994) ; Réal. : Oliver Stone ; Sc. : Quentin Tarantino ; Int. : Woody Harrelson, Juliette Lewis, Robert Downey Jr, Tom Sizemore, Tommy Lee Jones.

TWIN PEAKS (TWIN PEAKS, FIRE WALK WITH ME, 1992) ; Réal : David Lynch ; Sc : David Lynch, Robert Engels ; Ph. : Ron Garcia ; Mus. : Angelo Badalamenti ; Int : Sheryl Lee, Ray Wise, Moira Kelly, David Bowie, Chris Isaac, Harry Dean Stanton ; Pro. : Ciby Pictures.

USUAL SUSPECTS (THE USUAL SUSPECTS, 1995) ; Réal : Bryan Singer ; Sc : Christopher McQuarrie ; Ph. : Newton Thomas Sigel ; Mus. : John Ottman ; Int : Stephen Baldwin,

Gabriel Byrne, Benicio Del Toro, Kevin Pollak, Kevin Spacey, Pete Postlethwaite ; Pro. : Bryan Singer/Bad Hat Harry Production

U-Turn (U-Turn, 1997) ; Réal : Oliver Stone ; Sc : John Ridley ; Int : Sean Penn, Jennifer Lopez, Nick Nolte, Pwers Boothe, Claire Danes, Jon Voight, Billy Bob, Joaquin Phoenix, Julie Hagerty, Laurie Metcalf ; Pro. : TriStar.

Zodiac (2007) ; Réal : David Fincher ; Sc : James Vanderbilt ; Sujet : d'après le roman de Robert Graysmith; Ph. : Harris Savides ; Mus. : Luke Dunn-Gielmuda; Int : Jake Gyllenhaal, Mark Ruffalo, Anthony Edwards, Robert Downey Jr ; Pro. : Warner Bros.

INDEX DES FILMS CITES

Dans cet index sont répertoriés les films cités dans le corps du texte ainsi que dans les notes infrapaginales.

A la recherche de Mr Goodbar, 119, 151
Adieu ma belle, 20, 28, 44, 51, 188
After Hours, 156, 157
Les Amants de la nuit, 51, 117
American Psycho, 264, 268, 271, 272, 273
Les Anges aux figures sales, 33, 34
Angoisse, 37
Arizona Junior, 228, 229
Assurance sur la mort, 7, 20, 33, 39, 49, 66, 68, 188, 279
Les Aventuriers de l'arche perdue, 162
Bad Lieutenant, 232, 234, 235, 236, 237, 238
Barton Fink, 228
Basic Instinct, 170, 171
Ben Hur, 93
The Big Lebowski, 196, 276, 277, 278, 279, 280, 281, 282, 283
Blade Runner, 157, 158
Blue Velvet, 207, 211, 220, 221, 222, 223, 225, 257
Bonnie and Clyde, 110, 111, 258
Boulevard du crépuscule, 97
Burn After Reading, 226, 227, 228
Le Cabinet du docteur Caligari, 37
Carrefour de la mort, 33, 35, 36, 51, 75, 77, 78
Casablanca, 40
Casino, 247
Les Chiens de paille, 117, 123, 125, 130, 144, 146, 147
Chinatown, 117, 119, 123, 124, 127, 128, 138, 139, 141, 142, 150, 179
La Cible, 146, 147, 148
La Cinquième victime, 58
La Cité sans voiles, 7, 76, 89
Citizen Kane, 38, 39
La Clé de verre, 8
La Corde, 100

Le Dahlia bleu, 64
Le Dahlia noir, 179, 180
La Dame de Shanghai, 30, 44, 49, 63, 80, 86, 108, 243, 280
De sang froid, 117, 119, 121, 154
Les Démons de la liberté, 89
Les Dents de la mer, 162
Le Détective privé, 139
Detour, 51, 58, 117, 127
Deux mains la nuit, 37
La Double énigme, 41, 211
Down by Law, 157
E.T, 162
Easy Rider, 117, 131, 154
En quatrième vitesse, 44, 69, 85, 86, 90, 91, 166, 189, 208
L'Enfer de la corruption, 78
L'Enfer est à lui, 35, 79
L'Ennemi public, 32, 244
L'Equipée sauvage, 100
Le Facteur sonne toujours deux fois, 30, 33, 40, 45, 49, 50, 63, 68, 165, 166, 170, 239
Fargo, 185, 227, 228, 229, 230, 231, 232, 233, 260
Le Faucon maltais, 8, 20, 23, 38, 45, 64, 91, 108, 117
Le Faux coupable, 48, 211
La Femme au gardénia, 64, 84, 85
La Femme au portrait, 7, 72, 73
La Femme de l'année, 61
Feux croisés, 82
La Fièvre au corps, 166, 167, 168, 170, 172
La Fin d'un tueur, 36
Frankenstein, 257
La Fureur de vivre, 101
Gigi, 93
Gilda, 40, 41, 63, 68, 71, 73, 88, 166, 241, 248, 274

Good Night, and Good Luck, 178
Le Grand sommeil, 29, 30, 36, 40, 41, 45, 46, 64, 67, 69, 248
La Grande horloge, 190
La Griffe du passé, 39, 86, 211
La Guerre des étoiles, 162
Guet-apens, 146, 148
Les Hauts de hurlevent, 28
Henry, Portrait d'un serial killer, 264, 268, 269
L'Homme au bras d'or, 107
L'Homme qui rétrécit, 101
Les Hommes du président, 128, 267
Les Hommes préfèrent les blondes, 97
L'Inconnu du Nord-Express, 99
L'Inconnu du troisième étage, 18
Indiana Jones et le temple maudit, 162
L'Inspecteur Harry, 129, 130, 138, 144, 145, 147, 232, 267
Invasion des profanateurs de sépulture, 101
Jackie Brown, 249, 254
Jour se lève, 7
Key Largo, 35
Klute, 116, 117, 119, 122, 123, 148, 149, 155
L. A Confidential, 180, 181, 182
Laura, 20, 41, 45, 61, 64, 67, 73, 211
Les Amants de la nuit, 63
Les Mains qui tuent, 20
Liaison fatale, 169, 172
Lost Highway, 204, 206, 207, 208, 209, 210, 212, 318
M, le Maudit, 263
Macadam Cowboy, 131
Les Mains qui tuent, 38, 44, 73, 211
La Maison du docteur Edwards, 282
La Maison rouge, 37
The Man who wasn't there, 228, 239, 240, 242, 243,
Midnight Express, 257
Miller's Crossing, 250, 251, 252
Mulholland Drive, 241, 242, 274
Neuf semaines et demi, 168, 172
New York, New York, 153
Niagara, 97
Nos funérailles, 244, 245, 246

Nuits ensorcelées, 61
Ossessione, 50, 157
Le Parrain, 144
Les Passagers de la nuit, 87, 189
Le Petit César, 32, 244
Point de non-retour, 117, 130
Poison, 81
Pour toi, j'ai tué, 49
Le Privé, 117, 122, 141, 155
Psychose, 63, 108, 109, 230
Pulp Fiction, 192, 193, 253, 258, 259, 261, 262
Qu'elle était verte ma vallée, 28
Quai des brumes, 7
Quand la ville dort, 7, 36, 57, 80, 239
Quo Vadis, 93
Rambo, 163
Rebecca, 37
Reservoir Dogs, 192, 216, 217, 218, 219, 243, 262
Rio Bravo, 93
Rocky, 129, 162, 163, 164
Le Roman de Mildred Pierce, 61, 63
Rue sans issue, 34, 76
Les Rues chaudes, 117, 124
Sailor et Lula, 204, 207, 214, 215, 224
Sang pour sang, 186, 187, 188, 189, 190, 191, 228
Scarface, 32, 33, 34, 244, 252, 257
Secret derrière la porte, 37
Sept ans de réflexion, 97
Seven, 253, 260, 267, 273
Sexe, mensonges et vidéo, 205
Shaft, 155
Le Silence des agneaux, 260, 232, 264, 265, 271, 273
La Soif du mal, 47, 66
Sueurs froides, 47, 73, 81, 153
Sur les quais, 93
Sweet Sweetback's Baadasssss Song, 155, 156
Tant qu'il y aura des hommes, 100
Taxi Driver, 117, 123, 124, 129, 130, 132, 133, 134, 135, 137, 138, 139, 140, 143, 144, 146, 147, 148, 149, 156
La Toile d'araignée, 139
Tous en scène, 93

Traffic, 247
Les Tueurs, 7, 39, 40, 49, 211
Les Tueurs de la lune de miel, 117, 145, 154
Tueurs nés, 257, 258, 270, 271
Twin Peaks, 199, 200, 207

Un homme est passé, 93
Usual Suspects, 201, 202, 203, 256
U-Turn, 254
Le Violent, 89
Zodiac, 264, 267, 268

TABLE DES MATIERES

Introduction	7
Première partie : Histoires de films noirs (1941-1958)	15
Aux sources du film noir	20
Du roman noir au film noir	20
Du film de gangsters au film noir	32
Le film noir ou le temps d'une rencontre	37
Le film noir et sa mythologie : héros ou antihéros ?	42
Le film noir : une écriture de l'Histoire nationale	52
Politique de la représentation et écriture de l'Histoire	52
Portraits de femmes : mythe et fantasme	60
La ville : métaphore politique	75
Film noir, guerre froide : même combat	82
La série noire en sursis	91
La fin des années « noires »	91
La subversion des codes	97
La crise des années soixante	103
La libéralisation de l'expression cinématographique	107
Deuxième partie : Les avatars du film noir (1960-1990)	113
Comment définir le polar ?	116
Du film noir au polar	116
Le polar en couleur	122
La crise à l'écran	126
Taxi Driver (Martin Scorsese, 1976)	132
Polar et représentation	138
Héros en crise	138
Errance vers la violence	144
Quêtes de femmes	148
Avatars divers du film noir	153
Cinéma et société à l'aube du XXIème siècle	159
La société du spectacle	159
Le *thriller* érotique : libération sexuelle et morale puritaine	165
La culture du pastiche : nostalgie et conservatisme	172
Le néo-noir : pastiche de style ou re-création ?	178

Troisième partie : Le film néo-noir (1980-2008) — 183

Le néo-noir : une esthétique postmoderniste — 186
   Un exercice de réécriture — 186
   Déconstruction et reconstruction — 197
   Spectateur ou voyeur ? — 204
   Jeux des sens — 206

Un cinéma de la cruauté, pourquoi ? — 213
   Le spectacle de la cruauté — 213
   Violence et psychanalyse — 219
   Une violence sociale — 226
   La pulsion de mort — 234

Représentations en crise — 239
   En quête d'identité — 239
   Représentation et théâtralisation — 242
   Commerce du crime — 247
   Du multiculturalisme dans le néo-noir — 250

Le film néo-noir : quête et enquête de « genre » — 256
   Fragmentation de la représentation — 256
   Politique du néo-noir — 259
   Enquête sur le tueur en série — 263
   Démythifier pour démystifier ? — 274

Conclusion — 285

Bibliographie — 291

   I - Culture et civilisation des Etats-Unis — 291
   II – Sociologie — 293
   III - Psychologie/Psychanalyse — 293
   IV - Le film noir — 294
   V – L'art du cinéma — 295
   VI - Histoire de l'art — 300
   VII – Musique — 301
   VIII – Ouvrages théoriques — 301
   X – Romans — 304
   X – Articles — 305

Films étudiés : fiches signalétiques — 311

Index des films cités — 323

Table des matières — 327

L'HARMATTAN, ITALIA
Via Degli Artisti 15 ; 10124 Torino

L'HARMATTAN HONGRIE
Könyvesbolt ; Kossuth L. u. 14-16
1053 Budapest

L'HARMATTAN BURKINA FASO
Rue 15.167 Route du Pô Patte d'oie
12 BP 226 Ouagadougou 12
(00226) 76 59 79 86

ESPACE L'HARMATTAN KINSHASA
Faculté des Sciences Sociales,
Politiques et Administratives
BP243, KIN XI ; Université de Kinshasa

L'HARMATTAN GUINÉE
Almamya Rue KA 028 en face du restaurant le cèdre
OKB agency BP 3470 Conakry
(00224) 60 20 85 08
harmattanguinee@yahoo.fr

L'HARMATTAN CÔTE D'IVOIRE
M. Etien N'dah Ahmon
Résidence Karl / cité des arts
Abidjan-Cocody 03 BP 1588 Abidjan 03
(00225) 05 77 87 31

L'HARMATTAN MAURITANIE
Espace El Kettab du livre francophone
N° 472 avenue Palais des Congrès
BP 316 Nouakchott
(00222) 63 25 980

L'HARMATTAN CAMEROUN
Immeuble Olympia face à la Camair
BP 11486 Yaoundé
(237) 458.67.00/976.61.66
harmattancam@yahoo.fr

L'HARMATTAN SÉNÉGAL
« Villa Rose », rue de Diourbel X G, Point E
BP 45034 Dakar FANN
(00221) 33 825 98 58 / 77 242 25 08
senharmattan@gmail.com

L'HARMATTAN MALI
Rue de Leipzig, face au Palais de la culture,
Porte 203, Badalabougou, Bamako
00 223 20 22 57 24 / 00 223 76 37 80 82
pp.harmattan@gmail.com

628627 - Novembre 2015
Achevé d'imprimer par